Handbücher für die Anwaltspraxis

Konzept der Reihe

Anwältinnen und Anwälte helfen, Recht durchzusetzen, Recht zu verwirklichen. Das ist eine hohe, aber schwierige Aufgabe, die zudem zusehends schwieriger wird. Mit steigender Komplexität unserer Gesellschaft wird das Recht differenzierter, seine Durchsetzung komplizierter. Mehr und mehr Prozesse erfordern Spezialwissen. Dieses Wissen aber lässt sich oft nicht ohne weiteres fristgerecht beschaffen, erst recht nicht unter den Bedingungen chronischer Zeitnot und chronischer Arbeitsüberlastung. Hier setzen die **Handbücher für die Anwaltspraxis** an. Sie wollen Anwältinnen und Anwälten erleichtern, sich in *praktisch bedeutsamen Spezialgebieten* zurechtzufinden, im Rechtsstreit die ausschlaggebenden Gesichtspunkte zu erkennen, das richtige Vorgehen zu wählen, die Rechtsschriften wirkungsvoll abzufassen. Ausgangspunkt ist die Anwaltsperspektive, Ziel die Brauchbarkeit in der Anwaltspraxis. Das bedeutet:

- dass *praxisrelevante Information in praxisgerecht aufbereiteter Form* dargeboten wird, die Aussagen aber zugleich auf *wissenschaftlicher Grundlage* beruhen und dank voll ausgebautem *wissenschaftlichem Apparat* überprüfbar sind
- dass das *Schwergewicht* nicht auf den dogmatischen Hintergrund, sondern auf die *praktisch wichtigen Fragen* gelegt wird
- dass auf «Fundstellen» *praxisrelevanter Zusatzinformationen* in Judikatur und Literatur hingewiesen wird
- dass der Fallbezogenheit der Fragestellungen, mit denen Anwältinnen und Anwälte konfrontiert sind, und dem daraus entspringenden Bedürfnis nach *konkreten Anhaltspunkten in Fallbeispielen und Präjudizien* Rechnung getragen wird
- dass die Gliederung der Texte nicht einem dogmatischen Schema, sondern dem *Arbeitsablauf in der Anwaltspraxis* folgt

Die Herausgeber

Thomas Geiser
Professor an der Universität St. Gallen, Ersatzrichter am Bundesgericht

Peter Münch
Professor an der Zürcher Hochschule für Angewandte Wissenschaften, Rechtsanwalt

Felix Uhlmann
Professor an der Universität Zürich, Advokat

Nicolas Passadelis
Rechtsanwalt in Zürich

Handbücher für die Anwaltspraxis
Band X

Prozessieren vor dem Bundesverwaltungs- gericht

von

André Moser
Richter am Bundesverwaltungsgericht

Michael Beusch
Richter am Bundesverwaltungsgericht

Lorenz Kneubühler
Richter am Bundesverwaltungsgericht

Helbing Lichtenhahn Verlag

Bibliografische Information der Deutschen Nationalbibliothek

Die Deutsche Nationalbibliothek verzeichnet diese Publikation
in der Deutschen Nationalbibliografie; detaillierte bibliografische Daten
sind im Internet über http://dnb.d-nb.de abrufbar.

© 2008 Helbing Lichtenhahn Verlag, Basel
ISBN 978-3-7190-2674-5
www.helbing.ch

Vorwort

Das Bundesverwaltungsgericht hat seine Tätigkeit am 1. Januar 2007 als neues zentrales Verwaltungsgericht des Bundes aufgenommen. Auf diesen Zeitpunkt sind zum einen 36 eidgenössische Rekurskommissionen aufgehoben worden und im neuen Gericht aufgegangen. Zum andern trat dieses an die Stelle der Beschwerdedienste der Departemente und wurde zur Rechtsmittelbehörde in Fällen, in denen Verfügungen von Departementen, autonomen Anstalten und nicht richterlichen Kommissionen des Bundes noch direkt ans Bundesgericht weitergezogen werden konnten. Schliesslich übernahm das Bundesverwaltungsgericht Aufgaben der Rechtspflege, die bisher vom Bundesrat wahrgenommen wurden. Die Schaffung des neuen Gerichts führte demnach zu einer Konzentration der erstinstanzlichen Verwaltungsrechtsprechung des Bundes.

Für das Verfahren vor dem Bundesverwaltungsgericht massgebend sind namentlich das neue Verwaltungsgerichtsgesetz (VGG) sowie das revidierte Bundesgesetz über das Verwaltungsverfahren (VwVG). Für einzelne Bereiche finden auch andere Gesetze (z.B. das Bundesgerichtsgesetz, BGG) und Reglemente (z.B. das Geschäftsreglement für das Bundesverwaltungsgericht, VGR) oder das Reglement über die Kosten und Entschädigungen vor dem Bundesverwaltungsgericht, VGKE) Anwendung. Ziel dieses Handbuches ist es, den Ablauf des Verfahrens vor dem Bundesverwaltungsgericht verständlich zu machen. Die Darstellung bezweckt, Wissenschaftlichkeit mit Praxisnähe zu verbinden. Berücksichtigt werden insbesondere die bis Ende Juni 2008 zugängliche einschlägige Rechtsprechung des Bundesgerichts, des Bundesverwaltungsgerichts sowie der eidgenössischen Rekurskommissionen als Vorgängerorganisationen. Das Werk knüpft denn auch an dem vor zehn Jahren in der gleichen Reihe als Band III erschienenen und von André Moser sowie Peter Uebersax verfassten Buch «Prozessieren vor eidgenössischen Rekurskommissionen» an. Für das neue Vorhaben hat André Moser seine Abteilungskollegen Michael Beusch und Lorenz Kneubühler als Mitautoren gewinnen können. Die drei Autoren sind seit 1. Januar 2007 als Richter in der ersten Abteilung des Bundesverwaltungsgerichts tätig. In dem Rahmen, in dem die Autoren Entscheide kommentieren, geben sie nur ihre persönliche Meinung wieder. Eine namentlich für Anwältinnen und Anwälte gedachte Checkliste, in die Gesetzes- bzw. Reglementsbestimmungen integrierte Register als praktische Suchhilfen für das rasche Auffinden der einschlägigen Randziffern im Buchtext sowie ein Sachregister runden das Werk ab.

Lausanne, Zürich und Bern, im Juli 2008

André Moser/Michael Beusch/Lorenz Kneubühler

Inhaltsverzeichnis

Abkürzungsverzeichnis

a.a.O.	am angegebenen Ort
Abs.	Absatz/Absätze
aBV	(alte) Bundesverfassung der Schweizerischen Eidgenossenschaft vom 29. Mai 1874, BS 1 3 ff.
a.E.	am Ende
AHVG	Bundesgesetz über die Alters- und Hinterlassenenversicherung vom 20. Dezember 1946, SR 831.10
AJP	Aktuelle Juristische Praxis, St. Gallen
AlkV	Verordnung zum Alkohol- und zum Hausbrennereigesetz (Alkoholverordnung) vom 12. Mai 1999, SR 680.11
Amtl. Bull.	Amtliches Bulletin
ANAG	Bundesgesetz über Aufenthalt und Niederlassung der Ausländer vom 26. März 1931, BS 1 121
Art.	Artikel
AS	Amtliche Sammlung der Bundesgesetze und Verordnungen (Eidgenössische Gesetzessammlung)
ASA	Archiv für Schweizerisches Abgaberecht, Bern
AsylG	Asylgesetz vom 26. Juni 1998, SR 142.31
ATSG	Bundesgesetz über den Allgemeinen Teil des Sozialversicherungsrechts vom 6. Oktober 2000, SR 830.1
Aufl.	Auflage
AuG	Bundesgesetz über die Ausländerinnen und Ausländer vom 16. Dezember 2005, SR 142.20
BBl	Bundesblatt der Schweizerischen Eidgenossenschaft, www.admin.ch
BEHG	Bundesgesetz über die Börsen und den Effektenhandel (Börsengesetz) vom 24. März 1995, SR 954.1
BGE	Bundesgerichtsentscheid/Entscheidungen des Schweizerischen Bundesgerichts, Amtliche Sammlung
BGG	Bundesgesetz über das Bundesgericht (Bundesgerichtsgesetz) vom 17. Juni 2005, SR 173.110, s. auch OG
BGÖ	Bundesgesetz über das Öffentlichkeitsprinzip der Verwaltung (Öffentlichkeitsgesetz) vom 17. Dezember 2004, SR 152.3
BoeB	Bundesgesetz über das öffentliche Beschaffungswesen vom 16. Dezember 1994, SR 172.056.1
BPG	Bundespersonalgesetz vom 24. März 2000, SR 172.220.1
BSK	Basler Kommentar
Bst.	Buchstabe/n
BV	Bundesverfassung der Schweizerischen Eidgenossenschaft vom 18. April 1999, SR 101
BVG	Bundesgesetz über die berufliche Alters-, Hinterlassenen- und Invalidenvorsorge vom 25. Juni 1982, SR 831.40

BVGE . . . . Entscheidungen des Schweizerischen Bundesverwaltungsgerichts, Amtliche Sammlung

BVR . . . . Bernische Verwaltungsrechtsprechung, Bern

BZP . . . . Bundesgesetz über den Bundeszivilprozess vom 4. Dezember 1947, SR 273

bzw. . . . . beziehungsweise

DBG . . . . Bundesgesetz über die direkte Bundessteuer vom 14. Dezember 1990, SR 642.11

d.h. . . . . das heisst

DSG . . . . Bundesgesetz über den Datenschutz vom 19. Juni 1992, SR 235.1

E. . . . . Erwägung/en

EDA . . . . Eidgenössisches Departement für auswärtige Angelegenheiten

EFD . . . . Eidgenössisches Finanzdepartement

EGMR . . . . Europäischer Gerichtshof für Menschenrechte

EMARK . . . . Entscheidungen und Mitteilungen der Schweizerischen Asylrekurs-kommission

EMRK . . . . Konvention zum Schutz der Menschenrechte und Grundfreiheiten (Europäische Menschenrechtskonvention) vom 4. November 1950, SR 0.101

EntG . . . . Bundesgesetz über die Enteignung vom 20. Juni 1930, SR 711

ESTV . . . . Eidgenössische Steuerverwaltung

ETH . . . . Eidgenössische Technische Hochschule/n

ETH-Gesetz . . . . . . Bundesgesetz über die Eidgenössischen Technischen Hochschulen vom 4. Oktober 1991, SR 414.110

EuGH . . . . Gerichtshof der Europäischen Gemeinschaften, Luxemburg

EVD . . . . Eidgenössisches Volkswirtschaftsdepartement

EWG . . . . Europäische Wirtschaftsgemeinschaft

f., ff. . . . . folgende, fortfolgende

FHA . . . . Abkommen zwischen der Schweizerischen Eidgenossenschaft und der Europäischen Wirtschaftsgemeinschaft vom 22. Juli 1972, SR 0.632.401

Fn. . . . . Fussnote/n

Fr. . . . . Schweizer Franken

FWG . . . . Bundesgesetz über Fuss- und Wanderwege vom 4. Oktober 1985, SR 704

FZA . . . . Abkommen zwischen der Schweizerischen Eidgenossenschaft einerseits und der Europäischen Gemeinschaft und ihren Mitgliedstaaten andererseits über die Freizügigkeit vom 21. Juni 1999, SR 0.142.112.681

GATT . . . . General Agreement on Tariffs and Trade (Allgemeines Zoll- und Handelsabkommen)

GlG . . . . Bundesgesetz über die Gleichstellung von Frau und Mann (Gleichstellungsgesetz) vom 24. März 1995, SR 151

Hrsg. . . . . Herausgeber

insb. . . . . insbesondere

i.S. . . . . in Sachen

i.V.m. . . . . in Verbindung mit

KG . . . . Bundesgesetz über Kartelle und andere Wettbewerbsbeschränkungen (Kartellgesetz) vom 6. Oktober 1995, SR 251

SVAV . . . . Verordnung über eine leistungsabhängige Schwerverkehrsabgabe vom
6. März 2000, SR 641.811

u.a. . . . . unter anderem

UBI . . . . Unabhängige Beschwerdeinstanz für Radio und Fernsehen

u.E. . . . . unseres Erachtens

URG . . . . Bundesgesetz über das Urheberrecht und verwandte Schutzrechte
(Urheberrechtsgesetz) vom 9. Oktober 1992, SR 231.1

USG . . . . Bundesgesetz über den Umweltschutz vom 7. Oktober 1983, SR 814.01

usw. . . . . und so weiter

u.U. . . . . unter Umständen

UVEK . . . . Eidgenössisches Departement für Umwelt, Verkehr, Energie und
Kommunikation

UVG . . . . Bundesgesetz über die Unfallversicherung vom 20. März 1981,
SR 832.20

VBS . . . . Eidgenössisches Departement für Verteidigung, Bevölkerungsschutz
und Sport

VGG . . . . Bundesgesetz über das Bundesverwaltungsgericht (Verwaltungsgerichtsgesetz) vom 17. Juni 2005, SR 173.32

VGKE . . . . Reglement über die Kosten und Entschädigungen vor dem Bundesverwaltungsgericht vom 21. Februar 2008, SR 173.320.2

vgl. . . . . vergleiche

VGR . . . . Geschäftsreglement für das Bundesverwaltungsgericht vom
17. April 2008, SR 173.320.1

VoeB . . . . Verordnung über das öffentliche Beschaffungswesen vom
11. Dezember 1995, SR 172.056.11

VPB . . . . Verwaltungspraxis der Bundesbehörden, Bern

VRPG . . . . Verwaltungsrechtspflegegesetz

VStG . . . . Bundesgesetz über die Verrechnungssteuer vom 13. Oktober 1965,
SR 642.21

VStrR . . . . Bundesgesetz über das Verwaltungsstrafrecht vom 22. März 1974,
SR 313.0

VwVG . . . . Bundesgesetz über das Verwaltungsverfahren (Verwaltungsverfah-
rensgesetz) vom 20. Dezember 1968, SR 172.021

WTO . . . . World Trade Organization (Welthandelsorganisation)

z.B. . . . . zum Beispiel

ZBJV . . . . Zeitschrift des bernischen Juristenvereins, Bern

ZBl . . . . Schweizerisches Zentralblatt für Staats- und Verwaltungsrecht, Zürich

ZDG . . . . Bundesgesetz über den zivilen Ersatzdienst (Zivildienstgesetz) vom
6. Oktober 1995, SR 824.0

ZG . . . . Zollgesetz vom 18. März 2005, SR 631.0

ZGB . . . . Schweizerisches Zivilgesetzbuch vom 10. Dezember 1907, SR 210

Ziff. . . . . Ziffer/n

ZPO . . . . Zivilprozessordnung

ZR . . . . Blätter für Zürcherische Rechtsprechung, Zürich

ZSR . . . . Zeitschrift für Schweizerisches Recht, Basel

Literaturverzeichnis

Einige weitere Literaturhinweise finden sich direkt in den Fussnoten. Literatur, Rechtsprechung und Gesetzgebung sind grundsätzlich bis Juni 2008 berücksichtigt.

ALBERTINI MICHELE, Der verfassungsmässige Anspruch auf rechtliches Gehör im Verwaltungsverfahren des modernen Staates, Bern 2000.

AUBERT JEAN-FRANÇOIS/MAHON PASCAL, Petit commentaire de la Constitution fédérale de la Confédération suisse du 18 avril 1999, Zürich/Basel/Genf 2003.

AUER ANDREAS/MALINVERNI GIORGIO/HOTTELIER MICHEL, Droit constitutionnel suisse, Band II, Bern 2006.

AUER CHRISTOPH, Streitgegenstand und Rügeprinzip im Spannungsfeld der verwaltungsrechtlichen Prozessmaximen, Bern 1997.

BANDLI CHRISTOPH, Die Rolle des Bundesverwaltungsgerichts, in: Pierre Tschannen (Hrsg.), Neue Bundesrechtspflege, Auswirkungen der Totalrevision auf den kantonalen und eidgenössischen Rechtsschutz, Bern 2007, 195 ff. (zit. BANDLI, Rolle).

– Zur Spruchkörperbildung an Gerichten: Vorausbestimmung als Fairnessgarantin, in: Die Mitarbeiter des Bundesamts für Justiz (Hrsg.), Aus der Werkstatt des Rechts, Festschrift für Heinrich Koller, Basel/Genf/München 2006, 209 ff. (zit. BANDLI, Spruchkörperbildung).

BASLER KOMMENTAR, Bundesgerichtsgesetz, Basel 2008 (zit. BSK BGG-BEARBEITER/-IN).

BAUMBERGER XAVER, Aufschiebende Wirkung bundesrechtlicher Rechtsmittel im öffentlichen Recht, Zürich/Basel/Genf 2006.

BEERLI-BONORAND URSINA, Die ausserordentlichen Rechtsmittel in der Verwaltungsrechtspflege des Bundes und der Kantone, Zürich 1985.

BEHNISCH URS, Die Verfahrensmaximen und ihre Auswirkungen auf das Beweisrecht im Steuerrecht, ASA 56, 577 ff.

BERNI MARKUS, Verbandsklagen als Mittel privatrechtlicher Störungsabwehr, Bern 1992.

BERTI STEPHEN, Der Erlass vorsorglicher Massnahmen ohne vorgängige Anhörung der Gegenpartei stellt eine äusserst einschneidende Massnahme dar, in: Festschrift für Lucas David, Zürich 1996, 265 ff.

BEUSCH MICHAEL, Auswirkungen der Rechtsweggarantie von Art. 29a BV auf den Rechtsschutz im Steuerrecht, ASA 73, 709 ff.

BEUSCH MICHAEL/MOSER ANDRÉ/KNEUBÜHLER LORENZ, Ausgewählte prozessrechtliche Fragen im Verfahren vor dem Bundesverwaltungsgericht, ZBl 2008, 1 ff.

BEUSCH MICHAEL/SAVOLDELLI MARCO, Il Tribunale amministrativo federale – nuovo attore nel sistema giudiziario svizzero, Rivista ticinese di diritto I – 2007, 227 ff.

BIAGGINI GIOVANNI, Die vollzugslenkende Verwaltungsverordnung: Rechtsnorm oder Faktum?, ZBl 1997, 1 ff. (zit. BIAGGINI, Verwaltungsverordnung).

– Theorie und Praxis des Verwaltungsrechts im Bundesstaat, Basel und Frankfurt am Main 1996 (zit. BIAGGINI, Theorie).

BIGLER-EGGENBERGER MARGRITH, in: Margrith Bigler-Eggenberger/Claudia Kaufmann (Hrsg.), Kommentar zum Gleichstellungsgesetz, Basel und Frankfurt am Main 1997.

BLUMENSTEIN ERNST/LOCHER PETER, System des schweizerischen Steuerrechts, 6. Auflage, Zürich 2002.

Böckli Peter, Reformatio in pejus – oder der Schlag auf die hilfesuchende Hand, ZBl 1980, 97 ff.

Bohnet François, Jurisprudence fédérale et neuchâteloise en matière d'assistance judiciaire, Neuchâtel 1997.

Borghi Marco/Corti Guido, Compendio di procedura amministrativa ticinese, Lugano 1997.

Bovay Benoît, Procédure administrative, Bern 2000.

Breitenmoser Stephan/Isler Michael, Der Rechtsschutz im Personenfreizügigkeitsabkommen zwischen der Schweiz und der EG sowie den EU-Mitgliedstaaten, AJP 2002, 1003 ff.

Bühler Jacques, Der elektronische Rechtsverkehr mit dem Schweizerischen Bundesgericht, AnwaltsRevue 2007, 204 ff.

Cavelti Ulrich, Gütliche Verständigung vor Instanzen der Verwaltungsrechtspflege, AJP 1995, 175 ff.

Clerc Evelyne, L'ouverture des marchés publics: Effectivité et protection juridique, Fribourg 1997.

Cottier Thomas/Merkt Benoît, Die Auswirkungen des Welthandelsrechts der WTO und des Bundesgesetzes über den Binnenmarkt auf das Submissionsrecht der Schweiz, in: Die neue schweizerische Wettbewerbsordnung im internationalen Umfeld, Bern 1997, 35 ff.

Dolge Annette, Elektronischer Rechtsverkehr zwischen Bundesgericht und Parteien, AJP 2007, 299 ff.

Escher Elisabeth, Revision und Erläuterung in: Thomas Geiser/Peter Münch (Hrsg.), Prozessieren vor Bundesgericht, 2. Auflage, Basel und Frankfurt am Main 1998, 271 ff.

Freivogel Elisabeth, Die Verbandsklage und -beschwerde im neuen Gleichstellungsgesetz, in: Ivo Schwander/René Schaffhauser (Hrsg.), Das Bundesgesetz über die Gleichstellung von Frau und Mann, St. Gallen 1996, 127 ff.

Gadola Attilio, Das verwaltungsinterne Beschwerdeverfahren, Zürich 1991 (zit. Gadola, Beschwerdeverfahren).
– Die Behördenbeschwerde in der Verwaltungsrechtspflege des Bundes – ein «abstraktes» Beschwerderecht?, AJP 1993, 1458 ff. (zit. Gadola, Behördenbeschwerde).
– Die reformatio in peius vel melius in der Bundesverwaltungsrechtspflege – eine Übersicht der neuesten Rechtsprechung, AJP 1998, 59 ff. (zit. Gadola, reformatio).
– Rechtsschutz und andere Formen der Überwachung der Vorschriften über das öffentliche Beschaffungswesen, AJP 1996, 967 ff. (zit. Gadola, Rechtsschutz).

Galli Peter/Lehmann Daniel/Rechsteiner Peter, Das öffentliche Beschaffungswesen in der Schweiz, Zürich 1996.

Galli Peter/Moser André/Lang Elisabeth/Clerc Evelyne, Praxis des öffentlichen Beschaffungsrechts, 1. Band, Zürich/Basel/Genf 2007.

Geiser Thomas, Grundlagen, in: Thomas Geiser/Peter Münch (Hrsg.), Prozessieren vor Bundesgericht, 2. Auflage, Basel und Frankfurt am Main 1998, 1 ff.

Glanzmann-Tarnutzer Lucrezia, Die Legitimation des Konkurrenten zur Verwaltungsgerichtsbeschwerde an das Bundesgericht, St. Gallen 1996.

Gremper Philipp, Diskriminierende Entlassung, in: Thomas Geiser/Peter Münch (Hrsg.), Stellenwechsel und Entlassung, Basel und Frankfurt am Main 1997, 213 ff.

Grisel André, Traité de droit administratif, Band II, Neuenburg 1984.

Grodecki Stéphane, Strasbourg et le droit à la réplique, plädoyer 2/07, 52 ff.

Guy-Ecabert Christine, Procédure administrative et médiation, inscription d'un modèle procédural dans un contexte en mutation, Neuenburg 2002.

GYGI FRITZ, Aufschiebende Wirkung und vorsorgliche Massnahmen in der Verwaltungsrechtspflege, ZBl 1976, 1 ff. (zit. GYGI, Aufschiebende Wirkung).
– Bundesverwaltungsrechtspflege, Bern 1983 (zit. GYGI, Bundesverwaltungsrechtspflege).

HÄFELIN ULRICH/HALLER WALTER, Schweizerisches Bundesstaatsrecht. Die neue Bundesverfassung, 6. Auflage, Zürich/Basel/Genf 2005.

HÄFELIN ULRICH/HALLER WALTER/KELLER HELEN, Bundesgericht und Verfassungsgerichtsbarkeit nach der Justizreform. Supplement zur 6. Auflage des «Schweizerischen Bundesstaatsrechts», Zürich/Basel/Genf 2006.

HÄFELIN ULRICH/MÜLLER GEORG/UHLMANN FELIX, Allgemeines Verwaltungsrecht, 5. Auflage, Zürich/Basel/Genf 2006.

HAEFLIGER ARTHUR, Alle Schweizer sind vor dem Gesetze gleich. Zur Tragweite des Artikels 4 der Bundesverfassung, Bern 1985.

HÄNER ISABELLE, Die Beteiligten im Verwaltungsverfahren und Verwaltungsprozess, Zürich 2000 (zit. HÄNER, Beteiligte).
– Die Stellung von Verbänden in der Gerichtsverfassung – unter besonderer Berücksichtigung der Ausübung des Verbandsbeschwerderechts, in: Benjamin Schindler/Patrick Sutter (Hrsg.), Akteure der Gerichtsbarkeit, Zürich/St. Gallen 2007, 297 ff. (zit. HÄNER, Verbandsbeschwerde).
– Vorsorgliche Massnahmen im Verwaltungsverfahren und Verwaltungsprozess, ZSR, NF 116/1997, II. Halbband, 253 ff. (zit. HÄNER, Vorsorgliche).

HÄNNI PETER, Die Treuepflicht im öffentlichen Dienstrecht, Freiburg 1982 (zit. HÄNNI, Treuepflicht).
– Personalrecht des Bundes, in: Schweizerisches Bundesverwaltungsrecht, Band I/Teil 2, Basel/Genf/München 2004 (zit. HÄNNI, Personalrecht).

HISCHIER ROGER, Die Wiedererwägung pendente lite im Sozialversicherungsrecht oder die Möglichkeit der späten Einsicht, Schweizerische Zeitschrift für Sozialversicherung und berufliche Vorsorge 1997, 448 ff.

HOTZ REINHOLD, in: Bernhard Ehrenzeller/Philippe Mastronardi/Rainer J. Schweizer/Klaus A. Vallender (Hrsg.), Die Schweizerische Bundesverfassung, Kommentar, Zürich/Basel/Genf 2002.

HUGI YAR THOMAS, Direktprozesse, in: Thomas Geiser/Peter Münch (Hrsg.), Prozessieren vor Bundesgericht, 2. Auflage, Basel und Frankfurt am Main 1998, 243 ff.

KARLEN PETER, Das neue Bundesgerichtsgesetz – Die wesentlichen Neuerungen und was sie bedeuten, Basel/Genf/München 2006 (zit. KARLEN, Bundesgerichtsgesetz).
– Verwaltungsgerichtsbeschwerde, in: Thomas Geiser/Peter Münch (Hrsg.), Prozessieren vor Bundesgericht, 2. Auflage, Basel und Frankfurt am Main 1998, 91 ff. (zit. KARLEN, Verwaltungsgerichtsbeschwerde).

KIENER REGINA, Richterliche Unabhängigkeit, Bern 2001.

KLEY ANDREAS, in: Bernhard Ehrenzeller/Philippe Mastronardi/Rainer J. Schweizer/Klaus A. Vallender (Hrsg.), Die Schweizerische Bundesverfassung, Kommentar, Zürich/Basel/Genf 2002.

KLEY-STRULLER ANDREAS, Der Anspruch auf unentgeltliche Rechtspflege, AJP 1995, 179 ff. (zit. KLEY, Rechtspflege).

KNAPP BLAISE, Précis de droit administratif, 4. Auflage, Basel und Frankfurt am Main 1991.

KNEUBÜHLER LORENZ, Die Begründungspflicht, Bern 1998 (zit. KNEUBÜHLER, Begründungspflicht).
– Die Kostenverlegung im Beschwerdeverfahren des Bundes, ZBl 2005, 449 ff. (zit. KNEUBÜHLER, Kostenverlegung).
– Gehörsverletzung und Heilung: Eine Untersuchung über die Rechtsfolgen von Verstössen gegen den Gehörsanspruch, insbesondere die Problematik der sogenannten «Heilung», ZBl 1998, 97 ff. (zit. KNEUBÜHLER, Gehörsverletzung).

Koller Heinrich, Grundzüge der neuen Bundesrechtspflege und des vereinheitlichten Prozessrechts, ZBl 2006, 57 ff.

Kölz Alfred, Intertemporales Verwaltungsrecht, ZSR 1983, II. Halbband, 101 ff.

Kölz Alfred/Häner Isabelle, Verwaltungsverfahren und Verwaltungsrechtspflege des Bundes, 2. Auflage, Zürich 1998.

Lanz Raphael, Die Abgrenzung der selbständigen von der unselbständigen Erwerbstätigkeit im Sozialversicherungs-, Steuer- und Zivilrecht, AJP 1997, 1463 ff.

Leber Marino, Die Beteiligten am Verwaltungsprozess, recht 1985, 22 ff.

Leuch Georg/Marbach Omar/Kellerhals Franz/Sterchi Martin, Die Zivilprozessordnung für den Kanton Bern, 5. Auflage, Bern 2000.

Mächler August, Vertrag und Verwaltungsrechtspflege, ausgewählte Fragen zum vertraglichen Handeln der Verwaltung und zum Einsatz des Vertrages in der Verwaltungsrechtspflege, Zürich/Basel/Genf 2005.

Marti Ursula/Müller Markus, Rechtsschutz gegen Realakte verbessert, plädoyer 3/07, 34 ff.

Meichssner Stefan, Das Grundrecht auf unentgeltliche Rechtspflege (Art. 29 Abs. 3 BV), Basel 2008.

Merkli Thomas/Aeschlimann Arthur/Herzog Ruth, Kommentar zum Gesetz über die Verwaltungsrechtspflege im Kanton Bern, Bern 1997.

Metz Markus, Die Voraussetzungen der Verwaltungsbeschwerde, plädoyer 6/07, 34 ff.

Moor Pierre, Droit administratif, Band II, 2. Auflage, Bern 2002.

Moser André, Der Rechtsschutz im Bund, in: Peter Helbling/Tomas Poledna (Hrsg.), Personalrecht des öffentlichen Dienstes, Bern 1999, 533 ff. (zit. Moser, Rechtsschutz).

–   Von der Wiege bis zur Bahre: Die Eidgenössische Steuerrekurskommission aus verfahrensrechtlicher Sicht, in: Liliane Subilia-Rouge/Pascal Mollard/Anne Tissot Benedetto (Hrsg.), Festschrift SRK, Lausanne 2004, 317 ff. (zit. Moser, Festschrift SRK).

Moser André/Uebersax Peter, Prozessieren vor eidgenössischen Rekurskommissionen, Basel und Frankfurt am Main 1998.

Müller Georg, Kommentar aBV, Art. 4.

Müller Jörg Paul, Die Grundrechte der schweizerischen Bundesverfassung, 2. Auflage, Bern 1991.

Müller Markus, Die Rechtsweggarantie – Chancen und Risiken; ein Plädoyer für mehr Vertrauen in die öffentliche Verwaltung, ZBJV 2004, 161 ff. (zit. Markus Müller, Rechtsweggarantie).

–   Rechtsschutz gegen Verwaltungsrealakte, in: Pierre Tschannen (Hrsg.), Neue Bundesrechtspflege, Auswirkungen der Totalrevision auf den kantonalen und eidgenössischen Rechtsschutz, Bern 2007, 313 ff. (zit. Markus Müller, Rechtsschutz).

Pfeifer Michael, Der Untersuchungsgrundsatz und die Offizialmaxime im Verwaltungsverfahren, Basel 1980.

Pfenninger Hanspeter, Kooperationen zwischen Staat und Privaten als Alternative zu planungs-, umweltschutz- und anderen öffentlichrechtlichen Verfahren, Baurecht 95, 79 ff.

Pfisterer Lukas, Verwaltungsverordnungen des Bundes, Genf/Zürich/Basel 2007.

Pfleghard Heinz, Regierung als Rechtsmittelinstanz, Zürich 1984.

Poudret Jean-François, Commentaire de la loi fédérale d'organisation judiciaire, Band I, Bern 1990.

–   Commentaire de la loi fédérale d'organisation judiciaire, Band V, Bern 1992.

Poudret Jean-François/Sandoz-Monod Suzette, Commentaire de la loi fédérale d'organisation judiciaire, Band II, Bern 1990.

RHINOW RENÉ A., Öffentliches Prozessrecht, Basel 1994.

RHINOW RENÉ A./KOLLER HEINRICH/KISS CHRISTINA, Öffentliches Prozessrecht und Justizverfassungsrecht des Bundes, Basel und Frankfurt am Main 1996.

RHINOW RENÉ A./KRÄHENMANN BEAT, Schweizerische Verwaltungsrechtsprechung, Ergänzungsband, Basel und Frankfurt am Main 1990.

RIVA ENRICO, Die Beschwerdebefugnis der Natur- und Heimatschutzvereinigungen im schweizerischen Recht, Bern 1980 (zit. RIVA, Beschwerdebefugnis).
– Neue bundesrechtliche Regelung des Rechtsschutzes gegen Realakte, SJZ 2007, 337 ff. (zit. RIVA, Realakte).

RUMO-JUNGO ALEXANDRA, Die Instrumente zur Korrektur der Sozialversicherungsverfügung, in:Verfahrensfragen in der Sozialversicherung, St. Gallen 1996, 263 ff.

SALADIN PETER, Das Verwaltungsverfahrensrecht des Bundes, Basel 1979.

SCARTAZZINI GUSTAVO, Zum Institut der aufschiebenden Wirkung der Beschwerde in der Sozialversicherungsrechtspflege, Schweizerische Zeitschrift für Sozialversicherung und berufliche Vorsorge 1993, 313 ff.

SCHINDLER BENJAMIN, Die Befangenheit der Verwaltung, Zürich 2002 (zit. SCHINDLER, Befangenheit).
– Die «formelle Natur» von Verfahrensgrundrechten, Verfahrensfehlerfolgen im Verwaltungsrecht – ein Abschied von der überflüssigen Figur der «Heilung», ZBl 2005, 169 ff. (zit. SCHINDLER, Heilung).

SCHMID PETER, Die Verwaltungsbeschwerde an den Bundesrat, Bern/Stuttgart/Wien 1997.

SCHWEIZER MARK, Drittbeschwerde gegen arzneimittelrechtliche Zulassungen, AJP 2005, 797 ff.

SEILER HANSJÖRG/VON WERDT NICOLAS/GÜNGERICH ANDREAS, Bundesgerichtsgesetz (BGG), Bern 2007.

SPORI MARION, Vereinbarkeit des Erfordernisses des aktuellen schutzwürdigen Interesses mit der Rechtsweggarantie von Art. 29a BV und dem Recht auf eine wirksame Beschwerde nach Art. 13 EMRK, AJP 2008, 147 ff.

SPÜHLER KARL/DOLGE ANNETTE/VOCK DOMINIK, Kurzkommentar zum neuen Bundesgerichtsgesetz (BGG), Zürich/St. Gallen 2006.

STADELWIESER JÜRG, Die Eröffnung von Verfügungen, Unter besonderer Berücksichtigung des eidgenössischen und des st. gallischen Rechts, St. Gallen 1994.

STEINER MARC, Das Verfahren vor Bundesverwaltungsgericht in Vergabesachen, in: Michael Leupold/David Rüetschi/Damian Stauber/Meinrad Vetter (Hrsg.), Der Weg zum Recht, Festschrift für Alfred Bühler, Zürich/Basel/Genf 2008, 405 ff.

STEINMANN GEROLD, Vorläufiger Rechtsschutz im Verwaltungsbeschwerdeverfahren und im Verwaltungsgerichtsverfahren, ZBl 1993, 141 ff.

STOFFEL WALTER A., Die Beschwerde an die Rekurskommission für Wettbewerbsfragen, Schweizerische Zeitschrift für Wirtschaftsrecht, Sondernummer 1996, 45 ff.

TSCHANNEN PIERRE/ZIMMERLI ULRICH, Allgemeines Verwaltungsrecht, 2. Auflage, Bern 2005.

UEBERSAX PETER, Zur Entlastung der eidgenössischen Gerichte durch eidgenössische Schieds- und Rekurskommissionen sowie durch die Neuregelung des verwaltungsrechtlichen Klageverfahrens, AJP 1994, 1223 ff.

WAGNER PFEIFER BEATRICE, Zum Verhältnis von fachtechnischer Beurteilung und rechtlicher Würdigung im Verwaltungsverfahren, ZSR, NF 116/1997, I. Halbband, 433 ff.

WAMISTER PATRICK, Die unentgeltliche Rechtspflege, die unentgeltliche Verteidigung und der unentgeltliche Dolmetscher unter dem Gesichtspunkt von Art. 4 BV und Art. 6 EMRK, Basel 1983.

WEISSENBERGER PHILIPPE, Das Bundesverwaltungsgericht, AJP 2006, 1491 ff.

ZIMMERLI ULRICH/KÄLIN WALTER/KIENER REGINA, Grundlagen des öffentlichen Verfahrensrechts, Bern 2004.

ZWEIFEL MARTIN, Die Sachverhaltsermittlung im Steuerveranlagungsverfahren, Zürich 1989.

§ 1 Grundlagen

I. Entstehungsgeschichte

Die Totalrevision der gesamten Bundesrechtspflege und damit auch des (gerichtlichen) Rechtsschutzes im Verwaltungsrecht war seit den 80er-Jahren des letzten Jahrhunderts ein wiederholt diskutiertes Thema. Trotz mehrerer kleinerer Reformen blieben über die Jahre vier ungelöste Probleme: Die quantitative Überlastung des Bundesgerichts, das komplizierte Rechtsmittelsystem mit zeitaufwändigen Abgrenzungen, nach wie vor bestehende Lücken im gerichtlichen Rechtsschutz sowie die sich ausserhalb seiner staatsrechtlichen Stammfunktion befindlichen (aufwändigen) Rechtspflegekompetenzen des Bundesrates[1]. So wuchs der Wunsch nach einer umfassenden Justizreform, und nachdem auch für den Rechtsschutz in Verwaltungssachen verschiedene Modelle diskutiert worden waren[2], nahmen am 12. März 2000 Volk und Stände die entsprechenden Verfassungsgrundlagen für eine *Totalrevision der gesamten Bundesrechtspflege* an[3]. Rund zwei Jahre später wurde das «Projekt Neue Bundesgerichte» lanciert, welches auch den Aufbau des Bundesverwaltungsgerichts umfasste[4]. Das Bundesverwaltungsgericht nahm am 1. Januar 2007 seinen Betrieb im Grossraum Bern auf; der Umzug an seinen gesetzlichen Sitz in St. Gallen (vgl. Art. 4 VGG) erfolgt im ersten Halbjahr 2012[5].

1.1

Die Schaffung des Bundesverwaltungsgerichts im Rahmen der Justizreform des Bundes verfolgte – wie angetönt – mehrere Zielsetzungen: Zum ersten war die Umsetzung der Rechtsweggarantie von Art. 29a BV auf Bundesebene bezweckt[6], gab es doch bis Ende 2006 auch ausserhalb eigentlicher «actes de gouvernement» nicht in allen Rechtsgebieten gerichtlichen Rechtsschutz[7]. Zum zweiten ging es um das Zusammenführen der bis Ende 2006 bestehenden 36 eidgenössischen Rekurskommissionen und der departementsinternen Beschwerdedienste unter einem *(Ge-*

1.2

---

1 Vgl. Botschaft Totalrevision Bundesrechtspflege, BBl 2001 4211 ff.; Koller, 59 ff.
2 Vgl. Moser, in Moser/Uebersax, 1 mit weiteren Hinweisen.
3 BBl 2000 2990.
4 Zur Entstehungsgeschichte und zu den Aufbauarbeiten im Allgemeinen vgl. Bandli, Rolle, 196 ff.; Weissenberger, 1493 ff.; vgl. auch Pierre Louis Manfrini, Le tribunal administratif fédéral, in: François Bellanger/Thierry Tanquerel, Les nouveaux recours fédéraux en droit public, Genève/Zurich/Bâle 2006, 25 ff.
5 Zur Sitzwahl und zum Umzug nach St. Gallen vgl. Weissenberger, 1493 f., 1496 f. mit weiteren Hinweisen.
6 Vgl. zu den Zielen der Justizreform neben der Botschaft Totalrevision Bundesrechtspflege (BBl 2001 4202 ff.) auch (anstelle vieler) Koller, 57 ff.
7 Vgl. Beusch, 710 ff.

richts-)Dach[8]. Erst die mit der Schaffung des Bundesverwaltungsgerichts erfolgende Einführung einer richterlichen Vorinstanz in sämtlichen Gebieten (ausserhalb eines engen Ausnahmekatalogs[9]) ermöglicht(e) nämlich bei Existenz einer verfassungsrechtlichen Rechtsweggarantie die in Art. 105 BGG vorgesehene Einschränkung der höchstrichterlichen Sachverhaltskontrolle[10] sowie die Schaffung eines (quantitativ) recht weitgehenden Ausnahmekatalogs (Art. 83 BGG) und damit auch eine Entlastung des Bundesgerichts. Zum dritten schliesslich sollte auch der Bundesrat von seinen Rechtsprechungsaufgaben entlastet werden[11].

1.3 Das Bundesverwaltungsgericht ist das grösste der drei (mit dem Militärkassationsgericht vier) eidgenössischen Gerichte und *das grösste Gericht der Schweiz* überhaupt. Am 1. Januar 2007 wurden von den erwähnten Vorgängerorganisationen 7483 Fälle übernommen. Die 72 Richterinnen und Richter erledigten im ersten Betriebsjahr bei 8554 Eingängen mit ihren 167 Gerichtsschreiberinnen und Gerichtsschreibern sowie dem übrigen Personal von 97 Personen (insgesamt 293,15 Vollzeitstellen) 7560 Fälle[12].

II.   Rechtliche Grundlagen

1.4 Für die Rechtsprechung, die Führung und den Betrieb eines Gerichts sind zahlreiche rechtliche Grundlagen einschlägig. Diese reichen für das Bundesverwaltungsgericht vom Parlamentsgesetz (ParlG) bis zum Reglement über die Verwaltungsgebühren[13/14]. Hauptsächliche rechtliche Grundlage für Stellung, Organisation, Zuständigkeit und Verfahren des Bundesverwaltungsgerichts ist das *Verwaltungsgerichtsgesetz* (VGG) sowie das dieses konkretisierende Geschäftsreglement (VGR)[15]. Diese enthalten jedoch bei weitem nicht alle massgebenden Normen. Bereits das VGG, ein «schlankes Gesetz»[16], weist selbst mehrere Verweisungen auf andere Erlasse auf. So gelten vorab für die Fragen des Ausstands, von Revision, Erläu-

---

8 Eine Übersicht über die bis Ende 2006 bestehenden Rekurskommissionen, deren administrative Zuordnungen und Spezialitäten findet sich bei UEBERSAX, in Moser/Uebersax, Rz. 6.1. ff. Zu den Herausforderungen der Vermählung von 36 unterschiedlichen Hintergründen und Gepflogenheiten in einer neuen Einheit vgl. BANDLI, Rolle, 198 f.

9 Vgl. unten Rz. 1.25.

10 Vgl. BSK BGG-TOPHINKE, Art. 86 N 2.

11 Botschaft Totalrevision Bundesrechtspflege, BBl 2001 4216 f. Der Bundesrat ist nunmehr nur in wenigen Gebieten noch Rechtsmittelinstanz (Art. 32 Abs. 1 Bst. a und c VGG in Verbindung mit Art. 72 VwVG); vgl. unten Rz. 1.31.

12 Geschäftsbericht der eidgenössischen Gerichte 2007 72 ff.

13 Reglement vom 11. Dezember 2006 über die Verwaltungsgebühren des Bundesverwaltungsgerichts; SR 173.320.3.

14 Auf eine umfassende Übersicht aller in irgendeinem Bereich einschlägiger Bestimmungen wird an dieser Stelle verzichtet. Die massgebenden Rechtsgrundlagen und Normen werden im relevanten Sach-Kontext dargestellt.

15 Geschäftsreglement für das Bundesverwaltungsgericht vom 17. April 2008 (SR 173.320.111), welches per 1. Juni 2008 dasjenige vom 11. Dezember 2006 (AS 2006 5287) abgelöst hat.

16 Das VGG enthält – ohne Anhang – bloss 54 Artikel. Betrachtet man die Gesetzesausgabe des VGG in der AS (AS 2006 2197), so stellt man fest, dass das VGG bloss 15 der insgesamt

terung und Berichtigung grundsätzlich die Bestimmungen des Bundesgerichtsgesetzes sinngemäss[17]. Welche Erlasse darüber hinaus durch das VGG berufen werden, hängt alsdann von der Funktion ab, in welcher das Bundesverwaltungsgericht tätig wird. Amtet es in seiner primären und weitaus wichtigsten Funktion als Beschwerdeinstanz, so sind aufgrund des Verweises von Art. 37 VGG vorab die *Regelungen des VwVG* anwendbar (vgl. auch Art. 2 Abs. 4 VwVG). Zumindest insoweit dieses durch den Anhang zum VGG per 1. Januar 2007 nicht geändert worden ist[18], knüpft die Rechtsprechung des Bundesverwaltungsgerichts sodann auch weitgehend im Sinne eines Traditionsanschlusses an die gefestigte und vom Bundesgericht bestätigte Rechtsprechung der Vorgängerinstanzen an[19]. Urteilt das Bundesverwaltungsgericht als Erstinstanz, was in den Klageverfahren gestützt auf Art. 35 f. VGG der Fall ist, so verweist Art. 44 Abs. 1 VGG auf die Regelungen des BZP[20].

Sowohl den Regelungen des VGG wie auch den von diesen berufenen Normen des VwVG gehen spezialgesetzliche Verfahrensregelungen vor[21]. Muss mit anderen Worten vor dem Bundesverwaltungsgericht eine Verfahrensfrage entschieden werden, ist betreffend das anwendbare Recht folgendes *Prüfungsschema* abzufragen: **1.5**

– Regelt das VGG diese Frage selber (ev. durch Verweis auf das BGG)?
– Wenn nein: Handelt es sich um ein Beschwerdeverfahren (dann findet das VwVG grundsätzlich Anwendung) oder um ein Klageverfahren (dann gilt über weite Strecken die BZP)?
– Bei grundsätzlicher Anwendung des VwVG: Wird die Regelung des VwVG verdrängt durch eine bewusst abweichende Vorschrift in einem anderen Spezialgesetz (z.B. Asylgesetz)?[22]

---

93 Seiten umfasst. Die übrigen 78 Seiten betreffen Änderungen von 164 anderen Bundesgesetzen.

17 Art. 38 und 45 ff. VGG. Art. 47 VGG verweist demgegenüber bezüglich Inhalt, Form, Verbesserung und Ergänzung des Revisionsgesuchs auf Art. 67 Abs. 3 VwVG; vgl. ausführlicher unten Rz. 5.66 ff. Der die Revision betreffende Verweis auf das BGG ist indessen nur und erst einschlägig, soweit es um die Revision von vom Bundesverwaltungsgericht gefällten Entscheiden geht. Geht es um die Revision von Entscheiden von Vorgängerinstanzen, so richtet sich das Verfahren nach dem VwVG; BVGE 2007/11.

18 Zu den durch den Anhang zum VGG erfolgten (recht weit gehenden) Änderungen des VwVG vgl. die Übersicht bei ENRICO RIVA/BRIGITTE OLING, Die Änderungen des Verwaltungsverfahrensgesetzes (VwVG) aufgrund des neuen Verwaltungsgerichtsgesetzes (VGG) als Gegenüberstellung mit dem geltenden VwVG, iusletter vom 12. Juni 2006.

19 BEUSCH/MOSER/KNEUBÜHLER, 3.

20 Vgl. ausführlicher unten Rz. 5.6 ff.

21 So etwa allgemein ausdrücklich auch Art. 6 AsylG oder Art. 39 KG sowie Art. 3 Bst. d^bis VwVG (Vorbehalt des ATSG). Vgl. etwa Art. 105 ff. AsylG (Behandlungsfristen für das Bundesverwaltungsgericht [Art. 108 Abs. 2, Art. 109 AsylG]); Art. 65 Abs. 2 AuG (Behandlungsfrist für das Bundesverwaltungsgericht); Art. 26 ff. BoeB (keine aufschiebende Wirkung [Art. 28 Abs. 1 BoeB]); Art. 36 f. BPG («gesplittete» Zuständigkeiten). Selbstredend würden auch bezüglich Klageverfahren einschlägige spezialgesetzliche Bestimmungen den berufenen Regelungen des BZP vorgehen; solche sind indessen nicht ersichtlich.

22 Vgl. die «Checkliste» in der Botschaft Totalrevision Bundesrechtspflege, BBl 2001 4257.

III. Organisation

1.   Institutionelle Unabhängigkeit und Aufsicht

1.6 Das Bundesverwaltungsgericht ist in seiner Recht sprechenden Tätigkeit unabhängig und nur dem Recht verpflichtet (Art. 2 VGG). Diese bereits in der Bundesverfassung in Art. 191c BV statuierte Selbstverständlichkeit des gewaltenteiligen Rechtsstaates hat verschiedene konkrete Auswirkungen auf *Autonomie und institutionelle Unabhängigkeit:* So regelt das Bundesverwaltungsgericht seine Organisation und Verwaltung selbst (Art. 14 VGG), verfügt über Budget- und Rechnungsautonomie und Hoheit über das eigene Personalwesen (Art. 27 VGG)[23].

1.7 Das Bundesverwaltungsgericht untersteht der Justizverwaltung des Bundesgerichts und der *Oberaufsicht des Parlaments* (Art. 3 VGG)[24]. Diese Unterstellung war auf Bundesebene zunächst nicht vorgesehen, da dem Bundesgericht keine neuen Aufgaben aufgebürdet werden sollten[25]; unberührt davon bleiben die autonomen, gesetzlich ausdrücklich dem Bundesverwaltungsgericht zugewiesenen Bereiche (Art. 14 ff. VGG)[26]. Seinerseits ist das Bundesverwaltungsgericht Aufsichtsbehörde über die Geschäftsführung der eidgenössischen Schätzungskommissionen (Art. 63 Abs. 1 EntG), wobei diese Aufsicht durch die erste Abteilung des Gerichts ausgeübt wird (Art. 23 Abs. 1 VGR).

2.   Stellung von Richterschaft und Personal

1.8 Am Bundesverwaltungsgericht sind mindestens 50 und höchstens 70 Richterstellen à 100 % vorgesehen (Art. 1 Abs. 3 VGG), wobei das Amt einer Richterin bzw. eines Richters auch in einem Teilpensum ausgeübt werden kann (Art. 13 Abs. 1 VGG)[27]. Wie viele *Richterstellen* innerhalb dieses gesetzlichen Rahmens tatsächlich besetzt werden können und dürfen, bestimmt die Bundesversammlung in einer Verordnung (Art. 1 Abs. 4 VGG). Die aktuelle Verordnung vom 17. Juni 2005 über die Richterstellen am Bundesverwaltungsgericht (Richterstellenverordnung)[28] legt fest, dass das Bundesverwaltungsgericht höchstens 64 Vollzeitstellen umfasst. Diese Obergrenze ist bei der erstmaligen Bestellung des Gerichts mit der Verteilung von 61,9 volle Stellen auf 72 Richterinnen und Richter nicht ausgeschöpft worden[29]; seit Mitte 2008 sind indessen sämtliche 64 Stellen besetzt[30].

---

23 Vgl. BANDLI, Rolle, 201 f.
24 Das Bundesverwaltungsgericht gibt über seine Tätigkeit in einem jährlichen Geschäftsbericht Rechenschaft (Art. 3 Abs. 3 VGG); vgl. zur Aufsicht durch das Bundesgericht auch das Reglement des Bundesgerichts vom 11. September 2006 betreffend die Aufsicht über das Bundesstrafgericht und das Bundesverwaltungsgericht (SR 173.110.132).
25 Vgl. Hintergründe und Grenzen der bundesgerichtlichen Aufsicht ausleuchtend BANDLI, Rolle, 202 ff.
26 BEUSCH/SAVOLDELLI, 229.
27 Zum Verhältnis Vollzeit – Teilzeit vgl. BANDLI, Rolle, 200.
28 SR 173.321.
29 WEISSENBERGER, 1501.
30 Zur Bewältigung ausserordentlicher Geschäftseingänge kann die Bundesversammlung darüber hinaus zusätzliche Richterstellen bewilligen, allerdings nur befristet «auf jeweils

Die eigentliche Stellung der Richterschaft ist vorab und weitgehend im *Verwal-* **1.9**
tungsgerichtsgesetz (VGG) und dem dieses konkretisierenden Geschäftsreglement
geregelt. Die Richterinnen und Richter werden von der Vereinigten Bundesversammlung für ein bestimmtes Pensum auf eine Amtsdauer von sechs Jahren gewählt (Art. 5 Abs. 1, 9 Abs. 1 und 13 Abs. 1 VGG)[31]; (mehrfache) Wiederwahl ist zulässig[32]. Wählbarkeitsvoraussetzung ist formell – wie beim Bundesgericht (Art. 143
BV; Art. 5 Abs. 2 BGG) – einzig die Stimmberechtigung in eidgenössischen Angelegenheiten (Art. 5 Abs. 2 VGG)[33]; faktisch verfügen alle Richterinnen und Richter
über einen juristischen Hochschulabschluss sowie in der Regel weitere Zusatzquali-
fikationen[34]. Während der Amtsdauer kann eine Richterin oder ein Richter sodann
durch die Wahlbehörde des Amtes enthoben werden, wenn Amtspflichten vorsätzlich oder grob fahrlässig schwer verletzt werden oder die Fähigkeit, das Amt auszuüben, auf Dauer verloren gegangen ist (Art. 10 VGG)[35].

Das Gesetz enthält verschiedene Arten von *Unvereinbarkeiten*. Diese generell- **1.10**
abstrakten Bestimmungen, welche die Befähigung zum Amt dauernd ausschliessen
und vom Ausstand im konkreten Einzelfall zu unterscheiden sind (Art. 38 VGG
i.V.m. Art. 34 ff. BGG)[36], betreffen zum einen die Unvereinbarkeit in der Person
(Art. 8 VGG) und zum anderen diejenige in der Sache (Art. 6 VGG). Von herausragender Bedeutung ist in diesem Kontext, dass die Richterinnen und Richter weder eine Tätigkeit ausüben, welche die Erfüllung der Amtspflichten, die Unabhängigkeit oder das Ansehen des Gerichts beeinträchtigt, noch berufsmässig Dritte vor

---

längstens zwei Jahre» (Art. 1 Abs. 5 VGG). Eine nahtlose Wiederwahl nach Ablauf von
zwei Jahren ist damit ausgeschlossen. Die Bewilligung von zusätzlichen Richterstellen darf
unter diesem Ausnahmeartikel also nicht über Jahre hinweg erfolgen. Hält die aussergewöhnliche Geschäftslast länger an, sind im Rahmen der Vorgaben von Art. 1 Abs. 3 VGG
die Richterstellenverordnung oder sogar das VGG zu ändern sowie andere Entlastungs-
massnahmen zu prüfen.

31 Der Bundesrat hatte in seiner Botschaft noch vorgeschlagen, er wolle die Richterinnen und
Richter des Bundesverwaltungsgerichts ernennen (Botschaft Totalrevision Bundesrechtspflege, BBl 2001 4258). Von dieser Lösung wurde zu Recht Abstand genommen; vgl.
BANDLI, Rolle, 208 ff. Zur Änderung des Beschäftigungsgrades während der Amtsdauer
vgl. Art. 27 VGR.

32 Art. 135 ff. ParlG; vgl. zu diesem Thema weiterführend STEPHAN GASS, Wie sollen Richterinnen und Richter gewählt werden? Wahl und Wiederwahl unter dem Aspekt der richterlichen Unabhängigkeit, AJP 2007, 593 ff.; MARTIN KAYSER, Richterwahlen: Unabhängigkeit im Spannungsfeld von Rechtsstaatlichkeit und Demokratie, in: Benjamin
Schindler/Patrick Sutter (Hrsg.), Akteure der Gerichtsbarkeit, Zürich 2007, 41 ff.

33 Zum Thema der Wählbarkeitsvoraussetzungen vgl. weiterführend MICHAEL BEUSCH, Die
Mitwirkung der Laien, in: Michael Holoubek/Michael Lang/Georg Lienbacher (Hrsg.),
Die Schaffung einer Verwaltungsgerichtsbarkeit erster Instanz, Wien 2008 mit weiteren
Hinweisen; vgl. auch BGE 134 I 16. Der Entwurf zum Patentgerichtsgesetz sieht nun für
gewisse Funktionen wie Präsidium und Vizepräsidium des Bundespatentgerichts zwingend
eine juristische Ausbildung vor (Art. 18 Abs. 3 und 19 Abs. 1 E-PatGG; BBl 2008 505).

34 Die fachliche Qualifikation ist denn auch eines der Kriterien, welche im der eigentlichen
Wahl vorangehenden Verfahren vor der Gerichtskommission der eidgenössischen Räte ge-
prüft werden; vgl. (zu den diesbezüglich vergleichbaren Wahlen an das Bundesgericht)
BSK BGG-KIENER, Art. 5 N 8 ff.

35 Vgl. ausführlicher WEISSENBERGER, 1501 f.

36 Vgl. dazu ausführlich unten Rz. 3.58 ff.

Gericht vertreten dürfen (Art. 6 Abs. 2 VGG). Für die Ausübung einer Beschäftigung ausserhalb des Gerichts bedürfen die Richter und Richterinnen einer Ermächtigung des Bundesverwaltungsgerichts (Art. 7 VGG; Art. 28 VGR)[37]. Dies ist logische Folge des mit der Schaffung des Bundesverwaltungsgerichts einhergehenden Paradigmenwechsels von Fach-Rekurskommissionen mit auch nebenamtlichen Mitgliedern aus den entsprechenden Fachgebieten zu einem Gericht, das grundsätzlich auf der Idee des Berufsrichtertums basiert[38].

1.11 Während der Amtsausübung geniessen die Richterinnen und Richter des Bundesverwaltungsgerichts eine beschränkte strafrechtliche Immunität (Art 12 VGG)[39]. Ihre arbeitsrechtliche Stellung sowie ihre Besoldung wird durch eine Verordnung der Bundesversammlung geregelt (Art. 13 Abs. 3 VGG), nämlich die Verordnung der Bundesversammlung vom 13. Dezember 2002 über das Arbeitsverhältnis und die Besoldung der Richter und Richterinnen des Bundesstrafgerichts und des Bundesverwaltungsgerichts *(Richterverordnung)*[40]. Diese ihrerseits verweist für gewisse Fragen auf Bestimmungen über das Arbeitsverhältnis des Personals der Bundesverwaltung[41].

1.12 Das *Amt* als Richterin oder Richter *endet* ordentlicherweise mit Ende des Jahres, in dem sie das ordentliche Rücktrittsalter nach den Bestimmungen über das Arbeitsverhältnis des Bundespersonals erreichen (Art. 9 Abs. 2 VGG), mit Kündigung der Richterin oder des Richters (Art. 4 Richterverordnung) oder dem Verzicht auf Wiederwahl (vgl. Art. 136 ParlG).

1.13 Was die rechtliche Stellung des übrigen, des nichtrichterlichen Personals betrifft, so ist auf dieses das *Bundespersonalrecht* anwendbar[42], wobei die Stellung der Gerichtsschreiberinnen und Gerichtsschreiber angesichts ihrer Aufgaben zu Recht sowohl im Verwaltungsgerichtsgesetz (Art. 26 VGG) als auch im Geschäftsreglement (Art. 29 f. VGR) verankert ist.

1.14 *Gerichtsschreiberinnen und Gerichtsschreiber* haben wichtige Kompetenzen: Sie wirken bei der Instruktion der Fälle (Verfassen prozessleitender Verfügungen und Beschlüsse) und bei der Entscheidfindung mit, haben beratende Stimme, erarbeiten Referate unter der Verantwortung einer Richterin oder eines Richters und redigieren die Entscheide des Bundesverwaltungsgerichts (Art. 26 Abs. 1 und 2 VGG). Sie führen ausserdem das Protokoll an Verhandlungen und Beratungen, teilen das Urteilsdispositiv schriftlich mit, wenn der Entscheid in einer öffentlichen Beratung getroffen worden ist, und sorgen für die Bearbeitung und Anonymisierung der zur Veröffentlichung bestimmten oder an Dritte abzugebenden Urteile (Art. 29 Abs. 2

---

37 Vgl. zum Ganzen ausführlicher BANDLI, Rolle, 211 ff.; WEISSENBERGER, 1502 f.

38 Vgl. dazu weiterführend MICHAEL BEUSCH, Die Mitwirkung der Laien, in: Michael Holoubek/Michael Lang/Georg Lienbacher (Hrsg.), Die Schaffung einer Verwaltungsgerichtsbarkeit erster Instanz, Wien 2008.

39 Vgl. WEISSENBERGER, 1504.

40 SR 173.711.2.

41 Die gewählte Lösung trägt – anders als eine unmittelbare Anwendung des Bundespersonalrechts – der richterlichen Unabhängigkeit Rechnung; vgl. WEISSENBERGER, 1504.

42 Art. 2 Abs. 1 Bst. f BPG.

VGR). Wie die Zusammenarbeit zwischen Richterschaft und Gerichtsschreiberinnen und Gerichtsschreibern im Alltag im Detail vor sich geht, regeln die einzelnen Abteilungen des Bundesverwaltungsgerichts für ihren Bereich autonom (Art. 30 VGR)[43].

3. Interne Organisation und Verwaltung

Das Bundesverwaltungsgericht verfügt über mehrere Organe, deren Aufgaben und Befugnisse im Verwaltungsgerichtsgesetz und ergänzend im Geschäftsreglement festgehalten sind. An erster Stelle zu nennen ist das *Gesamtgericht* (Art. 16 VGG; Art. 1 VGR), dem u.a. die Kompetenz zum Erlass von Reglementen über die Organisation und Verwaltung des Gerichts und damit innerhalb der gesetzlichen Vorgaben eine umfassende Legiferierungskompetenz zukommt (Art. 16 Abs. 1 Bst. a VGG). Für das Alltagsgeschäft ausserhalb der Rechtsprechung ist das *Präsidium* zuständig (Art. 15 VGG; Art. 10 VGR), welches dabei von der *Verwaltungskommission* (Art. 18 VGG; Art. 11 VGR) und operativ dem *Generalsekretariat* (Art. 28 VGG; Art. 15 VGR) unterstützt wird. Schliesslich gibt es noch die *Präsidentenkonferenz*, welcher in genau umschriebenem Rahmen u.a. Reglementsbefugnisse zustehen (Art. 17 VGG; Art. 14 VGR), sowie die *Schlichtungsstelle* zur Beilegung von Konflikten zwischen Richtern und Richterinnen (Art. 16 VGR)[44]. **1.15**

Für die Kernfunktion des Gerichtes, die Rechtsprechung, am bedeutendsten ist dessen Aufteilung in *fünf Abteilungen* (Art. 19 VGG; Art. 18 ff. VGR). Üblicherweise konstituieren sich Gerichte selbst, wobei die Verteilung der Richterschaft auf die Abteilungen durch das Gesamtgericht auf Antrag der Verwaltungskommission vorgenommen wird (Art. 16 Abs. 1 Bst. e VGG[45]). Dabei sind die fachlichen Kenntnisse und die Amtssprachen angemessen zu berücksichtigen (Art. 19 Abs. 2 VGG[46])[47]. Für die ersten zwei Jahre erfolgte indessen die Zuteilung der Richterinnen und Richter auf die einzelnen Abteilungen durch die Gerichtskommission der eidgenössischen Räte. Diese nahm weitestgehend Rücksicht auf die bereits bestehenden spezifischen Fachkenntnisse der Kandidatinnen und Kandidaten. So konnte sichergestellt werden, dass in nahezu allen Sachgebieten ab Stunde Null Richterinnen und Richter mit grosser Erfahrung zum Einsatz gelangen. Die Zusammenset- **1.16**

---

43 Zur Stellung der Gerichtsschreiberinnen und Gerichtsschreiber sowie deren Zusammenarbeit mit der Richterschaft vgl. weiterführend BSK BGG-Uebersax, Art. 24 N 1 ff.; Peter Uebersax, Stellung der Gerichtsschreiberinnen und Gerichtsschreiber in der Gerichtsverfassung, in: Benjamin Schindler/Patrick Sutter (Hrsg.), Akteure der Gerichtsbarkeit, Zürich 2007, 77 ff.; Michael Beusch, Die Zusammenarbeit zwischen Richterinnen und Gerichtsschreibern, Justice-Justiz-Giustizia 2007/2, Rz. 3.

44 Vgl. zum Ganzen und zum Zusammenspiel der verschiedenen Organe Marianne Ryter, Gerichtsverwaltung und richterliche Unabhängigkeit, in: Jahrbuch 2007 der Schweizerischen Vereinigung für Verwaltungsorganisationsrecht, Bern 2008, 59 ff.; Weissenberger, 1505 f.

45 Gleich lautend auch Art. 15 Abs. 1 Bst. d BGG.

46 Gleich lautend auch Art. 18 Abs. 2 BGG.

47 Vgl. zur Berücksichtigung der fachlichen Kompetenzen Thomas Stadelmann, Organisationsstrukturen eines Gerichts, Justice-Justiz-Giustizia 2007/2, Rz. 7 f.

zung der Abteilungen, welche für zwei Jahre gilt[48], wird öffentlich bekannt gemacht (Art. 19 Abs. 1 VGG[49]).

1.17 Die Gerichtskommission hat sich bei der erstmaligen Bestellung der Abteilungen des Bundesverwaltungsgerichts für eine Gliederung des Gerichts in fünf Abteilungen entschieden (Art. 173 Ziff. 5 ParlG; Art. 18 Abs. 1 VGR). Die Abteilungen setzen sich aus 13–16 Richterinnen und Richtern zusammen. Mit den dazu gehörenden Gerichtsschreibern und Gerichtsschreiberinnen sowie dem Kanzleipersonal umfassen die Abteilungen je ca. 40–60 Personen. Diese Grössenordnungen machen es nötig, jede Abteilung zusätzlich in *Kammern* zu unterteilen (Art. 25 ff. VGR). Die kleinste Organisationseinheit sollte dabei mindestens die Grösse aufweisen wie der vom Gesetz für die Beurteilung wichtiger Grundsatzfragen vorgesehene Spruchkörper von fünf Richterinnen und Richtern (Art. 21 Abs. 2 VGG). Vorgeschrieben ist, dass sich jede Abteilung grundsätzlich in zwei Kammern gliedert (Art. 25 Abs. 1 VGR).

1.18 Die *Aufteilung* der vom Bundesverwaltungsgericht zu behandelnden Geschäfte auf die einzelnen Abteilungen wird in *Art. 23 VGR* und im Einzelnen im Anhang geregelt (Art. 23 Abs. 5 VGR). Die erste Abteilung behandelt Geschäfte, die ihren Schwerpunkt in den Bereichen Infrastruktur, Umwelt, Abgaben und Personal haben. Sie übt zudem die Aufsicht über die Geschäftsführung der Schätzungskommissionen und ihrer Präsidenten oder Präsidentinnen aus (Art. 23 Abs. 1 VGR). Die zweite Abteilung befasst sich mit Geschäften mit Schwerpunkt in den Bereichen Wirtschaft, Wettbewerb und Bildung (Art. 23 Abs. 2 VGR). Die dritte Abteilung behandelt Geschäfte, die ihren Schwerpunkt in den Bereichen Ausländerrecht, Sozialversicherungen und Gesundheit haben (Art. 23 Abs. 3 VGR) und die vierte und fünfte Abteilung schliesslich widmen sich Geschäften im Bereich des Asylrechts (Art. 23 Abs. 4 VGR)[50]. Die Verwaltungskommission kann indessen auf Antrag der Präsidentenkonferenz zur Ausgleichung der Geschäftslast vorübergehend auch ganze Gruppen von Geschäften abweichend von Art. 23 VGR und vom Anhang zuteilen (Art. 24 Abs. 4 VGR).

1.19 Die Verteilung der einer Abteilung zugewiesenen Geschäfte auf die Kammern erfolgt durch *Abteilungsreglemente* (Art. 26 VGR). Innerhalb dieser entscheidet der gesetzlich vorgesehene Spruchkörper (Art. 21 VGG)[51], wobei ausnahmsweise auch die Vereinigung sämtlicher (betroffener) Abteilungen involviert ist, nämlich dann, wenn es um eine abteilungsübergreifende oder gar die gesamte Rechtsprechung

---

48 Vorbehalten ist die Aushilfe in anderen Abteilungen (Art. 19 Abs. 3 VGG), zu deren Anordnung die Verwaltungskommission befugt ist (Art. 11 Abs. 3 Bst. e VGR). Derartige Aushilfen dürfen aber nicht auf eine Umgehung der zweijährigen Dauer der Zusammensetzung hinauslaufen; BGG-SEILER, Art. 18 N 14. Zum Abteilungsvorsitz vgl. auch Art. 20 VGG.

49 Gleich lautend auch Art. 18 Abs. 1 BGG.

50 Zur Geschäftsverteilung im Detail vgl. den (auch im Anhang dieses Buches abgedruckten) Anhang zum VGR. Zur Zuteilung der Geschäfte und zur Ausgleichung der Geschäftslast vgl. Art. 24 VGR.

51 Vgl. unten Rz. 3.51 ff.

des Bundesverwaltungsgerichts betreffende Praxisänderung oder ein entsprechendes Präjudiz geht (Art. 25 VGG; Art. 22 VGR)[52].

Das Bundesverwaltungsgericht informiert die Öffentlichkeit über seine Rechtsprechung (Art. 29 Abs. 1 VGG), und zwar mittels einer elektronischen Entscheiddatenbank wie auch mit einer Amtlichen Sammlung (Art. 5 Abs. 1 des *Informationsreglementes für das Bundesverwaltungsgericht vom 21. Februar 2008*[53]). Was in der sowohl gedruckt wie auch elektronisch vorliegenden Amtlichen Sammlung erscheint, entscheidet die Redaktionskommission (Art. 9 Informationsreglement). Die Veröffentlichung der Entscheide hat dabei grundsätzlich in anonymisierter Form zu erfolgen (Art. 29 Abs. 1 und 2 VGG). Grundsätzlich nicht anonymisiert ist allerdings die Auflage der Entscheide im Dispositiv mit Rubrum (Art. 4 Abs. 1 Informationsreglement), und auf die Anonymisierung kann verzichtet werden, insbesondere wenn die Namen bereits bekannt sind, offensichtlich keine schutzwürdigen Interessen berührt werden oder die Parteien mit der Bekanntgabe einverstanden sind (Art. 8 Abs. 2 Informationsreglement)[54]. Das Informationsreglement, welches u.a. auch Aussagen zur Information auf Anfrage und zur Gerichtsberichterstattung enthält, spiegelt die im Medienzeitalter zunehmende Bedeutung dieses eigentlichen Annexes der Rechtsprechung[55]. Betreffend administrative Aufgaben oder solche im Zusammenhang mit der Aufsicht über die eidgenössischen Schätzungskommissionen in Enteignungssachen gilt grundsätzlich sinngemäss das Öffentlichkeitsgesetz vom 17. Dezember 2004[56] (Art. 30 VGG).

1.20

IV. Zuständigkeit

1. Sachliche Zuständigkeit – Ausnahmekatalog

Das Bundesverwaltungsgericht ist das *allgemeine Verwaltungsgericht des Bundes* (Art. 1 VGG). Es beurteilt Beschwerden gegen Verfügungen nach Art. 5 VwVG (Art. 31 VGG)[57]. Die Spezialgesetzgebung des Bundesverwaltungsrechts hat damit für den gerichtlichen Rechtsschutz gegenüber dem Zustand vor der Schaffung des Bundesverwaltungsgerichts zwar auch in dieser Frage massiv an Bedeutung verloren[58]. Dennoch ist die erwähnte Spezialgesetzgebung keinesfalls ausser Acht zu lassen, kann sie doch vom Grundsatz abweichende Regelungen enthalten (vgl. Art. 32 Abs. 2 Bst. b VGG).

1.21

---

52 Vgl. etwa die Beispiele in BVGE 2007/11 (Gesamtgericht) und in BVGE 2007/18 (Vereinigung der beiden asylrechtlichen Abteilungen IV und V); vgl. auch unten Rz. 2.200.
53 SR 173.320.4.
54 Zu den möglichen Folgen ungerechtfertigter unanonymisierter Veröffentlichung vgl. BEUSCH/MOSER/KNEUBÜHLER, 8.
55 Vgl. zu Sinn, Zweck und Grenzen der Information BSK BGG-TSCHÜMPERLIN, Art. 27 N 1 ff. mit weiteren Hinweisen; vgl. auch unten Rz. 3.179 f. (Urteilsverkündung).
56 SR 152.3.
57 Zum Verfügungsbegriff vgl. ausführlich unten Rz. 2.3 ff.
58 Zum Status bis Ende 2006 vgl. UEBERSAX, in Moser/Uebersax, Rz. 1.3.1.

1.22 Von der allgemeinen Zuständigkeit des Bundesverwaltungsgerichts bestehen insbesondere zwei im VGG selbst geregelte Arten von Ausnahmen. So ist zum einen im Sinne einer (relativen) *Subsidiarität* festgehalten, vor der Anrufung des Bundesverwaltungsgerichts sei ein spezialgesetzlich vorgesehener Instanzenzug auszuschöpfen[59]. So ist die Beschwerde an das Bundesverwaltungsgericht unzulässig gegen Verfügungen, die nach einem anderen Bundesgesetz durch Einsprache oder durch Beschwerde an eine Behörde im Sinne von Art. 33 Bst. c–f (Art. 32 Abs. 2 Bst. a VGG)[60] oder durch Beschwerde an eine kantonale Behörde anfechtbar sind (Art. 32 Abs. 2 Bst. b VGG)[61]. Die in diesen Verfahren ergangenen Entscheide unterliegen ihrerseits nach den allgemeinen Regeln der Beschwerde an das Bundesverwaltungsgericht.

1.23 Ohne weiteres zulässig ist somit eine *Beschwerde gegen Beschwerdeentscheide* der zuständigen internen Beschwerdeinstanz in Personalsachen, gegen Einspracheentscheide der Eidgenössischen Steuerverwaltung, gegen Einsprache- und Beschwerdeentscheide der Oberzolldirektion bzw. der Zollkreisdirektionen oder gegen Beschwerdeentscheide der ETH-Beschwerdekommission[62], gelten doch auch diese Entscheide als Verfügungen im Sinne von Art. 5 VwVG (Art. 5 Abs. 2 VwVG)[63]. Etwas anders verhält es sich dagegen, wenn das Bundesgesetz eine Beschwerde an eine kantonale Behörde vorsieht, sind doch kantonale Instanzen nur ausnahmsweise Vorinstanzen des Bundesverwaltungsgerichts (Art. 33 Bst. i, Art. 34 VGG)[64].

1.24 Ausnahmsweise nicht ausgeschöpft werden muss der bundesinterne Instanzenzug dann, wenn eine nicht endgültig entscheidende Beschwerdeinstanz im Einzelfalle eine Weisung erteilt, dass oder wie eine Vorinstanz verfügen soll (Art. 47 Abs. 2 VwVG) oder die Spezialgesetzgebung eine entsprechende Norm enthält (z.B. Art. 64 Abs. 2 MWSTG). In diesen Fällen der so genannten *Sprungbeschwerde* kann bei Vorliegen der übrigen Voraussetzungen direkt an das Bundesverwaltungsgericht gelangt werden[65].

1.25 Zum anderen enthält *Art. 32 Abs. 1 VGG* einen *Ausnahmekatalog von Sachbereichen,* in denen eine Beschwerde an das Bundesverwaltungsgericht nicht zulässig ist. Dieser bestimmt, genauso wie der Ausnahmekatalog von Art. 83 BGG für die Beschwerde an das Bundesgericht[66], den Umfang des gerichtlichen Rechtsschutzes. So sind Beschwerden an das Bundesverwaltungsgericht in folgenden Materien ausgeschlossen gegen:

---

59 Angesichts des unmissverständlichen Wortlautes kann eine Abweichung vom Grundsatz von Art. 31 VGG nicht in einer Verordnung festgelegt sein.

60 Beispiele hierfür sind etwa die Beschwerde an die von den Ausführungsbestimmungen bezeichnete interne Beschwerdeinstanz gemäss Personalrecht (Art. 35 Abs. 1 BPG), die Einsprache an die Eidgenössische Steuerverwaltung gemäss Art. 64 MWSTG oder die Oberzolldirektion nach Art. 23 Abs. 3 SVAG oder die Beschwerde an die Oberzolldirektion bzw. die Zollkreisdirektionen (Art. 116 ZG); vgl. unten Rz. 2.7.

61 Solche Konkurrenzsituationen finden sich namentlich im Sozialversicherungsrecht, wenn Versicherungseinrichtungen mit dem Charakter einer Instanz im Sinne von Art. 33 Bst. e oder h VGG wie etwa die SUVA Verfügungen treffen; vgl. Art. 57 ATSG.

62 Vgl. Art. 37 Abs. 3 ETH-Gesetz.

63 Vgl. unten Rz. 2.4, 2.7.

64 Vgl. unten Rz. 1.39.

65 Vgl. zur Sprungbeschwerde ausführlicher unten Rz. 2.55 ff.

66 Der Ausnahmekatalog von Art. 83 BGG seinerseits legt fest, in welchen Sachbereichen das Bundesverwaltungsgericht letztinstanzlich entscheidet; vgl. unten Rz. 1.44 ff.

- Verfügungen auf dem Gebiet der inneren und äusseren Sicherheit des Landes, der Neutralität, des diplomatischen Schutzes und der übrigen auswärtigen Angelegenheiten, es sei denn, das Völkerrecht räume einen Anspruch auf gerichtliche Beurteilung ein *(Bst. a)*. Ist Letzteres der Fall, so kann gestützt auf Art. 6 Ziff. 1 EMRK ausnahmsweise an das Bundesverwaltungsgericht (und hernach an das Bundesgericht) gelangt werden (Art. 83 Bst. a BGG)[67]. Ansonsten, d.h. bei Fehlen eines völkerrechtlichen Anspruches, unterliegen Verfügungen in diesem Sachgebiet der Beschwerde an den Bundesrat (Art. 72 Bst. a VwVG), der letztinstanzlich entscheidet (Art. 83 Bst. a BGG). Dabei ist der Begriff der «übrigen auswärtigen Angelegenheiten» restriktiv auszulegen und betrifft Anordnungen mit vorwiegend politischem Charakter. Nicht zu diesen gehören die Materien «Entwicklungszusammenarbeit» und «humanitäre Hilfe»; Verfügungen in diesen Bereichen unterliegen somit grundsätzlich der Beschwerde an das Bundesverwaltungsgericht, sofern die übrigen Voraussetzungen erfüllt sind[68].
- Verfügungen betreffend die politische Stimmberechtigung der Bürger sowie Volkswahlen und -abstimmungen *(Bst. b)*. Diese unterliegen direkt der Beschwerde an das Bundesgericht (Art. 88 Abs. 1 Bst. b BGG).
- Verfügungen über leistungsabhängige Lohnanteile des Bundespersonals, soweit sie nicht die Gleichstellung der Geschlechter betreffen *(Bst. c)*[69]. Geht es um Letztere, so kann an das Bundesverwaltungsgericht (und hernach an das Bundesgericht) gelangt werden (Art. 83 Bst. g BGG). Geht es dagegen bei leistungsabhängigen Lohnanteilen nicht um die Gleichstellung der Geschlechter, unterliegen erstinstanzliche Verfügungen in diesem Sachgebiet der Beschwerde an den Bundesrat (Art. 72 Bst. b VwVG), der letztinstanzlich entscheidet (Art. 83 Bst. g BGG).
- Verfügungen über schwer bis kaum justiziable Bewilligungen mit starker politischer Komponente wie die Genehmigung der Errichtung und Führung einer Fachhochschule *(Bst. d)*, bestimmte Bewilligungen auf dem Gebiet der Kernenergie *(Bst. e)*, Verfügungen über die Erteilung, Änderung oder Erneuerung von Infrastrukturkonzessionen für Eisenbahnen *(Bst. f)* sowie Verfügungen über die Erteilung von Konzessionen für Spielbanken *(Bst. h)*: Für den Erlass solcher Verfügungen ist denn auch der Bundesrat zuständig[70].

---

67 Gerichtlicher Rechtsschutz zu gewähren ist etwa, wenn jemand in den Anhang 2 der so genannten Talibanverordnung (Verordnung vom 2. Oktober 2000 über Massnahmen gegenüber Personen und Organisationen mit Verbindungen zu Usama bin Laden, der Gruppierung «Al-Qaïda» oder den Taliban [SR 946.203]) aufgenommen wird, werden doch dann dessen gesamte Gelder und wirtschaftliche Ressourcen in der Schweiz gesperrt (BGE 133 II 455 E. 2.2); vgl. auch BGE 132 I 238 E. 6.2 f.

68 Botschaft Totalrevision Bundesrechtspflege, BBl 2001 4387 f.

69 Zur Abgrenzung der leistungsabhängigen Lohnbestandteile von normal anfechtbaren gehaltsmässigen Einreihungen bzw. Lohnrückstufungen vgl. etwa Urteil des Bundesverwaltungsgerichts A-3629/2007 vom 9. Januar 2008 E. 1.1. Zur EMRK-Problematik eines Ausschlusses von leistungsabhängigen Lohnentscheiden von einem gerichtlichen Rechtsschutz vgl. Entscheid der Eidgenössischen Personalrekurskommission vom 26. März 2004, veröffentlicht in VPB 68.91 E. 2 b mit Hinweisen.

70 Vgl. Weissenberger, 1509.

1.26 In einem gewissen Sinn vergleichbar mit den Ausnahmen von Art. 32 Abs. 1 VGG ist der Ausschluss der Anrufung des Bundesverwaltungsgerichts, wenn im *öffentlichen Beschaffungsrecht* der massgebende Schwellenwert für die Anwendbarkeit des BoeB nicht erreicht ist[71].

1.27 Jede Ausnahme vom gerichtlichen Rechtsschutz bedarf vor dem Hintergrund der in Art. 29a BV statuierten *Rechtsweggarantie,* welche in Form eines jeder Person zustehenden verfassungsmässigen Rechts den Anspruch auf Beurteilung durch eine richterliche Behörde beim Vorliegen von Rechtsstreitigkeiten enthält, einer Rechtfertigung. Zu diesen zulässigen Ausnahmen gehören neben eigentlichen «actes de gouvernement», gewisse Volksentscheide und nach herrschender Lehre auch «wirtschaftlich, ökologisch oder politisch sehr bedeutungsvolle Grossverwaltungsakte»[72]. Die im Ausnahmekatalog in Art. 32 Abs. 1 VGG aufgeführten Bereiche können dabei auch bei der gebotenen restriktiven Auslegung als zulässige Ausnahmen im Sinne von Art. 29a Satz 2 BV gelten[73].

1.28 Ist in den erwähnten Rechtsgebieten eine Beschwerde in der Hauptsache an das Bundesverwaltungsgericht ausgeschlossen, so bedeutet dies ebenfalls, dass auch gegen Zwischenverfügungen der Vorinstanzen kein Rechtsmittel an das Bundesverwaltungsgericht ergriffen werden kann (Art. 32 Abs. 1 VGG i.V.m. Art. 45 ff. VwVG)[74]. Dementsprechend können und dürfen weder End- noch Zwischenentscheide der bundesverwaltungsgerichtlichen Vorinstanzen in den einschlägigen Rechtsgebieten eine Rechtsmittelbelehrung enthalten[75]. Wo die Beschwerde gegen den Entscheid in der Hauptsache ausgeschlossen ist, steht dieses Rechtsmittel nach dem Grundsatz der *Einheit des Prozesses* auch nicht offen gegen prozessdisziplinarische Massnahmen gemäss Art. 60 VwVG, die als begleitende Anordnungen zu einem hängigen Hauptverfahren Zwischenverfügungen gleichzustellen sind[76]. Das Bundesverwaltungsgericht ist in den einschlägigen Rechtsgebieten mangels Zuständigkeit schliesslich auch nicht berufen, über Rechtsverweigerungs- oder Rechtsverzögerungsbeschwerden – Art. 46a VwVG spricht ausdrücklich von anfechtbaren Verfügungen – zu befinden[77].

1.29 Hinzuweisen ist sodann auf die Nichtanfechtbarkeit der Entscheide der *UBI* (Unabhängige Beschwerdeinstanz für Radio und Fernsehen) vor dem Bundesverwaltungsgericht *(Art. 32 Abs. 1 Bst. g VGG).* Die UBI steht auf gleicher Stufe neben dem Bundesverwaltungsgericht, und gegen deren Entscheide ist eine Beschwerde direkt an das Bundesgericht möglich (Art. 86 Abs. 1 Bst. c BGG). Die Nichteingliederung der UBI in das Bundesverwaltungsgericht erfolgte deshalb, weil das Verfahren vor der UBI nicht primär den Rechtsschutz des Einzelnen bezwecke, sondern auch ein staat-

---

71 GALLI/MOSER/LANG/CLERC, Rz. 776, 787.

72 KLEY, Art. 29a Rz. 18 ff.; ESTHER TOPHINKE, Bedeutung der Rechtsweggarantie für die Anpassung der kantonalen Gesetzgebung, ZBl 2006, 98 ff.

73 BEUSCH, 737, insbesondere Fn. 156.

74 So noch ausdrücklich Art. 46 Bst. e aVwVG. Vgl. BGE 133 III 647 E. 2.2; Botschaft Totalrevision Bundesrechtspflege, BBl 2001 4408; BGG-SEILER, Art. 83 N 13.

75 Zur ansonsten bestehenden Pflicht zur Aufnahme einer Rechtsmittelbelehrung vgl. unten Rz. 2.22 ff.

76 Vgl. BGE 119 Ib 414 E. 2.

77 Urteil des Bundesverwaltungsgerichts A-2723/2007 vom 30. Januar 2008 E. 1.3; Botschaft Totalrevision der Bundesrechtspflege, BBl 2001 4408. Vgl. auch unten Rz. 5.18. Zur Situation bei Entscheiden des Bundesverwaltungsgerichts innerhalb des bundesgerichtlichen Ausnahmekatalogs von Art. 83 BGG vgl. unten Rz. 1.47.

liches Aufsichtsinstrument darstelle. Es gehe um eine eigentliche Programmaufsicht, weshalb auch die Beschwerdebefugnis weit gefasst sei (Popularbeschwerde)[78].

Voraussichtlich wird neben der UBI in naher Zukunft eine weitere Instanz auf der Stufe des **1.30** Bundesverwaltungsgerichts geschaffen, nämlich ein *Bundespatentgericht.* Dieses Spezialverwaltungsgericht soll zwar administrativ dem Bundesverwaltungsgericht angegliedert werden, aber ansonsten unabhängig und mit Fachrichterinnen und Fachrichtern operieren[79].

Weiterhin gewisse Rechtspflegeaufgaben werden schliesslich auch vom *Bundesrat* übernom- **1.31** men, nämlich in den Fällen, in denen gegen Verfügungen der Departemente und der Bundeskanzlei, letzter Instanzen autonomer Anstalten und Betriebe des Bundes oder letzter kantonaler Instanzen keine Beschwerde oder Einsprache an eine andere Bundesbehörde, z.B. das Bundesverwaltungsgericht zulässig ist (Art. 73 f. VwVG)[80]. Entscheidet der Bundesrat alsdann als Beschwerdeinstanz, ist keine gerichtliche Überprüfung möglich (Art. 79 VwVG; Art. 33 Bst. a und b VGG e contrario; Art. 86 BGG e contrario).

Das Bundesverwaltungsgericht *prüft seine Zuständigkeit von Amtes wegen* (Art. 7 **1.32** Abs. 1 VwVG), wobei die Begründung einer Zuständigkeit durch Einverständnis zwischen Behörde und Partei ausgeschlossen ist (Art. 7 Abs. 2 VwVG)[81/82]. Erachtet es sich als unzuständig, überweist es die Sache ohne Verzug der zuständigen Behörde (Art. 8 Abs. 1 VwVG), scheint ihm seine Zuständigkeit als zweifelhaft, so pflegt es darüber ohne Verzug einen Meinungsaustausch mit der Behörde, deren Zuständigkeit in Frage kommt (Art. 8 Abs. 2 VwVG). Nötigenfalls hat das Bundesverwaltungsgericht einen Nichteintretensentscheid zu fällen und seine Unzuständigkeit festzustellen (Art. 9 Abs. 2 VwVG)[83].

2.   Vorinstanzen

Art. 33 VGG zählt in neun Buchstaben die möglichen Vorinstanzen des Bundesver- **1.33** waltungsgerichts auf[84]. Bei diesen handelt es sich angesichts des Charakters des Bundesverwaltungsgerichts als allgemeines Verwaltungsgericht des Bundes wesengemäss grossmehrheitlich um Instanzen des Bundes[85]. Die mit Abstand wichtigsten Vorinstanzen sind dabei *Departemente* oder diesen unterstellte oder administrativ zugeordnete Dienststellen der Bundesverwaltung *(Art. 33 Bst. d VGG).* Zu diesen

---

78 Botschaft Totalrevision Bundesrechtspflege, BBl 2001 4388.

79 Vgl. zum Ganzen die Botschaft zum Patentgerichtsgesetz (BBl 2008 455) sowie den Entwurf des Patentgerichtsgesetzes (BBl 2008 501).

80 Vgl. zu Art. 72 VwVG oben Rz. 1.2 in fine sowie Rz. 1.25. Beschwerdeinstanz ist der Bundesrat sodann weiterhin auch, wenn Entscheide des Bundesverwaltungsgerichts und des Bundesgerichts, die nicht zur Zahlung einer Geldsumme oder zur Sicherheitsleistung in Geld verpflichten, mangelhaft vollstreckt werden (Art. 43 VGG; Art. 70 Abs. 4 BGG).

81 Vgl. dazu etwa den Zwischenentscheid des Bundesverwaltungsgerichts B-93/2007 vom 8. Juni 2007 E. 3.1; vgl. unten Rz. 3.9.

82 Zu den in anderen öffentlich-rechtlichen Verfahren ausnahmsweise bestehenden Möglichkeiten einer Prorogation (Art. 69 Abs. 2 EntG; Art. 105 des Bundesgesetzes vom 19. Juni 1992 über die Militärversicherung [SR 833.1]) vgl. MÄCHLER, 528 ff.

83 Vgl. BVGE 2008/15 E. 3.2 (mit Hinweisen) sowie unten Rz. 3.10.

84 Unpräzise hier WEISSENBERGER, 1509, der von neun Vorinstanzen spricht.

85 Vgl. aber zu den kantonalen Vorinstanzen (Art. 33 Bst. i und 34 VGG) unten Rz. 1.39.

gehören etwa das Bundesamt für Migration oder die Eidgenössische Steuerverwaltung. Teil der Nennung in Art. 33 Bst. d VGG ist sodann die Bundeskanzlei.

1.34 Weitere Vorinstanzen sind die Anstalten und Betriebe des Bundes wie etwa die Schweizerische Post, die SUVA oder das Institut für geistiges Eigentum *(Art. 33 Bst. e VGG)*[86] und die eidgenössischen Kommissionen wie die Eidgenössische Bankenkommission (EBK), die Eidgenössische Wettbewerbskommission, die Kommunikationskommission, die Schiedskommissionen für die Verwertung von Urheberrechten und verwandten Schutzrechten, die Spielbankenkommission und die Schätzungskommissionen für die Enteignung *(Art. 33 Bst. f VGG)*[87]. Ebenfalls dazu gehören Schiedsgerichte auf Grund öffentlich-rechtlicher Verträge des Bundes, seiner Anstalten und Betriebe *(Art. 33 Bst. g VGG)* und die Instanzen oder Organisationen ausserhalb der Bundesverwaltung, die in Erfüllung ihnen übertragener öffentlich-rechtlicher Aufgaben des Bundes verfügen wie z.B. das Schweizerische Heilmittelinstitut, die Billag oder die Swisscom AG *(Art. 33 Bst. h VGG)*.

1.35 Als Vorinstanzen in Frage kommen sodann der *Bundesrat und die Organe der Bundesversammlung* auf dem Gebiet des Arbeitsverhältnisses des Bundespersonals einschliesslich der Verweigerung der Ermächtigung zur Strafverfolgung (Art. 33 Bst. a VGG), desgleichen das Bundesstrafgericht auf dem Gebiet des Arbeitsverhältnisses seiner Richter und Richterinnen und seines Personals (Art. 33 Bst. c VGG)[88]. Ein gerichtlicher Rechtsschutz muss auch bei Personalrechtsstreitigkeiten mit diesen Anstellungsbehörden gegeben sein.

1.36 Beschwerden gegen Verfügungen, die ein Arbeitsverhältnis beim Bundesverwaltungsgericht betreffen, beurteilt demgegenüber das *Bundesstrafgericht* (Art. 35 Abs. 4 BPG; Art. 28 Abs. 1 Bst. h SGG). Diese Zuständigkeit gilt aufgrund der Rechtsweggarantie von Art. 29a BV und – da Art. 28 Abs. 1 Bst. h SGG das Pendant zu Art. 33 Bst. c VGG ist – trotz fehlender ausdrücklicher Nennung im SGG auch für Verfügungen des Bundesverwaltungsgerichts auf dem Gebiet des Arbeitsverhältnisses seiner Richter und Richterinnen[89].

1.37 Selbst bei Personalrechtsstreitigkeiten nie Vorinstanz des Bundesverwaltungsgerichts ist dagegen das *Bundesgericht*[90]. Der allenfalls notwendige gerichtliche Rechtsschutz wird sichergestellt durch eine Spezialrekurskommission, welche sich aus den Präsidentinnen oder Präsidenten der Verwaltungsgerichte der Kantone Waadt, Luzern und Tessin zusammensetzt (Art. 36 Abs. 2 BPG)[91].

---

86 Vorbehalten bleibt natürlich Art. 32 Abs. 2 Bst. b VGG, wonach ausnahmsweise eine kantonale Instanz anzurufen ist; dies ist gerade bei Entscheiden der SUVA die Regel (Art. 57 ATSG).

87 Ebenfalls dazu gehören auch bestehen gebliebene Beschwerdekommissionen wie etwa die ETH-Beschwerdekommission.

88 Gleiches gilt nach dem Entwurf des Patentgerichtsgesetzes auch für dessen Verfügungen auf dem Gebiet des Arbeitsverhältnisses seiner Richter und Richterinnen und seines Personals (Art. 33 Bst. c^bis VGG gemäss E-PatGG; BBl 2008 514).

89 Vgl. desgleichen auch Art. 33 Bst. c^bis VGG gemäss E-PatGG (BBl 2008 514).

90 Anders noch die Botschaft Totalrevision Bundesrechtspflege, BBl 2001 4389.

91 Zu diesem Spezialverfahren vgl. BSK BGG-Uebersax, Art. 24 N 117 f.

Der Vollständigkeit halber noch einmal als Vorinstanz zu erwähnen ist der Bundesrat bei Ver- **1.38**
fügungen betreffend Amtsenthebung eines Mitgliedes des Bankrats, des Direktoriums oder
eines Stellvertreters oder einer Stellvertreterin nach dem NBG *(Art. 33 Bst. b VGG)*[92].

Ausnahmsweise können sodann auch *kantonale Instanzen* Vorinstanzen des Bun- **1.39**
desverwaltungsgerichts sein, wenn dies in einem Bundesgesetz vorgesehen ist
(Art. 33 Bst. i VGG). Solches ist etwa in Art. 166 Abs. 2 des Landwirtschaftsgesetzes
vom 29. April 1998[93], im Bereich der wirtschaftlichen Landesversorgung (Art. 38
Abs. 2 des Bundesgesetzes vom 8. Oktober 1982 über die wirtschaftliche Landesversorgung) oder beim Vollzug des Zivildiensts (Art. 63 ZDG) der Fall[94]. Quantitativ
und qualitativ bedeutender sind indessen die Fälle aus dem Bereich der Krankenversicherung, wenn – so der Buchstabe des Gesetzes – Kantonsregierungen entschieden haben (Art. 34 VGG; Zulassung von Spitälern [Art. 39 KVG], Genehmigung von Tarifverträgen [Art. 46 Abs. 4 KVG, Art. 48 KVG, Art. 49 Abs. 7 KVG;
Betriebsvergleiche], Tariffestsetzungen [Art. 47 KVG], Globalbudgetierungen
[Art. 51 KVG, Art. 55 KVG], Einschränkung der Zulassung zur Tätigkeit zu Lasten
der Krankenversicherung [Art. 55a KVG]). Da es aber für den Rechtsschutz durch
ein Gericht des Bundes nicht davon abhängen kann, ob das kantonale Recht bei
den erwähnten weitreichenden Entscheiden wirklich die Kantonsregierung zum
Entscheid beruft, sind auch letztinstanzliche Entscheide kantonaler Gerichte in diesen Bereichen an das Bundesverwaltungsgericht weiterziehbar[95]. In den in Art. 34
VGG genannten Gebieten der Krankenversicherung entscheidet das Bundesverwaltungsgericht endgültig (Art. 83 Bst. r BGG)[96].

Keine Vorinstanz besteht schliesslich selbstverständlich dann, wenn das Bundesver- **1.40**
waltungsgericht auf Klage hin als erste Instanz urteilt (Art. 35 VGG)[97].

3.   Letztinstanzlichkeit und Weiterzug ans Bundesgericht

Das Bundesverwaltungsgericht ist *Vorinstanz des Bundesgerichts* (Art. 75 Abs. 1 **1.41**
BGG; Art. 86 Abs. 1 Bst. a BGG). Seine Entscheide können grundsätzlich mit der
Beschwerde in Zivilsachen (Art. 72 ff. BGG), etwa beim Streit über Verfügungen
des Instituts für geistiges Eigentum und des Eidgenössischen Handelsregisteramtes
(Art. 72 Abs. 2 Bst. b Ziff. 2 und 75 Abs. 1 BGG), oder – quantitativ weitaus bedeut-
samer – mit der Beschwerde in öffentlich-rechtlichen Angelegenheiten (Art. 82 ff.
BGG) angefochten werden. Gegen Entscheide des Bundesverwaltungsgerichts nie

---

92 Zur früheren Ausgangslage vgl. Zwischenentscheid der Eidgenössischen Personalrekurs-
    kommission vom 4. September 2003, veröffentlicht in VPB 68.9 E. 2.
93 SR 910.1. Vgl. dazu etwa Urteile des Bundesverwaltungsgerichts B-7369/2007 vom 30. Ap-
    ril 2008 E. 1.1 und B-1609/2007 vom 14. Februar 2008 E. 1.
94 Zu den ursprünglich ebenfalls in diesen Bereich fallenden, dann aber dem Bundesstrafge-
    richt zugewiesenen Fällen der Rechtshilfe nach IRSG vgl. Botschaft Totalrevision Bundes-
    rechtspflege, BBl 2001 4390.
95 BGE 134 V 45 (den Kanton Zürich betreffend, wo eben nicht der Regierungsrat, sondern
    eine Direktion gemäss Art. 55a KVG entscheidet und hernach das kantonale Verwaltungs-
    gericht angerufen werden kann).
96 Vgl. unten Rz. 1.46.
97 Vgl. zur Klage ausführlich unten Rz. 5.1 ff.

zulässig ist dagegen die subsidiäre Verfassungsbeschwerde, kann diese doch nur gegen Entscheide letzter kantonaler Instanzen ergriffen werden (Art. 113 BGG)[98].

1.42 Der Zugang an das Bundesgericht ist indessen nicht uneingeschränkt: Es gibt verschiedene Arten von *Zugangsbeschränkungen*. Einerseits handelt es sich um die ausdrücklich als «Ausnahmen» betitelten Art. 73 BGG bei der Beschwerde in Zivilsachen und Art. 83 BGG bei der Beschwerde in öffentlich-rechtlichen Angelegenheiten, anderseits die das Marginale «Streitwertgrenzen» tragenden Art. 75 BGG bei der Beschwerde in Zivilsachen und Art. 85 BGG bei der Beschwerde in öffentlich-rechtlichen Angelegenheiten.

1.43 Was die *Streitwertgrenzen* betrifft, so ist eine Beschwerde bei Fehlen einer Rechtsfrage von grundsätzlicher Bedeutung an das Bundesgericht nur zulässig, wenn die einschlägige Streitwertgrenze erreicht ist. Diese beträgt Fr. 30 000.– bei materiell zivilrechtlichen Streitigkeiten wie etwa einem Markeneintragungsbegehren (Art. 74 Abs. 1 Bst. b BGG)[99] oder auf dem Gebiet der Staatshaftung (Art. 85 Abs. 1 Bst. a BGG) und Fr. 15 000.– auf dem Gebiet der öffentlich-rechtlichen Arbeitsverhältnisse (Art. 85 Abs. 1 Bst. b BGG)[100]. Die Streitwertgrenzen stellen allerdings nur «relative» Ausnahmen dar, kann doch – wie erwähnt – auch bei deren Unterschreiten an das Bundesgericht gelangt werden, wenn sich eine Rechtsfrage von grundsätzlicher Bedeutung stellt (Art. 74 Abs. 2 Bst. a BGG; Art. 85 Abs. 2 BGG). Wann dies der Fall ist, vermag selbstredend nur das Bundesgericht zu entscheiden; soweit ersichtlich handhabt das Bundesgericht den Begriff der «Rechtsfrage von grundsätzlicher Bedeutung» allerdings restriktiv[101].

1.44 Währenddem sich die Ausnahme von Art. 73 BGG, die Unzulässigkeit der Beschwerde gegen einen im Rahmen des Widerspruchsverfahrens gegen eine Marke getroffenen Entscheid[102], leicht handhaben lässt, ist der einen weitgehenden sachlichen Ausnahmekatalog enthaltende, Art. 100 OG nachgebildete *Art. 83 BGG* nicht

---

98 Zu damit in gewissen Rechtsgebieten wie dem Erlass der direkten Bundessteuer verbundenen seltsamen Resultaten vgl. MICHAEL BEUSCH, in: Martin Zweifel/Peter Athanas (Hrsg.), Kommentar zum Schweizerischen Steuerrecht, Teil I/Band 2b, Bundesgesetz über die direkte Bundessteuer (DBG), 2. Auflage, Basel 2008, Art. 167 N 47.

99 BGE 133 III 491 E. 3.2. Zum absoluten Ausschlussgrund von Art. 73 BGG vgl. oben Rz. 1.42.

100 Im öffentlichen Personalrecht z.B. lautet der einschlägige Teil der Rechtsmittelbelehrung deshalb wie folgt: «Entscheide des Bundesverwaltungsgerichts auf dem Gebiet der öffentlich-rechtlichen Arbeitsverhältnisse können mit Beschwerde beim Bundesgericht angefochten werden, sofern es um eine vermögensrechtliche Angelegenheit geht, bei welcher der Streitwert mindestens Fr. 15 000.– beträgt oder bei der sich eine Rechtsfrage von grundsätzlicher Bedeutung stellt (vgl. Art. 85 Abs. 1 Bst. b und Abs. 2 BGG). Bei einer nicht vermögensrechtlichen Angelegenheit ist die Beschwerde nur zulässig, wenn sie die Gleichstellung der Geschlechter betrifft (vgl. Art. 83 Bst. g BGG).» Zu den keine Streitwertelemente enthaltenden Schwellenwerten für das öffentliche Beschaffungswesen (Art. 83 Bst. f BGG) vgl. unten Rz. 1.45 in fine.

101 Vgl. z.B. BGE 134 III 115 E. 1.2; 133 III 493, 645; Urteil des Bundesgerichts 2C_116/2007 (bzw. 2C_396/2007) vom 10. Oktober 2007; vgl. auch Botschaft Totalrevision Bundesrechtspflege, BBl 2001 4309 f.

102 Zum dennoch an das Bundesgericht führenden «Umweg» über das kantonale Zivilgericht vgl. BGG-GÜNGERICH, Art. 73 N 2; BSK BGG-KLETT, Art. 73.

frei von Abgrenzungsfragen und (noch) offenen Diskussionspunkten[103]. Die abschliessende Tragweite von Art. 83 BGG kann letztlich ebenfalls nur durch das Bundesgericht selber bestimmt werden, weshalb an dieser Stelle nur auf einzelne Bereiche eingegangen wird, in denen das Bundesverwaltungsgericht letztinstanzlich entscheidet.

Quantitativ von herausragender Bedeutung sind die Entscheide ohne Möglichkeit **1.45** des Weiterzuges an das Bundesgericht im *Asylrecht* (Art. 83 Bst. d Ziff. 1 BGG) sowie im *Ausländerrecht,* wenn es um Bewilligungen geht, auf die weder Bundesrecht noch Völkerrecht einen Anspruch einräumen (Art. 83 Bst. c Ziff. 2 BGG). Eine Konstruktion eigener Art findet sich sodann auf dem Gebiet der *öffentlichen Beschaffungen,* wo eine Beschwerde nur zulässig ist, wenn – kumulativ – der geschätzte Wert des zu vergebenden Auftrags den massgebenden Schwellenwert des Bundesgesetzes vom 16. Dezember 1994 über das öffentliche Beschaffungswesen[104] oder des Abkommens vom 21. Juni 1999[105] zwischen der Schweizerischen Eidgenossenschaft und der Europäischen Gemeinschaft über bestimmte Aspekte des öffentlichen Beschaffungswesens erreicht und sich eine Rechtsfrage von grundsätzlicher Bedeutung stellt (Art. 83 Bst. f BGG)[106].

Gegenüber der bis Ende 2006 geltenden Regelung neu ist der teilweise Ausschluss **1.46** der Beschwerde an das Bundesgericht im Bereich des Fernmeldeverkehrs sowie von Radio und Fernsehen (Art. 83 Bst. p BGG)[107] sowie bei der *internationalen Amtshilfe* (Art. 83 Bst. h BGG). Letztere betreffende Entscheide sind im Alltag

---

103 Die Kommentare zum 131 Artikel umfassenden BGG widmen denn auch Art. 83 BGG überdurchschnittlich viel Platz, nämlich von 25 von 574 (SEILER/VON WERDT/GÜNGERICH) bzw. 73 von 1228 Seiten (BASLER KOMMENTAR).
104 SR 172.056.1.
105 SR 0.172.052.68.
106 BGE 133 II 396. Die Schwellenwerte haben keine Funktion einer Streitwertgrenze, stellen sie doch nicht eine Zugangsbarriere für eine Beschwerde an das Bundesgericht, sondern weitergehend eine generelle Untergrenze für die Anwendbarkeit der einschlägigen Rechtsgrundlagen des öffentlichen Vergaberechts dar (BSK BGG-HÄBERLI, Art. 83 N 160). Daraus folgt, dass bei Vorliegen eines Entscheids des Bundesverwaltungsgerichts in dieser Materie der massgebende Schwellenwert für die Anrufung des Bundesgerichts von vornherein gegeben ist, da ansonsten mangels Anwendbarkeit des BoeB bereits das Bundesverwaltungsgericht nicht hätte angerufen werden können; vgl. GALLI/MOSER/LANG/CLERC, Rz. 776. Zu den aktuellen, je nach Gegenstand unterschiedlich hohen Schwellenwerten vgl. die Verordnung des EFD vom 26. November 2007 über die Anpassung der Schwellenwerte im öffentlichen Beschaffungswesen für das Jahr 2008 (SR 172.056.12) sowie GALLI/MOSER/LANG/CLERC, Rz. 165 ff. – Zur Problematik der Regelung von Art. 83 Bst. f BGG vgl. GALLI/MOSER/LANG/CLERC, Rz. 775; MARTIN BEYELER, PPP auf dem Tischmacherhof: Grundsatzfragen und Vergaberecht, in: Jusletter 7. Januar 2008, mit weiteren Hinweisen; MARTIN BEYELER, Die Beschränkung des Zugangs zum Bundesgericht im öffentlichen Beschaffungswesen, in: Jusletter 12. November 2007; ROBERT WOLF, Die neue Rechtsmittelordnung im Bund, Baurecht 2006, Aktuelles Vergaberecht 2006, 11 ff.; STEINER, 426 f.
107 Vgl. BSK BGG-Häberli, Art. 83 N 243 ff.; zur bis Ende April 2007 noch geltenden weitergehenden Lösung [Totalausschluss] vgl. auch (kritisch) FRANÇOIS BELLANGER, Le recours en matière de droit public, in: François Bellanger/Thierry Tanquerel, Les nouveaux recours fédéraux en droit public, Genève/Zurich/Bâle 2006, 55 f.

vorab im Finanzmarkt- und Steuerrecht von weitreichender Bedeutung[108]. Nicht restlos klar ist sodann die Tragweite des Beschwerdeausschlusses bei den nicht seltenen Fällen betreffend *Stundung und Erlass von Abgaben* (Art. 83 Bst. m BGG)[109]. Hinreichend klar ist dagegen der Ausschluss bei den Entscheiden auf dem Gebiet des Militär-, Zivil- und Zivilschutzdienstes (Art. 83 Bst. i BGG), im Zusammenhang mit Beiträgen (Subventionen), auf die kein Anspruch besteht (Art. 83 Bst. k BGG)[110], auf dem Gebiet der Krankenversicherung, die das Bundesverwaltungsgericht gestützt auf Art. 34 VGG getroffen hat (Art. 83 Bst. r BGG), sowie im Bereich der Entscheide über das Ergebnis von Prüfungen und anderen Fähigkeitsbewertungen, namentlich auf den Gebieten der Schule, der Weiterbildung und der Berufsausübung (Art. 83 Bst. t BGG). Mit Bezug auf den letzten Ausschlussgrund ist die Praxis des Bundesgerichts extensiv[111].

1.47 Die eben dargestellten Ausnahmen beschlagen – wie erwähnt – insbesondere auch quantitativ wesentliche Rechtsgebiete, so dass das Bundesverwaltungsgericht in deutlich mehr als 50 Prozent der Fälle als letzte Instanz des Bundes entscheidet[112]. Entscheidet das Bundesverwaltungsgericht endgültig, so bedeutet dies, dass auch gegen seine Zwischenverfügungen, etwa betreffend Leistung eines Kostenvorschusses[113], Verweigerung der Gewährung der unentgeltlichen Rechtspflege[114] oder prozessdisziplinarische Massnahmen gemäss Art. 60 VwVG, kein Rechtsmittel an das Bundesgericht ergriffen werden kann (Art. 73 f. und Art. 83 i.V.m. Art. 92 ff. BGG)[115/116]. Dementsprechend können und dürfen End- und Zwischenentscheide des Bundesverwaltungsgerichts in den einschlägigen Rechtsgebieten *keine Rechtsmittelbelehrung* enthalten[117]. Das Bundesgericht ist in den einschlägigen Rechtsge-

---

108 Vgl. zum Finanzmarktrecht etwa BVGE 2007/28; zum Steuerrecht vgl. MICHAEL BEUSCH, Steuerrechtlicher Rechtsschutz durch das Bundesverwaltungsgericht, in: Michael Beusch/ISIS (Hrsg.), Steuerrecht 2008 – Best of zsis, Zürich/Basel/Genf 2008, 189 ff. mit Hinweisen.

109 Zur Diskussion dazu vgl. BEUSCH, 747; BSK BGG-HÄBERLI, Art. 83 N 215.

110 Vgl. Urteile des Bundesverwaltungsgerichts B-4681/2007 vom 4. März 2008 E. 12 (Beitrag pro Helvetia), B-428/2007 vom 18. Februar 2008 (Beitrag Schweizerischer Nationalfonds), C-3770/2007 vom 13. Januar 2008 (Finanzhilfen für familienergänzende Kinderbetreuung).

111 Vgl. Urteil des Bundesgerichts 2C_313/2007 vom 21. August 2007 E. 2.

112 Im Jahr 2007 waren von 7560 Erledigungen lediglich 1692 Verfahren an das Bundesgericht weiterziehbar, 5868 Verfahren wurden durch das Bundesverwaltungsgericht letztinstanzlich entschieden (Geschäftsbericht der eidgenössischen Gerichte 2007 89); vgl. auch WEISSENBERGER, 1515.

113 Vgl. unten Rz. 4.34.

114 Vgl. etwa Urteil des Bundesgerichts 2C_128/2007 vom 17. Oktober 2007 E. 2.1.

115 BGE 133 III 647 E. 2.2; BGE 119 Ib 414 E. 2; BGG-SEILER, Art. 83 N 13; vgl. auch Botschaft Totalrevision Bundesrechtspflege, BBl 2001 4408; in diesem Sinn noch ausdrücklich auch Art. 101 Bst. a und b OG sowie Art. 46 Bst. e aVwVG. Das bedeutet, dass sich auch bei der Anfechtung von Zwischenentscheiden des Bundesverwaltungsgerichts bei Existenz von Streitwertgrenzen die Frage stellen kann, ob es um eine Rechtsfrage von grundsätzlicher Bedeutung gehe; BGE 133 III 648 E. 2.4.

116 Gleiches gilt, wenn bloss der Kostenpunkt eines endgültigen Entscheids angefochten werden wollte; BGE 134 V 143 E. 3.

117 Zur ansonsten bestehenden Pflicht zur Aufnahme einer Rechtsmittelbelehrung vgl. unten Rz. 3.186.

bieten dem Wortlaut von Art. 94 BGG entsprechend («… eines anfechtbaren Entscheids») an sich auch nicht dazu berufen, über Rechtsverweigerungs- oder Rechtsverzögerungsbeschwerden zu befinden, behandelt derartige Fragen indessen gestützt auf die Aufsichtsfunktion (Art. 1 Abs. 2 BGG) unter dem Titel Aufsichtsanzeige dennoch[118], wobei sinngemäss auf die zur Rechtsverzögerungsbeschwerde entwickelten Kriterien abgestellt wird[119].

In denjenigen Rechtsgebieten, in denen das Bundesverwaltungsgericht letztinstanzlich entscheidet, kann das Bundesgericht auch dann nicht angegangen werden, wenn «nur» die Verletzung von Verfahrensgarantien geltend gemacht wird[120]. Mangels Zulässigkeit der subsidiären Verfassungsbeschwerde *nicht* zur Anwendung gelangen kann damit von vornherein, und zwar auch nicht in abgeänderter Form, die so genannte *«Star-Praxis»*, wonach Entscheide wegen Verletzung von Verfahrensgarantien, deren Missachtung eine formelle Rechtsverweigerung darstellt, auch dann angefochten werden können, wenn ansonsten die Legitimation fehlt[121].   **1.48**

V. Verfahrensmaximen

Im Beschwerdeverfahren vor dem Bundesverwaltungsgericht ist wie im verwaltungsinternen Verfahren des Bundes der rechtserhebliche Sachverhalt *von Amtes wegen* festzustellen (Art. 12 VwVG). Das Gericht ist demnach nicht an die Beweisanträge der Parteien gebunden. Der *Untersuchungsgrundsatz* gilt jedoch nicht uneingeschränkt, sondern ist eingebunden in den Verfügungsgrundsatz, das Erfordernis der Begründung einer Rechtsschrift (Art. 52 Abs. 1 VwVG)[122], die objektive Beweislast sowie in die Regeln der Sachabklärung und Beweiserhebung mit richterlichen Obliegenheiten und Mitwirkungspflichten der Parteien (Art. 13 VwVG)[123/124]. Es verhält sich dabei so, dass die Verfahrensbeteiligten die mit der Sache befasste Instanz in ihrer aktiven Rolle zu unterstützen haben, indem sie das ihrige zur Ermittlung des Sachverhaltes beitragen, unabhängig von der Geltung des Untersuchungsgrundsatzes.   **1.49**

---

118 Vgl. Art. 9 des Reglementes des Bundesgerichts vom 11. September 2006 betreffend die Aufsicht über das Bundesstrafgericht und das Bundesverwaltungsgericht (SR 173.110.132).

119 Entscheid des Bundesgerichts 12T_2/2007 vom 16. Oktober 2007 E. 3. Zur Situation bei Entscheiden von Vorinstanzen innerhalb des bundesverwaltungsgerichtlichen Ausnahmekatalogs von Art. 32 VGG vgl. oben Rz. 1.25 ff.

120 Urteil des Bundesgerichts 2C_313/2007 vom 21. August 2007 E. 2.; vgl. auch BSK BGG-Tophinke, Art. 86 N 6. Gleiches gilt – wie erwähnt – betreffend Verweigerung der Gewährung der unentgeltlichen Rechtspflege; vgl. etwa Urteil des Bundesgerichts 2C_128/2007 vom 17. Oktober 2007 E. 2.1.

121 BGE 127 II 167 E. 3a; vgl. zur Star-Praxis BSK BGG-Biaggini, Art. 115 N 14.

122 Vgl. unten Rz. 2.219 ff.

123 BGE 132 II 115 E. 3.2; 126 II 101 E. 2e; Entscheid der Schweizerischen Asylrekurskommission vom 29. Oktober 2004, veröffentlicht in VPB 69.52 E. 6.4.2 mit Hinweisen; vgl. etwa auch Galli/Moser/Lang/Clerc, Rz. 912 sowie grundlegend schon Gygi, Bundesverwaltungsrechtspflege, 209.

124 Für das Sozialversicherungsrecht beachte Art. 28 ATSG sowie etwa BVGE 2008/9 E. 5.2.

1.50 Die *Mitwirkungspflicht* gilt naturgemäss gerade für solche Tatsachen, welche eine Partei besser kennt als die Behörden und welche diese ohne ihre Mitwirkung gar nicht oder nicht mit vernünftigem Aufwand erheben können[125], und gilt selbst dann, wenn sich die Auskunft zum Nachteil des Rechtsunterworfenen auswirkt[126]. Daraus ergibt sich ebenso die Pflicht, die Behörde auch ohne Aufforderung über eine nachträgliche Änderung der massgebenden Verhältnisse zu orientieren. Die Behörde darf sich darauf verlassen, dass die vormals erteilten Auskünfte bei passivem Verhalten von Gesuchstellenden nach wie vor der Wirklichkeit entsprechen[127].

1.51 Gewisse Spezialgesetze auferlegen den Rechtsunterworfenen über Art. 13 VwVG hinaus zusätzliche, spezifische Mitwirkungspflichten (Art. 8 AsylG[128]; Art. 90 AuG[129]; Art. 46 MWSTG[130]; Art. 28, 31 ATSG[131]).

1.52 Umgekehrt hat die mit der Sache befasste Instanz ungeachtet allfälliger Mitwirkungspflichten ihrer *Untersuchungspflicht* nachzukommen[132]. Die Beschwerdeinstanz ist indes insbesondere nicht verpflichtet, über die tatsächlichen Vorbringen der Parteien hinaus den Sachverhalt vollkommen neu zu erforschen. Sie nimmt zusätzliche Abklärungen vielmehr nur vor, wenn hiezu aufgrund der Parteivorbringen oder anderer sich aus den Akten ergebender Anhaltspunkte hinreichender Anlass besteht[133]. Folge des Untersuchungsgrundsatzes ist anderseits, dass die Behörde gemäss Art. 32 Abs. 2 VwVG selbst verspätete Parteivorbringen berücksichtigt, sofern diese ausschlaggebend sind.

---

125 BGE 130 II 464 E. 6.6.1; 122 II 394 E. 4c/cc; im Zusammenhang mit diesem Bundesgerichtsentscheid traf dies auf die vom Beschwerdeführer behaupteten persönlichen Umstände in seiner Heimat zu, die sich erfahrungsgemäss von den schweizerischen Behörden, wenn überhaupt, so nur mit erschwerendem Aufwand abklären lassen. Als Beispiel eines Sachverhalts, der von vornherein von der Behörde nicht selber abgeklärt werden kann, ist der gesundheitliche Zustand einer Partei zu nennen. Denn es ist der Behörde schon aufgrund des Datenschutzes und des Arztgeheimnisses gar nicht möglich, ohne Mitwirkung der einen Anspruch erhebenden Partei deren Gesundheitszustand festzustellen; vgl. unten Rz. 3.120 ff.

126 BGE 132 II 115 E. 3.2.

127 BGE 132 II 115 E. 3.2; vgl. auch BVGE 2008/9 E. 5.2. Zum Verhältnis von Mitwirkungspflichten und aus dem Grundsatz der Gewährung des rechtlichen Gehörs fliessenden Mitwirkungsrechten vgl. unten Rz. 3.117 ff.

128 BVGE 2007/30 E. 5.5.2

129 BGE 130 II 490 E. 3.1 (zum bis Ende 2007 in Kraft stehenden, inhaltlich gleichen Art. 13 f ANAG).

130 Der Grund liegt auch hier insbesondere darin, dass die rechtserheblichen Tatsachen in der Regel nur dem Steuerpflichtigen, nicht aber der Veranlagungsbehörde bekannt sind und nur der Steuerpflichtige über die entsprechenden Belege verfügt bzw. sich diese beschaffen kann (vgl. so schon BEHNISCH, 605; ZWEIFEL, 12 f.).

131 BVGE 2008/9 E. 5.2.

132 PFEIFER, 124.

133 BVGE 2007/27 E. 3.3; vgl. auch BGE 123 III 329 E. 3; 119 V 349 E. 1a; STOFFEL, 49, hält insofern fest, die Verpflichtung der Parteien, an der Feststellung des Sachverhaltes mitzuwirken, habe im Beschwerdeverfahren allgemein und in einem wettbewerbsrechtlichen Verfahren insbesondere zur Folge, dass die Tragweite des Untersuchungsgrundsatzes stark eingeschränkt werde.

Mit Bezug auf die *Beweislast* ist festzuhalten, dass der Untersuchungsgrundsatz vor- **1.53** nehmlich die Behauptungs- und Beweisführungslast der Parteien mildert, an der materiellen Beweislast, welche der Partei obliegt und wonach sie die Folgen der Beweislosigkeit eines Sachumstandes zu tragen hat, aber nichts ändert. Aufgrund der Tatsache, dass sich die Beweislosigkeit bei begünstigenden Verfügungen zum Nachteil einer Partei auswirkt, ist diese denn auch gezwungen, an der Beweisbeschaffung mitzuwirken[134]. Für die steuerrechtlichen Verfahren gilt der allgemein anerkannte Grundsatz, dass die Steuerverwaltung die Beweislast für die steuerbegründenden und steuererhöhenden Tatsachen trägt, während den Steuerpflichtigen die Beweislast für Tatsachen trifft, welche die Steuerschuld aufheben oder mindern[135].

Der Grundsatz der *Rechtsanwendung von Amtes wegen* verpflichtet Verwaltung und **1.54** Gericht, auf den festgestellten Sachverhalt jenen Rechtssatz anzuwenden, den sie als den zutreffenden erachten, und ihm jene Auslegung zu geben, von der sie überzeugt sind[136]. Dieses Prinzip hat zur Folge, dass das Bundesverwaltungsgericht als Beschwerdeinstanz an die rechtliche Begründung der Begehren nicht gebunden ist (Art. 62 Abs. 4 VwVG)[137], und bedeutet, dass es eine Beschwerde auch aus anderen als den geltend gemachten Gründen gutheissen oder den angefochtenen Entscheid im Ergebnis mit einer Begründung bestätigen kann, die von jener der Vorinstanz abweicht (sog. *Motivsubstitution)*[138]. Als urteilende Instanz darf und soll das Bundesverwaltungsgericht dabei – sofern notwendig – ohne weiteres auch Rechtsstandpunkte beiziehen, die bislang von keinem der Beteiligten erwähnt worden sind. Es steht daher auch nichts entgegen, dass die Parteien im Laufe des Verfahrens – innerhalb des Streitgegenstandes – ihren Rechtsstandpunkt ändern[139]. Soll sich der Entscheid allerdings auf Rechtsnormen stützen, mit deren Anwendung die Parteien nicht rechnen mussten, so ist ihnen Gelegenheit zu geben, sich hierzu vorgängig zu äussern[140].

Aufgrund des Prinzips der Rechtsanwendung von Amtes wegen wäre das Bundes- **1.55** verwaltungsgericht an sich verpflichtet, auch denjenigen Fragen nachzugehen, die

---

134 Vgl. etwa Entscheid der Rekurskommission EVD vom 31. März 1995, veröffentlicht in VPB 60.52 E. 3.2; zum Sozialversicherungsrecht vgl. Art. 43 Abs. 3 ATSG sowie BVGE 2008/9 E. 5.2.

135 Vgl. etwa (anstelle vieler) Urteil des Bundesverwaltungsgerichts A-1393/2006 vom 10. Dezember 2007 E. 1.4 mit Hinweisen; Entscheid der Eidgenössischen Steuerrekurskommission vom 8. März 2004, veröffentlicht in VPB 68.98 E. 4; Blumenstein/Locher, 416 mit zahlreichen Hinweisen auf Rechtsprechung und Lehre; Martin Zweifel/Hugo Casanova, Schweizerisches Steuerverfahrensrecht Direkte Steuern, Zürich/Basel/Genf 2008, § 19 N 8 f.

136 BGE 119 V 349 E. 1a; Gygi, Bundesverwaltungsrechtspflege, 212.

137 Vgl. BGE 131 II 205 E. 4.2.

138 BVGE 2007/41 E. 2; BGE 127 II 268 E. 1b; vgl. auch Art. 106 BGG und die Rechtsprechung dazu.

139 Gygi, Bundesverwaltungsrechtspflege, 212.

140 BVGE 2007/41 E. 2; BGE 125 V 370 E. 4a; 121 I 49 E. 3c; ebenso BSK BGG-Meyer, Art. 106 N 13; anderer Meinung BGG-von Werdt, Art. 106 N 5; vgl. dazu auch bereits Auer, 15 mit Hinweis in Fn. 56 darauf, dass die Behörde ausnahmsweise den Betroffenen vorgängig das rechtliche Gehör gewähren muss, wenn der neue Rechtsstandpunkt bisher von den Beteiligten nicht angerufen worden ist und diese mit dessen Heranziehung auch nicht rechnen mussten; vgl. auch unten Rz. 3.197.

weder von den Beschwerdeführenden noch von der Vorinstanz ausdrücklich aufgeworfen werden. Entsprechend kommt das so genannte *Rügeprinzip* höchstens in stark abgeschwächter Form zur Anwendung, und zwar in dem Sinne, dass rechtliche Grundlagen oder Einwendungen, die nicht in die Augen springen und nach den Sachverhaltsfeststellungen auch nicht nahe liegen, nicht zu berücksichtigen sind, jedenfalls soweit die tatbeständlichen Vorbringen für solche rechtlichen Gesichtspunkte unvollständig sind, und dass die Beschwerdeinstanz nicht gehalten ist, nach allen möglichen Rechtsfehlern zu suchen; für entsprechende Fehler müssen sich auch hier mindestens Anhaltspunkte aus den Parteivorbringen oder den Akten ergeben[141].

1.56 Im streitigen Verwaltungsverfahren herrscht grundsätzlich die *Dispositionsmaxime* («Verfügungsgrundsatz»). Die Parteien verfügen über den Streitgegenstand, und die Beschwerdeinstanz befindet in der Regel nur über Rechtsbegehren, die der Beschwerdeführer vorbringt[142]. Dieser Grundsatz weicht allerdings – anders als im Verfahren vor Bundesgericht (Art. 107 Abs. 1 BGG) – streckenweise insofern der Offizialmaxime, als im Beschwerdeverfahren vor Bundesverwaltungsgericht die Möglichkeit besteht, einen Entscheid unter gewissen Voraussetzungen dem objektiven Recht anzupassen, ohne an die Anträge der Parteien gebunden zu sein (Art. 62 Abs. 1–3 VwVG)[143].

1.57 Die *Eventualmaxime* schliesslich, welche besagt, dass die Parteien ihre Angriffs- und Verteidigungsmittel nur in dem dafür vorgesehenen Prozessabschnitt vorbringen können, gilt für die Bundesverwaltungsrechtspflege grundsätzlich nicht[144]. Eine Ausnahme besteht lediglich insoweit, als in der Beschwerdeschrift an sich sämtliche Begehren und Eventualbegehren vorzubringen sind und eine Änderung derselben gesetzlich nicht vorgesehen ist[145].

---

141 BGE 119 V 349 E. 1a; 117 Ib 117; Entscheid der Eidgenössischen Rekurskommission für öffentliches Beschaffungswesen vom 11. März 2005, veröffentlicht in VPB 69.79 E. 1b; Entscheide der Eidgenössischen Steuerrekurskommission vom 8. Oktober 2003, veröffentlicht in VPB 68.58 E. 1c, und vom 3. Oktober 2003, veröffentlicht in VPB 68.59 E. 1b; vgl. schon GYGI, Bundesverwaltungsrechtspflege, 214 ff.; KÖLZ/HÄNER, Rz. 112 ff.

142 Urteil des Bundesverwaltungsgerichts C-1250/2006 vom 8. November 2007 E. 5.2; KÖLZ/HÄNER, Rz. 405; HÄNER, Beteiligte, Rz. 247.

143 Vgl. unten Rz. 3.198 ff. Vgl. demgegenüber zum Verfahren vor der Unabhängigen Beschwerdeinstanz für Radio und Fernsehen Art. 95 Abs. 3 Bst. a und Art. 97 Abs. 2 Bst. a RTVG; vgl. auch (zur altrechtlichen Grundlage) Entscheid der UBI vom 24. Oktober 1996, veröffentlicht in VPB 61.69.

144 Entscheid der Rekurskommission EVD vom 5. Dezember 1996, veröffentlicht in VPB 61.31 E. 3.2.3 mit Hinweis. Zu spätes Vorbringen kann indessen zu Kostenfolgen führen; vgl. unten Rz. 4.52. Vgl. aber etwa die Regelung in Art. 77 Abs. 3 EntG.

145 Entscheid der Rekurskommission INUM vom 4. April 2005, veröffentlicht in VPB 69.91 E. 8.1; KÖLZ/HÄNER, Rz. 108, 611; vgl. unten Rz. 2.215.

§ 2 Beschwerdevoraussetzungen

I. Anfechtungsobjekt

1. Verfügung

a)   Allgemeines

Der Rechtsschutz im Verwaltungsrecht ist in der Schweiz auch heute noch beinahe **2.1** untrennbar mit der Handlungsform der Verfügung verbunden. Unter Vorbehalt der Spezialfälle der Rechtsverweigerungs- oder Aufsichtsbeschwerde[1] gibt es ohne Verfügung keinerlei Überprüfung durch Rechtmittelbehörden und damit keinen Rechtsschutz[2]. Entsprechend sind auch im Verfahren vor dem Bundesverwaltungsgericht nur Rechtsverhältnisse zu überprüfen bzw. zu beurteilen, zu denen die zuständige Verwaltungsbehörde vorgängig und verbindlich – in Form einer Verfügung – Stellung genommen hat[3]. Die Verfügung ist Ausgangspunkt und bestimmt den beschwerdeweise weiterziehbaren *Anfechtungsgegenstand*[4]. Aus diesem Grund baut das gesamte Beschwerdeverfahren auf dem Begriff der Verfügung auf (Art. 44 VwVG). Diese verfolgt denn neben der Festlegung des Geltenden auch – zu einem wesentlichen Teil – den Zweck, Verwaltungsentscheidungen oder -handlungen beschwerdefähig zu machen[5].

Die Verwaltung, die ein Begehren um *Änderung eines Arbeitszeugnisses* ablehnt, hat ihre ab- **2.2** lehnende Haltung beispielsweise in die Form einer Verfügung zu kleiden, damit auf Beschwerde hin überprüft werden kann, ob dem Anspruch des Angestellten auf ein vollständiges und richtiges Zeugnis Genüge getan ist oder nicht[6]. Gleiches gilt für den Fall, in welchem es die Verwaltung wegen Fehlens von Prozessvoraussetzungen ausdrücklich ablehnt, auf ein Gesuch einzutreten[7] oder dann, wenn sich die angegangene Behörde für unzuständig erachtet (Art. 9 Abs. 2 VwVG)[8].

---

1   Vgl. unten Rz. 5.18 ff. bzw. Rz. 5.33 ff.
2   Vgl. (anstelle vieler) Häfelin/Müller/Uhlmann, Rz. 737; Häner, Beteiligte, Rz. 181 ff.; Markus Müller, Rechtsschutz, 313, spricht in diesem Kontext von einer «eisernen Regel». Zu den damit verbundenen Problemen gerade im Zusammenhang mit (behaupteten) Grundrechtsbeeinträchtigungen vgl. Beusch/Moser/Kneubühler, 5 ff. mit Hinweisen. Zur Sicherstellung des Rechtschutzes bei Realakten vgl. unten Rz. 2.38 ff.
3   Dies gilt nach Einführung von Art. 25a VwVG wohl absolut; vgl. unten Rz. 2.38 ff.
4   BGE 122 V 36 E. 2a; 119 Ib 36 E. 1b; 110 V 51 E. 3b mit Hinweisen; Entscheid der Rekurskommission EVD vom 10. September 1996, veröffentlicht in VPB 61.44 E. 4.1.
5   BGE 128 II 162 E. 3a; Häfelin/Müller/Uhlmann, Rz. 857; Tschannen/Zimmerli, § 28 Rz. 5 ff.
6   Vgl. Entscheid der Eidgenössischen Personalrekurskommission vom 24. Juli 1995, veröffentlicht in VPB 60.76 E. 2b/cc.
7   Urteil des Bundesverwaltungsgerichts A-2723/2007 vom 30. Januar 2008 E. 1.1.
8   Vgl. unten Rz. 3.10.

2.3 Als Verfügungen gelten autoritative, einseitige, individuell-konkrete Anordnungen der Behörde, welche in Anwendung von Verwaltungsrecht ergangen, auf Rechtswirkungen ausgerichtet sowie verbindlich und erzwingbar sind[9], d.h. mit den Worten von *Art. 5 Abs. 1 VwVG* Anordnungen der Behörden[10] im Einzelfall, die sich auf öffentliches Recht des Bundes stützen (oder richtigerweise hätten stützen sollen[11]) und zum Gegenstand haben: Begründung, Änderung oder Aufhebung von Rechten oder Pflichten, Feststellung des Bestehens, Nichtbestehens oder Umfanges von Rechten oder Pflichten, Abweisung von Begehren auf Begründung, Änderung, Aufhebung oder Feststellung von Rechten oder Pflichten, oder Nichteintreten auf solche Begehren[12]. Modifikationen dieses allgemeinen Verfügungsbegriffs können sich aus der dem VwVG vorgehenden Spezialgesetzgebung wie etwa aus Art. 29 BoeB oder Art. 63 MWSTG ergeben[13].

2.4 Zu den Verfügungen gehören auch die in *Art. 5 Abs. 2 VwVG* genannten Rechtsanwendungsakte, nämlich Vollstreckungsverfügungen (Art. 41 Abs. 1 Bst. a und b VwVG), Zwischenverfügungen (Art. 45 und 46 VwVG), Einspracheentscheide (Art. 30 Abs. 2 Bst. b und 74 VwVG), Beschwerdeentscheide (Art. 61 VwVG), Entscheide im Rahmen einer Revision (Art. 68 VwVG) und die Erläuterung (Art. 69 VwVG). Dazu gehören sodann – trotz fehlender Erwähnung in Art. 5 Abs. 2 VwVG – die Abweisung von Wiedererwägungsgesuchen[14], die Verfügung über einen Realakt gemäss Art. 25a Abs. 2 VwVG[15] sowie Disziplinarentscheide gemäss Art. 60 VwVG[16]. Nicht als Verfügungen gelten dagegen Erklärungen von Behörden über Ablehnung oder Erhebung von Ansprüchen, die auf dem Klageweg zu verfolgen sind (Art. 5 Abs. 3 VwVG)[17].

2.5 Sämtlichen Verfügungen – mit Ausnahme der Zwischenverfügungen[18] – ist gemein, dass sie ein Verfahren abschliessen. Ausnahmslos alle Verfügungen sind sodann «nicht nach ihrem (zuweilen nicht sehr treffend verfassten) Wortlaut zu verstehen», sondern es ist nach ihrem tatsächlichen rechtlichen Gehalt zu fragen[19]. Dabei

---

9   Vgl. BGE 131 II 17 E. 2.2; HÄFELIN/MÜLLER/UHLMANN, Rz. 854 ff.; TSCHANNEN/ZIMMERLI, § 28 Rz. 17 ff.
10 Zum Begriff der Behörde vgl. unten Rz. 2.12.
11 BGE 130 V 391 E. 2.3 (zum auf demselben Verfügungsbegriff wie Art. 5 Abs. 1 VwVG basierenden Art. 49 Abs. 1 ATSG); 128 I 58 E. 1a/aa; 127 II 201 E. 2a mit Hinweisen. Nicht zum öffentlichen Recht des Bundes in diesem Sinne gehören Strafrecht sowie Schuldbetreibungs- und Konkursrecht; vgl. HÄFELIN/MÜLLER/UHLMANN, Rz. 1917.
12 Vgl. unten Rz. 2.15 (im Allgemeinen) und Rz. 2.29 ff. (zur Feststellungsverfügung [Art. 5 Abs. 1 Bst. b VwVG] im Speziellen). Damit ist der Verfügungsbegriff enger als derjenige des Entscheides im Sinne von Art. 82 Bst. a BGG; vgl. BSK BGG-WALDMANN, Art. 82 N 10.
13 Vgl. auch Art. 51 ATSG zur Behandlung in formlosen Verfahren, welche nur nötigenfalls in einer Verfügung enden. Vgl. unten Rz. 2.16.
14 Vgl. etwa Urteil des Bundesverwaltungsgerichts E-4808/2006 und E-7667/2006 vom 9. November 2007 E. 1.1.
15 BEUSCH/MOSER/KNEUBÜHLER, 7; zu Art. 25a VwVG vgl. unten Rz. 2.38 ff.
16 BGE 119 Ib 413 E. 1.
17 Zur Kasuistik dessen, was ebenfalls nicht als Verfügung gilt, vgl. unten Rz. 2.16.
18 Vgl. unten Rz. 2.41 ff.
19 BGE 132 V 76 E. 2.

kommt es auf den *materiellen Verfügungscharakter* und nicht darauf an, ob die formellen Verfügungsmerkmale gegeben sind[20]. Leidet eine Verfügung an Mängeln, weil ihr etwa die nach Art. 35 Abs. 1 VwVG vorgesehene Rechtsmittelbelehrung fehlt[21], so ist die Verfügung zwar fehlerhaft, mutiert deswegen aber nicht zu einer Nichtverfügung oder einem Realakt[22]; ausgenommen ist lediglich der seltene Ausnahmefall der nichtigen Verfügung[23].

Das Vorliegen einer Verfügung bzw. eines verwaltungsinternen Beschwerdeent- **2.6** scheids ist *Sachurteilsvoraussetzung* für ein Beschwerdeverfahren vor dem Bundesverwaltungsgericht[24]. Liegt keine Verfügung vor oder ist eine solche ausnahmsweise nichtig, so existiert kein Anfechtungsobjekt für eine Beschwerde[25]. In diesem Zusammenhang erwähnenswert ist die Tatsache, dass – wie bereits mit der Revision der Bundesrechtspflege von 1991 – mit der per anfangs 2007 in Kraft getretenen Totalrevision der Verfügungsweg weiter ausgebaut und so der verwaltungsrechtliche Klageweg auf das absolute Minimum zurückgedrängt worden ist[26].

Anfechtungsobjekt im Verfahren vor dem Bundesverwaltungsgericht bildet einzig **2.7** der *vorinstanzliche Entscheid,* nicht auch allfällige Entscheide unterer Instanzen[27]. Diese sind nämlich bei Bestehen eines verwaltungsinternen Instanzenzugs[28] durch die Entscheide der Einsprache- oder Beschwerdeinstanz ersetzt worden (Devolutiveffekt); ihre selbständige Beanstandung ist ausgeschlossen[29]. Das Anfechtungsobjekt bildet den Rahmen, welcher den möglichen Umfang des Streitgegenstandes begrenzt[30]. Gegenstand des Beschwerdeverfahrens kann nur sein, was Gegenstand des erstinstanzlichen Verfahrens war oder nach richtiger Gesetzesauslegung hätte sein sollen[31].

---

20 BGE 133 II 454 E. 2.1; 132 I 234 E. 4; 129 V 303 E. 3.3, 111 E. 1.2.1; 122 V 368 E. 2 mit Hinweisen; BVGE 2008/17 E. 1.4; Urteile des Bundesverwaltungsgerichts A-2723/2007 vom 30. Januar 2008; A-3427/2006 vom 19. Juni 2007 E. 1 und A-7368/2006 vom 10. Juli 2007 E. 1.2 (Verfügungscharakter von «blossen» Schreiben); Entscheid der Rekurskommission INUM vom 2. August 2005, veröffentlicht in VPB 70.17 E. 1.
21 Vgl. unten Rz. 2.22.
22 MARKUS MÜLLER, Rechtsschutz, 327. Vgl. zu Form und Eröffnung unten Rz. 2.20 ff.
23 Vgl. BGE 129 I 363 E. 2.1 sowie unten Rz. 2.25 in fine.
24 BGE 130 V 391 E. 2.3.
25 BGE 132 II 349 E. 2.3.
   Gleiches gilt für Rechtsverzögerungs- bzw. Rechtsverweigerungsbeschwerden, wenn mangels Parteistellung gar keine Verfügung erreicht werden kann; BGE 130 II 529 E. 2.8; vgl. auch unten Rz. 5.18 ff.
26 Botschaft Totalrevision Bundesrechtspflege, BBl 2001 4351. Zu den Klageverfahren vor Bundesgericht (Art. 120 BGG) vgl. BSK BGG-WALDMANN, Art. 120 N 1 ff.; zum Klageverfahren vor dem Bundesverwaltungsgericht (Art. 35 VGG) vgl. unten Rz. 5.6 ff.; zur Revision 1991 vgl. UEBERSAX, 1228 f.
27 Zum Spezialfall der Sprungbeschwerde vgl. unten Rz. 2.55 ff.
28 Vgl. oben Rz. 1.22.
29 BGE 129 II 441 E. 1; vgl. auch 130 V 143 E. 4.2.
30 BGE 133 II 38 E. 2.
31 Urteil des Bundesverwaltungsgerichts A-1393/2006 vom 10. Dezember 2007 E. 2.2.1; Entscheid der Eidgenössischen Personalrekurskommission vom 28. November 2005, veröffentlicht in VPB 70.52 E. 2a.

2.8 Streitgegenstand in der nachträglichen Verwaltungsrechtspflege ist demzufolge das Rechtsverhältnis, das Gegenstand der angefochtenen Verfügung bildet, soweit es im Streit liegt. Nicht die Verfügung selbst ist also Streitgegenstand (sie bildet das Anfechtungsobjekt), sondern das in der Verfügung geregelte oder zu regelnde, im Beschwerdeverfahren noch streitige Rechtsverhältnis[32]. *Anfechtungsobjekt* und *Streitgegenstand* sind identisch, wenn die Verfügung insgesamt angefochten wird. Bezieht sich demgegenüber die Beschwerde nur auf einen Teil des durch die Verfügung bestimmten Rechtsverhältnisses, gehören die nicht beanstandeten Teilaspekte des verfügungsweise festgelegten Rechtsverhältnisses zwar wohl zum Anfechtungsobjekt, nicht aber zum Streitgegenstand[33]. Letzterer darf im Laufe des Beschwerdeverfahrens weder erweitert noch qualitativ verändert werden; er kann sich höchstens verengen und um nicht mehr streitige Punkte reduzieren, nicht aber ausweiten. Fragen, über welche die erstinstanzlich verfügende Behörde nicht entschieden hat, darf die zweite Instanz nicht beurteilen; sonst würde in die funktionelle Zuständigkeit der ersten Instanz eingegriffen. Das bedeutet auch, dass die Rechtsmittelinstanz im Rahmen des Rechtsmittelverfahrens in der Regel die Verfügung nur insoweit überprüfen darf, als sie angefochten ist[34]. In der Verwaltungsverfügung festgelegte, aber aufgrund der Beschwerdebegehren nicht mehr streitige Fragen prüft das Gericht nur, wenn die nicht beanstandeten Punkte in einem engen Sachzusammenhang mit dem Streitgegenstand stehen[35]. Wird ein Nichteintretensentscheid angefochten, prüft das Bundesverwaltungsgericht nur die Rechtsfrage, ob die Vorinstanz auf die bei ihr erhobene Einsprache bzw. Beschwerde oder ein Wiedererwägungsgesuch zu Recht nicht eingetreten ist[36].

2.9 Anfechtbar ist grundsätzlich nur das *Dispositiv* einer Verfügung[37]. Dabei kommt es nicht auf die äussere Form des Dokuments an: nicht alles, was formell im Dispositiv steht, muss Verfügungscharakter haben[38].

---

32 Vgl. zur Abgrenzung Anfechtungsobjekt und Streitgegenstand weiterführend (allerdings zu den noch bis zum bis Ende 2006 geltenden Rechtsgrundlagen) ULRICH MEYER/ISABEL VON ZWEHL, L'objet du litige en procédure de droit administratif fédéral, in: Festschrift für Pierre Moor, Bern 2005, 440 ff.

33 BGE 131 V 165 E. 2.1.

34 BGE 131 II 203 E. 3.2; 130 II 536 E. 2.2; 130 V 502 E. 1.1; Urteil des Bundesgerichts 2A.121/2004 vom 16. März 2005 E. 2.1.; Urteil des Bundesverwaltungsgerichts A-1393/2006 vom 10. Dezember 2007 E. 2.2.2.

35 BGE 130 V 140 E. 2.1, 503 E. 1.2; 125 V 414 E. 1b; Urteil des Bundesgerichts 2C_642/2007 vom 3. März 2008 E. 2.2; vgl. etwa auch (anstelle vieler) Urteil des Bundesverwaltungsgerichts C-3008/2006 vom 6. März 2008 E. 2.

36 Vgl. etwa (anstelle vieler) BGE 132 V 76 E. 1.1 sowie unten Rz. 2.164.

37 Vgl. BGE 115 V 417 E. 3b/aa mit Hinweisen; Urteil des Bundesverwaltungsgerichts C-1250/2006 vom 8. November 2007 E. 4.2; Entscheid der Eidgenössischen Personalrekurskommission vom 14. Mai 1998, veröffentlicht in VPB 63.20 E. 1c.

38 So stellt z.B. die in einem Dispositiv einer Entlassungsverfügung enthaltene Erklärung der Behörde, die Auflösung des Dienstverhältnisses gelte als selbstverschuldet im Sinne der PKB-Statuten, keine Verfügung dar, die in einem Beschwerdeverfahren betreffend das Dienstverhältnis anfechtbar ist; BGE 118 Ib 173 E. 6; Entscheide der Eidgenössischen Personalrekurskommission vom 20. April 1995 bzw. 24. Februar 1997, veröffentlicht in VPB 60.9 E. 1c/bb bzw. 61.80 E. 1b.

Anderseits können Teile der Begründung zum Dispositiv gehören. Verweist das **2.10**
Dispositiv eines Rückweisungsentscheides ausdrücklich auf die Erwägungen, werden diese zu dessen Bestandteil und sind anfechtbar, soweit sie zum Streitgegenstand gehören. Ansonsten sind aber die Begründung und allfällig darin enthaltene
Meinungsäusserungen oder Empfehlungen grundsätzlich nicht anfechtbar[39].

Pro memoria: Ist die Beschwerde an das Bundesverwaltungsgericht ausgeschlossen, so kann **2.11**
auch bei Vorliegen einer End- oder Zwischenverfügung kein Rechtsmittel an das Bundesverwaltungsgericht ergriffen werden[40].

b)   Einzelne Elemente des Verfügungsbegriffs – Abgrenzungen

Der Begriff der Verfügung erhält trotz der recht detaillierten Legaldefinition von **2.12**
Art. 5 Abs. 1 VwVG letztlich seine definitiven Konturen erst durch die Vornahme
der notwendigen Abgrenzungen. Keine allzu grossen Schwierigkeiten ergeben sich
dabei bezüglich des Begriffs der *Behörde*. Behörde im Sinne des Gesetzes sind die
in Art. 1 Abs. 2 VwVG aufgezählten Instanzen und Organisationen und dergestalt
letztlich jeder Verwaltungsträger, der mit der Erfüllung von Staatsaufgaben betraut
ist[41]. Behörden kommt indessen trotz gegebener Verwaltungsbefugnis unter Umständen keine Verfügungsbefugnis zu[42], dies namentlich wenn das Gesetz andere
verwaltungsrechtliche Handlungsformen vorschreibt oder wenn das Rechtsverhältnis unter das Zivilrecht fällt[43].

Massgebend für den Begriff der Verfügung ist sodann deren hoheitlicher Charakter, **2.13**
also die durch ein Subordinationsverhältnis geprägte Anordnung, die ein Rechtsverhältnis zwischen der Verwaltung und den Rechtsunterworfenen verbindlich regelt[44].
Fehlt es an einem solchen *Subordinationsverhältnis*, d.h. werden keine Rechte und
Pflichten im Verhältnis zum Staat geregelt, ist die Verfügungskompetenz der Verwaltung ausgeschlossen. So betreffen z.B. Überwälzungsstreitigkeiten zwischen dem die
Mehrwertsteuer schuldenden Steuerpflichtigen und dem Konsumenten bzw. dem
Leistungserbringer und dem Leistungsempfänger die Rechtsbeziehung zweier Privater, d.h. gleich geordneter Rechtssubjekte, zu deren Beurteilung die Zivilgerichte zu-
ständig sind (Art. 37 Abs. 6 MWSTG)[45].

Was die für die Eigenschaft als Anfechtungsobjekt vorausgesetzte *individuell kon-* **2.14**
krete Anordnung der Verfügung betrifft, so ist die Bezeichnung, wie erwähnt,

---

39 BGE 131 II 591 E. 4.2.1; vgl. so schon RHINOW/KRÄHENMANN, 104 f.
40 Vgl. oben Rz. 1.28.
41 BGE 127 II 457 E. 2b/aa; TSCHANNEN/ZIMMERLI, § 28 Rz. 19.
42 TSCHANNEN/ZIMMERLI, § 28 Rz. 20.
43 BGE 131 II 164 E. 2.2. Vgl. zu diesem Problemkreis etwa betreffend die Abgrenzungen be-
    züglich Handlungen der Schweizerischen Post Urteil des Bundesverwaltungsgerichts A-
    2040/2006 vom 17. April 2007 E. 2.
44 Vgl. BGE 121 I 45 E. 2a mit Hinweis auf die Rechtsprechung, wonach dem eine Aufsichts-
    massnahme ablehnenden Beschluss einer Behörde kein Verfügungscharakter zukommt,
    sowie 174 E. 2a. Demgegenüber stellt eine aufsichtsrechtliche Weisung des Bundesamtes
    für Sozialversicherungen gemäss Art. 21 Abs. 3 KVG eine Verfügung dar; Urteil des Bun-
    desverwaltungsgerichts C-7604/2006 und C-627/2007 vom 10. Juli 2007 E. 1.4.
45 Urteil des Bundesverwaltungsgerichts A-1593/2006 vom 25. Januar 2008 E. 3.3.4; vgl. auch
    Urteil des Bundesverwaltungsgerichts A-7063/2007 vom 28. Mai 2008 E. 5.2.1.

ebenso irrelevant wie die Existenz der formellen Verfügungsmerkmale. Entscheidend ist einzig der materielle Verfügungscharakter[46]. Verordnungen des Bundesrates oder seiner Departemente sind nicht mit Beschwerde anfechtbar, weil sie generell abstrakte Regelungen enthalten und deshalb als Erlasse zu betrachten sind, mit Bezug auf die in der Verwaltungsrechtspflege die abstrakte Normenkontrolle nicht zulässig ist[47]. Hingegen sind auch *Allgemeinverfügungen,* die eine generell konkrete Anordnung darstellen, nach Rechtsprechung und Lehre ein taugliches Anfechtungsobjekt einer Beschwerde[48].

2.15 Abgrenzungsfragen ergeben sich auch betreffend der einer Verfügung immanenten Kriterien der Begründung, Änderung oder Aufhebung von Rechten oder Pflichten, stellen doch nicht alle Handlungen, Auskünfte und Anordnungen von Verwaltungsbehörden, die dem hoheitlichen Gesetzesvollzug dienen, Verfügungen dar[49]. Die Praxis unterscheidet die Verfügung insbesondere von der *innerdienstlichen Weisung* bzw. organisatorischen Anordnung. Diese ordnen den Verwaltungsbetrieb im engeren und weiteren Sinn, während die Verfügung ein verwaltungsrechtliches Rechtsverhältnis in verbindlicher und erzwingbarer Weise regelt[50].

2.16 Im erwähnten Sinn um *keine Verfügungen* handelt es sich bei folgenden Anordnungen:

– Im Rahmen einer gütlichen Einigung oder einer Mediation gemäss Art. 33b VwVG erfolgende Handlungen, stellen diese doch blosse Vorstufen der das Verfahren abschliessenden Verfügung dar (Art. 33b Abs. 4 VwVG). Ausgenommen davon ist einzig die Ermächtigung der Behörde zur Abnahme gewisser Beweise (Art. 33b Abs. 3 VwVG); diese stellt eine Zwischenverfügung dar[51].
– Auskünfte der (zuständigen) Behörden, etwa die Auskunft der ESTV über eine in Aussicht genommene Besteuerung («Ruling») oder der Zollbehörden über eine Tarifeinrei-

---

46 BGE 133 II 454 E. 2.1; 132 I 234 E. 4; BVGE 2008/17 E. 1.
47 Art. 6 Ziff. 1 EMRK findet zwar nach der Praxis der Konventionsorgane mitunter auch auf (verfassungsgerichtliche) Verfahren der abstrakten Normenkontrolle Anwendung, dies jedoch nur, soweit das nationale Recht die Möglichkeit der direkten Gesetzesanfechtung vorsieht; BGE 132 V 301 E. 4.3.1; Urteil des Bundesverwaltungsgerichts C-7589/2007 vom 14. März 2008 E. 9. Vgl. BGE 125 I 74 E. 1 a; 118 Ib 245 E. 3b; ASA 66, 389 E. 2; vgl. des Weiteren Entscheid des Bundesrates vom 21. Dezember 1994, veröffentlicht in VPB 59.59 E. 1 mit Hinweisen; in diesem Entscheid wurde sowohl der (Änderung der) Revers-Verordnung des Finanzdepartements als auch dem Rundschreiben der Oberzolldirektion vom April 1994 der Verfügungscharakter abgesprochen. Zur konkreten Normenkontrolle von Verordnungen des Bundesrates vgl. unten Rz. 2.177. – Kantonale Erlasse können dagegen direkt beim Bundesgericht angefochten werden (Art. 82 Bst. b BGG), sofern die übrigen Eintretensvoraussetzungen erfüllt sind; vgl. weiterführend BSK BGG-Aemisegger/Scherrer, Art. 82 N 27 ff. Bundeserlasse ausserhalb des Anwendungsbereichs von Art. 190 BV können abstrakt einzig unter Umständen dem Bundesgericht mittels Klage durch einen Kanton unterbreitet werden (Art. 120 Bst. a BGG); BSK BGG-Waldmann, Art. 82 N 29, Art. 120 N 11.
48 BGE 126 II 302 E. 2; 125 I 316 E. 2; BVGE 2008/18 E. 1 und 2 (Festlegung der Luftraumstruktur); Häfelin/Müller/Uhlmann, Rz. 923 ff.
49 Vgl. BGE 130 V 392 E. 2.5; 128 II 163 E. 3a.
50 Vgl. BGE 130 V 392 E. 2.5; 125 V 406; 121 II 479 E. 2c; Urteile des Bundesverwaltungsgerichts C-7604/2006 und C-627/2007 vom 10. Juli 2007 E. 1.4 (Verfügungscharakter einer aufsichtsrechtlichen Weisung). Vgl. auch BSK BGG-Waldmann, Art. 82 N 10.
51 Vgl. unten Rz. 2.41 ff.

hung[52]. Dass diese Auskünfte sehr wohl Rechtswirkungen entfalten können (Vertrauensschutz)[53], macht sie nicht zu Verfügungen.

- Schreiben, in dem nur der Empfang eines Wiedererwägungsgesuches bestätigt und dessen Behandlung zu gegebener Zeit in Aussicht gestellt wird[54].
- Schreiben, in welchem die Verwaltung darlegt, welche Massnahmen zur Reduktion der luftbelastenden Emissionen vom Bund bereits ergriffen worden sind[55].
- Mehrwertsteuerliche Ergänzungsabrechnungen der ESTV[56].
- Behandlung von Leistungen, Forderungen und Anordnungen, die nicht erheblich sind oder mit denen die betroffene Person einverstanden ist und die so nicht unter Art. 49 Abs. 1 ATSG fallen (Art. 51 Abs. 1 ATSG)[57].
- Im Rahmen von Präventivmassnahmen in der Arbeitslosenversicherung abgegebener Zusicherungsentscheid, ausser wenn er die Bemessungskriterien sowie die Höhe des zugesicherten Beitrages verbindlich festsetzt[58].
- Eröffnung einer Untersuchung nach Art. 27 KG bzw. Weigerung, eine solche Untersuchung zu eröffnen[59].
- Anordnung der Begutachtung durch einen Sozialversicherer[60].
- Verweigerung des Zugangs zum Strafregister für bestimmte kantonale Strafvollzugsstellen[61].

Auf dem Gebiete des Dienstverhältnisses von *Bundespersonal* ist entsprechend zu **2.17** unterscheiden zwischen Anordnungen, die unmittelbar individuelle Ansprüche und Pflichten von Angestellten als Dienstnehmende berühren, und solchen, die nicht eigentlich in die Rechtsstellung der Betroffenen eingreifen, sondern lediglich

---

52 Vgl. so schon Entscheid der Eidgenössischen Zollrekurskommission vom 2. September 1994, veröffentlicht in VPB 59.36 E. 2.
53 Vgl. etwa Beatrice Weber-Dürler, Neuere Entwicklungen des Vertrauensschutzes, ZBl 2002, 288 ff.
54 Entscheid der Schweizerischen Asylrekurskommission vom 28. Juni 1996, veröffentlicht in EMARK 1996/38, 340 f.
55 Urteil des Bundesverwaltungsgerichts A-1393/2006 vom 10. Dezember 2007 E. 2.2.3.
56 Diese nach ständiger Rechtsprechung so gehandhabte Praxis mutet im Lichte des Verfügungsbegriffs von Art. 5 VwVG auf den ersten Blick etwas seltsam an, enthält doch die Ergänzungsabrechnung – mit Ausnahme der Rechtsmittelbelehrung, worauf es aber wie gezeigt nicht ankommen kann – sämtliche Elemente der Verfügung. Die Aberkennung des Verfügungscharakters gründet indessen auf der spezialgesetzlichen Regelung von Art. 63 MWSTG, wonach – im Einklang mit dem System der Selbstveranlagung – eine Verfügung erst dann ergeht, wenn etwas streitig ist. Dies ist bei Ausstellen der Ergänzungsabrechnung, welche jederzeit zu Gunsten oder zu Ungunsten des Steuerpflichtigen abgeändert werden kann, sofern die Steuerabrechnung nicht bereits Gegenstand eines in Rechtskraft erwachsenen Entscheides war oder verjährt ist (Entscheid der Eidgenössischen Steuerrekurskommission vom 31. August 2004, veröffentlicht in VPB 69.6 E. 2), eben noch nicht der Fall. Für den Bereich der mehrwertsteuerlichen (Erst-)Verfügungen sind die Regelungen des VwVG denn auch nur subsidiär anwendbar (Art. 63 Abs. 2 MWSTG).
57 Bezüglich Art. 51 Abs. 1 ATSG verhält es sich damit analog wie mit der mehrwertsteuerlichen Ergänzungsabrechnung.
58 Entscheid der Rekurskommission EVD vom 7. September 1994, veröffentlicht in VPB 59.81 E. 1.1.
59 BGE 130 II 528 E. 2.7.3 mit weiteren Hinweisen. Wird allerdings ausdrücklich mittels Verfügung auf ein Gesuch auf Eröffnung einer Untersuchung beziehungsweise auf Erlass einer Feststellungsverfügung nicht eingetreten, so wird der Beschwerdeweg dadurch geöffnet; vgl. Urteil des Bundesverwaltungsgerichts B-4037/2007 vom 29. Februar 2008 E. 1.1.
60 BGE 132 V 100 E. 5.2, 278 E. 2.5.
61 Urteil des Bundesverwaltungsgerichts A-7385/2007 vom 12. März 2008 E. 1.2.

eine organisatorische Anordnung innerhalb eines Dienstbetriebes oder eine blosse Mitteilung darstellen[62]. Nur im ersten Fall liegt eine beim Bundesverwaltungsgericht und anschliessend (bei Einhaltung der Vorgaben von Art. 85 BGG) beim Bundesgericht anfechtbare Verfügung vor[63].

2.18 Generelle Dienstanweisungen, welche die Regeln für das verwaltungsinterne Verhalten der mit der Anwendung des objektiven Rechts betrauten untergeordneten Behörden bzw. Angestellten aufstellen, werden *Verwaltungsverordnungen* genannt. Sie verpflichten die Bürgerin oder den Bürger nicht zu einem bestimmten Tun, Dulden oder Unterlassen, sondern enthalten bloss Regeln für das verwaltungsinterne Verhalten der Mitarbeitenden der Behörde. Verwaltungsverordnungen dienen der Schaffung einer einheitlichen Praxis und sollen den Angestellten die Rechtsanwendung erleichtern[64]. Sie stellen einerseits – im Gegensatz zu den Rechtsverordnungen – grundsätzlich keine Rechtsquellen dar, deren Verletzung mit Beschwerde gerügt werden kann[65]. Sie kommen mangels Verfügungsqualität anderseits auch nicht als Anfechtungsobjekt für eine Beschwerde an das Bundesverwaltungsgericht in Frage[66]. Es kann daher nicht die Weisung selbst, sondern nur die darauf gestützte, an einen konkret Betroffenen gerichtete «Einzelverfügung» Gegenstand richterlicher Überprüfung bilden[67].

2.19 Besonderheiten ergeben sich schliesslich bei in üblicherweise aus mehreren Teilleistungen bestehenden *Prüfungen*. Die einzelnen Noten regeln nämlich kein Rechtsverhältnis und vermögen infolgedessen für sich allein betrachtet grundsätzlich auch keinen selbständigen Streitgegenstand zu bilden. Einzelnen Prüfungsnoten kommt daher im Gegensatz zur Eröffnung des Prüfungsergebnisses keine Verfügungsqualität zu. Nur der Entscheid, ob die Prüfung bestanden ist oder nicht bzw. ob ein Diplom aufgrund des in Fachprüfungen erzielten Resultates erteilt werden kann, entfaltet Rechtswirkungen und kann angefochten werden[68]. Gleiches gilt für die Verweigerung der Habilitation, die wesentlich durch die Beurteilung von Leistungen der Ge-

---

62 Das Verneinen des Verfügungscharakters bedeutet nicht, dass die Nichtbefolgung der Anordnungen keine Dienstpflichtverletzung darstellen würde. Vgl. HÄNNI, Personalrecht, Rz. 175 ff.

63 Zur differenzierten einschlägigen Rechtsprechung während des Bestehens des Beamtenstatuts vgl. MOSER, in Moser/Uebersax, Rz. 2.5.

64 MICHAEL BEUSCH, in: Martin Zweifel/Peter Athanas (Hrsg.), Kommentar zum Schweizerischen Steuerrecht, Teil I/Band 2b, Bundesgesetz über die direkte Bundessteuer (DBG), 2. Auflage, Basel 2008, Art. 102 N 9 ff.; je mit weiteren Hinweisen; BGE 131 II 11 E. 4.1; 121 II 478 E. 2 b.

65 Vgl. unten Rz. 2.175.

66 Zur (eingeschränkten) Möglichkeit der abstrakten Normenkontrolle vgl. BSK BGG-WALDMANN, Art. 82 N 33.

67 Entscheid der Rekurskommission EVD vom 23. Dezember 1994, veröffentlicht in VPB 59.113 E. 2.2; HÄFELIN/MÜLLER/UHLMANN, Rz. 123 ff.

68 BVGE 2007/6 E. 1.2, wobei «ausnahmsweise [...] einzelne Noten dann einen selbständigen Streitgegenstand bilden [können], wenn an ihre Höhe direkt bestimmte Rechtsfolgen geknüpft sind, beispielsweise die Möglichkeit, bestimmte zusätzliche Kurse oder Weiterbildungen zu absolvieren oder besondere Qualifikationen zu erwerben, oder wenn sich die Noten später als Erfahrungsnoten in weiteren Prüfungen auswirken»; vgl. in diesem Sinn auch Urteil des Bundesverwaltungsgerichts B-2214/2006 vom 16. August 2007 E. 4.2 f.

suchstellerin oder des Gesuchstellers (Habilitationsschrift, bisherige Publikationen, Probevortrag usw.) geprägt ist; diese stellt ebenfalls eine anfechtbare Verfügung dar[69].

c) Form und Eröffnung

Die Behörde, welche bereits im zur Verfügung führenden Verfahren verschiedenen rechtlichen Vorgaben genügen muss[70], ist verpflichtet, eine Verfügung so zu *begründen,* dass sich die Parteien über deren Tragweite klar werden und in voller Kenntnis der massgeblichen Umstände über die Zweckmässigkeit einer allfälligen Beschwerde entscheiden können[71]. Dies bedeutet indessen nicht, dass sich die verfügende Behörde ausdrücklich mit jeder tatbeständlichen Behauptung und jedem rechtlichen Einwand auseinandersetzen muss. Vielmehr kann sie sich auf die für den Entscheid wesentlichen Gesichtspunkte beschränken[72]. Die Anforderungen an die Begründung sind um so strenger, je weiter der Ermessensspielraum der Behörde geht[73]. Unter Umständen kann eine Verletzung der Begründungspflicht durch Gewähren des rechtlichen Gehörs im Beschwerdeverfahren geheilt werden[74]. **2.20**

Dies wird beispielsweise bei Prüfungs- und Diplomfragen anerkannt[75]. Auf dem Gebiete des öffentlichen Beschaffungswesens sind Verfügungen nur summarisch zu begründen, doch hat die Auftraggeberin den nicht berücksichtigten Anbieterinnen und Anbietern auf Gesuch hin umgehend insbesondere die wesentlichen Gründe für die Nichtberücksichtigung und die ausschlaggebenden Merkmale und Vorteile des berücksichtigten Angebotes bekannt zu geben (vgl. Art. 23 Abs. 1–3 BoeB, der als lex specialis den Regelungen von Art. 35 f. VwVG vorgeht). Daraus ergibt sich, dass dem Beschwerdeführer gegebenenfalls ein Replikrecht bzw. eine Nachfrist zur Beschwerdeergänzung einzuräumen ist[76]. **2.21**

Art. 35 (Abs. 1 und 2) VwVG verpflichtet die Bundesverwaltung zur *Rechtsmittelbelehrung,* ebenso die letzte kantonale Instanz, wenn sie gestützt auf öffentliches Recht des Bundes nicht endgültig verfügt (Art. 1 Abs. 3 VwVG). Entspricht eine Verfügung insofern den Formvorschriften von Art. 35 VwVG nicht, als sie keine Rechtsmittelbelehrung enthält, so fällt sie als rechtsgenügliche Eröffnung grund- **2.22**

---

69 Entscheid der Rekurskommission ETH vom 30. Oktober 1995, veröffentlicht in VPB 61.63 E. 1.
70 Vgl. etwa die Anforderungen an die Gewährung des rechtlichen Gehörs in Art. 30 ff. VwVG, welche indessen nicht für alle Verfahren gleichermassen gelten (vgl. Art. 2 Abs. 1 VwVG) sowie BGE 128 II 163 E. 3a.
71 Zur Begründungspflicht der Urteile des Bundesverwaltungsgerichts vgl. (für die einer Beschwerde an das Bundesgericht unterliegenden Fälle) Art. 112 Abs. 1 Bst. a BGG sowie generell unten Rz. 3.103 ff.
72 Vgl. BGE 130 II 540 E. 3.2; 129 I 236 E. 3.2; Entscheid der Rekurskommission INUM vom 2. August 2005, veröffentlicht in VPB 70.17 E. 1.
73 BGE 129 I 239 E. 3.3; 112 Ia 110 mit Hinweisen; vgl. etwa auch Urteil des Bundesverwaltungsgerichts B-2782/2007 vom 4. Oktober 2007 E. 3.2 (Beitragsgewährung durch die Stiftung Pro Helvetia); KNEUBÜHLER, Begründungspflicht, 33, 186 f.
74 Vgl. BGE 117 Ib 86 E. 4; KNEUBÜHLER, Gehörsverletzung, 104 mit Hinweisen; kritisch SCHINDLER, Heilung, 183 ff.
75 Vgl. Entscheid der Rekurskommission ETH vom 30. Oktober 1995, veröffentlicht in VPB 61.63 E. 2.3.
76 Vgl. GALLI/MOSER/LANG/CLERC, Rz. 810 ff.

sätzlich dann ausser Betracht, wenn einer Partei daraus ein Nachteil erwachsen würde (vgl. Art. 38 VwVG). Allerdings kann auch die Empfängerin oder der Empfänger einer nicht als solchen bezeichneten Verfügung ohne Rechtsmittelbelehrung diese nicht einfach ignorieren, sondern ist gehalten, sie innert der gewöhnlichen Rechtsmittelfrist anzufechten oder sich innert nützlicher Frist nach dem in Frage kommenden Rechtsmittel zu erkundigen, wenn er den Verfügungscharakter erkennen kann und nicht gegen sich gelten lassen will[77]. Sind Beschwerdeführenden aus einem solchen Eröffnungsmangel dagegen keine Rechtsnachteile erwachsen, da die Verfügung rechtzeitig und sachgerecht angefochten werden konnte, so kann der Mangel ohnehin als geheilt betrachtet werden[78].

2.23 Auf Begründung und Rechtsmittelbelehrung kann im Übrigen verzichtet werden, wenn die Behörde den Begehren der Parteien voll entspricht und keine Partei eine Begründung verlangt *(Art. 35 Abs. 3 VwVG)*. Daraus folgt, dass eine Verfügung im Sinne eines negativen Entscheides, der allenfalls mit Beschwerde angefochten werden kann (Art. 44 VwVG), nicht durch Untätigbleiben der Behörde oder durch Stillschweigen getroffen werden kann[79].

2.24 Ebenfalls keine Rechtsmittelbelehrung enthalten sodann Entscheide in den erwähnten Rechtsgebieten, in denen eine Beschwerde in der Hauptsache an das Bundesverwaltungsgericht ausgeschlossen ist (Art. 32 VGG; Art. 6 BoeB). Gleiches gilt auch für sacheinschlägige Zwischenentscheide[80].

2.25 Aus der Verfügung muss deren Aussteller namentlich ersichtlich sein. Gleiches gilt für den Fall, dass seitens der Verwaltung oder der bundesverwaltungsgerichtlichen Vorinstanzen (ausnahmsweise) ein Gremium entscheidet[81]; in solchen Konstellationen ist die *namentliche Bekanntgabe sämtlicher Mitwirkenden* unabdingbar[82]. Dies gebietet bereits die Bundesverfassung (Art. 29 Abs. 1 BV)[83], denn nur so kann der

---

77 BGE 129 II 134 E. 3.3; 124 I 258 E. 1a/aa; 119 IV 334 E. 1c; mit weiteren Ausführungen zu den Verhaltensanforderungen an die Parteien bei umstrittenem Verfügungscharakter eines Schreibens; dies bestätigend etwa auch Urteil des Bundesgerichts 2C_245/2007 vom 10. Oktober 2007.

78 Entscheid der Schweizerischen Asylrekurskommission vom 27. Juni 1995, veröffentlicht in VPB 60.28 E. 6b.

79 Entscheid der Rekurskommission EVD vom 20. Dezember 1994, veröffentlicht in VPB 59.102 E. 5.2.3.

80 Vgl. oben Rz. 1.28.

81 Dies ist etwa der Fall bei der Eidgenössischen Erlasskommission für die direkte Bundessteuer, welche in Dreierbesetzung entscheidet (Art. 102 Abs. 4 DBG), oder dann, wenn ein kantonales Gericht entscheidet (BGE 134 V 45).

82 Urteil des Bundesverwaltungsgerichts A-4174/2007 vom 27. März 2008 E. 2.4; MICHAEL BEUSCH, in: Martin Zweifel/Peter Athanas (Hrsg.), Kommentar zum Schweizerischen Steuerrecht, Teil I/Band 2b, Bundesgesetz über die direkte Bundessteuer (DBG), 2. Auflage, Basel 2008, Art. 167 N 32. Von der namentlichen Bekanntgabe der Mitwirkenden auf dem Entscheid selbst kann lediglich dann eine Ausnahme gemacht werden, wenn die Angehörigen eines Gremiums allgemein bekannt sind. Dies ist etwa der Fall, wenn auf dem Gebiet der Krankenversicherung die kantonale Regierung einen Entscheid fällt (vgl. oben Rz. 1.39).

83 SCHINDLER, Befangenheit, 199 ff.
     Für die gerichtlichen Vorinstanzen ergibt sich die Pflicht zur Bekanntgabe der Zusammensetzung aus Art. 30 Abs. 1 BV.

Rechtsunterworfene nötigenfalls die Verletzung der Ausstandsvorschriften (Art. 10 VwVG) geltend machen[84]. Das *Fehlen* der *Unterschrift* auf einer Einzelverfügung führt in der Regel zu deren Nichtigkeit[85].

Die eigentliche *Eröffnung* erfolgt schriftlich individuell an die Parteien (Art. 34 **2.26** Abs. 1 VwVG)[86/87]. Mit dem Einverständnis der Partei kann die Eröffnung auf dem elektronischen Weg erfolgen, wobei dann die Verfügungen mit einer anerkannten elektronischen Signatur zu versehen sind (Art. 34 Abs. 1bis VwVG)[88]. Detailregelungen enthalten die Art. 8 ff. der Verordnung vom 17. Oktober 2007 über die elektronische Übermittlung im Rahmen eines Verwaltungsverfahrens[89].

Unter ganz bestimmten Umständen kann indessen auch von der individuellen Er- **2.27** öffnung abgesehen werden und kann die Behörde ihre Verfügungen durch *Veröffentlichung in einem amtlichen Blatt,* dem Bundesblatt oder dem SHAB, eröffnen (Art. 36 VwVG), nämlich gegenüber einer Partei, die unbekannten Aufenthaltes ist und keinen erreichbaren Vertreter hat (Bst. a), gegenüber einer Partei, die sich im Ausland aufhält und keinen erreichbaren Vertreter hat, wenn die Zustellung an ihren Aufenthaltsort unmöglich ist oder wenn die Partei entgegen Art. 11b Abs. 1 VwVG kein Zustellungsdomizil in der Schweiz bezeichnet hat (Bst. b), in einer Sache mit zahlreichen Parteien (Bst. c) oder in einer Sache, in der sich die Parteien ohne unverhältnismässigen Aufwand nicht vollzählig bestimmen lassen (Bst. d)[90].

Für den Fall der *mangelhaften Eröffnung* einer Verfügung enthält das Gesetz keine **2.28** detaillierte Fehlerfolgeregelung[91], wobei der bereits erwähnte Grundsatz gilt, wo-

---

84 Für gewisse Rechtsgebiete sind die einschlägigen Ausstandsvorschriften vorab der Spezialgesetzgebung (vgl. etwa Art. 109 DBG für die erwähnte Eidgenössische Erlasskommission für die direkte Bundessteuer) oder bei kantonalen Vorinstanzen dem kantonalen Recht zu entnehmen. Letztlich greift indessen auch dort nötigenfalls der verfassungsrechtliche Minimal-Standard, welcher in Art. 10 VwVG oder Art. 34 BGG Niederschlag gefunden hat. Zum Ausstand im Verfahren vor dem Bundesverwaltungsgericht vgl. unten Rz. 3.58 ff.

85 Zur Nichtigkeit: BGE 132 II 27 E. 3.1, 346 E. 2.1; 131 V 468 E: 2.3; 129 I 363 E. 2.1; BVGE 2008/8 E. 6.2; Häfelin/Müller/Uhlmann, Rz. 975; Rhinow, Rz. 435; Stadelwieser, 185 ff.

86 Vgl. (etwas) ausführlicher unten Rz. 2.111 ff.; zum Spezialfall der mündlichen Eröffnung einer Zwischenverfügung (Art. 34 Abs. 2 VwVG) vgl. unten Rz. 2.50.

87 Partei im Sinne von Art. 34 VwVG sind dabei alle, welche nach Art. 48 VwVG zur Beschwerdeerhebung befugt sind; vgl. unten Rz. 2.60 ff.

88 Vgl. auch Art. 60 Abs. 3 BGG.
    Zu Fragen der elektronischen Signatur und deren Anwendung im öffentlichen Recht vgl. Michael Beusch/Roger Rohner, Möglichkeiten und Grenzen der elektronischen Einreichung von Steuererklärungen bei den direkten Steuern, in: Michael Beusch/ISIS (Hrsg.), Steuerrecht 2007 – Best of zsis, Zürich/Basel/Genf 2007, 179 ff. mit Hinweisen.

89 SR 172.021.2.

90 Die Aufzählung in Art. 36 VwVG ist abschliessend. Auch bei gegebenen Voraussetzungen besteht sodann angesichts des klaren Wortlautes keine Verpflichtung zur Entscheidpublikation; unter Umständen können überwiegende Interessen gegen eine Veröffentlichung sprechen. Auf der amtlichen Publikation basiert schliesslich die unwiderlegbare Vermutung, die Verfügungen sei allen möglichen Adressaten rechtsgültig eröffnet worden. Die Beschwerdefrist beginnt am Tag nach dem Erscheinen des Publikationsorgans zu laufen; vgl. unten Rz. 2.109 f.

91 Vgl. dazu Stadelwieser, 143 ff.

nach aus mangelhafter Eröffnung den Parteien kein Nachteil erwachsen darf (Art. 38 VwVG)[92]. Der Zeitpunkt der Eröffnung ist schliesslich massgebend für den Beginn des Fristenlaufs für die Einreichung eines Rechtsmittels[93].

d)   Spezialfälle

aa)   Feststellungsverfügung

2.29 Üblicherweise sind Verfügungen auf Leistung oder Gestaltung gerichtet. Subsidiär dazu kann die in der Sache zuständige Behörde über den Bestand, den Nichtbestand oder den Umfang öffentlichrechtlicher Rechte oder Pflichten (Art. 5 Abs. 1 Bst. b VwVG) von Amtes wegen oder auf Begehren eine Feststellungsverfügung treffen (Art. 25 Abs. 1 VwVG)[94]. Feststellungsverfügungen haben dabei – gleich wie Gestaltungs- und Leistungsverfügungen – stets individuelle und konkrete Rechte und Pflichten, d.h. Rechtsfolgen zum Gegenstand. Auch mit Feststellungsverfügungen können mithin *nur Rechtsfragen* geklärt, nicht aber Tatsachenfeststellungen getroffen werden. Nicht feststellungsfähig ist namentlich auch eine abstrakte Rechtslage, wie sie sich aus einem Rechtssatz für eine Vielzahl von Personen und Tatbeständen ergibt[95].

2.30 Dem Begehren um eine Feststellungsverfügung ist zu entsprechen, wenn der Gesuchsteller ein *schutzwürdiges Interesse* nachweist (Art. 25 Abs. 2 VwVG)[96]. Schutzwürdig ist das Interesse dann, wenn glaubhaft ein rechtliches oder tatsächliches und aktuelles Interesse an der sofortigen Feststellung des Bestehens oder Nichtbestehens eines Rechtsverhältnisses besteht, dem keine erheblichen öffentlichen oder privaten Interessen entgegenstehen[97]. Dies zeigt, dass der in Art. 25 Abs. 2 VwVG verwendete Begriff des schutzwürdigen Interesses im Ergebnis gleich zu verstehen ist wie in Art. 48 Abs. 1 Bst. c VwVG (Beschwerdelegitimation) und in Art. 89 Abs. 1 Bst. c BGG (Beschwerderecht)[98].

2.31 Sehen Spezialgesetze eigene Regelungen zu Feststellungsverfügungen vor (vgl. z.B. Art. 63 Abs. 1 Bst. f MWSTG), so gehen diese den allgemeinen Regelungen von

---

92 Vgl. auch Art. 49 Abs. 3 ATSG sowie Art. 49 BGG.

93 Vgl. unten Rz. 2.108 ff.

94 BGE 132 V 259 E. 1 (zum einen um Nuancen anderen Wortlaut aufweisenden, aber gleich zu handhabenden Art. 49 Abs. 2 ATSG); BVGE 2007/24 E. 1.3.

95 BGE 131 II 17 E. 2.2; 130 V 392 E. 2.5.

96 Das Erfordernis des schutzwürdigen Interesses gilt auch für den Erlass von Feststellungsverfügungen, welche ein Hoheitsträger nicht auf Ersuchen, sondern von Amtes wegen vornimmt; BGE 130 V 392 E. 2.4.

97 BGE 132 V 259 E. 1; 130 V 391 E. 2.4; BVGE 2007/47 E. 3.2.1; BVGE 2007/50 E. 1.2.2: «Ein schutzwürdiges Interesse liegt vor, wenn der Gesuchsteller ohne die verbindliche und sofortige Feststellung des Bestandes, Nichtbestandes oder Umfangs öffentlich-rechtlicher Rechte oder Pflichten Gefahr liefe, dass er für ihn nachteilige Massnahmen trifft oder günstige Massnahmen unterlassen würde.» Vgl. als Beispiel etwa auch aus dem Kartellverwaltungsverfahrensrecht Urteil des Bundesverwaltungsgerichts B-4037/2007 vom 29. Februar 2008 E. 7 sowie aus dem Bankenrecht BVGE 2008/23 E. 2.

98 Vgl. Beusch/Moser/Kneubühler, 9, 12 f. Zum auch andernorts verwendeten Begriff des schutzwürdigen Interesses vgl. unten Rz. 2.39 (zu Art. 25a VwVG) und Rz. 2.64 ff. (zu Art. 48 VwVG).

Art. 25 VwVG vor (vgl. Art. 63 Abs. 2 MWSTG)[99]. Stets jedoch hat die unangefochten gebliebene oder rechtskräftig bestätigte Feststellungsverfügung Auswirkungen auf später in der gleichen Angelegenheit ergangene Verfügungen für die gleiche Partei. Dieser dürfen keine Nachteile daraus erwachsen, dass sie im berechtigten Vertrauen auf eine Feststellungsverfügung gehandelt hat (Art. 25 Abs. 3 VwVG), eine Rechtsfolge, welche sich unter dem Titel des *Vertrauensschutzes* bereits unmittelbar aus der Verfassung ableiten lässt.

bb)   Verfügung aufgrund gütlicher Einigung oder Mediation

Im Sinne einer bürgernahen Verwaltung wurde gerade bei Streitereien zwischen Privaten schon immer in erstinstanzlichen oder auch in Beschwerdeverfahren versucht, im Rahmen des Gesetzes Lösungen zu finden, mit denen beiden Parteien zufrieden sein konnten. Ab dem 1. Januar 2007 besteht für derartige Vergleichsverhandlungen in *Art. 33b VwVG* nunmehr erstmals für das gesamte Verwaltungsverfahren eine einschlägige rechtliche Grundlage[100], nachdem das Sozialversicherungsrecht mit Art. 50 Abs. 1 ATSG bereits seit etwas längerem über eine solche Regelung verfügt.   **2.32**

Nach Art. 33b Abs. 1 VwVG kann die Behörde das Verfahren im Einverständnis mit den Parteien sistieren, damit sich diese über den Inhalt der Verfügung einigen können. Die Einigung soll einschliessen, dass die Parteien auf Rechtsmittel verzichten und wie sie die Kosten verteilen. Wie es sich bereits aus dem Wesen der Sache ergibt und es der Wortlaut des Gesetzes klar ausdrückt, können die Parteien *nicht zu Vergleichsverhandlungen gezwungen* werden. Eine Partei kann konsequenterweise denn auch jederzeit verlangen, dass die Sistierung des Verfahrens aufgehoben wird (Art. 33b Abs. 6 VwVG).   **2.33**

Die für das Verfahren zuständige Behörde kann indessen versuchen, die Einigung zu fördern. So kann sie eine neutrale und fachkundige natürliche Person als *Mediatorin* einsetzen (Art. 33b Abs. 2 VwVG). Diese ist nur an das Gesetz und den Auftrag der Behörde gebunden und kann Beweise abnehmen; für Augenscheine, Gutachten von Sachverständigen und Zeugeneinvernahmen braucht sie indessen eine in Form einer Zwischenverfügung ergehende vorgängige Ermächtigung der Behörde (Art. 33b Abs. 3 VwVG).   **2.34**

Wird eine Einigung erzielt, so wird diese durch die Behörde zum Inhalt ihrer Verfügung gemacht, es sei denn, deren Inhalt verstosse gegen Bundesrecht, beruhe auf einer unrichtigen oder unvollständigen Feststellung des rechtserheblichen Sachverhalts oder erweise sich als unangemessen (Art. 33b Abs. 4 VwVG i.V.m. Art. 49   **2.35**

---

99   Zu Art. 63 Abs. 1 Bst. f MWSTG vgl. etwa Urteil des Bundesverwaltungsgerichts A-1450/2006 vom 24. Januar 2008 E. 3.1.1.

100   Diese rechtliche Regelung war in der Botschaft des Bundesrates zur Totalrevision der Bundesrechtspflege noch nicht vorgesehen und wurde erst in den parlamentarischen Beratungen eingeführt; Botschaft Totalrevision Bundesrechtspflege, BBl 2001 4407 e contrario. In der Lehre wird allerdings ohnehin vertreten, der Einsatz von Mediation unterliege nicht dem Gesetzesvorbehalt; vgl. SERAINA DENOTH, Mediation in Verwaltungsverfahren, insbesondere in kartellrechtlichen Verfahren, in: Jusletter 31. März 2008, Rz. 26 ff. mit Hinweisen.

VwVG). Soweit die *Einigung* zustande kommt, erhebt die Behörde keine Verfahrenskosten. Misslingt die Einigung, so kann die Behörde davon absehen, die Auslagen für die Mediation den Parteien aufzuerlegen, sofern die Interessenlage dies rechtfertigt (Art. 33b Abs. 5 VwVG).

2.36 Die Streitigkeit wird mithin nicht durch Vergleich erledigt, sondern durch eine *klassische Verfügung* (vgl. ausdrücklich auch Art. 50 Abs. 2 ATSG)[101]. Diese unterliegt ihrerseits den ordentlichen Rechtsmitteln, womit sich für den formellen Rechtsschutz keine Besonderheiten mehr ergeben, besteht doch alsdann wieder ein «normales» Anfechtungsobjekt[102].

2.37 Anwendungsgebiete für solche Vergleichsverfahren gibt es zwar auch in «einfachen» erstinstanzlichen, zu einer Verfügung führenden Verfahren, etwa im Steuerrecht[103], wo z.B. Bewertungsfragen Gegenstand von Verständigungen bilden können[104], oder in Staatshaftungsfällen, in denen lediglich noch die Höhe der Haftung umstritten ist[105]. Potentiell grössere Bedeutung erlangt die in Art. 33b VwVG vorgesehene Möglichkeit indessen wesensgemäss in *kontradiktorischen Verfahren,* sei es erstinstanzlich oder in einem Rechtsmittelverfahren[106], letztlich also auch im Beschwerdeverfahren vor dem Bundesverwaltungsgericht. Erfolgt in einem Rechtsmittelverfahren eine gütliche Einigung zwischen den Parteien, so wird diese – sofern sie Art. 49 VwVG nicht widerspricht – zum Gegenstand des Beschwerdeentscheids und so in das öffentliche Recht überführt[107]. Eine dergestalt erledigte Beschwerde wird mithin nicht mehr qua Wiedererwägung der Vorinstanz oder durch Rückzug der Beschwerde gegenstandslos.

cc)   Verfügung über einen Realakt

2.38 Die erwähnte Fokussierung des Rechtsschutzes auf die Verfügung erwies sich angesichts der Existenz anderer staatlicher Handlungsformen wie das tatsächliche und das informelle Verwaltungshandeln gerade im Zusammenhang mit (behaupteten) Grundrechtsbeeinträchtigungen als problematisch und vor dem Hintergrund der Vorgaben der Europäischen Menschenrechtskonvention als kaum haltbar[108]. Trotz dieser manifesten, auch dem Bundesgericht bekannten Problematik[109] und explizi-

---

101   Vgl. unten Rz. 3.222.
102   Keine Verfügungen stellen dagegen wie erwähnt in aller Regel die im Rahmen einer gütlichen Einigung oder einer Mediation gemäss Art. 33b VwVG seitens der Behörde erfolgenden Handlungen dar; vgl. oben Rz. 2.16.
103   Art. 33b VwVG ist auch für das Steuerrecht einschlägig (Art. 2 Abs. 1 VwVG e contrario).
104   Vgl. StE 2004 A 21.14 Nr. 15 E. 4.2.
105   Vgl. etwa Abschreibungsentscheid des Bundesverwaltungsgerichts A-1789/2006 vom 31. Oktober 2007 E. 2.
106   HÄFELIN/MÜLLER/UHLMANN, Rz. 1810a ff., behandeln Art. 33b VwVG denn auch im Kapitel über das verwaltungsinterne Beschwerdeverfahren.
107   HÄFELIN/MÜLLER/UHLMANN, Rz. 1810c.
108   BEUSCH/MOSER/KNEUBÜHLER, 4 ff. mit Hinweisen.
109   «Soweit Grundrechtsverletzungen ihre Ursache nicht in förmlichen, sondern in bloss tatsächlichen Staatsakten, sog. Realakten, haben, ist der einzuschlagende Rechtsweg nicht immer offenkundig, da die Rechtsmittel regelmässig eine Verfügung oder allenfalls einen Erlass als Anfechtungsobjekt voraussetzen»; BGE 121 I 90 E. 1b.

ten Beiträgen der Lehre[110] nahm die Botschaft zur Totalrevision der Bundesrechts-pflege die entsprechenden Fragen bezüglich des Rechtsschutzes bei Realakten nicht auf und wurde das *Defizit des Rechtsschutzes* erst durch die Rechtskommission des Ständerates behoben[111]. Dabei wurden indessen nicht etwa Realakte selber zu mög-lichen Anfechtungsobjekten einer Beschwerde (an das Bundesverwaltungsgericht) erklärt[112], sondern wurde über die Aufnahme von Art. 25a VwVG vielmehr ein ei-genständiges (Hilfs-)Verfahren geschaffen, mittels dem eine Verfügung erreicht werden kann[113]. Ermöglicht wird so gleichsam eine indirekte Anfechtung des Real-aktes[114].

Gemäss *Art. 25a Abs. 1 VwVG* kann derjenige, der ein schutzwürdiges Interesse hat, **2.39** von der Behörde, die für Handlungen zuständig ist, welche sich auf öffentliches Recht des Bundes stützen und Rechte oder Pflichten berühren, verlangen, dass sie widerrechtliche Handlungen unterlässt, einstellt oder widerruft (Bst. a), die Folgen widerrechtlicher Handlungen beseitigt (Bst. b) oder die Widerrechtlichkeit von Handlungen feststellt (Bst. c)[115]. Da über den entsprechenden Antrag die angegan-gene Behörde wieder mittels Verfügung entscheidet (Art. 25a Abs. 2 VwVG)[116], liegt für den (gerichtlichen) Rechtsschutz wieder ein *klassisches Anfechtungsobjekt* vor. Dies bedeutet für das Beschwerdeverfahren vor dem Bundesverwaltungsge-richt, dass sich auch bei Realakten der gerichtliche Rechtsschutz nach den generel-len Kriterien abspielt[117].

Ist das Bundesverwaltungsgericht allerdings zur Behandlung von Beschwerden nicht zuständig, **2.40** also im Anwendungsbereich von Art. 32 VGG, so kann auch nicht über den Umweg von Art. 25a VwVG eine gerichtliche Überprüfung durch das Bundesverwaltungsgericht herbeige-führt werden. Anders verhält es sich im Bereich des öffentlichen Beschaffungswesens, wenn der massgebende Schwellenwert für die Anwendbarkeit des BoeB nicht erreicht und dergestalt der ordentliche Weg an das Bundesverwaltungsgericht (und damit natürlich auch an das Bundesge-richt) versperrt ist[118]. Dann gelangt – wie bei verschiedenen unabhängig vom Schwellenwert

---

110 Paul Richli, Zum Rechtsschutz gegen verfügungsfreies Staatshandeln in der Totalrevi-sion der Bundesrechtspflege, AJP 1998, 1426 ff.; Häner, Beteiligte, Rz. 184 ff.

111 Markus Müller, Rechtsschutz, 340 f.; BGG-Seiler, Art. 82 N 25.

112 Solches ist dagegen geschehen im Bereich der Rechtsverweigerung bzw. Rechtsverzöge-rung, wo die unrechtmässige Untätigkeit der Behörden ein eigenständiges, der Verfügung gleichgesetztes Anfechtungsobjekt darstellt; Art. 46a VwVG; Art. 94 BGG; vgl. unten Rz. 5.20.

113 Riva, Realakte, 346 f.

114 Marti/Müller, 34. Die Diskussion darüber, ob gegen Realakte direkt ein Rechtsmittel besteht oder ob – wie nunmehr vom Schweizer Gesetzgeber entschieden – über ein «Hilfsverfahren» wieder in den klassischen Weg der Verfügung gelangt wird, ist im Übri-gen mehr als nur akademischer Natur, was sich insbesondere im Bereich des vorsorgli-chen Rechtsschutzes zeigt; Beusch/Moser/Kneubühler, 10.

115 Die Verwandtschaft zu den zivilrechtlichen Klagen im Zusammenhang mit der wider-rechtlichen Verletzung der Persönlichkeit (Art. 28a Abs. 1 ZGB) ist augenfällig; Beusch/Moser/Kneubühler, 7 mit Hinweisen.

116 Der Begriff des schutzwürdigen Interesses ist gleich zu verstehen ist wie in Art. 25 Abs. 2 VwVG (Feststellungsverfügung), Art. 48 Abs. 1 Bst. c VwVG (Beschwerdelegitimation) und in Art. 89 Abs. 1 Bst. c BGG (Beschwerderecht); Beusch/Moser/Kneubühler, 9.

117 Beusch/Moser/Kneubühler, 7 f.

118 Vgl. oben Rz. 1.26.

nicht dem BoeB unterstellten Vergabeverfahren (vgl. Art. 3 Abs. 1 BoeB)[119] – die Verordnung vom 11. Dezember 1995 über das öffentliche Beschaffungswesen (VoeB) zur Anwendung, deren Art. 39 ausdrücklich festhält, Vergabeentscheide ausserhalb der Anwendbarkeit des BoeB stellten keine Verfügungen dar[120].

2.   Zwischenverfügung

2.41 Die Zwischenverfügung unterscheidet sich von der Endverfügung dadurch, dass sie das Verfahren vor der mit der Streitsache befassten Instanz nicht abschliesst, sondern nur einen *Schritt auf dem Weg zur Verfahrenserledigung* darstellt, und zwar gleichgültig, ob sie eine Verfahrensfrage oder eine Frage des materiellen Rechts zum Gegenstand hat[121]. Nicht selten handelt es sich dabei um Verfügungen über die Gewährung oder die Verweigerung vorsorglicher Massnahmen[122]. Wesensgemäss müssen Zwischenverfügungen vor dem Abschluss des Hauptverfahrens erlassen werden, wobei dies ausnahmsweise unmittelbar vorher sein kann[123].

2.42 Die Regelungen über die Anfechtbarkeit von Zwischenverfügungen haben auf den 1. Januar 2007 weitreichende Änderungen erfahren[124]. Gesetzlich unterschieden und mit verschiedenen Anfechtungsvoraussetzungen versehen werden *zwei Arten von Zwischenverfügungen:* Diejenigen über die Zuständigkeit und den Ausstand (Art. 45 VwVG) sowie die übrigen (Art. 46 VwVG). Beiden Regelungen ist gemein, dass es stets um selbständig eröffnete Zwischenverfügungen geht, also um schriftlich mitgeteilte, begründete und (bei Bestehen eines Rechtmittels) mit einer Rechtsmittelbelehrung versehene Akte[125]. Die auch für die gestützt auf das ATSG durchgeführten Verfahren anwendbaren Regelungen des VwVG[126] weisen dabei den gleichen Inhalt auf wie die einschlägigen Normen des Bundesgerichtsgesetzes

---

119 Zum möglichen Rechtsschutz in diesem Bereich vgl. Galli/Moser/Lang/Clerc, Rz. 776 Fn. 1568.

120 In der Literatur wird vertreten, diesfalls könne der unterlegene Bewerber unter Behauptung der Widerrechtlichkeit der Vergabe eine Verfügung gemäss Art. 25a VwVG erwirken, welche ihrerseits beim Bundesverwaltungsgericht anfechtbar sei; Galli/Moser/Lang/Clerc, Rz. 787; BSK BGG-Häberli, Art. 83 N 162, je unter Verweis auf BGG-Seiler, Art. 83 N 47. Ist allerdings in einer solchen Konstellation in einem nicht dem BoeB unterstellten Vergabeverfahren der massgebende Schwellenwert erreicht und geht es um eine Rechtsfrage von grundsätzlicher Bedeutung, so ist auch eine Beschwerde an das Bundesgericht möglich, ist doch auch bei Verfügungen im Sinne von Art. 25a VwVG bei erfüllten Voraussetzungen die Anrufung des Bundesgerichts möglich; Beusch/Moser/Kneubühler, 8; verkürzt diesbezüglich BSK BGG-Häberli, Art. 83 N 162.

121 BGE 132 III 789 E. 2; BSK BGG-Uhlmann, Art. 92 N 3.

122 Vgl. etwa BGE 130 II 153 E. 1.1.

123 Vgl. etwa den Zwischenentscheid des Bundesverwaltungsgerichts B-1100/2007 vom 6. Dezember 2007 E. 2.1. Zu Recht wird im erwähnten Entscheid darauf hingewiesen, dass ein im denkbar spätestens Zeitpunkt gefällter Zwischenentscheid seines Sinnes entleert wird (E. 2.2.2); vgl. auch BSK BGG-Uhlmann, Art. 92 N 5.

124 Zur bis Ende 2006 geltenden Rechtslage vgl. Moser, in Moser/Uebersax, Rz. 2.14 ff.

125 BSK BGG-Uhlmann, Art. 92 N 5. Zu den Formerfordernissen bei Zwischenverfügungen vgl. unten Rz. 2.50.

126 BGE 132 V 106 E. 6.1.

(Art. 92 und 93 Abs. 1 und 3 BGG). Erklärter Zweck der Anpassungen war denn grundsätzlich auch hier die Synchronisation der Verfahrensbestimmungen[127].

Was selbständig eröffnete Zwischenverfügungen über die *Zuständigkeit* und über **2.43** *Ausstandsbegehren* betrifft, so ist gegen diese die Beschwerde an das Bundesverwaltungsgericht nicht nur zulässig (Art. 45 Abs. 1 VwVG), sondern gar zwingend, falls eine Partei mit dem Inhalt der Verfügung nicht einverstanden ist: Diese Verfügungen können später nämlich nicht mehr angefochten werden (Art. 45 Abs. 2 VwVG); das Recht zur Anfechtung ist mithin verwirkt[128].

Gegen sämtliche anderen selbständig eröffneten Zwischenverfügungen ist die Be- **2.44** schwerde zulässig, wenn sie einen nicht wieder gutzumachenden Nachteil bewirken können, oder wenn die Gutheissung der Beschwerde sofort einen Endentscheid herbeiführen und damit einen bedeutenden Aufwand an Zeit oder Kosten für ein weitläufiges Beweisverfahren ersparen würde (Art. 46 Abs. 1 VwVG). Einen Katalog von auf jeden Fall anfechtbaren Zwischenverfügungen, wie er bis Ende 2006 noch in Art. 45 Abs. 2 aVwVG existiert hatte, gibt es nicht mehr[129]. Der *Rechtsmittelzug folgt* nach dem Grundsatz der Einheit des Verfahrens allgemein dem der *Hauptsache*, d.h. das Bundesverwaltungsgericht kann nur angerufen werden, wenn es in der Sache selbst zur Beurteilung zuständig ist[130].

Von einem nicht wieder gutzumachenden Nachteil im Sinn von Art. 46 Abs. 1 Bst. a **2.45** VwVG ist auszugehen, wenn dieser auch durch den das Verfahren abschliessenden Entscheid nicht oder nicht mehr vollständig behoben werden kann[131]; dies begründet auch das besondere Interesse an der Möglichkeit der sofortigen Anfechtbarkeit. Währenddem bis Ende 2006 klar war, dass der *nicht wieder gutzumachende Nachteil* nicht nur rechtlicher, sondern grundsätzlich auch bloss tatsächlicher Natur sein konnte[132], ist dies für das aktuell geltende Recht nicht auf den ersten Blick ersichtlich, zumal das Gesetz selbst keine ausdrückliche Nennung enthält. Der Botschaft zur Totalrevision der Bundesrechtspflege kann indessen entnommen werden, dass die Regelung für das Verfahren vor Bundesgericht derjenigen von Art. 87 Abs. 2

---

127 Botschaft Totalrevision Bundesrechtspflege, BBl 2001 4407. Zu den dennoch weiterhin bestehenden Unterschieden bezüglich der Art des erforderlichen Nachteils für die Anfechtbarkeit gemäss Art. 93 Abs. 1 Bst. a BGG und gemäss Art. 46 Abs. 1 Bst. a VwVG vgl. unten Rz. 2.46 ff.

128 Vgl. zur generell bestehenden Pflicht der frühestmöglichen Geltendmachung eines behaupteten Organmangels BGE 132 II 496 E. 4.3. Wird über das Ausstandbegehren erst gleichzeitig mit der Schlussverfügung bzw. dem Beschwerdeentscheid entschieden oder werden die Mitwirkenden erst in diesem Moment bekannt (was bei erstinstanzlichen Verfahren nicht selten der Fall sein dürfte), so können fragliche Rügen natürlich weiterhin mit dem dagegen erhobenen Rechtsmittel vorgebracht werden, liegt dann doch auch keine selbständig eröffnete Zwischenverfügung vor; vgl. auch BGG-von Werdt, Art. 92 N 20 mit Hinweisen.

129 Vgl. aber die in der dem VwVG vorgehenden Spezialgesetzgebung wie in Art. 107 AsylG noch bestehenden Kataloge; vgl. unten Rz. 2.53.

130 Botschaft Totalrevision Bundesrechtspflege, BBl 2001 4408; vgl. auch oben Rz. 1.28.

131 BGE 133 V 483 E. 5.2.1; BSK BGG-Uhlmann, Art. 93 N 2 mit weiteren Hinweisen; Tschannen/Zimmerli, § 28 Rz. 83.

132 Vgl. Moser, in Moser/Uebersax, Rz. 2.16.

OG nachgebildet werden sollte[133], was bedeutet, dass es sich beim Nachteil um einen solchen rechtlicher Natur handeln müsste[134]. Dieser Meinung ist für Art. 93 Abs. 1 Bst. a BGG auch das Bundesgericht[135].

2.46 Angesichts der bereits mehrfach erwähnten *Synchronisation der Verfahrensbestimmungen* könnte daraus geschlossen werden, Art. 46 Abs. 1 Bst. a VwVG sei zwingend gleich zu verstehen wie Art. 93 Abs. 1 Bst. a BGG und auch für die Zulässigkeit der Anfechtung von Zwischenverfügungen beim Bundesverwaltungsgericht bedürfe es eines Nachteils rechtlicher Natur. Diese Auffassung verdient indessen keine Zustimmung. Zum einen wurde für das Beschwerderecht auch in Art. 89 Abs. 1 Bst. c BGG das rechtlich geschützte Interesse zugunsten des im Rahmen der Beschwerden gemäss VwVG immer schon geltenden schutzwürdigen Interesses aufgegeben[136]. Zum anderen weist für die Beschwerden gegen Zwischenverfügungen gemäss VwVG die Botschaft zur Totalrevision der Bundesrechtspflege ausdrücklich darauf hin, das Erfordernis des nicht wieder gutzumachenden Nachteils werde vom bis Ende 2006 geltenden Recht übernommen[137], und dort reichte ein tatsächlicher Nachteil[138]. Angesichts dieser Ausgangslage schiene wenn schon eine Synchronisierung in dem Sinn angezeigt, dass auch für das Verfahren vor Bundesgericht ein tatsächlicher Nachteil für die Anfechtbarkeit ausreichen sollte[139].

2.47 Das Bundesverwaltungsgericht hat denn auch u.E. zu Recht bis anhin meist an die bis Ende 2006 geltenden Voraussetzungen angeknüpft. Der von Art. 46 Abs. 1 Bst. a VwVG verlangte nicht wieder gutzumachende Nachteil muss damit auch nach geltendem Recht nicht zwingend rechtlicher, sondern kann auch *tatsächlicher Natur* sein[140/141]. Nicht nötig ist ausserdem, dass der zu erwartende Schaden geradezu irreparabel ist; immerhin muss er von einigem Gewicht sein. Das Interesse kann auch bloss wirtschaftlicher Natur sein, sofern es der beschwerdeführenden Partei bei der Anfechtung einer Zwischenverfügung nicht lediglich darum geht, eine Verlängerung oder Verteuerung des Verfahrens zu verhindern[142]. Der Nachteil kann schliesslich auch nur formeller Natur sein und namentlich darin bestehen, dass eine spätere Anfechtung der vorsorglichen Anordnung nicht mehr möglich ist, weil diese mit

---

133 Botschaft Totalrevision Bundesrechtspflege, BBl 2001 4333 ff.

134 BSK BGG-Uhlmann, Art. 93 N 3 mit Nachweis über den Stand der Diskussion.

135 BGE 134 IV 44 E. 2.1; 133 III 632 E. 2.3.1; 133 IV 140 E. 4; 133 V 647 E. 2.1.

136 Beusch/Moser/Kneubühler, 12 f.; vgl. auch unten Rz. 2.65.

137 Botschaft Totalrevision Bundesrechtspflege, BBl 2001 4408.

138 Vgl. etwa BGE 130 II 153 E. 1.1.

139 Gleicher Meinung BSK BGG-Uhlmann, Art. 92 N 4; vgl. auch Karlen, Bundesgerichtsgesetz, 36; BGG-von Werdt, Art. 93 N 9.

140 Vgl. Zwischenentscheid des Bundesverwaltungsgerichts B-100/2007 vom 6. Dezember 2007 E. 2.2.1; Urteil des Bundesverwaltungsgerichts A-515/2008 vom 4. Juni 2008 E. 1.2; B-1907/2007 vom 14. Mai 2007 E. 1.1.
Nach wie vor Geltung zu beanspruchen vermag damit die bundesgerichtliche Rechtsprechung zur damaligen Verwaltungsgerichtsbeschwerde.

141 Diese Auffassung ist unlängst vom Bundesgericht geteilt worden (vgl. Urteil des Bundesgerichts 2C_86/2008 und 2C_87/2008 vom 23. April 2008 E. 3.2).

142 BGE 133 V 483 E. 5.2.1; 120 Ib 100 E. 1c; Urteil des Bundesverwaltungsgerichts B-1099/2007 vom 12. Dezember 2007 E. 2.3.1.

dem Entscheid in der Hauptsache wegfällt[143]. Das Vorliegen eines nicht wieder gutzumachenden Nachteils ist nicht nur anhand eines einzigen Kriteriums zu beurteilen. Vielmehr ist jenes Merkmal zu prüfen, das dem angefochtenen Entscheid am besten entspricht. Namentlich beschränkt sich das Gericht nicht nur darauf, allein den Nachteil als nicht wieder gutzumachend zu betrachten, den auch ein für den Beschwerdeführer günstiges Endurteil nicht vollständig zu beseitigen vermöchte[144].

Einen nicht wieder gutzumachenden Nachteil hat das Bundesgericht etwa bejaht bei **2.48** der Anfechtung einer Zwischenverfügung zur Leistung eines Kostenvorschusses, da deren Nichtbeachtung für den Beschwerdeführenden den Verlust des Rechtsmittels zur Folge hätte[145], ebenso in der Regel bei der Verweigerung der unentgeltlichen Rechtspflege und Verbeiständung[146/147]. Ebenfalls bejaht wurde das schutzwürdige Interesse, falls ein durchzuführendes Verfahren für die Beschwerdeführerin hohe Kosten verursacht, aufwändig ist und die Abklärungen aufgrund der bisherigen Publizität der Angelegenheit zudem Belastungen bewirken, deren nachteilige Folgen ein günstiger Entscheid nicht zu beseitigen vermag[148]. Gleiches gilt betreffend Offenbarung von Geschäftsgeheimnissen[149], der Beeinträchtigung der Wettbewerbsstellung mit dem Risiko des Verlusts von Marktanteilen[150] oder der vorsorglichen Verpflichtung, ein Fernsehprogramm auf- bzw. nicht abzuschalten[151]. Keinen nicht wieder gutzumachenden Nachteil bewirkt dagegen nach der bundesgerichtlichen Rechtsprechung in der Regel die *Verweigerung der Akteneinsicht*[152/153], wohl

---

143 Vgl. BGE 116 Ia 447 E. 2 mit Hinweisen.

144 BGE 121 V 116 mit Hinweisen; GRISEL, 870; RHINOW/KRÄHENMANN, 105.

145 BGE 128 V 202 E. 2b und 2c; Urteil des Bundesgerichts 2C_247/2008 vom 21. April 2008 E. 1.3 und 2C_69/2007 vom 17. August 2007 E. 2.2.
     Vgl. aber zum asylrechtlichen Spezialfall BVGE 2007/18 sowie unten Rz. 2.53.

146 BGE 129 I 131 E. 1.1; 126 I 210 E. 2; vgl. auch BSK BGG-UHLMANN, Art. 92 N 5 Fn. 20 mit weiteren Hinweisen; so bereits Art. 45 Abs. 2 Bst. h aVwVG; vgl. indessen auch die differenzierte Rechtsprechung in BGE 133 V 647 E. 2.2.

147 Die unentgeltliche Rechtspflege spielt hauptsächlich im – allenfalls verwaltungsinternen – Beschwerdeverfahren eine Rolle (Art. 65 VwVG), wobei aufgrund der verfassungsrechtlichen Minimalgarantie von Art. 29 Abs. 3 BV auch eine Anwendung im erstinstanzlichen, zu einer Verfügung führenden Verfahren nicht ausgeschlossen ist; vgl. ausführlich unten Rz. 4.94 ff.

148 BGE 120 Ib 100 E. 1c; vgl. ferner die in VPB 60.45 E. 1.3.2.1 erwähnten weiteren Beispiele.

149 BGE 129 II 187 E. 3.2.2.

150 BGE 130 II 153 E. 1.1.

151 Urteil des Bundesverwaltungsgerichts A-6043/2007 vom 8. Oktober 2007 E. 1.

152 Vgl. Urteil des Bundesgerichts 2C_599/2007 vom 5. Dezember 2007 E. 2.2; Urteil des Bundesverwaltungsgerichts A-2471/2008 vom 16. Mai 2008 E. 1.4; B-7904/2007 vom 16. Januar 2008 E. 3; B-1907/2007 vom 14. Mai 2007 E. 1.1; anders noch Art. 45 Abs. 2 Bst. e aVwVG.

153 Diese Rechtsprechung scheint kaum für alle Fälle als sachgerecht, dient doch die Zulässigkeit der Anfechtung der Verweigerung der Akteneinsicht nicht nur der materiellen Wahrheit, sondern in der Regel auch der Verfahrensbeschleunigung, indem unnötige Rückweisungen vermieden werden können. Kaum zufällig sehen denn auch einzelne Gesetze ausdrücklich vor, gegen die durch eine Verfügung bestätigte Verweigerung der Akteneinsicht könne Beschwerde erhoben werden (Art. 114 Abs. 4 DBG; vgl. MICHAEL BEUSCH bzw. MARTIN ZWEIFEL, je in: Martin Zweifel/Peter Athanas [Hrsg.], Kommen-

aber – bei geltend gemachten Geheimhaltungsinteressen – deren Gewährung, da auch bei Gutheissung einer Beschwerde gegen den Endentscheid die einmal gewährte Akteneinsicht nicht mehr rückgängig gemacht werden könnte[154]. Zu differenzieren ist die Frage bei Rückweisung der Streitsache an eine bestehende verwaltungsinterne Vorinstanz: Erfolgt die Rückweisung der Sache zu ergänzender oder weiterer Abklärung und neuer Entscheidung, so kann der Rückweisungsentscheid mangels nicht wieder gutzumachenden Nachteils nicht angefochten werden[155/156]; erfolgt die Rückweisung dagegen mit bindenden Weisungen, welche die angewiesene Behörde zwingt bzw. zwingen würde, eine ihres Erachtens rechtswidrige Verfügung zu erlassen, so liegt ein anfechtbarer Zwischenentscheid vor[157]. Nicht zwingend einen nicht wieder gutzumachenden Nachteil bewirkt schliesslich die Sistierung eines Verfahrens[158]. Gleiches gilt für die Ablehnung von Beweisanerbieten[159].

2.49 Zulässig ist die Beschwerde gegen eine Zwischenverfügung auch, wenn die Gutheissung der Beschwerde sofort einen Endentscheid herbeiführen und damit einen bedeutenden Aufwand an Zeit oder Kosten für ein weitläufiges Beweisverfahren ersparen würde *(Art. 46 Abs. 1 Bst. b VwVG)*. Die beiden Voraussetzungen müssen dabei kumulativ vorhanden sein[160]. Ergeht zum Beispiel ein Rückweisungsentscheid der verwaltungsinternen Beschwerdeinstanz betreffend Berechnung der genauen Höhe der bei einer Entlassung zuzusprechenden Entschädigung und ist die Entschädigungspflicht als solche umstritten, so kann unter dem Titel von Art. 46 Abs. 1 Bst. b VwVG an das Bundesverwaltungsgericht gelangt werden[161].

---

tar zum Schweizerischen Steuerrecht, Teil I/Band 2 b, Bundesgesetz über die direkte Bundessteuer [DBG], 2. Auflage, Basel 2008, Art. 103 N 22a bzw. Art. 114 N 34).

154 Urteil des Bundesgerichts 2A.651/2005 vom 21. November 2006 E. 1.1; vgl. dazu MARTIN KOCHER, Einsichtnahme auch in ein vertrauliches Spezialdossier der ESTV, Neue Rechtspraxis erlaubt vertiefte Akteneinsicht – noch ungeklärte Aufdeckungspflicht, Schweizer Treuhänder 2007 201 ff.

155 Vgl. BGE 133 IV 125 E. 1.3; 133 V 647 E. 2.1; Urteil des Bundesgerichts 2C_27/2008 vom 16. Januar 2008 E. 1.4 (Rückweisung zur Gewährung des rechtlichen Gehörs). Die Zulässigkeit einer Anfechtbarkeit des Zwischenentscheides kann sich in solchen Konstellationen unter Umständen immerhin aufgrund von Art. 46 Abs. 1 Bst. b VwVG ergeben; vgl. BGE 133 IV 288.

156 Entscheide der Rekurskommission EVD vom 24. August 1995 bzw. 30. Dezember 1996, veröffentlicht in VPB 60.45 E. 1.3.2.1 bzw. 61.35 E. 6.2; vgl. auch BGE 122 I 41 E. 1, wo das Bundesgericht auf eine staatsrechtliche Beschwerde mit der Begründung nicht eingetreten ist, der Entscheid über die Kosten- und Entschädigungsfolgen in einem Rückweisungsentscheid stelle seinerseits einen Zwischenentscheid dar, der grundsätzlich keinen nicht wieder gutzumachenden Nachteil im Sinne von Art. 87 OG zur Folge habe. Im Übrigen kann mit Bezug auf das Kartell- und Wettbewerbsrecht auf den Aufsatz von STOFFEL, 48 und die dort genannten positiven und negativen Beispiele verwiesen werden.

157 Vgl. BGE 133 V 484 E. 5.2.3 f. mit dem zutreffenden Hinweis darauf, dass ansonsten allenfalls rechtswidrige Entscheide einer gerichtlichen Überprüfung entzogen werden könnten; vgl. auch BGE 133 II 408 E. 1.2.

158 Vgl. BGE 134 IV 44 E. 2; anders noch Art. 45 Abs. 2 Bst. f aVwVG.

159 Anders noch Art. 45 Abs. 2 Bst. c aVwVG.

160 Vgl. BGE 133 III 633 E. 2.4.1.

161 Vgl. Urteil des Bundesverwaltungsgerichts A-1783/2006 vom 20. Februar 2007 E. 2. Gleiches gilt für das vor allem bezüglich Rückweisungsentscheiden des Bundesverwaltungsgerichts in Frage kommende Beispiel, wonach die Steuerpflicht als solche umstritten

Was Form und Eröffnung von Zwischenverfügungen betrifft, so gelten grundsätzlich **2.50** die gleichen Anforderungen wie bei verfahrensabschliessenden Verfügungen[162]. Als Besonderheit zu erwähnen ist immerhin die Möglichkeit der Behörde, anwesenden Parteien Zwischenverfügungen *mündlich zu eröffnen.* Vorgesehen ist für diese Fälle indessen eine schriftliche Bestätigung, wenn eine Partei dies auf der Stelle verlangt; eine Rechtsmittelfrist beginnt in diesem Fall erst von der schriftlichen Bestätigung an zu laufen (Art. 34 Abs. 2 VwVG)[163].

Ist die Beschwerde nach Art. 46 Abs. 1 VwVG nicht zulässig oder wurde von ihr **2.51** kein Gebrauch gemacht, so sind die betreffenden Zwischenverfügungen durch Beschwerde gegen die Endverfügung anfechtbar, soweit sie sich auf den Inhalt der Endverfügung auswirken *(Art. 46 Abs. 2 VwVG).* Anders als in den abschliessend umschriebenen Fällen von Art. 45 VwVG wird das Anfechtungsrecht durch Unterlassen des Vorgehens gegen die Zwischenverfügung nicht verwirkt.

Wer beispielsweise in einem verwaltungsinternen Beschwerdeverfahren zur Leistung eines **2.52** Kostenvorschusses angehalten wird und der Meinung ist, es wäre kein Kostenvorschuss geschuldet, kann diese Zwischenverfügung zwar ohne weiteres anfechten, da die Nichtbezahlung des Kostenvorschusses einen nicht wieder gutzumachenden Nachteil bewirken kann (Art. 46 Abs. 1 Bst. a VwVG). Geschieht dies allerdings nicht und ergeht wegen Nichtbezahlens des Kostenvorschusses alsdann ein Nichteintretensentscheid, so kann auch noch bei dessen Anfechtung geltend gemacht werden, es wäre kein Kostenvorschuss geschuldet gewesen (Art. 46 Abs. 2 VwVG)[164]. Obsiegt die solches vorbringende Partei im Beschwerdeverfahren vor dem Bundesverwaltungsgericht, so dürfen ihr angesichts des klaren Wortlautes von Art. 46 Abs. 2 VwVG auch keine Kosten mit der Begründung auferlegt werden, sie hätte ja bereits gegen die Zwischenverfügung Beschwerde erheben können.

Selbstverständlich gehen – der allgemeinen Konzeption der Anwendbarkeit des **2.53** VwVG folgend – spezialgesetzliche Regelungen denjenigen von Art. 45 f. VwVG vor. Eine solche mit weitreichender praktischer Bedeutung findet sich in *Art. 107 AsylG.* So erklärt Art. 107 Abs. 1 AsylG eine ganze Reihe von Zwischenverfügungen als generell nicht anfechtbar, etwa solche betreffend Sicherstellung und Einziehung von Dokumenten (Art. 10 Abs. 1–3 AsylG). Ohne weitere Voraussetzungen angefochten werden können dagegen Zwischenverfügungen über die Zuweisung auf einen Kanton (Art. 27 Abs. 3 AsylG, mit der eingeschränkten Rüge der Verletzung des Grundsatzes der Einheit der Familie; Art. 107 Abs. 1 AsylG)[165]. Selbständig anfechtbar sind nach Art. 107 Abs. 2 AsylG ausserdem, sofern sie einen nicht wieder gutzumachenden Nachteil bewirken können, vorsorgliche Massnahmen und Verfügungen, mit denen das Verfahren sistiert wird, ausser Verfügungen nach Art. 69 Abs. 3 AsylG (Sistierung des Gesuchs um Anerkennung als Flüchtling bei Gewährung vorü-

---

ist und ein Rückweisungsentscheid betreffend neuer Berechnung der geschuldeten Steuern ergeht. Vgl. zu einem Beispiel, in dem die kumulativen Voraussetzungen nicht gegeben sind BGE 132 III 791 E. 4.1 (noch zu Art. 50 Abs. 1 OG) und BGE 133 III 633 E. 2.4.

162   Vgl. oben Rz. 2.20 ff.
163   Unterliegt ein Zwischenentscheid dagegen einer Beschwerde an das Bundesgericht, so ist keine mündliche Eröffnung möglich; BSK BGG-UHLMANN, Art. 92 N 5.
164   Botschaft Totalrevision Bundesrechtspflege, BBl 2001 4408.
165   Bis Ende 2007 galt dies auch noch betreffend Verfügungen über die vorläufige Verweigerung der Einreise sowie über die Zuweisung eines Aufenthaltsortes am Flughafen (Art. 22 Abs. 1 und 2 AsylG; Art. 107 Abs. 3 aAsylG).

bergehenden Schutzes). Das Bundesverwaltungsgericht hat schliesslich in Auslegung der massgebenden Bestimmungen erkannt, dass die selbständige Anfechtbarkeit von gemäss Art. 17b Abs. 3 und 4 AsylG im zweiten Asyl- und im Wiedererwägungsverfahren erlassenen Kostenvorschussverfügungen ausgeschlossen ist[166].

2.54 Als lex specialis zu erwähnen sind auch noch die materiell Zwischenverfügungen darstellenden Handlungen und Entscheide im Rahmen eines *Vergabeverfahrens,* welche durch Art. 29 BoeB ausdrücklich als selbständig anfechtbar bezeichnet werden (z.B. die Ausschreibung des Auftrags [Bst. b])[167].

3.   Sonderfall Sprungbeschwerde

2.55 Hat eine nicht endgültig entscheidende Beschwerdeinstanz im Einzelfalle eine *Weisung erteilt,* dass oder wie eine Vorinstanz verfügen soll[168], so ist die Verfügung gemäss Art. 47 Abs. 2 VwVG mittels so genannter Sprungbeschwerde unmittelbar an die nächsthöhere Beschwerdeinstanz weiterzuziehen, wobei in der Rechtsmittelbelehrung darauf aufmerksam zu machen ist[169]. Nicht als Weisungen im erwähnten Sinn gelten dabei solche, die eine Beschwerdeinstanz erteilt, wenn sie in der Sache entscheidet und diese an die Vorinstanz zurückweist (Art. 47 Abs. 4 VwVG). Ob die Voraussetzungen für die Erhebung einer Sprungbeschwerde gegeben sind, entscheidet allein das Bundesverwaltungsgericht, dem bei materieller Behandlung der Sprungbeschwerde die gleiche Kognition zusteht wie der übersprungenen Instanz[170]. Wird auf diese Weise eine verwaltungsinterne Beschwerdeinstanz übergangen, bildet im Verfahren vor dem Bundesverwaltungsgericht (ausnahmsweise) allein die Verfügung einer unteren Instanz Anfechtungsobjekt[171].

2.56 Nach der Rechtsprechung kann es sich sodann – zur Vermeidung eines Leerlaufs – aus *prozessökonomischen Gründen* ausnahmsweise auch rechtfertigen, trotz des Fehlens der Voraussetzungen von Art. 47 Abs. 2 VwVG vom Erfordernis der Erschöpfung des Instanzenzuges abzusehen und die Beschwerde an das Bundesverwaltungsgericht (direkt) zuzulassen[172]. Dies insbesondere dann, wenn sich die zu über-

---

166 BVGE 2007/18; vgl. auch BVGE 2008/3.
167 Vgl. weiterführend Galli/Moser/Lang/Clerc, Rz. 820.
168 Die blosse Meinungsübereinstimmung zwischen zwei Behörden vermag die für die Zulässigkeit der Sprungbeschwerde geforderte Weisung an die Vorinstanz in der Regel nicht zu ersetzen.
169 Vgl. Schmid, 117 mit Hinweisen; vgl. etwa Entscheid der Eidgenössischen Personalrekurskommission vom 23. Juni 2004, veröffentlicht in VPB 68.151 E. 1b/bb.
170 Urteil des Bundesverwaltungsgerichts A-1683/2006 vom 12. Juli 2007 E. 1.3.1 mit weiteren Hinweisen; Entscheide der Eidgenössischen Zollrekurskommission vom 24. Oktober 1997, veröffentlicht in VPB 63.22 E. 1b und vom 29. August 2001, veröffentlicht in VPB 66.44 E. 1a.
171 Vgl. als Beispiele BGE 120 Ib 101 E. 1d.
172 Vgl. BGE 102 Ib 236 E. 1c; Entscheid der Eidgenössischen Personalrekurskommission vom 23. Juni 2004, veröffentlicht in VPB 68.151 E. 1b/cc; Entscheid der Eidgenössischen Zollrekurskommission vom 24. Oktober 1997, veröffentlicht in VPB 63.22 E. 1b; Entscheid der Rekurskommission EVD vom 15. Mai 1996, veröffentlicht in VPB 61.54 E. 1.5.2. Zur Situation in Rechtsgebieten mit Einsprachemöglichkeit (etwa dem Mehrwertsteuerrecht), in denen bei Rechtsverweigerungs- und Rechtsverzögerungsbeschwerden im Sinne einer Sprungbeschwerde unter Auslassung der Einspracheinstanz direkt an

springende Instanz in der Sache selbst bereits unmissverständlich festgelegt hat; vorbehalten bleibt indessen auch in diesen Fällen die erwähnte Festlegung aufgrund von Art. 47 Abs. 4 VwVG.

So oder anders zwingend für die Zulässigkeit einer Sprungbeschwerde ist, dass die   **2.57** Weisung von einer «echten» Beschwerdeinstanz und nicht bloss von einer Aufsichtsinstanz kommt[173]. *Ausgeschlossen* ist eine Sprungbeschwerde schliesslich in der Regel dann, wenn Verfügungen der Verwaltung einer Einsprache unterliegen[174], es sei denn, das Spezialgesetz sehe selbst die Möglichkeit einer Sprungbeschwerde ausdrücklich vor. Dies ist etwa in Art. 64 Abs. 2 MWSTG der Fall, wonach die Einsprache gegen einen einlässlich begründeten Entscheid der Eidgenössischen Steuerverwaltung auf Antrag oder mit Zustimmung des Einsprechers als Beschwerde an das Bundesverwaltungsgericht weitergeleitet werden kann[175].

4.   Weitere Fragen

Eine Verfügung als Anfechtungsobjekt ist dann nicht erforderlich, wenn der Streit   **2.58** gerade die Frage betrifft, ob eine Verfügung zu treffen sei (sog. *Rechtsverweigerungs- oder Rechtsverzögerungsbeschwerde; Art. 46a VwVG)*[176].

Eine *Anschlussbeschwerde* kennt das VwVG nicht. Vorbehalten bleiben spezialge-   **2.59** setzliche Regelungen wie Art. 78 Abs. 2 EntG[177].

II.   Beschwerdelegitimation

1.   Allgemeines

Nach Art. 48 Abs. 1 VwVG[178] ist zur Beschwerde an das Bundesverwaltungsgericht   **2.60** berechtigt, wer:

a. vor der Vorinstanz am Verfahren teilgenommen hat oder keine Möglichkeit zur Teilnahme erhalten hat;

---

das Bundesverwaltungsgericht gelangt werden kann, vgl. BVGE 2008/15 E. 3.1.1 sowie ausführlicher unten Rz. 5.19.

173 So ist das Institut für Geistiges Eigentum betreffend der Tätigkeit schweizerischer Verwertungsgesellschaften (SUISA, Pro Litteris etc.) blosse Aufsichtsinstanz; vgl. Urteil des Bundesverwaltungsgerichts B-7467/2006 vom 23. Juli 2007 E. 3.

174 Vgl. etwa Art. 87 Abs. 5 des Bundesgesetzes vom 25. Juni 1954 über die Erfindungspatente (SR 232.14); Art. 39 StG; Art. 42 VStG.

175 Vgl. Urteil des Bundesverwaltungsgerichts A-1555/2006 vom 27. Juni 2008 E. 1.4.2; vgl. auch Moser, Festschrift SRK, 328 f.

176 Vgl. unten Rz. 5.18 ff.

177 Vgl. unten Rz. 2.103.

178 Art. 48 VwVG in der am 1. Januar 2007 in Kraft getretenen Fassung ist gestützt auf Art. 53 Abs. 2 VGG grundsätzlich auch anwendbar auf Beschwerden, die noch bei einer Vorgängerorganisation unter den Legitimationsvoraussetzungen von Art. 48 aVwVG eingereicht worden sind (Urteil des Bundesverwaltungsgerichts C-2110/2006 vom 6. Juni 2007 E. 2.1 mit Hinweisen).

b. durch die angefochtene Verfügung besonders berührt ist; und

c. ein schutzwürdiges Interesse an deren Aufhebung oder Änderung hat.

Die drei Voraussetzungen gemäss Bst. a–c müssen *kumulativ* erfüllt sein.

2.61   Die Vorschrift umschreibt die *allgemeine Beschwerdebefugnis* übereinstimmend mit der Bestimmung von Art. 89 Abs. 1 BGG, der die Legitimation zur Beschwerde in öffentlich-rechtlichen Angelegenheiten ans Bundesgericht regelt; die beiden Bestimmungen sind entsprechend auch in gleicher Weise auszulegen[179].

2.62   Mit Buchstabe a von Art. 48 Abs. 1 VwVG wird im Sinne einer *formellen Beschwer* ausdrücklich verlangt, dass die beschwerdeführende Person Partei vor der Vorinstanz war oder ihr ihre Parteirechte verweigert worden sind[180/181]. Die letztgenannte Alternative kommt etwa dann zum Tragen, wenn jemand ohne eigenes Verschulden an der Teilnahme verhindert war, weil ihm die Durchführung des Verfahrens nicht bekannt war und auch nicht bekannt sein musste. Dasselbe gilt, wenn die Vorinstanz der Betroffenen zu Unrecht die Parteistellung und die damit zusammenhängenden Rechte versagt hat[182] oder wenn erst der angefochtene Entscheid die Parteistellung begründet[183]. Nicht legitimiert ist angesichts des klaren Wortlautes des Gesetzes, wer vor der Vorinstanz auf eine Teilnahme verzichtet hat, weil andere, welche die gleiche Stossrichtung verfolgen, sich dort in ihrem Sinne (aber nicht in ihrem Namen) beteiligt haben[184].

2.63   Keine Möglichkeit zur Teilnahme am vorinstanzlichen Verfahren erhalten hat z.B. eine interessierte Anbieterin, die geltend macht, es sei zu Unrecht kein Wettbewerb durchgeführt, sondern ein öffentlicher Auftrag freihändig vergeben worden[185].

2.64   Während dem Erfordernis des «Berührtseins» neben demjenigen des «*schutzwürdigen Interesses*» früher keine selbständige Bedeutung zukam[186], wurde die Voraussetzung des persönlichen Betroffenseins formell verschärft, indem die beschwerdeführende Partei durch die angefochtene Verfügung nunmehr *besonders* berührt sein muss. Sie muss sich also über ein persönliches Interesse ausweisen, das sich vom allgemeinen Interesse der übrigen Bürgerinnen und Bürger klar abhebt[187]. Inhaltlich

---

179   Die bis Ende Dezember 2006 anwendbaren, wörtlich übereinstimmenden Bestimmungen von Art. 48 Bst. a aVwVG und Art. 103 Bst. a OG wurden gemäss ständiger Praxis ebenfalls gleich ausgelegt (vgl. BGE 131 II 588 E. 2, 755 E. 4.2; 131 V 366 E. 2.1; 127 V 82 E. 3; 124 II 504 E. 3b mit Hinweisen; 124 V 397 E. 2a).

180   Vgl. Botschaft Totalrevision Bundesrechtspflege, BBl 2001 4329 (zu Art. 83 Abs. 1 des bundesrätlichen Entwurfs, der Art. 89 Abs. 1 BGG entspricht). Diese mit der Teilrevision vom 17. Juni 2005 eingefügte zusätzliche Voraussetzung spielt in der Praxis freilich keine grosse Rolle, da sie fast immer erfüllt ist (vgl. HÄFELIN/MÜLLER/UHLMANN, Rz. 1771a).

181   Art. 48 Bst. a aVwVG verlangte in der Regel keine vorgängige Verfahrensbeteiligung (BGE 131 II 509 E. 5.1).

182   Als Anwendungsfall siehe Urteil des Bundesverwaltungsgerichts A-3603/2007 und A-4275/2007 vom 15. April 2008 E. 3.1.

183   Vgl. BSK BGG-WALDMANN, Art. 89 N 9 mit Hinweisen.

184   BGG-SEILER, Art. 89 N 13 f.

185   Vgl. GALLI/MOSER/LANG/CLERC, Rz. 868.

186   Vgl. BGE 133 V 192 E. 4.3.1; KÖLZ/HÄNER, Rz. 536; GRISEL, 898 sowie differenzierend HÄNER, Beteiligte, Rz. 520 ff.

187   Vgl. Botschaft Totalrevision Bundesrechtspflege, BBl 2001 4329.

ist damit aber nur gemeint, dass die Beschwerdeführenden der bisherigen Praxis entsprechend[188] mehr als jedermann betroffen sein müssen[189]. Ein eigentliches Präjudiz[190] des Bundesverwaltungsgerichts zu dieser Frage und namentlich dazu, ob die neue Regelung eine erhebliche Erschwerung für Drittbeschwerden zur Folge hat, steht freilich noch aus. Die Voraussetzungen von Art. 89 Abs. 1 Bst. b und Bst. c BGG – und entsprechend auch jene von Art. 48 Abs. 1 Bst. b und Bst. c VwVG – hängen eng zusammen: Ist jemand besonders berührt, so hat er in der Regel ein schutzwürdiges Interesse; die beiden Erfordernisse lassen sich denn auch nicht klar voneinander unterscheiden[191]. Insgesamt kann insoweit an die Grundsätze, die zur Legitimationspraxis bei der Verwaltungsgerichtsbeschwerde nach Art. 103 Bst. a OG entwickelt worden sind, angeknüpft werden[192]. Das Bundesverwaltungsgericht hat in einzelnen Entscheiden auch festgehalten, es prüfe die Beschwerdelegitimation grundsätzlich nach jenen Kriterien, die in der bisherigen Rechtsprechung entwickelt worden sind, wende diese aber streng an[193].

Das Anfechtungsinteresse kann *rechtlicher* oder auch bloss *tatsächlicher* Natur sein[194], und es genügt, wenn rein tatsächliche, praktische, wirtschaftliche, ideelle oder andere Interessen der beschwerdeführenden Person verletzt werden. Gefordert wird, dass die beschwerdeführende Partei durch den angefochtenen Entscheid (klar) stärker als jedermann betroffen ist und in einer besonderen, beachtenswerten, nahen Beziehung zur Streitsache steht[195]. Damit diese Beziehungs-

2.65

---

188 Vgl. Urteil des Bundesverwaltungsgerichts B-1077/2007 vom 14. September 2007 E. 4.1, wo festgehalten wird, Art. 48 Abs. 1 VwVG kodifiziere die Rechtsprechung zu Art. 48 Bst. a aVwVG.

189 Urteil des Bundesverwaltungsgerichts A-1818/2006 vom 16. August 2007 E. 2.1; HÄFELIN/ MÜLLER/UHLMANN, Rz. 1944.

190 Im Sinne von Art. 25 Abs. 2 VGG.

191 HÄFELIN/HALLER/KELLER, Rz. 1999.

192 BGE 133 II 252 E. 1.3.1 mit Hinweisen, 404 E. 2.2, 413 E. 1.3; Urteile des Bundesverwaltungsgerichts A-5738/2007 vom 30. Januar 2008 E. 6 bzw. A-6156/2007 vom 17. Dezember 2007 E. 2.1 mit Bezug auf den im Rahmen der Justizreform neu formulierten Art. 48 VwVG.

193 Vgl. Urteil des Bundesverwaltungsgerichts C-2110/2006 vom 6. Juni 2007 E. 2.1.2 mit Hinweisen. Wie erwähnt, bedürfte ein sämtliche Abteilungen des Gerichts bindender Entscheid – angesichts der Tragweite der Frage – der Einhaltung des qualifizierten Verfahrens von Art. 25 Abs. 2 VGG, also der Zustimmung der Vereinigung aller betroffenen Abteilungen.

194 Zur subsidiären Verfassungsbeschwerde ans Bundesgericht, die gegen Entscheide letzter kantonaler Instanzen erhoben werden kann, soweit keine Beschwerde nach den Artikeln 72–89 BGG zulässig ist, ist demgegenüber nur legitimiert, wer durch den angefochtenen Entscheid in *rechtlich* geschützten Interessen betroffen ist (Art. 115 Bst. b BGG; vgl. auch Art. 88 OG, Botschaft Totalrevision Bundesrechtspflege, BBl 2001 4328 sowie BGE 129 I 117 E. 1.2 und 123 I 42 E. 5a).

195 Vgl. BGE 131 II 365 E. 1.2, 588 E. 2.1, 651 E. 3.1; 130 V 515 E. 3.1; 127 V 3 E. 1b; 125 V 342 E. 4a; 124 II 305 E. 3c, 582 E. 1; 124 V 397 E. 2b; 123 II 378 E. 2; 121 II 43 E. 2c/aa; 120 Ib 386 E. 4b; 119 Ib 376 E. 2a/aa; Urteil des Bundesverwaltungsgerichts B-3867/2007 vom 29. April 2008 E. 1.3; A-5738/2007 vom 30. Januar 2008 E. 6; A-2083/2006 vom 7. Mai 2007 E. 3; Entscheid der Eidgenössischen Personalrekurskommission vom 28. April 1997, veröffentlicht in VPB 62.37 E. 2a; BORGHI/CORTI, 213; SCHMID, 141 f. mit Hinweisen; differenzierend MARTIN BERTSCHI, Die Beschwerdebefugnis der Gemeinde im Zürcher Verwaltungsprozess, in: Festschrift Riemer, Bern 2007, 10 mit Hinweis.

nähe gegeben ist, muss das Interesse ein unmittelbares, eigenes und persönliches sein[196].

2.66   *Höchstpersönliche* Rechte kann dabei auch eine urteilsfähige unmündige Person allein ausüben. In diesem Sinne hat die Schweizerische Asylrekurskommission der urteilsfähigen unmündigen Person das Recht zuerkannt, an dem sie betreffenden Asylverfahren selbständig teilzunehmen und Beschwerde zu führen[197]. Auch das Recht auf den Namen bzw. dessen Berichtigung in einem automatisierten Personenregistratursystem ist als höchstpersönliches einzustufen[198].

2.67   Die besondere Beziehungsnähe ist von der beschwerdeführenden Partei selbst darzulegen, da sich die Begründungspflicht grundsätzlich auch auf die Frage der Beschwerdebefugnis erstreckt[199/200]. Die beschwerdeführende Person kann nicht lediglich Interessen der Öffentlichkeit oder Dritter wahrnehmen[201]. Ein schutzwürdiges Interesse liegt nur vor, wenn die tatsächliche oder rechtliche Situation der beschwerdeführenden Person durch den Ausgang des Verfahrens beeinflusst werden kann oder, anders ausgedrückt: es besteht im praktischen Nutzen, den die erfolgreiche Beschwerde ihr eintragen würde, das heisst in der Abwendung eines materiellen oder ideellen Nachteils, den der angefochtene Entscheid für sie zur Folge hätte[202]. Dabei muss dem drohenden Nachteil eine nicht unbedeutende Schwere zukommen, und der Schadenseintritt muss relativ wahrscheinlich sein; bloss geringfügige, unwahrscheinliche Beeinträchtigungen reichen nicht aus[203].

2.68   So ist der Eigentümer eines vom Bauprojekt betroffenen Grundeigentums, das bei der von ihm geforderten Variante in geringerem Masse beansprucht würde, in seinen schutzwürdigen Interessen berührt[204]. Das Bundesgericht hat mit Bezug auf die Legitimation des *Nachbarn* zur Anfechtung eines Bauprojekts ausgeführt, aus dem Legitimationskriterium des schutzwürdigen Interesses gemäss Art. 89 Abs. 1 Bst. c BGG sei abzuleiten, dass die beschwerdeführende Person nur die Überprüfung des Bauvorhabens im Lichte jener Rechtssätze verlangen könne, die sich rechtlich oder tatsächlich auf ihre Stellung auswirken. In jedem Fall aber könne sie die

---

196   Vgl. Urteil des Bundesverwaltungsgerichts B-6113/2007 vom 5. März 2008 E. 3.4.

197   Entscheid der Schweizerischen Asylrekurskommission vom 30. Januar 1995, veröffentlicht in VPB 61.15 E. 2c.

198   Als Anwendungsfall vgl. Urteil des Bundesverwaltungsgerichts A-5737/2007 vom 3. März 2008.

199   BGE 120 Ib 433 E. 1; Entscheide des Bundesrates vom 14. August 1996 bzw. 19. November 1997, veröffentlicht in VPB 61.22 E. 1c bzw. 62.26 E. 2b; Entscheid des Berner Verwaltungsgerichts vom 18. März 1996, veröffentlicht in BVR 1997, 104.

200   Vgl. aber unten Rz. 2.220; vgl. auch unten Rz. 3.120 und Rz. 3.122.

201   VPB 61.22 E. 1c; VPB 59.41 E. 3.2; GADOLA, Beschwerdeverfahren, 214.

202   Vgl. BGE 131 II 589 E. 2.1; 131 V 300 E. 3; 127 V 82 E. 3a; 126 II 260 E. 2d; 123 II 117 E. 2a; 123 V 115 E. 5a; 121 II 177 E. 2a; 120 Ib 355 E. 3b, 433 E. 1; 119 Ib 376 E. 2; Urteil des Bundesverwaltungsgerichts A-563/2007 vom 4. Oktober 2007 E. 1.2; Entscheide der Eidgenössischen Personalrekurskommission vom 4. Oktober 1999 bzw. vom 23. Februar 2000, veröffentlicht in VPB 64.66 E. 1b/bb bzw. VPB 64.67 E. 1c/aa; Entscheide der Rekurskommission EVD vom 13. Oktober und 8. November 1994 bzw. vom 12. Dezember 1995, veröffentlicht in VPB 59.98 E. 2 und E. 2.4 bzw. 60.63 E. 2; Entscheid der Schweizerischen Asylrekurskommission vom 25. März 1997, veröffentlicht in VPB 62.11 E. 2; SALADIN, 175; KNAPP, 411 f.

203   BVGE 2007/20 E. 2.4.1 mit Hinweisen.

204   Urteil des Bundesverwaltungsgerichts A-2086/2006 vom 8. Mai 2007 E. 2.

Verletzung von Parteirechten rügen, deren Missachtung auf eine formelle Rechtsverweigerung hinauslaufe[205].

Ist die Vorinstanz auf eine Einsprache eingetreten und hat diese abgewiesen, so hat diejenige, **2.69** die zwar vor der Vorinstanz erfolglos ein Nichteintreten beantragt, in der Sache aber obsiegt hatte, *mangels materieller Beschwer* kein schutzwürdiges Interesse an der Anfechtung des Einspracheentscheides.

Die Frage der Legitimation ist von den Beschwerdegründen zu trennen und beur- **2.70** teilt sich ausschliesslich nach Art. 48 VwVG[206]. Sie ist *rein prozessualer Natur*. Fehlt einem Rechtsschutzansuchen das Rechtsschutzbedürfnis, so ist darauf folglich nicht einzutreten; fällt es im Verlaufe des Verfahrens dahin, so wird die Sache aus diesem Grund gegenstandslos und das Verfahren ist als gegenstandslos geworden abzuschreiben[207]. Weil das Interesse im Sinne von Art. 48 VwVG *aktuell* sein muss[208], ist es im Allgemeinen nur schutzwürdig, wenn es nicht bloss bei Einreichung der Beschwerde, sondern auch noch im Zeitpunkt der Urteilsfällung besteht[209/210]. Dieses Erfordernis soll sicherstellen, dass das Gericht über konkrete und nicht bloss theoretische Fragen entscheidet. Es dient damit der Prozessökonomie. Ein aktuelles praktisches Interesse fehlt insbesondere dann, wenn der Nachteil auch bei Gutheissung der Beschwerde nicht mehr behoben werden kann, z.B. weil der angefochtene Entscheid bereits vollumfänglich Wirkung entfaltet hat[211]. Eine nachträgliche «Heilung» ist nicht ausgeschlossen, sofern sie spätestens im Urteilszeitpunkt eintritt[212].

---

205 BGE 133 II 253 E. 1.3.2; vgl. auch Urteil des Bundesverwaltungsgerichts A-6156/2007 vom 17. Dezember 2007 E. 2.2.
206 BGE 123 II 381 E. 4c mit Hinweis.
207 BGE 123 II 288 E. 5; 118 Ib 7 E. 2; 111 Ib 58 E. 2a, 184 E. 2a; BVGE 2007/12 E. 2.1 mit Hinweisen; Entscheid der Rekurskommission EVD vom 4. Januar 2001, veröffentlicht in VPB 65.118 E. 1.2; GYGI, Bundesverwaltungsrechtspflege, 154; KÖLZ/HÄNER, Rz. 410 und 686; vgl. unten Rz. 3.206.
208 Vgl. Urteil des Bundesverwaltungsgerichts A-8104/2007 vom 12. Juni 2008 E. 2; Entscheid der Eidgenössischen Personalrekurskommission vom 28. April 1997, veröffentlicht in VPB 62.37 E. 2a mit Hinweisen; Entscheid der Schweizerischen Asylrekurskommission vom 19. April 2000, veröffentlicht in VPB 65.7 E. 2b; MERKLI/AESCHLIMANN/HERZOG, Art. 25 Rz. 25.
209 Vgl. BGE 131 I 157 E. 1.2; 128 II 36 E. 1b; 125 II 97 E. 5b; 123 II 286 E. 4; 111 Ib 58 E. 2a mit Hinweisen; Urteil des Bundesverwaltungsgerichts B-3490/2007 vom 15. Januar 2008 E. 1; A-3635/2007 vom 7. Dezember 2007 E. 1.2; Entscheid der Schweizerischen Asylrekurskommission vom 19. April 2000, veröffentlicht in VPB 65.7 E. 2b; Entscheid der Eidgenössischen Personalrekurskommission vom 28. April 1997, veröffentlicht in VPB 62.37 E. 2a.
210 Die Frage, ob das Erfordernis des aktuellen Rechtsschutzinteresses sich überhaupt vereinbaren lässt mit dem Recht auf eine wirksame Beschwerde im Sinne von Art. 13 EMRK, konnte das Bundesverwaltungsgericht offen lassen (BVGE 2007/12 E. 2.5). Ebenso wenig hatte das Gericht bisher zu entscheiden, ob an der Praxis zum Erfordernis des aktuellen Rechtsschutzinteresses auch unter der Rechtsweggarantie gemäss Art. 29a BV festgehalten werden kann (vgl. dazu Urteil des Bundesverwaltungsgerichts B-2782/2007 vom 4. Oktober 2007, veröffentlicht in ZBl 2008, 55 E. 6 mit Hinweisen sowie einlässlich SPORI, 147 ff.).
211 Vgl. SPORI, 148 mit Hinweisen.
212 Vgl. BSK BGG-WALDMANN, Art. 89 N 4 mit Hinweis.

2.71 Die Rekurskommission EVD beispielsweise verneinte nach Ablauf eines Milchjahres ein schutzwürdiges Interesse am Erlass einer rechtsgestaltenden Kontingentsverfügung, bejahte dagegen ein entsprechendes Feststellungsinteresse, weil dieses Kontingent Auswirkungen auf das folgende Milchjahr habe[213]. Ein (weiterhin bestehendes) aktuelles Rechtsschutzinteresse an der Aufhebung der ein Arbeitsverhältnis auflösenden Verfügung bejahte die Eidgenössische Personalrekurskommission bei einem Bediensteten, der – unter Aufrechterhaltung seiner Beschwerde – inzwischen eine neue Stelle angetreten hatte, da er bei Gutheissung der Beschwerde Anspruch auf Weiterbeschäftigung beim Bund hätte und unter Umständen auch die Zusprechung einer Entschädigung möglich gewesen wäre[214]; hingegen wurde der Beschwerde ab Beginn der neuen Beschäftigung der beschwerdeführenden Partei mittels Präsidialverfügung die aufschiebende Wirkung entzogen.

2.72 Ausnahmsweise verzichtet das Gericht auf das Erfordernis des aktuellen praktischen Interesses und prüft eine Beschwerde ungeachtet des Umstandes, dass das *aktuelle Interesse weggefallen* ist. Das ist praxisgemäss dann der Fall, wenn die aufgeworfenen Fragen sich jederzeit unter gleichen oder ähnlichen Umständen wieder stellen können und wenn an deren Beantwortung ein hinreichendes öffentliches Interesse besteht, dies namentlich dann, wenn sonst in Grundsatzfragen wegen der Dauer des Verfahrens nie ein rechtzeitiger Entscheid gefällt werden könnte[215].

2.73 Befindet das Bundesverwaltungsgericht erst im Endentscheid (definitiv) über die Legitimation, so sind Beschwerdeführende ohne Rücksicht auf ihre Legitimation in der Hauptsache berechtigt, die ihnen als Partei zustehenden Verfahrensrechte wahrzunehmen. In einem solchen Fall hat jede beschwerdeführende Partei z.B. Anspruch darauf, dass ihr bis zum Endentscheid effektiver Rechtsschutz gewährt und die aufschiebende Wirkung ihrer Beschwerde nicht in ermessensfehlerhafter Weise entzogen wird[216].

2.   Verfügungsadressaten

2.74 Zur Einlegung des Rechtsmittels sind einmal all jene befugt, gegenüber denen die Verwaltung eine sie *direkt belastende Verfügung* erlassen hat, bzw. die mit ihrem Rechtsbegehren vor der Vorinstanz nicht oder nur teilweise durchgedrungen sind[217].

---

213 Entscheide der Rekurskommission EVD vom 16. Mai bzw. 17. Juni 1994, veröffentlicht in VPB 59.90 E. 2.2 bzw. 59.91 E. 2.2.

214 Entscheid der Eidgenössischen Personalrekurskommission vom 17. April 1996 E. 1 b.

215 Vgl. BGE 131 II 366 E. 1.2, 674 E. 1.2; 129 I 119 E. 1.7; 128 II 36 E. 1 b, 159 E. 1 c; 127 I 166 E. 1 a; 126 I 252 E. 1 b; 126 V 247 E. 2 b; 125 I 397 E. 4 b; 125 II 499 E. 1 a/bb; 123 II 287 E. 4 c; Urteil des Bundesverwaltungsgerichts A-8104/2007 vom 12. Juni 2008 E. 2.4; A-1839/2006 vom 20. Juli 2007 E. 2.2; A-3635/2007 vom 7. Dezember 2007 E. 1.2; Entscheid des Bundesrates vom 22. Dezember 2004, veröffentlicht in VPB 69.26 E. 2; Entscheid der Eidgenössischen Alkoholrekurskommission vom 11. Juni 1997, veröffentlicht in VPB 63.32 E. 1 b; Entscheide der Rekurskommission EVD vom 17. Juni 1994 bzw. vom 9. November 1995, veröffentlicht in VPB 59.91 E. 2.2 bzw. 60.56 E. 3.3; Entscheid der Schweizerischen Asylrekurskommission vom 15. Oktober 1997, veröffentlicht in VPB 62.6 E. 2 b; SCHMID, 152 mit weiteren Hinweisen; KÖLZ/HÄNER, Rz. 540.

216 BGE 129 II 288 E. 1.3; Zwischenverfügung des Bundesverwaltungsgerichts A-1936/2006 vom 9. November 2007 E. 2 (betreffend Akteneinsicht); A-6860/2007 vom 9. Januar 2008 E. 2.1 (betreffend Sistierungsantrag).

217 Vgl. BGE 127 V 109 E. 2 a; vgl. auch HÄNER, Beteiligte, Rz. 536 ff.

Zu den direkten Verfügungsadressaten gehören bei einem *öffentlichen Vergabeverfahren* nach **2.75** GATT/WTO-Übereinkommen z.B. die nicht berücksichtigten oder ausgeschlossenen Mitbewerber[218]. Gemäss Art. 21 Abs. 1 VoeB werden im Vergabeverfahren auch sog. Bietergemeinschaften zugelassen, was aber nicht heisst, dass einer solchen Gesamthandschaft – etwa einer einfachen Gesellschaft – im späteren Beschwerdeverfahren Parteifähigkeit zukommt. In einem derartigen Fall ist es vielmehr das einzelne Mitglied, das mit oder ohne Zustimmung der anderen gegen eine missliebige Anordnung ein Rechtsmittel zu ergreifen hat, um für die Gemeinschaft allfällige Nachteile abzuwehren[219]. Die Eidgenössische Rekurskommission für das öffentliche Beschaffungswesen sprach dem einzelnen Gesellschafter einer einfachen Gesellschaft grundsätzlich die Befugnis zu, auch ohne Zustimmung der anderen Mitglieder eine die Gesellschaft belastende Verfügung anzufechten. An der Legitimation fehlt es indessen, wenn ein oder mehrere Gesellschafter bewusst aus der Arbeitsgemeinschaft ausgeschieden und an einem Zuschlag bzw. an einer weiteren Teilnahme am Submissionsverfahren nicht mehr interessiert sind[220]. Das Bundesverwaltungsgericht hat die Rechtsprechung, wonach einzelne Mitglieder eines Konsortiums in Vergabesachen unter gewissen Voraussetzungen zur Beschwerde legitimiert sind, vorerst bestätigt[221]. In einem neueren Entscheid hat es – namentlich unter Hinweis auf die Rechtsprechung des Bundesgerichts – festgehalten, alle Mitglieder eines Konsortiums müssten gemeinsam handeln oder einen der Gesellschafter ermächtigen, im Namen und auf Rechnung aller zu handeln[222]. Bei *Nutzungsplänen* oder anderen für die Grundeigentümer verbindlichen Plänen sind Adressaten die Eigentümer oder dinglich Berechtigten der vom Plan betroffenen Grundstücke[223].

Die von einer Verfügung direkt Betroffenen bilden die *primären* Adressaten und **2.76** sind zu unterscheiden von den Drittbetroffenen, den sekundären Adressaten[224/225]. Die primären Adressaten haben in der Regel ohne weiteres die vorausgesetzte Beziehungsnähe zum Streitgegenstand und damit auch ein schutzwürdiges Interesse an der Anfechtung einer Anordnung[226].

Als primäre Adressatin hat die Eidgenössische Rekurskommission für die Unfallversicherung **2.77** mit Bezug auf die Neueinreihung in den Prämientarif für die NBU-Versicherung z.B. die Arbeitgeberin bezeichnet und ihr das Beschwerderecht zugestanden, das sie für sich selbst ausübe, sofern sie die streitigen Prämien selbst trage, und andernfalls für ihre Arbeitnehmenden[227]. Der

---

218 Vgl. Entscheid der Eidgenössischen Rekurskommission für das öffentliche Beschaffungswesen vom 13. Juni 1997, veröffentlicht in VPB 62.16 E. 2b; vgl. auch Entscheid des Berner Verwaltungsgerichts vom 15. September 1997, veröffentlicht in BVR 1998, 172 E. 1e.

219 Gadola, Rechtsschutz, 973 mit weiteren Hinweisen.

220 Entscheid der Eidgenössischen Rekurskommission für das öffentliche Beschaffungswesen vom 12. Dezember 2003, veröffentlicht in VPB 68.65 E. 2a; Galli/Moser/Lang/Clerc, Rz. 858.

221 Vgl. BVGE 2007/13 E. 1.4 mit Hinweisen; BVGE 2007/33 E. 1.5.1.

222 BVGE 2008/7 E. 2.2.2 mit Hinweisen.

223 BGG-Seiler, Art. 89 N 17; Häner, Beteiligte, Rz. 707.

224 Vgl. Häner, Beteiligte, Rz. 538.

225 Zum Adressatenkreis bei der Allgemeinverfügung und der entsprechenden Frage der Beschwerdelegitimation vgl. BVGE 2008/18 E. 2.1, wo festgehalten wird, dass auch bei Allgemeinverfügungen zur Beschwerde berechtigt sein muss, wer sich über Immissionen beschwert, dies aber nur, wenn ein genügend enger Bezug zur strittigen Massnahme besteht, namentlich in örtlicher Hinsicht; vgl. auch Entscheid der Rekurskommission INUM vom 30. November 2004, veröffentlicht in VPB 69.45 E. 2.

226 Vgl. Teilentscheid der Rekurskommission UVEK vom 18. Februar 2003, veröffentlicht in VPB 70.43 E. 3.3; Kölz/Häner, Rz. 545; vgl. auch BGE 125 II 80 E. 2.

227 Entscheid der Eidgenössischen Rekurskommission für die Unfallversicherung vom 28. Juni 1996, veröffentlicht in VPB 61.23 A I E. 1c.

von einem Nichteintretensentscheid der Vorinstanz Betroffene kann seinerseits über seinen prozessualen Anspruch auf Zulassung zum Verfahren einen Rechtsmittelentscheid des Bundesverwaltungsgerichts herbeiführen, und zwar unabhängig davon, ob seine Berechtigung zur Anfechtung des Entscheides in der Sache selbst gegeben ist oder nicht und ohne zusätzlichen Nachweis eines Rechtsschutzinteresses[228].

3.   Dritte

2.78   In die rechtliche oder tatsächliche Stellung des *sekundären* Adressaten greift eine Verfügung indirekt im Sinne einer «Drittwirkung» ein[229]. Um eine Popularbeschwerde[230] auszuschliessen, kommt bei der Beschwerde durch Dritte den Anforderungen an die besondere Beziehungsnähe zur Streitsache spezielle Bedeutung zu[231]. Diese Betroffenheit ist es, welche sie gegenüber der Allgemeinheit abhebt. Damit die Beschwerdelegitimation gegeben ist, muss der Dritte ein unmittelbares, eigenes und selbständiges Rechtsschutzinteresse an der Beschwerdeführung für sich in Anspruch nehmen können[232]. Ein bloss mittelbares oder ausschliesslich allgemeines öffentliches Interesse genügt nicht[233]. Dabei ist von *objektiven* Kriterien auszugehen und nicht davon, ob jemand sich subjektiv betroffen und in seinen Rechten beeinträchtigt fühlt. Die besondere Beziehungsnähe ergibt sich nicht bereits daraus, dass sich die beschwerdeführende Partei für eine Frage aus ideellen Gründen besonders interessiert oder sich aus persönlicher Überzeugung für oder gegen ein Projekt engagiert[234]. Ob die Beziehungsnähe gegeben ist, muss jeweils unter Berücksichtigung

---

228 Vgl. GYGI, Bundesverwaltungsrechtspflege, 155 mit Hinweisen; vgl. auch BGE 124 II 502 E. 1b mit Hinweisen.

229 KÖLZ/HÄNER, Rz. 547 f. mit weiteren Hinweisen.

230 Ein Spezialfall einer Popularbeschwerde (an die UBI) ist in Art. 94 Abs. 2 RTVG spezialgesetzlich aufgeführt (vgl. BGE 130 II 517 E. 2.2.1, 123 II 118 E. 2b/bb und Entscheid der UBI vom 25. August 1995, veröffentlicht in VPB 60.84 E. 1, zu Art. 63 Abs. 1 Bst. a aRTVG).

231 Vgl. BGE 131 II 651 E. 3.1; 131 V 366 E. 2.1 mit Hinweisen; Urteil des Bundesverwaltungsgerichts A-2083/2006 vom 7. Mai 2007 E. 3; Entscheid der Rekurskommission INUM vom 1. Februar 2004, veröffentlicht in VPB 69.90 E. 2; FRITZ GYGI, Vom Beschwerderecht in der Bundesverwaltungsrechtspflege, recht 1986, 8 ff.; GLANZMANN-TARNUTZER, 23.

232 Dritte können auch gleichgeartete Interessen verfolgen wie der Verfügungsadressat. Wenn dieser selber kein Rechtsmittel ergreift, ist aber die Drittbeschwerde pro Adressat nicht zulässig, soweit der Dritte etwas anstrebt, was nur der Verfügungsadressat selber realisieren könnte. Dies folgt aus der Dispositionsmaxime des Letzteren. Verzichtet z.B. der Baugesuchsteller darauf, einen Bauabschlag anzufechten, so sind Dritte, die an der Realisierung der Baute ein Interesse haben könnten, nicht legitimiert; denn gegen den Willen des Bauherrn können sie ohnehin nicht erreichen, dass die Baute errichtet wird (vgl. BGG-SEILER, Art. 89 N 29 mit Hinweis).

233 BGE 133 V 192 E. 4.3.3; 131 II 589 E. 3; 131 V 300 E. 4 mit Hinweisen; 130 V 564 E. 3.4 f.; 127 II 269 E. 2c; 123 II 378 E. 2 mit Hinweisen; Urteil des Bundesverwaltungsgerichts B-1077/2007 vom 14. September 2007 E. 4.1 a.E.; Teilentscheid der Rekurskommission UVEK vom 18. Februar 2003, veröffentlicht in VPB 70.43 E. 5.1.

234 BGE 123 II 379 E. 4a mit Hinweisen. In diesem Entscheid hat das Bundesgericht die besondere Beziehungsnähe verneint im Falle von Konsumenten, die gegen einen lebensmittelrechtlichen Zulassungsentscheid aus ideellen Gründen Beschwerde führen.

der Umstände des Einzelfalles entschieden werden[235]. Bei Bauprojekten muss die Nähe der Beziehung zum Streitgegenstand insbesondere in räumlicher Hinsicht gegeben sein[236]. Liegt diese besondere Beziehungsnähe einmal vor, braucht das Anfechtungsinteresse nicht mit dem Interesse übereinzustimmen, das durch die von der beschwerdeführenden Person als verletzt bezeichneten Normen geschützt wird[237]. So können auch lediglich Einwände vorgebracht werden, die Allgemeininteressen wie Anliegen der Raumplanung oder des Umweltschutzes betreffen[238]. Der Nachbar kann entsprechend gegen ein missliebiges Bauprojekt auch Normen, die nicht seine Interessen schützen wollen, – also etwa Vorschriften über den Gewässerabstand – als verletzt rügen[239].

Bei der Beurteilung der Parteirechte bzw. der Beschwerdelegitimation Dritter bei *Bauprojekten* ist nach der Rechtsprechung des Bundesgerichts eine besondere Betroffenheit zu bejahen, wenn vom Betrieb der projektierten Anlage mit Sicherheit oder grosser Wahrscheinlichkeit Immissionen ausgehen, die auf dem Grundstück der beschwerdeführenden Person aufgrund ihrer Art und Intensität deutlich wahrnehmbar sind. In Anlehnung an diese Praxis hat das Bundesverwaltungsgericht erkannt, die Beschwerdebefugnis der Anwohner einer Strasse sei zu verneinen, wenn die Umstellung von Trolley- auf Dieselbus hinsichtlich Luftverschmutzung und Lärmimmissionen nicht einer Verkehrszunahme von mindestens 10 % entspreche[240]. Die Rekurskommission EVD sprach einerseits den nur mittelbar betroffenen Genossenschaftern einer Alpgenossenschaft allein aufgrund ihrer Mitgliedschaft die Befugnis zur Anfechtung einer an die Genossenschaft gerichteten Verfügung ab[241]. Andererseits anerkannte sie ein schutzwürdiges Interesse einer Grundeigentümerin, die zwar nicht materielle Verfügungsadressatin war, als Eigentümerin von einer Kontingentsfestsetzung betreffend eine ihrer Liegenschaften indes doch mehr als irgendeine andere Person vom Entscheid der Vorinstanz berührt war[242]. Ebenso gelangte sie zum Schluss, der Pächter, dem das Recht zusteht, ein übernommenes Grundstück und damit das zu übertragende Milchkontingent zu nutzen, sei in Bezug auf die von der Vorinstanz vorgenommene Kürzung des Kontingents, durch die er in seinen wirtschaftlichen Interessen betroffen ist, zur Beschwerdeführung legitimiert[243]. Die Eidgenössische Rekurskommission für das öffentliche Beschaffungswesen hat die besondere Beziehungsnähe und damit die Legitimation einer Drittperson abgesprochen, da die von ihr geltend gemachten

2.79

---

235   BGE 121 II 178; 120 Ib 51 E. 2a; 119 Ib 376 E. 2a/aa; Entscheid der Rekurskommission EVD vom 30. März 1998, veröffentlicht in VPB 63.101 E. 1.2.3.

236   BGE 133 II 356 E. 3, 404 E. 2.2, 413 E. 1.3; 120 Ib 62 E. 1c mit Hinweisen. Zur Frage der räumlichen Nähe ist in der bundesgerichtlichen Rechtsprechung zum Nationalstrassen- und Eisenbahnbau festgehalten worden, dass die betroffene Privatperson nicht allgemein am Projekt oder der geplanten Linienführung Kritik üben dürfe. Vielmehr habe sie konkret aufzuzeigen, inwiefern das Ausführungsprojekt im Bereiche ihres Grundstücks gegen Bundesrecht verstosse (vgl. Zwischenverfügung und Teilentscheid des Bundesverwaltungsgerichts A-4010/2007 vom 7. November 2007 E. 2.1).

237   Vgl. BGE 116 Ib 323 E. 2a; Urteil des Bundesverwaltungsgerichts A-2086/2006 vom 8. Mai 2007 E. 2; KÖLZ/HÄNER, Rz. 538.

238   Urteil des Bundesverwaltungsgerichts A-6156/2007 vom 17. Dezember 2007 E. 2.4.

239   Vgl. KARLEN, Bundesgerichtsgesetz, 52.

240   BVGE 2007/1 E. 3.5–3.9 mit Hinweisen; vgl. auch BSK BGG-WALDMANN, Art. 89 N 21 mit Hinweisen.

241   Entscheid der Rekurskommission EVD vom 31. August 1994, veröffentlicht in VPB 59.105 E. 4.2.

242   Entscheid der Rekurskommission EVD vom 27. Dezember 1994, veröffentlicht in VPB 59.100 E. 2.3.

243   Entscheid der Rekurskommission EVD vom 13. Oktober 1994, veröffentlicht in VPB 59.98 E. 2.1.

Interessen klarerweise ausserhalb des Schutzbereiches des Submissionsrechts und der Zielsetzung des BoeB lagen[244]. Anerkannt hat das Bundesverwaltungsgericht die Legitimation zur Drittbeschwerde bei einer zollmeldepflichtigen und solidarisch haftenden zollzahlungspflichtigen Person[245].

2.80 Bezüglich der Legitimation von *Konkurrenten* im Zusammenhang mit gewerblichen Berufs- oder Betriebsbewilligungen kommt es im Wesentlichen darauf an, dass die Konkurrentin in einem Wettbewerbsverhältnis zum Bewilligungsadressaten steht, und sie aufgrund der angefochtenen Verfügung mit einer deutlich spürbaren Verschlechterung ihrer wirtschaftlichen Position rechnen muss. Allein das Interesse an der Wahrung des Qualitätsstandards einer Berufsbranche vermag die Beschwerdelegitimation nicht zu begründen[246/247]. Mit Bezug auf die Verfahrensbeteiligung Dritter nach dem Kartellgesetz hat die Rekurskommission für Wettbewerbsfragen festgehalten, dass sich die Parteistellung Dritter, und damit deren Beschwerdelegitimation, nach Art. 6 und Art. 48 VwVG und nicht nach Art. 43 KG beurteilt[248].

2.81 Die Frage der Beschwerdelegitimation von *erfolglosen Mitbewerbenden* in einem öffentlich-rechtlichen Anstellungsverfahren hat das Bundesverwaltungsgericht noch nicht entscheiden müssen[249]. Für den verwaltungsinternen Beschwerdeweg fehlt nach der (älteren) Rechtsprechung der Bundesbehörden der nicht berücksichtigten Person die Legitimation, weil sie nicht in schützenswerten Interessen betroffen sei, da im Fall der Aufhebung der Anstellung der berücksichtigten Person nicht ohne weiteres die übergangene gewählt würde und überdies die erfolgte Anstellung als irreversibel zu gelten habe[250]. Eine *gesetzliche Ausnahme* besteht insoweit, als das Diskriminierungsverbot gemäss Art. 3 GlG bereits bei der Anstellung, d.h. schon vor der Schaffung eines eigentlichen Arbeitsverhältnisses, zum Tragen kommt. Entspre-

---

244 Entscheid der Eidgenössischen Rekurskommission für das öffentliche Beschaffungswesen vom 13. Juni 1997, veröffentlicht in VPB 62.16 E. 2c.

245 Urteil des Bundesverwaltungsgerichts A-1757/2006 vom 21. Juni 2007 E. 1.2.

246 Entscheid der Rekurskommission EVD vom 25. August 1995, veröffentlicht in VPB 60.46 E. 2.3 mit Hinweisen; Entscheid der Rekurskommission für Wettbewerbsfragen vom 25. April 1997, veröffentlicht in RPW 1997, 250; vgl. BGE 127 II 269 E. 2c, 125 I 9 E. 3d mit Hinweisen, Entscheid der Rekurskommission INUM vom 1. Februar 2004, veröffentlicht in VPB 69.90 E. 2.4, Entscheid der Rekurskommission EVD vom 4. Januar 2001, veröffentlicht in VPB 65.118 E. 1.3.1; vgl. auch Urteile des Bundesverwaltungsgerichts B-1099/2007 vom 12. Dezember 2007 E. 3.3.5 und A-2083/2006 vom 7. Mai 2007 E. 5 sowie BSK BGG-WALDMANN, Art. 89 N 23 ff. mit Hinweisen.

247 Zur Beschwerdelegitimation von Patienten bzw. Konkurrentinnen gegen die Marktzulassung oder die Verweigerung der Marktzulassung eines Arzneimittels siehe SCHWEIZER, 802 ff. mit zahlreichen Hinweisen, zur Legitimation von Produzenten ursprungsgeschützter landwirtschaftlicher Erzeugnisse vgl. BVGE 2007/47 E. 3.2.

248 Entscheid der Rekurskommission für Wettbewerbsfragen vom 25. April 1997, veröffentlicht in RPW 1997, 249 mit Hinweis auf andere Lehrmeinungen; vgl. auch BGE 131 II 508 E. 5.1.

249 Aufgrund der damals geltenden gesetzlichen Ausgangslage stellte sich diese Frage für das verwaltungsexterne Beschwerdeverfahren vor der eidgenössischen Personalrekurskommission nicht bzw. musste sie negativ beantwortet werden (vgl. MOSER, in: Moser/Uebersax, Rz. 2.29).

250 Vgl. HÄFELIN/MÜLLER/UHLMANN, Rz. 1553 mit Hinweisen. Zur Kritik an dieser Verwaltungspraxis siehe insbesondere HÄNNI, Treuepflicht, 44 ff., KÖLZ/HÄNER, Rz. 554, SCHMID, 143 Fn. 21, MOSER, Rechtsschutz, 537 f. sowie HÄNER, Beteiligte, Rz. 757 ff.

chend kann ein(e) erfolglose(r) Bewerber(in) um eine Bundesstelle mit Beschwerde beim Bundesverwaltungsgericht und anschliessend sogar beim Bundesgericht (vgl. Art. 83 Bst. g a.E. BGG) geltend machen, er bzw. sie sei durch die Abweisung ihrer Bewerbung für die erstmalige Begründung eines Arbeitsverhältnisses diskriminiert worden[251].

4.　Verbände und Organisationen

a)　Egoistische Verbandsbeschwerde

Die Verbandsbeschwerde ist weder im VwVG noch im BGG speziell geregelt. Die so **2.82** genannte *egoistische Verbandsbeschwerde* wird indessen in langjähriger Praxis aufgrund der allgemeinen Legitimationsbestimmungen von Art. 48 Abs. 1 VwVG bzw. Art. 48 Bst. a aVwVG und Art. 89 Abs. 1 BGG aus *prozessökonomischen Gründen*[252] zugelassen. Vorausgesetzt ist dabei, dass die Vereinigung über die juristische Persönlichkeit verfügt, es zur statutarischen Aufgabe des Verbandes gehört, die Interessen der Mitglieder wahrzunehmen, und mindestens eine beträchtliche Anzahl der Mitglieder durch die angefochtene Verfügung in einer Weise berührt wird, dass die Mitglieder diese eigenständig anzufechten befugt wären[253]. Da der Verband für seine Mitglieder handelt, braucht er selber nicht betroffen zu sein. Verlangt wird aber auch hier, dass er stärker als jedermann betroffen ist und in einer besonderen, beachtenswerten, nahen Beziehung zur Streitsache steht[254]. Es muss ein enger, unmittelbarer Zusammenhang bestehen zwischen dem statutarischen Vereinszweck und gerade dem Gebiet, in welchem die anzufechtende Verfügung erlassen worden ist. Kann die Vereinigung laut Statuten lediglich öffentliche Interessen, solche der Allgemeinheit, geltend machen, so steht ihr die Beschwerdelegitimation nicht zu. In einem solchen Fall kann der Verband freilich als Vertreter eines oder mehrerer seiner Mitglieder auftreten, sofern er dazu gehörig bevollmächtigt worden ist[255].

251　Gemäss Art. 13 Abs. 1 und 2 i.V.m. Art. 5 Abs. 2 GlG hat die betroffene Person bei Diskriminierung durch Ablehnung einer Anstellung freilich lediglich Anspruch auf eine Entschädigung (vgl. BIGLER-EGGENBERGER, 287 f.).

252　Es sollen anstelle einer Vielzahl gleich Betroffener, die sich ohnehin zu einem Verein zusammengeschlossen haben, nicht diese, sondern der Verein selbst das Rechtsmittel einlegen (HÄNER, Verbandsbeschwerde, 316).

253　BGE 131 I 200 E. 2.1, 296 E. 1.3; 130 II 519 E. 2.3.3; 125 I 372 E. 1 a; 124 II 307 E. 3 d; 123 I 225 E. 2 mit Hinweisen; 122 I 73 E. 1 b, 92 E. 2 c; 119 Ia 201; 119 Ib 376 f.; BVGE 2007/20 E. 2.3; BVGE 2008/18 E. 2.2; Urteil des Bundesverwaltungsgerichts B-6113/2007 vom 5. März 2008 E. 3.2; B-1099/2007 vom 12. Dezember 2007 E. 3.1 mit Hinweisen; Entscheid der Rekurskommission EVD vom 8. November 1994, veröffentlicht in VPB 59.99 E. 2.2 ff.; FORSTER, Rz. 2.34, KARLEN, Verwaltungsgerichtsbeschwerde, Rz. 3.45; BERNI, 3 ff. Im öffentlichen Beschaffungswesen können unter den genannten Voraussetzungen somit auch in- und ausländische Berufsorganisationen von benachteiligten Anbietern Beschwerde führen (vgl. GADOLA, Rechtsschutz, 973 mit weiteren Hinweisen). Desgleichen können Patientenvereinigungen unter den allgemeinen Voraussetzungen der egoistischen Verbandsbeschwerde zur Beschwerde gegen die Verweigerung der Zulassung eines Arzneimittels berechtigt sein (SCHWEIZER, 804).

254　Vgl. RIVA, Beschwerdebefugnis, 164 f.

255　Vgl. SCHMID, 148 f. mit Hinweisen.

2.83 *Rechtsmissbräuchlich* ist die Erhebung einer Verbandsbeschwerde dann, wenn gleichzeitig auch alle Verbandsmitglieder dasselbe Rechtsmittel ergreifen. In einem solchen Fall würde die Zulassung der Verbandsbeschwerde nicht zur angestrebten Vereinfachung des Verfahrens, sondern zu einer unnötigen zusätzlichen Belastung der Beschwerdeinstanz führen[256].

b)   Ideelle Verbandsbeschwerde

2.84 Dem Klage- und Beschwerderecht der ideellen Verbände ist gemeinsam, dass es – im Gegensatz zur egoistischen Verbandsbeschwerde – nicht in erster Linie dem Schutz konkreter individueller Interessen dient, sondern den Schutz der dem betreffenden Gesetz zugrundeliegenden und von diesem verfolgten öffentlichen Interessen bezweckt. Aus diesem Grund braucht es für das *ideelle Verbandsbeschwerderecht* stets eine ausdrückliche *gesetzliche Grundlage*[257], die regelmässig in den Sachgesetzen[258] zu finden ist[259]. Das Bundesrecht überlässt in diesem Sinne die Wahrnehmung übergeordneter Interessen teilweise auch privaten Organisationen, indem es ihnen eine besondere Beschwerdebefugnis zuerkennt. Die Spezialgesetzgebung macht die Legitimation regelmässig von der Erfüllung bestimmter Voraussetzungen (Zielsetzung und Bedeutung der Organisation, Umschreibung der Interessen, die geltend gemacht werden können, Beteiligung am unterinstanzlichen Verfahren) abhängig[260].

2.85 Für das Verfahren vor dem Bundesverwaltungsgericht spielt dieses Beschwerderecht eine zunehmende Rolle. Zu denken ist in erster Linie an das ideelle Verbandsbeschwerderecht der *Umweltverbände*[261] gemäss Art. 55 USG und der Organisationen, die sich dem Naturschutz, dem Heimatschutz, der Denkmalpflege oder verwandten Zielen widmen (Art. 12 NHG)[262/263]. In Art. 28 des Gentechnikgesetzes[264] wurde den gesamtschweizerischen Umweltorganisationen, die seit mindestens zehn Jahren bestehen, auch ein Beschwerderecht gegen Bewilligungen der Bundesbehörden über das Inverkehrbringen gentechnisch veränderter Organismen, die bestimmungsgemäss in der Umwelt verwendet werden sollen, eröffnet. Art. 14 Abs. 1 Bst. b FWG räumt seinerseits anerkannten Fachorganisationen von gesamtschweizerischer Bedeutung eine spezialgesetzliche Beschwerdelegitimation ein.

---

256 Entscheid der Eidgenössischen Steuerrekurskommission vom 5. Februar 1998 i.S. C. (E. 4b/gg).

257 Vgl. Art. 48 Abs. 2 VwVG (bzw. Art. 48 Bst. b aVwVG) und Art. 89 Abs. 2 Bst. d BGG.

258 Das Beschwerderecht der Konsumentenorganisationen wird gar auf Verfassungsstufe erwähnt (Art. 97 Abs. 2 BV).

259 HÄNER, Verbandsbeschwerde, 303 f.

260 KARLEN, Verwaltungsgerichtsbeschwerde, Rz. 3.49 mit zahlreichen Hinweisen.

261 Zu den verschärften Bestimmungen, wie sie seit 1. Juli 2007 in Kraft stehen, siehe SJZ 2007, 490 und zum Beschwerderecht der Umweltorganisationen im Allgemeinen HÄNER, Verbandsbeschwerde, 307 ff.

262 Zum Beschwerderecht des Schweizer Heimatschutzes (SHS) vgl. als Anwendungsfall Urteil des Bundesverwaltungsgerichts A-5971/2007 vom 17. Januar 2008 E. 1.2, zum Beschwerderecht der Pro Natura Schweiz für das Verfahren vor dem Bundesgericht vgl. Urteil des Bundesgerichts 1C_153/2007 vom 6. Dezember 2007 E. 1.3.

263 Zum Verlust der Beschwerdelegitimation vgl. Art. 55*b* USG bzw. Art. 12*c* NHG.

264 Bundesgesetz über die Gentechnik im Ausserhumanbereich vom 23. März 2003 (SR 814.91).

Neben diesen den Umwelt- und Heimatschutzinteressen dienenden Beschwerderechten sind **2.86** ferner einige Gesetze zu finden, welche Verbandsbeschwerderechte zur *Durchsetzung sozialpolitischer Interessen* einräumen[265]. Erwähnt werden kann einmal die Beschwerdelegitimation nach Art. 21 des Preisüberwachungsgesetzes[266], gemäss der das Beschwerderecht den Organisationen von nationaler oder regionaler Bedeutung, die sich statutengemäss dem Konsumentenschutz widmen, zusteht. Hingewiesen sei ferner auf die Verbandsbeschwerde im Gleichstellungsgesetz. Danach können gemäss Art. 7 GlG Organisationen, die nach ihren Statuten die Gleichstellung von Frau und Mann fördern oder die Interessen der Arbeitnehmerinnen und Arbeitnehmer wahren und seit mindestens zwei Jahren bestehen, im eigenen Namen feststellen lassen, dass eine Diskriminierung vorliegt, wenn der Ausgang des Verfahrens sich voraussichtlich auf eine grössere Zahl von Arbeitsverhältnissen auswirken wird[267]. Ferner wurde das Verbandsklage- und Beschwerderecht in Art. 9 des Behindertengesetzes[268] aufgenommen. Als Rechtsgrundlage kommt weiter Art. 58 des Arbeitsgesetzes[269] in Betracht, wonach zur Beschwerde gegen Verfügungen der kantonalen Behörden und der Bundesbehörden auch die Verbände der beteiligten Arbeitgeber und Arbeitnehmer berechtigt sind, ohne dass es darauf ankäme, ob die betroffenen Arbeitnehmer oder einzelne von ihnen Verbandsmitglieder sind[270].

5. Gemeinwesen

a) Allgemeines Beschwerderecht

Das Beschwerderecht des *Gemeinwesens* hat in der Gestalt der Behördenbe- **2.87** schwerde eine ausdrückliche Anerkennung, Regelung und eigenständige Ausgestaltung erfahren (Art. 48 Abs. 2 VwVG bzw. Art. 48 Bst. b aVwVG)[271]. Daneben wird dem Gemeinwesen gestützt auf *Art. 48 Abs. 1 VwVG bzw. Art. 48 Bst. a aVwVG* auch ein Beschwerderecht eingeräumt, wenn es gleich oder ähnlich wie ein Privater von der angefochtenen Verfügung berührt ist[272]; das gilt insbesondere dann, wenn es in seinen *vermögensrechtlichen* Interessen betroffen ist[273].

In diesem Sinne hat die Rekurskommission EVD einer Staatskellerei bzw. dem *Kanton,* für **2.88** den sie handelt, die Beschwerdelegitimation zuerkannt mit Bezug auf die zu entscheidende Frage, ob sie wie irgendeine private Kellerei eine Bewilligung zur Weineinfuhr erhalten soll[274].

---

265 HÄNER, Verbandsbeschwerde, 302 mit Hinweisen.
266 Preisüberwachungsgesetz vom 20. Dezember 1985 (SR 942.20).
267 Vgl. dazu LUZIUS MADER, in: Ivo Schwander/René Schaffhauser, Das Bundesgesetz über die Gleichstellung von Frau und Mann, St. Gallen 1996, 34 ff.; FREIVOGEL, 127 ff., BIGLER-EGGENBERGER, 281; GREMPER, Rz. 7.54 ff.
268 Bundesgesetz über die Beseitigung von Benachteiligungen von Menschen mit Behinderungen vom 13. Dezember 2002 (SR 151.3).
269 Bundesgesetz über die Arbeit in Industrie, Gewerbe und Handel vom 13. März 1964 (SR 822.11).
270 BGE 119 Ib 378 E. 2b/aa; 116 Ib 271 E. 1a.
271 Vgl. unten Rz. 2.94 ff.
272 BGE 133 II 406 E. 2.4.2 mit Hinweisen; Urteil des Bundesverwaltungsgerichts A-8636/2007 vom 23. Juni 2008 E. 1.1.
273 BGE 134 V 58 E. 2.3.3.2; 131 II 757 E. 4.3.1; 130 V 515 E. 3.1; 125 II 194 E. 2a; 122 II 36 E. 1b; Entscheid der Rekurskommission UVEK vom 10. Juli 2003, veröffentlicht in VPB 68.25 E. 3.1; Entscheid der Schweizerischen Asylrekurskommission vom 15. Dezember 2004, veröffentlicht in VPB 69.104 2.3; RHINOW/KOLLER/KISS, Rz. 1281; GADOLA, Behördenbeschwerde, 1466 f. mit weiteren Hinweisen.
274 Entscheid der Rekurskommission EVD vom 1. November 1994, veröffentlicht in VPB 59.85 E. 1.2.

2.89 Darüber hinaus ist ein Gemeinwesen zur Beschwerde legitimiert, falls es in seinen *hoheitlichen* Befugnissen berührt ist und ein schutzwürdiges eigenes Interesse an der Aufhebung oder Änderung des angefochtenen Entscheides hat[275]. Desgleichen bejaht die Praxis[276] die Legitimation des Gemeinwesens, wenn es diesem um spezifische öffentliche Anliegen wie den Schutz der Einwohner vor Immissionen geht[277]. So sind Kantone und (Zusammenschlüsse von) Gemeinden, die mit ihrem Anliegen, die Bevölkerung vor mehr Lärm zu schützen, ein öffentliches Interesse verfolgen, beschwerdebefugt, sofern ihr örtlicher Bezug zur Streitsache stark genug ist[278]. Ebenso werden *Gemeinden* seit längerer Zeit als legitimiert erachtet, in *Plangenehmigungsverfahren nach Bundesrecht* öffentliche Interessen geltend zu machen[279].

2.90 Hingegen begründet nach ständiger Praxis das blosse allgemeine Interesse an einer richtigen Anwendung des objektiven Bundesrechts keine Beschwerdelegitimation des Gemeinwesens[280]; insbesondere ist die in einem Rechtsmittelverfahren unterlegene *Vorinstanz nicht berechtigt,* gestützt auf die allgemeine Bestimmung von Art. 48 Abs. 1 VwVG bzw. Art. 48 Bst. a aVwVG Beschwerde zu erheben[281]. Zur Legitimation genügt also nicht, dass eine Behörde in einem Bereich, in dem sie zur Rechtsanwendung zuständig ist, eine bestimmte Rechtsauffassung vertritt, die im Widerspruch steht zu derjenigen einer anderen zuständigen bzw. übergeordneten Behörde oder Instanz, auch wenn dadurch die Aufgabenerfüllung erschwert wird. Legitimiert sind sodann grundsätzlich nur *Gemeinwesen als solche,* nicht hingegen einzelne Behörden oder Verwaltungszweige ohne eigene Rechtspersönlichkeit[282]. Der verfügenden Behörde steht es mithin nicht zu, einen allfälligen verwaltungsin-

---

275   Vgl. BGE 131 II 757 E. 4.3.1; 127 II 38 E. 2d; 125 II 194 E. 2a/aa; 124 II 304 E. 3b; 123 II 427 E. 3a; Entscheid der Rekurskommission UVEK vom 4. September 2001, veröffentlicht in VPB 66.61 E. 2.1; PflegHard, 147 mit Hinweisen; BSK BGG-Waldmann, Art. 89 N 43 mit Hinweisen.

276   Mit Bezug auf die Legitimation der Kantone hält das Bundesgericht auch hier fest, die Vorgeschichte des heutigen Art. 89 BGG zeige, dass mit dem Bundesgerichtsgesetz deren Beschwerdeberechtigung im Vergleich zur bisherigen Rechtslage grundsätzlich weder eingeschränkt noch ausgeweitet worden ist (BGE 133 II 408 E. 2.4.3 mit Hinweis).

277   Vgl. BGE 133 II 406 E. 2.4.2; 131 II 758 E. 4.3.1; 123 II 374 E. 2c, 428 E. 3b mit zahlreichen Hinweisen; Urteil des Bundesverwaltungsgerichts A-4207/2007 vom 26. Februar 2008 E. 3.

278   BVGE 2008/18 E. 2.4.2 und 2.4.3; vgl. auch Urteil des Bundesverwaltungsgerichts A-55/2008 vom 6. Juni 2008 E. 2.

279   Urteil des Bundesverwaltungsgerichts A-2016/2006 vom 2. Juli 2008 E. 2.2 a.E. mit Hinweisen.

280   BGE 134 V 59 E. 2.3.3.2; 131 II 62 E. 1.3; 130 V 515 E. 3.1; 127 V 215 E. 1b; 123 II 545 E. 2e; 122 II 383 E. 2c mit Hinweisen; Schmid, 150 mit Hinweisen; Pierre Moor, Des personnes morales de droit public, in: Festschrift Häfelin, Zürich 1989, 537.

281   BGE 134 II 47 E. 2.2.1 mit Hinweisen; 127 V 151 E. 1b; Entscheid der Eidgenössischen Datenschutzkommission vom 29. Juni 1999, veröffentlicht in VPB 65.52 E. 2a a.E.; Entscheid der Eidgenössischen Personalrekurskommission vom 23. Februar 2000, veröffentlicht in VPB 64.67 E. 1c/bb mit Hinweisen.

282   BGE 127 II 38 E. 2 f.; 123 II 375 E. 2d mit Hinweisen; Urteil des Bundesverwaltungsgerichts A-7385/2007 vom 12. März 2008 E. 2.1 (mit Bezug auf ein kantonales Amt); Entscheid der Rekurskommission UVEK vom 10. Juli 2003, veröffentlicht in VPB 68.25 E. 3.1.

ternen Beschwerdeentscheid[283] beim Bundesverwaltungsgericht anzufechten[284/285]. Dies ergibt sich bereits aus dem hierarchischen Aufbau der Bundesverwaltung, demzufolge sich z.B. ein Bundesamt einem Entscheid des ihm übergeordneten Departements unterzuordnen hat. Nach schweizerischem Staatsverständnis sollen denn auch Meinungsverschiedenheiten zwischen Behörden ein- und desselben Staatswesens nicht auf dem Weg der Verwaltungsrechtspflege, sondern durch die übergeordneten politischen Behörden geregelt werden[286].

Ausgehend davon, dass eine Verwaltungsstelle des Bundes grundsätzlich nicht befugt ist, Beschwerde gegen Entscheide einer anderen Verwaltungsstelle des Bundes zu führen, hatte das Bundesgericht dem damaligen Eidgenössischen Datenschutzbeauftragten die Legitimation (im Sinne von Art. 48 Bst. a aVwVG) abgesprochen, Beschwerde an die Datenschutzkommission zu erheben[287].   **2.91**

Ebenfalls nicht beschwerdebefugt ist selbstverständlich die eigentliche Vorinstanz, die den angefochtenen Entscheid getroffen hat; sie kann kein schutzwürdiges Interesse an der Anfechtung ihrer eigenen Anordnung haben[288].   **2.92**

So stellte denn auch die Schweizerische Asylrekurskommission fest, dass dem Bundesamt für Flüchtlinge weder gestützt auf die allgemeine Beschwerdebefugnis von Art. 48 Bst. a aVwVG noch aufgrund einer besonderen gesetzlichen Ermächtigung (Art. 48 Bst. b aVwVG) die Beschwerdebefugnis zukam und es mangels dieser Befugnis auch nicht legitimiert war, gegen ein Urteil der Asylrekurskommission ein Revisionsbegehren zu stellen[289].   **2.93**

b) Behördenbeschwerde

Übereinstimmend mit Art. 89 Abs. 2 Bst. d BGG sind nach *Art. 48 Abs. 2 VwVG (bzw. Art. 48 Bst. b aVwVG)*[290] zur Beschwerde berechtigt Personen[291], Organisatio-   **2.94**

---

283 Z.B. im Bereich des Bundespersonalrechts, wo der verwaltungsinterne Beschwerdeweg grundsätzlich nach wie vor besteht (vgl. Art. 35 Abs. 1 BPG).

284 Zur Legitimation der Eidgenössischen Technischen Hochschulen gemäss gesetzlicher Spezialregelung vgl. unten Rz. 2.98.

285 Zur Berechtigung von Bundesbehörden, Entscheide des Bundesverwaltungsgerichts beim Bundesgericht anzufechten, siehe demgegenüber Art. 89 Abs. 2 Bst. a (und b) BGG sowie BGG-SEILER, Art. 89 N 41 und 48.

286 Amtl. Bull. SR 1992, 389 f.; SALADIN, 182. Zum Problem der desavouierten Vorinstanz siehe auch HÄNER, Beteiligte, Rz. 874.

287 BGE 123 II 545 ff. Zur Legitimation des Eidgenössischen Datenschutz- und Öffentlichkeitsbeauftragten gemäss gesetzlicher Spezialvorschrift vgl. unten Rz. 2.96.

288 RHINOW/KOLLER/KISS, Rz. 1282.

289 Entscheid der Schweizerischen Asylrekurskommission vom 21. März 1995, veröffentlicht in VPB 60.36 E. 3.

290 Art. 48 Abs. 2 VwVG übernimmt die Regel von Art. 48 Bst. b aVwVG und verschärft sie insofern, als es ausdrücklich dem Bundesgesetzgeber (eine Verordnung genügt nicht) vorbehalten ist, anderen Personen, Organisationen oder Behörden ein Beschwerderecht einzuräumen (vgl. Botschaft Totalrevision Bundesrechtspflege, BBl 2001 4331 [zu Art. 84 Bst. e des bundesrätlichen Entwurfs, der Art. 89 Abs. 2 Bst. d BGG entspricht] und 4409; vgl. auch BGE 134 II 47 E. 2.2.2).

291 Als Beispiel einer Beschwerdelegitimation gemäss gesetzlicher Spezialregelung kann hier auf Art. 78 Abs. 1 EntG hingewiesen werden, der neben den Hauptparteien auch die Grundpfandgläubiger, Grundlastberechtigten und Nutzniesser als Nebenparteien zur Be-

nen[292] und Behörden denen ein anderes *Bundesgesetz* dieses Recht einräumt. Die in Art. 48 Bst. b a VwVG verlangte Ermächtigung ergab sich dabei nicht bereits generell aus der Tatsache, dass eine Behörde für eine bestimmte Aufgabe zuständig war, sondern nur aus einer ausdrücklichen spezialgesetzlichen Ermächtigung[293].

2.95 Das Bundesgericht entschied in einem Fall betreffend Schutz von Ursprungsbezeichnungen, die den Kantonen spezialgesetzlich eingeräumte Befugnis zur Erhebung einer Einsprache umfasse nach ihrem Wortlaut nicht auch die Legitimation zur Behördenbeschwerde gemäss Art. 48 Bst. b a VwVG. Der blosse Umstand, dass die Kantone im Verfahren vor dem Bundesamt einspracheberechtigt seien und ihnen im Einspracheverfahren Parteistellung zukomme, reiche nicht aus, um die Legitimation für das anschliessende Beschwerdeverfahren zu begründen[294].

2.96 Als Beispiele können die Beschwerderechte der betroffenen *Kantone* und *Gemeinden* gemäss Art. 51 Abs. 2 des Bürgerrechtsgesetzes[295/296] bzw. Art. 130 Abs. 2 des Militärgesetzes[297] angefügt werden. Art. 57 USG berechtigt seinerseits Gemeinden, gegen Verfügungen der kantonalen und der Bundesbehörden in Anwendung des Umweltschutzgesetzes die Rechtsmittel des eidgenössischen und kantonalen Rechts zu ergreifen, sofern sie dadurch berührt werden und ein schutzwürdiges Interesse an der Aufhebung oder Änderung haben[298/299]. Art. 14 Abs. 1 Bst. a bzw. Abs. 2 FWG räumt betroffenen Gemeinden sowie Kantonen eine spezialgesetzliche Beschwerdelegitimation ein. Der mit der Revision vom 24. März 2006 eingeführte und am 1. Januar 2008 in Kraft getretene Abs. 6 von Art. 27 DSG ermöglicht dem Eidgenössischen Datenschutz- und Öffentlichkeitsbeauftragten – über die in Art. 29 Abs. 4 DSG für den Privatrechtsbereich statuierte Regelung[300] hinaus – seine Empfehlungen auch im öffentlichen Bereich nötigenfalls durch das Bundesverwaltungsgericht im Klageverfahren überprüfen zu lassen[301].

2.97 Im Gegensatz zur allgemeinen Legitimationsregelung, die nach den Bedürfnissen des Individualrechtsschutzes ausgestaltet ist, bezwecken die besonderen Beschwerderechte in erster Linie, dem öffentlichen Interesse vermehrt zum Durchbruch zu verhelfen und eine richtige und rechtsgleiche Anwendung des öffentlichen Verwaltungsrechts sicherzustellen[302].

---

schwerde ermächtigt, soweit sie infolge des Entscheids der Schätzungskommission zu Verlust gekommen sind.

292 Siehe dazu die Ausführungen zur ideellen Verbandsbeschwerde oben in Rz. 2.84 ff.

293 Vgl. BGE 127 II 37 E. 2c mit Hinweis; GADOLA, Beschwerdeverfahren, 234.

294 BGE 131 II 757 E. 4.2.

295 Bundesgesetz über Erwerb und Verlust des Schweizer Bürgerrechts vom 29. September 1952 (SR 141.0).

296 Vgl. Urteil des Bundesverwaltungsgerichts C-1216/2006 vom 9. November 2007 E. 1.4; vgl. auch Urteil des Bundesverwaltungsgerichts C-1217/2006 vom 15. Januar 2008 E. 1.3, wo die Stadt Freiburg als Wohngemeinde des Gesuchstellers zur Beschwerde legitimiert war.

297 Bundesgesetz über die Armee und die Militärverwaltung vom 3. Februar 1995 (SR 510.10).

298 Als Anwendungsfall siehe Urteil des Bundesverwaltungsgerichts A-2016/2006 vom 2. Juli 2008 E. 2.3 a.E.; vgl. auch BGE 133 II 372 E. 2.1.

299 Zum Beschwerderecht der Gemeinden bzw. zum Verlust der Beschwerdelegitimation vgl. auch Art. 12 Abs. 1 Bst. a NHG bzw. Art. 12c NHG.

300 Als Anwendungsfall dazu siehe BVGE 2008/16; vgl. auch unten Rz. 5.5.

301 Zur Ausgangslage, wie sie zuvor bestanden hat, vgl. BGE 123 II 544 E. 2c mit Hinweisen.

302 Vgl. KARLEN, Verwaltungsgerichtsbeschwerde, Rz. 3.47; GADOLA, Behördenbeschwerde, 1459, 1461; SCHMID, 153 mit Hinweis.

Wie bereits erwähnt[303], kommt der Bundesverwaltung mit Bezug auf das Verfahren **2.98** vor dem Bundesverwaltungsgericht keine generelle Beschwerdelegitimation zu. Die *Behördenbeschwerde* gelangt dagegen vereinzelt gestützt auf eine Spezialnorm im Sinne von Art. 48 Abs. 2 VwVG zur Anwendung. So können beispielsweise der ETH-Rat, die Eidgenössischen Technischen Hochschulen (ETH Zürich sowie ETH Lausanne) und die Forschungsanstalten gegen Beschwerdeentscheide (der ETH-Beschwerdekommission) Beschwerde führen, wenn sie in der gleichen Sache als erste Instanz verfügt haben (Art. 37 Abs. 2 ETH-Gesetz). Gemäss Art. 64 Abs. 1bis ZDG ist das Departement[304] zur Beschwerde an das Bundesverwaltungsgericht berechtigt gegen Zulassungsentscheide nach Art. 18c ZDG. Die örtlich zuständigen kantonalen Arbeitsmarktbehörden können ihrerseits den Anerkennungsentscheid nach Art. 42 ZDG und dessen Anpassungen anfechten, wenn sie eine Verletzung von Art. 6 ZDG geltend machen (Art. 64 Abs. 2 ZDG). Das EDA ist gestützt auf Art. 8 Abs. 2 des Bundesgesetzes über Entschädigungsansprüche gegenüber dem Ausland[305] zur Beschwerde ans Bundesverwaltungsgericht befugt.

III. Beschwerdefristen

1.   Dauer

Die allgemeine Frist zur Einreichung der Beschwerde an das Bundesverwaltungsge- **2.99** richt beträgt gemäss Art. 50 Abs. 1 VwVG *30 Tage* seit Eröffnung der Verfügung. Diese Frist gilt seit dem 1. Januar 2007 grundsätzlich mit Bezug auf alle anfechtbaren Entscheide, d.h. auch wenn sich die Beschwerde gegen eine selbständig eröffnete Zwischenverfügung[306] richtet[307]. Lediglich gemäss Art. 108 Abs. 1 AsylG gilt bei Beschwerden gegen Zwischenverfügungen eine spezialgesetzliche Frist von *10 Tagen.*

Die in Art. 116 Abs. 3 ZG erwähnte 60tägige Beschwerdefrist gilt nur für die erste Beschwerde **2.100** gegen die *Veranlagung*, mithin nicht für die Beschwerde an das Bundesverwaltungsgericht[308].

Spezialgesetzlich eine kürzere Frist von *20 Tagen* gilt für Beschwerden auf dem Ge- **2.101** biete des öffentlichen Beschaffungswesens des Bundes (Art. 30 BoeB)[309].

---

303 Vgl. oben Rz. 2.90.
304 Gemeint ist das EVD.
305 SR 981.
306 Im Sinne von Art. 45 f. VwVG (vgl. oben Rz. 2.42 ff.).
307 Demgegenüber betrug die Beschwerdefrist gemäss Art. 50 aVwVG in einem solchen Fall lediglich 10 Tage (vgl. Moser, in: Moser/Uebersax, Rz. 2.40).
308 Vgl. zu Art. 109 Abs. 2 aZG Entscheid der Eidgenössischen Zollrekurskommission vom 28. Oktober 2003, veröffentlicht in VPB 68.51 E. 3c.
309 Weil ein Vergabeverfahren möglichst ohne grosse Verzögerungen sollte durchgeführt werden können, rechtfertigt sich hier eine Verkürzung der Frist auf 20 Tage. Von einer noch weitergehenden Reduktion auf das in Art. XX Ziff. 5 des GATT/WTO-Übereinkommens vom 15. April 1994 über das öffentliche Beschaffungswesen (SR 0.632.231.422) vorgesehenen Minimum von 10 Tagen sah der Gesetzgeber namentlich deshalb ab, weil die in Art. 29 BoeB aufgeführten Verfügungen jeweils als selbständig anfechtbare Endverfügungen gelten und mit der nächstfolgenden Verfügung nicht mehr angefochten werden können.

2.102 Eine Frist von nur *10 Tagen* zu beachten ist für Beschwerden, die sich gegen Diszi-plinarmassnahmen zivildienstpflichtiger Personen, gegen Aufgebote in den Zivil-dienst sowie gegen Abbrüche und Verlängerungen von Einsätzen richten (Art. 66 Bst. a ZDG). Eine spezialgesetzliche Frist von 10 Tagen gilt ebenfalls im Rahmen von Art. 38 Abs. 5 BEHG.

2.103 Erwähnt werden kann auch die Frist von *10 Tagen* nach Empfang der Mitteilung von der Be-schwerde, binnen der die Gegenpartei gemäss Art. 78 Abs. 2 EntG in einem Enteignungsver-fahren die Möglichkeit hat, beim Bundesverwaltungsgericht den *Anschluss* zu erklären und da-bei selbständige Anträge zu stellen[310].

2.104 Eine weitere spezialgesetzliche Frist kennt Art. 108 Abs. 2 AsylG. Danach beträgt die Frist für die Beschwerde gegen Nichteintretensentscheide und Entscheide nach Art. 23 Abs. 1 AsylG *fünf Arbeitstage*[311/312].

2.105 Gegen das unrechtmässige Verweigern oder Verzögern einer Verfügung kann *jeder-zeit* Beschwerde geführt werden (Art. 50 Abs. 2 VwVG)[313].

2.106 Enthält eine *Rechtsmittelbelehrung* in der angefochtenen Verfügung eine *falsche Frist* (z.B. von 30 statt von 20 Tagen), so ist vorweg zu beachten, dass den Parteien gemäss Art. 38 VwVG aus mangelhafter Eröffnung kein Nachteil erwachsen darf[314]. Aller-dings kann sich nicht auf diesen Grundsatz berufen, wer die Unrichtigkeit der Rechts-mittelbelehrung erkannte oder bei zumutbarer Sorgfalt hätte erkennen müssen[315]. Die Frage, ob unter den konkret gegebenen Umständen wegen der unrichtigen Rechtsmittelbelehrung vom Erfordernis der Beschwerdeerhebung innert Frist abge-sehen werden kann, ist mithin aufgrund des Vertrauensschutzes zu beurteilen[316].

2.107 Nach der Praxis des Bundesgerichts kann sich der Private nicht auf den Vertrauensschutz be-rufen, wenn er oder sein Anwalt die Mängel der Belehrung schon allein durch Konsultierung des massgebenden Gesetzestextes hätte ersehen können[317]. Das Berner Verwaltungsgericht hat seinerseits in einem konkreten Fall erkannt, die nicht anwaltlich vertretene beschwerde-führende Partei habe sich auf die Richtigkeit der in der angefochtenen Verfügung enthaltenen Rechtsmittelfrist verlassen dürfen[318].

---

310 Dies im Sinne einer Ausnahme vom Grundsatz, wonach im Verwaltungsverfahren des Bundes keine Anschlussbeschwerde erhoben werden kann. Jede am Verfahren vor einer Vorinstanz beteiligte Partei hat entsprechend innerhalb der ordentlichen Beschwerdefrist zu entscheiden, ob sie das Bundesverwaltungsgericht anrufen will. Verzichtet sie darauf, hat sie sich damit zu begnügen, gegebenenfalls zur Beschwerde der Gegenpartei Stellung zu nehmen (vgl. Botschaft Totalrevision Bundesrechtspflege, BBl 2001 4342 [zu Art. 96 des bundesrätlichen Entwurfs, der inhaltlich Art. 102 BGG entspricht]).

311 Zu Art. 108*a* aAsylG vgl. Entscheid der Schweizerischen Asylrekurskommission vom 25. Mai 2004, veröffentlicht in VPB 69.30 E. 3a und 3b.

312 Vgl. im Übrigen auch die Spezialbestimmungen gemäss Art. 108 Abs. 3 und 4 AsylG.

313 Vgl. unten Rz. 5.22.

314 Vgl. auch Art. 49 BGG, der für das Verfahren vor dem Bundesgericht die unrichtige Rechtsmittelbelehrung als Beispiel einer mangelhaften Eröffnung ausdrücklich erwähnt.

315 Vgl. Entscheid der Eidgenössischen Rekurskommission für Heilmittel vom 21. Juli 2004, veröffentlicht in VPB 69.24 E. 1.2.1.

316 Vgl. BGE 129 II 134 E. 3.3; 122 II 362 E. 1b.

317 BGE 118 Ib 330 E. 1c mit Hinweisen.

318 Entscheid des Berner Verwaltungsgerichts vom 21. März 1996, veröffentlicht in BVR 1997, 118 E. 1b.

2.   Beginn des Fristenlaufs

Die nach Tagen berechnete, mitteilungsbedürftige Frist beginnt an dem auf ihre *Mitteilung* an die Partei folgenden Tage zu laufen (Art. 20 Abs. 1 VwVG). Ob dies ein Samstag, Sonntag oder sonst ein Wochentag ist, ist ohne Belang[319]. Massgebend für den Fristbeginn ist folglich auch nicht das Datum, das der Entscheid (fälschlicherweise) trägt, sondern das Datum der Mitteilung bzw. Eröffnung des Entscheids[320].   **2.108**

Bedarf die Frist nicht der Mitteilung an die Parteien, so beginnt sie an dem auf ihre Auslösung folgenden Tage zu laufen (Art. 20 Abs. 2 VwVG).   **2.109**

So beginnt z.B. die Beschwerdefrist einer in Anwendung von Art. 23 Abs. 1 und 24 Abs. 1 und 2 BoeB durch Veröffentlichung eröffneten Verfügung am Tage nach ihrer Publikation im SHAB zu laufen[321]. Ein von der Verwaltung später zugestelltes Orientierungsschreiben, mit dem noch speziell auf diese Veröffentlichung hingewiesen wird, vermag den Beginn des Fristenlaufs der durch Publikation eröffneten Verfügung nicht hinauszuschieben[322]. Gerade umgekehrt verhält es sich immer dann, wenn der Zuschlagsentscheid rechtsgenüglich[323] durch persönliche (Post)Zustellung eröffnet wird[324].   **2.110**

Die *Eröffnung* durch Mitteilung kann auch mit gewöhnlicher Post oder durch persönliche Übergabe erfolgen. Eine Zustellung mit eingeschriebener Post oder als Gerichtsurkunde ist nach Bundesrecht grundsätzlich nicht vorgeschrieben[325].   **2.111**

Ist die angefochtene Verfügung mittels eines uneingeschriebenen Briefes zugestellt worden oder kann das genaue Zustellungsdatum sonst nicht mehr ermittelt werden, so trifft die Beweislast für das Zustelldatum freilich nicht die beschwerdeführende Person, sondern die *Behörde*, welche die Beweislosigkeit verursacht hat[326]. Es ist ihr entsprechend anzuraten, Verfügungen grundsätzlich eingeschrieben zu versenden.   **2.112**

---

319 Art. 20 Abs. 3 VwVG wie auch das Bundesgesetz vom 21. Juni 1963 über den Fristenlauf an Samstagen (SR 173.110.3) beziehen sich nur auf das Ende der Frist, nicht auch auf deren Beginn.

320 Vgl. Entscheid der Eidgenössischen Steuerrekurskommission vom 20. Februar 1996, veröffentlicht in VPB 61.66 E. 2–4.

321 Gleich verhält es sich bei einer Publikation einer Verfügung im Bundesblatt, die sich an eine Person mit unbekanntem Aufenthalt richtet, oder bei einer Veröffentlichung in einem kantonalen Amtsblatt.

322 Zwischenentscheid des Bundesverwaltungsgerichts B-5865/2007 vom 3. Dezember 2007 E. 1.5; Entscheide der Eidgenössischen Rekurskommission für das öffentliche Beschaffungswesen vom 7. Juli 1997 bzw. vom 1. September 2000, veröffentlicht in VPB 61.78 E. 2b bzw. VPB 65.11 E. 1b.

323 Insbesondere unter Beifügung einer Rechtsmittelbelehrung (vgl. Art. 35 VwVG).

324 GALLI/MOSER/LANG/CLERC, Rz. 621.

325 Vorbehalten bleiben spezialgesetzliche Regelungen wie etwa Art. 30 Abs. 1 der Verordnung vom 13. Dezember 1999 über das Plangenehmigungsverfahren für militärische Bauten und Anlagen (SR 510.51), der die Zustellung per Einschreiben vorschreibt.

326 Vgl. Zwischenentscheid des Bundesverwaltungsgerichts A-6066/2007 vom 12. Februar 2008 E. 1.1.2 mit Hinweisen; SCHMID, 187 mit Hinweisen; KÖLZ/HÄNER, Rz. 342; in gleichem Sinne BGE 124 V 402 E. 2a. Ist eine Sendung erwiesenermassen zugestellt worden, geben aber konkrete Anhaltspunkte Anlass zu Zweifeln hinsichtlich des Inhalts, gilt die Vermutung, dass die Sendung tatsächlich die auf dem Umschlag angegebenen Aktenstücke enthielt, als umgestossen, womit die Beweislast für deren Inhalt deren Urheber trifft (BGE 124 V 402 E. 2b und 2c; Urteil des Bundesgerichts 4D_84/2007 vom 11. März 2008 E. 2; Zwischenentscheid des Bundesverwaltungsgerichts A-6066/2007 vom 12. Februar 2008 E. 1.1.4 und 1.2).

2.113 Die Eröffnung von Verfügungen ins *Ausland* unterliegt besonderen Regeln. Sie stellt einen hoheitlichen Akt dar, dessen Ausführung grundsätzlich ausschliesslich den territorial zuständigen, d.h. inländischen Behörden zusteht. Deshalb hat die Zustellung einer Verfügung ins Ausland auf diplomatischem oder konsularischem Weg zu erfolgen. Davon kann nur abgewichen werden, wenn ein Staatsvertrag dies ausdrücklich vorsieht[327]. Die direkte postalische Zustellung eines amtlichen Schriftstücks ins Ausland ist ein Hoheitsakt auf fremdem Staatsgebiet, der nicht ohne Zustimmung des fremden Staates vorgenommen werden darf[328]. Die neue Bestimmung von Art. 11*b* Abs. 1 VwVG erleichtert die Zustellung insofern, als Parteien, die in einem Verfahren Begehren stellen und im Ausland wohnen, in der Schweiz ein *Zustellungsdomizil* zu bezeichnen haben, es sei denn, das Völkerrecht gestatte der Behörde, Mitteilungen im betreffenden Staat durch die Post zuzustellen. Als spezialgesetzliche Ausnahme zu Art. 11*b* Abs. 1 VwVG sieht Art. 12 Abs. 3 AsylG vor, dass nicht verpflichtet ist, eine Zustelladresse in der Schweiz zu bezeichnen, wer ein Asylgesuch aus dem Ausland stellt[329]. Mit der Bezeichnung eines Zustellungsdomizils bekundet die betroffene Person ihr Einverständnis, dass ihr die Korrespondenzen in der betreffenden Angelegenheit bis zum Widerruf an jenen Ort zugestellt werden. Die Eröffnung einer Verfügung hat durch Zustellung an dieses Domizil zu erfolgen, was wiederum den Lauf der Rechtsmittelfrist auslöst[330].

2.114 Gemäss bundesgerichtlicher Rechtsprechung ist die Eröffnung einer Verfügung eine *empfangsbedürftige,* nicht aber annahmebedürftige einseitige Rechtshandlung mit der Konsequenz, dass Fristen bereits im *Zeitpunkt* der *ordnungsgemässen Zustellung* und nicht erst bei tatsächlicher Kenntnisnahme durch den Empfänger zu laufen beginnen. Massgebend ist mit anderen Worten der *Zeitpunkt* des *Eintreffens im Machtbereich* des *Adressaten*[331]. Dies gilt jedenfalls dann, wenn angenommen werden kann, dass es bei der Postzustellung zu keinen Unregelmässigkeiten gekommen ist[332], und ist auch bei nichteingeschriebenen Sendungen zu beachten[333]. Der

---

327 Vgl. BGE 124 V 50 E. 3a; Urteil des Bundesgerichts 4A_161/2008 vom 1. Juli 2008 E. 3.1; Entscheid der Eidgenössischen Zollrekurskommission vom 23. Mai 2005, veröffentlicht in VPB 69.121 E. 2c/aa mit Hinweisen; Entscheid der Eidgenössischen Personalrekurskommission vom 7. November 2001, veröffentlicht in VPB 66.36 E. 2a.

328 BGE 105 Ia 310 E. 3b mit Hinweisen; Urteil des Bundesgerichts 4A_161/2008 vom 1. Juli 2008 E. 4.1; Urteil des Bundesverwaltungsgerichts A-1529/2008 vom 5. Mai 2008 E. 2.3 mit weiteren Hinweisen.

329 Diese Sondervorschrift zielt darauf ab, das Verfahren für den im Ausland wohnhaften Asylsuchenden nicht ungebührlich zu erschweren (vgl. Botschaft Totalrevision Bundesrechtspflege, BBl 2001 4399). Über seinen Wortlaut hinaus dürfte Art. 12 Abs. 3 AsylG auch auf beschwerdeführende Personen zur Anwendung kommen, die das Gesuch im Inland gestellt, die Schweiz jedoch wieder verlassen haben.

330 Vgl. Entscheid der Eidgenössischen Zollrekurskommission vom 23. Mai 2005, veröffentlicht in VPB 69.121 E. 2c/dd und 4a mit Hinweisen.

331 BGE 122 III 320 E. 4b; 115 Ia 17 mit Hinweisen; Urteil des Bundesverwaltungsgerichts A-1471/2006 und A-1472/2006 vom 3. März 2008 E. 3.1; Entscheid der Eidgenössischen Zollrekurskommission vom 23. Mai 2005, veröffentlicht in VPB 69.121 E. 2b; Entscheid der Rekurskommission EVD vom 6. April 1995, veröffentlicht in VPB 60.39 E. 3.

332 ASA 76, 430 E. 1.

333 Vgl. STADELWIESER, 123.

Machtbereich erstreckt sich dabei auf die mit dem Adressaten im gleichen Haushalt lebenden erwachsenen Familienangehörigen, unter Einschluss des (Konkubinats) Partners bzw. der Partnerin[334].

Eine Mitteilung, die nur gegen Unterschrift des Adressaten oder einer anderen be-   **2.115**
rechtigten Person überbracht wird, gilt spätestens am siebenten Tag nach dem ersten *erfolglosen Zustellungsversuch* als erfolgt (Art. 20 Abs. 2bis VwVG)[335]. Eine ausdrückliche Regelung dieser Fiktion drängte sich auf, nachdem die entsprechende Bestimmung von Art. 169 Abs. 1 Bst. d und e der Verordnung (1) zum Postverkehrsgesetz auf den 1. Januar 1998 aufgehoben worden war[336]. Dieser neue Absatz von Art. 20 VwVG entspricht der geltenden Rechtsprechung[337]. In Analogie zu Art. 20 Abs. 2bis VwVG kann die Fiktion weiterhin auch dann Geltung beanspruchen, wenn es nicht um einen tatsächlich unternommenen erfolglosen (Briefkasten- oder Postfach-)Zustellungsversuch (mit entsprechender Abholungseinladung) geht, sondern um einen Postrückbehaltungsauftrag[338/339]. Es handelt sich dabei um eine rechtliche Fiktion, die nicht von der von der Post festgelegten Abholfrist beeinflusst wird. Ob die Abholfrist der Post länger ist[340] oder erstreckt wurde, hat auf die Massgeblichkeit der siebentägigen Frist keinen Einfluss. Selbst wenn die Post die Sendung länger als sieben Tage aufbewahrt und sie von der Empfängerin auch später noch behändigt werden kann, schiebt dies den Eintritt der Zustellungsfiktion nicht hinaus[341].

---

334 Vgl. Entscheid der Eidgenössischen Personalrekurskommission vom 7. November 2001, veröffentlicht in VPB 66.36 E. 2 a.

335 Ein allfälliger zweiter Versand (mit gewöhnlicher Briefpost) und die spätere Entgegennahme der Sendung vermögen an diesem Ergebnis grundsätzlich nichts zu ändern. Stellt eine Behörde ihre Verfügung, die eine vorbehaltlose Rechtsmittelbelehrung enthält, innerhalb der ordentlichen Rechtsmittelfrist, die durch einen ersten erfolglosen Zustellungsversuch ausgelöst worden ist, nochmals zu, so kann sich die Rechtsmittelfrist freilich aufgrund des verfassungsmässigen Rechts auf Vertrauensschutz verlängern, sofern alle notwendigen Bedingungen dazu erfüllt sind (BGE 115 Ia 18 E. 4; Urteil des Eidgenössischen Versicherungsgerichts C 189/05 vom 5. Januar 2006 E. 3). Es empfiehlt sich daher, die erneute Zustellung mit einem Begleitschreiben zu versehen, in dem festgehalten wird, dass die nochmalige Übermittlung der Verfügung keine neue Rechtsmittelfrist auslöst.

336 Vgl. Botschaft Totalrevision Bundesrechtspflege, BBl 2001 4297 (zu Art. 40 Abs. 2 des bundesrätlichen Entwurfs, der Art. 44 Abs. 2 BGG entspricht und identisch ist mit der Parallelbestimmung von Art. 20 Abs. 2bis VwVG) und 4404.

337 Vgl. z.B. BGE 130 III 399 E. 1.2.3; 127 I 34 E. 2 a; Entscheid der Schweizerischen Asylrekurskommission vom 27. Februar 2001, veröffentlicht in VPB 65.76 E. 2; Entscheid der Rekurskommission EVD vom 17. Mai 2001, veröffentlicht in VPB 66.9 E. 2.1; vgl. auch Urteil des Bundesverwaltungsgerichts A-1514/2006 vom 14. Februar 2008 E. 2.4.

338 BGE 134 V 52 E. 4 mit Hinweis auf BGE 123 II 492; vgl. auch ZBJV 2008, 201 ff. und die dort erwähnten Urteile des Bundesgerichts.

339 Zur Möglichkeit, die Zustellung mit dem Auftrag «Post zurückbehalten» für maximal zwei Monate zu unterbrechen, vgl. Broschüre Briefe Schweiz – Produkte und Dienstleistungen, Ausgabe Februar 2008, 35.

340 Gemäss Ziff. 2.3.7 Bst. b der Allgemeinen Geschäftsbedingungen «Postdienstleistungen» (Ausgabe April 2006) beträgt die Frist, während der der Inhaber einer Abholungseinladung zum Bezug der darauf vermerkten Sendungen berechtigt ist, ebenfalls sieben Tage.

341 Urteil des Bundesverwaltungsgerichts A-1471/2006 und A-1472/2006 vom 3. März 2008 E. 3.2.

2.116 Gemäss Rechtsprechung rechtfertigt sich die *Zustellungsfiktion* immerhin nur dann, wenn mit der Zustellung des behördlichen Aktes oder gerichtlichen Entscheides mit einer gewissen Wahrscheinlichkeit hatte gerechnet werden müssen[342]. Schliesslich ist es nicht unzulässig, eine Sendung unter Vorbehalt späterer Annahme (im Laufe der erwähnten siebentägigen Frist) zurückzuweisen. Es ist daher Anwälten gestattet, eingeschriebene Postsendungen während der Abholfrist von sieben Tagen an einem Tage ihrer Wahl in Empfang zu nehmen[343].

2.117 Eine *vorzeitig,* d.h. vor Beginn des Fristenlaufs, eingereichte Beschwerde ist gleichwohl gültig und hat lediglich zur Folge, dass die Instruktion der Sache bis zur rechtsgültigen Eröffnung suspendiert bleibt[344].

2.118 Als praktisches Beispiel kann auf eine bei der Eidgenössischen Rekurskommission für das öffentliche Beschaffungswesen nach Erlass der Verfügung, indes vor deren Eröffnung durch Publikation im SHAB bei der Rekurskommission erhobene Beschwerde hingewiesen werden.

2.119 Ist eine Rechtsmittelbelehrung zu Unrecht unterblieben, beginnt die Rechtsmittelfrist nicht zu laufen. Das *Fehlen jeglicher Rechtsmittelbelehrung* bedeutet jedoch nicht, dass ein Rechtsmittel noch beliebig lang erhoben werden könnte. Vielmehr wird von den Rechtsuchenden in Anwendung des auch im prozessualen Bereich geltenden Grundsatzes von Treu und Glauben erwartet, dass sie sich innert angemessener Frist[345] nach den zulässigen Rechtsmitteln erkundigen und allenfalls solche ergreifen[346].

3.   Stillstand

2.120 *Gesetzliche* oder *behördliche* Fristen, die nach Tagen bestimmt sind, stehen gemäss Art. 22*a* Abs. 1 VwVG still[347]:

a. vom siebten Tag vor Ostern bis und mit dem siebten Tag nach Ostern;
b. vom 15. Juli bis und mit 15. August;
c. vom 18. Dezember bis und mit dem 2. Januar[348].

---

342 BGE 134 V 52 E. 4; 130 III 399 E. 1.2.3 mit Hinweisen; 123 III 493; 119 V 94; 117 III 4 E. 2; 117 V 132 E. 4a; 116 Ia 92 E. 2a; BVR 1996, 190; BVR 1995, 143 f; im letzteren Fall hat das Berner Verwaltungsgericht die Annahme einer fiktiven Zustellung als überspitzt formalistisch abgelehnt, da die verfahrensbeteiligte Person, nachdem sie während mehr als vier Jahren von der Entscheidbehörde nichts gehört hatte, nur während verhältnismässig kurzer Zeit ohne entsprechende Zustellungsvorkehren abwesend war und sich die zurückbehaltene Post sogleich nach ihrer Rückkehr aushändigen liess. Vgl. auch Urteil des Bundesgerichts 2P.120/2005 vom 23. März 2006 E. 4 und 5, wiedergegeben in ZBJV 2008, 445 ff., sowie Thomas Häberli, Die Zustellfiktion und ihre Grenzen, ZBJV 2006, 553 f.
343 Urteil des Bundesgerichts vom 14. März 1996, veröffentlicht in ZBl 1997, 306; vgl. auch unten Rz. 2.146.
344 Vgl. BGE 108 Ia 130 E. 1a; 106 Ia 398 E. 1; 99 Ia 638; 98 Ia 204 E. 1; Poudret/Sandoz-Monod, Art. 51 N 5 a.E. und Art. 54 N 1.1; Schmid, 191 mit Hinweis.
345 Unter einer angemessenen Frist sind bei der vorliegenden Konstellation in der Regel lediglich ein paar Arbeitstage zu verstehen.
346 Vgl. auch Galli/Moser/Lang/Clerc, Rz. 624.
347 Die Bestimmung von Art. 22*a* Abs. 1 VwVG ist im Übrigen auch anwendbar, wenn es darum geht, dass der Arbeitgeber die Feststellung der Gültigkeit der Kündigung im Sinne von Art. 14 Abs. 2 BPG geltend machen will (BVGE 2007/2 E. 3).
348 Die Bestimmung stimmt inhaltlich überein mit Art. 46 Abs. 1 BGG, der den Fristenstillstand für das Verfahren vor dem Bundesgericht regelt.

Die neu eingeführte Bestimmung von Art. 22*a* Abs. 2 VwVG hält fest, dass Absatz 1 **2.121** nicht gilt in Verfahren betreffend aufschiebende Wirkung und andere vorsorgliche Massnahmen. Sie trägt dem Umstand Rechnung, dass Verfahren betreffend *aufschiebende Wirkung* und *andere vorsorgliche Massnahmen* keinen Aufschub ertragen. Der Fristenstillstand findet daher in diesen Verfahren keine Anwendung. Dasselbe gilt aufgrund spezialgesetzlicher Vorschrift im Rahmen von Art. 38 Abs. 5 BEHG.

Nur in Fällen, in denen die Vorinstanz (als selbständig anfechtbare Zwischenverfügung) einen **2.122** Entscheid zur aufschiebenden Wirkung oder zu vorsorglichen Massnahmen trifft, hat Art. 22*a* Abs. 2 VwVG zur Folge, dass die Fristen auch während der Gerichtsferien weiter laufen. Ist jedoch z.B. eine Zuschlagsverfügung (als Endverfügung) angefochten und sind neben materiellen Anträgen, für welche der Fristenstillstand nach Art. 22*a* Abs. 1 VwVG gilt, gleichzeitig auch prozessuale Anträge zu beurteilen, gilt für diese ebenfalls der erwähnte Stillstand der Fristen[349].

Mit dem in Art. 22*a* Abs. 1 VwVG enthaltenen Halbsatz (Fristen) «die *nach Tagen* **2.123** *bestimmt* sind», ist klargestellt, dass der Stillstand der Fristen dann unbeachtlich ist, wenn das Gericht für eine bestimmte Handlung einen festen Termin (Kalendertag, z.B. 31. März) setzt, selbst wenn dieser in die Gerichtsferien fällt[350]. Eine vom Bundesverwaltungsgericht angesetzte Frist oder Nachfrist, die nach Tagen bestimmt ist (z.B. 3, 20, 30 Tage), steht dagegen während der Gerichtsferien ebenso still wie eine gesetzliche Frist.

Fristenstillstand bedeutet allgemein, dass der *Fristenlauf gehemmt* wird und sich der **2.124** Ablauf der Frist um die Dauer der Gerichtsferien verlängert[351]. Wird ein Entscheid während des Fristenstillstands eröffnet, so gilt der erste Tag nach dem Ende des Stillstands als erster zählender Tag für die Beschwerdefrist[352].

Wird die anzufechtende Verfügung während des Fristenstillstandes gemäss Art. 22*a* Abs. 1 **2.125** VwVG zugestellt und gelangt dieser zur Anwendung, endet eine dreissigtägige Beschwerdefrist mithin – unter Vorbehalt der Regel betreffend Fristende an einem Samstag, Sonntag oder Feiertag (Art. 20 Abs. 3 VwVG) – am 1. Februar, am 37. Tag nach Ostern (d.h. am Dienstag in der sechsten Woche nach Ostern) bzw. am 14. September[353].

Zur Vermeidung von Verfahrensverzögerungen[354] halten Art. 17 Abs. 1 AsylG bzw. **2.126** Art. 112 Abs. 2 AuG fest, dass die Bestimmung des Verwaltungsverfahrensgesetzes

349 BVGE 2008/7 E. 2.4; Zwischenentscheid des Bundesverwaltungsgerichts B-5865/2007 vom 3. Dezember 2007 E. 1.5.1.2.
350 Vgl. Geiser, Rz. 1.61; Metz, 37; BSK BGG-Amstutz/Arnold, Art. 46 N 2 mit weiteren Hinweisen.
351 Kölz/Häner, Rz. 344; Geiser, Rz. 1.60, auf dessen konkrete Berechnungsbeispiele verwiesen werden kann.
352 BGE 132 II 158 E. 4 (veröffentlicht auch in ZBl 2006, 167 ff.), in dem die Rechtsprechung geklärt wurde; Urteil des Bundesverwaltungsgerichts B-2211/2006 vom 12. Februar 2007 E. 2.1; Zwischenentscheid des Bundesverwaltungsgerichts B-5865/2007 vom 3. Dezember 2007 E. 1.5.1.1; vgl. auch BGE 131 V 307 E. 4 und zur früheren gegenteiligen Praxis Entscheid der Eidgenössischen Personalrekurskommission vom 21. Januar 1999, veröffentlicht in VPB 63.44 E. 1 b und Entscheid der Eidgenössischen Rekurskommission für Wettbewerbsfragen vom 26. November 2003, veröffentlicht in RPW 2004, 178 E. 1.2 sowie Moser, in: Moser/Uebersax, Rz. 2.48.
353 Vgl. BSK BGG-Amstutz/Arnold, Art. 46 N 6 und Thomas Koller, Wichtige Daten in der Anwaltsagenda: 1. Februar, Dienstag in der sechsten Woche nach Ostern und 14. September, in: Jusletter 28. Januar 2008, Rz. 1 ff.
354 Vgl. BBl 1996 II 25; vgl. auch unten Rz. 3.82.

über den Fristenstillstand keine Anwendung findet auf das *Asylverfahren* (einschliesslich das Beschwerdeverfahren vor dem Bundesverwaltungsgericht auf dem Gebiet des Asylrechts) bzw. in den Verfahren nach den Art. 65 und 76 Abs. 1 Bst. b Ziff. 5 AuG.

2.127   Mit Bezug auf das *öffentliche Beschaffungswesen* verhält es sich so, dass der Ausschluss u.a. der Vorschriften über den Fristenstillstand zwar für das Verfügungsverfahren, nicht aber für das Beschwerdeverfahren vor dem Bundesverwaltungsgericht gilt (Art. 26 Abs. 2 BoeB)[355].

4.   Fristwahrung

2.128   Die Frist für eine schriftliche Eingabe ist gewahrt, wenn diese am *letzten Tage der Frist* (spätestens um Mitternacht) dem Bundesverwaltungsgericht eingereicht oder zu dessen Handen der Schweizerischen Post oder einer schweizerischen diplomatischen oder konsularischen Vertretung übergeben wird (Art. 21 Abs. 1 VwVG[356]). Die Aufgabe der Beschwerde innert Frist bei einer *ausländischen Poststelle* genügt grundsätzlich nicht zur Annahme der Rechtzeitigkeit[357].

2.129   Um sich gegenüber einem im *Ausland wohnhaften Versicherten* auf die in Art. 21 Abs. 1 VwVG enthaltene Regel berufen zu können, wonach eine Beschwerdeschrift der schweizerischen Post zu übergeben ist, hat die Verwaltung diese Gesetzesbestimmung in der Rechtsmittelbelehrung wörtlich wiederzugeben[358]. Im Übrigen hat die Schweiz mit verschiedenen Staaten Sozialversicherungsabkommen abgeschlossen, die eine Norm enthalten, gemäss der die nach den Rechtsvorschriften der einen Vertragspartei bei einer bestimmten Stelle (Behörde, Gericht, Träger etc.) vorzunehmenden Rechtsvorkehren mit *fristwahrender Wirkung* an die Stelle, welche nach den Vorschriften der anderen Vertragpartei hierfür zuständig wäre, gerichtet werden können[359].

2.130   Ist der letzte Tag der Frist[360] ein Samstag, ein Sonntag oder ein vom Bundesrecht oder vom kantonalen Recht anerkannter Feiertag[361], so endet sie am nächstfolgen-

---

355   Vgl. Zwischenverfügung des Bundesverwaltungsgerichts B-6136/2007 und B-6137/2007 vom 30. Januar 2008 E. 7.3 mit Hinweis.

356   Vgl. auch den inhaltlich gleichlautenden Art. 48 Abs. 1 BGG bzw. Art. 32 Abs. 3 OG und die betreffende Rechtsprechung für das Verfahren vor dem Bundesgericht (BGE 130 V 133 E. 1.1; 125 V 66 E. 1, 505 E. 3 und 4).

357   Vgl. Entscheid der Eidgenössischen Personalrekurskommission vom 7. November 2001, veröffentlicht in VPB 66.36 E. 3; vgl. auch Urteil des Bundesgerichts 4A_83/2008 vom 11. April 2008 E. 2.2, wo festgehalten wird, dass daran auch das FZA nichts zu ändern vermag, da dieses Abkommen für die Frage, unter welchen Bedingungen eine Rechtsmittelfrist gewahrt ist, keine Vorschriften enthält und daher ohne Bedeutung ist.

358   BGE 125 V 68 E. 4.

359   Vgl. BGE 125 V 506 E. 4c.

360   Dabei ist der letzte Tag der Gesamtfrist gemeint, d.h. unter Berücksichtigung eines allfälligen Fristenstillstandes (vgl. BGE 131 V 322 E. 4.6). Fällt das Ende der Rechtsmittelfrist freilich auf einen Samstag oder Sonntag unmittelbar vor Beginn eines gesetzlichen Fristenstillstandes gemäss Art. 22a Abs. 1 VwVG, verlängert sich die Frist um den Stillstand (vgl. Urteil des Bundesgerichts 5A_144/2007 vom 18. Oktober 2007 E. 1).

361   So gilt beispielsweise der Bettagmontag im Kanton Waadt als offizieller Feiertag (vgl. Art. 38 ZPO/VD) und ist der Pfingstmontag nach dem massgeblichen Recht des Kantons Solothurn wie ein gesetzlicher Feiertag zu behandeln, obschon er an sich weder als kantonaler öffentlicher Ruhe- noch als Feiertag anerkannt ist (vgl. Entscheid des Bundesgerichts vom 19. Dezember 1996, veröffentlicht in Der Steuerentscheid 14/1997, B 92.8

den Werktag. Massgebend ist das Recht des Kantons, in dem die Partei oder ihr Vertreter Wohnsitz oder Sitz hat (Art. 20 Abs. 3 VwVG).

Das Bundesverwaltungsgericht prüft die Einhaltung der Fristen von Amtes **2.131** wegen[362]. Wird die Beschwerdefrist nicht eingehalten, so tritt das Gericht auf die Beschwerde nicht ein[363].

Die *Beweislast* für die Wahrung einer Frist trifft den Absender. Eine Beschwerde- **2.132** schrift gilt als der Schweizerischen Post übergeben, wenn sie in gewöhnlichem Umschlag in einen Briefkasten eingeworfen wird. Der Poststempel erbringt den Nachweis der Postaufgabe. Da die beschwerdeführende Partei in der Regel die Beweislast für die Rechtzeitigkeit ihrer fristgebundenen Eingabe trägt[364], obliegt es ihr, die durch den Poststempel geschaffene Vermutung umzustossen, wenn sie geltend macht, die Sendung sei am letzten Tag der Frist der Post übergeben, aber erst am folgenden Tag durch die Post abgestempelt worden[365]. Dabei stehen ihr alle tauglichen Beweismittel, insbesondere auch *Zeugen,* zur Verfügung[366].

Gemäss Art. 21*a* Abs. 1 VwVG können Eingaben der Behörde *elektronisch* übermit- **2.133** telt werden[367]. Die Frist gilt als gewahrt, wenn das Informatiksystem, welchem die elektronische Zustelladresse der Behörde angehört, vor ihrem Ablauf den Empfang bestätigt hat (Art. 21*a* Abs. 3 VwVG)[368]. Nach Art. 108 Abs. 5 AsylG gelten *per Telefax* übermittelte Rechtsschriften als rechtsgenüglich eingereicht, wenn sie innert Frist beim Bundesverwaltungsgericht eintreffen und mittels Nachreichung des unterschriebenen Originals nach den Regeln gemäss Art. 52 Abs. 2 und 3 VwVG verbessert werden[369]. Nicht zuletzt im Bestreben, Beschwerdeeingaben nach Möglichkeit verfahrensmässig gleich zu behandeln, ist diese spezialgesetzliche Bestimmung sinngemäss und sinnvollerweise auch auf per Telefax übermittelte Eingaben an das Bundesverwaltungsgericht, die nicht den Asylbereich betreffen, anzuwenden[370/371].

Nr. 6 a); vgl. auch BGE 124 II 528 E. 2 b. Auch ein Feiertag nach kommunalem Recht ist wohl in Betracht zu ziehen (vgl. SCHMID, 189 Fn. 24).

362 Vgl. BGE 121 I 94 E. 1.
363 Der Entscheid ergeht in aller Regel durch den Instruktionsrichter oder die Instruktionsrichterin als Einzelrichter beziehungsweise Einzelrichterin (Art. 23 Abs. 1 Bst. b VGG).
364 Zwischenentscheid des Bundesverwaltungsgerichts A-6066/2007 vom 12. Februar 2008 E. 1.1.2; BSK BGG-AMSTUTZ/ARNOLD, Art. 48 N 8.
365 Entscheid der Schweizerischen Asylrekurskommission vom 22. September 1995, veröffentlicht in VPB 61.14 E. 4.
366 Vgl. BGE 124 V 375 E. 3 b.
367 Mit Bezug auf das Bundesverwaltungsgericht vgl. unten Rz. 2.230.
368 Im Verfahren vor dem Bundesgericht ist die Frist gewahrt, wenn der Empfang bei der Zustelladresse des Bundesgerichts vor Ablauf der Frist durch das betreffende Informatiksystem bestätigt worden ist (Art. 48 Abs. 2 BGG).
369 Zur Frage, ob die Übermittlung einer Rechtsschrift mittels Telefax zur Fristwahrung genügt, vgl. im Übrigen auch MOSER, in: Moser/Uebersax, Rz. 2.53 mit Hinweisen.
370 Die Präsidentenkonferenz des Bundesverwaltungsgerichts hat an ihrer Sitzung vom 26. Februar 2008 festgestellt, dass sich in allen betroffenen Abteilungen (I bis III) je eine Mehrheit der Richterinnen und Richter dafür ausspricht, innerhalb der Beschwerdefrist eingereichte Faxbeschwerden grundsätzlich entgegenzunehmen und gemäss Art. 52 Abs. 2 VwVG innert einer kurzen Nachfrist verbessern zu lassen. Davon ausgeschlossen sind Fälle von Rechtsmissbrauch. Vgl. auch Entscheid des Berner Verwaltungsgerichts

2.134 Gelangt die Partei rechtzeitig an eine *unzuständige* Behörde, so gilt die Frist als gewahrt (Art. 21 Abs. 2 VwVG). Die unzuständige Behörde ist verpflichtet, die Eingabe unverzüglich an die zuständige Behörde weiterzuleiten (Art. 8 Abs. 1 VwVG)[372].

2.135 Unter dem Begriff der unzuständigen Behörde ist dabei jede Behörde des Bundes, der Kantone und der Gemeinden zu verstehen, unabhängig davon, ob die angeschriebene Instanz in einer konkreten Beziehung zum Streitfall steht oder nicht. Vorbehalten bleiben rechtsmissbräuchliche Fehladressierungen[373]. Wer grundsätzlich als Behörde in Frage kommt, muss diese Eigenschaft nicht verlieren, nur weil ihr im fraglichen Gebiet keine Verfügungsgewalt zukommt[374]. Das Bundesverwaltungsgericht schloss es daher nicht aus, dass die Bernische Kraftwerke BKW als unzuständige Behörde im Sinne von Art. 21 Abs. 2 VwVG hätte angesehen werden können, wenn die Frage zu entscheiden gewesen wäre[375].

5.   Fristerstreckung, Wiederherstellung und Säumnisfolgen

2.136 Eine gesetzliche Frist kann nicht erstreckt werden (Art. 22 Abs. 1 VwVG). Die Rechtsmittelfristen (z.B. Art. 50 VwVG und Art. 108 Abs. 1 AsylG) sind die wichtigsten gesetzlichen Fristen[376]. Eine behördlich angesetzte Frist kann demgegenüber *aus zureichenden Gründen erstreckt* werden, wenn die Partei vor Ablauf der Frist darum nachsucht (Art. 22 Abs. 2 VwVG)[377].

2.137 Diese «Kann»-Bestimmung räumt der zuständigen Behörde einen Ermessensspielraum ein. Sie entscheidet unter Berücksichtigung der Natur der Streitsache, der betroffenen Interessen und der Verfahrensumstände[378]. Für eine Erstreckung der Frist fallen auch Gründe in Betracht, die für eine Wiederherstellung nicht genügen würden; insbesondere wird nicht verlangt, dass die beschwerdeführende Person oder deren Vertreter bzw. Vertreterin keinerlei Verschulden am Hinderungsgrund trifft. Die *Praxis* der Bundesbehörden ist *grosszügig,* wenn das Verfahren der Natur der Sache nach nicht besonders dringlich ist und der Fristerstreckung keine überwiegenden öffentlichen oder privaten Interessen entgegenstehen. Dies gilt jedenfalls dann, wenn erstmals um Erstreckung ersucht wird und die Frist nicht von vornherein als «nicht erstreckbar» bezeichnet worden ist. Ein Anwalt kann deshalb grundsätzlich damit rechnen, dass einem ersten Fristerstreckungsgesuch stattgegeben wird, wenn er einigermassen plausible

---

vom 29. September 1999, veröffentlicht in BVR 2000, 194 E. 1b; Bovay, 388 und 497 mit Hinweisen; BSK BGG-Merz, Art. 42 N 35.

371 Das Bundesgericht hält für das Verfahren vor dem Bundesgericht demgegenüber daran fest, dass eine mittels Telefax eingereichte Beschwerdeeingabe unzulässig und keine Nachfrist für eine Verbesserung anzusetzen ist (Urteil des Bundesgerichts 9C_739/2007 vom 28. November 2007 E. 1.2 mit Hinweis).

372 Vgl. Zwischenentscheid der Eidgenössischen Rekurskommission für das öffentliche Beschaffungswesen vom 26. März 1997, veröffentlicht in VPB 61.77 E. 2a.

373 Vgl. BGE 111 V 408 E. 2. Auch das deutsche Recht kennt den Grundsatz, dass Eingaben an unzuständige innerstaatliche Behörden fristwahrende Wirkung haben und von Amtes wegen an die zuständige Behörde weiterzuleiten sind. Dabei gelten als Behörden alle Stellen, die Aufgaben der öffentlichen Verwaltung wahrnehmen (vgl. BGE 125 V 507 E. 4d mit Hinweis).

374 Vgl. BGE 101 Ib 104 E. 2b.

375 Urteil des Bundesverwaltungsgerichts A-7756/2006 vom 19. April 2007 E. 3.2.

376 Vgl. BGE 126 III 31 E. 1b.

377 Die Bestimmung stimmt inhaltlich überein mit Art. 47 BGG, der die Fristerstreckung für das Verfahren vor dem Bundesgericht regelt.

378 Vgl. Merkli/Aeschlimann/Herzog, Art. 43 Rz. 4.

Gründe dafür vorbringt, weshalb er bzw. sein Mandant die ursprüngliche Frist nicht einhalten kann[379].

Gesuche um Verlängerung einer richterlich bestimmten Frist sind *schriftlich* zu stel-   2.138
len[380]. Es genügt, wenn sie am *letzten Tag* der Frist der schweizerischen Post übergeben werden[381].

Die Möglichkeit der *Wiederherstellung* einer Frist besteht sowohl für gesetzliche wie   2.139
für behördlich angesetzte Fristen. Ist der Gesuchsteller oder sein Vertreter *unverschuldeterweise* abgehalten worden, binnen Frist zu handeln, so wird diese wieder
hergestellt, sofern er unter Angabe des Grundes innert 30 Tagen[382] nach Wegfall
des Hindernisses darum ersucht und (gleichzeitig) die versäumte Rechtshandlung
nachholt (Art. 24 Abs. 1 VwVG). Die Rechtsprechung zur Wiederherstellung der
Frist[383] ist allgemein (sehr) restriktiv[384].

Die Wiederherstellung setzt in grundsätzlicher Weise voraus, dass die Frist gegen   2.140
den Willen der Partei nicht eingehalten wurde. Hat eine Partei oder ihr Vertreter
eine Frist freiwillig und irrtumsfrei verstreichen lassen, bleibt dafür kein Raum[385].
Die Wiederherstellung von Fristen dient dazu, die Prozessnachteile aus unverschul-
det versäumter Prozesshandlung zu beheben, wobei Wiederherstellungsgründe
schweizerischer obligatorischer Militärdienst[386] oder plötzliche schwere Erkrankung[387] darstellen können. Im Interesse der Rechtssicherheit und eines geordneten
Verfahrens darf ein Hinderungsgrund nicht leichthin angenommen werden. Als un-
verschuldet im Sinne von Art. 24 Abs. 1 VwVG kann ein Versäumnis nur dann gelten, wenn dafür *objektive Gründe* vorliegen und der Partei beziehungsweise der
Vertretung *keine Nachlässigkeit* vorgeworfen werden kann. Als erheblich sind mit
anderen Worten nur solche Gründe zu betrachten, die der Partei auch bei Aufwendung der üblichen Sorgfalt die Wahrung ihrer Interessen verunmöglicht oder unzu-
mutbar erschwert hätten[388].

---

379 Vgl. Urteil des Bundesgerichts 1A.94/2002 vom 2. Juli 2002 E. 3.4.

380 Vgl. BGE 124 II 359 E. 2.

381 Urteil des Bundesgerichts 1A.94/2002 vom 2. Juli 2002 E. 2.2 mit Hinweisen.

382 Die bis Ende 2006 zu beachtende Frist betrug lediglich 10 Tage. Mit der Verlängerung der
Frist auf 30 Tage wurde das VwVG der entsprechenden Bestimmung des BGG (Art. 50
Abs. 1) angepasst.

383 Namentlich jene zu Art. 50 BGG bzw. Art. 35 OG, die weiterhin massgebend ist (BSK
BGG-Amstutz/Arnold, Art. 50 N 2).

384 Vgl. Geiser, Rz. 1.71 mit Hinweis auf die veröffentlichten BGE 119 II 87 E. 2; 114 II 182
E. 2; 112 V 255 E. 2a; vgl. auch BGE 125 V 265 E. 5 d und 124 II 360 E. 2 sowie Urteile des
Bundesgerichts 6S.54/2006 vom 2. November 2006 E. 2.2.1 und 2C_401/2007 vom
21. Januar 2008 E. 3.3.

385 BSK BGG-Amstutz/Arnold, Art. 50 N 4.

386 Vgl. BGE 104 IV 210 E. 3.

387 Vgl. BGE 119 II 87 E. 2a; 112 V 255 E. 2a mit Hinweisen; Urteil des Bundesverwaltungsgerichts A-1471/2006 und A-1472/2006 vom 3. März 2008 E. 3.2; A-1715/2006 vom 9. November 2007 E. 2.5.

388 Entscheid der Schweizerischen Asylrekurskommission vom 27. Januar 2006, veröffentlicht in VPB 70.72 E. 3 mit Hinweisen; vgl. auch Entscheid der Schweizerischen Asylrekurskommission vom 18. März 2005, veröffentlicht in VPB 70.30 E. 2.3 und 2.4, sowie Entscheid der Rekurskommission EVD vom 6. April 1995, veröffentlicht in VPB 60.39 E. 5.

2.141 Nach der Rechtsprechung des Bundesgerichts kann *Krankheit* ein unverschuldetes Hindernis darstellen, sofern sie derart ist, dass sie den Rechtssuchenden oder seinen Vertreter davon abhält, innert Frist zu handeln oder dafür einen Vertreter beizuziehen. Hätte der durch Krankheit am eigenen fristgemässen Handeln gehinderte Rechtssuchende in nach den Umständen zumutbarer Weise einen Dritten mit der Interessenwahrung beauftragen können, bleibt für eine Fristwiederherstellung kein Raum[389].

2.142 Das Recht auf Wiederherstellung der Frist ist auch einer Partei zuzuerkennen, die aufgrund des *Verhaltens* der *Behörde* eine Frist hat verstreichen lassen[390]. Soweit Fristversäumnisse in Folge mangelhafter Eröffnung von Entscheiden in Frage stehen, ist zu berücksichtigen, dass Art. 38 VwVG lex specialis zu Art. 24 Abs. 1 VwVG ist[391].

2.143 *Nicht* als *unverschuldete Hindernisse* gelten organisatorische Unzulänglichkeiten, Arbeitsüberlastung, Ferienabwesenheit[392] oder Unkenntnis der gesetzlichen Vorschriften[393].

2.144 Ist die Verspätung durch den *Vertreter verschuldet,* muss sich der Vertretene das Verschulden desselben anrechnen lassen. Dasselbe gilt, wenn eine Hilfsperson beigezogen wurde[394].

2.145 So haftet der Anwalt für die Handlungen bzw. Unterlassungen seiner Sekretärin; es ist ihm bei der Einhaltung von Fristen ein rechtes Mass an Sorgfalt zuzumuten, gehört doch gerade die Wahrung von Fristen für die Klientel zu den elementaren Anforderungen dieses Berufes; der Anwalt hat seine Kanzlei so zu organisieren, dass die Fristeinhaltung auch bei seiner Abwesenheit gewährleistet ist[395].

2.146 Wer gegen eine Verfügung Beschwerde erheben will, muss dies nicht zu Beginn der Rechtsmittelfrist tun. Er kann die Frist vielmehr ausnützen und den Entscheid über die Anfechtung erst nach reiflicher Überlegung gegen Ende der Frist treffen. Tritt in dieser Endphase ein *nicht voraussehbarer Hinderungsgrund* – z.B. schwerer Unfall oder schwere Erkrankung – ein, der es der betroffenen Person verunmöglicht, binnen der verbleibenden Frist selbst zu handeln oder eine Drittperson mit der Vornahme der noch ausstehenden Prozesshandlung zu beauftragen, so sind die Voraussetzungen für eine Wiederherstellung der Beschwerdefrist gegeben[396].

---

389 Vgl. Entscheid der Schweizerischen Asylrekurskommission vom 27. Januar 2006, veröffentlicht in VPB 70.72 E. 4 mit Hinweisen; vgl. auch Urteil des Bundesgerichts 2C_401/2007 vom 21. Januar 2008 E. 3.3 sowie Urteil des Bundesverwaltungsgerichts A-1514/2006 vom 14. Februar 2008 E. 2.5.

390 Vgl. Entscheid der Eidgenössischen Rekurskommission für ausländische Entschädigungen vom 16. November 1999, veröffentlicht in VPB 64.26 E. 5e.

391 Vgl. BSK BGG-AMSTUTZ/ARNOLD, Art. 50 N 2 mit Hinweis.

392 Vgl. Entscheid der Schweizerischen Asylrekurskommission vom 3. Februar 2004, veröffentlicht in VPB 68.146 E. 3b mit Hinweis.

393 Urteil des Bundesverwaltungsgerichts A-1514/2006 vom 14. Februar 2008 E. 2.5 mit Hinweisen.

394 Vgl. BGE 114 Ib 69 E. 2; Urteil des Bundesverwaltungsgerichts A-6799/2007 vom 4. Dezember 2007 E. 4.1; KÖLZ/HÄNER, Rz. 345.

395 Vgl. Entscheid der Steuerrekurskommission des Kantons Appenzell I.Rh. vom 14. Juni 1996, veröffentlicht in Der Steuerentscheid 14/1997, B 97.11 Nr. 12b mit Hinweisen.

396 Vgl. Entscheid des Verwaltungsgerichts des Kantons Bern vom 4. Januar 1995, veröffentlicht in BVR 1996, 47 f.; vgl. auch Urteil des Bundesverwaltungsgerichts A-1514/2006 vom 14. Februar 2008 E. 2.5 sowie Entscheid der Schweizerischen Asylrekurskommission vom 27. Januar 2006, veröffentlicht in VPB 70.72 E. 4.1 mit Hinweisen.

Handelt es sich bei den verspäteten *Vorbringen*[397] um solche, die *ausschlaggebend* **2.147**
sind, so sind sie gemäss Art. 32 Abs. 2 VwVG – entsprechend der Geltung der Untersuchungsmaxime und des Grundsatzes der Rechtsanwendung von Amtes wegen
– trotz Verspätung zu berücksichtigen[398] (vgl. den Vorbehalt in Art. 24 Abs. 1 a.E.
VwVG). Nimmt das Bundesverwaltungsgericht eine verspätete Eingabe entgegen,
muss die Gegenpartei sie erhalten und sich dazu äussern können[399].

Art. 23 VwVG sieht zugunsten der Parteien schliesslich vor, dass die Behörde, die **2.148**
eine Frist angesetzt hat, nur diejenigen *Säumnisfolgen* eintreten lassen darf, die sie
zuvor angedroht hat[400].

IV. Beschwerdegründe

1. Allgemein

Mit der Beschwerde an das Bundesverwaltungsgericht steht grundsätzlich und ab- **2.149**
gesehen von einer abweichenden spezialgesetzlichen Regelung ein umfassendes
Rechtsmittel offen. Die Beschwerdegründe und als prozessuales Spiegelbild die
Kognition des Gerichts[401] umfassen allgemein sowohl die Verletzung von Bundesrecht einschliesslich Überschreitung oder Missbrauch des Ermessens (Art. 49 Bst. a
VwVG), die unrichtige bzw. unvollständige Feststellung des rechtserheblichen
Sachverhaltes (Art. 49 Bst. b VwVG) wie auch die Kontrolle der Angemessenheit
vorinstanzlicher Verfügungen (Art. 49 Bst. c VwVG)[402].

Die Rüge der Unangemessenheit ist unzulässig, wenn eine *kantonale* Behörde als Beschwerde- **2.150**
instanz verfügt hat (Art. 49 Bst. c a.E. VwVG)[403].

Es mag auf den ersten Blick erstaunen, dass dem Bundesverwaltungsgericht eine **2.151**
umfassende Überprüfungsbefugnis, insbesondere hinsichtlich der Ermessensbetätigung der Verwaltung, zukommt[404]. Schon zuvor prüften die eidgenössischen Rekurskommissionen und die departementalen Beschwerdedienste auch die Angemessenheit einer angefochtenen Verfügung[405]. Expertenkommission, Bundesrat

---

397 Solche Vorbringen bleiben aber auf den Streitgegenstand beschränkt (BGE 131 II 203
 E. 3.2).
398 Als Anwendungsfall vgl. Entscheid der Schweizerischen Asylrekurskommission vom
 11. Februar 2004, veröffentlicht in VPB 68.148 E. 6; vgl. auch unten Rz. 2.206.
399 Urteil des Bundesverwaltungsgerichts B-7818/2006 vom 1. Februar 2008 E. 4; Rhinow/
 Koller/Kiss, Rz. 1152 mit Hinweis.
400 Kölz/Häner, Rz. 345 a.E. und Rz. 346.
401 Vgl. Urteil des Bundesverwaltungsgerichts B-3490/2007 vom 15. Januar 2008 E. 3;
 Merkli/Aeschlimann/Herzog, Art. 66 Rz. 1 f.
402 Art. 106 Abs. 1 AsylG hält diese umfassende Überprüfungsbefugnis des Gerichts für den
 Asylbereich auch spezialgesetzlich fest. Art. 106 Abs. 2 AsylG enthält lediglich einen Vorbehalt mit Bezug auf Art. 27 Abs. 3 und Art. 68 Abs. 2 AsylG.
403 Zu den Rechtsgebieten, mit Bezug auf die die Rüge der Unangemessenheit spezialgesetzlich ausgeschlossen ist, vgl. unten Rz. 2.195.
404 Vgl. Benjamin Schindler, Zum richterlichen Ermessen, in: Benjamin Schindler/Patrick
 Sutter (Hrsg.), Akteure der Gerichtsbarkeit, Zürich/St. Gallen 2007, 146 und 155 ff.
405 Vgl. Moser, in: Moser/Uebersax, Rz. 2.60 mit Hinweisen.

und Parlament haben diesen Grundsatz in Kenntnis gewisser kritischer Meinungs-äusserungen[406] bewusst für das Bundesverwaltungsgericht übernommen[407]. Wenigstens einmal solle die Angemessenheit einer Verfügung überprüft werden können, sonst werde der Rechtsschutz verkürzt. Dieses Anliegen überwiege dogmatische Bedenken, wonach Gerichte von ihrer Funktion her darauf beschränkt sein sollten, die rechtlichen Grenzen der Ermessensausübung zu kontrollieren. Würde die Rüge der Unangemessenheit ausgeschlossen, bestünde die Gefahr einer Überdehnung des Willkürbegriffs, um auf diesem Umweg dennoch zu einer Angemessenheitskontrolle zu gelangen[408]. Man kann die gesetzliche Ausgangslage nach wie vor als bedauerliche Verwischung von Verwaltung und Justiz betrachten[409] oder darin gerade einen optimalen Rechtsschutz der Betroffenen sehen, deren Anliegen von einem verwaltungsunabhängigen und dennoch mit umfassender Kognition ausgestatteten Gericht überprüft werden können.

2.152   Aufgrund der dem Bundesverwaltungsgericht grundsätzlich zustehenden vollen Kognition kann es gegebenenfalls auch durch die Vorinstanz begangene Verfahrensfehler, insbesondere im Zusammenhang mit dem Anspruch auf rechtliches Gehör, mittels eigenen, zusätzlichen Instruktionsmassnahmen heilen, in der Sache selbst entscheiden und auf eine Rückweisung an die Vorinstanz verzichten und damit Verfahrensleerläufe vermeiden[410].

2.153   Das Bundesverwaltungsgericht ist wie alle anderen Rechtsmittelinstanzen grundsätzlich verpflichtet, seine Kognition *voll* auszuschöpfen[411]. Eine zu Unrecht vorgenommene Kognitionsbeschränkung stellt eine Verletzung des rechtlichen Gehörs oder eine formelle Rechtsverweigerung dar[412].

2.154   In Rechtsprechung und Doktrin ist indes anerkannt, dass eine Rechtsmittelbehörde, die nach der gesetzlichen Ordnung mit freier Prüfung zu entscheiden hat, ihre Kognition *einschränken* darf, soweit die Natur der Streitsache dies sachlich rechtfertigt bzw. gebietet. Das ist regelmässig dann der Fall, wenn die Rechtsanwendung technische Probleme, Fachfragen[413] oder sicherheitsrelevante Einschätzungen betrifft[414], zu deren Beantwortung und Gewichtung die verfügende Behörde aufgrund ihres *Spezialwissens* besser geeignet ist, oder wenn sich Auslegungsfragen stellen, welche die Verwaltungsbehörde aufgrund ihrer örtlichen, sachlichen oder persönlichen

---

406   Vgl. neuerdings auch Martin Wirthlin, Kontinuität und Brücke in der Verwaltungsrechtspflege – Bemerkungen aus Anlass von 35 Jahren Luzerner Verwaltungsrechtspflegegesetz, ZBJV 2007, 387 ff. mit Hinweisen sowie Georg Müller, Zuständigkeit und Überprüfungsbefugnis der Verwaltungsgerichte, in: Michael Leupold/David Rüetschi/Damian Stauber/Meinrad Vetter (Hrsg.), Der Weg zum Recht, Festschrift für Alfred Bühler, Zürich/Basel/Genf 2008, 344 f.

407   Vgl. Bandli, Rolle, 214 mit Hinweisen.

408   Botschaft Totalrevision Bundesrechtspflege, BBl 2001 4256.

409   Vgl. Felix Bendel, Gedanken und Vorschläge zur erstinstanzlichen Verwaltungsgerichtsbarkeit im Bunde, ZBl 1975, 238 mit Hinweis.

410   Vgl. Bandli, Rolle, S. 214 f. mit Hinweisen; vgl. auch unten Rz. 3.113.

411   Vgl. Urteil des Bundesverwaltungsgerichts B-3490/2007 vom 15. Januar 2008 E. 3.1.

412   BGE 131 II 303 E. 11.7.1; 130 II 452 E. 4.1; 118 Ia 39 E. 2e; 115 Ia 6 E. 2b; BVGE 2008/14 E. 4.1 mit Hinweisen; vgl. auch unten Rz. 2.179.

413   Vgl. BVGE 2008/23 E. 3.3.

414   Vgl. BVGE 2008/18 E. 4, wo darauf hingewiesen wird, dass dies bei einer Festlegung der Luftraumstruktur, die hoch technisch und komplex sei, in besonderem Masse gelte.

Nähe sachgerechter zu beurteilen vermag als die Beschwerdeinstanz[415]. Geht es um die Beurteilung technischer oder wirtschaftlicher Spezialfragen, in denen die Vorinstanz über ein besonderes Fachwissen verfügt, kann den Beschwerdeinstanzen zugebilligt werden, nicht ohne Not von der Auffassung der Vorinstanz abzuweichen[416].

In diesem Sinne lassen Gerichte beispielsweise bei der Würdigung *technischer Fragen,* deren **2.155** Beurteilung im Grenzbereich zwischen Rechtsanwendung und Ermessensbetätigung liegt, in ständiger Praxis Zurückhaltung walten[417]. Nach konstanter Rechtsprechung und Lehrmeinung ist ferner selbst bei der Überprüfung der Auslegung und Anwendung von *unbestimmten Rechtsbegriffen,* die als Rechtsfrage grundsätzlich frei erfolgt, eine gewisse Zurückhaltung auszuüben und der rechtsanwendenden Behörde ein Beurteilungsspielraum zuzugestehen, wenn diese den örtlichen, technischen oder persönlichen Verhältnissen näher steht als die Beschwerdeinstanz[418].

Im Zusammenhang mit der Genehmigung eines Betriebsreglements für einen Flugplatz hat **2.156** das Bundesgericht eine Beschwerde gutgeheissen und festgestellt, dass sich die Rekurskommission weder als Oberplanungsbehörde noch als Aufsichtsinstanz in Umweltschutzsachen, sondern als richterliche Behörde zu verstehen habe. Diese dürfe nicht ihr eigenes Gutdünken an Stelle des Ermessens der fachkundigen Verwaltungsbehörde setzen. Sie dürfe nur dann in der Sache selber entscheiden, wenn nur *eine* Lösung möglich und rechtmässig sei[419]. Allenfalls sei die Sache an die Vorinstanz zurückzuweisen[420].

Eine Einschränkung der Kognition ist namentlich dann zulässig, wenn die Rechts- **2.157** mittelbehörde die *tatsächlichen Verhältnisse,* die dem zu überprüfenden Entscheid zugrunde liegen, nicht in gleicher Weise wie die untere Instanz zu beurteilen vermag und es ihr deshalb verwehrt ist, ihr Ermessen an die Stelle desjenigen der unteren Instanz zu setzen.

Eine solche *Zurückhaltung* ist insbesondere bei der (eigentlichen) Bewertung und Überprüfung **2.158** von *Examensleistungen* und Berufsprüfungen am Platz[421/422]. Bei Fragen, die seitens der Verwal-

---

415 BGE 131 II 683 E. 2.3.2 mit kritischen Bemerkungen von Yvo Hangartner, in AJP 2006, 371 f.; 130 II 452 E. 4.1; 125 II 604 E. 8a; Urteil des Bundesverwaltungsgerichts C-2265/2006 vom 14. September 2007 E. 2.1; Entscheid der Eidgenössischen Rekurskommission für Heilmittel vom 13. September 2002, veröffentlicht in VPB 67.31 E. 2a mit Hinweisen; Entscheid der Rekurskommission EVD vom 22. Oktober 1997, veröffentlicht in VPB 62.73 E. 4.2.3; Kölz/Häner, Rz. 644 f.; Bovay, 397 f.

416 BGE 133 II 39 E. 3 mit Hinweisen; BVGE 2007/27 E. 3.1 mit Hinweisen; Urteil des Bundesverwaltungsgerichts A-2016/2006 vom 2. Juli 2008 E. 13.1 mit Hinweisen.

417 Vgl. BGE 132 II 263 E. 3.2 mit Hinweisen; Entscheid der Eidgenössischen Rekurskommission für die Unfallversicherung vom 18. Juli 2003, veröffentlicht in VPB 68.39 E. 1d; Entscheid der Rekurskommission EVD vom 26. September 2003, veröffentlicht in VPB 68.93 E. 2; Entscheid der Rekurskommission VBS vom 27. Dezember 2005, veröffentlicht in VPB 70.24 E. 1c; Wagner Pfeifer, 442 mit Hinweis u.a. auf BGE 121 II 384 und 117 Ia 117.

418 Vgl. BGE 133 II 39 E. 3; 132 II 263 E. 3.2; 131 II 684 E. 2.3.2; 119 Ib 40 E. 3b mit Hinweisen; BVGE 2008/23 E. 3.3; BVGE 2007/49 E. 3.1; Urteil des Bundesverwaltungsgerichts B-4681/2007 vom 4. März 2008 E. 6.3 mit Hinweisen; Entscheid der Rekurskommission EVD vom 20. März 1997, veröffentlicht in VPB 62.64 E. 4.3; Kölz/Häner, Rz. 636 und Rz. 644; Häfelin/Müller/Uhlmann, Rz. 446c f.

419 BGE 129 II 342 E. 3.2.

420 Vgl. Bandli, Rolle, 215.

421 Urteil des Bundesverwaltungsgerichts C-7601/2006 vom 14. August 2007 E. 2; B-2214/2006 vom 16. August 2007, veröffentlicht in ZBl 2008, 57 E. 3; vgl. auch Entscheid der Re-

tungsjustizbehörden naturgemäss nur schwer überprüfbar sind, weicht das Bundesverwaltungsgericht nicht ohne Not von der Beurteilung der erstinstanzlichen Prüfungsorgane und Examinatoren ab[423]. Dies deshalb, weil der Rechtsmittelbehörde zumeist nicht alle massgebenden Faktoren der Bewertung bekannt sind und es ihr in der Regel nicht möglich ist, sich ein zuverlässiges Bild über die Persönlichkeit der geprüften Person, deren Leistungen in der Prüfung und der Leistungen der übrigen Kandidaten zu machen. Überdies haben Prüfungen häufig Spezialgebiete zum Gegenstand, in denen die Rechtsmittelbehörde über keine eigenen Fachkenntnisse verfügt. Eine freie und umfassende Überprüfung der Examensbewertung würde zudem die Gefahr von Ungerechtigkeiten und Ungleichheiten gegenüber anderen Kandidaten in sich bergen[424]. Soweit in diesem Zusammenhang jedoch die Auslegung und Anwendung von Rechtsvorschriften streitig ist oder Verfahrensmängel gerügt werden, hat die Überprüfung mit freier Kognition zu erfolgen[425]. Auf Verfahrensfragen haben alle Einwendungen Bezug, die den äusseren Ablauf des Examens oder der Bewertung betreffen[426].

2.159 Die Rekurskommission für die Stiftung Pro Helvetia sah sich aufgrund der Tatsache, dass die Gewährung von Beiträgen der Stiftung im Rahmen des zur Verfügung stehenden Kredites ein in sich geschlossenes System darstellt, gezwungen, sich bei der Beurteilung von Beschwerden betreffend die *Gutsprache von Beiträgen* in der Regel einer eigentlichen Angemessenheitskontrolle zu enthalten[427]. Das Bundesverwaltungsgericht hat in Entscheiden betreffend Beitragsgewährung ebenfalls auf die Zurückhaltung hingewiesen, mit der es die Gewährung von (Ermessens-)Subventionen überprüft. Der Grund dafür liege darin, dass der Rechtsmittelbehörde zumeist nicht alle massgebenden Faktoren und Fachkenntnisse für die Bewertung von Gesuchen um Subventionen bekannt seien. Hinzu komme, dass sich Subventionen oft auf Spezialgebiete beziehen, in denen die Rechtsmittelbehörde über keine eigenen Fachkenntnisse verfüge. Daher habe sich die Auffassung durchgesetzt, dass die Bewertung von Subventionsvergaben durch eine Rechtsmittelbehörde nicht frei, sondern nur mit Zurückhaltung zu überprüfen sei. Das Bundesverwaltungsgericht hebe den Entscheid der Vorinstanz nur dann auf, wenn sich diese von sachfremden Beurteilungskriterien habe leiten lassen, so dass der auf ihrer Begutachtung beruhende Entscheid als nicht mehr vertretbar erscheine. Die dargelegte Zurückhaltung gelte jedoch nur bei der Frage nach der Ermessensausübung durch die Subventionsbehörde. Seien dagegen die Auslegung und Anwendung von Rechtsvorschriften streitig oder werden Verfahrensmängel in der Vergabepraxis gerügt, habe das Gericht die erhobenen Ein-

---

kurskommission UVEK vom 11. Februar 2002, veröffentlicht in VPB 66.62 E. 4; Entscheid der Eidgenössischen Rekurskommission für medizinische Aus- und Weiterbildung vom 21. Juni 2003, veröffentlicht in VPB 68.29 E. 2.1; Entscheid der Rekurskommission ETH vom 30. Oktober 1995, veröffentlicht in VPB 61.63 E. 3.1 mit Hinweisen; Entscheid der Rekurskommission EVD vom 8. Juni 2000, veröffentlicht in VPB 65.56 E. 4.

422 Für den ETH-Bereich ist sogar spezialgesetzlich festgehalten, dass mit der Beschwerde gegen Verfügungen über das Ergebnis von Prüfungen die Unangemessenheit nicht gerügt werden kann (Art. 37 Abs. 4 ETH-Gesetz); vgl. unten Rz. 2.195.

423 BVGE 2008/14 E. 3.1; Urteil des Bundesverwaltungsgerichts C-2042/2007 vom 11. September 2007 E. 3.1 mit Hinweisen; B-2197/2006 vom 24. April 2007 E. 3.1 und E. 3.2.

424 BVGE 2007/6 E. 3 mit Hinweisen; Urteil des Bundesverwaltungsgerichts B-497/2008 vom 16. Juni 2008 E. 2; B-7960/2007 vom 10. April 2008 E. 2; B-2209/2006 vom 2. Juli 2007 E. 3.

425 BVGE 2008/14 E. 3.3; BVGE 2007/6 E. 3; Urteil des Bundesverwaltungsgerichts B-7818/2006 vom 1. Februar 2008 E. 2; B-2199/2006 vom 5. Juli 2007 E. 4; B-2197/2006 vom 24. April 2007 E. 3.2; vgl. auch Entscheide der Rekurskommission EVD vom 25. Februar 1994 bzw. 19. Mai 1995 bzw. 14. Mai 1996, veröffentlicht in VPB 59.76 E. 2 bzw. 60.41 E. 4 bzw. 61.32 E. 7.2.

426 Urteil des Bundesverwaltungsgerichts C-7731/2006 vom 14. Mai 2007 E. 2.2 mit Hinweisen.

427 Vgl. Entscheid der Rekurskommission für die Stiftung Pro Helvetia vom 28. März 1985, veröffentlicht in VPB 50.13 E. II/2.

wendungen in freier Kognition zu prüfen, andernfalls es eine formelle Rechtsverweigerung beginge[428].

Auf dem Gebiete des *Personalrechts* auferlegen sich die Beschwerdeinstanzen trotz der uneingeschränkten Kognition bei der Prüfung der Angemessenheit dann eine gewisse Zurückhaltung, wenn es um die Beurteilung der Leistungen des Bediensteten, um verwaltungsorganisatorische Fragen oder um Probleme der betriebsinternen Zusammenarbeit und des Vertrauensverhältnisses geht[429]. Das Bundesverwaltungsgericht entfernt sich insofern im Zweifel nicht von der Auffassung der Vorinstanz und setzt nicht an deren Stelle sein eigenes Ermessen[430]. Reorganisationsmassnahmen werden nur darauf hin überprüft, ob sie auf ernstlichen Überlegungen beruhen und nicht vorgeschoben sind, um auf diese Weise auf ein bestimmtes Arbeitsverhältnis Einfluss zu nehmen[431].   **2.160**

Richterliche Zurückhaltung wird auch ausgeübt, soweit es um die Überprüfung der Glaubhaftigkeit und Ernsthaftigkeit der von einem Gesuchsteller um Zulassung zum Zivildienst vorgebrachten *Gewissensgründe* geht, deren Beurteilung durch die gesetzlich vorgesehene Zulassungskommission erfolgt[432]. Die Frage hingegen, ob die Motive, die der Gesuchsteller seinem Gewissensentscheid zu Grunde legt, als anerkennungswürdig im Sinne des Zivildienstgesetzes eingestuft werden können, werden ohne Einschränkung geprüft, da es dabei um die Auslegung und Anwendung von Rechtsvorschriften geht[433].   **2.161**

Bei der Überprüfung von *Ermessensveranlagungen* auferlegt sich das Bundesverwaltungsgericht eine gewisse Zurückhaltung, soweit die Zweckmässigkeit der Entscheidung in Frage steht. Das Gericht nimmt eine Korrektur der Schätzung der ESTV nur vor, wenn diese bei der Schätzung Bundesrecht verletzt hat bzw. ihr grössere Ermessensfehler unterlaufen sind[434]. Ob indessen die Voraussetzungen für die Vornahme einer Ermessensveranlagung gegeben sind, überprüft das Bundesverwaltungsgericht – wie früher die Eidgenössische Steuerrekurskommission – uneingeschränkt[435].   **2.162**

2.163   Selbst in Fällen, in denen sich die Verwaltung durch besonderen Sachverstand auszeichnet und ihr ein gewisser Handlungsspielraum zuzuerkennen ist, hebt das Bun-

---

428   BVGE 2007/37 E. 2 mit Hinweisen; Urteil des Bundesverwaltungsgerichts B-2258/2006 vom 14. April 2008 E. 3 mit Hinweisen; B-428/2007 vom 18. Februar 2008 E. 4; B-18/2006 vom 23. August 2007 E. 2.1 und 2.2 mit Hinweisen; B-2782/2007 vom 4. Oktober 2007, veröffentlicht in ZBl 2008, 50 E. 2. Mit Bezug auf Subventionen und Beiträge, auf die kein Rechtsanspruch besteht, vgl. auch Urteile des Bundesverwaltungsgerichts A-3169/2007 vom 20. März 2008 E. 2, A-3343/2007 vom 5. Dezember 2007 E. 3 und A-3193/2006 vom 12. September 2007 E. 2.2 mit Hinweisen.

429   Vgl. Entscheide der Eidgenössischen Personalrekurskommission vom 25. April 1995 bzw. 20. Oktober 1999 bzw. 24. November 1999, veröffentlicht in VPB 60.8 E. 3 bzw. 64.32 E. 2 bzw. 64.39 E. 3a. Zur Praxis des Bundesrates auf dem Gebiete des Personalrechtes vgl. Schmid, 181 mit Hinweisen.

430   Urteil des Bundesverwaltungsgerichts A-1781/2006 vom 15. August 2007 E. 1.4.

431   Vgl. Entscheid der Eidgenössischen Personalrekurskommission vom 11. Dezember 1996, veröffentlicht in VPB 61.58 E. 4b.

432   Urteil des Bundesverwaltungsgerichts B-6720/2007 vom 1. April 2008 E. 3; B-2480/2007 vom 6. Dezember 2007 E. 3; B-1802/2007 vom 17. August 2007 E. 3; Entscheid der Rekurskommission EVD vom 5. September 1997, veröffentlicht in VPB 62.65 E. 4.2.

433   Vgl. Entscheide der Rekurskommission EVD vom 20. April 2000, veröffentlicht in VPB 64.126 E. 2.4 bzw. 64.130 E. 6.1.

434   Urteil des Bundesverwaltungsgerichts A-1376/2006 vom 20. November 2007 E. 2.2 mit Hinweisen; A-1393/2006 vom 10. Dezember 2007 E. 1.3.

435   Urteil des Bundesverwaltungsgerichts A-1515/2006 vom 25. Juni 2008 E. 1.3; A-1531/2006 vom 10. Januar 2008 E. 2.1 mit Hinweisen.

desverwaltungsgericht Ermessensentscheide dann auf, wenn die Behörde von dem ihr zustehenden Ermessen einen falschen Gebrauch gemacht hat, indem sie grundlos von in Rechtsprechung und Lehre anerkannten Grundsätzen abgewichen ist, sachfremde Gesichtspunkte berücksichtigt hat, rechtserhebliche Umstände unberücksichtigt liess oder sich das Ergebnis als offensichtlich unbillig, als in stossender Weise ungerecht erweist[436].

2.164 Bei der Beschwerde gegen einen *Nichteintretensentscheid* kann nur geltend gemacht werden, die Vorinstanz habe zu Unrecht das Bestehen der Eintretensvoraussetzungen verneint[437]. Damit wird das Anfechtungsobjekt[438] auf die Eintretensfrage beschränkt, deren Verneinung als Verletzung von Bundesrecht mit Beschwerde gerügt werden kann[439]. Dies gilt auch bei Beschwerden gegen Wiedererwägungsentscheide[440]. Die beschwerdeführende Partei kann entsprechend nur die Anhandnahme beantragen, nicht aber die Aufhebung oder Änderung der Verfügung verlangen; auf materielle Begehren kann entsprechend nicht eingetreten werden[441].

2.165 Schliesslich ist darauf hinzuweisen, dass das Bundesverwaltungsgericht aufgrund des Untersuchungsgrundsatzes und des Grundsatzes der Rechtsanwendung von Amtes wegen[442] die Prüfung des Sachverhalts sowie der Anwendung von Bundesrecht grundsätzlich auch vorzunehmen hat, *ohne dass* die entsprechenden *Rügen* von der beschwerdeführenden Partei *vorgebracht* werden[443].

2.   Verletzung von Bundesrecht

2.166 Verstösst eine Verfügung gegen (geltendes) Bundesrecht, so ist der Beschwerdegrund der Rechtswidrigkeit im Sinne von Art. 49 Bst. a VwVG gegeben[444]. Die Verletzung von Bundesrecht kann *materielle Bestimmungen* oder *Verfahrensvorschriften* betreffen[445]. Ferner gilt die *rechtswidrige Ermessensausübung* als Rechtsverletzung[446].

---

436 Urteil des Bundesverwaltungsgerichts A-330/2007 vom 12. Juli 2007 E. 4.2 mit Hinweisen.

437 Dies selbst dann, wenn sich die Vorinstanz im Rahmen der Begründung ihres Nichteintretensentscheids auch mit der materiellen Seite des Falls befasst hat (vgl. Urteil des Bundesgerichts 4D_84/2007 vom 11. März 2008 E. 1.2).

438 Vgl. oben Rz. 2.8.

439 Urteil des Bundesverwaltungsgerichts A-1471/2006 und A-1472/2006 vom 3. März 2008 E. 1.2.

440 Vgl. Entscheid der Rekurskommission EVD vom 10. Mai 1995, veröffentlicht in VPB 60.53 E. 4.9 mit Hinweisen.

441 Vgl. BGE 132 V 76 E. 1.1; 131 II 755 E. 4; 125 V 505 E. 1; 113 Ia 153 E. 3c; 100 Ib 372 E. 3b; Urteil des Bundesverwaltungsgerichts A-1450/2006 vom 24. Januar 2008 E. 1.2; Entscheide der Rekurskommission EVD vom 5. August 1997 bzw. 17. Mai 2001, veröffentlicht in VPB 62.61 E. 1.3 bzw. 66.9 E. 2; Entscheid der Schweizerischen Asylrekurskommission vom 27. Juni 1995, veröffentlicht in VPB 60.28 E. 4; KÖLZ/HÄNER, Rz. 449.

442 Vgl. oben Rz. 1.49 bzw. 1.54 f.

443 Vgl. BGE 122 IV 11 E. 1 b mit Hinweisen.

444 Vgl. SALADIN, 61 f.

445 Vgl. KARLEN, Verwaltungsgerichtsbeschwerde, Rz. 3.58.

446 Vgl. dazu unten Rz. 2.184 ff.

a)   Überprüfbares Bundesrecht

Unter *Bundesrecht* ist hier das Bundesrecht schlechthin zu verstehen. Der Begriff **2.167** des Bundesrechts umfasst die von den Bundesorganen erlassenen Rechtsnormen aller Erlassstufen[447].

Zu dem im Rahmen der Beschwerde überprüfbaren Bundesrecht gehören auch das **2.168** *Bundesverfassungsrecht*[448/449] und das *Staatsvertragsrecht*[450]. Normen des Völkerrechts erlangen in der Schweiz mit ihrer Inkraftsetzung unmittelbar Geltung[451], bilden einen festen Bestandteil der Rechtsordnung und sind von allen Staatsorganen einzuhalten und anzuwenden[452/453]. Damit ein Einzelner sich auf eine Staatsvertragsnorm berufen kann, muss diese direkt anwendbar («self-executing») sein. Dies ist dann der Fall, wenn die Bestimmung inhaltlich hinreichend bestimmt und klar ist, um im Einzelfall Grundlage eines Entscheides zu bilden. Die Norm muss mithin justiziabel sein, die Rechte und Pflichten des Einzelnen zum Inhalt haben, und Adressat der Norm müssen die rechtsanwendenden Behörden sein[454]. Die Frage des «self-executing»-Charakters bzw. der Justiziabilität einer Norm ist dabei für jede einzelne Bestimmung in einem Staatsvertrag gesondert zu prüfen[455].

Das FHA z.B. stellt nach ständiger Rechtsprechung des Bundesgerichts ein blosses Handels- **2.169** übereinkommen dar und ist nicht «*self-executing*». Die Eidgenössische Alkoholrekurskommission sah sich daher nicht verpflichtet, die Vorschriften von Art. 18 FHA direkt anzuwenden, auch wenn diese Auffassung zum Teil in der Lehre kritisch hinterfragt wurde[456]. In einem Urteil zum Übereinkommen vom 4. Januar 1960 zur Errichtung der Europäischen Freihandels-

---

447 Vgl. BGE 133 I 203 E. 1 mit Hinweis.

448 Vgl. BGE 131 II 366 E. 2; 130 I 318 E. 1.2; 129 II 188 E. 3.4 mit Hinweisen; 124 II 423 E. 5 mit Hinweisen 123 II 389 E. 4a; 122 IV 11 E. 1b; Entscheid der Eidgenössischen Steuerrekurskommission vom 27. März 1995, veröffentlicht in VPB 60.17 E. 2a/aa mit Hinweisen.

449 Z.B. der Grundsatz der Verhältnismässigkeit gemäss Art. 5 Abs. 2 BV. Auch das Bundesgericht überprüft im Rahmen einer Beschwerde in öffentlich-rechtlichen Angelegenheiten die Anwendung von Bundesverwaltungsrecht im Licht des Verhältnismässigkeitsprinzips frei (vgl. Urteil des Bundesgerichts 2C_704/2007 vom 1. April 2008 E. 4.2).

450 Vgl. BGE 132 II 83 E. 1.3; 124 II 307 E. 4b. Mit Bezug auf die EMRK vgl. bereits BGE 111 Ib 73 E. 4.

451 Gemäss dem in der Schweiz geltenden monistischen System (Adoptionssystem).

452 Vgl. Art. 190 BV; BGE 124 II 307 E. 4b; Entscheid der Rekurskommission INUM vom 16. Dezember 2004, veröffentlicht in VPB 70.44 E. 6.1. Zum Verhältnis zwischen Landesrecht und Völkerrecht vgl. GIUSEP NAY, Koordination des Grundrechtsschutzes in Europa – Die schweizerische Perspektive, ZSR 124/2005 II, 97 ff.

453 Für das Beschwerdeverfahren vor dem Bundesgericht wird das Völkerrecht bei den Beschwerdegründen in Art. 95 Bst. b BGG als eigenständige Rechtsquelle ausdrücklich aufgeführt.

454 BGE 133 I 291 E. 3.2; 126 I 242 E. 2b; 125 III 281 E. 2d/aa; 124 III 91 E. 3a; 122 II 237 E. 4a; 120 Ia 11 E. 5b; Entscheid der Schweizerischen Asylrekurskommission vom 31. Juli 1998, veröffentlicht in VPB 63.13 E. 5d/bb; HÄFELIN/MÜLLER/UHLMANN, Rz. 163 ff.; HÄFELIN/HALLER, Rz. 1894; vgl. auch PATRICK EDGAR HOLZER, Die Ermittlung der innerstaatlichen Anwendbarkeit völkerrechtlicher Vertragsbestimmungen, Bern 1998, 18 ff., 103 ff. und 162.

455 BREITENMOSER/ISLER, 1007 mit Hinweis.

456 Entscheid der Eidgenössischen Alkoholrekurskommission vom 20. März 1997, veröffentlicht in VPB 63.54 E. 3b mit Hinweisen auf die Lehre; vgl. auch Entscheid der Rekurskommission INUM vom 20. Oktober 2005, veröffentlicht in VPB 70.18 E. 13.3 mit Hin-

assoziation (EFTA-Übereinkommen[457]) hat das Bundesgericht demgegenüber schon früh entschieden, dass dessen Art. 16 Abs. 1 «self-executing» ist[458]. Hinsichtlich des FZA ist festzuhalten, dass die ausländerrechtlichen Bestimmungen (insbesondere jene im Anhang I) inhaltlich hinreichend bestimmt und klar sind, um als Grundlage für den Entscheid im Einzelfall zu dienen, weshalb sie grundsätzlich unmittelbar anwendbar («self-executing») sind[459]. Im Gegensatz dazu sind die Bestimmungen über die Koordinierung der Systeme der sozialen Sicherheit gemäss Anhang II FZA «non-self-executing»[460]. Mit Bezug auf das GATT/WTO-Übereinkommen über das öffentliche Beschaffungswesen[461] geht das Bundesgericht davon aus, dass dieses sowohl direkt anwendbare Bestimmungen (so z.B. Art. XII) als auch konkretisierungsbedürftige Grundsätze enthält[462]. Bereits der Bundesrat hält in der GATT-Botschaft 2[463] die direkte Anwendbarkeit von detaillierten Bestimmungen dieses Abkommens für möglich[464].

2.170   Auf der Stufe des *einfachen Rechts* erstreckt sich die richterliche Prüfung auf alle Rechtssätze des Bundesrechts, neben Bestimmungen in Gesetzen also auch auf diejenigen in Rechtsverordnungen[465/466].

2.171   Zum Bundesrecht gehören aber auch Erlasse öffentlich-rechtlicher Körperschaften und Anstalten des Bundes oder parastaatlicher Organisationen im Rahmen der ihnen übertragenen Aufgaben. Auch das *ungeschriebene* Bundesrecht (z.B. ungeschriebene verfassungsmässige Rechte, allgemeine Rechtsgrundsätze) wird von Art. 49 Bst. a VwVG erfasst[467].

---

weis auf LUKAS ENGELBERGER, Die unmittelbare Anwendbarkeit des WTO-Rechts in der Schweiz, Bern 2004, 20 f.

457   SR 0.632.31.

458   BGE 98 Ib 388 E. 3b, bestätigt in BGE 116 Ib 303 E. 1c, vgl. BREITENMOSER/ISLER, 1007.

459   BGE 129 II 257 E. 3.3 mit Hinweisen; Urteil des Bundesgerichts 2A.226/2002 vom 17. Januar 2003 E. 3.2. Vgl. auch BGE 131 V 398 E. 5.2 mit Hinweisen; 130 I 30 E. 1.2.3 sowie Urteil des Bundesverwaltungsgerichts B-2183/2006 vom 28. August 2007 E. 4.1 mit Bezug auf eine Bestimmung in einer zwischen der Schweiz und Deutschland geschlossenen Vereinbarung über die gegenseitige Anerkennung von Lehrabschlusszeugnissen und Meisterprüfungen für die handwerklichen Berufe.

460   BREITENMOSER/ISLER, 1008 f. mit Hinweisen.

461   SR 0.632.231.422.

462   GALLI/MOSER/LANG/CLERC, Rz. 2 f. mit Hinweisen.

463   BBl 1994 IV 1171 f.

464   COTTIER/MERKT (48) pflichten dieser Auffassung bei und weisen darauf hin, dass sich zahlreiche Bestimmungen des Abkommens für die unmittelbare richterliche Anwendung eignen; vgl. dazu auch CLERC, 331 ff. Zu den Argumenten für und gegen eine unmittelbare Anwendbarkeit der GATT/WTO-Ordnung vgl. auch DANIEL THÜRER, WTO – Teilordnung im System des Völker- und Europarechts, in: Daniel Thürer/Stephan Kux (Hrsg.), GATT 94 und die Welthandelsorganisation, Zürich und Baden-Baden 1996, 50 ff. Zum früheren GATT-Recht vgl. BGE 112 Ib 189 E. 2c.

465   Vgl. KARLEN, Verwaltungsgerichtsbeschwerde, Rz. 3.55 zum wörtlich mit Art. 49 Bst. a VwVG übereinstimmenden Art. 104 Bst. a OG.

466   Bei der so genannten Pragmatismusbestimmung von Art. 45a MWSTGV handelt es sich formell um eine Rechtsverordnung, wenn sie ihrem Inhalte nach, d.h. materiell, auch als eine so genannte Verwaltungsverordnung mit Aussenwirkung gilt (Urteil des Bundesverwaltungsgerichts A-1352/2006 vom 25. April 2007 E. 4.1 und 4.2; vgl. auch Urteil des Bundesverwaltungsgerichts A-1469/2006 vom 7. Mai 2008 E. 2.1.4 mit Hinweisen).

467   SCHMID, 172.

Grundsätzlich *ausgeschlossen* ist die Überprüfung der Anwendung von *kantonalem*   **2.172**
Recht[468].

b) Verwaltungsverordnungen

Nicht als verbindliche Rechtssätze und damit nicht als Bundesrecht im Sinne von   **2.173**
Art. 49 Bst. a VwVG gelten *Verwaltungsverordnungen* (Direktiven, Weisungen,
Dienstanweisungen, Dienstreglemente, allgemeine Dienstbefehle, Rundschreiben,
Kreisschreiben, Zirkulare, Wegleitungen, Anleitungen, Instruktionen, Richtlinien,
Merkblätter oder Leitbilder). Im Gegensatz zu den Verfügungen haben die Ver-
waltungsverordnungen generell-abstrakten Charakter, d.h. sie gelten nicht nur für
einen Adressaten und beziehen sich nicht nur auf eine bestimmte Situation[469]. In der
Verwaltungsrechtspflege sind Verwaltungsverordnungen als solche nicht anfechtbar[470/471]. Sie stellen Meinungsäusserungen der Verwaltung über die Auslegung der
anwendbaren Verfassungs- Gesetzes- und Verordnungsbestimmungen dar und sind
geeignet, für eine einheitliche und rechtsgleiche Verwaltungspraxis insbesondere im
Ermessensbereich zu sorgen, binden die Verwaltungsjustiz indessen nicht[472/473].

Die Hauptfunktion der Verwaltungsverordnung besteht darin, eine gleichmässige und sach-   **2.174**
richtige Praxis des Gesetzesvollzugs sicherzustellen und solchermassen behördliche Willkür
und Zufälligkeiten zu verhindern. Sie dient der Vereinfachung und Rationalisierung der Verwaltungspraxis; sie erhöht Kohärenz, Kontinuität sowie Voraussehbarkeit des Verwaltungs-
handelns und erleichtert dessen Kontrolle[474]. Man spricht in diesen Fällen von *vollzugslenken-*

---

468 Mit Bezug auf die Ausnahmen, die für das Verfahren vor dem Bundesverwaltungsgericht
(praktisch) keine Bedeutung haben, vgl. ZIMMERLI/KÄLIN/KIENER, 83 f.; vgl. auch BGE
126 V 32 E. 2; 124 I 225 E. 1a/dd; 123 I 277 E. 2b.

469 PFISTERER, 28.

470 Vgl. BGE 128 I 170 E. 4.2; 121 II 478 E. 2b mit Hinweisen; 121 IV 66 E. 3; 120 II 139 E. 2b;
PFISTERER, 254 f. mit weiteren Hinweisen; vgl. auch oben Rz. 2.18. Zur Kritik an der vor-
herrschenden Auffassung, die den Verwaltungsverordnungen den Rechtsnormcharakter
abspricht, und den von der Rechtsprechung ersatzweise angebotenen Lösungen siehe
HÄFELIN/MÜLLER/UHLMANN, Rz. 133 f.; BIAGGINI, Theorie, 91 ff., insbesondere 99 ff.
und DERSELBE, Verwaltungsverordnung, 1 ff., insbesondere 22 ff. mit zahlreichen weiteren Hinweisen.

471 Da in der Verwaltungsrechtspflege des Bundes die abstrakte Normenkontrolle nicht zulässig ist, entfällt auch die Möglichkeit, ausnahmsweise eine Verwaltungsverordnung wie
eine Rechtsverordnung abstrakt anzufechten, wenn sie für die Privaten mittelbar (indirekt) Aussenwirkungen zeitigt (vgl. dazu HÄFELIN/MÜLLER/UHLMANN, Rz. 129).

472 Vgl. BGE 132 V 125 E. 4.4, 203 E. 5.1.2 mit Hinweisen; 129 V 204 E. 3.2; 128 I 170 E. 4.2;
123 II 30 E. 7; 118 V 210 E. 4c; BVGE 2008/20 E. 2.5; BVGE 2008/22 E. 3.1.1; BVGE
2007/16 E. 6.2; Urteil des Bundesverwaltungsgerichts A-1473/2006 vom 3. Juni 2008
E. 2.3.2; Entscheid der Eidgenössischen Personalrekurskommission vom 12. August 1999,
veröffentlicht in VPB 64.31 E. 4b; Entscheid der Eidgenössischen Rekurskommission für
Heilmittel vom 1. April 2005, veröffentlicht in VPB 69.99 E. 4.1; Entscheid der Eidgenössischen Steuerrekurskommission vom 28. Juni 2005, veröffentlicht in VPB 69.125 E. 3b;
Entscheid der Schweizerischen Asylrekurskommission vom 3. August 1994, veröffentlicht
in VPB 59.46 E. 3b; LANZ, 1466 mit weiteren Hinweisen.

473 Zur Frage einer allfälligen Wirkung von Verwaltungsverordnungen über die Verwaltung
hinaus siehe einlässlich PFISTERER, 175 ff. und 241 ff.

474 Urteil des Bundesverwaltungsgerichts A-8728/2007 vom 8. April 2008 E. 3.1; BIAGGINI,
Verwaltungsverordnung, 4.

den Verwaltungsverordnungen, in denen mitunter auch verschiedene Praxen zusammengefasst oder – als abstrahierte Klarstellungen etwa im Bereich des Steuerrechts – bestehende Widersprüche ausgeräumt werden[475]. Die rechtsanwendenden Behörden haben sich an Verwaltungsverordnungen insoweit zu halten, als sie den richtig verstandenen Sinn des Gesetzes wiedergeben und eine dem Einzelfall gerechtwerdende Auslegung der massgebenden Bestimmungen zulassen. Sie sind weiter insofern beachtlich, als sie Ausdruck des Wissens und der Erfahrung bewährter Fachstellen sind und das wiedergeben, was für eine angemessene Rechtsanwendung notwendig erscheint[476]. Insoweit die Weisungen mit den anwendbaren gesetzlichen Bestimmungen nicht vereinbar sind, weicht der Verwaltungsrichter bzw. die Verwaltungsrichterin von ihnen ab[477]. Im Rahmen der Überprüfung der Rechtmässigkeit einer angefochtenen Verfügung kann entsprechend geprüft werden, ob die vollzugslenkende Verwaltungsverordnung mit dem übergeordneten Recht vereinbar ist[478].

c)   Verfassungsverletzungen

2.175   *Vorfrageweise* hat das Bundesverwaltungsgericht auch Verfassungsverletzungen zu beurteilen, die bei der Anwendung von Bundesverwaltungsrecht begangen werden. Bei der materiellen Prüfung der geltend gemachten Verfassungswidrigkeit ist jedoch Art. 190 BV[479] zu beachten. Nach dieser Bestimmung sind *Bundesgesetze*[480] und *Völkerrecht*[481] für das Bundesgericht und die anderen rechtsanwendenden Behörden *massgebend*. Es ist den rechtsanwendenden Behörden verwehrt, einem Bundesgesetz oder einem Staatsvertrag[482] mit der Begründung, sie seien verfassungswidrig, die Anwendung zu versagen. Das schliesst die Anwendung allgemein anerkannter Auslegungsprinzipien, besonders der Regel, dass Bundesrecht verfassungs- und völkerrechtskonform auszulegen ist, nicht aus. Art. 190 BV statuiert in diesem Sinne lediglich ein Anwendungsgebot, kein Prüfungsverbot. Allerdings findet die verfassungskonforme Auslegung – auch bei festgestellter Verfassungswidrigkeit – im kla-

---

475   Vgl. Michael Beusch, Was Kreisschreiben dürfen und was nicht, Der Schweizer Treuhänder 2005, 614.

476   BGE 118 Ib 618 E. 4b; BVGE 2008/22 E. 3.1.1; BVGE 2007/41 E. 3.3; Urteil des Bundesverwaltungsgerichts A-2016/2006 vom 2. Juli 2008 E. 8.4; A-6121/2007 vom 3. April 2008 E. 6.1 mit Hinweisen.

477   Vgl. BGE 126 V 427 E. 5a; 125 V 379 E. 1c; 124 V 261; 123 V 72 E. 4a mit Hinweisen.

478   BGE 121 II 478; Entscheid der Rekurskommission EVD vom 23. Dezember 1994, veröffentlicht in VPB 59.113 E. 2.2; vgl. auch Biaggini, Verwaltungsverordnung, 18.

479   Bzw. Art. 113 Abs. 3 und Art. 114bis Abs. 3 aBV.

480   Dem gestützt auf Art. 1 des Zolltarifgesetzes vom 9. Oktober 1986 (SR 632.10) erlassenen Generaltarif kommt z.B. auch Gesetzesrang zu, so dass das Bundesverwaltungsgericht aufgrund von Art. 190 BV an diesen Tarif gebunden ist (Urteil des Bundesverwaltungsgerichts A-1718/2006 vom 7. Dezember 2007 E. 2.1.2 mit Hinweisen).

481   Nach Lehre und Praxis gilt diese Bestimmung für das für die Schweiz verbindliche Völkerrecht. Neben den Staatsverträgen umfasst dieses namentlich auch das Völkergewohnheitsrecht, die allgemeinen Regeln des Völkerrechts wie auch Beschlüsse von internationalen Organisationen, die für die Schweiz verbindlich sind (vgl. Botschaft Bundesverfassung [BBl 1997 I 428] zum inhaltlich gleich lautenden Art. 180 VE 96).

482   Auch die vom Bundesrat selbständig abgeschlossenen Staatsverträge sind der richterlichen Kontrolle entzogen (vgl. BBl 1997 I 428 mit Hinweis auf BGE 120 Ib 363 ff.). Zur Genehmigungspflicht von Staatsverträgen siehe im Übrigen Art. 166 Abs. 2 BV und Urteil des Bundesverwaltungsgerichts B-2183/2006 vom 28. August 2007 E. 4.3.1 mit Hinweisen.

ren Wortlaut und Sinn einer Gesetzesbestimmung ihre Schranke[483]. Mit Bezug auf das Völkerrecht hat das Bundesgericht entschieden, im Konfliktfall gehe das Völkerrecht prinzipiell dem Landesrecht vor, insbesondere wenn völkerrechtliche Normen dem Schutz der Grund- und Menschenrechte dienen[484]. Dies führt dazu, dass Bundesgesetzen trotz der Verfassungsbestimmung von – heute – Art. 190 BV dann die Anwendung versagt wird, wenn sie namentlich der EMRK widersprechen[485]. Auch das Bundesverwaltungsgericht hat in diesem Zusammenhang festgehalten, dass (jüngere) staatsvertraglich eingegangene Verpflichtungen vorgehen[486].

Nach dem Grundsatz der *völkerrechtskonformen Auslegung*[487] sind Auslegungsspielräume des   **2.176** nationalen Rechts unter Berücksichtigung der einschlägigen völkerrechtlichen Norm so auszuschöpfen, dass es nicht zu einem Widerspruch zwischen Völker- und Landesrecht kommt. Die völkerrechtskonforme Auslegung kommt dabei einer mittelbaren Anwendung des Völkerrechts gleich[488].

d)   Konkrete Normenkontrolle

Verordnungen des Bundesrates sind generell-abstrakte Rechtsnormen, die auf einer   **2.177** Stufe unterhalb des Gesetzes stehen[489] und von den rechtsanwendenden Behörden im Rahmen der *konkreten Normenkontrolle*[490] auf ihre Gesetzes- und Verfassungsmässigkeit geprüft werden können[491]. Der Umfang der richterlichen Kognitionsbefugnis hängt dabei davon ab, ob es sich um eine unselbständige oder aber um eine selbständige Verordnung handelt. Selbständige (d.h. direkt auf der Verfassung beruhende) Verordnungen des Bundesrates prüft das Gericht daraufhin, ob sie mit den sachbezogenen Vorgaben der Verfassungsvorschrift, auf welcher sie beruhen, harmonieren[492]. Bei unselbständigen Verordnungen, die sich auf eine gesetzliche Delegation stützen (Art. 164 Abs. 2 BV), prüft das Gericht in erster Linie, ob sich der Bundesrat an die ihm durch Gesetz übertragenen Befugnisse gehalten hat[493].

---

483 Vgl. BGE 129 II 263 E. 5.4; 123 II 11 E. 2; 122 V 93 E. 5a (zu Art. 113 Abs. 3 und Art. 114bis Abs. 3 aBV); HÄFELIN/MÜLLER/UHLMANN, Rz. 230.

484 BGE 125 II 417; vgl. BREITENMOSER/ISLER, 1010; vgl. in diesem Zusammenhang auch Art. 5 Abs. 4 BV und HEINZ AEMISEGGER, Die Bedeutung des US-amerikanischen Rechts bzw. der Rechtskultur des common law in der Praxis schweizerischer Gerichte – am Beispiel des Bundesgerichts, AJP 2008, 20 f. mit weiteren Hinweisen.

485 Vgl. GIUSEP NAY, Koordination des Grundrechtsschutzes in Europa – Die schweizerische Perspektive, ZSR 124/2005 II, 100 ff.

486 BVGE 2007/41 E. 3.4 mit Hinweisen.

487 Vgl. unten Rz. 2.180 f.

488 Entscheid der Rekurskommission INUM vom 20. Oktober 2005, veröffentlicht in VPB 70.18 E. 13.3 mit Hinweis auf LUKAS ENGELBERGER, Die unmittelbare Anwendbarkeit des WTO-Rechts in der Schweiz, Bern 2004, 20 f.

489 HÄFELIN/MÜLLER/UHLMANN, Rz. 114.

490 Rechtssätze, zu denen insbesondere die Verordnungen des Bundesrates zählen, können grundsätzlich nicht selbständig angefochten werden, sondern lediglich im Anwendungsfall vorfrageweise überprüft werden (BGE 133 II 454 E. 2.1).

491 BGE 133 II 133 E. 3.3 mit Hinweisen; BVGE 2007/43 E. 4.4.1; Urteil des Bundesverwaltungsgerichts A-7512/2006 vom 23. August 2007 E. 5.2.

492 Vgl. BGE 123 II 22 E. 3a; 123 IV 33 E. 2.

493 Vgl. BGE 131 V 259 E. 5.4, 266 E. 5.1; 130 I 32 E. 2.2.1; 129 V 271 E. 4.1.1, 329 E. 4.1; 128 II 252 E. 3.3; 127 V 7 E. 5; 126 II 290 E. 3b, 404 E. 4a; 126 V 52 E. 3b; Urteil des Bundes-

2.178 Die *MWSTGV* z.B. wird im konkreten Anwendungsakt grundsätzlich daraufhin überprüft, ob sie gesetz- und verfassungsmässig ist. Ist der Bundesrat wie im Fall der in Rede stehenden Art. 28 ff. MWSTGV durch eine Delegationsnorm in einem Bundesgesetz ermächtigt worden (Art. 90 Abs. 2 Bst. b MWSTG), so ist zu prüfen. ob sich der Verordnungsgeber an die Grenzen der ihm im Gesetz eingeräumten Befugnisse gehalten hat. Soweit das Gesetz den Bundesrat nicht ermächtigt, von der Verfassung abzuweichen, befindet das Gericht auch über die Verfassungsmässigkeit der *unselbständigen Verordnungen*. Räumt jedoch das Gesetz dem Bundesrat – wie im zur Beurteilung stehenden Fall – einen weiten Ermessensspielraum für die Regelung auf Verordnungsstufe ein, so ist dieser für das Bundesverwaltungsgericht verbindlich. Der Richter hat diesfalls nicht sein eigenes Ermessen an Stelle jenes des Verordnungsgebers zu setzen, sondern lediglich zu prüfen, ob die Verordnungsbestimmung den Rahmen der dem Bundesrat delegierten Kompetenzen offensichtlich sprenge oder sich aus einem anderen Grund als gesetz- oder verfassungswidrig erweise[494].

2.179 Die durch ein Departement erfolgte *Kognitionsbeschränkung* im Rahmen der akzessorischen Normenkontrolle einer Bundesratsverordnung stellt eine Verletzung des rechtlichen Gehörs dar[495].

e)   Gesetzesauslegung

2.180 *Ursache* einer Verletzung von Bundesrecht können die *falsche Ermittlung* des massgeblichen Rechts, die *unzutreffende Auslegung* oder die *unrichtige Anwendung* eines Rechtssatzes auf einen bestimmten Sachverhalt sein. Ob dies der Fall ist, ergibt sich aus einer umfassenden Überprüfung der von der Vorinstanz vorgenommenen Auslegung des Rechtssatzes. Für die Normen des Verwaltungsrechts gelten dabei die üblichen Methoden der *Gesetzesauslegung*. Zur Anwendung gelangen also die grammatikalische, die historische, die zeitgemässe, die systematische und die teleologische Auslegungsmethode[496]. Wo die Rechtssetzung auf internationaler Ebene wesentliche Entscheidungen getroffen hat, ist die *völkerrechts- bzw. staatsvertragskonforme* Auslegung des innerstaatlichen Rechts als weitere Ebene in den Auslegungsprozess vertikal einzubeziehen[497]. Ebenfalls im Sinne einer Auslegungs-

---

verwaltungsgerichts A-3603/2007 und A-4275/2007 vom 15. April 2008 E. 8.3.2; A-1723/2006 vom 19. September 2007 E. 3.4.1; Entscheid der Eidgenössischen Datenschutzkommission vom 2. August 2005, veröffentlicht in VPB 70.45 E. 3.1.3; Entscheid der Rekurskommission UVEK 14. April 2003, veröffentlicht in VPB 67.131 E. 9.1; Entscheid der Eidgenössischen Personalrekurskommission vom 29. September 1997, veröffentlicht in VPB 62.53 E. 3b.

494 BGE 131 II 25 E. 6.1; Urteil des Bundesverwaltungsgerichts A-1609/2006 vom 29. April 2008 E. 2.2.4; A-1465/2006 vom 27. Juni 2007 E. 2.2.4 mit Hinweisen. Zur Überprüfungsbefugnis mit Bezug auf die (selbständige) Verordnung vom 22. Juni 1994 über die Mehrwertsteuer vgl. BGE 125 II 330 E. 3a; 123 II 22 E. 3a; Entscheid der Eidgenössischen Steuerrekurskommission vom 9. April 1998, veröffentlicht in VPB 63.24 E. 2a, sowie MOSER, in: Moser/Uebersax, Rz. 2.69.

495 BGE 131 II 303 E. 11.7 (ZBJV 2006, 817 f.); vgl. auch oben Rz. 2.153.

496 HÄFELIN/MÜLLER/UHLMANN, Rz. 218.

497 Vgl. BGE 131 II 567 E. 3.5; 122 II 239 E. 6a; THOMAS COTTIER, Die Globalisierung des Rechts – Herausforderungen für Praxis, Ausbildung und Forschung, ZBJV 1997, 232 f.; vgl. auch oben Rz. 2.176. Im Sinne einer Kontrollfunktion für eine die nationale Lösung ergänzende und absichernde Argumentation kann schliesslich bei der Auslegung nationalen Primärrechts auch die rechtsvergleichende Methode als «Neunerprobe» dienen (vgl. HANS PETER WALTER, Das rechtsvergleichende Element – Zur Auslegung vereinheitlichten, harmonisierten und rezipierten Rechts, ZSR 126/2007 I, 261 mit Hinweisen).

hilfe können die einschlägigen Regelungen der Europäischen Union – obwohl nicht direkt anwendbar – beigezogen werden[498].

Im Bereiche des öffentlichen Beschaffungswesens etwa ist das Bundesrecht auch im Lichte des **2.181** GATT/WTO-Übereinkommens über das öffentliche Beschaffungswesen[499] auszulegen. Dessen Formulierungen sind oft detaillierter als die entsprechenden Bestimmungen im schweizerischen Recht; damit lassen sich zuweilen dem Abkommen Anleitungen für die richtige Auslegung des innerstaatlichen Rechts entnehmen[500].

Die Rechtsprechung und ein Teil der Lehre befolgen einen (pragmatischen) *Metho-* **2.182** *denpluralismus* und lehnen es namentlich ab, die einzelnen Auslegungselemente einer hierarchischen Prioritätsordnung zu unterstellen[501]. Vielmehr sollen bei der Anwendung auf den einzelnen Fall all jene Methoden zur Anwendung kommen, die im Hinblick auf ein vernünftiges und praktikables Ergebnis am meisten Überzeugungskraft haben[502]. Gefordert ist die sachlich richtige Entscheidung im normativen Gefüge, ausgerichtet auf ein befriedigendes Ergebnis der ratio legis[503]. Ziel der Auslegung ist die Ermittlung des *Sinngehalts* der Norm. Das Gesetz muss in erster Linie aus sich selbst heraus, das heisst nach Wortlaut, Sinn und Zweck und den ihm zugrundeliegenden Wertungen auf der Basis einer teleologischen Verständigungsmethode ausgelegt werden[504]. Im Verwaltungsrecht ist die *teleologische* Auslegung besonders bedeutsam, da es im Verwaltungsrecht im Wesentlichen um die Erfüllung bestimmter Staatsaufgaben geht, die alle ihren je besonderen Zweck haben[505].

Ausgangspunkt jeder Auslegung bildet der *Wortlaut* der Bestimmung. An einen kla- **2.183** ren und unzweideutigen Gesetzeswortlaut ist die rechtsanwendende Behörde gebunden, sofern dieser den wirklichen Sinn der Norm wiedergibt[506]. Die grammatikalische Auslegung stellt auf Wortlaut, Wortsinn und Sprachgebrauch ab[507]. Ist der Text nicht ohne weiters klar und sind verschiedene Interpretationen möglich, so muss nach seiner wahren Tragweite gesucht werden unter Berücksichtigung aller Auslegungselemente. Abzustellen ist dabei namentlich auf die Entstehungsgeschichte der Norm und ihren Zweck[508] sowie auf die Bedeutung, die der Norm im Zusammen-

---

498 BVGE 2007/42 E. 5.1 mit Hinweis.
499 Dieses Übereinkommen trat für die Erstunterzeichnerstaaten, zu denen auch die Schweiz gehört, auf den 1. Januar 1996 in Kraft.
500 COTTIER/MERKT, 49; GALLI/MOSER/LANG/CLERC, Rz. 4 ff. mit Hinweisen.
501 Vgl. BGE 133 II 273 E. 7.2; 132 III 710 E. 2; 132 V 101 E. 5.2.1 mit Hinweisen; 131 III 35 E. 2; 128 I 40 E. 3b; BVGE 2007/48 E. 6.1 mit Hinweisen; Urteil des Bundesverwaltungsgerichts E-918/2007 vom 16. August 2007 E. 4.1 mit weiteren Hinweisen; HANS PETER WALTER, Die Rechtsprechung des Bundesgerichts zum Einleitungstitel des ZGB in den Jahren 2000 bis 2006, ZBJV 2007, 727 ff. mit Hinweisen.
502 HÄFELIN/MÜLLER/UHLMANN, Rz. 217 mit Hinweisen.
503 BGE 133 III 651 E. 4.
504 BGE 131 III 35 E. 2; 129 III 340 E. 4; 126 II 230 E. 2a; 125 II 208 E. 4a; 123 III 26 E. 2a; 121 III 224 E. 1d/aa. Zur teleologischen Reduktion und Lückenfüllung vgl. BGE 128 I 41 E. 3b und 127 V 488 E. 3b/bb mit Hinweisen; vgl. auch BGE 131 II 567 E. 3.5.
505 BVGE 2008/11 E. 4.2; 2007/42 E. 5.1 mit Hinweisen; Urteil des Bundesverwaltungsgerichts A-7362/2007 vom 2. Juli 2008 E. 5.4.1 a.E.
506 BGE 131 III 702 E. 4.1; 127 III 322 E. 2b mit Hinweisen; BVGE 2008/8 E. 10.1.
507 BVGE 2007/7 E. 4.2.
508 Vgl. dazu BGE 128 I 276 E. 2.2; 125 IV 296 E. 1e/cc.

hang mit anderen Bestimmungen und den Zielvorstellungen des Gesetzgebers zukommt[509]. Die *Gesetzesmaterialien* sind zwar nicht unmittelbar entscheidend, dienen aber als Hilfsmittel, um den Sinn der Norm zu erkennen[510]. Sie können beigezogen werden, wenn sie auf die streitige Frage eine klare Antwort geben[511]. Namentlich bei neueren Texten kommt den Materialien eine besondere Stellung zu, weil veränderte Umstände oder ein gewandeltes Rechtsverständnis eine andere Lösung weniger nahe legen[512/513]. Gegen den klaren, das heisst eindeutigen und unmissverständlichen Wortlaut lässt das Bundesgericht eine Auslegung zu, wenn triftige Gründe dafür vorliegen, dass der Wortlaut nicht den wahren Sinn der Bestimmung wiedergibt, mithin die grammatikalische Auslegung zu einem Ergebnis führt, das der Gesetzgeber nicht gewollt haben kann[514].

f)　Rechtswidrige Ermessensausübung

2.184　Von *Missbrauch* des Ermessens wird gesprochen, wenn die Behörde zwar im Rahmen des ihr vom Gesetz eingeräumten Ermessens handelt, sich aber von unsachlichen, dem Zweck der massgebenden Vorschriften fremden Erwägungen leiten lässt und insbesondere allgemeine Rechtsprinzipien, wie das Verbot von Willkür oder von rechtsungleicher Behandlung, das Gebot von Treu und Glauben sowie den Grundsatz der Verhältnismässigkeit[515], verletzt[516].

2.185　Die *Überschreitung* des Ermessens besteht darin, dass die Verwaltung Ermessen ausübt, wo ihr keines zusteht. Die in Art. 49 Bst. a VwVG nicht ausdrücklich genannte *Unterschreitung* des Ermessens stellt ebenfalls eine Rechtsverletzung dar.

509　Vgl. BGE 132 V 101 E. 5.2.1; 131 II 368 E. 4.2; 125 II 117 E. 3a; 125 III 403 E. 2a; 123 III 285 E. 2b/bb mit Hinweisen; 122 V 364 E. 4a; 121 III 412 E. 4b; BVGE 2007/4 E. 3.1 mit Hinweisen; BVGE 2007/7 E. 4.1; Urteil des Bundesverwaltungsgerichts A-563/2007 vom 4. Oktober 2007 E. 6.1; B-2331/2006 vom 7. November 2007 E. 4.2; Entscheid der Eidgenössischen Personalrekurskommission vom 24. Juli 2002, veröffentlicht in VPB 67.68 E. 3; Häfelin/Haller, Rz. 90 ff.

510　BGE 130 II 212 E. 5.1 mit Hinweisen; 129 II 118 E. 3.1; BVGE 2008/9 E. 6; 2007/18 E. 4.1; Urteil des Bundesverwaltungsgerichts A-1515/2006 vom 25. Juni 2008 E. 3.3.1; E-918/2007 vom 16. August 2007, veröffentlicht in ZBl 2008, 46 E. 4.1.

511　BGE 133 III 651 E. 4 mit Hinweisen; BVGE 2007/4 E. 3.1.

512　BGE 133 III 499 E. 4.1; 133 V 11 E. 3.1; 131 II 702 E. 4.1, 716 E. 4.1 mit Hinweisen; 129 I 16 E. 3.3; 125 III 404 E. 2a; 123 V 301 E. 5a; Entscheid der Schweizerischen Asylrekurskommission vom 28. August 2001, veröffentlicht in VPB 66.31 E. 3d; vgl. dazu auch Philipp Gelzer, Plädoyer für ein objektiv-historisches Verständnis des Gesetzes, recht, 2005, 37 ff. sowie Conradin Cramer, Der unhistorische Gesetzgeber, AJP 2006, 515 ff.

513　Gemäss Rechtsprechung können auch Vorarbeiten zu Erlassen, die noch nicht in Kraft getreten sind, bei der Auslegung einer Norm berücksichtigt werden; dies vor allem dann, wenn das geltende System nicht grundsätzlich geändert werden, sondern nur der bestehende Rechtszustand konkretisiert oder eine bestehende Lücke geschlossen werden soll (BGE 129 V 9 E. 4.3; 128 I 76 E. 4.4 mit Hinweisen; Urteil des Bundesverwaltungsgerichts A-1444/2006 vom 22. Juli 2008 E. 4.1.2).

514　BGE 131 I 396 E. 3.2; 131 II 221 E. 2.3; 130 III 82 E. 4; 122 V 364 E. 4a; 121 III 465 E. 4a/bb; 121 V 24 E. 4a mit Hinweisen; Entscheid der Eidgenössischen Steuerrekurskommission vom 5. Februar 1998, veröffentlicht in MWST-Journal 1998, 5.

515　Vgl. Art. 5 Abs. 2 und Art. 36 Abs. 3 BV.

516　BGE 123 V 152 E. 2 mit Hinweisen; Entscheid des Bundesrates vom 18. Dezember 1995, veröffentlicht in VPB 61.83 E. 2 mit Hinweisen.

Sie liegt dann vor, wenn die Behörde das Ermessen nicht ausübt, wo das Gesetz ein solches einräumt bzw. wenn sie sich in ihrem Entscheid als gebunden erachtet, obschon ihr ein Ermessensspielraum zusteht, der eine flexible Lösung nach Einzelfallgerechtigkeit erlaubt[517].

Eine *Ermessensunterschreitung* hat das Bundesgericht etwa darin gesehen, dass die Verwaltung nicht geprüft hat, ob statt der Auflösung des Arbeitsverhältnisses aus wichtigen Gründen nicht als mildere Massnahme eine Umgestaltung des Arbeitsverhältnisses in Betracht falle[518]. Als weiteres Beispiel ist auf den Fall einer Auftraggeberin hingewiesen worden, die bei ihrem Submissionsentscheid wesentliche Zuschlagskriterien nicht berücksichtigt[519].   2.186

Überall dort, wo das Bundesverwaltungsgericht – der Regel von Art. 49 Bst. c VwVG entsprechend – auch die Angemessenheit einer Verfügung überprüfen und somit bereits bei bloss unzweckmässiger Ermessensausübung einschreiten kann, wird der Beschwerdegrund der rechtsverletzenden Ermessensausübung verständlicherweise etwas in den *Hintergrund* gedrängt.   2.187

3.   Fehlerhafte Sachverhaltsermittlung

Dem Bundesverwaltungsgericht obliegt eine *umfassende Sachverhaltskontrolle.* Vorinstanzliche Fehler in der Feststellung des rechtserheblichen Sachverhalts können gemäss Art. 49 Bst. b VwVG eigenständig gerügt werden.   2.188

Eine Verletzung von Art. 49 Bst. b VwVG liegt z.B. dann vor, wenn eine der Untersuchungsmaxime unterworfene Behörde den Sachverhalt *nicht* von Amtes wegen *abgeklärt* oder dies nur unvollständig getan hat.   2.189

Mit Bezug auf die *Ermittlung* des *Sachverhalts* trägt das Bundesverwaltungsgericht eine besondere Verantwortung. Denn es ist grundsätzlich letzte Instanz, der die uneingeschränkte Überprüfung des Sachverhalts zukommt, während die Aufgabe des Bundesgerichts als oberste rechtsprechende Behörde im Prinzip auf eine reine Rechtskontrolle zu beschränken ist[520]. In einem allfälligen Beschwerdeverfahren vor dem Bundesgericht legt dieses seinem Urteil denn auch den Sachverhalt zugrunde, den das Bundesverwaltungsgericht als Vorinstanz festgestellt hat (Art. 105 Abs. 1 BGG). Das Bundesgericht kann die Sachverhaltsfeststellung der Vorinstanz von Amtes wegen[521] (nur) berichtigen oder ergänzen, wenn sie offensichtlich unrichtig ist oder auf einer Rechtsverletzung im Sinne von Art. 95 BGG beruht (Art. 105 Abs. 2 BGG)[522/523]. Um dem Bundesgericht die Anwendung von Art. 105 f.   2.190

---

517 Urteil des Bundesverwaltungsgerichts A-7367/2006 vom 8. August 2007 E. 6; Entscheid der Schweizerischen Asylrekurskommission vom 31. März 1993, veröffentlicht in VPB 59.45 E. 3b mit Hinweis; HÄFELIN/MÜLLER/UHLMANN, Rz. 470.

518 Unveröffentlichter Bundesgerichtsentscheid vom 28. November 1986.

519 GALLI/LEHMANN/RECHSTEINER, Rz. 554 a.E.

520 Vgl. Botschaft Totalrevision Bundesrechtspflege, BBl 2001 4338 f. (zu Art. 92 des bundesrätlichen Entwurfs, der Art. 97 Abs. 1 BGG entspricht) und 4343 f. (zu Art. 99 des bundesrätlichen Entwurfs, der Art. 105 Abs. 1 und 2 BGG entspricht).

521 Zur (beschränkten) Möglichkeit, die unrichtige Feststellung des Sachverhalts vor Bundesgericht zu rügen, siehe Art. 97 BGG.

522 Lediglich bei Beschwerden, die sich gegen einen Entscheid über die Zusprechung oder Verweigerung von Geldleistungen der Invaliden-, Militär- oder Unfallversicherung rich-

BGG zu erleichtern, hat das Bundesverwaltungsgericht in seinen Entscheiden denn auch grundsätzlich eine saubere Trennung zwischen der Feststellung des Sachverhalts und der Anwendung des Rechts, welches das Bundesgericht von Amtes wegen anwendet[524], vorzunehmen[525].

2.191 Ermittelt das Bundesverwaltungsgericht seinerseits eine fehlerhafte oder lückenhafte Feststellung des Sachverhalts, so wird es – ungeachtet der Regel von Art. 61 Abs. 1 VwVG – oft nicht umhinkommen, die Sache an die Vorinstanz *zurückzuweisen,* damit diese den rechtserheblichen Sachverhalt neu und vollständig feststellt[526].

4.   Unangemessenheit

2.192 Weil sich das Verfahren vor dem Bundesverwaltungsgericht nach dem VwVG richtet, kann grundsätzlich auch die Rüge der Unangemessenheit erhoben werden, sofern nicht eine kantonale Behörde als Beschwerdeinstanz verfügt hat (Art. 49 Bst. c VwVG). Die Rüge bezieht sich darauf, ob die Verwaltung nicht allein die Rechtsregeln der Entscheidung nach Ermessen beobachtet, sondern darüber hinaus die angemessene Anordnung getroffen hat, kurz nicht nur rechtlich, sondern auch *sachlich richtig* entschieden hat[527]. Dem Vorwurf unangemessenen Handelns setzt sich eine rechtsanwendende Behörde aus, wenn sie zwar innerhalb des ihr eingeräumten Entscheidspielraums bleibt, ihr Ermessen aber in einer Weise ausübt, die den Umständen des Einzelfalls nicht gerecht wird und deshalb *unzweckmässig* ist[528]. Bei der Unangemessenheit geht es um die Frage, ob der zu überprüfende Entscheid, den die Verwaltungsbehörde nach dem ihr zustehenden Ermessen im Einklang mit den allgemeinen Rechtsprinzipien in einem konkreten Fall getroffen hat, nicht zweckmässigerweise anders hätte ausfallen sollen[529].

2.193 Die Eidgenössische Personalrekurskommission hat es beispielsweise als *unangemessen* bezeichnet, dass die Verwaltung, insbesondere nachdem sie der beschwerdeführenden Person seinerzeit eine falsche Auskunft erteilt hatte, gegenüber deren späteren Rückforderung die Verjährungseinrede erhob[530].

---

ten, ist das Bundesgericht gemäss Art. 105 Abs. 3 BGG nicht an die Sachverhaltsfeststellung der Vorinstanz gebunden.

523   Zum früheren Recht und dem ähnlich lautenden Art. 105 Abs. 2 OG vgl. BGE 128 III 456 E. 1 und Moser, in: Moser/Uebersax, Rz. 2.72 mit Hinweisen. Mit Bezug auf Anwendungsbeispiele von geradezu willkürlicher Sachverhaltsermittlung im Sinne von Art. 105 Abs. 2 OG vgl. Nicolas Wisard, Les faits nouveaux en recours de droit administratif au Tribunal fédéral, AJP 1997, 1374 f. mit Hinweisen.

524   Vgl. Art. 106 Abs. 1 BGG.

525   Vgl. BGE 123 II 55 E. 6a mit Bezug auf Art. 105 Abs. 2 OG.

526   Vgl. Entscheid der Eidgenössischen Steuerrekurskommission vom 31. August 2004, veröffentlicht in VPB 69.6 E. 7 mit Hinweisen; siehe unten Rz. 3.194 f.

527   Gygi, Bundesverwaltungsrechtspflege, 315.

528   Urteil des Bundesverwaltungsgerichts A-8728/2007 vom 8. April 2008 E. 4.2 mit Hinweisen; A-6121/2007 vom 3. April 2008 E. 5.1; Entscheid der Rekurskommission INUM vom 30. November 2004, veröffentlicht in VPB 69.45 E. 6.3.2 mit Hinweis.

529   Entscheid der Rekurskommission VBS vom 27. Dezember 2005, veröffentlicht in VPB 70.24 E. 1c.

530   Entscheid der Eidgenössischen Personalrekurskommission vom 21. Juli 1995, veröffentlicht in VPB 60.72 E. 6.

Hinsichtlich der vom Bundesverwaltungsgericht bei der freien Überprüfung der Er- **2.194**
messensbetätigung mitunter geübten *gewissen Zurückhaltung* kann auf das oben in
Rz. 2.154 ff. Gesagte verwiesen werden.

Spezialgesetzlich *ausgeschlossen* ist die Rüge der Unangemessenheit etwa bei Sub- **2.195**
missionsstreitigkeiten (Art. 31 BoeB)[531], bei der Überprüfung des Ergebnisses von
Prüfungen und Promotionen im ETH-Bereich (Art. 37 Abs. 4 ETH-Gesetz), bei der
Beurteilung von Entschädigungsansprüchen gegenüber dem Ausland (Art. 8 Abs. 3
des Bundesgesetzes vom 21. März 1980 über Entschädigungsansprüche gegenüber
dem Ausland[532]) und bei Beitragsverfügungen von Institutionen der Forschungsförderung (Art. 13 Abs. 2 Forschungsgesetz)[533].

V. Novenrecht

1. Rechtliche Nova

Es ist ohne Einschränkung zulässig, im Beschwerdeverfahren vor dem Bundesver- **2.196**
waltungsgericht einen gegenüber dem vorinstanzlichen Verfahren *neuen Rechtsstandpunkt* einzunehmen[534]. Dies ergibt sich ohne weiteres aus dem Grundsatz der
Rechtsanwendung von Amtes wegen[535].

Zwar ist es auch nach Ablauf der Beschwerdefrist möglich, im Rahmen einer allfälligen Replik **2.197**
oder von Schlussbemerkungen eine neue rechtliche Begründung vorzubringen[536]. Da indes
kein Anspruch auf gerichtliche Anordnung eines zweiten Schriftenwechsels besteht, ist es rat-
sam, die *rechtlichen Argumente* bereits vollständig in der Begründung der Beschwerdeschrift
darzulegen.

Das Bundesverwaltungsgericht seinerseits berücksichtigt bei seinen Entscheiden **2.198**
die neueste ihm bekannte *Rechtsprechung* des Europäischen Gerichtshofes für
Menschenrechte sowie des Bundesgerichts[537] und weicht von seiner eigenen Praxis
nur im Falle einer als solchen beschlossenen Praxisänderung ab. Auch zieht es gegebenenfalls die weitere ihm zur Verfügung stehende aktuelle Judikatur (z.B. Ent-

---

531 Vgl. Galli/Moser/Lang/Clerc, Rz. 918; Steiner, 410 f.
532 SR 981.
533 Bundesgesetz vom 7. Oktober 1983 über die Forschung (SR 420.1), vgl. BBl 2007 1383;
     vgl. auch Urteil des Bundesverwaltungsgerichts B-428/2007 vom 18. Februar 2008 E. 4 so-
     wie Entscheid der Eidgenössischen Rekurskommission für Forschungsförderung vom
     30. Mai 2001, veröffentlicht in VPB 67.10 E. 1.
534 Vgl. BGE 130 III 34 E. 4.4 mit Hinweisen; 118 II 246 E. 3b; Urteil des Bundesverwal-
     tungsgerichts A-6156/2007 vom 17. Dezember 2007 E. 2.3; Entscheide der Rekurskom-
     mission EVD vom 5. Dezember 1996 bzw. vom 13. Februar 1998, veröffentlicht in VPB
     61.31 E. 3.2.3 mit Hinweis bzw. VPB 63.90 E. 3.3.3.
535 Vgl. oben Rz. 1.54.
536 Urteil des Bundesverwaltungsgerichts A-6156/2007 vom 17. Dezember 2007 E. 2.3; A
     4580/2007 vom 17. Januar 2008 E. 3.1.
537 Die höchstrichterliche Rechtsprechung ist ex nunc et pro futuro anzuwenden (vgl. BGE
     123 V 207 E. 3c).

scheide des Gerichtshofes der Europäischen Gemeinschaften[538], von Bundesbehörden oder von kantonalen Gerichten) bei seiner Entscheidfindung bei.

2.199 Eine Gerichtspraxis ist nicht unwandelbar und muss sogar *geändert werden,* wenn sich erweist, dass das Recht bisher unrichtig angewendet worden ist oder eine andere Rechtsanwendung dem Sinn des Gesetzes oder veränderten Verhältnissen besser entspricht. Eine Praxisänderung muss sich allerdings auf ernsthafte und sachliche Gründe stützen können, die – vor allem aus Gründen der Rechtssicherheit – umso gewichtiger sein müssen, je länger die als falsch oder nicht mehr zeitgemäss erkannte Rechtsanwendung gehandhabt worden ist[539].

2.200 Gemäss Art. 25 Abs. 1 VGG kann eine Abteilung des Bundesverwaltungsgerichts eine Rechtsfrage nur dann abweichend von einem früheren Entscheid einer oder mehrerer anderer Abteilungen entscheiden, wenn die *Vereinigung* der *betroffenen Abteilungen* zustimmt. Es geht dabei nicht nur um Fälle der *Praxisänderung,* sondern auch der bedeutsamen *Präzisierung* einer Praxis. Die Bestimmung hat sinngemäss auch für die Kammern der gleichen Abteilung zu gelten[540]. Einen anderen Aspekt betrifft die *Koordination* der Rechtsprechung in Fällen, in denen das Gericht zu einer Rechtsfrage noch keine Praxis gebildet hat. Hat eine Abteilung eine Rechtsfrage zu entscheiden, die mehrere Abteilungen betrifft, so holt sie die Zustimmung der Vereinigung aller betroffenen Abteilungen ein, sofern sie dies für die Rechtsfortbildung oder die Einheit der Rechtsprechung für angezeigt hält (Art. 25 Abs. 2 VGG)[541]. Beschlüsse der Vereinigung der betroffenen Abteilungen sind gültig, wenn an der Sitzung oder am Zirkulationsverfahren mindestens zwei Drittel der Richter und Richterinnen jeder betroffenen Abteilung teilnehmen. Der Beschluss wird ohne Parteiverhandlung gefasst und ist für die Antrag stellende Abteilung bei der Beurteilung des Streitfalls *verbindlich* (Art. 25 Abs. 3 VGG)[542].

2.201 Eine *neue Praxis* ist grundsätzlich *sofort* und in allen hängigen Verfahren anzuwenden. Der verfassungsrechtliche Grundsatz des Vertrauensschutzes[543] kann jedoch gegebenenfalls bei einer verfahrensrechtlichen Änderung bzw. Klarstellung der bisherigen Rechtsprechung dazu führen, dass eine Praxisänderung im Anlassfall noch

---

538 Vgl. BVGE 2007/14 E. 2.2.4. In diesem Entscheid wurde festgehalten, dass die Umsatzsteuerrechte der Europäischen Gemeinschaft und ihrer Mitgliedstaaten exemplarische Bedeutung für die Schweiz haben und eine nicht zu vernachlässigende Erkenntnisquelle bei der Interpretation des schweizerischen Mehrwertsteuerrechts bilden. Dies bedeute indessen nicht, dass die Rechtsprechung des EuGH für die Schweiz als Nichtmitglied der Europäischen Union verbindlich wäre (vgl. auch Urteil des Bundesverwaltungsgerichts A-1515/2006 vom 25. Juni 2008 E. 3.5.1 mit Hinweisen). Gegebenenfalls kann sich für die Auslegung der Begriffe des Gemeinschaftsrechts indes auch eine Verpflichtung zur Übernahme der einschlägigen Rechtsprechung des EuGH bis zum Zeitpunkt vor der Unterzeichnung des Freizügigkeitsabkommens ergeben (vgl. Art. 16 Abs. 2 FZA sowie Urteil des Bundesverwaltungsgerichts B-2183/2006 vom 28. August 2007 E. 5.3.1 mit Hinweis).

539 BGE 126 I 129 E. 5 mit Hinweisen; vgl. auch BGE 130 V 372 E. 5.1, 495 E. 4.1 mit Hinweisen; 127 I 52 E. 3c; 125 III 321 E. 7; Urteil des Bundesverwaltungsgerichts A-1683/2006 vom 12. Juli 2007 E. 3.1; Entscheid der Rekurskommission INUM vom 20. Oktober 2005, veröffentlicht in VPB 70.18 E. 8.2 mit Hinweis. Zur Frage der Massgeblichkeit von Präjudizien (des Bundesgerichts) vgl. auch Urteil des Bundesverwaltungsgerichts A-1396/2006 vom 30. Januar 2008 E. 2.3.3 (mit Hinweisen).

540 WEISSENBERGER, 1514.

541 Als bisher einziger Anwendungsfall vgl. BVGE 2007/11.

542 Vgl. auch die sinngemäss gleichlautende Bestimmung von Art. 23 BGG sowie BSK BGG-BIAGGINI/HAAG, Art. 23 N 1 ff.

543 Vgl. Art. 9 BV.

nicht angewendet wird, wenn der Betroffene einen Rechtsverlust erleiden würde, den er hätte vermeiden können, wenn er die neue Praxis bereits gekannt hätte. Der Vorrang des *Vertrauensschutzes* wird nach ständiger Rechtsprechung bejaht bei der Berechnung von Rechtsmittelfristen oder von Formvorschriften für die Einlegung eines Rechtsmittels, nicht aber wenn die Zulässigkeit des Rechtsmittels als solche in Frage steht[544].

Inwieweit auch *Rechtsänderungen* (Änderung von Gesetzen, Verordnungen und Reglementen), die erst nach Erlass des angefochtenen Entscheids eingetreten sind, zu berücksichtigen sind, hängt von der massgeblichen *intertemporalrechtlichen Regelung* ab[545]. Fehlt im Gesetz eine Übergangsbestimmung, hat das Gericht zu prüfen, welche Übergangsordnung zu treffen ist, wobei es aufgrund allgemeiner übergangsrechtlicher Grundsätze entscheidet[546]. Gemäss Rechtsprechung ist die Rechtmässigkeit eines Verwaltungsaktes grundsätzlich nach der Rechtslage zur Zeit seines Erlasses zu beurteilen[547]. Für das Bundesverwaltungsgericht sind mithin jene Rechtssätze massgebend, die bei der Erfüllung des rechtlich zu ordnenden oder zu Rechtsfolgen führenden Tatbestandes Geltung haben[548]. Nachher eingetretene Änderungen haben grundsätzlich unberücksichtigt zu bleiben[549].

2.202

Eine Ausnahme vom Verbot der echten Rückwirkung[550] ist dann zu machen, wenn zwingende Gründe eine sofortige Anwendung des neuen Rechts verlangen[551]. Das Bundesgericht lässt in seiner Rechtsprechung die Rückwirkung regelmässig nur dann zu, wenn sie gesetzlich ausdrücklich angeordnet oder nach dem Sinn des Erlasses klar gewollt ist, zu keinen stossenden Rechtsungleichheiten führt, sich durch beachtenswerte Gründe rechtfertigen lässt und nicht in wohlerworbene Rechte ein-

2.203

---

544 BGE 133 V 103 E. 4.4.6; 132 II 159 E. 5.1 mit Hinweisen.

545 Vgl. BGE 122 V 30 E. 1 mit Hinweisen, 120 IV 46 E. 1; Urteil des Bundesverwaltungsgerichts A-7369/2006 vom 24. Juli 2007 E. 3.1; KARLEN, Verwaltungsgerichtsbeschwerde, Rz. 3.64 mit Hinweisen; KÖLZ, 175 und 204; vgl. auch BVGE 2008/1 E. 2.

546 BGE 131 V 429 E. 5.1 mit Hinweisen; Urteil des Bundesverwaltungsgerichts A-6052/2007 vom 9. Juni 2008 E. 4.2.1.

547 BGE 130 V 333 E. 2.3, 447 E. 1.2.1 mit Hinweisen; 125 II 598 E. 5e/aa; Entscheid der Eidgenössischen Rekurskommission für Heilmittel vom 13. September 2002, veröffentlicht in VPB 67.31 E. 7b.

548 BGE 130 V 333 E. 2.3, 447 E. 1.2.1; 129 V 4 E. 1.2; 124 V 227 E. 1; BVGE 2008/9 E. 4; Urteil des Bundesverwaltungsgerichts C-2521/2006 vom 13. Juni 2007 E. 5; Entscheid der Rekurskommission EVD vom 26. März 1997, veröffentlicht in VPB 62.71 E. 5; Entscheid der Eidgenössischen Steuerrekurskommission vom 28. April 1995, veröffentlicht in VPB 61.64 E. 1c mit Hinweisen; Entscheid der Eidgenössischen Rekurskommission für die Unfallversicherung vom 18. Juli 2003, veröffentlicht in VPB 68.39 E. 2.

549 Urteil des Bundesverwaltungsgerichts A-563/2007 vom 4. Oktober 2007 E. 2; A-2257/2006 vom 6. August 2007 E. 2 mit Hinweisen; A-3193/2006 vom 12. September 2007 E. 3.1.1 mit Hinweisen; Entscheid der Eidgenössischen Personalrekurskommission vom 21. Juli 1995, veröffentlicht in VPB 60.72 E. 3a. Zum grundsätzlichen Rückwirkungsverbot von Erlassen vgl. auch GEORG MÜLLER, Kommentar aBV, Art. 4 Rz. 74 f. mit Hinweisen.

550 Die Anwendung neuen Rechts auf einen Sachverhalt, der sich abschliessend vor in Kraft treten dieses Rechts verwirklicht hat, wird als echte Rückwirkung bezeichnet.

551 BGE 129 II 522 E. 5.3.2 mit Hinweisen; 125 II 509 E. 3b; 120 Ib 319 E. 2b; 119 Ib 110; Urteil des Bundesverwaltungsgerichts A-1715/2006 vom 9. November 2007 E. 2.2.5 mit Hinweis.

greift. Eine Rückwirkung soll namentlich dann möglich sein, wenn die Gesetzesänderung zur Verbesserung des Rechtszustandes der betroffenen Person führt (Rückwirkung begünstigender Erlasse; *lex mitior*)[552]. Ferner ist bei *offenen,* im Zeitpunkt der Rechtsänderung noch andauernden Sachverhalten in aller Regel das neue Recht anwendbar[553]. Auch *neue Verfahrensvorschriften* sind mangels anders lautender Übergangsbestimmungen grundsätzlich mit dem Tag des Inkrafttretens sofort und in vollem Umfang anwendbar, ungeachtet des Umstandes, dass der in Frage stehende Sachverhalt sich vor dem Inkrafttreten des neuen Rechts ereignet hat[554].

2.   Tatsächliche Nova

2.204   Im Beschwerdeverfahren vor dem Bundesverwaltungsgericht dürfen im Rahmen des Streitgegenstandes bisher noch nicht gewürdigte, bekannte wie auch bis anhin unbekannte, *neue Sachverhaltsumstände,* die sich zeitlich vor (sog. unechte Nova) oder erst im Laufe des Rechtsmittelverfahrens (sog. echte Nova) zugetragen haben, vorgebracht werden. Gleiches gilt für *neue Beweismittel*[555/556].

2.205   Eine Ausnahme wird insofern gemacht, als bei Beschwerden gegen *Sicherstellungsverfügungen* der ESTV im Sinne von Art. 70 Abs. 3 MWSTG (bzw. Art. 43 Abs. 3 StG und Art. 47 Abs. 3 VStG) sog. echte Nova angesichts der speziellen Natur von Sicherstellungsverfahren nicht zugelassen werden[557]. Gleiches gilt grundsätzlich mit Bezug auf Sicherstellungsverfügungen der Oberzolldirektion im Sinne von Art. 48 Abs. 1 der Verordnung vom 6. März 2000 über eine leistungsabhängige Schwerverkehrsabgabe[558/559].

---

552   Vgl. BVGE 2007/25 E. 3.1 mit Hinweisen; Urteil des Bundesverwaltungsgerichts A-1515/2006 vom 25. Juni 2008 E. 3.2 mit Hinweisen sowie Urteil des Bundesverwaltungsgerichts A-1352/2006 vom 25. April 2007 E. 4.2 betreffend rückwirkende Anwendung der so genannten Pragmatismusbestimmung von Art. 45a MWSTGV auf hängige Verfahren.

553   BGE 126 V 135 E. 4a; 123 V 135 E. 2b; 121 V 100 E. 1a mit Hinweisen; Urteil des Bundesverwaltungsgerichts A-7369/2006 vom 24. Juli 2007 E. 3.2; Entscheid der Schweizerischen Asylrekurskommission vom 2. Mai 2000, veröffentlicht in VPB 65.6 E. 3a; vgl. auch BGE 133 II 101 E. 4.1.

554   BGE 132 V 369 E. 2.1; 130 V 4 E, 3.2 mit Hinweisen, 93 E. 3.2, 135 E. 2.3; 129 V 115 E. 2.2; Urteil des Bundesverwaltungsgerichts B-2033/2007 vom 25. Juni 2007 E. 2; Entscheid der Eidgenössischen Steuerrekurskommission vom 3. Dezember 2003, veröffentlicht in VPB 68.73 E. 5a; HÄFELIN/MÜLLER/UHLMANN, Rz. 327a.

555   Vgl. Urteil des Bundesverwaltungsgerichts A-8634/2007 vom 29. Mai 2008 E. 2; Entscheide der Rekurskommission EVD vom 6. April 1995 bzw. 5. Dezember 1996, veröffentlicht in VPB 60.48 E. 6 bzw. 61.31 E. 2.2.3; Entscheid der Eidgenössischen Steuerrekurskommission vom 1. Juni 2004, veröffentlicht in VPB 68.158 E. 1b; Entscheide der Eidgenössischen Personalrekurskommission vom 25. April 1995 bzw. 12. Februar 1996, veröffentlicht in VPB 60.8 E. 2 bzw. 61.26 E. 11a/cc mit Hinweisen; MOSER, Festschrift SRK, 330.

556   Demgegenüber dürfen im Beschwerdeverfahren vor dem Bundesgericht gemäss Art. 99 Abs. 1 BGG neue Tatsachen und Beweismittel nur so weit vorgebracht werden, als erst der Entscheid der Vorinstanz dazu Anlass gibt (im gleichen Sinne schon die Praxis zur staatsrechtlichen Beschwerde; vgl. BGE 133 III 395 E. 3 mit Hinweis).

557   Vgl. Entscheid der Eidgenössischen Steuerrekurskommission vom 7. August 1997, veröffentlicht in VPB 62.47 E. 2b.

558   SR 641.811.

559   Vgl. Entscheid der Eidgenössischen Zollrekurskommission vom 22. September 2005, veröffentlicht in VPB 70.14 E. 3b/dd mit Hinweis; Urteil des Bundesverwaltungsgerichts A-

Dass der Entscheidung des Bundesverwaltungsgerichts derjenige Sachverhalt zu- **2.206**
grunde zu legen ist, wie er sich im Zeitpunkt der Entscheidung verwirklicht hat und
bewiesen ist[560], hängt entscheidend mit dem *Untersuchungsgrundsatz* und der mit
Bezug auf die Überprüfung des Sachverhalts freien Kognition (vgl. Art. 49 Bst. b
VwVG) des Gerichts zusammen[561]. Entsprechend sind selbst *verspätete Parteivorbringen* zu berücksichtigen, wenn sie als ausschlaggebend erscheinen (Art. 32
Abs. 2 VwVG)[562/563].

Grundsätzlich ist es Sache der *Parteien,* die neuen *Sachverhaltselemente* zu *belegen,* **2.207**
während das Bundesverwaltungsgericht in seinem Entscheid abzuwägen hat, inwiefern die neuen Tatsachen und Ereignisse geeignet sind, die angefochtene Entscheidung zu beeinflussen. Da eine Beschwerde so zu entscheiden ist, wie sich die Sachlage zur Zeit ergibt, besteht in der Regel auch kein Anlass, die weitere Entwicklung
abzuwarten und ein Verfahren zu sistieren[564].

3.   Neue Rechtsbegehren

Neue Anträge sind im Beschwerdeverfahren vor dem Bundesverwaltungsgericht **2.208**
grundsätzlich *unzulässig*[565]. Denn der Streitgegenstand des Rechtsmittelverfahrens
darf nicht ausserhalb des Verfügungsgegenstandes liegen. Gegenstände, über welche die Vorinstanz nicht entschieden hat, soll die obere Instanz nicht beurteilen, da
sonst in die funktionelle Zuständigkeit der Vorinstanz eingegriffen würde. Es ist
den Parteien daher grundsätzlich verwehrt, vor der nächsthöheren Instanz neue Begehren zu stellen oder ihre Begehren und damit den Streitgegenstand zu erwei-
tern[566].

6119/2007 vom 19. November 2007 E. 2.1.5 mit Hinweis auf das Urteil des Bundesgerichts
2A.561/2006 vom 22. Juni 2007 E. 5.3 und 5.5, wo dieser Grundsatz mit Bezug auf eine
spezielle Konstellation relativiert wurde.

560   Urteil des Bundesverwaltungsgerichts A-1985/2006 vom 14. Februar 2008 E. 7; Entscheide der Eidgenössischen Personalrekurskommission vom 24. November 1999 bzw.
10. November 2003, veröffentlicht in VPB 64.39 E. 3b bzw. 68.67 E. 3c.; Entscheid der
Eidgenössischen Rekurskommission für die Unfallversicherung vom 7. Juli 2000, veröffentlicht in VPB 65.90 E. 2; Kölz/Häner, Rz. 632 mit Hinweis.

561   Vgl. oben Rz. 1.49 bzw. 2.149 ff.

562   Vgl. Entscheid der Schweizerischen Asylrekurskommission vom 29. Oktober 1997, veröffentlicht in VPB 63.5 E. 5c. Entsprechende Vorbringen bleiben aber auf den Streitgegenstand beschränkt (BGE 131 II 203 E. 3.2); vgl. oben Rz. 2.147.

563   Unter Umständen kann dies freilich – selbst bei Obsiegen – eine Kostenpflicht nach sich
ziehen (vgl. unten Rz. 4.52).

564   Vgl. Entscheid der Schweizerischen Asylrekurskommission vom 27. Juni 1995, veröffentlicht in VPB 60.28 E. 3.

565   Eine spezialgesetzliche Ausnahme besteht nach Art. 77 Abs. 3 EntG insofern, als im Ver-
fahren vor dem Bundesverwaltungsgericht gegen Entscheide über die Festsetzung der
Entschädigung neue Begehren zulässig sind, soweit sie nachweisbar nicht schon vor der
Schätzungskommission gestellt werden konnten.

566   BGE 131 II 203 E. 3.2; Urteil des Bundesverwaltungsgerichts A-1536/2006 und A-1537/
2006 vom 16. Juni 2008 E. 1.4.1; A-7375/2006 vom 7. Dezember 2007 E. 1.3; Entscheide
der Rekurskommission EVD vom 10. September 1996 bzw. 13. Februar 1998, veröffentlicht in VPB 61.44 E. 4.1 bzw. 63.90 E. 3.3.3; Schmid, 200 f. mit Hinweisen.

2.209   So ist ein Rechtsbegehren, das den Streitgegenstand im Zuge des Rechtsmittelverfahrens auf weitere Steuerperioden ausdehnt, als unzulässig zu erachten. Damit sich das Gericht mit der Frage einer allfälligen Neufestsetzung bzw. Rückzahlung der von der beschwerdeführenden Partei in einem früheren Zeitraum entrichteten Steuerbeträge befassen könnte, müsste sie vorgängig bei der ESTV einen diesbezüglichen Antrag stellen und einen Einspracheentscheid erwirken[567].

2.210   *Ausnahmsweise* werden Antragsänderungen und -erweiterungen, die im Zusammenhang mit dem Streitgegenstand stehen, aus prozessökonomischen Gründen zugelassen. Voraussetzung dafür ist, dass einerseits ein (sehr) enger Bezug zum bisherigen Streitgegenstand besteht und andererseits die Verwaltung im Laufe des Verfahrens Gelegenheit hatte, sich zu dieser neuen Streitfrage zu äussern[568].

VI.   Anforderungen an die Beschwerdeschrift

1.   Beschwerdeantrag

2.211   Erstes Erfordernis an eine Beschwerde ist gemäss Art. 52 Abs. 1 VwVG das Vorliegen eines *Begehrens,* das auf Aufhebung oder Abänderung der Verfügung und, im Fall der Abweisung eines entsprechenden Gesuchs durch die Vorinstanz[569], auf Erlass der Verfügung lautet. Bei der Anfechtung von Feststellungsverfügungen geht das Begehren auf Kassation oder Reformation der Feststellung[570]. An ein Begehren sind keine allzu hohen Anforderungen zu stellen; es genügt, wenn aus der Beschwerde zumindest implizit ersichtlich ist, in welchen Punkten der angefochtene Entscheid beanstandet wird. Aus der Beschwerde muss der unmissverständliche Wille einer individualisierten Person hervorgehen, als Beschwerdeführende auftreten zu wollen[571] und die Änderung einer bestimmten, sie betreffenden und mittels Verfügung geschaffenen Rechtslage anzustreben[572]. Speziell bei Eingaben, die von *Laien* in rechtlichen Belangen formuliert werden, dürfen in sprachlicher und formel-

---

567   Vgl. Entscheid der Eidgenössischen Steuerrekurskommission vom 12. Oktober 1999, veröffentlicht in VPB 64.48 E. 2 b; Moser, Festschrift SRK, 329 mit Hinweis.

568   Vgl. Urteil des Bundesverwaltungsgerichts A-5781/2007 vom 18. Juni 2008 E. 1.3.1; Entscheide der Eidgenössischen Steuerrekurskommission vom 31. Januar 1996 bzw. 20. Oktober 2000 bzw. 31. August 2004, veröffentlicht in VPB 61.21 E. 1 b bzw. 65.58 E. 1 b/aa bzw. 69.6 E. 2 a und 2 b; Entscheid der Eidgenössischen Personalrekurskommission vom 24. März 1995, veröffentlicht in VPB 60.5 E. 2 a mit Hinweisen; vgl. auch Urteil des Bundesgerichts 1A.254/2004 vom 7. Februar 2005, veröffentlicht in ZBl 2006, 162 E. 2.3 mit Hinweisen.

569   Z.B. auch im Rahmen von Art. 25a VwVG.

570   Kölz/Häner, Rz. 601.

571   Das Bundesgericht hat für das Verfahren vor dem Bundesgericht u.a. aus dem Erfordernis eines unbedingten Anfechtungswillens geschlossen, dass es nicht zulässig ist, eine Beschwerde bloss vorsorglich, für den Fall zu erheben, dass auch die Gegenpartei Beschwerde einreicht; dies käme in ihrer Wirkung einer – unzulässigen – Anschlussbeschwerde gleich (Urteil des Bundesgerichts 5A_207/2007 vom 20. März 2008 E. 2.5).

572   BGE 112 Ib 635 E. 2 b; Urteil des Bundesverwaltungsgerichts A-438/2008 vom 3. April 2008 E. 17 mit Hinweisen; Entscheid der Rekurskommission EVD vom 5. August 1997, veröffentlicht in VPB 62.61 E. 1.2.

ler Hinsicht keine strengen Anforderungen gestellt werden[573]. Bei einem *Rechtsanwalt,* von dem die Kenntnis des Gesetzes erwartet werden darf, sind die Anforderungen entsprechend höher[574].

Nicht ausreichend ist das blosse Einreichen einer Mehrwertsteuer-Abrechnung vor dem Bundesverwaltungsgericht ohne Begehren und Begründung; eine solche Handlung stellt keinen genügenden Ausdruck eines Beschwerdewillens dar und verhindert nicht, dass ein Einspracheentscheid der ESTV rechtskräftig wird[575]. Mit Bezug auf das öffentliche Beschaffungswesen festzuhalten ist, dass aus der Beschwerde deutlich hervorgehen muss, dass diese einen Antrag auf Erteilung der aufschiebenden Wirkung enthält[576]. Der Hinweis, dass das Unternehmen den in Frage stehenden Auftrag braucht, ist nicht als Begehren um Gewährung der aufschiebenden Wirkung zu verstehen[577]. **2.212**

Mit dem Beschwerdeantrag wird gleichzeitig der Streitgegenstand im Verfahren vor dem Bundesverwaltungsgericht bestimmt. Die beschwerdeführende Partei legt mit ihrem Begehren fest, in welche Richtung und inwieweit sie das streitige Rechtsverhältnis überprüfen lassen will. Sofern das Beschwerdebegehren lediglich auf Aufhebung oder Änderung der angefochtenen Verfügung lautet, muss auf die Beschwerdebegründung zurückgegriffen werden, um zu ermitteln, was nach dem massgeblichen Willen der beschwerdeführenden Partei Streitgegenstand ist[578]. Wie bereits erwähnt[579], kann sich der *Streitgegenstand höchstens verengen* und um nicht mehr streitige Punkte reduzieren, nicht aber ausweiten[580]. Ein Antrag, der über das hinausgeht, was von der Vorinstanz entschieden wurde, oder der mit dem Gegenstand der angefochtenen Verfügung nichts zu tun hat, ist ungültig[581]. So können im Rahmen einer Beschwerde gegen einen Nichteintretensentscheid keine Begehren mit Bezug auf die Sache selbst gestellt werden[582]. Insoweit die Verfügung der Vorinstanz nicht angefochten wird, erwächst sie in *Rechtskraft.* **2.213**

---

573 Vgl. Entscheid der Eidgenössischen Zollrekurskommission vom 29. Juli 2004, veröffentlicht in VPB 69.16 E. 1 b mit Hinweisen; Entscheid der Eidgenössischen Steuerrekurskommission vom 28. Mai 2003, veröffentlicht in VPB 67.128 E. 2 b; Entscheid der Rekurskommission EVD vom 6. April 1995, veröffentlicht in VPB 60.39 E. 5.3.

574 Vgl. Entscheid der Unabhängigen Beschwerdeinstanz für Radio und Fernsehen vom 24. Mai 1996, veröffentlicht in VPB 60.93 E. 3.

575 Vgl. Entscheid der Eidgenössischen Steuerrekurskommission vom 21. August 1998, veröffentlicht in VPB 63.28 E. 2 b.

576 Vgl. unten Rz. 2.216.

577 STEINER, 419 mit Hinweis; vgl. auch GALLI/MOSER/LANG/CLERC, Rz. 883.

578 Urteil des Bundesverwaltungsgerichts A-1985/2006 vom 14. Februar 2008 E. 3; GYGI, Bundesverwaltungsrechtspflege, 45; MERKLI/AESCHLIMANN/HERZOG, Art. 72 Rz. 7; vgl. auch BGE 133 II 414 E. 1.4.1.

579 Vgl. oben Rz. 2.8.

580 Vgl. BGE 131 II 203 E. 3.2; Urteil des Bundesverwaltungsgerichts A-1536/2006 und A-1537/2006 vom 16. Juni 2008 E. 1.4.1; Entscheid der Eidgenössischen Steuerrekurskommission vom 4. November 2005, veröffentlicht in VPB 70.40 E. 1c/bb mit Hinweisen.

581 Zu den Ausnahmen vgl. oben Rz. 2.210.

582 Vgl. BGE 125 V 505 E. 1; Urteil des Bundesverwaltungsgerichts B-6113/2007 vom 5. März 2008 E. 2; A-1471/2006 und A-1472/2006 vom 3. März 2008 E. 1.4; Entscheid der Rekurskommission EVD vom 19. Juli 2000, veröffentlicht in VPB 66.19 E. 1.2; Entscheid der Eidgenössischen Steuerrekurskommission vom 4. Januar 1996, veröffentlicht in VPB 61.20 E. 3 mit Hinweis.

2.214 Darunter ist die *formelle,* nicht aber die materielle Rechtskraft zu verstehen[583]. Letztere dem zivilprozessualen Urteil eigene unbedingte Bestandeskraft kommt formell rechtskräftigen Verwaltungsverfügungen nicht zu, da sie unter gewissen Umständen abänderbar sind, weshalb hier besser von der Rechtsbeständigkeit der Verfügung zu sprechen ist[584].

2.215 Zu beachten ist, dass im Beschwerdeverfahren – gestützt auf die Eventualmaxime[585] – *sämtliche Begehren und Eventualbegehren* in der Beschwerdeschrift vorzubringen sind[586]. (Erst) in der Replik beantragte Varianten sind daher unzulässig und es ist darauf nicht einzutreten[587]. Ein ausdrücklicher Antrag zu den Kosten- und Entschädigungsfolgen ist nicht nötig. Das Bundesverwaltungsgericht befindet darüber von Amtes wegen[588].

2.216 Wird einer allfälligen Beschwerde an das Bundesverwaltungsgericht im angefochtenen Entscheid die aufschiebende Wirkung entzogen, so ist gegebenenfalls die *Wiederherstellung* der *aufschiebenden Wirkung* zu beantragen (Art. 55 Abs. 2 und 3 VwVG)[589]. Kommt der Beschwerde ausnahmsweise von Gesetzes wegen keine aufschiebende Wirkung zu (z.B. gemäss Art. 28 Abs. 1 BoeB), so ist allenfalls ein Begehren um Erteilung der aufschiebenden Wirkung zu stellen (vgl. Art. 28 Abs. 2 BoeB)[590]. Ebenso kann gegebenenfalls die Anordnung *vorsorglicher Massnahmen* im Sinne von Art. 56 VwVG begehrt werden.

2.217 Letzteres kann sich insbesondere dort empfehlen, wo eine negative Verfügung angefochten wird[591], bezüglich der einer Beschwerde die aufschiebende Wirkung abgeht und auch nicht ver-

---

583 BVGE 2007/29 E. 4.1; Entscheid der Eidgenössischen Personalrekurskommission vom 14. Juni 2005, veröffentlicht in VPB 69.124 E. 4a mit Hinweisen. Mit der formellen Rechtskraft wird der Entscheid vollstreckbar im Sinne von Art. 39 VwVG (vgl. dazu Urteil des Bundesverwaltungsgerichts A-1699/2006 vom 13. September 2007 E. 1.3.3 mit Hinweisen).

584 Vgl. Urteil des Bundesverwaltungsgerichts A-8636/2007 vom 23. Juni 2008 E. 5.2 mit Hinweis; Entscheid der Eidgenössischen Personalrekurskommission vom 20. Mai 1997, veröffentlicht in VPB 62.19 E. 3c; Entscheid der Schweizerischen Asylrekurskommission vom 8. April 1997, veröffentlicht in VPB 62.10 E. 2c; KÖLZ/HÄNER, Rz. 381; HÄFELIN/MÜLLER/UHLMANN, Rz. 994; RUMO-JUNGO, 267; vgl. auch BGE 125 I 19 E. 3i.

585 Vgl. oben Rz. 1.57.

586 Vgl. KÖLZ/HÄNER, Rz. 108 und 611. Zum Verhältnis Hauptbegehren/Eventualbegehren vgl. Entscheid der Eidgenössischen Personalrekurskommission vom 24. Oktober 1995, veröffentlicht in VPB 60.73 E. 1c.

587 Entscheid der Rekurskommission INUM vom 4. April 2005, veröffentlicht in VPB 69.91 E. 8.1.

588 Vgl. unten Rz. 4.65.

589 Vgl. unten Rz. 3.21 ff.

590 Dies ist freilich nur dort möglich, wo die Erteilung der aufschiebenden Wirkung durch das Gericht – wie in Art. 28 Abs. 2 BoeB – spezialgesetzlich überhaupt vorgesehen ist. Ist dies nicht der Fall (so z.B. bei einer Sicherstellungsverfügung gemäss Art. 70 Abs. 4 MWSTG), kann die aufschiebende Wirkung auch durch den Instruktionsrichter im Rahmen vorsorglicher Massnahmen nicht gewährt werden (vgl. Zwischenentscheid der Eidgenössischen Steuerrekurskommission vom 18. November 1999, veröffentlicht in VPB 63.50 E. 2b a.E.).

591 Beispielsweise die Abweisung eines Gesuches, mit der eine Fernmeldedienstanbieterin zur Verbreitung eines Fernsehprogramms auf einem bestimmten Kanal verpflichtet werden soll (vgl. Zwischenverfügung des Bundesverwaltungsgerichts A-8624/2007 vom 15. Januar 2008).

langt werden kann und gegenüber der eine vorsorgliche Massnahme angeordnet werden muss, damit für die Dauer des Verfahrens der Zustand hergestellt wird, der dem Begehren entsprechen würde[592].

Die Begehren einer Beschwerde können nach Ablauf der Beschwerdefrist *nicht erweitert*, sondern höchstens präzisiert, eingeengt oder fallengelassen werden[593]. Einzig Gesuche betreffend aufschiebende Wirkung und vorsorgliche Massnahmen sind ihrer prozeduralen Natur wegen grundsätzlich auch nachträglich noch zuzulassen, desgleichen Begehren um Gewährung der unentgeltlichen Rechtspflege[594]. Ein erst nach Ablauf der Beschwerdefrist gestelltes Gesuch um vorsorglichen Rechtsschutz kann sich freilich bei der Interessenabwägung zum Nachteil der beschwerdeführenden Partei auswirken[595].   **2.218**

2. Beschwerdebegründung

Nach Art. 52 Abs. 1 VwVG hat die Beschwerdeschrift zudem eine Begründung der Begehren zu enthalten. Aus ihr muss hervorgehen, weshalb der angefochtene Entscheid beanstandet wird und welche tatsächlichen oder rechtlichen Erwägungen inwiefern unrichtig oder nicht stichhaltig sein sollen[596]. Auch an die Begründung einer Beschwerde sind, insbesondere wenn sie von einem juristischen *Laien* erhoben wird, keine allzu hohen Anforderungen zu stellen. Selbst eine summarische Begründung reicht aus, sofern aus ihr hervorgeht, in welchen Punkten und aus welchen Gründen die Verfügung angefochten wird[597]. Die Begründung braucht nicht zuzutreffen, muss aber immerhin *sachbezogen* sein und zumindest sinngemäss auf einen zulässigen Beschwerdegrund schliessen lassen. Ist die Vorinstanz auf das Begehren der beschwerdeführenden Partei nicht eingetreten, so muss sich die Begründung der Beschwerde an das Bundesverwaltungsgericht mit dieser Frage befassen. Eine Auseinandersetzung lediglich mit der materiellen Seite des Falles ist nach der bundesgerichtlichen Rechtsprechung nicht sachbezogen, wenn die Vorinstanz aus formellen Gründen einen Nichteintretensentscheid gefällt hat[598].   **2.219**

---

592 Vgl. BGE 117 V 188; 116 Ib 350 E. 3c; Zwischenverfügung des Bundesverwaltungsgerichts A-8624/2007 vom 15. Januar 2008 E. 3; KÖLZ/HÄNER, Rz. 648; BOVAY, 403 f. mit Hinweisen; vgl. auch unten Rz. 3.34.

593 Urteil des Bundesverwaltungsgerichts A-1985/2006 vom 14. Februar 2008 E. 4; vgl. auch BGE 133 II 34 E. 2.4.

594 Zum empfehlenswerten Zeitpunkt der Einreichung eines solchen Gesuches vgl. aber unten Rz. 4.100.

595 Zwischenentscheid der Eidgenössischen Rekurskommission für das öffentliche Beschaffungswesen vom 26. März 1997, veröffentlicht in VPB 61.77 E. 2c mit Hinweisen; CLERC, 545.

596 Vgl. BGE 131 II 475 E. 1.3; KÖLZ/HÄNER, Rz. 603; MERKLI/AESCHLIMANN/HERZOG, Art. 32 Rz. 15.

597 Entscheid der Eidgenössischen Steuerrekurskommission vom 28. Mai 2003, veröffentlicht in VPB 67.128 E. 2b; Entscheid der Rekurskommission EVD vom 5. August 1997, veröffentlicht in VPB 62.61 E. 1.2.

598 Vgl. BGE 123 V 338 E. 1b; 118 Ib 136 E. 2 mit Hinweisen; Entscheid der Eidgenössischen Personalrekurskommission vom 17. Februar 1997, veröffentlicht in VPB 62.35 E. 2a; Entscheid der Rekurskommission EVD vom 5. August 1997, veröffentlicht in VPB 62.61

2.220 Die Begründungspflicht im Beschwerdeverfahren vor dem Bundesverwaltungsgericht, d.h. nach dem VwVG, ist nicht mit jener gemäss Art. 42 Abs. 2 BGG gleichzusetzen. Sie geht weniger weit als im Verfahren vor dem Bundesgericht, wo der Beschwerdeführer z.B. bei der baurechtlichen Nachbarbeschwerde darzulegen hat, dass die gesetzlichen Legitimationsvoraussetzungen erfüllt sind, soweit diese nicht ohne Weiteres ersichtlich sind[599]. Denn im Verfahren nach Art. 44 VwVG hat das Bundesverwaltungsgericht auch mit Bezug auf die Legitimationsvoraussetzungen weitgehend von Amtes wegen den Sachverhalt abzuklären und das Recht anzuwenden. Eine Einschränkung kann sich höchstens auf Grund der Mitwirkungspflicht der Parteien im Sinne von Art. 13 VwVG ergeben[600].

2.221 *Verweisungen* auf Eingaben an Vorinstanzen sind grundsätzlich zulässig. Die Begründung darf sich jedoch nicht in einem pauschalen Verweis auf frühere Rechtsschriften erschöpfen[601]. Zumindest muss der Verweis so genau spezifiziert sein, dass er eine gegen den angefochtenen Entscheid weitergeltende Rüge klar erkennen lässt[602]. Der Beschwerde können allenfalls auch separate *Rechtsgutachten* beigegeben werden, die das Bundesverwaltungsgericht in rechtlicher Hinsicht wie die Beschwerdeschrift selbst zur Urteilsfindung hinzuziehen kann[603].

2.222 Die beschwerdeführende Partei hat sich im Rahmen der Begründung auch mit einem *allfälligen Eventualstandpunkt* oder einer Hilfsbegründung der Vorinstanz *auseinanderzusetzen*[604]. Für Beschwerdeverfahren, die sich gegen eine *Schätzung der ESTV* richten, gilt es gemäss Rechtsprechung Folgendes festzuhalten: Um den Anforderungen an die Beschwerdebegründung zu genügen, ist die vollständig ausgefüllte und unterzeichnete Mehrwertsteuerabrechnung einzureichen oder eine ausführliche Begründung abzugeben, die sich mit der Höhe der Steuerforderung auseinandersetzt und die Schätzung der Verwaltung widerlegt[605]. Wird im Einspracheentscheid der ESTV dagegen nicht begründet, in welchen Punkten und weshalb die Abrechnungen des Steuerpflichtigen korrigiert wurden, so muss die beschwerdeführende Person in der Begründung der Beschwerde auch nicht detailliert ausführen, weshalb die ermittelte Steuer falsch sein soll[606].

E. 1.2; Entscheid der Eidgenössischen Steuerrekurskommission vom 4. Januar 1996, veröffentlicht in VPB 61.20 E. 2.

599   BGE 133 II 251 E. 1.1.

600   Urteil des Bundesverwaltungsgerichts A-6156/2007 vom 17. Dezember 2007 E. 2.3; vgl. auch unten Rz. 3.120 und Rz. 3.122.

601   Vgl. BGE 131 II 536 E. 4.3 mit Hinweisen.

602   Gygi, Bundesverwaltungsrechtspflege, 197.

603   Vgl. BGE 127 III 4 E. 2 mit Hinweisen.

604   Vgl. BGE 133 IV 120 E. 6.3; 132 I 17 E. 3; 121 I 11 E. 5a/bb; 118 Ib 28 E. 2b.

605   Entscheide der Eidgenössischen Steuerrekurskommission vom 28. Mai 2003, veröffentlicht in VPB 67.128 E. 2b bzw. vom 9. Januar 2001, veröffentlicht in VPB 65.107 E. 1c/aa.

606   Entscheid der Eidgenössischen Steuerrekurskommission vom 30. September 2002, veröffentlicht in VPB 67.54 E. 1b/aa.

3. Sprache der Rechtsschrift

Grundsätzlich ist die Beschwerde in der *Sprache* des angefochtenen Entscheids ein- **2.223**
zureichen[607/608]. Verwenden die Parteien eine andere Amtssprache[609], so kann das
Verfahren in dieser Sprache geführt werden (Art. 33a Abs. 2 VwVG). Beim Entscheid darüber hat der Richter bzw. die Richterin insbesondere die im Spiele stehenden Interessen sowie den Grundsatz der Waffengleichheit zu beachten[610]. Die
Wahl einer anderen Sprache als jener des angefochtenen Entscheides kann auch
objektiv gesehen sachgerecht sein, etwa wenn wesentliche Teile der Akten ebenfalls
in einer anderen Sprache verfasst worden sind oder die betroffene Partei eine andere Sprache besser versteht[611].

Obwohl dies in Art. 52 Abs. 1 VwVG im Gegensatz zu Art. 42 Abs. 1 BGG nicht **2.224**
ausdrücklich festgehalten wird, sind die Behörden des Bundes, mithin auch das
Bundesverwaltungsgericht, grundsätzlich nicht verpflichtet, Eingaben entgegenzunehmen, die *nicht in* einer *Amtssprache* abgefasst sind. Für fremdsprachige Beschwerden erscheint es immerhin zweckmässig, Art. 42 Abs. 6 BGG analog anzuwenden. Diese Bestimmung sieht für das Verfahren vor dem Bundesgericht vor,
dass nicht in einer Amtssprache verfasste Rechtsschriften zur Änderung zurückgewiesen werden *können;* es liegt mithin im Ermessen des Gerichts, solche Beschwerden als gültig entgegenzunehmen, was namentlich bei Gebrauch der englischen
Sprache sachgerecht sein kann, ist doch diese Sprache in der Schweiz allgemein ge-
läufig[612].

---

607 Der angefochtene Entscheid selber hat gemäss Art. 33a Abs. 1 VwVG in einer der vier
Amtssprachen zu ergehen, in der Regel in der Sprache, in der die Parteien ihre Begehren
gestellt haben oder – falls die Eröffnung des Verfahrens von Amtes wegen erfolgt ist –
stellen würden (vgl. dazu Urteil des Bundesverwaltungsgerichts A-3849/2007 vom
10. Januar 2008 E. 3 mit Hinweisen; vgl. auch Urteil des Bundesverwaltungsgerichts A-
2025/2006 vom 20. März 2007 E. 3). Zulässig ist bloss, einzelne anderssprachige – etwa
englische – Fachausdrücke zu verwenden, nicht aber, ein Entscheiddispositiv in einer
Nicht-Amtssprache zu verfassen (Urteil des Bundesgerichts 2A.206/2001 vom 24. Juli
2001 E. 3b/bb).
608 Demgegenüber war nach Art. 37 aVwVG allgemein die Amtssprache, in welcher die beschwerdeführende Person ihre Rechtsbegehren gestellt hatte, für das Beschwerdeverfahren massgebend, selbst wenn die angefochtene Verfügung in einer anderen Sprache abgefasst war.
609 Gemäss Art. 70 Abs. 1 BV sind die deutsche, die französische, die italienische und die rätoromanische Sprache die Amtssprachen des Bundes. Dabei ist zu beachten, dass das Rätoromanische nur im Verkehr mit Personen rätoromanischer Sprache als Amtssprache
gilt. Deshalb fällt im Verfahren vor dem Bundesverwaltungsgericht nur für diese Perso-
nengruppe das Rätoromanische als Verfahrenssprache in Betracht (vgl. zum Ganzen AN-
NETTE GUCKELBERGER, Das Sprachenrecht in der Schweiz, in: ZBl 2007, 617 f.).
610 Urteil des Bundesverwaltungsgerichts A-4202/2007 vom 30. November 2007 E. 3; A-3603/
2007 und A-4275/2007 vom 15. April 2008 E. 7; vgl. auch Zwischenentscheid des Bundesverwaltungsgerichts B-1755/2007 vom 30. Mai 2007. Zum sinngemäss gleich lautenden
Art. 54 Abs. 1 BGG vgl. BSK BGG-UEBERSAX, Art. 54 N 18 f.
611 Vgl. BGE 132 IV 110 E. 1.1.
612 Vgl. Urteil des Bundesgerichts 2C_326/2007 vom 17. Juli 2007, wo das Bundesgericht
ebenfalls eine englischsprachige Eingabe entgegengenommen und beurteilt hat.

2.225 Zu beachten ist, dass *internationale Abkommen* in Abweichung von Art. 33*a* Abs. 1 VwVG *weitere Sprachen* vorsehen können. Insoweit sei etwa auf dem Gebiet der sozialen Sicherheit auf Art. 84 Abs. 4 der Verordnung (EWG) Nr. 1408/71[613] i.V.m. Art. 1 Abs. 1 Anhang II zum FZA verwiesen. Im Anwendungsbereich dieser Norm dürfen u.a. Gerichte die bei ihnen eingereichten Schriftstücke nicht deshalb zurückweisen, weil sie nicht in ihrer Amtssprache, sondern in jener eines anderen Vertragsstaates abgefasst sind[614]. Ebenso hat die Schweiz mit zahlreichen Ländern im Bereich des *Sozialversicherungsrechts* bilaterale Staatsverträge abgeschlossen, die es den jeweiligen Staatsbürgerinnen und -bürgern erlauben, in ihrer Muttersprache an die Behörden zu gelangen[615]. Diesfalls ist das Bundesverwaltungsgericht verpflichtet, die Eingaben und Urkunden von Amtes wegen und auf eigene Kosten zu übersetzen.

2.226 Eine Spezialsituation ergibt sich sodann im *Asylrecht:* Asylsuchende reichen ihre Beschwerde häufig in ihrer Muttersprache ein, namentlich in Eilverfahren am Flughafen, wenn ihnen die Einreise in die Schweiz verweigert wurde und sie in der Transitzone zurückgehalten werden. In diesen Fällen hat sich ebenfalls die Praxis eingebürgert, die Eingaben und allenfalls auch Beweismittel, die relevant erscheinen, von Amtes wegen und ohne Kostenerhebung zu übersetzen. Dieses Vorgehen ist sachgerecht, wären doch die Beschwerdeführenden in dieser Situation weder finanziell noch sachlich in der Lage, innert nützlicher Frist selbst eine Übersetzung beizubringen. Das Festhalten an der Pflicht zur (eigenen) Übersetzung würde folglich regelmässig zu einem Forumsverschluss führen, womit nicht nur die Verfahrensgarantien von Art. 29 ff. BV verletzt würden, sondern auch das durch Art. 13 EMRK garantierte Recht auf eine wirksame Beschwerde nicht mehr gewährleistet wäre.

2.227 Die Präsidentenkonferenz des Bundesverwaltungsgerichts hat in ihrer Sitzung vom 14. August 2007 ihrerseits beschlossen, dass in Asylverfahren, die von Personen aus dem Ausland geführt werden, Eingaben in Englisch grundsätzlich nicht zur Übersetzung an die Partei zurückgegeben werden. Ist eine Übersetzung notwendig, wird diese in der Regel gerichtsintern oder extern auf Kosten des Gerichts erstellt. Eingaben in anderen Sprachen sind von der Partei, nötigenfalls von Amtes wegen und auf Kosten des Gerichts zu übersetzen. In ihrer Sitzung vom 18. September 2007 hat die Präsidentenkonferenz sodann entschieden, dass dieser Beschluss sinngemäss für alle Beschwerdeverfahren vor dem Bundesverwaltungsgericht gilt.

4. Formalitäten

2.228 Die Beschwerdeschrift[616] hat die *Unterschrift* der beschwerdeführenden Person oder ihres Vertreters bzw. ihrer Vertreterin zu enthalten (Art. 52 Abs. 1 VwVG), und zwar grundsätzlich auch dann, wenn ein unterzeichneter Begleitbrief vor-

---

613 Verordnung vom 14. Juni 1971 zur Anwendung der Systeme der sozialen Sicherheit auf Arbeitnehmer und Selbständige sowie deren Familienangehörige, die innerhalb der Gemeinschaft zu- und abwandern (SR 0.831.109.268.1).

614 Vgl. BSK BGG-MERZ, Art. 42 N 6 mit Hinweis auf BGE 131 V 37 E. 3.1.

615 Vgl. statt vieler Art. 37 Ziff. 1 des Abkommens vom 9. April 1996 zwischen der Schweizerischen Eidgenossenschaft und der Republik Kroatien über soziale Sicherheit (SR 0.831.109.291.1).

616 Ebenso alle anderen Rechtsschriften (z.B. eine ergänzende Beschwerdeschrift oder eine Replik), d.h. sämtliche Eingaben, die für das Bundesverwaltungsgericht verfasst werden und nicht lediglich als Beweismittel beigefügte Urkunden darstellen (vgl. BSK BGG-MERZ, Art. 42 N 1).

liegt[617]. Die Unterschrift muss im Original vorhanden sein[618]. Eine fotokopierte oder per Telefax übermittelte Unterschrift genügt im Anwendungsbereich des vom VwVG geregelten Beschwerdeverfahrens nicht[619/620].

Mit dem Erfordernis einer *Originalunterschrift* soll in der Verwaltungsrechtspflege vorab die Gefahr einer Manipulation ausgeschlossen werden, das heisst insbesondere die Möglichkeit einer Beschwerdeeinreichung durch eine vom Verfügungsadressaten nicht ermächtigte Drittperson. Ein über diese Absicht der Missbrauchsbekämpfung hinausgehender Selbstzweck kommt der Bestimmung nicht zu[621].   **2.229**

Sobald das Gesamtgericht eine Verordnung zur Umsetzung von Art. 21a Abs. 1 VwVG erlassen haben wird[622], werden Eingaben an das Bundesverwaltungsgericht auch *elektronisch* zugestellt werden können. Die ganze Sendung ist dabei von der Partei oder ihrem Vertreter bzw. ihrer Vertreterin mit einer anerkannten elektronischen Signatur[623] zu versehen (Art. 21a Abs. 2 VwVG)[624]. Die Parteien ihrerseits können gegenüber dem Bundesverwaltungsgericht eine elektronische Zustelladresse angeben und ihr Einverständnis erklären, dass Zustellungen (namentlich der *Versand* von Entscheiden) auf dem elektronischen Weg erfolgen (Art. 11b Abs. 2 VwVG)[625]. Unter der gleichen Voraussetzung kann die Behörde auch Aktenstücke auf elektronischem Weg zur *Einsichtnahme* zustellen (Art. 26 Abs. 1bis VwVG).   **2.230**

Die korrekte Bezeichnung der Eingabe an das Bundesverwaltungsgericht lautet aufgrund von Art. 44 VwVG *Beschwerde*. Eine falsche Bezeichnung (z.B. Verwaltungsbeschwerde, Berufung, Einsprache) kann der beschwerdeführenden Partei nicht schaden, sofern die Zuständigkeit des Bundesverwaltungsgerichts gegeben ist[626].   **2.231**

---

617 SCHMID, 198; vgl. aber unten Rz. 2.235.

618 BGE 121 II 254 E. 3 mit Hinweisen; Entscheid der Schweizerischen Asylrekurskommission vom 4. Juni 2003, veröffentlicht in VPB 68.2 E. 2a mit Hinweisen; KÖLZ/HÄNER, Rz. 605.

619 BGE 121 II 255 E. 4a; 112 Ia 173; Urteil des Bundesgerichts 4A_83/2008 vom 11. April 2008 E. 2.3; Entscheid der Schweizerischen Asylrekurskommission vom 15. Oktober 1997, veröffentlicht in VPB 62.13 E. 3; RHINOW/KOLLER/KISS, Rz. 1317.

620 Zur Verbesserungsmöglichkeit einer per Telefax übermittelten Unterschrift siehe Art. 108 Abs. 5 AsylG sowie oben Rz. 2.133.

621 Vgl. Entscheid der Schweizerischen Asylrekurskommission vom 4. Juni 2003, veröffentlicht in VPB 68.2 E. 2d.

622 Entsprechend jener, die der Bundesrat am 17. Oktober 2007 für das Verfahren vor einer Verwaltungsbehörde des Bundes erlassen hat (SR 172.021.2). Für das Verfahren vor dem Bundesgericht vgl. dessen Reglement über den elektronischen Rechtsverkehr mit Parteien und Vorinstanzen vom 5. Dezember 2006 (SR 173.110.29).

623 Vgl. dazu das Bundesgesetz vom 19. Dezember 2003 über Zertifizierungsdienste im Bereich der elektronischen Signatur (Bundesgesetz über die elektronische Signatur; SR 943.03) sowie DOLGE, 300 ff.

624 Dieses Erfordernis hat eine doppelte Funktion: Einerseits belegt es die Herkunft der Dokumente, und andererseits garantiert es ihre Vollständigkeit und Echtheit. Anhand des mit einem öffentlichen Schlüssel verbundenen Zertifikats kann die Behörde leicht überprüfen, wer Inhaberin des zugeordneten privaten Schlüssels ist und ob diese Person identisch mit der Absenderin ist. Ferner erlaubt die elektronische Unterschrift zu überprüfen, ob die übermittelten Dokumente vollständig und unverändert sind (Botschaft Totalrevision Bundesrechtspflege, BBl 2001 4405 f.).

625 Mit Bezug auf das Bundesgericht vgl. Art. 39 Abs. 2, Art. 42 Abs. 4 und Art. 60 Abs. 3 BGG sowie einlässlich DOLGE, 299 ff. und BÜHLER, 204 ff.

626 Vgl. BGE 133 I 302 E. 1.2; 133 II 399 E. 3.1; 131 I 148 E. 2.1; 126 II 509 E. 1b; 112 Ib 243 E. 1a mit Hinweisen; Urteil des Bundesgerichts 2C_109/2008 vom 10. März 2008 E. 1.2;

2.232 Beizulegen sind der Beschwerde die *Ausfertigung der angefochtenen Verfügung* und die als *Beweismittel* angerufenen Urkunden, soweit die beschwerdeführende Partei sie in Händen hat (Art. 52 Abs. 1 VwVG). Der Rechtsschrift, die von einem Anwalt bzw. einer Anwältin oder sonstigen die beschwerdeführende Partei vertretenden Person verfasst worden ist, ist ebenfalls eine *Vollmacht* beizufügen[627]. Fehlt sie, kann das Bundesverwaltungsgericht den Vertreter bzw. die Vertreterin auffordern, die Vollmacht nachzureichen (Art. 11 Abs. 2 VwVG).

2.233 Reicht eine Partei Urkunden ein, die nicht in einer Amtssprache[628] verfasst sind, so kann die Behörde mit dem Einverständnis der anderen Partei darauf verzichten, eine Übersetzung zu verlangen. Im Übrigen ordnet die Behörde eine *Übersetzung* an, wo dies nötig ist (Art. 33*a* Abs. 3 und 4 VwVG[629])[630]. Namentlich bei englischsprachigen Dokumenten dürfte eine Übersetzung in der Regel entbehrlich sein[631].

2.234 Die per Post eingereichte Beschwerde ist entsprechend den postalischen Vorschriften zu *frankieren*. Das Bundesverwaltungsgericht ist nicht verpflichtet, eine unfrankiert und von der Post als taxpflichtig erklärte Eingabe unter Leistung der Taxe entgegenzunehmen.

5.   Verbesserung, Ergänzung und Säumnisfolgen

2.235 Genügt die Beschwerde den gesetzlichen Anforderungen nicht[632] oder lassen die Begehren oder deren Begründung die nötige Klarheit vermissen, ist gemäss Art. 52 Abs. 2 VwVG eine *kurze Nachfrist zur Verbesserung* einzuräumen[633]. Da es sich um eine formelle Vorschrift handelt, ist das Bundesverwaltungsgericht grundsätzlich

---

Entscheid der Schweizerischen Asylrekurskommission vom 30. April 1997, veröffentlicht in VPB 62.9 E. 1 d.

627 Vgl. unten Rz. 3.4.

628 Vgl. oben Rz. 2.223.

629 Mit Art. 33*a* Abs. 4 VwVG werden nicht nur Schriftstücke, sondern auch mündliche Äusserungen im Rahmen einer allfälligen Parteiverhandlung anvisiert (Botschaft Totalrevision Bundesrechtspflege, BBl 2001 4407).

630 Ein Anspruch auf Übersetzung fremdsprachiger Aktenstücke besteht nicht (vgl. unten Rz. 3.85).

631 So auch Botschaft Totalrevision Bundesrechtspflege, BBl 2001 4407.

632 Z.B. wenn die Unterschrift fehlt oder Begehren bzw. Begründung nicht sachbezogen sind. Mit Bezug auf das Fehlen der Unterschrift hat das Eidgenössische Versicherungsgericht in BGE 120 V 416 ff. in bemerkenswerter Weise erkannt, die Ansetzung einer kurzen Nachfrist, die notfalls auch über die gesetzliche Rechtsmittelfrist hinausgehe, sei Ausdruck eines aus dem Verbot des überspitzten Formalismus fliessenden allgemeinen prozessualen Rechtsgrundsatzes. Die Schweizerische Asylrekurskommission hat ihrerseits entschieden, dass der Mangel der fehlenden Unterschrift auf der Beschwerdeschrift auch durch eine fristgerecht nachgelieferte Originalunterschrift, welche auf einer anderen Eingabe der beschwerdeführenden Person (in casu: Gesuch um ratenweise Zahlung des Kostenvorschusses) angebracht ist, behoben werden kann (Entscheid der Schweizerischen Asylrekurskommission vom 4. Juni 2003, veröffentlicht in VPB 68.2 E. 2a-e).

633 Zum Verhältnis von Art. 52 Abs. 2 VwVG zu Art. 52 Abs. 3 MWSTV (bzw. Art. 64 Abs. 4 MWSTG) siehe ASA 68, 434 E. 3b/bb; Urteil des Bundesverwaltungsgerichts A-1582/ 2006 vom 25. Januar 2008 E. 2.4; A-1471/2006 und A-1472/2006 vom 3. März 2008 E. 2.2 und E. 4.2.2 je mit weiteren Hinweisen; Moser, Festschrift SRK, 330 ff.

verpflichtet, eine Nachfrist anzusetzen[634]. Die Ansetzung einer Nachfrist kommt selbst dort in Betracht, wo die Eingabe weder Antrag noch Begründung enthält[635/636]. Voraussetzung ist immerhin, dass sich die Beschwerde nicht als offensichtlich unzulässig erweist und dass eine individualisierte Person erkenntlich ihren Willen zum Ausdruck bringt, Beschwerde zu führen und die Änderung einer bestimmten, sie betreffenden und mittels Verfügung geschaffenen Rechtslage anzustreben[637].

Das Institut der Verbesserungsfrist nach Art. 52 Abs. 2 VwVG bezweckt, *aus Versehen* oder *aus Unkenntnis* begangene Unterlassungen beheben zu können. Reicht jemand durch die Person, die sie rechtskundig vertritt, bewusst eine mangelhafte Beschwerde ein, um damit eine Verlängerung der Beschwerdefrist zu erreichen, benutzt er diese Regelung in zweckwidriger Weise. Bei solchem *offensichtlichem Rechtsmissbrauch* besteht daher kein Anspruch, die mangelhafte Beschwerdeschrift innert Nachfrist zu verbessern[638]. **2.236**

Die Nachfrist nach Art. 52 Abs. 2 VwVG muss *knapp bemessen* sein, weil sie nicht dazu dienen darf, die (gesetzliche) Beschwerdefrist beliebig zu verlängern; als obere Grenze einer solchen Nachfrist erachtet die Praxis *drei*[639] bzw. *fünf*[640] Tage. Im Asylbereich gilt spezialgesetzlich eine Nachfrist von *sieben* Tagen für die Verbesserung der Beschwerde, ausser bei Beschwerden gegen Nichteintretensentscheide und Entscheide nach Art. 23 Abs. 1 AsylG, wo eine Frist von *drei* Tagen zu beachten ist (Art. 110 Abs. 1 AsylG). Unter Berücksichtigung der Besonderheiten des Einzelfalles kann es sich ausnahmsweise rechtfertigen, eine Nachfrist so anzusetzen, dass **2.237**

---

634 KÖLZ/HÄNER, Rz. 606.
635 Vgl. BGE 117 Ia 131 E. 5c mit Hinweis; Urteil des Bundesverwaltungsgerichts A-1582/2006 vom 25. Januar 2008 E. 2.3; Entscheid der Eidgenössischen Steuerrekurskommission vom 21. August 1998, veröffentlicht in VPB 63.28 E. 2a/bb. Zur strengeren, vom Bundesgericht nicht als überspitzt formalistisch bezeichneten Praxis des Aargauer Verwaltungsgerichtes zu § 39 Abs. 3 VRPG/AG, der inhaltlich mit Art. 52 Abs. 2 VwVG übereinstimmt, vgl. ZBl 1997, 307 ff.
636 Für das Verfahren vor dem Bundesgericht gilt demgegenüber, dass auf Beschwerden, die (offensichtlich) nicht hinreichend begründet sind, ohne Ansetzung einer Nachfrist nicht einzutreten ist (Urteil des Bundesgerichts 1C_380/2007 vom 19. Mai 2008 E. 2.4.2 mit Hinweisen).
637 ASA 68, 434 E. 3b/cc mit Hinweisen; Urteil des Bundesverwaltungsgerichts A-1582/2006 vom 25. Januar 2008 E. 2.3; A-438/2008 vom 3. April 2008 E. 18; Entscheide der Eidgenössischen Steuerrekurskommission vom 21. August 1998 bzw. 4. Januar 1996, veröffentlicht in VPB 63.28 E. 2a/cc bzw. 61.20 E. 5a mit Hinweisen; KÖLZ/HÄNER, Rz. 607.
638 Entscheid der Schweizerischen Asylrekurskommission vom 16. Dezember 1999, veröffentlicht in VPB 64.96 E. 3d.
639 Vgl. BGE 121 II 255 E. 4b; 112 Ib 636 E. 2c; ASA 67, 747 E. 3; Entscheid der Eidgenössischen Steuerrekurskommission vom 26. September 1995, veröffentlicht in VPB 60.81 E. 2a. Für das frühere verwaltungsgerichtliche Beschwerdeverfahren vor dem Bundesgericht vgl. auch BGE 131 II 475 E. 1.3 mit Hinweisen.
640 Das Bundesverwaltungsgericht gewährt – grosszügigerweise – in der Regel eine Nachfrist von fünf Tagen. Die Präsidentenkonferenz des Gerichts hat dies am 22. November 2006 ausdrücklich so beschlossen, und an ihrer Sitzung vom 26. Februar 2008 hat sie daran festgehalten, dass die Nachfrist – ungeachtet der differenzierten gesetzlichen Regelung bezüglich der Nachfristansetzung in Asylverfahren (drei oder sieben Tage gemäss Art. 110 Abs. 1 AsylG) – in der Regel fünf Tage betragen soll. Diese Regelung belasse den Instruktionsrichterinnen und Instruktionsrichtern den notwendigen Spielraum, in besonderen Fällen eine längere oder kürzere Frist festzulegen.

die Beschwerdeführerin ihre Verbesserung der Beschwerde nach Einsichtnahme in die Akten vorlegen kann[641].

2.238   Eine Nachfrist zur Verbesserung der Beschwerde verbindet das Bundesverwaltungsgericht mit der *Androhung,* nach unbenutztem Fristablauf *auf Grund der Akten zu entscheiden* oder, wenn Begehren, (sachbezogene) Begründung oder Unterschrift fehlen, auf die Beschwerde *nicht einzutreten* (Art. 52 Abs. 3 VwVG).

2.239   Ein Nichteintretensentscheid darf dabei nur gefällt werden, wenn diese Rechtsfolge zuvor der beschwerdeführenden Partei – zusammen mit der Ansetzung der Nachfrist – auch wirklich ausdrücklich angedroht worden ist und die Nachfrist unbenutzt abgelaufen ist[642].

2.240   Nur in den drei Fällen, in denen das Gesetz das Nichteintreten ausdrücklich vorsieht, ist bei *Säumnis* entsprechend vorzugehen. Werden hingegen andere Mängel der Beschwerde nicht wie verlangt binnen der angesetzten Nachfrist behoben, so ist auf Grund der Akten zu entscheiden[643].

2.241   Der beschwerdeführenden Partei steht es selbstverständlich zu, ihre Beschwerde jederzeit zu *ergänzen,* solange die Beschwerdefrist noch nicht abgelaufen ist[644]. Gemäss Art. 22 Abs. 1 VwVG kann eine gesetzliche Frist dagegen nicht erstreckt werden. Ledarglich in *aussergewöhnlich umfangreichen* oder *besonders schwierigen* Beschwerdesachen kann die beschwerdeführende Person das Bundesverwaltungsgericht gestützt auf Art. 53 VwVG darum ersuchen, seine sonst ordnungsgemäss eingereichte Beschwerde binnen einer *angemessenen Nachfrist*[645] zu ergänzen. In diesem Falle findet Art. 32 Abs. 2 VwVG keine Anwendung, d.h. ist die Beschwer-

---

641   Entscheid der Eidgenössischen Rekurskommission für medizinische Aus- und Weiterbildung vom 26. Juli 2004, veröffentlicht in VPB 68.168 E. 3.2.

642   Entscheid der Eidgenössischen Steuerrekurskommission vom 12. Dezember 2000, veröffentlicht in VPB 65.85 E. 4a mit Hinweis.

643   Entscheid der Rekurskommission EVD vom 28. März 1996, veröffentlicht in VPB 61.46 E. 2.2. Wenn in diesem Entscheid dann ungeachtet der erwähnten Regel auf eine Beschwerde mangels Einreichung des angefochtenen Entscheids innert der dem Rechtsvertreter des Beschwerdeführers angesetzten Nachfrist nicht eingetreten wird mit der Begründung, er habe die ihm obliegende Mitwirkungspflicht verletzt (Art. 13 Abs. 2 VwVG), so erscheint dies problematisch, zumal sich ein Exemplar des angefochtenen Entscheids in der Regel ohnehin auch bei den Akten befindet, die von der Verwaltung eingefordert werden. In diesem Zusammenhang kann auf einen Entscheid des Bundesrates vom 3. März 1986, veröffentlicht in VPB 51.23 E. II, hingewiesen werden. Darin hat der Bundesrat zu Recht festgehalten, der mit einer verspäteten Einreichung der angefochtenen Verfügung begründete Nichteintretensentscheid sei mit überspitztem Formalismus behaftet und verletze Bundesrecht. Die Präsidentenkonferenz des Bundesverwaltungsgerichts hat am 20. März 2007 ihrerseits empfohlen, auf Beschwerden selbst dann einzutreten, wenn die beschwerdeführende Partei den angefochtenen Entscheid auch auf entsprechende Aufforderung nicht einreicht, sofern dieser mit vernünftigem Aufwand bestimmbar ist.

644   Zur Praxis der ehemaligen Schweizerischen Asylrekurskommission, gemäss der unter bestimmten Umständen über eine Beschwerde ausnahmsweise vor Ablauf der Rechtsmittelfrist entschieden werden konnte, vgl. unten Rz. 3.203.

645   Die nach Art. 53 VwVG angesetzte Nachfrist kann im Gegensatz zur Frist nach Art. 52 VwVG unter Umständen reichlich bemessen sein (vgl. BGE 112 Ib 637 E. 2c). Die Präsidentenkonferenz des Bundesverwaltungsgerichts hat sich an ihrer Sitzung vom 6. März 2007 dafür ausgesprochen, dass – sofern die Voraussetzungen zur Einräumung einer Ergänzungsfrist gegeben sind – in der Regel eine Mindestfrist von zwei Wochen gewährt

deinstanz *verpflichtet,* die ergänzenden Ausführungen zu berücksichtigen. Die Vorschrift von Art. 53 VwVG[646] trägt dem Umstand Rechnung, dass es in komplexen Beschwerdesachen mitunter kaum machbar ist, die Begründung innert der gesetzlichen Beschwerdefrist vollständig auszuarbeiten[647].

Die Gewährung einer Nachfrist gemäss Art. 53 VwVG ist indes auf *Ausnahmefälle*   **2.242** zu beschränken. Dies jedenfalls dann, wenn die beschwerdeführende Partei oder ihre Rechtsvertreterin bereits zuvor im Rahmen eines verwaltungsinternen Einsprache- oder Beschwerdeverfahrens Gelegenheit hatte, ihren Standpunkt einlässlich darzulegen und im Verfahren vor dem Bundesverwaltungsgericht auf diesen Ausführungen aufbauen konnte. Wird eine praktisch nicht oder nur knapp begründete (erstinstanzliche) Verfügung angefochten, so wird es sich gegebenenfalls eher rechtfertigen, nach Eingang der Vernehmlassung der Verwaltung einen zweiten Schriftenwechsel nach Art. 57 VwVG anzuordnen, statt eine Nachfrist zur Beschwerdeergänzung einzuräumen.

Da eine Nachfrist zur Ergänzung der Beschwerdebegründung im Sinne von Art. 53   **2.243** VwVG – wie erwähnt – nur angesetzt werden kann, wenn die Beschwerdeschrift den gesetzlichen Anforderungen des Art. 52 VwVG genügt, kann die Tatsache des unbenutzten Ablaufs dieser Nachfrist *kein Nichteintreten* auf die Beschwerde (gemäss Art. 52 Abs. 3 VwVG) zur Folge haben[648].

---

wird, die angesetzte Nachfrist indes die Dauer der Beschwerdefrist grundsätzlich nicht überschreiten sollte.

646 Dieser Vorschrift nachgebildet wurde Art. 43 BGG für Beschwerden auf dem Gebiet der internationalen Rechtshilfe in Strafsachen. Auch diese Vorschrift ist auf besonders umfangreiche und komplexe Fälle zugeschnitten, für welche die gesetzlich vorgesehene (hier lediglich zehntägige) Beschwerdefrist nicht ausreicht, um sämtliche materiellen Rügen mit der nötigen Sorgfalt und Tiefe rechtsgenüglich zu begründen (BSK BGG-AEMISEGGER/FORSTER, Art. 43 N 2 f.). Als Anwendungsfall siehe BGE 134 IV 161 E. 1.6.

647 RHINOW/KOLLER/KISS, Rz. 1316.

648 Entscheid der Rekurskommission EVD vom 24. November 1995, veröffentlicht in VPB 60.40 E. 3.

§ 3 Beschwerdeverfahren

I.   Verfahrensbeteiligte

Nebst den Beschwerdeführenden und der Vorinstanz können allenfalls auch *Gegen-* **3.1**
parteien der Beschwerdeführenden oder andere am Verfahren *Beteiligte* in Erscheinung treten (vgl. Art. 57 Abs. 1 VwVG)[1]. Als andere Beteiligte im Sinne dieser Bestimmung sind in erster Linie diejenigen zu verstehen, die, ohne Parteistellung
beanspruchen zu können, in den Schriftenwechsel einbezogen werden dürfen. Darunter fallen aber auch Dritte, die mit dem Entscheid der Vorinstanz einverstanden
sind oder sich damit abgefunden haben, ebenso bei der Anfechtung einer Zuschlagsverfügung im Sinne von Art. 29 Bst. a BoeB diejenige Person, die den Zuschlag ursprünglich erhalten und ein eigenes, schützenswertes Interesse an der Bei-
behaltung dieser Verfügung hat[2]. Beteiligte, denen keine Parteistellung zukommt,
nehmen nur dann die Stellung einer eigentlichen Gegenpartei ein, wenn sie sich
den Anträgen der beschwerdeführenden Partei mit eigenen Anträgen widersetzen,
wobei sie diesfalls auch ein Kostenrisiko tragen[3]. Beschränken sie sich hingegen darauf, lediglich auf die Beschwerde zu antworten, können sie nicht zur Bezahlung
von Verfahrens- und Parteikosten verpflichtet werden[4].

Die *Beiladung* als Prozessinstitut ist in der Bundesverwaltungsrechtspflege nicht **3.2**
ausdrücklich geregelt, in der Praxis aber ohne weiteres zugelassen[5]. Sie lässt sich darauf stützen, dass der *Schriftenwechsel* im Beschwerdeverfahren vor dem Bundesverwaltungsgericht in Anwendung von Art. 57 Abs. 1 VwVG auf andere Beteiligte
ausgedehnt werden kann[6]. Die betreffende Person kann sich dabei nicht von sich
aus in ein Verfahren einschalten, sondern nur auf prozessuale Anordnung hin[7].

---

1   Vgl. LEBER, 22 ff.; HÄNER, Beteiligte, Rz. 251.
2   Vgl. GALLI/LEHMANN/RECHSTEINER, Rz. 542; vgl. auch BGE 127 V 111 E. 6b mit Hinwei-
    sen.
3   Vgl. Art. 63 Abs. 1 und 64 Abs. 3 VwVG; Entscheid der Rekurskommission EVD vom
    20. Mai 1996, veröffentlicht in VPB 61.39 E. 4 mit Hinweisen; KÖLZ/HÄNER, Rz. 527. Für
    das Verfahren der Verwaltungsgerichtsbeschwerde hatte das Eidgenössische Versicherungs-
    gericht in Änderung seiner bisherigen Rechtsprechung erkannt, die Gegenpartei trage stets
    bis zum Abschluss des Verfahrens das Prozess- und Kostenrisiko, auch wenn sie auf eine
    Vernehmlassung verzichte (BGE 123 V 158 E. 3c [betreffend Gerichtskosten] und 159
    E. 4b [betreffend Parteientschädigung]); vgl. auch BGE 128 II 92 E. 2, wobei es dort um
    eine (ursprüngliche) Gesuchstellerin in einem Plangenehmigungsverfahren ging, die vom
    Bundesgericht als (Haupt-)Partei bezeichnet wurde.
4   Vgl. BGE 125 II 103 E. 8 a.E.; 114 Ib 205 E. 1a; GRISEL, 851; BORGHI/CORTI, 261; vgl. auch
    unten Rz. 4.41.
5   Teilentscheid des Bundesverwaltungsgerichts A-692/2008 vom 7. April 2008 E. 2; ZIM-
    MERLI/KÄLIN/KIENER, 99.
6   GYGI, Bundesverwaltungsrechtspflege, 183.
7   GYGI, Bundesverwaltungsrechtspflege, 184.

Eine Pflicht zur Beiladung oder, als Korrelat dazu, ein Anspruch auf Beiladung besteht nicht. Vielmehr entscheidet das Gericht, wer als beteiligte Person in den Schriftenwechsel einbezogen wird. Der Einbezug hat den Sinn, die Rechtskraft des Urteils auf die beigeladene Person auszudehnen, so dass diese in einem späteren gegen sie gerichteten Prozess dieses Urteil gegen sich gelten lassen muss. Die beigeladene Person erlangt damit Parteistellung, wird aber nicht Hauptpartei, sondern bloss Nebenpartei. Ihr kommt keine Verfügungsmacht über den Streitgegenstand zu[8]. Das Interesse an einer Beiladung ist *rechtlicher* Natur. Es muss eine Rückwirkung auf eine Rechtsbeziehung zwischen der Hauptpartei und der mitinteressierten Person in Aussicht stehen[9]. Im Übrigen ist die Beiladung nur dann zulässig, wenn keine selbständige Anfechtung möglich war. Ansonsten hat die Drittperson selber als Hauptpartei aufzutreten. Insoweit steht die Beiladung – je nach Interessenlage – der Nebenintervention und der Streitverkündung nahe, wobei den Beigeladenen eine den Hauptparteien möglichst angeglichene Stellung einzuräumen ist[10].

3.3 Jede Partei[11] kann ein Verwaltungs- bzw. ein Beschwerdeverfahren grundsätzlich *selbständig* führen, ohne einen Vertreter oder Vertreterin beiziehen zu müssen; es besteht *kein Vertretungszwang*. Ist eine Partei offensichtlich nicht imstande, ihre Sache selber zu führen, so kann das Bundesverwaltungsgericht sie freilich auffordern, einen Vertreter oder eine Vertreterin beizuziehen. Leistet sie innert der angesetzten Frist keine Folge, so bestellt ihr das Gericht einen Anwalt oder eine Anwältin[12]. Die *Postulationsfähigkeit* als Teil der Prozessfähigkeit setzt dabei die Fähigkeit voraus, vor Gericht die im Prozessrecht vorgezeichneten Rechte wahrzunehmen, prozessuale Anträge zu stellen, schriftliche oder mündliche Parteivorträge zu halten usw.[13]. Als Norm des «ordre public» ist sie in jedem Verfahrensstadium von Amtes wegen zu prüfen[14]. Die Möglichkeit einer obligatorischen Vertretung sieht ferner Art. 11a VwVG für jene Verfahren vor, in denen mehr als 20 Parteien mit kollektiven oder individuellen Eingaben auftreten, um gleiche Interessen wahrzunehmen.

3.4 Mittels *gewillkürter Vertretung* kann eine Partei an sich auf jeder Stufe des Verfahrens (vgl. Art. 11 Abs. 1 VwVG) eine andere Person bevollmächtigen, sie im Beschwerdeverfahren zu vertreten oder zu verbeiständen[15]. In der Bundesverwaltungsrechtspflege steht die Prozessvertretung jedem Handlungsfähigen und damit

---

8   Teilentscheid des Bundesverwaltungsgerichts A-692/2008 vom 7. April 2008 E. 2.

9   Vgl. BGE 125 V 94 E. 8b mit Hinweisen.

10 HÄNER, Beteiligte, Rz. 301 mit Hinweisen.

11 Zur Parteistellung siehe BGE 130 II 525 E. 2.5 mit Hinweisen, zur Partei- bzw. Prozessfähigkeit vgl. ZIMMERLI/KÄLIN/KIENER, 96 f. sowie PFLEGHARD, 120 ff.

12 Vgl. Art. 41 Abs. 1 BGG bzw. Art. 29 Abs. 5 OG. Art. 41 Abs. 1 BGG ist analog auch auf die vom VwVG beherrschten Verfahren anzuwenden (vgl. [zu Art. 29 Abs. 5 OG] GRISEL, 844 mit Hinweis).

13 BGE 132 I 5 E. 3.2 mit Hinweis. In diesem Entscheid stellt das Bundesgericht fest, es sei widersprüchlich und willkürlich, wenn ein Gericht die Postulationsfähigkeit einer Partei verneint, aber die Mitwirkung an Vergleichsgesprächen vorbehaltlos bejaht.

14 Entscheid der Schweizerischen Asylrekurskommission vom 16. August 1996, veröffentlicht in VPB 62.15 E. 4c; POUDRET, Band I, Art. 29 N 7.2.

15 Ein solches Recht liesse sich im Übrigen auch direkt aus dem Anspruch auf rechtliches Gehör gemäss Art. 29 Abs. 2 BV ableiten (vgl. BGE 109 Ia 233 E. 5b zu Art. 4 aBV).

auch Laien zu[16]; es besteht mithin keine Verpflichtung, einen patentierten Anwalt bzw. eine patentierte Anwältin als Vertreter bzw. Vertreterin beizuziehen *(kein Anwaltsmonopol)*[17]. Das Bundesverwaltungsgericht kann die vertretende Person auffordern, sich durch schriftliche *Vollmacht* auszuweisen (Art. 11 Abs. 2 VwVG)[18]. Solange die Partei die Vollmacht nicht widerruft, macht das Gericht seine Mitteilungen nicht direkt an die Partei, sondern an deren Vertreter bzw. Vertreterin (Art. 11 Abs. 3 VwVG). Dies bedeutet, dass der Verkehr zwischen der Behörde und der betroffenen Partei grundsätzlich über deren Vertreter bzw. Vertreterin stattfindet[19]. Es hat auch zur Folge, dass selbst wenn das Vertretungsverhältnis erloschen ist, die Behörde sich weiterhin an den Vertreter zu wenden hat und Zustellungen an diesen wirksam sind, solange die Beendigung der Vertretung nicht angezeigt wird[20]. Ist eine vertretungsbefugte Person bestellt und der Behörde bekannt, gilt die Zustellung lediglich an die tatsächliche Verfügungsadressatin (und nicht an die sie vertretende Person) als mangelhafte Eröffnung, aus der gemäss Art. 38 VwVG der Adressatin kein Nachteil erwachsen darf[21]. Die Bestimmung von Art. 11 Abs. 3 VwVG, die ihrem Wortlaut nach nur für eine gewillkürte Vertretung gilt, muss von ihrem Rechtssinn her für gesetzliche Vertretungen ebenfalls Anwendung finden[22].

Personen, die für eine *juristische Person* als Organe oder als geschäftsführende Gesellschafter auftreten, sind nicht als gewillkürte Vertreter (Prozessvertreter) anzusehen. Im Falle des Auftretens einer Verwaltungsrätin vor Gericht vertritt demnach nicht eine gewillkürte Vertreterin (auch wenn sie sonst den Beruf einer Rechtsanwältin ausübt) eine Partei, sondern eine zur Geschäftsführung berufene Person nimmt Rechtsvorkehren vor[23]. Prokuristen und Handlungsbevollmächtigten (auch einer Einzelfirma) kommt im Sinne von Art. 462 Abs. 2 OR die Legitimation zur Prozessführung zu, wobei jedoch Beschränkungen der Prokura gemäss Art. 460 OR und der Umfang der Handlungsvollmacht zu beachten sind[24]. Das Bundesverwaltungsgericht pflegt die Praxis der Vorgängerorganisationen weiter, dass sich

3.5

---

16 Vgl. Entscheid der Rekurskommission EVD vom 7. Februar 1996, veröffentlicht in VPB 61.36 E. 3.4.

17 Zur Parteivertretung bzw. zur Stellung des Anwalts vgl. ferner RHINOW/KOLLER/KISS, Rz. 801 ff. bzw. 807 ff. mit Hinweisen.

18 Vgl. oben Rz. 2.232. Fehlt es an einer klaren schriftlichen Vollmacht, so darf ein Vertretungsverhältnis nur dann angenommen werden, wenn sich aus den Umständen eine eindeutige Willensäusserung auf Bevollmächtigung eines Dritten ergibt (Entscheid der Eidgenössischen Steuerrekurskommission vom 4. Mai 1999, veröffentlicht in VPB 64.45 E. 2b mit Hinweis).

19 Entscheid der Schweizerischen Asylrekurskommission vom 27. November 2001, veröffentlicht in VPB 66.79 E. 2b/cc; Entscheid der Eidgenössischen Steuerrekurskommission vom 4. Mai 1999, veröffentlicht in VPB 64.45 E. 2b.

20 Urteil des Bundesverwaltungsgerichts A-1410/2006 vom 17. März 2008 E. 5.2.

21 Entscheid der Eidgenössischen Steuerrekurskommission vom 4. Mai 1999, veröffentlicht in VPB 64.45 E. 2d.

22 Entscheid der Schweizerischen Asylrekurskommission vom 10. Mai 2004, veröffentlicht in VPB 69.31 E. 3b.

23 Vgl. LEUCH/MARBACH/KELLERHALS/STERCHI, N 1 a zu Art. 83 ZPO.

24 Urteil des Bundesverwaltungsgerichts A-1471/2006 und A-1472/2006 vom 3. März 2008 E. 2.1.

Organe juristischer Personen im Zweifel mit einem *Handelsregisterauszug* über ihre Vertretungsbefugnis auszuweisen haben[25].

3.6 Die Frage des *Parteiwechsels* seitens der Privaten stellt sich immer dann, wenn das Streitobjekt durch Singular- oder Universalsukzession von der ursprünglich beschwerdeführenden Person auf eine andere Partei übergeht. Die *prozessuale* Frage des Parteiwechsels ist grundsätzlich in Konkordanz zur materiellrechtlichen Rechtslage zu beantworten. Nicht zulässig ist ein Parteiwechsel namentlich dann, wenn es sich der Sache nach um im Verwaltungsrecht begründete Rechte und Pflichten handelt, die höchstpersönlicher Natur sind, d.h. wenn die Voraussetzungen einer Bewilligung oder die Zusprechung einer (finanziellen) Leistung besonders eng mit persönlichen Eigenschaften verbunden sind[26].

II.   Einleitung des Verfahrens

1.   Devolutiveffekt

3.7 Gemäss Art. 54 VwVG geht die Behandlung der Sache, die Gegenstand der mit Beschwerde angefochtenen Verfügung bildet, mit Einreichung der Beschwerde grundsätzlich auf das Bundesverwaltungsgericht als die funktionell übergeordnete Rechtsmittelinstanz über (so genannter Devolutiveffekt). Das Bundesverwaltungsgericht wird damit zuständig, sich mit der Angelegenheit zu befassen; auf der anderen Seite verliert die Vorinstanz die Befugnis, sich weiterhin mit der Streitsache als Rechtspflegeinstanz auseinanderzusetzen, also beispielsweise ihren Entscheid aufgrund der Rechtsmittelvorbringen nachträglich zu ändern[27]. Für das Beschwerdeverfahren gemäss VwVG gilt diesbezüglich freilich insofern eine Sonderregelung, als die Vorinstanz die angefochtene Verfügung im Sinne von Art. 58 VwVG in Wiedererwägung ziehen kann[28], so dass die *Devolutivwirkung lediglich abgeschwächt* besteht bzw. bis zur Einreichung der Vernehmlassung hinausgeschoben wird[29].

2.   Empfangsbestätigung

3.8 Die Richterin bzw. der Richter, die bzw. der einen Fall zur Prozessinstruktion und Fallerledigung zugeteilt erhalten hat[30], leitet das Verfahren ein, indem sie bzw. er den Empfang der Beschwerde schriftlich bestätigt und die ersten prozessleitenden

---

25 METZ, 38.

26 HÄNER, Beteiligte, Rz. 369 f. mit Hinweisen.

27 Vgl. BGE 125 V 348 E. 2b/aa mit Hinweisen; vgl. auch BGE 130 V 142 E. 4.2 und 127 V 231 E. 2b/aa.

28 Vgl. unten Rz. 3.44.

29 Vgl. Entscheide der Schweizerischen Asylrekurskommission vom 25. März 1994 bzw. 8. Februar 1995, veröffentlicht in VPB 59.49 E. 5 bzw. 60.33 E. 3b; GYGI, Bundesverwaltungsrechtspflege, 189; KÖLZ/HÄNER, Rz. 660; HISCHIER, 450 f.; vgl. auch BGE 127 V 232 E. 2b/bb.

30 Vgl. Art. 31 VGR sowie unten Rz. 3.54.

Massnahmen trifft. Bei Submissionsstreitigkeiten ist auch die Auftraggeberin umgehend über den Eingang einer Beschwerde zu informieren (Art. 27 Abs. 2 BoeB)[31].

3. Überweisung und Meinungsaustausch

Gemäss Art. 7 Abs. 1 VwVG prüft das Bundesverwaltungsgericht wie alle anderen **3.9** Behörden seine *Zuständigkeit von Amtes wegen*. Die Vorschriften über die Zuständigkeit sind zwingender Natur (Art. 7 Abs. 2 VwVG). Eine Vereinbarung über den Gerichtsstand kommt entsprechend nicht in Betracht[32]. Dies schliesst wohl auch von vornherein aus, das Bundesverwaltungsgericht als Schiedsgericht anzurufen[33]. Hat die Vorinstanz übersehen, dass sie nicht zuständig war[34], und hat sie materiell entschieden, ist das im Beschwerdeverfahren vor dem Bundesverwaltungsgericht von Amtes wegen zu berücksichtigen mit der Folge, dass der angefochtene Entscheid aufzuheben und die Sache an die zuständige Behörde zu überweisen ist[35].

Erachtet sich das Bundesverwaltungsgericht als unzuständig, *überweist* es die Sache **3.10** ohne Verzug *der zuständigen Behörde* (Art. 8 Abs. 1 VwVG). Dies geschieht in der Regel formlos. Ist indes aufgrund des Inhalts der Beschwerdeschrift bzw. in Würdigung der gesamten Umstände davon auszugehen, dass seitens der beschwerdeführenden Partei eine Behauptung der Zuständigkeit (des Bundesverwaltungsgerichts) im Sinne von Art. 9 Abs. 2 VwVG vorliegt, hat das Gericht eine formelle Verfügung (Nichteintretensentscheid) über seine (Un-)Zuständigkeit zu erlassen, die gegebenenfalls der Anfechtung auf dem ordentlichen Rechtsmittelweg unterliegt[36]. Desgleichen stellt das Bundesverwaltungsgericht seine Zuständigkeit durch (Zwischen-) Verfügung fest, wenn es diese für gegeben hält, sie aber von einer Partei bestritten wird (Art. 9 Abs. 1 VwVG). Gegen selbständig eröffnete Zwischenverfügungen über die Zuständigkeit ist die Beschwerde zulässig; sie können später nicht mehr angefochten werden (Art. 45 VwVG; Art. 92 BGG).

---

31 Ist eine Zuschlagsverfügung angefochten, so wird in der Regel auch derjenigen Person, die den Zuschlag erhalten hat, der Eingang einer Beschwerde mitgeteilt (vgl. GALLI/LEHMANN/RECHSTEINER, Rz. 542).

32 Vgl. Entscheid der Eidgenössischen Rekurskommission für das öffentliche Beschaffungswesen vom 4. März 2003, veröffentlicht in VPB 67.66 E. 2a.

33 Vgl. METZ, 35.

34 Als Nichtigkeitsgrund einer Verfügung kommt namentlich die Unzuständigkeit der verfügenden Behörde in Betracht. Die Nichtigkeit ist jederzeit und von sämtlichen Instanzen von Amtes wegen zu beachten; sie kann auch im Rechtsmittelverfahren festgestellt werden (BGE 132 II 346 E. 2.1 mit Hinweisen und 349 E. 2.3).

35 Vgl. BGE 132 V 95 E. 1.2 mit Hinweis; Entscheid der Rekurskommission EVD vom 15. Mai 1996, veröffentlicht in VPB 61.54 E. 1.5.

36 Urteil des Bundesverwaltungsgerichts A-1824/2006 vom 25. Juni 2008 E. 2.1; A-8634/2007 vom 29. Mai 2008 E. 8.1; A-5738/2007 vom 30. Januar 2008 E. 3 und E. 4.1. Vgl. als Anwendungsfälle Entscheid der Eidgenössischen Personalrekurskommission vom 26. Januar 2000, veröffentlicht in VPB 65.42 E. 2b, sowie Entscheid der Eidgenössischen Rekurskommission für das öffentliche Beschaffungswesen vom 29. Februar 2000, veröffentlicht in VPB 64.60 E. 2a.

3.11 Ist die Frage der Zuständigkeit nicht offensichtlich, eröffnet das Bundesverwaltungsgericht zuerst einen *Meinungsaustausch*[37]. Dieser hat zwischen jenen Behörden zu erfolgen, deren unmittelbare Zuständigkeit für einen konkreten Entscheid in Frage kommt (Art. 8 Abs. 2 VwVG). Er besteht mithin in einer in der Regel einmaligen Stellungnahme jeder in Frage kommenden Behörde und soll in den Verfahrensakten festgehalten werden. Da die Zuständigkeit von Amtes wegen zu prüfen ist[38], müssen die Parteien im Rahmen des Meinungsaustausches nicht angehört werden. Sie sind aber über dessen Ergebnis zu informieren[39]. Die im Meinungsaustausch festgelegte Zuständigkeit ist endgültig[40].

3.12 Kommen die Behörden in der Zuständigkeitsfrage nicht überein, entsteht ein *Kompetenzkonflikt*. Erachten sich mehrere Stellen für die Behandlung der Beschwerde für zuständig, liegt ein *positiver* Kompetenzkonflikt vor; will keine Behörde die Angelegenheit an die Hand nehmen, handelt es sich um einen *negativen* Kompetenzkonflikt. Bei einem Kompetenzkonflikt zwischen dem Bundesverwaltungsgericht und anderen Bundesbehörden ist die Anrufung einer gemeinsamen Aufsichtsbehörde oder des Bundesrates ausgeschlossen (vgl. Art. 9 Abs. 3 VwVG)[41]. In einem solchen Fall hat das Bundesverwaltungsgericht gestützt auf Art. 9 Abs. 1 bzw. 2 VwVG einen Entscheid zu fällen, der gegebenenfalls ans Bundesgericht weitergezogen werden kann[42]. Bei Kompetenzkonflikten zwischen dem Bundesverwaltungsgericht und kantonalen Behörden steht die Klage an das Bundesgericht zur Verfügung (vgl. Art. 120 Abs. 1 Bst. a BGG).

4.   Verfahrensleitende Zwischenverfügungen

3.13 Genügt eine im Übrigen zulässige Beschwerde den Anforderungen an die Parteivertretung oder an Inhalt oder Form nicht, so trifft der Instruktionsrichter oder die Instruktionsrichterin die der Verbesserung dienenden Zwischenverfügungen betreffend

 – Ausweisung durch Vollmacht bzw. Bestellung eines Vertreters (Art. 11 und Art. 11*a* VwVG)[43];

---

37 Vgl. auch die ähnlich lautenden Bestimmungen von Art. 29 Abs. 2 BGG und Art. 96 Abs. 2 OG. Nach der Praxis zu Art. 96 Abs. 2 OG führte das Bundesgericht einen Meinungsaustausch grundsätzlich nur durch, soweit neben seiner eigenen eine allfällige andere letztinstanzliche Zuständigkeit hätte gegeben sein können, nicht aber mit Vorinstanzen. Denn ein Meinungsaustausch mit Vorinstanzen zu formell- oder materiellrechtlichen Fragen, die es auf Beschwerde hin noch in einem ordentlichen Verfahren hätte zu beurteilen haben können, würde im Resultat auf ein dem schweizerischen Recht unbekanntes «Vorabentscheidverfahren» hinauslaufen (BGE 126 II 129 E. 3).

38 Vgl. oben Rz. 3.9.

39 Vgl. BSK BGG-Boog, Art. 29 N 15.

40 Kölz/Häner, Rz. 236 mit Hinweisen; Schmid, 97 mit weiteren Hinweisen.

41 Über einen negativen Kompetenzkonflikt zwischen der Eidgenössischen Steuerrekurskommission und dem EFD betreffend eine Rechtsverweigerungsbeschwerde in einer Mehrwertsteuerangelegenheit hatte noch der Bundesrat zu befinden (vgl. Moser, in: Moser/Uebersax, Rz. 3.9 Fn. 18).

42 Urteil des Bundesverwaltungsgerichts A-7369/2006 vom 24. Juli 2007 E. 5.

43 Vgl. oben Rz. 2.232 und 3.3 f.

- Bezeichnung eines Zustellungsdomizils (Art. 11*b* VwVG)[44];
- Verbesserung bzw. Ergänzung der Beschwerdeschrift (Art. 52 und Art. 53 VwVG)[45].

Es ergehen weiter allfällige Instruktionsverfügungen betreffend

- vorsorgliche Massnahmen (Art. 55 und Art. 56 VwVG)[46/47];
- Leistung des Kostenvorschusses (Art. 63 Abs. 4 VwVG)[48];
- unentgeltliche Rechtspflege (Art. 65 Abs. 1 und 2 VwVG)[49].

5.   Sistierung des Verfahrens

Das Bundesverwaltungsgericht kann auf Antrag der beschwerdeführenden Partei,   **3.14**
der Vorinstanz oder von Amtes wegen ein bei ihm eingeleitetes Beschwerdeverfahren bei Vorliegen besonderer Gründe bis auf weiteres bzw. bis zu einem bestimmten Termin oder Ereignis sistieren. Die Sistierung des Beschwerdeverfahrens muss durch zureichende Gründe gerechtfertigt sein, andernfalls von einer mit dem Beschleunigungsgebot von Art. 29 Abs. 1 BV nicht zu vereinbarenden Rechtsverzögerung auszugehen wäre[50]. Tritt keiner der Verfahrensbeteiligten (insbesondere auch nicht eine allfällige Gegenpartei) einer beabsichtigten Sistierung entgegen, ist die Verfahrensverlängerung unter dem Gesichtspunkt der Rechtsverzögerung unbedenklich[51]. Eine Verfahrenssistierung fällt – selbst gegen den Willen von Verfahrensbeteiligten[52] – namentlich dann in Betracht, wenn sich unter den gegebenen Umständen ein sofortiger Entscheid über die Beschwerde mit Blick auf die Prozessökonomie nicht rechtfertigen würde.

Als Grund für die Sistierung des Verfahrens kommt etwa die *Hängigkeit eines anderen (gericht-*   **3.15**
lichen) Verfahrens, dessen Ausgang für das beim Bundesverwaltungsgericht hängige Beschwerdeverfahren von präjudizieller Bedeutung ist[53/54], in Frage. Ein anderer Sistierungsgrund kann

---

44 Vgl. oben Rz. 2.113.

45 Vgl. oben Rz. 2.235 ff.

46 Vgl. unten Rz. 3.18 ff.

47 Der Entscheid über vorsorgliche Massnahmen erfolgt dabei regelmässig aufgrund einer lediglich summarischen Prüfung der Sach- und Rechtslage anhand der vorliegenden Akten und die Einschätzung der zuständigen Instruktionsrichterin bindet den Spruchkörper, der letztlich zu entscheiden haben wird, in keiner Weise (Zwischenverfügung des Bundesverwaltungsgerichts A-614/2008 vom 12. März 2008 E. 1; HÄNER, Vorsorgliche, 331 f.).

48 Vgl. unten Rz. 4.25.

49 Vgl. unten Rz. 4.96 ff.

50 Vgl. BGE 134 IV 45 E. 2.3; 130 V 95 E. 5; Urteil des Bundesverwaltungsgerichts A-1371/2006 vom 26. Juli 2007 E. 1.4; Zwischenverfügung des Bundesverwaltungsgerichts A-8104/2007 vom 13. Februar 2008 E. 2.5 mit weiteren Hinweisen.

51 Zwischenverfügung des Bundesverwaltungsgerichts A-6860/2007 vom 9. Januar 2008 E. 3 mit Hinweisen.

52 Als Anwendungsfall vgl. Zwischenverfügung des Bundesverwaltungsgerichts A-8104/2007 vom 13. Februar 2008 E. 2.6.

53 Vgl. BGE 123 II 3 E. 2b; 122 II 217 E. 3; Urteil des Bundesverwaltungsgerichts A-4379/2007 vom 29. August 2007 E. 4.2. Vgl. auch die Sistierungsverfügung des Bundesverwaltungsgerichts A-842/2007 bis A-867/2007 vom 3. Mai 2007, mit welcher die Beschwerdeverfahren betreffend Staatshaftung sistiert worden sind bis zum erstinstanzlichen Abschluss eines Strafverfahrens.

darin gesehen werden, dass Verhandlungen betreffend eine allfällige einvernehmliche Lösung zwischen den Beteiligten aufgenommen wurden[55]. Eine Sistierung ist auch zulässig, wenn sie aus anderen wichtigen Gründen geboten erscheint und ihr keine überwiegenden öffentlichen oder privaten Interessen entgegenstehen[56]. In Art. 207 Abs. 2 SchKG schliesslich ist spezialgesetzlich geregelt, dass hängige Verwaltungsverfahren, in denen der Schuldner Partei ist und die den Bestand der Konkursmasse berühren, nach der Konkurseröffnung zunächst einmal eingestellt werden können[57], bis das zuständige Konkursorgan einen Entscheid über die Fortführung getroffen hat[58].

3.16 Beim Entscheid darüber, ob ein Verfahren sistiert werden soll, kommt den Verwaltungsjustizbehörden allgemein ein erheblicher Beurteilungsspielraum zu[59]. Über die Sistierung eines Verfahrens ist grundsätzlich mittels selbständig zu eröffnender Zwischenverfügung zu befinden[60].

6.   Vereinigung von Verfahren

3.17 Grundsätzlich bildet jeder vorinstanzliche Entscheid ein selbständiges Anfechtungsobjekt[61] und ist deshalb einzeln anzufechten. Es rechtfertigt sich jedoch, von diesem Grundsatz abzuweichen und – in sinngemässer Anwendung von Art. 24 BZP i.V.m. Art. 4 VwVG[62] – die Anfechtung in einer gemeinsamen Beschwerde-

---

54 Über den Verweis von Art. 4 VwVG kann als Grundlage auch Art. 6 Abs. 1 BZP beigezogen werden. Danach kann der Richter aus Gründen der Zweckmässigkeit das Verfahren aussetzen, insbesondere wenn das Urteil von der Entscheidung in einem anderen Rechtsstreit beeinflusst werden kann. Sachlich nicht haltbar und mit dem Anspruch auf Zugang zu einem Gericht nicht vereinbar wäre dagegen, eine grundsätzlich zulässige Klage oder Beschwerde bis zum rechtskräftigen Abschluss eines laufenden Drittverfahrens – und somit auf unbestimmte Zeit – zu suspendieren, sofern nicht vom Ausgang dieses Verfahrens eine präjudizierende Wirkung zu erwarten ist (vgl. den Hinweis auf den Entscheid des Zürcher Kassationsgerichts vom 9. März 2007 in AJP 2008, 108).

55 Zum Beispiel wenn sich im Anschluss an den angefochtenen Entscheid die Möglichkeit abzeichnet, einen an einer bestimmten Stelle untragbar gewordenen Bediensteten an einem anderen Ort weiterzubeschäftigen.

56 Zwischenverfügung des Bundesverwaltungsgerichts A-2016/2006 vom 5. Juli 2007 mit Hinweis.

57 Art. 207 SchKG bildet mit Bezug auf die Einstellung von Verwaltungsverfahren eine blosse «Kann-Vorschrift» (vgl. Abs. 2); dies im Gegensatz zur Einstellung von Zivilprozessen (vgl. Abs. 1).

58 Vgl. MERKLI/AESCHLIMANN/HERZOG, Art. 38 Rz. 8; KURT AMONN/FRIDOLIN WALTHER, Grundriss des Schuldbetreibungs- und Konkursrechts, 7. Auflage, Bern 2003, 328 f.; HANS ULRICH HARDMEIER, Änderungen im Konkursrecht, AJP 1996, 1433; vgl. auch BGE 132 III 95 E. 2 mit Hinweis.

59 Vgl. BGE 119 II 389 mit Hinweisen; Urteil des Bundesverwaltungsgerichts B-8243/2007 vom 20. Mai 2008 E. 3.1 mit Hinweisen; Entscheid des Berner Verwaltungsgerichts vom 9. Juni 1997, veröffentlicht in BVR 1998, 24 E. 2c.

60 Ein Weiterzug ans Bundesgericht ist gegebenenfalls möglich, wenn die beschwerdeführende Partei gegen die beanstandete Sistierung eine Verletzung ihres Anspruchs auf Beurteilung innert angemessener Frist (Art. 29 Abs. 1 BV) geltend macht; ansonsten hält das Bundesgericht als Eintretensvoraussetzung am Erfordernis des nicht wieder gutzumachenden Nachteils im Sinne von Art. 93 Abs. 1 Bst. a BGG fest (vgl. BGE 134 IV 47 E. 2.5).

61 Vgl. oben Rz. 2.1 ff.

62 Für das Verfahren vor dem Bundesgericht erklärt Art. 71 BGG die Vorschriften des Bundeszivilprozesses als sinngemäss anwendbares ergänzendes Recht.

schrift und in einem gemeinsamen Verfahren mit einem einzigen Urteil zuzulassen, wenn die einzelnen Sachverhalte in einem engen inhaltlichen Zusammenhang stehen und sich in allen Fällen gleiche oder ähnliche Rechtsfragen stellen[63/64]. Unter den gleichen Voraussetzungen können auch getrennt eingereichte Beschwerden in einem Verfahren vereinigt werden, und zwar ungeachtet des Umstandes, dass separate Entscheide der Vorinstanz (in teilweise unterschiedlicher Besetzung) ergangen sind[65]. Ein solches Vorgehen dient der *Verfahrensökonomie* und liegt im Interesse aller Beteiligten[66]. Die Zusammenlegung des Verfahrens braucht dabei nicht in einer selbständig anfechtbaren Zwischenverfügung angeordnet zu werden.

III. Vorläufiger Rechtsschutz

1. Allgemeines

Unter vorsorglichen Massnahmen[67] werden in der Verwaltungsrechtspflege richterli- **3.18** che Anordnungen verstanden, die einen Zustand im Zeitraum zwischen Rechtshängigkeit und Abschluss des Verfahrens regeln. Sie sind zum Endentscheid grundsätzlich akzessorisch und fallen mit dem Erlass oder der Rechtskraft der Entscheidung in der Hauptsache dahin[68]. Mit vorsorglichen Massnahmen soll vermieden werden, dass Rechtsschutz nur unter Inkaufnahme erheblicher Nachteile erlangt werden kann

---

63 Vgl. BGE 131 V 224 E. 1, 465 E. 1.2; 129 II 20 E. 1.1; 128 V 126 E. 1 mit Hinweisen, 194 E. 1; 125 II 299 E. 1b; 123 V 215 E. 1 mit Hinweisen; 122 II 368 E. 1a; ASA 66, 640 E. 1; Urteil des Bundesverwaltungsgerichts A-1630/2006 und 1631/2006 vom 13. Mai 2008 E. 1.2; A-1514/2006 vom 14. Februar 2008 E. 1.4; A-1705/2006 vom 14. Januar 2008 E. 1.2; A-1487/2006 vom 20. November 2007 E. 1.3; Zwischenverfügung und Teilentscheid des Bundesverwaltungsgerichts A-4010/2007 vom 7. November 2007 E. 4.2; Entscheid der Eidgenössischen Steuerrekurskommission vom 5. August 2003, veröffentlicht in VPB 68.21 E. 1c.; Entscheid der Eidgenössischen Personalrekurskommission vom 25. August 2000, veröffentlicht in VPB 65.13 E. 2a.

64 Eine Vereinigung der Verfahren setzt allerdings voraus, dass alle zur Vereinigung beantragten vorinstanzlichen Entscheide der betreffenden Verfahren angefochten werden (Urteil des Bundesverwaltungsgerichts A-1387/2006 vom 11. Juni 2007 E. 2.2).

65 BGE 131 V 465 E. 1.2; 129 V 240 E. 1; 127 V 33 E. 1, 157 E. 1; 126 V 285 E. 1; 125 IV 209 E. 1; Urteil des Bundesverwaltungsgerichts A-1536/2006 und A-1537/2006 vom 16. Juni 2008 E. 1.3; B-7951/2007 vom 9. Mai 2008 E. 1.3; A-3603/2007 und A-4275/2007 vom 15. April 2008 E. 2; A-1471/2006 und A-1472/2006 vom 3. März 2008 E. 1.3; Zwischenverfügung des Bundesverwaltungsgerichts B-6136/2007 und B-6137/2007 vom 30. Januar 2008 E. 2; Entscheid der Eidgenössischen Personalrekurskommission vom 24. Januar 2006, veröffentlicht in VPB 70.53 E. 1b.

66 Urteil des Bundesverwaltungsgerichts A-1478/2006 und A-1477/2006 vom 10. März 2008 E. 2; A-1380/2006 und A-1381/2006 vom 27. September 2007 E. 2 mit Hinweisen; MERKLI/ AESCHLIMANN/HERZOG, Art. 17 Rz. 1 ff.

67 In Art. 55 f. VwVG ist die Rede von aufschiebender Wirkung und anderen (vorsorglichen) Massnahmen. Als Oberbegriff zu diesen beiden Formen vorläufigen Rechtsschutzes wird in der Marginalie zu Art. 55 VwVG dabei der Ausdruck vorsorgliche Massnahmen verwendet.

68 BGE 129 V 375 E. 4.3; Entscheide der Eidgenössischen Personalrekurskommission vom 10. November 2003 bzw. 12. Februar 1996, veröffentlicht in VPB 68.67 E. 10 bzw. 61.26 E. 12b mit Hinweis; SCARTAZZINI, 339.

oder gar illusorisch wird[69]. Weiteres Wesensmerkmal der vorsorglichen Massnahmen ist, dass sie bloss *vorläufig* gelten und die Regelungswirkung nur temporär eintritt. In verfahrensrechtlicher Hinsicht ergehen sie aufgrund einer bloss summarischen *(prima facie)* Prüfung der Sach- und Rechtslage[70]. Von der umfassenden Anhörung der Beteiligten oder von einem zweiten Schriftenwechsel darf in der Regel abgesehen werden. Art. 29 Abs. 2 BV kommt im Verfahren betreffend vorsorgliche Massnahmen nicht dieselbe Bedeutung zu wie im in den Sachentscheid ausmündenden Hauptverfahren[71]. Herabgesetzt sind neben den Untersuchungspflichten auch die Beweisanforderungen. Das Glaubhaftmachen von Anliegen genügt in der Regel[72]. Inhaltlich geht es darum, mit einer vorsorglichen Massnahme eine Übergangslösung zu treffen und die Zeit bis zur Entscheidung in der Hauptsache zu überbrücken. Ihr Zweck liegt darin, dass sie die Wirksamkeit des nachfolgend zu erlassenden Entscheids in der Hauptsache sicherstellen sollen[73]. Der durch die Endverfügung zu regelnde Zustand soll weder präjudiziert noch verunmöglicht werden[74]. Als prozessleitende Verfügungen können sie im Laufe des Beschwerdeverfahrens vor dem Bundesverwaltungsgericht nicht nur jederzeit erlassen[75], sondern auch jederzeit auf Antrag oder von Amtes wegen geändert und – in der Regel nach Anhörung der Beteiligten – allfälligen neuen Verhältnissen angepasst werden[76].

2. Aufschiebende Wirkung

3.19 Im Verwaltungsverfahren des Bundes bzw. im Verfahren vor dem Bundesverwaltungsgericht kommt der Beschwerde im Allgemeinen *von Gesetzes wegen* aufschiebende Wirkung zu (Art. 55 Abs. 1 VwVG)[77]. Aufschiebende Wirkung besagt, dass die in einer Verfügung angeordnete Rechtsfolge vorläufig nicht eintreten, sondern bis zum Beschwerdeentscheid vollständig gehemmt werden soll. Sie schiebt mit anderen Worten den Eintritt der formellen Rechtskraft und damit die Wirksamkeit sowie Vollstreckbarkeit der angefochtenen Verfügung auf[78]. Dies bedeutet, dass die

---

69 Zwischenverfügung des Bundesverwaltungsgerichts B-8228/2007 vom 15. Februar 2008 E. 2.1; Merkli/Aeschlimann/Herzog, Art. 27 Rz. 1.

70 BGE 130 II 155 E. 2.2.

71 Urteil des Bundesgerichts 2P.103/2006 vom 29. Mai 2006 E. 3.1 mit Hinweis; Galli/Moser/Lang/Clerc, Rz. 883 a.E. mit weiteren Hinweisen.

72 Zwischenverfügung des Bundesverwaltungsgerichts A-2718/2007 vom 15. Mai 2007 E. 2.1; Merkli/Aeschlimann/Herzog, Art. 32 Rz. 13.

73 BGE 127 II 137 E. 3; Häner, Vorsorgliche, 264 und 290 mit Hinweisen.

74 BGE 130 II 155 E. 2.2; 127 II 138 E. 3 mit Hinweisen.

75 Vgl. Urteil des Bundesverwaltungsgerichts A-385/2007 vom 29. März 2007 E. 4.4.4.

76 Vgl. Zwischenentscheid der Eidgenössischen Personalrekurskommission vom 22. Juli 1994, veröffentlicht in VPB 59.3 E. 3c; Zwischenentscheid der Eidgenössischen Rekurskommission für das öffentliche Beschaffungswesen vom 26. März 1997, veröffentlicht in VPB 61.77 E. 2c.

77 Wird die aufschiebende Wirkung nicht durch Verfügung angeordnet, weil sie bereits von Gesetzes wegen anwendbar ist, liegt kein Anfechtungsobjekt vor. Damit scheidet die Möglichkeit der Anfechtung mit einem Rechtsmittel aus. Drohen einer Partei irreparable Nachteile, ist deshalb der Entzug des Suspensiveffektes zu beantragen (Baumberger, Rz. 355 f.).

78 Zum provisorischen Rechtsschutz bei Kündigungen nach Bundespersonalrecht und namentlich zur Frage der Lohnrückerstattungspflicht nach materieller Bestätigung der Kündi-

Verfügung erst (endgültig) wirksam wird, wenn auch über das mit aufschiebender Wirkung versehene Rechtsmittel entschieden ist. Zweck der aufschiebenden Wirkung ist es, der beschwerdeführenden Person die nachteiligen Wirkungen der Verfügung solange nicht fühlen zu lassen, bis über deren Rechtmässigkeit entschieden ist. Der beschwerdeführenden Partei wird insoweit ein umfassender vorläufiger Rechtsschutz gewährt, als der rechtliche und tatsächliche Zustand, der Status quo, wie er vor Erlass der Verfügung bestanden hat, bis zum Entscheid des Gerichts in der Sache aufrechterhalten bleibt[79]. Die aufschiebende Wirkung besteht nur im Umfang der Beschwerdebegehren[80]. *Vorbehalten* bleiben schliesslich Bestimmungen in anderen Bundesgesetzen, nach denen eine Beschwerde keine aufschiebende Wirkung hat (Art. 55 Abs. 5 VwVG).

Als Beispiele kann auf Art. 70 Abs. 4 MWSTG[81], Art. 43 Abs. 4 StG und Art. 47 Abs. 4 VStG **3.20** verwiesen werden, wo je festgehalten wird, dass Beschwerden gegen Sicherstellungsverfügungen (der ESTV) keine aufschiebende Wirkung haben. Auch Art. 48 Abs. 3 SVAV sieht ausdrücklich und zwingend vor, dass der Beschwerde gegen eine Sicherstellungsverfügung keine aufschiebende Wirkung zukommt[82]. Desgleichen hemmt die Einreichung einer Beschwerde gegen die Sicherstellungsverfügung der Eidgenössischen Alkoholverwaltung den Vollzug nicht (Art. 59 Abs. 3 AlkV). Keine aufschiebende Wirkung haben ferner Beschwerden gegen Verfügungen, mit denen zivildienstpflichtige Personen zu Einsätzen zwecks Bewältigung von Katastrophen und Notlagen aufgeboten oder umgeteilt werden (Art. 65 Abs. 2 ZDG). Eine Sonderregelung kennt das UVG. Danach kommt einer Einsprache oder Beschwerde gegen eine Verfügung, welche die Einreihung von Betrieben und Versicherten in die Prämientarife, eine Prämienforderung oder die Zuständigkeit eines Versicherers betrifft, die aufschiebende Wirkung nur zu, wenn ihr diese in der Verfügung selbst von der Einspracheinstanz oder vom Gericht verliehen wird (Art. 111 UVG). Auf dem Gebiete des Urheberrechts haben Beschwerden gegen Verfügungen der Schiedskommission nur aufschiebende Wirkung, wenn der Instruktionsrichter des Bundesverwaltungsgerichts dies von Amtes wegen oder auf Antrag einer Partei anordnet (Art. 74 Abs. 2 URG)[83]. Auf die spezielle Regelung gemäss Art. 28 BoeB schliesslich wird weiter unten[84] eingegangen.

Sofern die Verfügung nicht eine Geldleistung zum Gegenstand hat, kann die Vorinstanz darin einer allfälligen Beschwerde die *aufschiebende Wirkung entziehen;* dieselbe Befugnis steht der Beschwerdeinstanz, ihrem Vorsitzenden oder der Instruk-   **3.21**

---

gung vgl. SUSANNE KUSTER ZÜRCHER, Aktuelle Probleme des provisorischen Rechtsschutzes bei Kündigungen nach Bundespersonalrecht, in: Jahrbuch 2007 der Schweizerischen Vereinigung für Verwaltungsorganisationsrecht, Bern 2008, 151 ff.

79 BGE 129 V 372 E. 2.2 mit Hinweisen; Zwischenverfügung des Bundesverwaltungsgerichts A-3554/2008 vom 6. Juni 2008 E. 5; Zwischenentscheid der Rekurskommission UVEK 14. Juli 2000, veröffentlicht in VPB 64.118 E. 7; HÄNER, Vorsorgliche, 274 und 416.

80 Vgl. ausdrücklich Art. 103 Abs. 2 BGG; vgl. auch MERKLI/AESCHLIMANN/HERZOG, Art. 68 Rz. 3.

81 Zu Art. 58 Abs. 3 MWSTV vgl. auch Zwischenentscheid der Eidgenössischen Steuerrekurskommission vom 18. November 1998, veröffentlicht in VPB 63.50 E. 2b.

82 Vgl. Urteil des Bundesverwaltungsgerichts A-6119/2007 vom 19. November 2007 E. 2.1 und E. 5 a.E.; Entscheid der Eidgenössischen Zollrekurskommission vom 22. September 2005, veröffentlicht in VPB 70.14 E. 2a mit Hinweisen.

83 Vgl. Zwischenverfügung des Bundesverwaltungsgerichts B-3113/2008 vom 29. Mai 2008 E. 2.

84 Rz. 3.29 ff.

tionsrichterin nach Einreichung der Beschwerde zu (Art. 55 Abs. 2 VwVG)[85/86]. Aus dieser Ordnung geht hervor, dass der Suspensiveffekt von Beschwerden gegen Verfügungen, die zu einer vermögensrechtlichen Leistung verpflichten, auf keinen Fall entzogen werden darf. Nach der Rechtsprechung ist eine Verfügung auf eine Geldleistung gerichtet, wenn sie den Adressaten zu einer vermögensrechtlichen Leistung, zur Bezahlung eines Geldbetrages, *verpflichtet*[87].

3.22 Bei einer verfügten Besoldungskürzung geht es beispielsweise nicht um eine Geld*leistung,* so dass der Beschwerde die aufschiebende Wirkung entzogen werden kann[88].

3.23 Entzieht in den übrigen Fällen die Vorinstanz in der angefochtenen Verfügung einer allfälligen Beschwerde die aufschiebende Wirkung[89], so kann diese von der Beschwerdeinstanz, ihrem Vorsitzenden oder der Instruktionsrichterin[90] *wiederhergestellt* werden; über ein entsprechendes Begehren ist ohne Verzug[91] zu entscheiden (Art. 55 Abs. 3 VwVG). Mit dem Entscheid des Gerichts in der Sache selbst fällt die (wiederhergestellte) aufschiebende Wirkung der Beschwerde dahin. Wird die Beschwerde abgewiesen oder darauf nicht eingetreten, entfaltet gleichzeitig die angefochtene Verfügung ihre Wirkung[92]. Bei Gutheissung der Beschwerde und Aufhebung der angefochtenen Verfügung stimmen der vorläufige und der definitive

---

85 Ein Entzug der aufschiebenden Wirkung durch die Beschwerdeinstanz sollte dabei in der Regel nicht rückwirkend, sondern «ex nunc» erfolgen.

86 In dringenden Fällen kann dies auch superprovisorisch geschehen (Zwischenverfügung des Bundesverwaltungsgerichts A-3614/2008 vom 4. Juni 2008 mit Hinweis).

87 Vgl. BGE 111 V 56 E. 3; Urteil des Bundesverwaltungsgerichts A-8198/2007 vom 21. Februar 2008 E. 2.1 mit Hinweis; SCARTAZZINI, 323; KÖLZ/HÄNER, Rz. 649 mit Hinweisen; vgl. auch BAUMBERGER, Rz. 397 ff.

88 Vgl. Entscheid der Eidgenössischen Personalrekurskommission vom 27. Januar 1995, veröffentlicht in VPB 60.6 E. 3.

89 Es ist dabei davon auszugehen, dass die aufschiebende Wirkung bzw. deren Entzug an eine Instanz gebunden ist und darüber hinaus keine weitere Wirkung entfaltet (vgl. Urteil des Bundesverwaltungsgerichts A-411/2007 vom 25. Juni 2007 E. 3). Hat z.B. ein Bundesamt die Auflösung eines Arbeitsverhältnisses verfügt und gleichzeitig einer allfälligen Beschwerde (an das Departement) die aufschiebende Wirkung entzogen, so hätte demnach das Departement in seinem Beschwerdeentscheid seinerseits einer allfälligen Beschwerde an das Bundesverwaltungsgericht (erneut) die aufschiebende Wirkung zu entziehen. Dem VwVG selbst ist zu dieser Frage nichts Schlüssiges zu entnehmen, was sich wohl damit erklären lässt, dass einerseits das VwVG auf ein einstufiges Beschwerdeverfahren zugeschnitten ist und andererseits der Beschwerde an das Bundesgericht im Gegensatz zur Beschwerde an das Bundesverwaltungsgericht von Gesetzes wegen (Art. 103 Abs. 1 BGG) in der Regel keine aufschiebende Wirkung zukommt.

90 Die Zuständigkeit für Anordnungen betreffend die aufschiebende Wirkung wurde erst mit der letzten Revision auf die Instruktionsrichterin bzw. den Instruktionsrichter erstreckt (vgl. Botschaft Totalrevision Bundesrechtspflege, BBl 2001 4410); zur früheren Situation vgl. Art. 55 Abs. 3 aVwVG und BGE 129 II 234 E. 2.

91 Ausnahmsweise kann es sich rechtfertigen, möglichst umgehend den Entscheid in der Hauptsache zu fällen, statt vorgängig zuerst in einem – gegebenenfalls selbständig anfechtbaren – Zwischenentscheid über ein Gesuch um Wiederherstellung der aufschiebenden Wirkung zu befinden (vgl. Entscheid der Eidgenössischen Personalrekurskommission vom 27. Januar 1995, veröffentlicht in VPB 60.6 E. 3).

92 Entscheid der Eidgenössischen Personalrekurskommission vom 12. Februar 1996, veröffentlicht in VPB 61.26 E. 12b mit Hinweis.

Zustand überein, da die Verfügung endgültig keine Wirkungen entfaltet. Die Rechtslage ist dieselbe, wie wenn nie eine Verfügung erlassen worden wäre[93].

Der Entzug der aufschiebenden Wirkung oder die Behandlung eines Wiederherstellungsbegehrens dürfen nicht willkürlich erfolgen (Art. 55 Abs. 4 VwVG). Nebst **3.24** dieser selbstverständlichen und gegebenenfalls eine Staatshaftung auslösenden[94] Bestimmung nennt das Gesetz selbst keine Kriterien, die es in diesem Zusammenhang zu beachten gilt. Nach der Praxis der Verwaltungsrechtsprechungsinstanzen des Bundes bedeutet der Grundsatz der aufschiebenden Wirkung nicht, dass nur ganz aussergewöhnliche Umstände ihren Entzug zu rechtfertigen vermögen; immerhin muss die verfügende Behörde als *Anordnungsgrund* für diese Massnahme *überzeugende Gründe* dartun können. Es ist abzuwägen, ob die Gründe, die für die sofortige Vollstreckbarkeit sprechen, gewichtiger sind als jene, die für die gegenteilige Lösung angeführt werden können[95]. Sind überzeugende Gründe für den Entzug der aufschiebenden Wirkung vorhanden, geht es mithin um die Abwendung eines schweren Nachteils, ist weiter zu prüfen, ob die Massnahme verhältnismässig ist; insbesondere sind die sich gegenüberstehenden Interessen gegeneinander abzuwägen[96].

Gleichermassen rechtliche Schranken können sich im Personalrecht ergeben. Wird dem **3.25** Rechtsmittel gegen eine Verfügung, welche die sofortige Entlassung vorsieht, die aufschiebende Wirkung entzogen, kann dies zur Folge haben, dass die Stelle bereits neu besetzt ist und eine Weiterbeschäftigung infolge der Plafonierung der Stellen nicht mehr möglich ist. Sodann kann die aufschiebende Wirkung nicht entzogen werden, wenn in einem Asylverfahren ein Verstoss gegen das Recht auf Nichtrückschiebung («non-refoulement») gemäss Art. 3 EMRK glaubhaft gemacht wird[97].

Je schwerer der Eingriff für die Betroffenen ist, desto gewichtiger müssen die **3.26** Gründe der Verwaltung sein, die aufschiebende Wirkung dennoch zu entziehen. Im Zweifel ist die aufschiebende Wirkung zu belassen. In die Prüfung sind die Interessen der beschwerdeführenden Partei, öffentliche Interessen des Gemeinwesens sowie allfällige Interessen Dritter einzubeziehen.

Bei der *Interessenabwägung* steht der Behörde ein gewisser Beurteilungsspielraum **3.27** zu. Im Allgemeinen wird sie ihren Entscheid auf den Sachverhalt abstützen, der sich aus den vorhandenen Akten ergibt, ohne darüber hinausgehende zeitraubende Erhebungen anzustellen. Es handelt sich um einen *prima facie-Entscheid*[98]. Bei der Abwägung der Gründe für und gegen die sofortige Vollstreckbarkeit können auch die Aussichten auf den Ausgang des Verfahrens in der Hauptsache ins Gewicht fal-

---

93 BAUMBERGER, Rz. 331 mit Hinweis.
94 Vgl. dazu Urteil des Bundesverwaltungsgerichts A-8634/2007 vom 29. Mai 2008 E. 8.4 sowie SCHMID, 206 f. mit Hinweisen.
95 BGE 129 II 289 E. 3.
96 KÖLZ/HÄNER, Rz. 650.
97 Vgl. HÄNER, Vorsorgliche, 349 mit Hinweisen.
98 Zwischenverfügung des Bundesverwaltungsgerichts A-3554/2008 vom 6. Juni 2008 E. 6; Zwischenverfügung und Teilentscheid des Bundesverwaltungsgerichts A-4010/2007 vom 7. November 2007 E. 6.2 mit Hinweisen.

len, jedenfalls dann, wenn die *Erfolgsprognose* eindeutig ausfällt[99/100]. Der Grundsatz der *Kontinuität im Verfahren* führt schliesslich dazu, dass weder eine einmal entzogene aufschiebende Wirkung leichthin wiederhergestellt noch die von einer verwaltungsinternen Beschwerdeinstanz[101] wiederhergestellte aufschiebende Wirkung leichthin wieder entzogen wird[102].

3.28 Allenfalls ist in Beachtung des – heute in Art. 36 Abs. 3 BV verankerten – Grundsatzes der *Verhältnismässigkeit* auch zu prüfen, ob eine weniger einschneidende Massnahme oder Auflage als der Entzug der aufschiebenden Wirkung in Betracht kommen kann[103]. Die Möglichkeit der Verbindung der Suspensivwirkung mit vorsorglichen Massnahmen im Sinne von Art. 56 VwVG statt des Ausschlusses der aufschiebenden Wirkung ist jedenfalls bei Sachverhalten mit intensiven Interessengegensätzen zu bedenken[104].

3.29 Mit Bezug auf den Rechtsschutz auf dem Gebiete des *öffentlichen Beschaffungswesens* ist hervorzuheben, dass der Beschwerde gemäss Art. 28 Abs. 1 BoeB im Unterschied zu Art. 55 Abs. 1 VwVG von Gesetzes wegen keine aufschiebende Wirkung zukommt. Die aufschiebende Wirkung kann vom Bundesverwaltungsgericht auf Gesuch hin[105] erteilt werden (Art. 28 Abs. 2 BoeB).

3.30 Auch das BoeB nennt keine Kriterien, die für die Frage der Gewährung oder Verweigerung der aufschiebenden Wirkung zu berücksichtigen sind. Es können indes jene Grundsätze über-

---

99 Vgl. BGE 130 II 155 E. 2.2; 129 II 289 E. 3; 124 V 88 E. 6a; 117 V 191 E. 2b; Urteil des Bundesgerichts 1A.172/2004 vom 21. September 2004, veröffentlicht in ZBl 2005, 264 E. 3 und 266 E. 4.3; Urteil des Bundesverwaltungsgerichts A-473/2008 vom 8. April 2008 E. 5; Zwischenentscheid der Eidgenössischen Rekurskommission für Heilmittel vom 17. April 2002, veröffentlicht in VPB 66.102 E. 2b; Zwischenentscheid der Eidgenössischen Personalrekurskommission vom 22. Juli 1994, veröffentlicht in VPB 59.3 E. 2a; SCHMID, 204 f. mit weiteren Hinweisen; HÄFELIN/MÜLLER/UHLMANN, Rz. 1802 a.E.; KÖLZ/HÄNER, Rz. 650; MOOR, 443, BOVAY, 405 f. Die Rekurskommission EVD hat in einem in ihrem Jahresbericht 1995 auf Seite 11 erwähnten und vom Bundesgericht bestätigten Zwischenentscheid erkannt, es bestehe ein vorrangiges öffentliches Interesse daran, das Auftreten und die Verbreitung einer Tierseuche in der Schweiz zu verhindern, und dass demgegenüber private (finanzielle oder anders gelagerte) Interessen zurückzustehen haben. Zu den restriktiven Voraussetzungen, unter denen im Asylverfahren der Entzug der aufschiebenden Wirkung eines ordentlichen Rechtsmittels ausserhalb der spezialgesetzlich genannten Fallkategorien ausnahmsweise zulässig ist, vgl. Entscheid der Schweizerischen Asylrekurskommission vom 12. Februar 1997, veröffentlicht in VPB 62.8.

100 Ist eine eindeutige Erfolgsprognose möglich, kann freilich ebenso gut sofort in der Hauptsache entschieden werden, wodurch das Gesuch um Entzug oder (Wieder-)Erteilung der aufschiebenden Wirkung gegenstandslos wird (vgl. Zwischenverfügung des Bundesverwaltungsgerichts A-3614/2008 vom 12. Juni 2008 E. 4; BAUMBERGER, Rz. 537 und 813).

101 Z.B. der ETH-Beschwerdekommission.

102 Vgl. BAUMBERGER, Rz. 31 mit Hinweisen.

103 Vgl. Entscheid des Berner Verwaltungsgerichts vom 18. März 1996, veröffentlicht in BVR 1997, 114.

104 GYGI, Aufschiebende Wirkung, 7; BAUMBERGER, Rz. 26 ff.

105 Eine Gewährung der aufschiebenden Wirkung von Amtes wegen ist demgegenüber nicht vorgesehen. Die Lösung gemäss BoeB ist damit restriktiver als jene gemäss Art. 17 Abs. 2 der Interkantonalen Vereinbarung über das öffentliche Beschaffungswesen (SR 172.056.4) oder Art. 103 Abs. 3 BGG bei der Beschwerde ans Bundesgericht.

nommen werden, die Rechtsprechung und Lehre zu Art. 55 VwVG entwickelt haben[106]. Folglich ist auch hier eine objektive und sorgfältige *Abwägung* der in jedem Einzelfall auf dem Spiele stehenden *Interessen* vorzunehmen, ohne dem öffentlichen Interesse von vornherein ein stärkeres Gewicht beizumessen. Dass der Gesetzgeber im BoeB den Suspensiveffekt in Abweichung zum VwVG nicht von Gesetzes wegen gewährte, zeigt nämlich bloss, dass er sich der Bedeutung dieser Anordnung im Submissionsrecht bewusst war und eine individuelle Prüfung dieser Frage als notwendig erachtete, nicht aber, dass es diesen nur ausnahmsweise gewährt haben wollte[107]. In jüngster Zeit hat das Bundesverwaltungsgericht vermehrt dafürgehalten, das öffentliche Interesse an einer raschen Umsetzug der Zuschlagsverfügung sei im Rahmen der Interessenabwägung als beträchtlich einzustufen[108].

In Anwendung des Grundsatzes der *Verhältnismässigkeit* ist auch bei öffentlichen Beschaffungen gegebenenfalls anstelle einer Verweigerung der aufschiebenden Wirkung zumindest auf eine weniger einschneidende Massnahme im Sinne von Art. 56 VwVG zu erkennen[109].   **3.31**

3.   Andere vorsorgliche Massnahmen

Nach Einreichung der Beschwerde kann das Bundesverwaltungsgericht *von Amtes wegen* oder auf *Begehren einer Partei* andere vorsorgliche Massnahmen ergreifen. Art. 56 VwVG nennt dabei nur diejenigen Massnahmen, die einen tatsächlichen oder rechtlichen Zustand einstweilen unverändert erhalten sollen. In der Praxis wird die Bestimmung allerdings in dem Sinne weiter ausgelegt, als gestützt darauf auch Massnahmen zulässig sind, um bedrohte rechtliche Interessen sicherzustellen[110]. Solche Massnahmen können massgeschneidert auf den Einzelfall angeordnet und ausgestaltet werden und gehen daher oft weniger weit als eine eigentliche Gewährung der aufschiebenden Wirkung[111]. Vorsorgliche Massnahmen müssen durch ein vorwiegendes privates oder öffentliches Interesse begründet sein und das Verhältnismässigkeitsprinzip beachten[112]. Zudem darf der Beschwerdeentscheid, soweit möglich, nicht präjudiziert oder gar illusorisch gemacht werden[113]. Im Übrigen können die im Rahmen von Art. 55 VwVG entwickelten Grundsätze sinngemäss auf Massnahmen im Sinne von Art. 56 VwVG übertragen werden[114].   **3.32**

---

106 Zwischenverfügung des Bundesverwaltungsgerichts B-6136/2007 und B-6137/2007 vom 30. Januar 2008 E. 4.2; Zwischenverfügung B-7252/2007 vom 6. Februar 2008 E. 2.1.

107 BVGE 2007/13 E. 2; Zwischenentscheide des Bundesverwaltungsgerichts B-93/2007 vom 8. Juni 2007 E. 2 bzw. B-4719/2007 vom 20. September 2007 E. 4 bzw. B-5084/2007 vom 8. November 2007 E. 2 bzw. B-5865/2007 vom 3. Dezember 2007 E. 2; STEINER, 420; GALLI/MOSER/LANG/CLERC, Rz. 884 f. mit Hinweisen; BAUMBERGER, Rz. 632 ff.; CLERC, 545.

108 BVGE 2008/7 E. 3.4 mit Hinweisen. Zur Berücksichtigung einer überwiegend positiven oder negativen Erfolgsprognose bei der Interessenabwägung vgl. STEINER, 422 ff. mit Hinweisen.

109 CLERC, 546 f.

110 HÄNER, Vorsorgliche, 309 mit Hinweisen.

111 Zwischenentscheid der Eidgenössischen Steuerrekurskommission vom 18. November 1998, veröffentlicht in VPB 63.50 E. 3a.

112 Vgl. Zwischenverfügung des Bundesverwaltungsgerichts B-8228/2007 vom 15. Februar 2008 E. 2.1.

113 BGE 127 II 138 E. 3; 125 II 623 E. 7a mit Hinweisen; Zwischenverfügung des Bundesverwaltungsgerichts B-547/2008, B-552/2008 und B-554/2008 vom 19. März 2008 E. 4.2; RHINOW/KOLLER/KISS, Rz. 1332.

114 Vgl. BGE 117 V 191 E. 2b.

3.33 Hinsichtlich des *öffentlichen Beschaffungswesens* ist aus dem Umstand, dass das Gesetz ausdrücklich nur die aufschiebende Wirkung regelt (Art. 28 BoeB), nicht zu schliessen, dass deswegen andere vorsorgliche Massnahmen ausgeschlossen wären[115]. Art. 33 Abs. 2 DSG räumt dem *Eidgenössischen Datenschutz- und Öffentlichkeitsbeauftragten* das Recht ein, im Rahmen der Sachverhaltsabklärung nach Art. 27 Abs. 2 oder nach Art. 29 Abs. 1 DSG bei Drohung eines nicht leicht wieder gutzumachenden Nachteils dem Präsidenten bzw. der Präsidentin der auf dem Gebiet des Datenschutzes zuständigen Abteilung des Bundesverwaltungsgerichts vorsorgliche Massnahmen zu beantragen[116/117].

3.34 Bei *negativen Verfügungen,* die Begehren auf Begründung oder Änderung von Rechten und Pflichten ablehnen, ist der Suspensiveffekt wirkungslos. Denn es ist nicht so, dass die anbegehrte Rechtsfolge für die Dauer des Beschwerdeverfahrens vorläufig als bewilligt gelten könnte (z.B. vorläufige Erteilung einer Bewilligung oder Auszahlung von Versicherungsleistungen). Die Frage der aufschiebenden Wirkung kann sich deshalb bei negativen Verfügungen von vornherein nicht stellen[118]. Will man die abgelehnte Verfügung trotzdem ganz oder teilweise vorwegnehmen, kann nur eine vorsorgliche Massnahme Abhilfe schaffen[119]. Gleich verhält es sich bei einer Auflage, wonach ein bestimmter Bereich eines Ausführungsprojektes von der Vorinstanz im Rahmen der Plangenehmigung nicht genehmigt worden und vom Gesuchsteller zu überarbeiten ist[120]. Bei einer *Feststellungsverfügung* vermag der Suspensiveffekt zwar die Feststellungswirkung und allfällige daran geknüpfte Rechtsfolgen zu hemmen, materiell jedoch wird die Rechtslage nicht beeinflusst. Soll deshalb während der Verfahrensdauer der Rechtszustand geändert werden, sind auch hier vorsorgliche Massnahmen zu beantragen[121].

4.   Superprovisorische Massnahmen

3.35 Ungeachtet des Umstandes, dass über vorsorgliche Massnahmen ohne Verzug zu entscheiden ist (vgl. Art. 55 Abs. 3 VwVG), entspricht es dem Anspruch auf rechtliches Gehör und dem Gebot der *Waffengleichheit,* dass – zumindest vor Erlass einer die Verwaltung bzw. eine Gegenpartei belastenden Massnahme – der Vorinstanz und allfälligen Gegenparteien oder anderen am Verfahren Beteiligten (vgl. Art. 57 Abs. 1

---

115 CLERC, 547.
116 Andere Personen sind nicht legitimiert, solche Massnahmen zu beantragen (vgl. Entscheid der Eidgenössischen Datenschutzkommission vom 21. November 1997, veröffentlicht in VPB 62.57 E. 2).
117 Das Verfahren richtet sich sinngemäss nach den Art. 79–84 BZP.
118 Vgl. BGE 126 V 408 E. 3b mit Hinweisen; Entscheid der Eidgenössischen Zollrekurskommission vom 14. Januar 2005, veröffentlicht in VPB 69.66 E. 3a.
119 Vgl. BGE 126 V 408 E. 3; 123 V 41 E. 3; 117 V 188; 116 Ib 350 E. 3c; Zwischenverfügung des Bundesverwaltungsgerichts A-8624/2007 vom 15. Januar 2008 E. 3; Entscheid der Eidgenössischen Zollrekurskommission vom 14. Januar 2005, veröffentlicht in VPB 69.66 E. 2a; SCARTAZZINI, 327; HÄNER, Vorsorgliche, 269; vgl. auch oben Rz. 2.175.
120 Zwischenverfügung und Teilentscheid des Bundesverwaltungsgerichts A-4010/2007 vom 7. November 2007 E. 6.1.
121 BAUMBERGER, Rz. 234 mit Hinweisen; vgl. auch Zwischenverfügung des Bundesverwaltungsgerichts B-547/2008, B-552/2008 und B-554/2008 vom 19. März 2008 E. 3.2.

VwVG) Gelegenheit gegeben wird, sich zur beantragten vorsorglichen Massnahme (z.B. zur Wiederherstellung der aufschiebenden Wirkung) vorgängig zu äussern. Dasselbe gilt mit Bezug auf die beschwerdeführende Partei und deren Anspruch auf rechtliches Gehör, wenn beabsichtigt ist, eine diese belastende vorsorgliche Massnahme zu treffen (z.B. Entzug der aufschiebenden Wirkung durch das Gericht in Anwendung von Art. 55 Abs. 2 VwVG). In diesem Sinne wird denn auch als einstweilige oder vorsorgliche Verfügung diejenige Anordnung bezeichnet, die nach Anhörung der Gegenpartei zu einem entsprechenden Gesuch erlassen wird[122].

Bis zum Eintreffen der – in der Regel auf die Frage der vorsorglichen Massnahme zu beschränkenden – Vernehmlassung bzw. bis zum Entscheid des Bundesverwaltungsgerichts über die vorsorgliche Verfügung kann es sich indes rechtfertigen, *superprovisorische Massnahmen* zu treffen, und zwar allein gestützt auf die Beschwerde und den angefochtenen Entscheid. Für dieses – wenn auch kurze – Verfahrensstadium des Superprovisoriums[123] wird dem Gesuchsgegner das rechtliche Gehör beschnitten und das Interesse des Gesuchstellers, sofortigen Rechtsschutz zu erlangen, gegenüber dem Interesse des Gesuchsgegners, sich vorab zu wehren, höher gewertet[124]. Der superprovisorische Entscheid kann mit einem Formular ohne Begründung getroffen werden[125], etwa mit dem Vermerk, dass bis zum Entscheid über das Gesuch betreffend vorsorgliche Massnahme alle Vollziehungsvorkehrungen zu unterbleiben haben. Bei einer Auflösung des Arbeitsverhältnisses bedeutet dies beispielsweise, dass der Bedienstete in der Zwischenzeit ungeachtet des von der Vorinstanz verfügten Entzugs der aufschiebenden Wirkung und allenfalls über den Auflösungstermin hinaus angestellt bleibt. Im Bereiche des öffentlichen Beschaffungswesens kann sich eine superprovisorische Gewährung der aufschiebenden Wirkung aufdrängen, um die wirtschaftlichen Chancen des beschwerdeführenden Unternehmens zu wahren und einen Vertragsschluss gemäss Art. 22 Abs. 1 BoeB zu verhindern[126].

3.36

IV. Schriftenwechsel

1.   Vernehmlassung

Erachtet der Instruktionsrichter bzw. die Instruktionsrichterin die Beschwerde nicht zum vornherein als unzulässig oder unbegründet[127], so wird der Vorinstanz und all-

3.37

---

122 BGE 115 Ia 323 E. 3c.
123 Entsprechend dem Dahinfallen einer vorsorglichen Massnahme durch den Entscheid in der Hauptsache wird eine superprovisorische Massnahme gegebenenfalls durch eine vorsorgliche Massnahme abgelöst bzw. ersetzt (vgl. Zwischenentscheid des Bundesverwaltungsgerichts B-5084/2007 vom 8. November 2007 E. 5; Entscheid der Rekurskommission VBS vom 14. Februar 2003, veröffentlicht in VPB 67.102 E. 1; vgl. auch Zwischenverfügung des Bundesverwaltungsgerichts B-3113/2008 vom 29. Mai 2008).
124 Vgl. BERTI, 266; KÖLZ/HÄNER, Rz. 337.
125 Vgl. STEINMANN, 146.
126 CLERC, 543.
127 Gemäss der spezialgesetzlichen Bestimmung von Art. 111a Abs. 1 AsylG kann das Bundesverwaltungsgericht nicht nur bei zum vornherein unzulässigen oder unbegründeten

fälligen Gegenparteien der beschwerdeführenden Person oder anderen Beteiligten Gelegenheit gegeben, sich vernehmen zu lassen; gleichzeitig wird die Vorinstanz zur Vorlage ihrer Akten aufgefordert[128] (Art. 57 Abs. 1 VwVG). Der Schriftenwechsel dient dem Anspruch auf *rechtliches Gehör* der Gegenpartei und den prozessualen *Mitwirkungsrechten*. Er soll so geführt werden, dass unter den Parteien Waffengleichheit entsteht: Zu den Ausführungen der beschwerdeführenden Partei sollen sich die Verwaltung und eine allfällige Gegenpartei zumindest dann äussern können, wenn die Beschwerdeinstanz eine Abänderung der angefochtenen Verfügung zu deren Lasten in Betracht zieht[129]. Zur Vernehmlassung in der Sache wird in der Regel erst nach (rechtzeitiger) Leistung des von der beschwerdeführenden Partei eingeforderten Kostenvorschusses Frist angesetzt.

3.38 Die Vorinstanzen des Bundesverwaltungsgerichts sind gehalten, ihre Vernehmlassungen und Stellungnahmen in der *Verfahrenssprache* (Art. 33*a* VwVG)[130] abzugeben[131]. Dies gilt jedenfalls dann, wenn diese mit der Sprache der Beschwerde übereinstimmt; namentlich in komplexen Verfahren kann von den Parteien nicht verlangt werden, einlässliche Stellungnahmen in einer Fremdsprache zu verstehen. Von diesem Grundsatz kann bei Dringlichkeit abgewichen werden, wenn die Vorinstanz innert weniger Tage eine Stellungnahme einzureichen hat, etwa wenn vorsorgliche Massnahmen beantragt sind[132]. Dagegen steht es der Verwaltung frei, interne Dokumente in einer anderen als der Verfahrenssprache zu verfassen; diesbezüglich besteht kein Anspruch der Parteien auf Übersetzung[133].

3.39 Das Bundesrecht schreibt nicht vor, innert welcher Frist die Verwaltung, deren Verfügung angefochten ist, ihre Vernehmlassung einzureichen hat[134]. Die *Vernehmlassungsfrist* sollte – dem Gebot der Waffengleichheit entsprechend – in der Regel auf eine Dauer angesetzt werden, die jener der Beschwerdefrist entspricht[135/136], wobei der Fristenstillstand gemäss Art. 22*a* VwVG angemessen zu berücksichtigen ist.

Beschwerden auf die Durchführung des Schriftenwechsels verzichten, sondern ganz allgemein.

128 Zur Einsendung der vollständigen Akten innert Frist ist die Verwaltung dabei unabhängig davon verpflichtet, ob sie sich vernehmen lässt oder nicht.

129 Vgl. BSK BGG-Meyer, Art. 102 N 1.

130 Vgl. oben Rz. 2.223.

131 Vgl. (bereits unter der Geltung des alten Rechts) Entscheid der Rekurskommission für die Unfallversicherung vom 19. Oktober 1998, veröffentlicht in VPB 63.58 E. 2 und Entscheid der Rekurskommission für Wettbewerbsfragen vom 25. April 1997, veröffentlicht in RPW 1997, 245.

132 Vgl. Zwischenentscheid der Eidgenössischen Rekurskommission für das öffentliche Beschaffungswesen vom 26. März 1997, veröffentlicht in VPB 61.77 E. 1d.

133 BGE 131 V 40 E. 4.1; 127 V 227 E. 2b/bb.

134 BGE 127 V 231 E. 2a mit Hinweis.

135 Vgl. oben Rz. 2.99 ff.

136 Bei einer auf die Frage der aufschiebenden Wirkung beschränkten Vernehmlassung rechtfertigt es sich, eine kürzere Frist anzusetzen. Angesichts der zeitlichen Dringlichkeit wurde in einem konkreten Anwendungsfall eine Frist von lediglich drei Arbeitstagen angesetzt (vgl. Zwischenverfügung des Bundesverwaltungsgerichts A-3614/2008 vom 4. Juni 2008).

Das Eidgenössische Versicherungsgericht hat zu Recht erkannt, eine von einer Beschwerdein- **3.40** stanz im AHV-/IV-Bereich für die Einreichung einer Beschwerdeantwort in sämtlichen Fällen jeweils bei Aufnahme des Verfahrens eingeräumte Frist von vier Monaten verlängere ohne hinreichenden Grund die Dauer des gerichtlichen Verfahrens und verletze damit das *Gebot der Beschleunigung.* Im Übrigen trage eine solche Praxis dem *Grundsatz* der *Waffengleichheit* nicht Rechnung, indem eine Partei im Prozess bevorzugt behandelt werde[137].

Wie bereits erwähnt, hat das Vernehmlassungsverfahren einerseits die Funktion, **3.41** das rechtliche Gehör zu wahren. Andererseits dient der Schriftenwechsel dem Bundesverwaltungsgericht zur richtigen Abklärung des Sachverhalts und allenfalls zur richtigen Norminterpretation[138]. Darüber hinaus wird es der Verwaltung durch den Aufschub des Devolutiveffekts ermöglicht, bei besseren Erkenntnissen auf ihren Entscheid zurückzukommen[139] und damit im allgemeinen (Verwaltungs-) Interesse unnötige Weiterungen des Verfahrens zu verhindern. Daraus ist zu schliessen, dass auch *ergänzende Abklärungen* der Vorinstanz im Rahmen des Vernehmlassungsverfahrens grundsätzlich möglich und mit Art. 54 VwVG (Devolutiveffekt) vereinbar sind[140]. Am Streitgegenstand, wie er sich aus den Anträgen der beschwerdeführenden Partei zur angefochtenen Verfügung ergibt, vermag die Vernehmlassung nichts zu ändern[141].

Der Vernehmlassung kann auch *nicht* die Funktion einer *Anschlussbeschwerde* zu- **3.42** kommen[142]. Dagegen dürfen in der Vernehmlassung, soweit die reformatio in peius nach Art. 62 Abs. 2 VwVG zulässig ist, auch Anträge zuungunsten der beschwerdeführenden Partei gestellt werden. Auch insofern muss allerdings der Sachzusammenhang zum Streitgegenstand, wie er in der Beschwerde bestimmt wird, gewahrt werden. Solche Anträge haben eher den Charakter einer prozessualen Anregung. Kann auf das Rechtsmittel nicht eingetreten werden oder wird die Beschwerde zurückgezogen, so fallen sie dahin[143]. Wie in der Beschwerde dürfen auch in der Vernehmlassung im Rahmen des Streitgegenstandes neue Tatsachen und Beweismittel vorgebracht werden. Mit Bezug auf Ausführungen in einer verspätet eingereichten Vernehmlassung gilt, dass die Beschwerdeinstanz sie trotz der Verspätung berücksichtigen kann, sofern sie ausschlaggebend erscheinen (Art. 32 Abs. 2 VwVG)[144]. Nimmt die Behörde eine verspätete Vernehmlassung entgegen, muss die beschwerdeführende Partei sie erhalten und sich dazu äussern können[145].

Die zur Einreichung einer Vernehmlassung aufgeforderte Verwaltung kann grund- **3.43** sätzlich auch darauf *verzichten,* sich vernehmen zu lassen, oder sie kann in ihrer

---

137 BGE 126 V 249 E. 4.
138 KÖLZ/HÄNER, Rz. 668 f.
139 Vgl. unten Rz. 3.44 ff.
140 Entscheid der Schweizerischen Asylrekurskommission vom 8. Februar 1995, veröffentlicht in VPB 60.33 E. 3c; vgl. auch BGE 127 V 233 E. 2b/bb.
141 Vgl. BSK BGG-MEYER, Art. 102 N 3.
142 Vgl. Urteil des Bundesgerichts 2A.651/2005 vom 21. November 2006 E. 1.2.
143 KÖLZ/HÄNER, Rz. 671.
144 Vgl. Entscheid der Schweizerischen Asylrekurskommission vom 11. Februar 2004, veröffentlicht in VPB 68.148 E. 6.
145 Vgl. Urteil des Bundesverwaltungsgerichts B-7818/2006 vom 1. Februar 2008 E. 4; RHINOW/KOLLER/KISS, Rz. 1152 mit Hinweisen.

Antwort lediglich auf die Erwägungen in der angefochtenen Verfügung verweisen. Erachtet die Beschwerdeinstanz die Begründung gemäss angefochtener Verfügung indessen als weitschweifig und wenig klar, kann sie die Verwaltung ungeachtet eines ursprünglichen Verzichts auffordern, ihre Position in einer ergänzenden Eingabe klar und konzis zu erläutern[146].

2.   Wiedererwägung

3.44   Gemäss Art. 58 Abs. 1 VwVG kann die Vorinstanz bis zu ihrer Vernehmlassung die angefochtene Verfügung in Wiedererwägung ziehen[147]. Ob sie dies tun soll, bleibt ihrer eigenen Beurteilung der Rechtssache bis zum Zeitpunkt der Einreichung der Vernehmlassung überlassen[148]. Die Praxis geht noch einen Schritt weiter und lässt auch eine spätere Aufhebung der Verfügung durch die Vorinstanz zu, somit in der Regel bis vor Ergehen des Entscheids der Rechtsmittelinstanz[149]. Der Begriff der Vernehmlassung ist daher in dem Sinne weit auszulegen, dass die Verwaltung auch noch auf die angefochtene Verfügung zurückkommen kann, wenn sie vom Bundesverwaltungsgericht nach der Vernehmlassung zu einer weiteren Stellungnahme (z.B. zu einem nachträglich eingereichten Gutachten oder zu einer Replik) aufgefordert wird[150]. Hinter der Ausnahmeregelung von Art. 58 Abs. 1 VwVG steht der Gedanke der Prozessökonomie im Sinne der *Vereinfachung* des *Verfahrens*. Die Verwaltung soll während der Hängigkeit des Rechtsstreits auf ihre Verfügung zurückkommen können, wenn diese sich, allenfalls im Lichte der Vorbringen in der Beschwerde, als unrichtig erweist[151]. Weil das Gebot der Rechtssicherheit und der Vertrauensgrundsatz bis zum Eintritt der formellen Rechtskraft der Verfügung nicht die gleiche Bedeutung wie nach diesem Zeitpunkt haben, sind für eine Wiedererwägung nicht die strengen Regeln des Widerrufs formell rechtskräftiger Verfügungen massgeblich[152]. Die Bestimmung hat ihre Gültigkeit ebenfalls für Zwischenverfügungen über vorsorgliche Massnahmen[153]. Erlässt die Vorinstanz eine neue Verfügung, so sind die Parteien und die Beschwerdeinstanz unverzüglich in Kenntnis zu setzen (Art. 58 Abs. 2 VwVG).

---

146 Vgl. Zwischenverfügung der Eidgenössischen Steuerrekurskommission CRC 2005–145 vom 19. September 2006.

147 In Anlehnung an die Regelung von Art. 58 VwVG kann die Verwaltung gemäss Rechtsprechung während laufender Rechtsmittelfrist auch auf eine unangefochtene Verfügung zurückkommen (BVGE 2007/29 E. 4.4 mit Hinweisen).

148 Vgl. Entscheid der Eidgenössischen Steuerrekurskommission vom 18. April 2001, veröffentlich in VPB 66.14 E. 1b.

149 Vgl. Entscheid der Schweizerischen Asylrekurskommission vom 25. März 1994, veröffentlicht in VPB 59.49 E. 5; Gygi, Bundesverwaltungsrechtspflege, 189; Kölz/Häner, Rz. 419 und Rz. 660 je mit Hinweisen.

150 Vgl. Hischier, 457 mit Hinweisen; Moser, Festschrift SRK, 335 Fn. 72. In diesem Sinn hat sich auch die Präsidentenkonferenz des Bundesverwaltungsgerichts an ihrer Sitzung vom 20. März 2007 ausgesprochen.

151 BGE 127 V 233 E. 2b/bb.

152 Vgl. Annette Guckelberger, Der Widerruf von Verfügungen im schweizerischen Verwaltungsrecht, ZBl 2007, 309 mit Hinweisen.

153 Vgl. Steinmann, 146.

Mit einer *neuen Verfügung* ist dabei stets eine Änderung des Dispositivs der ange- **3.45**
fochtenen Verfügung gemeint. Die Änderung wird sich in aller Regel zugunsten
der beschwerdeführenden Partei auswirken. Eine Abänderung zu deren Ungunsten
kann nicht uneingeschränkt zulässig sein. Ähnlich wie der reformatio in peius durch
die Beschwerdeinstanz Grenzen gesetzt sind (Art. 62 Abs. 2 VwVG)[154], ist auch die
Möglichkeit seitens der Vorinstanz, die angefochtene Verfügung im Rechtsmittelverfahren zuungunsten der beschwerdeführenden Partei zu ändern, beschränkt[155].
Einer Wiedererwägung zuungunsten der beschwerdeführenden Partei steht allenfalls dann nichts im Wege, wenn sich die tatsächlichen Verhältnisse seit Erlass der
ersten Verfügung geändert haben. Das gilt erst recht, wenn nach der gesetzlichen
Regelung oder nach allgemeinen Grundsätzen ein Widerruf auch ausserhalb eines
Rechtsmittelverfahrens zulässig wäre oder wenn gar Revisionsgründe im Sinne von
Art. 66 VwVG[156] gegeben wären[157]. Die Tragweite einer während der Hängigkeit
des Rechtsstreits erlassenen Verfügung, die mit einer Schlechterstellung der beschwerdeführenden Partei verbunden ist, ist im Übrigen insofern eingeschränkt, als
ihr lediglich der Charakter eines Antrages an die Beschwerdeinstanz zukommt[158].

Die im Rahmen eines Vernehmlassungsverfahrens durch die Vorinstanz vorgenom- **3.46**
mene blosse Auswechslung oder Änderung der Begründung (Motive) vermag die ursprünglich angefochtene Verfügung von vornherein nicht zu ersetzen[159]. Denn das
Bundesverwaltungsgericht hat als Beschwerdeinstanz die Behandlung der Beschwerde gemäss Art. 58 Abs. 3 VwVG fortzusetzen, soweit diese durch eine neue
Verfügung nicht *gegenstandslos* geworden ist. Die Prozesserledigung zufolge Gegenstandslosigkeit setzt dabei voraus, dass das Rechtsschutzinteresse an der materiellen
Beurteilung nicht mehr anerkannt werden kann[160]. Diesem Erfordernis ist dann bzw.
in dem Umfang Genüge getan, als eine während der Hängigkeit des Rechtsstreits erlassene Verfügung den Anträgen der beschwerdeführenden Partei entspricht oder
gar darüber hinausgeht[161]. Über die in der neuen Verfügung der Vorinstanz materiell
ungelöst gebliebenen Streitfragen hat das Bundesverwaltungsgericht dagegen nach
wie vor zu befinden, ohne dass die beschwerdeführende Person die zweite Verfügung
anzufechten braucht[162]. Auf eine solche Beschwerde könnte auch gar nicht eingetreten werden, da bezüglich der (noch) streitigen Punkte weiterhin Rechtshängigkeit be-

---

154 Vgl. unten Rz. 3.200.
155 Vgl. Böckli, 97 ff.
156 Vgl. unten Rz. 5.40 ff.
157 Entscheid der Eidgenössischen Personalrekurskommission vom 11. September 1996
     (E. 3a).
158 Denn zufolge des Devolutiveffekts ist die Zuständigkeit zum Befund über eine allfällige
     reformatio in peius auf das Bundesverwaltungsgericht übergegangen (vgl. BVGE 2007/
     29 E. 4.3 mit Hinweis; Hischier, 455).
159 Vgl. Urteil des Bundesverwaltungsgerichts B-18/2006 vom 23. August 2007 E. 1.2. Siehe in
     diesem Zusammenhang das Urteil des Bundesverwaltungsgerichts B-2258/2006 vom
     14. April 2008 E. 1.1 sowie den Entscheid der Eidgenössischen Rekurskommission für
     Forschungsförderung vom 27. März 2001, veröffentlicht in VPB 67.13.
160 Vgl. unten Rz. 3.206 f.
161 Entscheid der Eidgenössischen Steuerrekurskommission vom 18. September 1998, veröf-
     fentlicht in VPB 63.80 E. 2d; Moser, Festschrift SRK, 336.
162 BGE 113 V 238 E. 1a mit Hinweis; vgl. auch BGE 126 III 88 E. 3.

steht[163]. Beruht die neue Verfügung auf einem erheblich veränderten Sachverhalt oder schafft sie eine erheblich veränderte Rechtslage, wird ein zweiter Schriftenwechsel durchgeführt (Art. 58 Abs. 3 i.V.m. Art. 57 Abs. 2 VwVG). Auch wenn in der neuen Verfügung Streitfragen ungelöst bleiben und das Gericht über die nicht erfüllten Begehren materiell entscheiden muss, bleibt es grundsätzlich an die Zugeständnisse der Verwaltung gebunden. Dies gilt namentlich auch dann, wenn die Beschwerde nach richterlicher Auffassung in ihrer Gesamtheit abgewiesen werden müsste[164].

3.   Weiterer Schriftenwechsel

3.47 Enthält die Vernehmlassung der Vorinstanz bzw. einer allfälligen Gegenpartei mit Bezug auf die angefochtene Verfügung neue, erhebliche Vorbringen tatsächlicher oder rechtlicher Art, so ist der beschwerdeführenden Partei ausdrücklich Gelegenheit zu geben, im Rahmen eines *zweiten Schriftenwechsels* dazu Stellung zu nehmen (vgl. Art. 57 Abs. 2 VwVG)[165]. Das Gleiche gilt, wenn die Vorinstanz in ihrer Vernehmlassung ihre mangelhaft oder gar nicht motivierte Verfügung überhaupt erst begründet[166]. Ist über die Frage der aufschiebenden Wirkung oder eine vorsorgliche Massnahme zu befinden, darf von der Durchführung eines zweiten Schriftenwechsels in der Regel abgesehen werden[167]. Ein (zweiter) Schriftenwechsel besteht – wie es bereits aus dem Wortinhalt zum Ausdruck gelangt – aus einem Wechsel von Rechtsschriften (Beschwerde und Vernehmlassung bzw. Replik und Duplik). Wird ein zweiter Schriftenwechsel durchgeführt, so ist daher sowohl der beschwerdeführenden Partei wie auch der Verwaltung und allfälligen weiteren Beteiligten Gelegenheit zu geben, sich je ein zweites Mal im Beschwerdeverfahren vor dem Bundesverwaltungsgericht zu äussern.

3.48 Ergibt sich erst im Rahmen der Instruktion das Bedürfnis, die Parteien nochmals schriftlich zu Wort kommen zu lassen, so steht dem nichts im Wege, sondern entspricht Art. 57 Abs. 2 VwVG, wonach auf jeder Stufe des Verfahrens zu einem weiteren Schriftenwechsel eingeladen werden kann. Anstelle eines Schriftenwechsels bzw. in dessen Ergänzung kann die Instruktionsrichterin oder der Instruktionsrichter auch eine mündliche (Instruktions-)Verhandlung mit den Parteien anberaumen.

3.49 Wird kein (zweiter) Schriftenwechsel durchgeführt, so gebietet es der fundamentale Grundsatz eines *kontradiktorischen Verfahrens*, die Vernehmlassung der Vorinstanz und allfällige weitere Stellungnahmen der beschwerdeführenden Partei zumindest zur Kenntnisnahme zukommen zu lassen, so dass sie die Möglichkeit hat, sich dazu noch spontan äussern zu können[168/169]. Bei der Zustellung einer Vernehmlassung an

---

163   Vgl. HISCHIER, 451 mit Hinweisen; MOSER, Festschrift SRK, 336 Fn. 75 mit Hinweis.

164   HISCHIER, 455.

165   Vgl. Urteil des Bundesverwaltungsgerichts A-1380/2006 und A-1381/2006 vom 27. September 2007 E. 3.1 mit Hinweisen.

166   RHINOW/KOLLER/KISS, Rz. 1345 mit Hinweisen.

167   Urteil des Bundesgerichts 2P.103/2006 vom 29. Mai 2006 E. 3.1 mit Hinweisen; vgl. auch oben Rz. 3.18.

168   Vgl. BGE 133 I 99 E. 2.1; 132 I 47 E. 3.3 mit Hinweisen auf die Rechtsprechung des EGMR. Die Grundsätze des fair trial gelten dabei für alle Gerichtsverfahren, auch jene, die nicht in den Schutzbereich von Art. 6 Ziff. 1 EMRK fallen (BGE 133 I 104 E. 4.6).

die beschwerdeführende Partei darf die Beschwerdeinstanz dabei nicht zum Ausdruck bringen, der Schriftenwechsel sei (definitiv) geschlossen, da sie damit der beschwerdeführenden Person die Möglichkeit zur Stellungnahme abschneiden und Art. 6 Ziff. 1 EMRK verletzen würde[170]. Das Recht auf ein faires Gerichtsverfahren umfasst in diesem Sinne das Recht der Parteien, von jedem Aktenstück und jeder dem Gericht eingereichten Stellungnahme Kenntnis zu nehmen und sich dazu äussern zu können, sofern sie dies für erforderlich halten, und zwar unabhängig davon, ob eine Eingabe neue Tatsachen oder Argumente enthält und ob sie das Gericht tatsächlich zu beeinflussen vermag[171]. Kommen Verfahrensbeteiligte, welche eine solche Eingabe ohne förmliche Fristansetzung erhalten haben, zum Schluss, sie möchten nochmals zur Sache Stellung nehmen, so sollen sie dies aus Gründen des Zeitgewinns tun, ohne vorher darum nachzusuchen. Nach Treu und Glauben hat dies jedoch umgehend zu erfolgen. Die Beschwerdeinstanz ihrerseits wartet mit der Entscheidfällung zu, bis sie annehmen darf, der Adressat habe (stillschweigend) darauf verzichtet, sich nochmals zu äussern[172]. Eine solche Annahme dürfte sich jedenfalls nach Ablauf einer Frist von zwei Wochen rechtfertigen[173].

Nach Durchführung eines zweiten Schriftenwechsels ist sinngemäss gleich zu verfahren, d.h. die Duplik ist der beschwerdeführenden Partei zur Kenntnis zu bringen und es kann festgehalten werden, dass damit der zweite Schriftenwechsel abgeschlossen ist. Diese Feststellung schliesst die Durchführung eines weiteren (dritten) Schriftenwechsels nicht von vornherein aus und ermöglicht es der beschwerdeführenden Partei, sich bei Bedarf auch zur Duplik noch spontan zu äussern. Wenn auch in der Literatur wiederholt auf die Problematik dieser auf die EGMR-Rechtsprechung zurückzuführenden Praxis hingewiesen wurde, bleibt – in öffentlich-rechtlichen Angelegenheiten – wohl nichts anderes übrig, als dem rechtsuchenden Privaten gleichsam «Das letzte Wort» zuzugestehen, um einer möglichen Verurteilung der Schweiz in Strassburg vorzubeugen[174].   **3.50**

V. Besetzung des Spruchkörpers

1. Bestimmung des Spruchkörpers

Der Spruchkörper setzt sich in der Regel aus *drei Richterinnen oder Richtern* zusammen (Art. 21 Abs. 1 VGG). In die *einzelrichterliche Zuständigkeit* fällt die Abschreibung gegenstandslos gewordener Verfahren sowie das Nichteintreten auf offensicht-   **3.51**

---

169 Zur Berücksichtigung einer unaufgefordert eingereichten Stellungnahme der Beschwerdeführerin zur Vernehmlassung der Verwaltung vgl. auch Entscheid der Eidgenössischen Steuerrekurskommission vom 8. März 2004, veröffentlicht in VPB 68.98 E. 2.

170 BGE 132 I 46 E. 3.3.2 mit Hinweisen (ZBJV 2008, 186).

171 Vgl. Grodecki, 54; Heinz Aemisegger, Die Bedeutung des US-amerikanischen Rechts bzw. der Rechtskultur des common law in der Praxis schweizerischer Gerichte – am Beispiel des Bundesgerichts, AJP 2008, 25; BSK BGG-Meyer, Art. 102 N 24.

172 Vgl. BGE 133 I 99 E. 2.2.

173 Vgl. Grodecki, 55.

174 BSK BGG-Meyer, Art. 102 N 25 mit Hinweisen.

lich unzulässige Rechtsmittel (Art. 23 Abs. 1 VGG). Als «offensichtlich» unzulässig werden in der Praxis alle Beschwerden betrachtet, auf die klarerweise nicht eingetreten werden kann, etwa wegen Nichtbezahlens des Kostenvorschusses oder Nichteinhaltens der Rechtsmittelfrist[175]. Anders als nach früherem Recht gilt die einzelrichterliche Zuständigkeit ungeachtet der Höhe einer allenfalls zu entrichtenden Parteientschädigung.

3.52 Art. 23 Abs. 2 VGG regelt Ausnahmen vom Grundsatz des Dreier-Spruchkörpers für den Asyl- und den *Sozialversicherungsbereich:* Für den letzteren sieht Art. 85bis Abs. 3 AHVG die Möglichkeit vor, offensichtlich unbegründete Beschwerden einzelrichterlich abzuweisen oder auf diese nicht einzutreten. Im *Asylbereich* nennt Art. 111 Abs. 2 AsylG verschiedene Ausnahmen: Es ist dies zunächst der Entscheid über die vorläufige Verweigerung der Einreise am Flughafen und die Zuweisung eines Aufenthaltsortes am Flughafen. Dabei handelt es sich freilich nicht um eine echte Ausnahme vom Grundsatz des Dreier-Spruchkörpers, denn die genannten Entscheide sind der Sache nach Zwischenentscheide, die das Verfahren vor dem Bundesverwaltungsgericht nicht abschliessen. Als solche lägen sie auch nach der normalen Ordnung in der Zuständigkeit der Instruktionsrichterin bzw. des Instruktionsrichters. Mit der am 1. Januar 2008 in Kraft getretenen Gesetzesnovelle kann sodann gemäss Art. 111 AsylG einzelrichterlich für die Dauer von maximal zehn Tagen die Haft bei absehbarer Vollziehbarkeit der Wegweisung angeordnet werden[176]. Neu und systemwidrig sieht Art. 111 Bst. e AsylG auch materielle Einzelrichterentscheide vor. Offensichtlich begründete und offensichtlich unbegründete Beschwerden können einzelrichterlich beurteilt werden, allerdings nur mit Zustimmung einer zweiten Richterin bzw. eines zweiten Richters[177].

3.53 Gemäss Art. 21 Abs. 2 VGG entscheidet das Bundesverwaltungsgericht in *Fünferbesetzung,* wenn die Abteilungspräsidentin bzw. der Abteilungspräsident dies im Interesse der Rechtsfortbildung oder der Einheit der Rechtsprechung anordnet. Art. 32 Abs. 2 VGR billigt den Mitgliedern des Spruchkörpers diesbezüglich ein Antragsrecht zu, das ausgeübt werden kann, solange das Urteil noch nicht zustande gekommen ist. Die Kammerpräsidentin oder der Kammerpräsident entscheidet über einen entsprechenden Antrag aufgrund der Kriterien von Art. 21 Abs. 2 VGG. Die Instruktionsrichterin oder der Instruktionsrichter ist vorweg anzuhören. Kommt es zu einer Fünferbesetzung, wirkt zusätzlich – falls nicht bereits beim Dreier-Spruchkörper dabei – die Kammerpräsidentin bzw. der Kammerpräsident mit sowie ein oder gegebenenfalls zwei weitere Mitglieder der Abteilung; die Abteilungen können den regelmässigen Einsatz der Abteilungspräsidentin bzw. des Abteilungspräsidenten vorsehen.

3.54 Die *Geschäftsverteilung* innerhalb der zuständigen Abteilungen sowie die Bildung der Spruchkörper hat gemäss Art. 24 VGG durch Reglement zu erfolgen. Diese Bestimmung bezweckt, eine generell-abstrakte Zuteilung nach einheitlichen und

---

175 Botschaft Totalrevision Bundesrechtspflege, BBl 2001 4384.

176 Es handelt sich um die Fälle gemäss Art. 76 Abs. 1 Bst. b Ziff. 5 AuG.

177 Diese Bestimmung ist soweit ersichtlich zumindest auf Bundesebene singulär und problematisch: Zum einen stehen für Asylsuchende regelmässig gewichtige Grundrechtspositionen auf dem Spiel, was einen ordentlichen Dreier-Spruchkörper rechtfertigen würde; zum andern ist unklar, ob die Zweitrichterin bzw. der Zweitrichter die Offensichtlichkeit des Verfahrensausgangs umfassend nachvollziehen muss – diesfalls handelt es sich in der Sache nicht mehr um einen einzelrichterlichen Entscheid – oder bloss eine summarische Prüfung des Dossiers vornehmen soll, was die obige Kritik noch akzentuieren würde.

transparenten Kriterien sicherzustellen[178]. Dementsprechend sehen Art. 31 Abs. 3 und Art. 32 Abs. 1 VGR eine Verteilung der Geschäfte nach einem im Voraus festgelegten Schlüssel vor. Zu diesem Zweck hat sich das Gericht ein EDV-gestütztes Programm gegeben, das unter Berücksichtigung des Beschäftigungsgrads der Richterinnen und Richter sowie der Verfahrenssprache und allfälliger weiterer Kriterien die eingehenden Beschwerden zuteilt.

Das Urteil hat in der abstrakt bestimmten und den Parteien bekannt gegebenen Besetzung zu ergehen[179]. Dies schliesst freilich eine spätere *Änderung des Spruchkörpers* nicht aus, wenn sachliche Gründe dies rechtfertigen, etwa bei Wechseln im Richterkollegium oder momentaner Überlastung einzelner Mitglieder der Abteilung. Am Urteil müssen zudem sämtliche Mitglieder des Spruchkörpers mitwirken[180]. Das Gesagte bedeutet allerdings nicht, dass alle Richterinnen und Richter an allen Beweismassnahmen (z.B. Zeugeneinvernahmen, Augenschein) zugegen sein müssen. Zu Zeugeneinvernahmen, Augenscheinen und Parteiverhören ist eine zweite Richterin bzw. ein zweiter Richter beizuziehen (Art. 39 Abs. 2 VGG); blosse Instruktionsverhandlungen können die einzelnen Instruktionsrichterinnen und -richter alleine durchführen. **3.55**

2. Bekanntgabe an die Parteien

Gemäss Art. 39 Abs. 1 VGG leitet der Präsident oder die Präsidentin der Abteilung die Instruktion des Verfahrens selbst oder betraut eine andere Richterin oder einen anderen Richter mit dieser Aufgabe. Angesichts der Zahl der in den einzelnen Abteilungen eingehenden Beschwerden ist die erste Variante allerdings kaum praktikabel, weshalb spätestens nach der Bestätigung des Beschwerdeeingangs die Instruktionsrichterin oder der Instruktionsrichter bezeichnet wird. In seiner ursprünglichen, bei der Aufnahme der Tätigkeit des Bundesverwaltungsgerichts geltenden Fassung[181] **3.56**

---

178 Botschaft Totalrevision Bundesrechtspflege, BBl 2001 4385 (zum damaligen Art. 21 des Entwurfs des VGG). Damit soll die Besetzung des Gerichts dem Verdacht der Manipulation oder anders gearteter, unsachlicher Beeinflussung entzogen (KIENER, 376 ff.; JÖRG PAUL MÜLLER, 573) bzw. das Vertrauen in die Justiz gestärkt werden (BANDLI, Spruchkörperbildung, 217 f.). Allerdings hat diese Praxis auch Nachteile. Zum einen ist es ausgeschlossen, in Verfahren, die von öffentlichem Interesse sind und in denen die weltanschauliche Haltung eine Rolle spielt, einen parteipolitisch ausgeglichenen Spruchkörper zu bestimmen. Sodann ist es ausgeschlossen, den Neigungen und Vorkenntnissen der Richterinnen und Richter einzelfallweise Rechnung zu tragen. Dies bleibt zwar abstrakt möglich, indem einem bestimmten Rechtsgebiet nur sehr wenige Richterinnen und Richter zugewiesen werden, was indessen hinsichtlich der breiten Abstützung einer Rechtsprechung nicht wünschenswert erscheint.

179 Eine Verletzung der gesetzlichen Vorschriften über die Zusammensetzung des Gerichts verstösst gegen den durch Art. 30 BV gewährleisteten Anspruch auf ordentliche Besetzung des Gerichts (vgl. Urteil des Bundesgerichts 4P.163/2005 vom 6. September 2005, veröffentlicht in Pra 2006 Nr. 62; MARKUS SCHEFER, Grundrechte in der Schweiz, Ergänzungsband, Bern 2005, S. 322 mit Bezugnahme auf BGE 125 V 502 f. E. 3c [ergangen zu Art. 58 aBV]).

180 Ein Urteil in unvollständiger Besetzung stellt eine formelle Rechtsverweigerung dar (BGE 129 V 339 E. 3; 127 I 131 E. 4b).

181 Art. 25 Abs. 4 der damaligen Fassung des VGR.

sah das VGR vor, dass die Verfahrensleitung den Parteien die Besetzung bekannt gebe, es sei denn, die Dringlichkeit schliesse dies aus. Diese Regelung war gerichtsintern von Anfang an umstritten. Zwar diente sie der Transparenz und ermöglichte es den Parteien, das Vorliegen von Ausstandsgründen frühzeitig zu prüfen und allenfalls geltend zu machen[182]. Soweit sich häufige Wechsel im Spruchkörper ergaben, konnte sie aber auch zu Mehraufwand führen. Das Plenum des Gerichts hat nun kürzlich beschlossen, den Zeitpunkt der Bekanntgabe des Spruchkörpers den Abteilungen zu überlassen (Art. 32 Abs. 4 VGR). Dies hat spätestens mit dem Urteil zu erfolgen[183].

3.57   Die *Gerichtsschreiberinnen und -schreiber* sind zwar nicht Teil des Spruchkörpers im engeren Sinne (vgl. Art. 21 VGG), weshalb das Erfordernis von Art. 24 VGG zur abstrakten Bestimmung für sie nicht gilt. Die Garantie von Art. 30 Abs. 1 BV auf ein unparteiisches Gericht findet aber auch auf die Gerichtsschreiberinnen und -schreiber Anwendung[184], zumal sie bei Instruktion und Entscheidung der Fälle beratende Stimme (Art. 26 Abs. 1 VGG) und faktisch einen nicht unbedeutenden Einfluss auf die Entscheidfindung haben[185]. Deshalb sind ihre Namen den Parteien ebenfalls mitzuteilen und die Regeln über den Ausstand gelten auch für sie.

3.   Ausstand

3.58   Art. 30 Abs. 1 BV, der materiell mit Art. 58 aBV übereinstimmt[186], gewährleistet den Anspruch der Rechtssuchenden auf ein durch Gesetz geschaffenes, zuständiges, unabhängiges und unparteiisches Gericht[187/188]. Während die ersten drei Elemente beim Bundesverwaltungsgericht ohne weiteres gegeben sein dürften, kann die Unparteilichkeit im Einzelfall in Frage stehen, wenn Ausstandsgründe vorliegen könnten[189]. Dazu enthält das VGG keine eigene Regelung; gemäss Art. 38 VGG gelten die diesbezüglichen *Bestimmungen des BGG* vor dem Bundesverwaltungsgericht sinngemäss. Der für das Verwaltungsverfahren geltende Art. 10 VwVG findet somit keine Anwendung.

---

182   Dazu unten Rz. 3.181.

183   Die verfassungsmässige Garantie eines unbefangenen Gerichts (Art. 30 Abs. 1 BV) setzt die Bekanntgabe der personellen Zusammensetzung der Behörde voraus, denn nur so können die Betroffenen feststellen, ob ihr diesbezüglicher Anspruch gewahrt worden ist (vgl. Urteil des Bundesverwaltungsgerichts A-4174/2007 vom 27. März 2008 E. 2.4.2).

184   BGE 125 V 502 f. E. 3c.

185   Vgl. dazu MICHAEL BEUSCH, Die Zusammenarbeit zwischen Richterinnen und Gerichtsschreibern, in: Justice-Justiz-Giustizia 2007/2 sowie PETER UEBERSAX, Die Stellung der Gerichtsschreiberinnen und Gerichtsschreiber in der Gerichtsverfassung, in: Benjamin Schindler/Patrick Sutter (Hrsg.): Akteure der Gerichtsbarkeit, Zürich/St. Gallen 2007, insb. 87 ff.

186   BGE 131 I 116 E. 3.4.

187   Vgl. dazu BGE 134 I 17 E. 4.2; 131 I 34 E. 2.1.2.1. Vgl. auch das Urteil des Bundesverwaltungsgerichts A-6450/2007 vom 3. März 2008 E. 2 zur Problematik des Beizugs eines ausserordentlichen juristischen Sekretärs (durch eine Vorinstanz des Bundesverwaltungsgerichts) für die Bearbeitung eines bestimmten, einzelnen Beschwerdeverfahrens.

188   Aus Art. 29 Abs. 1 BV fliesst ausserdem der Anspruch auf Unparteilichkeit und Unbefangenheit der vom Gericht beigezogenen Sachverständigen (vgl. unten Rz. 3.135).

189   Zu den direkt aus Art. 30 Abs. 1 BV abgeleiteten Ansprüchen an die Unbefangenheit der Gerichtspersonen vgl. BGE 134 I 21 E. 4.2.

Art. 6 Ziff. 1 EMRK garantiert für Streitigkeiten über zivilrechtliche Ansprüche und Verpflich- **3.59** tungen sowie betreffend strafrechtliche Anklagen ebenfalls ein unabhängiges und unparteii- sches, auf Gesetz beruhendes Gericht und auf ein faires Verfahren. Diese Bestimmung kann neben Art. 30 Abs. 1 BV ebenfalls angerufen werden, soweit die Verfahren vor dem Bundes- verwaltungsgericht in den Anwendungsbereich von Art. 6 Ziff. 1 EMRK fallen. Nach der Pra- xis des Bundesgerichts stimmt allerdings die Tragweite der beiden Bestimmungen – soweit im vorliegenden Zusammenhang von Interesse – überein, d.h. aus der Konventionsbestimmung lassen sich keine weiter gehenden Ansprüche ableiten[190].

Die *Art. 34 ff. BGG* regeln eingehend – und abschliessend[191] – das Vorliegen eines **3.60** Ausstandsgrundes, das Vorgehen, wenn ein solcher in Frage steht und die Folgen der Verletzung der Ausstandvorschriften. Das BGG unterscheidet nicht zwischen Aus- schliessungsgründen, bei deren Vorliegen das Amt nicht ausgeübt werden darf, und weniger wichtigen Ablehnungsgründen, bei denen die Gerichtsperson in Funktion bleiben kann, sofern die Verfahrensbeteiligten keine Einwände erheben[192]. Die Aus- standsregeln gelten für alle Gerichtspersonen, neben den Richterinnen und Richtern also auch für die Gerichtsschreiberinnen und -schreiber (Art. 34 Abs. 1 BGG).

Ein *Ausstandsgrund* liegt vor, wenn die Gerichtsperson ein persönliches Interesse in **3.61** der Sache hat (Art. 34 Abs. 1 Bst. a BGG), in einer anderen Stellung damit bereits einmal befasst war (Bst. b) oder enge partnerschaftliche (Bst. c) bzw. familiäre (Bst. d) Bande zu einer Partei, deren Vertretung oder einer Person aufweist, die in der gleichen Sache als Mitglied der Vorinstanz tätig war. Sodann hat in den Ausstand zu treten, wer aus anderen Gründen, insbesondere wegen besonderer Freundschaft oder persönlicher Feindschaft mit einer Partei oder ihrem Vertreter beziehungs- weise ihrer Vertreterin, befangen sein könnte (Bst. e). In der Praxis ist vor allem der letztgenannte Grund von Bedeutung.

Die Bestimmungen von Art. 34 Abs. 1 Bst. b und e BGG, wonach in den Ausstand **3.62** zu treten hat, wer bereits in der gleichen Sache tätig war bzw. wer aus andern Grün- den befangen sein könnte, haben die Funktion eines Auffangtatbestands. Zum Schutze des Vertrauens der Rechtsuchenden in eine integre Verwaltungsrechts- pflege sind alle Gegebenheiten zu vermeiden, die den *Anschein der Befangenheit* und die Gefahr der Voreingenommenheit zu begründen vermögen. Solche Um- stände können entweder in einem bestimmten Verhalten der betreffenden Ge- richtsperson oder in gewissen äusseren Gegebenheiten funktioneller und organisa- torischer Natur begründet sein. Für den Ausstand wird nicht verlangt, dass die oder der Betroffene tatsächlich befangen ist, denn dies lässt sich kaum je beweisen. Es genügt, wenn Umstände vorliegen, die bei objektiver Betrachtung den Anschein der Befangenheit und Voreingenommenheit erwecken. Rein subjektive Befürch- tungen einer Prozesspartei genügen nicht. Insgesamt muss gewährleistet sein, dass der Prozess aus Sicht aller Beteiligten als offen erscheint[193].

---

190 BGE 134 I 21 E. 4.2; 133 I 3 E. 5.2; 131 I 116 E. 3.4.
191 Vgl. für die früher geltenden gesetzlichen Regelungen BGE 112 V 210 E. 2a; Entscheid der Rekurskommission EVD vom 5. September 1996, veröffentlicht in VPB 61.33 E. 6.
192 Anders noch Art. 22 ff. OG.
193 BGE 133 I 92 E. 3.2; 131 I 25 E. 1.1.

3.63 Da beim Bundesverwaltungsgericht keine nebenamtlichen Richterinnen und Richter tätig sind, Art. 6 VGG zudem relativ strenge Unvereinbarkeitsregeln statuiert und die Gerichtsleitung eine restriktive Praxis für die Bewilligung von Nebenbeschäftigungen übt, dürften Ausstandsgründe funktioneller und organisatorischer Art selten sein[194]. Immer wieder zu Diskussionen führt die Frage, inwieweit eine Gerichtsperson aufgrund ihrer bisherigen Tätigkeit im selben oder einem ähnlichen Verfahren mit der konkreten Streitsache schon einmal befasst war. In diesen Fällen, wo es um die so genannte *Vorbefassung* geht, ist zu prüfen, ob sich die Gerichtsperson durch die Mitwirkung an früheren Prozesshandlungen, namentlich an Zwischen- oder Endentscheiden, mit Bezug auf einzelne Fragen bereits in einem Masse festgelegt hat, dass sie einer anderen Bewertung der Sach- und Rechtslage nicht mehr zugänglich und der Verfahrensausgang deswegen nicht mehr offen erscheint[195]. Abzustellen ist dabei im Einzelnen auf die tatsächlichen und verfahrensrechtlichen Umstände[196], namentlich die in den betreffenden Verfahrensstadien aufgeworfenen Fragen, den Entscheidungsspielraum sowie die Bedeutung der jeweiligen Entscheidungen[197].

3.64 Der wichtigste Fall der Vorbefassung wird in Art. 34 Abs. 2 BGG ausdrücklich geregelt. In Bestätigung der bisherigen Praxis[198] bildet demnach die *Mitwirkung in einem früheren Verfahren* des Bundesgerichts für sich allein keinen Ausstandsgrund. Aufgrund des Verweises von Art. 38 VGG hat dasselbe auch für Verfahren vor dem Bundesverwaltungsgericht zu gelten[199]. Auch in diesen Konstellationen ist aber ein Ausstandsgrund zu bejahen, wenn ein Tatbestand gemäss Art. 34 Abs. 1 BGG gegeben ist. Je nach den besonderen Umständen des Falles kann die Mitwirkung in einem früheren Verfahren bei einer Partei also dennoch den Anschein der Befangenheit im Sinne von Art. 34 Abs. 1 Bst. e BGG erwecken[200].

3.65 Aufgrund von Art. 34 Abs. 1 BGG ist das Vorliegen eines Ausstandsgrunds jedenfalls zu verneinen, wenn das *Bundesverwaltungsgericht einen Entscheid kassiert,* die Vorinstanz neu entschieden und die unterlegene Partei dagegen wiederum Beschwerde geführt hat, oder wenn das Gericht aufgrund eines *Rückweisungsentscheids des Bundesgerichts* über ein Verfahren ein zweites Mal zu befinden hat. Art. 34 Abs. 2 BGG ermöglicht ebenfalls die Beurteilung

---

194　Art. 6 Abs. 2 VGG schliesst namentlich die berufsmässige Vertretung Dritter vor Gericht aus. Probleme können sich immerhin dann ergeben, wenn neu gewählte Richterinnen und Richter, die zuvor in der Advokatur tätig gewesen sind, bisherige Mandate nach Antritt ihres Amtes zu Ende führen (vgl. das instruktive Beispiel im Urteil des Bundesgerichts 2C_171/2007 vom 19. Oktober 2007 E. 6).

195　BGE 133 I 92 E. 3.2; 131 I 116 E. 3.4, 124 E. 3.7.3.

196　BGE 133 I 92 E. 3.2.

197　MOSER in: Moser/Uebersax, Rz. 3.45 mit Hinweisen.

198　Entscheid der Eidgenössischen Rekurskommission für Forschungsförderung vom 31. Oktober 2000, veröffentlicht in VPB 67.14 E. D.

199　Ebenso wenig ist befangen, wer an der Instruktion eines Verfahrens einer Vorgängerorganisation mitgewirkt hat, das vom Bundesverwaltungsgericht übernommen worden ist (BVGE 2007/4).

200　Etwa dann, wenn das Gericht in antizipierter Beweiswürdigung von der Unerheblichkeit zusätzlicher Beweismassnahmen ausgegangen ist und diese Betrachtungsweise im anschliessenden Rechtsmittelverfahren als willkürlich bezeichnet wird (vgl. das Urteil des Bundesgerichts 1P.591/2005 vom 2. November 2005, veröffentlicht in Pra 2006 Nr. 74).

eines Revisionsgesuchs durch dieselben Gerichtspersonen, die bereits am Ersturteil mitgewirkt haben.

Aufgrund der höchstrichterlichen Rechtsprechung ist davon auszugehen, dass durch **3.66** die *Vornahme der üblichen Prozesshandlungen* in der Regel, d.h. bei Fehlen besonderer Umstände, kein Ausstandsgrund gesetzt wird. In BGE 131 I 118 ff. E. 3.6 hat das Bundesgericht unter Hinweis auf mehrere nicht publizierte Urteile festgehalten, weder das Vorlegen eines Lösungsvorschlags im Rahmen einer Vergleichsverhandlung[201] noch die Anordnung einer vorsorglichen Massnahme[202] erwecke begründete Sorge der Voreingenommenheit. Im zitierten Urteil hat das Gericht festgehalten, selbst die Abweisung eines Gesuchs um unentgeltliche Rechtspflege wegen Aussichtslosigkeit vermöge – entgegen entsprechender Kritik in der Lehre[203] – keinen Anschein der Befangenheit zu erwecken[204]. Immerhin ist bei der Kontaktaufnahme einer Gerichtsperson mit einer der Parteien allgemein jede Handlung zu vermeiden, die den Richter dem Anschein der Befangenheit aussetzen könnte[205]. Telefonate zwischen Gerichtspersonen und Parteien oder Vorinstanzen sind somit zu vermeiden[206]; sofern sie zwingend nötig sind, dürften von Gerichtsschreiberinnen und -schreibern geführte Gespräche unter dem Blickwinkel der Befangenheit weniger problematisch sein.

Wie das Bundesgericht in einem älteren, aber weiterhin gültigen Grundsatzentscheid festgehalten hat[207], kann von einer Richterin bzw. einem Richter nicht eine **3.67** von der *sozialen Wirklichkeit* losgelöste Tätigkeit erwartet werden. Gesellschaftliche

---

201 Hinweis auf das Urteil 1P.32/1997 vom 20. März 1997. Dasselbe gilt gemäss BGE 119 Ib 87, wenn die Gerichtsperson anlässlich von Vergleichsverhandlungen eine (provisorische) Meinung über den mutmasslichen Prozessausgang geäussert hat, demgegenüber kann es den Anschein von Befangenheit erwecken, wenn die Referentin bzw. der Referent eine Partei anruft und sich in diesem Rahmen zu den Prozesschancen äussert (vgl. Urteil des Bundesgerichts 1B_242/2007 vom 28. April 2008).

202 Vgl. das Urteil des Bundesgerichts 4C.514/1996 vom 15. Dezember 1997; ebenso BVGE 2007/5.

203 KIENER, 166 f.; DIESELBE, in: Die staatsrechtliche Rechtsprechung 2005 und 2006, ZBJV 2006, 823 f.

204 BGE 131 I 121 ff. E. 3.7.3 und im gleichen Sinn der Entscheid der Schweizerischen Asylrekurskommission vom 17. September 2003, veröffentlicht in VPB 68.42.
Die Argumentationsweise des Bundesgerichts erscheint gewunden, wenig überzeugend und vorab von Praktikabilitätsüberlegungen geprägt. Wer ein Rechtsbegehren bei summarischer Prüfung als aussichtslos erachtet und dies in einem Zwischenentscheid entsprechend begründet, kann in der Folge gar nicht mehr unbefangen an den Fall herangehen, sondern muss zumindest auf die eigene provisorische Meinung zurückkommen, was (objektiv) auch ausserhalb eines gerichtlichen Verfahrens nicht allen leicht fällt. Schon deshalb erscheint es berechtigt, dass die Person, die erfolglos um die unentgeltliche Rechtspflege nachgesucht hat, (subjektiv) Zweifel an der Offenheit des Verfahrens hegt (in diesem Sinne auch MEICHSSNER, 116 f.). Gemäss Art. 80 Abs. 5 ZPO/BE hat für den Entscheid in der Hauptsache in den Ausstand zu treten, wer bei einem abschlägigen Entscheid betreffend unentgeltliche Prozessführung mitgewirkt hat.

205 Vgl. Urteil des Bundesgerichts 1_B242/2007 vom 28. April 2008 E. 2.4.

206 Dabei ist die Kontaktnahme der Gerichtsperson mit einer Partei oder deren Vertretung heikler als der umgekehrte Fall, in welchem die Partei mit dem Gericht den Kontakt aufnimmt (Urteil des Bundesgerichts 1_B242/2007 vom 28. April 2008 E. 2.6).

207 BGE 105 Ia 162 E. 6a.

Sitten, Gewohnheiten, Werturteile, die öffentliche Meinung oder bestimmte politische Ereignisse beeinflussen die richterliche Willensbildung. Eine Unabhängigkeit von derartigen Umständen ist weder möglich noch erwünscht, denn von Richterinnen und Richtern wird mit Recht Lebensnähe, Erfahrung und menschliches Verständnis erwartet; zugleich kann von ihnen, so das Bundesgericht, eine gewisse Festigkeit gegenüber solchen Einflüssen verlangt werden. Namentlich lässt weder die Mitgliedschaft in einer politischen Partei oder die Kandidatur für ein parlamentarisches Amt[208], noch die Zugehörigkeit zu einer religiösen Gruppierung[209] eine Richterin oder einen Richter als befangen erscheinen. Schliesslich vermag nach dem klaren Wortlaut von Art. 34 Abs. 1 Bst. e BGG bloss eine eigentliche Feindschaft[210] bzw. eine besondere Freundschaft mit einer der Parteien den Anschein der Befangenheit zu erwecken; blosse Kollegialität bzw. Antipathie genügen nicht[211].

3.68 Sodann verneint die Praxis einen Ausstandsgrund, wenn eine *Meinungsäusserung* abstrakt, losgelöst von einem konkreten Verfahren[212] bzw. ausserhalb des Gerichts erfolgt ist[213], selbst wenn sie für den Entscheid erheblich ist. Von der betreffenden Gerichtsperson wird erwartet, dass sie ihre Beurteilung des Prozessstoffes im Laufe des Verfahrens entsprechend dem jeweils neuesten Stand ständig neu zu prüfen und bei Vorliegen neuer Tatsachen und Argumente auch zu revidieren in der Lage ist. Immerhin können konkrete Äusserungen Zweifel an der Unbefangenheit wecken, wenn sie über das Notwendige hinausgehen und mindestens indirekt auf eine bestimmte abschliessende Meinungsbildung schliessen lassen, weil ihnen z.B. die notwendige Distanz fehlt[214].

3.69 Die Tatsache, die den Ausstandsgrund bewirkt, muss von der Partei, die sich darauf berufen will, zumindest *glaubhaft gemacht werden* (Art. 36 Abs. 1 BGG)[215]. Bloss allgemeine Vorwürfe der Befangenheit, wie fehlende (Fremd-)Sprachenkenntnisse[216], eine andere Herkunft als jene der betreffenden Partei[217], andere Ansichten

---

208 Urteil des Bundesgerichts 1P.667/2006 vom 29. November 2006 E. 3.1.

209 Urteil des Bundesgerichts 1P.385/2003 vom 23. Juli 2003 E. 3.

210 Davon ist etwa dann auszugehen, wenn sich eine Gerichtsperson erst vor kurzem durch das Einreichen einer Strafanzeige gegen Persönlichkeitsverletzungen, begangen durch eine nachmalige Prozesspartei, gewehrt hat (BGE 134 I 22 E. 4.3.2).

211 Zwischenentscheid des Bundesverwaltungsgerichts A-4013/2007 vom 7. April 2008; Poudret, Band I, Art. 23 N 4.2 f. Vgl. auch BVGE 2008/13 E. 10.5, wo der Leiter einer verfügenden Behörde wegen offensichtlicher Feindseligkeit gegenüber der gesuchstellenden Partei als befangen erschien.

212 Entscheid des Bundesrats vom 28. April 2004, veröffentlicht in VPB 68.137 E. 2.2.

213 BGE 133 I 92 E. 3.3.

214 BGE 133 I 92 E. 3.3 und 3.4 betreffend einen (Schieds-)Richter, der ein erstes Schiedsurteil, an dem er nicht mitgewirkt hatte, in einer Fachzeitschrift als grob falsch kritisiert hatte; Urteil des Zürcher Verwaltungsgerichts vom 23. Mai 2007, veröffentlicht in ZBl 2008, 225 ff., betreffend ein (nebenamtliches) Mitglied einer kantonalen Baurekurskommission, das sich in seiner Funktion als Kantonsrat abschätzig über das allgemeine Verhalten einer Prozesspartei geäussert hatte.

215 Entscheid des Bundesrats vom 28. April 2004, veröffentlicht in VPB 68.137 E. 2.2; BVGE 2007/5 E. 2.3).

216 Entscheid der Eidgenössischen Rekurskommission für Forschungsförderung vom 31. Oktober 2000, veröffentlicht in VPB 67.14 E. D.

217 Entscheid des Bundesrats vom 1. April 1992, veröffentlicht in VPB 57.27 E. 6.

in Grundsatzfragen oder der Umstand, dass die herrschende Praxis der Behörde zu einer bestimmten Frage eine Beschwerde – zumindest aus der Sicht der beschwerdeführenden Partei – als wenig erfolgversprechend erscheinen lässt, sind keine konkreten Anhaltspunkte für eine Befangenheit[218].

Nach der ständigen Rechtsprechung der bisherigen eidgenössischen Rekurskommissionen konnten Ausstandsgründe grundsätzlich nur gegen *einzelne Gerichtspersonen,* die einen Entscheid zu treffen oder vorzubereiten hatten, geltend gemacht werden, nicht aber gegen eine Rekurskommission als Ganzes oder gegen eine ihrer Organisationseinheiten[219]. An dieser Praxis ist festzuhalten, denn befangen können bloss Personen als Träger einer staatlichen Funktion sein, nicht aber ein Organ an sich. Aus diesem Grund lehnt es auch das Bundesgericht ab, sofern nicht ausserordentliche Umstände vorliegen, eine Behörde als Ganzes für ausstandspflichtig zu erklären, selbst wenn Interessenkollisionen möglich sind[220]. Anders könnte es sich dann verhalten, wenn der Ausstandsgrund von seiner Natur her für alle Gerichtspersonen gegeben wäre, was etwa bei einer Beeinflussung durch die Medien denkbar wäre[221]. **3.70**

Der Ausstand einer Richterin oder eines Richters steht in einem *Spannungsverhältnis* zum Anspruch auf Beurteilung der Streitsache durch einen auf abstrakte Weise bestimmten Spruchkörper (Art. 24 VGG). Bei Fehlen eines Ausstandsgrundes hat namentlich eine allfällige Gegenpartei Anspruch darauf, dass die Streitsache durch den ursprünglich vorgesehenen Spruchkörper und nicht durch andere Richterinnen oder Richter beurteilt wird[222]. Es ist somit grundsätzlich nicht zulässig, um den Wünschen einer Partei nachzukommen oder Schwierigkeiten zu vermeiden, einem nicht berechtigten Ausstandsbegehren zu entsprechen; andernfalls wird die regelhafte Verfahrensordnung ausgehöhlt[223]. Schliesslich darf Befangenheit auch im Interesse einer beförderlichen Rechtspflege nicht leichthin angenommen werden[224]. **3.71**

---

218 Entscheid des Bundesrats vom 20. März 1995, veröffentlicht in VPB 60.2 E. 2.
219 Entscheid der Schweizerischen Asylrekurskommission vom 13. Dezember 2000, veröffentlicht in VPB 65.74 E. 5; Entscheid der Eidgenössischen Rekurskommission für das öffentliche Beschaffungswesen vom 7. November 1997, veröffentlicht in VPB 62.17 E. 3a. Vgl. auch Entscheid des Bundesrats vom 22. Dezember 2004, veröffentlicht in VPB 69.26 E. III./1 sowie als Ausnahmefall BVGE 2008/13, wo sämtliche Mitglieder einer verfügenden Behörde als befangen erachtet wurden.
220 Vgl. BGE 122 II 477 E. 3b (zur Kritik an diesem die Befangenheit der UBI in concreto verneinenden Entscheid: Jörg Paul Müller und Markus Schefer, Staatsrechtliche Rechtsprechung des Bundesgerichts im Jahre 1996, ZBJV 1997, 697 ff.); 105 Ib 130; Entscheid der Rekurskommission ETH vom 9. Mai 1996, veröffentlicht in VPB 61.62 E. 4.
221 Dies wurde in BGE 116 Ia 14 ff. geltend gemacht. Das Bundesgericht hat allerdings festgehalten, trotz einer intensiven Informationskampagne führe der blosse Zugang zu den Medien – bei Fehlen objektiver Anzeichen für eine Beeinflussung – nicht zur Annahme, die Mitglieder eines Gerichts seien befangen. Aus diesem singulären Urteil lässt sich entgegen Kölz/Häner (Rz. 253) jedenfalls nicht ableiten, das Bundesgericht prüfe «ohne weiteres Ausstandsbegehren gegen kantonale Gericht als solche».
222 BGE 122 II 477 E. 3b; 116 Ia 19 E. 4; Moser in: Moser/Uebersax, Rz. 3.44.
223 Vgl. zum alten Recht BGE 122 II 477 E. 3b.
224 Urteil des Bundesgerichts vom 3. April 1997, veröffentlicht in Pra 86/1997, 613 f.

3.72 Das Vorliegen von Ausstandsgründen ist von Amtes wegen zu prüfen[225]; das Gericht darf heikle Konstellationen mit andern Worten nicht einfach ignorieren und es den Parteien anheim stellen, allfällige Einwände vorzubringen. Erachtet sich eine Gerichtsperson als befangen, teilt sie dies der Kammerpräsidentin bzw. dem Kammerpräsidenten[226] mit (Art. 35 BGG). In der Regel wird das *Verfahren* indes durch ein Ausstandsbegehren einer Partei ausgelöst; diesfalls nimmt zunächst die betroffene Gerichtsperson dazu Stellung (Art. 36 Abs. 2 BGG). Über die Frage des Ausstands entscheidet anschliessend ohne Anhörung der Gegenpartei der vorgesehene Spruchkörper unter Ausschluss der Gerichtsperson, deren Unbefangenheit in Frage steht, aber ergänzt durch ein weiteres Mitglied der Kammer (Art. 37 Abs. 1 und 2 BGG)[227]. Werden so viele Mitglieder einer Kammer abgelehnt, dass diese keinen Spruchkörper mehr bilden kann, können Richterinnen und Richter einer anderen Kammer hinzugezogen werden. Art. 37 Abs. 3 BGG regelt sodann den Fall, dass der Ausstand von so vielen Richterinnen oder Richtern verlangt wird, dass keine gültige Verhandlung stattfinden kann. Die dort vorgesehene Regelung – Bezeichnung von Obergerichtspräsidentinnen und -präsidenten als ausserordentliche nebenamtliche Richterinnen oder Richter – dürfte angesichts der Grösse des Bundesverwaltungsgerichts kaum Bedeutung erlangen.

3.73 Bleibt die den Parteien gemäss Art. 32 Abs. 4 VGR allenfalls eingeräumte Frist zur Ablehnung einer Gerichtsperson unbenutzt, nimmt das Verfahren seinen ordentlichen Verlauf. Der Anspruch auf Ablehnung gilt dann grundsätzlich, d.h. unter Vorbehalt von Ausstandsgründen, die sich erst später verwirklichen, als *verwirkt*. Denn wer die mitwirkenden Gerichtspersonen nicht unverzüglich ablehnt, wenn er vom Ablehnungsgrund Kenntnis erhält, sondern sich stillschweigend auf den Prozess einlässt, verwirkt den Anspruch auf spätere Anrufung eines allfälligen Mangels[228]. Eine verspätete Rüge der Befangenheit verstiesse gegen den auch im Verfahrensrecht geltenden Grundsatz von Treu und Glauben[229]. Ausstandsgründe, die

---

225 Urteil des Bundesgerichts 2C_171/2007 vom 19. Oktober 2007 E. 6.3.4.

226 Art. 35 BGG spricht von der Präsidentin bzw. dem Präsidenten der Abteilung, was beim Bundesverwaltungsgericht funktional dem Kammerpräsidium entspricht.

227 Gemäss Meinungsäusserung der Präsidentenkonferenz des Bundesverwaltungsgerichts vom 5. Juni 2007 ist unter dem Begriff der «Abteilung» in Art. 37 Abs. 1 BGG nicht das Abteilungsplenum zu verstehen, sondern – gleich wie in Art. 20 Abs. 1 BGG – der jeweilige, ordentliche Spruchkörper, denn es gibt keinen Anlass, Ausstandsbegehren durch einen grösseren Spruchköper (weit über zehn Richterinnen und Richter) beurteilen zu lassen als der zugrunde liegende Rechtsstreit. Es wird sodann nach Zufallsprinzip entschieden, wer an die Stelle der Gerichtsperson tritt, die für den Entscheid über das Ausstandsgesuch zu ersetzen ist; in diesem Sinne auch der Zwischenentscheid des Bundesverwaltungsgerichts A-4013/2007 vom 7. April 2008; Entscheid des Bundesverwaltungsgerichts D-5128/2007 vom 31. Oktober 2007.

228 BGE 134 I 21 E. 4.3.1; 132 II 496 E. 4.3 mit Hinweisen; BGG-GÜNGERICH, Art. 36 N 3.

229 BGE 132 II 497 E. 4.4. Von diesem Grundsatz hat das Bundesgericht in BGE 134 I 22 E. 4.3.2 eine Ausnahme gemacht in einem Fall, in welchem der Ausstandsgrund derart offensichtlich war, dass der betreffende Richter von selbst hätte in den Ausstand treten müssen und diese Unterlassung schwerer wog als die (allfällige) Verspätung der Ablehnung durch die Partei. Allerdings ist fraglich, ob diese Ausnahme auch dann Platz greifen könnte, wenn den Prozessparteien ausdrücklich eine Ablehnungsfrist angesetzt wird und sie auf die Verwirkungsfolgen aufmerksam gemacht werden.

der betroffenen Partei erst im Laufe des Verfahrens bekannt werden oder erst dann auftreten, sind ebenfalls umgehend geltend zu machen. Die diesbezügliche Frist wird sich an der zu Beginn des Verfahrens geltenden zu orientieren haben, wobei auf den Einzelfall abzustellen ist.

Amtshandlungen, an denen eine *zum Ausstand verpflichtete Gerichtsperson mitge-* **3.74** *wirkt* hat, sind nicht nichtig. Sie sind aber aufzuheben, sofern dies eine Partei innert fünf Tagen seit Kenntnis des Ausstandsgrunds verlangt. Die betroffene Partei muss dabei kein materielles Interesse an der Aufhebung dartun. Nicht wiederholbare Beweismassnahmen dürfen von der entscheidenden Instanz berücksichtigt werden (Art. 38 Abs. 1 und 2 BGG); dabei wird zu berücksichtigen sein, inwieweit die Befangenheit der Gerichtsperson geeignet war, das Beweisergebnis zu verfälschen. Wird der Ausstandsgrund erst nach Ablauf der Rechtsmittelfrist entdeckt oder bekannt oder ist der Beschwerdeentscheid überhaupt nicht anfechtbar, sind die Bestimmungen über die Revision anzuwenden[230].

VI. Verfahrensgarantien

1. Verfassungsrechtliche Vorgaben und Allgemeines

Prozessrecht dient wesentlich der Verwirklichung des materiellen Rechts. Weil die zu **3.75** regelnden Lebenssachverhalte immer komplexer werden, kommt der Ausgestaltung des Verfahrens für die Gewährleistung richtiger Entscheide eine stets grössere Bedeutung zu. Die zunehmende sachverhaltliche Komplexität führt auf gesetzlicher Ebene zu unbestimmten Normen[231]. Diese Unbestimmtheit kann die Rechtssicherheit gefährden und muss nach der höchstrichterlichen Rechtsprechung durch Verfahrensgarantien ein Stück weit kompensiert werden[232]. In einer mehr als hundert Jahre zurückgehenden und bis heute andauernden Entwicklung hat die Rechtsprechung eine Vielzahl von prozessualen Ansprüchen zum Schutz der Prozessparteien entwickelt. Diese wurden in erster Linie aus dem Gleichheitsgebot von Art. 4 aBV hergeleitet; inzwischen haben sie – soweit für Verwaltungs- und für Gerichtsverfahren geltend – vorab in Art. 29 der geltenden Bundesverfassung Erwähnung gefunden[233], wobei die unter der Herrschaft der aBV hiezu ergangene Rechtsprechung grundsätzlich weiterhin massgebend ist[234]. Der Anspruch auf Zugang zu einem Gericht zur Regelung von Rechtsstreitigkeiten wird sodann durch Art. 29a BV garantiert[235]. Ausschliesslich für gerichtliche Verfahren gelten die in Art. 30 BV statuierten Ansprüche betreffend die Zusammensetzung des Gerichts, den Gerichtsstand und die Öffentlichkeit. Die Art. 31 und 32 BV schliesslich enthalten strafprozessuale Garantien.

---

230 Die Verletzung der Bestimmungen über den Ausstand bildet dabei einen Revisionsgrund im Sinne von Art. 121 Bst. a BGG. Vgl. unten Rz. 5.42.
231 BGE 127 V 434 E. 2b/bb mit Hinweisen auf die Lehre.
232 BGE 128 I 340 E. 4.2 (für das Polizeirecht), BGE 127 V 435 E. 4b/cc (für das Sozialversicherungsrecht).
233 Botschaft Reform der Bundesverfassung, 181.
234 BGE 126 V 131 E. 2a mit Hinweisen.
235 Dazu KLEY, Art. 29a Rz. 3 ff.

3.76 Die Verfahrensgarantien von Art. 29 BV werden im VwVG zwar mehrheitlich ausdrücklich geregelt und konkretisiert. Für die Auslegung und Anwendung der betreffenden Bestimmungen des VwVG kann aber in der Regel auf die Rechtsprechung des Bundesgerichts zu Art. 29 BV zurückgegriffen werden. Es rechtfertigt sich deshalb, an dieser Stelle kurz die Struktur dieser Verfassungsnorm darzustellen.

3.77 Art. 29 Abs. 1 BV garantiert allen Personen in Verfahren vor Gerichts- und Verwaltungsinstanzen Anspruch auf gleiche und gerechte Behandlung sowie Beurteilung ihrer Angelegenheit innert angemessener Frist (Verbot der formellen Rechtsverweigerung). Die darunter fallenden Verbote der Rechtsverzögerung und -verweigerung werden weiter hinten im Rahmen der Darstellung verschiedener spezieller Verfahren erörtert, das Verbot des überspitzen Formalismus dagegen in diesem Kapitel. Ebenfalls an dieser Stelle behandelt werden die aus Art. 29 Abs. 2 BV abgeleiteten Gehörsansprüche. Darunter fallen nach der Praxis des Bundesgerichts insbesondere das Recht der Parteien, über den Gang des Verfahrens orientiert zu werden und sich vor Erlass des in ihre Rechtsstellung eingreifenden Entscheids zur Sache zu äussern (rechtliches Gehör im engeren Sinne)[236], das Akteneinsichtsrecht sowie das Recht auf einen begründeten Entscheid[237]. Diese Verfahrensgarantien werden nachfolgend näher dargestellt; die ebenfalls aus dem Gehörsanspruch abgeleiteten Mitwirkungsrechte am Beweisverfahren werden dagegen im nachstehenden Kapitel behandelt. Der in Art. 29 Abs. 3 BV festgehaltene Anspruch auf unentgeltliche Rechtspflege schliesslich wird durch Art. 65 VwVG konkretisiert und weiter hinten im Rahmen der Kosten- und Entschädigungsregeln erörtert.

Verfassungs-norm	Gehalt	Gesetzliche Regelung	Behandlung im Handbuch
Art. 29 Abs. 1	Verbot der formellen Rechsverweigerung:		
	– Rechtsverweigerungs-verbot	Art. 46a VwVG	§ 5/II/2, Rechtsverweigerung
	– Rechtsverzögerungs-verbot	Art. 46a VwVG	§ 5/II/3, Rechtsverzögerung
	– Verbot des überspitzen Formalismus	– —	§ 3/VI/7, vorliegendes Kapitel
Art. 29 Abs. 2	Rechtliches Gehör i.w.S.:		
	– Orientierung und Anhörung (Rechtliches Gehör i.e.S.)	Art. 29–32 VwVG	§ 3/VI/3, vorliegendes Kapitel
	– Mitwirkung im Beweisverfahren	Art. 32 VwVG	§ 3/VII, Beweis
	– Akteneinsicht	Art. 26–28 VwVG	§ 3/VI/4, vorliegendes Kapitel
	– Begründung	Art. 35 VwVG	§ 3/VI/5, vorliegendes Kapitel

---

236 BGE 133 V 197 E. 1.2. mit Hinweisen.
237 BGE 129 I 236 E. 3.2.

Verfassungs-norm	Gehalt	Gesetzliche Regelung	Behandlung im Handbuch
Art. 29 Abs. 3	Unentgeltliche Rechts-pflege – Unentgeltliches Ver-fahren – Rechtsbeistand	Art. 65 Abs. 1 VwVG Art. 65 Abs. 2 VwVG	§ 4/V/2, unentgelt-liche Rechtspflege § 4/V/3, unentgelt-liche Rechtspflege
Art. 30 Abs. 1	Durch Gesetz geschaffenes, zuständiges, unabhängiges und unparteiisches Gericht	Art. 38 VGG i.V.m. Art. 34 ff. BGG	§ 3/V, Besetzung des Spruchkörpers
Art. 30 Abs. 3	Öffentliche Verhandlung und Urteilsverkündung	Art. 29, Art 41 Abs. 3 und Art. 42 VGG	§ 3/IX/2, öffentliche Verhandlung und § 3/IX/3, Urteilsver-kündung

Gemäss einigen publizierten Entscheiden scheint das Bundesgericht neuerdings aus   **3.78**
dem Gehörsanspruch gemäss Art. 29 Abs. 2 BV neben den oben dargestellten
Rechten auch einen *Anspruch auf Eröffnung* eines Entscheids herzuleiten[238]. Allerdings dürfte sich daraus für die vom VwVG beherrschten Verfahren nichts ergeben,
das über Art. 34 Abs. 1 VwVG hinausgeht.

Der Anspruch auf ein faires Verfahren ist auch Gegenstand von Art. 6 Ziff. 1 EMRK.   **3.79**
Der Anwendungsbereich der Garantien von Art. 29 Abs. 2 BV (bzw. von Art. 4 aBV)
ist insofern weiter als jener von Art. 6 EMRK, als erstere auf alle Verwaltungs- und
Justizverfahren Anwendung finden und nicht bloss auf Streitigkeiten betreffend zivilrechtliche Ansprüche und Verpflichtungen sowie strafrechtliche Anklagen[239]. Inhaltlich erachtet das Bundesgericht beide Bestimmungen als übereinstimmend[240].
Wo die Konventionsbestimmung vermeintlich weitergehende Garantien statuiert,
lässt es sich von der Überlegung leiten, dass die Grundsätze des fair trial gemäss
Art. 6 Ziff. 1 EMRK in Art. 29 Abs. 2 BV als allgemeine Verfahrensgrundsätze übernommen worden seien und deshalb für alle gerichtlichen Verfahren gelten würden[241]. Mit Bezug auf das Replikrecht der Parteien hat das Bundesgericht ausdrücklich festgehalten, es sei kein Grund ersichtlich, für die nicht in den Schutzbereich von
Art. 6 Ziff. 1 EMRK fallenden Gerichtsverfahren das rechtliche Gehör restriktiver
zu fassen[242]. Angesichts dieser höchstrichterlichen Praxis ist davon auszugehen, dass
die Rechtsprechung des EGMR zu Art. 6 Ziff. 1 EMRK in diesem Bereich für sämtliche Verwaltungsjustizverfahren gilt, ungeachtet von deren Qualifikation als zivil-
oder strafrechtlich.

---

238 BGE 127 V 120 E. 1c; vgl. auch BGE 130 I 239 f. E. 4.
239 BGE 131 II 173 E. 2.2.3.
240 Etwa BGE 129 I 254 E. 3 (Einsicht in die Akten eines abgeschlossenen Verfahrens) oder
     BGE 119 Ia 264 E. 3 (unentgeltliche Rechtsverbeiständung).
241 BGE 133 I 99 E. 2.1, 104 E. 4.6.
242 BGE 133 I 99 E. 2.1, 104 E. 4.6.

2.   Rechtliches Gehör im weiteren Sinne

3.80 Das rechtliche Gehör dient dem Informationsaustausch zwischen den an einem Verfahren beteiligten Parteien und der Entscheidbehörde. Es bezweckt, die Wahrheitsfindung durch gemeinsame Abklärung der Rechts-, Sach- und Interessenlage zu verbessern, die Betroffenen als Partner zu würdigen und die Chance der Akzeptanz der Entscheidung zu erhöhen und sichert insofern einen verfassungsrechtlichen Anspruch auf Partizipation am Verfahren und Einflussnahme auf den Prozess der Entscheidfindung[243]. Das rechtliche Gehör ist in diesem Sinne *Mittel* zur *Sachaufklärung* und stellt zugleich *ein persönlichkeitsbezogenes Mitwirkungsrecht* beim Erlass eines Entscheides dar, der in die Rechtsstellung Einzelner eingreift[244].

3.81 Anspruch auf rechtliches Gehör hat nur, wer durch das betreffende Verfahren je nach dessen Ausgang persönlich stärker betroffen ist als die Allgemeinheit, in aller Regel als Partei[245]. Entscheidend ist somit nicht die Behörde, welche tätig ist, sondern die Art des Verfahrens[246]. Eine Betroffenheit in den rechtlich geschützten Interessen ist dagegen nicht erforderlich; der Gehörsanspruch steht den Parteien unabhängig von ihrer Berechtigung in der Sache zu[247]. Wenig gefestigt ist die Praxis bei Allgemeinverfügungen. Da diese zwar einen konkreten Gegenstand regeln, sich aber normalerweise an einen grossen und nicht immer klar bestimmten Adressatenkreis richten, hat nach der höchstrichterlichen Rechtsprechung nur Anspruch auf rechtliches Gehör, wer durch die zu treffende Anordnung wesentlich schwerwiegender betroffen würde als die übrige Vielzahl der Normaladressatinnen und -adressaten[248].

3.82 Das AsylG statuiert für den Asylbereich mehrere *Einschränkungen* des Anspruchs der Beschwerdeführenden auf rechtliches Gehör. So können Asylsuchende nach Art. 11 AsylG – entgegen Art. 57 Abs. 2 BZP i.V.m. Art. 19 VwVG – zu Beweisanordnungen nicht vorgängig Stellung nehmen. Sodann lässt Art. 13 AsylG – entgegen Art. 34 Abs. 1 VwVG – die mündliche Eröffnung von Verfügungen und Entscheiden zu. Eine Beschränkung des Gehörsanspruchs ist auch in den verschiedenen kurzen Fristen zu erblicken. In diesem Zusammenhang stellt Art. 17 Abs. 1 AsylG eine eigentliche Prozessfalle dar, wonach die Bestimmungen des VwVG über den Fristenstillstand keine Anwendung finden. Dadurch und aufgrund der beim Nichteintretensentscheid ohnehin extrem kurzen Frist von fünf Arbeitstagen nach Art. 108 Abs. 2 AsylG wird die effektive Beschwerdefrist in einem aus rechtsstaatlicher Sicht bedenklichen Ausmass verkürzt.

3.83 Gemäss Art. 2 Abs. 1 VwVG sollen die Art. 12–19 und Art. 30–33 VwVG auf das *Steuerverfahren* keine Anwendung finden. Die letztgenannten Artikel regeln die Gehörsansprüche der Parteien. Die gesetzgebenden Behörden wollten mit dieser Regelung zwar nicht den Anspruch

---

243 Vgl. Kneubühler, Gehörsverletzung, 100 mit Hinweisen; Georg Müller, Kommentar aBV, Art. 4 Rz. 98 mit Hinweisen.

244 BGE 132 V 369 E. 3.1; BVGE 2007/30 E. 5.5.2.

245 Gemäss BGE 130 II 529 E. 2.8 steht der Gehörsanspruch ausschliesslich den Parteien zu, was zu eng sein dürfte. Anspruchsberechtigt sind auch Beigeladene und Dritte, die fälschlicherweise nicht ins vorinstanzliche Verfahren einbezogen worden sind, denen mit andern Worten zu Unrecht nicht Parteistellung eingeräumt worden ist.

246 Erlässt etwa ein Parlament einen Verwaltungsakt, besteht ebenfalls Anspruch auf rechtliches Gehör (BGE 131 I 90 E. 3.1).

247 BGE 129 I 238 f. E. 3.3 mit zahlreichen Hinweisen; unzutreffend Häfelin/Haller, Rz. 837 unter Bezugnahme auf einen veralteten BGE.

248 BGE 119 Ia 150 E. 5c/cc.

auf rechtliches Gehör an sich ausschliessen – dieser ist in Art. 29 VwVG geregelt –, wohl aber die spezielleren Bestimmungen des VwVG zu den Mitwirkungsrechten der Parteien und zum Beweisrecht, dies in der Meinung, die spezialgesetzlichen Normen der Steuererlasse seien für diese Verfahren passender[249]. Das Bundesgericht hat demgegenüber bereits vor mehreren Jahren festgehalten, die direkt aus Art. 29 Abs. 2 BV fliessenden Gehörsansprüche würden auch im Steuerverfahren gelten und gingen den Bestimmungen des VwVG vor[250].

3.   Recht auf Orientierung und Anhörung (rechtliches Gehör im engeren Sinn)

Der *Umfang* des rechtlichen Gehörs in engerem Sinn bestimmt sich bei Verfahren vor dem Bundesverwaltungsgericht primär nach Art. 29 ff. VwVG, wobei die dort statuierten Ansprüche grundsätzlich mit der subsidiären Verfassungsgarantie von Art. 29 Abs. 2 BV übereinstimmen[251]. Spezialgesetze können weitergehende Gehörsansprüche vorsehen oder diese einschränken[252]. Kernelement des Gehörsanspruchs ist die Verpflichtung der Behörde, vor Erlass einer Verfügung die Parteien anzuhören (Art. 30 Abs. 1 und Art. 31 VwVG) und alle erheblichen und rechtzeitigen Vorbringen der Parteien zu würdigen (Art. 32 VwVG)[253]. Die in Art. 30 Abs. 2 VwVG vorgesehenen Ausnahmen beziehen sich auf das erstinstanzliche Verfahren und lassen sich höchstens sehr zurückhaltend und sinngemäss auf das Beschwerdeverfahren übertragen. **3.84**

Das Bundesverwaltungsgericht hört die Parteien zunächst dadurch an, dass es deren Rechtsschriften (Beschwerde, Beschwerdeantwort) *entgegennimmt und prüft.* Auch im Laufe des Instruktionsverfahrens eingereichte Stellungnahmen oder vom Gericht zu den Akten erkannte Dokumente sind den Beteiligten zur Kenntnis zu bringen und diesen ist Gelegenheit zur Stellungnahme einzuräumen[254]. In der Regel stellt das Bundesverwaltungsgericht den Parteien Kopien dieser Aktenstücke zu und setzt ihnen Frist zur Stellungnahme[255]. Aus dem Gehörsanspruch ergibt sich ein umfassen- **3.85**

---

249 Botschaft VwVG, 1361.
250 Vgl. den Hinweis auf ein unveröffentlichtes Urteil des Bundesgerichts bei André Moser in: Martin Zweifel/Peter Athanas/Maja Bauer-Balmelli (Hrsg.), Kommentar zum Schweizerischen Steuerrecht, II/3, Bundesgesetz über die Stempelabgaben (StG), Basel 2006, Art. 39a Rz. 6.
251 BGE 129 II 504 f. E. 2.2, beiläufig auch BGE 130 II 521 E. 2.8.
252 Über Art. 29 VwVG hinaus geht etwa Art. 30 Abs. 2 KG, der den Parteien (im Verfahren vor der Wettbewerbskommission) das Recht einräumt, zum Entscheidantrag des Sekretariats der Wettbewerbskommission Stellung zu nehmen. Zu den Einschränkungen des Gehörsanspruchs vgl. die Beispiele bei Rz. 3.82.
253 BVGE 2007/21 E. 10.2; BVGE 2007/30 E. 5.5.1 zur Anhörung im Asylverfahren.
254 BGE 133 I 104 E. 4.6 a.E. Dort äussert sich das Bundesgericht zwar nur zum Replikrecht. Es bezieht sich aber auf eine Rechtsprechung des EGMR, der die Gerichte dazu verpflichtet, den Parteien Gelegenheit zu geben, «von jedem Aktenstück und jeder dem Gericht eingereichten Stellungnahme Kenntnis zu nehmen und sich dazu äussern zu können, sofern sie dies für erforderlich halten» (BGE 133 I 102 E. 4.3. mit Hinweisen auf die Praxis des EGMR).
255 Gemäss dem über zwanzigjährigen, aber auch in jüngeren Entscheiden verschiedentlich zitierten BGE 112 Ia 202 kann es ausnahmsweise genügen, die Akten bloss für die Einsichtnahme durch die Parteien bereit zu halten, ohne diese zu orientieren. Dieser Auffassung kann nicht zugestimmt werden, ist doch für die Parteien nicht erkennbar, wann neue Unterlagen zu den Akten erkannt werden und nicht zumutbar, in kurzen Abständen im-

des Replikrecht der Parteien. Es umfasst das Recht, von jeder dem Gericht eingereichten Stellungnahme Kenntnis zu nehmen und sich dazu äussern zu können, unabhängig davon, ob diese neue Tatsachen oder Argumente enthält und ob sie das
Gericht tatsächlich zu beeinflussen vermag[256]. Ein Anspruch auf Übersetzung fremdsprachiger Aktenstücke besteht nicht[257]. Bei der Würdigung der Parteivorbringen
muss das Bundesverwaltungsgericht seine Kognition ausschöpfen, andernfalls es
den Gehörsanspruch der Parteien verletzt[258]. Schliesslich muss sich die Auseinandersetzung mit den Argumenten der Parteien in der Entscheidbegründung niederschla-
gen[259]; darin liegt der Zusammenhang zur Begründungspflicht nach Art. 35 Abs. 1
VwVG.

3.86 Auch im Anwendungsbereich des VwVG lassen sich Inhalt und Tragweite des
Gehörsanspruchs freilich nicht für alle Verfahren gleich und losgelöst von den jeweiligen Umständen bestimmen. Eine mündliche Anhörung ist in aller Regel nicht
erforderlich[260], es sei denn, das persönliche Erscheinen sei für die Beurteilung der
Streitsache von unmittelbarer Bedeutung[261]. Die den Parteien anzusetzende Frist
zur Stellungnahme hängt von der sachverhaltlichen und rechtlichen Schwierigkeit
des Verfahrens ab. Sie kann bei Dringlichkeit kurz gehalten werden, muss aber jedenfalls eine sachbezogene Stellungnahme erlauben. Führt das Bundesverwaltungsgericht einen Augenschein oder eine Verhandlung durch, sind die Parteien rechtzeitig vorzuladen, um ihnen eine sachgerechte Vorbereitung zu ermöglichen[262].

---

mer wieder Einsicht ins Beschwerdedossier zu nehmen. Im zitierten Entscheid ging es
aber soweit ersichtlich ohnehin um einen Nutzungsplan, aus dem die zonenmässige Zuordnung von Grundstücken hervorging. Dabei handelt es sich um eine rechtliche Qualifi-
zierung eines Sachverhalts, wofür in der Regel kein Gehörsanspruch besteht.

256   BGE 133 I 98 E. 2, 101 E. 4. Diese neue, vom EGMR übernommene Praxis gründet auf
der an sich einleuchtenden Überlegung, es sei Sache jeder einzelnen Partei, zu beurteilen,
ob ein neues Aktenstück für sie Anlass zur Stellungnahme gebe. Die Problematik dieser
Betrachtungsweise liegt freilich darin, dass damit ein (theoretisch) nie endender Zyklus
von Schriftenwechseln in Gang gesetzt wird. In der Praxis empfiehlt es sich, als nicht neu
oder nicht massgeblich erachtete Eingaben den übrigen Prozessbeteiligten zur Kenntnis
zuzustellen, ohne ihnen eine förmliche Frist für eine Stellungnahme anzusetzen. Lassen
sie sich innert zwei bis drei Wochen nicht vernehmen, kann das Gericht von einem Verzicht auf die Replik ausgehen und entscheiden; vgl. auch oben Rz. 3.49.

257   BGE 131 V 39 E. 3.3.

258   BGE 131 II 303 E. 10.7.1 (dort wird zwar bloss ausgeführt, eine zu Unrecht vorgenommene Kognitionsbeschränkung *könne* eine Verletzung des rechtlichen Gehörs darstellen,
doch ist nicht ersichtlich, wann dies nicht der Fall sein sollte); vgl. auch BVGE 2007/6 E. 3
a.E. und oben Rz. 2.153.

259   Vgl. dazu den Entscheid der Schweizerischen Asylrekurskommission vom 19. Juli 2004,
veröffentlicht in VPB 69.50 E. 6.

260   BGE 122 II 469 E. 4c. Sofern aus zeitlichen Gründen die Möglichkeit zur schriftlichen
Stellungnahme entfällt, kann allenfalls eine mündliche Anhörung erfolgen (BGE 131 II
678 E. 4.2). Sodann bleiben Spezialbestimmungen vorbehalten. Die Weiterbildungsord-
nung der FMH vom 21. Juni 2000 etwa sieht verschiedenenorts ausdrücklich mündliche
Anhörungen vor; vgl. dazu den Entscheid der Eidgenössischen Rekurskommission für
medizinische Aus- und Weiterbildung vom 21. Juni 2003, veröffentlicht in VPB 68.29.

261   BGE 127 V 490 E. 1b.

262   BGE 131 I 187 E. 2.1; 117 Ib 350 f. E. 2b/bb.

Sodann entspricht es einem aus dem Gehörsanspruch abgeleiteten allgemeinen **3.87**
Rechtsgrundsatz, die wesentlichen Tatsachen und Ergebnisse schriftlich festzuhalten. Dazu gehört auch die Pflicht zur *Protokollführung* über entscheidrelevante Abklärungen, Zeugeneinvernahmen und Verhandlungen im Rechtsmittelverfahren;
dabei genügt es in der Regel, die wesentlichen Aussagen der Beteiligten im Protokoll festzuhalten. Ohne ein derartiges Verhandlungsprotokoll sind die betroffenen
Parteien nicht ausreichend in der Lage, die Sachverhaltsannahmen und Überlegungen nachzuvollziehen, welche der sie belastenden Massnahme zugrunde liegen und
können ihr Recht auf Beweisführung nicht richtig wahrnehmen. Zudem vermag
auch die Behörde, soweit sie sich auf Aussagen der Beteiligten stützen muss, ihre
Begründungspflicht mangels schriftlicher Belege nicht richtig zu erfüllen[263]. Weitergehende Anforderungen an die Protokollierung ergeben sich bei der Befragung von
Kindern sowie Erwachsener, deren sprachliches Ausdrucksvermögen nur mangelhaft entwickelt ist und die in der Sprache, in welcher protokolliert wird, nicht wirklich zu Hause sind[264].

Art. 30a VwVG sieht für besondere Einwendungsverfahren – es geht dabei um Massenverfah- **3.88**
ren, bei denen von der zu treffenden Verfügung zahlreiche Personen betroffen sein werden –
eine spezielle Form der Anhörung vor. Die beabsichtigte Verfügung wird in einem amtlichen
Blatt veröffentlicht und das Gesuch oder die geplante Verfügung mit Begründung öffentlich
aufgelegt, wobei den Parteien Frist angesetzt wird, um Einwendungen zu erheben. In derartigen Verfahren ist die verfügende Behörde nicht verpflichtet, sämtliche entscheidrelevanten
Akten allen Beteiligten zur Stellungnahme zu unterbreiten. Es wird als ausreichend erachtet,
wenn die Einsprechenden über den Eingang derjenigen Dokumente orientiert werden, die in
Zusammenhang mit den geltend gemachten Einsprachegründen stehen[265]. Diese Rechtsprechung lässt sich indessen nicht auf – streng justizförmige – Beschwerdeverfahren vor dem Bundesverwaltungsgericht mit einer grossen Zahl Beteiligter übertragen; hier sind vielmehr alle
relevanten Eingaben und Aktenstücke allen Beschwerdeführenden zur Stellungnahme zukommen zu lassen.

Der verfassungsmässige Anspruch auf rechtliches Gehör beschlägt an sich nur die **3.89**
Feststellung des *rechtserheblichen Sachverhalts,* nicht aber dessen rechtliche Würdigung. Anders verhält es sich, wenn das Bundesverwaltungsgericht seinen Entscheid
mit einem Rechtssatz oder einem Rechtstitel zu begründen beabsichtigt, der im bisherigen Verfahren nicht herangezogen wurde, auf den sich die Parteien nicht berufen
haben und mit dessen Erheblichkeit im konkreten Fall sie nicht rechnen konnten[266].
Hat das Gericht einen Entscheid zu fällen, der für die Betroffenen von grosser Tragweite ist und wendet es dabei eine unbestimmt gehaltene Norm an oder kommt ihm
ein besonders grosser Ermessensspielraum zu, hat es die Parteien über seine Rechts-

---

263   BGE 130 II 477 f. E. 4.1 und 4.2. Dieser Entscheid betrifft die Aktenführungspflicht der
      Verwaltungsbehörden, gilt aber (mindestens) im selben Umfang und aus den gleichen
      Gründen für das Bundesverwaltungsgericht; vgl. auch BGE 131 II 679 E. 4.3.
264   BGE 129 I 59 E. 6.1.
265   Entscheid der Eidgenössischen Rekurskommission UVEK vom 14. April 2003, veröffent-
      licht in VPB 67.131 E. 6.3.
266   BGE 131 V 26 E. 5.4.1 mit Hinweis.
      Unter Umständen muss das rechtliche Gehör auch mit Bezug auf eingeholte Rechtsgut-
      achten gewährt werden (BGE 128 V 278 E. 5b/bb). Dieser Aspekt dürfte im Verfahren
      vor dem Bundesverwaltungsgericht kaum von Belang sein, da der Grundsatz *iura novit
      curia* gilt und keine Rechtsgutachten eingeholt werden.

auffassung zu orientieren und ihnen Gelegenheit zu bieten, dazu Stellung zu nehmen[267]; andernfalls sind sie gezwungen, bloss in allgemeiner Weise zu einer geplanten Massnahme Stellung zu nehmen, ohne die konkrete Regelungsabsicht der Behörde zu kennen.

4. Akteneinsicht

3.90 Das Akteneinsichtsrecht ist ein Teilaspekt des Anspruchs auf rechtliches Gehör im weiteren Sinne. Es steht in engem Zusammenhang mit dem soeben dargestellten Recht auf Orientierung und Anhörung: Um in einem Justizverfahren zu den wesentlichen Punkten Stellung nehmen zu können, bevor ein Entscheid gefällt wird, muss die von einer Verfügung betroffene Person vorweg auch in die massgeblichen Akten Einsicht nehmen können[268], was wiederum die korrekte Aktenführung durch die Behörde voraussetzt. Für hängige Verwaltungs- und Verwaltungsbeschwerdeverfahren ist das Akteneinsichtsrecht speziell in den Art. 26 bis 28 VwVG geregelt. Während der Grundsatz, nämlich die Gewährung der Akteneinsicht, in Art. 26 VwVG festgeschrieben wird, statuiert Art. 27 VwVG die Ausnahme (vgl. die Randtitel zu diesen Bestimmungen), welche nur unter den abschliessend aufgeführten Voraussetzungen Platz greift. Art. 28 VwVG schliesslich regelt die Rechtsfolgen der Verweigerung des Einsichtsrechts.

3.91 Zu den Akten gehören alle schriftlichen oder elektronischen Aufzeichnungen, die geeignet sind, dem Gericht als Entscheidgrundlage zu dienen[269]. Dazu gehören also auch beigezogene Akten der Vorinstanz und anderer Behörden; dagegen besteht kein Einsichtsrecht in die Akten von Verfahren, die einen nicht vergleichbaren Sachverhalt betreffen[270]. Das Recht auf Akteneinsicht besteht voraussetzungslos, d.h. es braucht kein besonderes Interesse dargetan zu werden[271]; es ist auch zu gewähren, wenn die Ausübung des Akteneinsichtsrechts den Entscheid in der Sache – nach Auffassung der Einsicht gewährenden Behörde vor Erlass der Verfügung oder des Urteils – nicht zu beeinflussen vermag. Die Einsicht in Akten, die für ein bestimmtes Verfahren erstellt oder beigezogen wurden, kann demnach nicht mit der Begründung verweigert werden, die betreffenden Akten seien für den Ausgang des Verfahrens belanglos. Es muss vielmehr dem Betroffenen selber überlassen sein, die Relevanz der Akten zu beurteilen[272].

---

267 BGE 127 V 435 E. 2b/bb.
268 BGE 132 V 388 f. E. 3.1; 132 II 494 E. 3.2.
269 Jörg Paul Müller, 528 mit Hinweis.
270 BGE 132 II 495 E. 3.3.
271 BGE 129 I 253 E. 3; Entscheid der Eidgenössischen Rekurskommission für medizinische Aus- und Weiterbildung vom 26. Juli 2004, veröffentlicht in VPB 68.168 E. 3.1.2.
272 Urteil des Bundesverwaltungsgerichts A-7021/2007 vom 21. April 2008 E. 5 und 5.3; Unveröffentlichtes Urteil der II. öffentlichrechtlichen Abteilung des Bundesgerichts vom 13. August 1996, zitiert bei Moser in: Moser/Uebersax, Rz. 3.58 Fn. 152. In diesem Urteil wird ferner festgehalten, aus BGE 115 V 302 E. 2e bzw. 111 Ia 103 f. lasse sich nicht ableiten, den Betroffenen seien nur die beweiserheblichen Akten zu zeigen, auf die in der angefochtenen Verfügung abgestellt werde. Vor diesem Hintergrund dürfte der Entscheid der Schweizerischen Asylrekurskommission vom 6. April 1998, veröffentlicht in VPB 63.9 E. 5, kaum haltbar sein.

Wie bereits erwähnt, gelten die Art. 26 ff. VwVG für hängige Verfahren[273]. Ausser- **3.92** halb eines solchen besteht direkt gestützt auf Art. 29 Abs. 2 BV ebenfalls ein *Anspruch auf Einsicht in die Akten eines abgeschlossenen Verfahrens,* sofern die rechtsuchende Person ein besonderes, schutzwürdiges Interesse daran glaubhaft machen kann. Dieses kann sich aus der Betroffenheit in einem spezifischen Freiheitsrecht wie etwa der persönlichen Freiheit oder aus einer sonstigen besonderen Nähe zur Sache ergeben[274]. Ein schutzwürdiges Interesse auf Einsicht in die Akten eines abgeschlossenen Verfahrens ist namentlich zu bejahen, wenn die betreffende Person ein Entschädigungs-, Rehabilitations- oder Revisionsverfahren anzustrengen beabsichtigt, weil sie nur so die Prozessaussichten einigermassen zuverlässig beurteilen kann[275]. Stehen öffentliche oder private Interessen der Akteneinsicht entgegen, sind die einander entgegenstehenden Interessen sorgfältig abzuwägen[276]. Für den Zugang zu Dokumenten, die weder ein hängiges noch ein abgeschlossenes Verwaltungs- oder Verwaltungsbeschwerdeverfahren betreffen, gilt auf Bundesebene das Öffentlichkeitsgesetz, das ein allgemeines Einsichtsrecht in amtliche Dokumente vorsieht[277].

Nach einer langjährigen Rechtsprechung des Bundesgerichts, der sich die bisherigen **3.93** eidgenössischen Rekurskommissionen mehrheitlich angeschlossen hatten[278], unterliegen die *verwaltungsinternen Akten,* wie beispielsweise interne Stellungnahmen, Entwürfe, Anträge, Notizen[279], Gutachten und Mitberichte dem Akteneinsichtsrecht nicht. Mit dieser Einschränkung soll verhindert werden, dass die ganze Meinungsbildung der Verwaltung über die entscheidenden Aktenstücke und die getroffenen, begründeten Verfügungen hinaus vollständig vor der Öffentlichkeit ausgebreitet wird[280]. Diese Praxis hat das Bundesgericht bis heute nie förmlich aufgegeben, aber in verschiedener Hinsicht relativiert, und seit vielen Jahren keine Erwägungen mehr publiziert, in welchen die Unterscheidung zwischen internen und anderen Akten getroffen wird[281]. Das Einsichtsrecht erstreckt sich nach der höchstrichterlichen Rechtsprechung nämlich auf alle Akten, die geeignet sind, Grundlage für die spätere Entscheidung zu bilden, d.h. entscheidrelevant sind oder sein könnten. Namentlich

---

273 D.h. ab Eröffnung des Verfahrens bis zu dessen rechtskräftigem Abschluss (vgl. Entscheid der Eidgenössischen Rekurskommission für medizinische Aus- und Weiterbildung vom 26. Juli 2004, veröffentlicht in VPB 68.168 E. 3.1.2.).

274 BGE 129 I 254 E. 3; 128 I 68 f. E. 3.1.

275 BGE 129 I 259 E. 5.2. In diesem Entscheid hält das Bundesgericht ausdrücklich fest, es sei in diesem Zeitpunkt grundsätzlich nicht Sache der Behörden, anstelle der Betroffenen über den allenfalls einzuschlagenden Weg und die Erfolgschancen zu befinden und die Akteneinsicht von einem bestimmten Verfahren abhängig zu machen.

276 BGE 129 I 253 E. 3 mit zahlreichen Hinweisen.

277 Art. 3 BGÖ schliesst dessen Anwendung auf Justizverfahren ausdrücklich aus. Dieser Ausschluss gilt auch für abgeschlossene Verfahrensakten (Botschaft zum Öffentlichkeitsgesetz vom 12. Februar 2003, in: BBl 2003, 1989).

278 Zwischenentscheid des Präsidenten der Eidgenössischen Rekurskommission für Heilmittel vom 16. Juni 2004, veröffentlicht in VPB 68.169 E. 2.2 mit Hinweisen.

279 Mit Bezug auf handschriftliche Notizen von Experten an mündlichen Prüfungen vgl. BVGE 2008/14 E. 6.2.

280 BGE 122 I 161 E. 6a; 117 Ia 96 E. 5b; 115 V 303 und zahlreiche weitere.

281 Vgl. aber etwa die nicht veröffentlichte Erwägung 1.2. von BGE 132 I 167 ff.

besteht Anspruch auf Einsicht in verwaltungsintern erstellte Gutachten, sofern die obige Voraussetzung erfüllt ist[282].

3.94 Massgeblich ist mit andern Worten, ob das jeweilige Aktenstück geeignet ist, dem Gericht als Grundlage des Entscheids zu dienen[283]. Die (interne oder externe) Urheberschaft des Dokuments ist mit andern Worten weniger ausschlaggebend als die objektive Bedeutung des Aktenstücks für die entscheiderhebliche Feststellung des Sachverhalts[284]. Daraus ist ganz allgemein zu schliessen, dass interne Akten nicht der Stützung einer behördlichen Anordnung dienen dürfen. Denn allgemein fordert der Grundsatz des rechtlichen Gehörs, dass verwaltungsinterne Akten einsehbar sind, wenn ihr Einfluss auf den Ausgang des Verfahrens wesentlich sein könnte. Die Unterscheidung zwischen internen und anderen Akten hat somit keinen Erkenntniswert und kann ohne weiteres aufgegeben werden zugunsten der Abgrenzung zwischen sachverhaltlich relevanten und anderen Akten[285]. Mit der Aufgabe der Qualifikation von Aktenstücken als intern ergibt sich zunächst bloss, dass die als Entscheidgrundlage dienenden Dokumente grundsätzlich dem Einsichtsrecht unterliegen; dies schliesst eine Verweigerung der Einsicht bei überwiegenden, entgegen stehenden Interessen nicht aus[286].

3.95 Zuweilen ist es für die Betroffenen kaum möglich aufzuzeigen, dass gewisse Akten für das eigene Verfahren bedeutsam sind, ohne diese bereits gesehen zu haben. In solchen Fällen genügt es, konkrete Anhaltspunkte aufzuzeigen, dass dies zutreffen könnte. Wer etwa eine Prüfung nicht besteht, hat diesfalls auch Anspruch auf Einsicht in die Prüfungsunterlagen anderer Kandidatinnen und Kandidaten[287].

3.96 Gemäss Art. 27 Abs. 1 VwVG darf die Behörde die Akteneinsicht ausnahmsweise zum Schutze *wesentlicher öffentlicher oder privater (Geheimhaltungs-)Interessen* ganz oder teilweise *verweigern*. Dabei rechtfertigt nicht jedes entgegenstehende öffentliche oder private Interesse die Verweigerung. Vielmehr ist es Aufgabe des Bundesverwaltungsgerichts, im Einzelfall in freier Prüfung und nach allfälliger Rücksprache mit Dritten[288] sorgfältig abzuwägen, ob und wieweit ein konkretes Geheimhaltungsinteresse das grundsätzlich wesentliche Interesse an der Akteneinsicht überwiegt[289]. Die Rechtsprechung billigt den verantwortlichen Behörden bei der

---

282 BGE 128 V 278 f. E. 5b/cc; 115 V 304.

283 HOTZ, Art. 29 Rz. 30; BGE 125 II 578 E. 4c/cc; Urteil des Bundesverwaltungsgerichts A-7021/2007 vom 21. April 2008 E. 5.

284 Entscheid der ETH-Rekurskommission vom 30. Oktober 1995, veröffentlicht in VPB 61.63 E. 2.2 mit Hinweis; in diesem Sinne auch das Urteil des Bundesverwaltungsgerichts A-3629/2007 vom 9. Januar 2008 E. 3.2.

285 Ebenso MOSER in: Moser/Uebersax, Rz. 3.57; JÖRG PAUL MÜLLER, 529 mit Hinweisen.

286 Dazu sogleich unten Rz. 3.96.

287 BGE 121 I 227 E. 2c mit Hinweisen.

288 So ist im Vergaberecht bei einem Gesuch um Einsichtnahme in Akten den Konkurrenzunternehmen Gelegenheit einzuräumen, sich dazu zu äussern und jene Dokumente zu bezeichnen, die ihrer Ansicht nach dem Geschäftsgeheimnis unterliegen (Entscheide der Eidgenössischen Rekurskommission für das öffentliche Beschaffungswesen vom 15. Juni 2004, veröffentlicht in VPB 68.120 E. 1 f. und vom 4. Mai 2004, veröffentlicht in VPB 68.89 E. 3a und b).

289 Vgl. BGE 122 I 161 E. 6a; 115 V 300 E. 2c bb; Entscheid der Schweizerischen Asylrekurskommission vom 12. September 1996, veröffentlicht in VPB 62.4 E. 5a.

Prüfung der für und gegen die Einsicht sprechenden Gründe einen gewissen Beurteilungsspielraum zu[290]. Eine Interessenabwägung kann dabei nur in *voller Kenntnis* der Akten erfolgen, für die ein Geheimhaltungsinteresse geltend gemacht wird. Die Verwaltung ist daher verpflichtet, die betreffenden Akten dem Gericht vollständig auszuhändigen[291].

Art. 27 Abs. 2 Bst. a VwVG nennt beispielhaft die innere und äussere Sicherheit der Eidgenossenschaft als wesentliches öffentliches Interesse. In der Praxis wurde die Akteneinsicht wegen überwiegenden Sicherheitsinteressen beispielsweise verweigert, um Quellen und Methoden der Informationsbeschaffung durch die Polizei oder den Nachrichtendienst bzw. den Stand des behördlichen Wissens im Bereich der organisierten Kriminalität nicht preisgeben zu müssen[292]. Im Zulassungsverfahren für Arzneimittel besteht ein überwiegendes öffentliches Interesse daran, die Identität der Experten nicht offenzulegen, die bei der Begutachtung mitgewirkt haben, um deren Unabhängigkeit zu schützen[293]. Gleich verhält es sich für gewisse Beweismittel im Asylverfahren, namentlich sprachlich-kulturelle Herkunftsanalysen sowie Analysen von eingereichten Beweismitteln; hier besteht das überwiegende öffentliche Geheimhaltungsinteresse darin, einen Lerneffekt zugunsten künftiger Asylsuchender zu verhindern[294]. Ob dies auch für universitäre Habilitationsverfahren gelten kann, erscheint dagegen fraglich[295]. **3.97**

Als private Geheimhaltungsinteressen stehen Geschäftsgeheimnisse im Vordergrund, etwa im Vergabe- sowie im Wettbewerbsrecht. Nach der Praxis der ehemaligen Rekurskommission für das öffentliche Beschaffungswesen besteht im Submissionsverfahren kein Anspruch auf Einsicht in die Offerten der Konkurrenzunternehmungen sowie in die Berichte der Vergabebehörde, soweit sich diesen Unterlagen Geschäftsgeheimnisse oder Informationen über das Know-How der Konkurrenz entnehmen lassen[296]. Es können aber auch Privatpersonen, die den Behörden wesentliche Informationen haben zukommen lassen, ein überwiegendes Interesse daran haben, dass ihre Identität gegenüber einer Prozesspartei nicht bekannt wird[297]. **3.98**

Art. 27 Abs. 2 VwVG statuiert die aus dem *Verhältnismässigkeitsprinzip* abgeleitete Regel, wonach die Einsicht nicht in das ganze Dossier verweigert werden darf, **3.99**

---

290 BGE 125 II 228 E. 4a; 117 Ib 494 E. 7a; Entscheid des Eidgenössischen Justiz- und Polizeidepartements vom 20. Mai 2005, veröffentlicht in VPB 70.23 E. 11.4.

291 Entscheid der Eidgenössischen Rekurskommission für das öffentliche Beschaffungswesen vom 4. Mai 2004, veröffentlicht in VPB 68.89 E. 3b; vgl. BGE 112 Ia 102 E. 6a.

292 Entscheid des Bundesrats vom 14. Juni 2002, veröffentlicht in VPB 66.87 E. V./5 sowie Entscheid des Eidgenössischen Justiz- und Polizeidepartements vom 20. Mai 2005, veröffentlicht in VPB 70.23 E. 11.4.

293 Zwischenentscheid des Präsidenten der Eidgenössischen Rekurskommission für Heilmittel vom 16. Juni 2004, veröffentlicht in VPB 68.169 E. 4.1.

294 Entscheid der Schweizerischen Asylrekurskommission vom 8. Juni 2004, veröffentlicht in VPB 69.28 E. 7b sowie Entscheid des Bundesrats vom 27. Januar 1993, veröffentlicht in VPB 58.24 E. 5.

295 So aber der Entscheid der Rekurskommission der Eidgenössischen Technischen Hochschulen vom 30. Oktober 1995, veröffentlicht in VPB 61.63 E. 2.2.

296 Entscheide der Eidgenössischen Rekurskommission für das öffentliche Beschaffungswesen vom 15. Juni 2004, veröffentlicht in VPB 68.120 E. 1 f. (wo allerdings die Einsicht in den Vergabebericht gewährt wurde, da dieser keine Informationen enthielt, die geheim bzw. die für das beschwerdeführende Unternehmen nicht anderweitig zugänglich gewesen wären) und vom 4. Mai 2004, veröffentlicht in VPB 68.89 E. 3a und b, mit Hinweisen; vgl. auch das Urteil des Bundesverwaltungsgerichts B-3604/2007 vom 16. November 2007 E. 2) und zum Ganzen GALLI/MOSER/LANG/CLERC, Rz. 898 ff.

297 Im konkreten Fall verneint im Entscheid des Rates der Eidgenössischen Technischen Hochschulen vom 28. Januar 2000, veröffentlicht in VPB 64.105 E. 2b.

wenn sich das Geheimnis lediglich auf einzelne Aktenstücke bezieht. Gebieten es die besonderen Umstände, kann es der Verhältnismässigkeitgrundsatz rechtfertigen, statt der betroffenen Person selbst nur deren Rechtsvertreterin bzw. Rechtsvertreter Einsicht zu gewähren, allenfalls ohne die Möglichkeit, Kopien zu erstellen[298]. Geht das Geheimhaltungsinteresse vor, so darf die Behörde entweder das betreffende Aktenstück selbst auch nicht beachten oder sie muss den Betroffenen den wesentlichen Inhalt (z.B. durch Abdecken der vertraulichen Stellen oder in Form einer Zusammenfassung) mündlich oder schriftlich zur Kenntnis bringen und ihr ausserdem Gelegenheit geben, sich dazu zu äussern und Gegenbeweismittel zu bezeichnen (Art. 28 VwVG)[299].

3.100 Instruktiv ist etwa die Situation bei den sprachlich-kulturellen Herkunftsanalysen, die von den Asylbehörden erstellt werden, um falsche Angaben von Asylsuchenden über deren angebliche Herkunft zu ermitteln: Der von Art. 28 VwVG geforderten Information über den wesentlichen Inhalt des Aktenstücks, in das die Einsicht verweigert wird, ist nicht Genüge getan, wenn im Rahmen der Akteneinsicht bloss eine rudimentäre, allgemein gehaltene Wiedergabe des Ergebnisses der Analyse erfolgt. Die Angaben müssen präzise genug sein, um allfällige Einwände dagegen formulieren zu können[300].

3.101 Art. 28 VwVG gilt grundsätzlich auch für die im Zusammenhang mit steuerlichen Ermessensveranlagungen ausgesprochen bedeutsamen Erfahrungszahlen, und zwar auch dann, wenn die Steuerverwaltung die sog. «Spezialdossiers» als vertraulich bezeichnet und festhält, diese dürften den Beschwerdeführenden auch nicht in anonymisierter Form zugänglich gemacht werden[301]. Hinsichtlich des Umfangs der Einsicht ist darauf zu achten, dass die Beschwerdeführenden dadurch nicht in massgebliche Daten konkurrenzierender Unternehmen Einblick erlangen[302].

3.102 Nach Art. 26 Abs. 1 VwVG hat die Partei oder ihr Vertreter Anspruch darauf, die Akten *am Sitz der entscheidenden Behörde* oder bei einer durch diese bezeichneten kantonalen Behörde einzusehen. Zum Einsichtsrecht gehört die Möglichkeit, Notizen zu nehmen und – gegen Gebühr – Fotokopien zu erstellen, soweit sich daraus nicht übermässige Arbeit für die Behörden ergibt[303]. Bei der konkreten Ausgestaltung der Bedingungen für die Einsichtnahme ist den konkreten Umständen des Verfahrens Rechnung zu tragen und der Verhältnismässigkeitsgrundsatz zu beachten[304]. Den praktizierenden Anwältinnen und Anwälten werden die Akten in aller Regel in

---

298 So im Urteil des Bundesverwaltungsgerichts A-7021/2007 vom 21. April 2008, dort gar verbunden mit dem – mit einer Strafdrohung nach Art. 292 StGB unterlegten – Verbot, ausserhalb des Verfahrens Dritten irgendwelche Informationen aus dem betreffenden Aktenstück zukommen zu lassen.

299 Vgl. Georg Müller, Kommentar aBV, Art. 4 Rz. 110 mit Hinweisen.

300 Entscheid der Schweizerischen Asylrekurskommission vom 8. Juni 2004, veröffentlicht in VPB 69.28 E. 7.

301 Urteil des Bundesgerichts 2A.651/2005 vom 21. November 2006 E. 2; vgl. auch Martin Kocher, Einsichtnahme auch in ein vertrauliches «Spezialdossier» der ESTV, Der Schweizer Treuhänder 2007, 201 ff.

302 Urteil des Bundesgerichts 2A.651/2005 vom 21. November 2006 E. 2.6.2.

303 BGE 131 V 41 E. 4.2 mit Hinweisen; Entscheid der Rekurskommission EVD vom 5. Dezember 1996, veröffentlicht in VPB 61.30 E. 3.2.

304 Vgl. den Entscheid der Eidgenössischen Rekurskommission für medizinische Aus- und Weiterbildung vom vom 29 April 2003, veröffentlicht in VPB 68.30 E. 5.1, zur Beschränkung der Dauer der Einsichtnahme.

deren Kanzlei zur Einsichtnahme zugestellt. Sie unterstehen einer besonderen Disziplinaraufsicht, womit genügend Gewähr besteht, dass die Akten vollständig und unverändert wieder zurückgegeben werden[305]. Einen eigentlichen, durch das Recht auf Akteneinsicht gemäss Art. 29 Abs. 2 BV bzw. Art. 4 aBV garantierten Anspruch auf Herausgabe der Akten hat das Bundesgericht den praktizierenden Anwältinnen und Anwälten freilich (noch) nicht ausdrücklich zuerkannt[306].

5.   Begründungspflicht

Das Bundesgericht leitet die Pflicht der Behörden, ihre Verfügungen und Entscheide zu begründen, aus dem Gehörsanspruch (Art. 29 Abs. 2 BV) ab[307]. Dieser hat den Aspekt eines persönlichkeitsbezogenen Mitwirkungsrechts und verlangt insofern von der Behörde, die Vorbringen der vom Entscheid in ihrer Rechtsstellung Betroffenen auch tatsächlich zu hören, sorgfältig und ernsthaft zu prüfen und in der Entscheidfindung zu berücksichtigen. Daraus folgt die grundsätzliche Pflicht der Behörden, ihren Entscheid zu begründen[308]. Die Bürgerinnen und Bürger sollen wissen, warum die Behörde entgegen ihrem Antrag entschieden hat[309]. Zudem kann durch die Verpflichtung zur Offenlegung der Entscheidgründe verhindert werden, dass sich die Behörde von unsachlichen Motiven leiten lässt. Die Begründungspflicht erscheint so nicht nur als ein bedeutsames Element transparenter Entscheidfindung, sondern dient zugleich auch der wirksamen Selbstkontrolle der Behörde[310].

3.103

Art. 35 Abs. 1 VwVG regelt die Begründungspflicht ausdrücklich, geht in seinem Gehalt aber nicht weiter als Art. 29 Abs. 2 BV[311]. Die Bestimmung zielt in erster Linie auf Entscheide erstinstanzlich verfügender Behörden ab, gilt aber direkt auch für Urteile des Bundesverwaltungsgerichts, denn diese erfüllen den Verfügungsbegriff von Art. 5 VwVG ebenfalls. Aufgrund seiner funktionalen Stellung als Rechtsmittelbehörde müssen dessen Urteile tendenziell dichter begründet sein. Sie haben neben den eigentlichen Erwägungen eine Zusammenfassung des entscheidwesentlichen Sachverhalts zu enthalten (Art. 61 Abs. 2 VwVG)[312].

3.104

Aufgrund des verfassungsrechtlichen Anspruchs lassen sich keine allgemeinen Regeln aufstellen, denen eine Begründung zu genügen hat[313]. Die Anforderungen sind

3.105

---

305   Vgl. BGE 123 II 541 E. 3d; 108 Ia 8 mit Hinweisen.
306   Vgl. BGE 122 I 112 E. 2b; 120 IV 244 f. mit Hinweisen.
307   BGE 129 I 236 E. 3.2; ebenso BVGE 2007/30 E. 5.6.
308   Dies gilt nicht nur für Endentscheide, sondern grundsätzlich auch für Zwischenentscheide (vgl. für die Anordnung vorsorglicher Massnahmen BGE 134 I 88 E. 4.1).
309   BGE 129 I 236 E. 3.2; 126 I 102 E. 2b.
310   BGE 112 Ia 109 E. 2b.
311   Auch wenn das Bundesgericht von einer «Konkretisierung» spricht (BGE 128 V 278 E. 5b).
312   Dazu unten Rz. 3.182.
313   Stets notwendig – aber in der Regel nicht hinreichend – dürfte sein, die angewandte Rechtsgrundlage und den Tatbestand zu erwähnen, den die Behörde als erfüllt erachtet (in diesem Sinne BGE 131 II 205 E. 4.3; Entscheid der Eidgenössischen Zollrekurskommission vom 9. Oktober 2002, veröffentlicht in VPB 67.47 E. 1b).

vielmehr unter Berücksichtigung aller Umstände des Einzelfalles sowie der Interessen der Betroffenen festzulegen. Die Begründung muss nicht zwingend in der Verfügung selbst enthalten sein; allenfalls kann auf ein anderes Schriftstück verwiesen werden[314].

3.106 Die Begründung eines Entscheids muss so abgefasst sein, dass ihn die Betroffenen gegebenenfalls sachgerecht anfechten können[315]. Dies ist nur möglich, wenn sowohl sie wie auch die Rechtsmittelinstanz sich über die Tragweite des Entscheids ein Bild machen können[316]. In diesem Sinne müssen wenigstens kurz die Überlegungen genannt werden, von denen sich die Behörde leiten liess und auf welche sich ihr Entscheid stützt[317]. Eine verfügende Behörde muss sich somit nicht ausdrücklich mit jeder tatbeständlichen Behauptung und jedem rechtlichen Einwand auseinandersetzen. Vielmehr kann sie sich auf die für den Entscheid wesentlichen Gesichtspunkte beschränken[318]. Erforderlich ist aber stets eine Auseinandersetzung mit dem konkret zu beurteilenden Sachverhalt, so dass Erwägungen allgemeiner Art ohne Bezugnahme auf den Einzelfall nicht genügen[319].

3.107 Liegt beispielsweise eine gehaltsmässige Rückstufung im Streit, genügt es nicht, wenn die entscheidende Behörde die gesetzlichen Beurteilungskriterien abstrakt wiedergibt. Vielmehr muss sie *konkret* erläutern, welches die einbezogenen Faktoren sind und wie sie gewichtet wurden. Hat sie Quervergleiche angestellt, muss zumindest in den Grundzügen erklärt werden, warum im Vergleich dazu bei der betroffenen Stelle eine Rückstufung angezeigt ist[320].

3.108 Umgekehrt bedeutet dies, dass sich die Begründung im Bereich der so genannten *Massenverwaltung* (etwa Zollveranlagungen oder Verfügungen über Radio- und Fernsehgebühren) auf das absolute Minimum beschränken kann. Gemäss einem älteren Urteil des Bundesgerichts, dessen Weitergeltung aufgrund der seitherigen Entwicklung der Rechtsprechung allerdings heute fraglich erscheint, können unter Umständen sogar (erklärte) Computercodes ausreichen[321].

3.109 Die aufgrund von Art. 29 Abs. 2 BV bzw. Art. 35 Abs. 1 VwVG im Einzelfall erforderliche Begründungsdichte ist namentlich von drei Parametern abhängig[322]: Massgeblich ist zunächst die Eingriffsschwere eines Entscheides. In Anwendung dieses

---

314   Entscheid der Eidgenössischen Personalrekurskommission vom 25. August 2003, veröffentlicht in VPB 68.6 E. 5a; ALBERTINI, 424 f.
315   BGE 134 I 88 E. 4.1, 129 I 236 E. 3.2; BVGE 2007/30 E. 5.6.
316   Diesem Zweck dient die Pflicht zur Protokollführung (BGE 131 II 679 E. 4.3).
317   BGE 129 I 236 E. 3.2; 126 I 102 E. 2b. In BGE 132 II 272 E. 4.6.2 war diese Anforderung bei einem Entscheid der Eidgenössischen Kommunikationskommission offensichtlich nur teilweise erfüllt («Wichtig wäre insofern aber, dass aus der Entscheidbegründung hervorginge, welchen Einfluss ein jeweils übernommener Standpunkt bzw. ein jeweils gefällter Teilentscheid auf den Tarif hat.»).
318   BGE 126 I 102 f. E. 2b.
319   Urteil des Bundesverwaltungsgerichts A-3629/2007 vom 9. Januar 2008 E. 3.4.; vgl. auch den Entscheid der Rekurskommission EVD vom 28. Juli 1994, veröffentlicht in VPB 59.89 E. 3.2.
320   Urteil des Bundesverwaltungsgerichts A-3629/2007 vom 9. Januar 2008 E. 3.4.
321   BGE 105 Ib 250 E. 2b.
322   BGE 112 Ia 109 E. 2b mit zahlreichen Hinweisen sowie 129 I 232 E. 3.3. Hier hält das Bundesgericht mit Recht fest, dass gerade Ermessensentscheide nur sachgerecht angefochten und gerichtlich überprüft werden können, wenn sie hinreichend begründet sind.

Kriteriums verlangt die Rechtsprechung etwa eine hohe Begründungsdichte bei Entscheiden, in denen Haft angeordnet wird[323]. Massgebend ist sodann der Entscheidungsspielraum, welcher der Behörde infolge Ermessens und unbestimmter Rechtsbegriffe zukommt. So erfordert etwa die Anordnung der Wegweisung aus der Schweiz nach erfolglos durchlaufenem Asylverfahren keine einlässliche Begründung, da diese die gesetzliche Folge der Abweisung des Asylgesuchs darstellt; hinsichtlich des Vollzugs der Wegweisung kommt den Behörden dagegen ein Entscheidungsspielraum zu, weshalb diese Massnahme eingehender zu begründen ist[324]. Sodann ist eine eingehendere Begründung erforderlich, wenn komplexe sachverhaltliche oder rechtliche Fragen zur Beurteilung stehen. Will die entscheidende Behörde von einer Expertenmeinung oder einem behördlich eingeholten Gutachten abweichen, bedarf dies einer vertieften Begründung[325].

6. Heilung von Gehörsverletzungen

Gemäss langjähriger Rechtsprechung des Bundesgerichts und der früheren Rekurskommissionen ist das Recht, angehört zu werden, *formeller Natur*. Diese Charakterisierung hat zur Folge, dass die Verletzung des rechtlichen Gehörs grundsätzlich ungeachtet der Erfolgsaussichten der Beschwerde in der Sache selbst zur Aufhebung der angefochtenen Verfügung führt. Es kommt mit anderen Worten nicht darauf an, ob die Anhörung im konkreten Fall für den Ausgang der materiellen Streitentscheidung von Bedeutung gewesen wäre, d.h. die Behörde zu einer Änderung ihres Entscheides veranlasst hätte oder nicht[326]. Dieser Grundsatz wird allerdings dadurch relativiert, dass die Verletzung des Gehörsanspruchs gegebenenfalls durch die Rechtsmittelinstanz geheilt werden kann. **3.110**

Die Theorie der formellen Natur des Gehörsanspruchs erscheint *nicht sachgerecht* und ist abzulehnen, soweit damit die Idee verbunden ist, dieser Anspruch gelte um seiner selbst Willen. Zum einen sollten (Rechts-)Prinzipien keinen Selbstzweck haben, sondern gelten, weil sie für das korrekte Durchführen eines Verfahrens wichtig sind. Zum andern ist es widersprüchlich, wenn eine Verfügung, die unter Verletzung des Gehörsanspruchs ergangen ist, ungeachtet der materiellen Berechtigung einer dagegen erhobenen Beschwerde aufgehoben werden soll, dann aber doch die Möglichkeit der Heilung eingeräumt wird[327]. **3.111**

---

323 BGE 125 II 372 E. 2c.

324 Entscheid der Schweizerischen Asylrekurskommission vom 31. Oktober 2005, veröffentlicht in VPB 70.49 E. 5.1.

325 BGE 132 II 269 E. 4.4.1; Entscheid der Eidgenössischen Rekurskommission für Forschungsförderung vom 13. Dezember 2000, veröffentlicht in VPB 67.12 E. 1a.

326 BGE 127 V 437 E. 3d/aa; 122 II 469 E. 4a und zahlreiche weitere; BVGE 2007/27 E. 10.1; BVGE 2007/30 E. 5.5.1; aus der Praxis der ehemaligen Rekurskommissionen vgl. etwa den Entscheid der Schweizerischen Asylrekurskommission vom 8. Juni 2004, veröffentlicht in VPB 69.28 E. 7e und den Entscheid der Rekurskommission für medizinische Aus- und Weiterbildung vom 24. August 2004, veröffentlicht in VPB 69.94 E. 3.3.2.

327 Ebenso SCHINDLER, Heilung, 169 ff.; MOSER in: Moser/Uebersax, Rz. 3.54; KNEUBÜHLER, Gehörsverletzung, 101 Fn. 19. Anstoss zu einer Änderung der Theorie der formellen Natur des Gehörsanspruchs könnte Art. 97 Abs. 1 BGG sein, der die Rüge der unrichtigen Sachverhaltsermittlung nur zulässt, wenn die Behebung des Mangels für den Ausgang des Verfahrens entscheidend sein kann.

3.112 Die Praxis lässt die *Heilung von Gehörsverletzungen* – trotz regelmässiger Kritik in der Lehre[328] – recht grosszügig zu, ist in den letzten Jahren aber strenger geworden. Es soll im Interesse der Betroffenen ein Fehler, der dem Entscheid der Vorinstanz anhaftet, korrigiert, zugleich aber vermieden werden, dass eine allfällige Rückweisung der Streitsache zu einem «formalistischen Leerlauf» führt, der zum Nachteil der beschwerdeführenden Partei eine unnötige Verlängerung des Verfahrens bewirkt[329]. Damit die unterbliebene Anhörung, Akteneinsicht, Beweiserhebung oder Beweiswürdigung in einem Rechtsmittelverfahren nachgeholt werden kann, darf die Prozessrechtsverletzung nicht besonders schwer sein, und der betroffenen Partei muss die Möglichkeit offen stehen, sich vor einer Beschwerdeinstanz zu äussern, welche den angefochtenen Entscheid mit derselben Kognition überprüft[330]. Das letztgenannte Kriterium dürfte in den Verfahren vor dem Bundesverwaltungsgericht in den meisten Fällen erfüllt sein, steht diesem doch in aller Regel Ermessenskontrolle zu (Art. 49 Bst. a und c VwVG)[331]. Belässt das Gericht der Vorinstanz aufgrund von deren besonderer Fachkenntnisse allerdings einen erheblichen Beurteilungsspielraum, ist seine Kognition effektiv eingeschränkt und eine Heilung ist ausgeschlossen[332]. Schliesslich darf der betroffenen Partei auch sonst kein Nachteil entstehen[333].

3.113 Sind die genannten Voraussetzungen erfüllt, kann eine Heilung erfolgen, wobei es im *Ermessen des Gerichts* liegt, ob es der betroffenen Partei das Gehör gewähren und dadurch den Mangel beheben, oder aber den angefochtenen Entscheid aufheben und die Sache an die Vorinstanz zurückweisen will. Dabei sind zum einen die Interessen der Parteien an einem raschen Entscheid oder an einer korrekten Anhörung durch die Vorinstanz zu gewichten; zum andern kann das Bundesverwaltungsgericht auch berücksichtigen, ob es den Verfahrensmangel mit wenig Aufwand beheben kann, oder aber ob damit grössere Aufwendungen verbunden wären[334]. Sofern ein Entscheid des Bundesverwaltungsgerichts nicht mehr (mit einem ordentlichen Rechtsmittel) angefochten werden kann, spricht dies gegen eine Heilung[335]. Nach der höchstrichterlichen Praxis soll die Heilung einer Gehörsverletzung jedenfalls die Ausnahme bleiben[336]. Namentlich gilt es zu verhindern, dass die Vorinstanz darauf vertraut, von ihr missachtete Verfahrensrechte würden systematisch nachträg-

---

328 Vgl. HÄFELIN/MÜLLER/UHLMANN, Rz. 1711; GEORG MÜLLER, Kommentar aBV, Art. 4 Rz. 103.

329 Vgl. dazu ALBERTINI, 459.

330 BGE 133 I 105 E. 4.9; 127 V 437 E. 3d/aa; 126 I 72 E. 2; BVGE 2007/27 E. 10.1. Die Formulierung, wonach der Beschwerdeinstanz – in allgemeiner Weise – dieselbe Überprüfungsbefugnis zukommen müsse wie der Vorinstanz, ist unpräzise. Erforderlich ist nicht nur, dass sie die Aspekte, welche von der Gehörsverletzung betroffen sind, mit derselben Kognition überprüfen kann, sondern dies auch tatsächlich tut (Entscheid der Rekurskommission INUM vom 20. Januar 2005, veröffentlicht in VPB 69.92 E. 7).

331 Vgl. dazu oben Rz. 2.149 ff.

332 Entscheid der Rekurskommission INUM vom 20. Januar 2005, veröffentlicht in VPB 69.92 E. 7.

333 BGE 129 I 135 E. 2.2.3.

334 BVGE 2007/30 E. 8.2; BVGE 2007/27 E. 10.3 und 10.4.

335 BVGE 2007/30 E. 8.3 a.E.

336 BGE 127 V 437 E. 3d/aa; 126 I 72 E. 2; ebenso BVGE 2007/27 E. 10.1 und 10.2.

lich geheilt. Ansonsten verlören die gerade für das erstinstanzliche Verfahren vorgesehenen prozessualen Garantien ihren Sinn[337].

Hinsichtlich der Heilung einer mangelhaften Begründung gelten grundsätzlich die- **3.114** selben Regeln wie bei anderen Gehörsverletzungen. Als Besonderheit ist darauf hinzuweisen, dass eine mangelhafte Begründung im Rahmen des Beschwerdeverfahrens geheilt werden kann – aber nicht muss[338] –, indem die Vorinstanz dort ihre Entscheidgründe darlegt und das Bundesverwaltungsgericht der betroffenen Partei im Rahmen eines zweiten Schriftenwechsels die Möglichkeit einräumt, sich dazu zu äussern[339]. Einer allfälligen Heilung des Begründungsmangels ist im Kostenpunkt Rechnung zu tragen. Da die betroffene Partei nur durch Erheben einer Beschwerde zu einer rechtsgenüglichen Begründung gelangt, sind ihr keine oder bloss reduzierte Verfahrenskosten aufzuerlegen und ist ihr allenfalls eine Parteientschädigung zuzusprechen[340].

7.   Verbot des überspitzten Formalismus

Überspitzter Formalismus ist eine besondere Form der Rechtsverweigerung im **3.115** Sinne von Art. 29 Abs. 1 BV. Eine solche liegt vor, wenn für ein Verfahren rigorose Formvorschriften aufgestellt werden, ohne dass die Strenge sachlich gerechtfertigt wäre, wenn die Behörde formelle Vorschriften mit übertriebener Schärfe handhabt oder an Rechtsschriften überspannte Anforderungen stellt und den Bürgerinnen und Bürgern dadurch den Rechtsweg in unzulässiger Weise versperrt[341]. Überspitzt formalistisch ist mit andern Worten behördliches Verhalten, das einer Partei den Rechtsweg verunmöglicht oder verkürzt, obschon auch eine andere gesetzeskonforme Möglichkeit bestanden hätte[342]. Allerdings ist die *Wahrung gewisser Formen* für einen geordneten Verfahrensablauf unerlässlich und dient der Verwirklichung des materiellen Rechts sowie dem Schutz der Rechte der Parteien. Demnach steht nicht jede prozessuale Formstrenge mit Art. 29 Abs. 1 BV im Widerspruch, sondern nur eine solche, die als exzessiv erscheint, durch kein schutzwürdiges Interesse gerechtfertigt ist, zum blossen Selbstzweck wird und die Verwirklichung des materiellen Rechts in unhaltbarer Weise erschwert oder gar verhindert[343].

---

337   BGE 126 II 123 f. E. 4c/aa mit Hinweisen; Entscheid der Schweizerischen Asylrekurskommission vom 8. Juni 2004, veröffentlicht in VPB 69.28 E. 7e.

338   Einen entsprechenden Automatismus gibt es nicht (Entscheid der Rekurskommission INUM vom 20. Januar 2005, veröffentlicht in VPB 69.92 E. 6.3; anders der Entscheid der Rekurskommission der Eidgenössischen Technischen Hochschulen vom 30. Oktober 1995, veröffentlicht in VPB 61.63 E. 2.3).

339   Entscheid der Eidgenössischen Steuerrekurskommission vom 27. Oktober 2004, veröffentlicht in VPB 69.39 E. 2b; Entscheid der Eidgenössischen Zollrekurskommission vom 9. Oktober 2002, veröffentlicht in VPB 67.47 E. 1b.

340   BGE 131 I 206 E. 4.3; Entscheid der Schweizerischen Asylrekurskommission vom 11. Februar 2003, veröffentlicht in VPB 67.107 E. 7 mit Hinweisen.

341   BGE 130 V 183 f. E. 5.4.1, auch zum Folgenden.

342   BGE 120 V 417 E. 5.

343   BGE 130 V 184 E. 5.4.1; 127 I 34 E. 2a/bb; 125 I 170 E. 3a, je mit Hinweisen.

3.116 Aus dem Verbot des überspitzten Formalismus (und dem Grundsatz von Treu und Glauben) kann nach der Rechtsprechung eine Pflicht der Behörde abgeleitet werden, die Parteien auf Verfahrensfehler hinzuweisen und ihnen die Möglichkeit zu deren Verbesserung einzuräumen, bevor eine Rechtsvorkehr, etwa wegen Fristablaufs, verspätet ist und deswegen ein Nichteintretensentscheid erfolgt[344]. Ebenso wenig ist es zulässig, auf eine rechtzeitig bei einer unzuständigen Behörde eingereichte Eingabe nicht einzutreten, weil sie erst nach Ablauf der Frist bei der zuständigen Stelle eingelangt ist[345]. Generell verlangt die Rechtsprechung sodann, dass die Behörden den Parteien eine kurze Nachfrist zur Verbesserung einer fristgerecht eingereichten, mangelhaften Eingabe einräumen, wenn damit schwerwiegende prozessuale Konsequenzen verbunden sind[346]. Sodann kann auch eine allzu kurz bemessene, mit Fatalfolgen verbundene Frist übermässige Formstrenge darstellen. Schliesslich bedeutet es überspitzten Formalismus, wenn die Behörde auf der Begründung einer nur formellrechtliche Aspekte enthaltenden Beschwerde in materiellrechtlicher Hinsicht beharrt und bei unbenütztem Ablauf der zu diesem Zwecke angesetzten Nachfrist auf die Beschwerde nicht eintritt[347].

VII. Beweis

3.117 Die im Verfahren vor dem Bundesverwaltungsgericht massgeblichen, beweisrechtlich Bestimmungen finden sich zum einen im VwVG selbst, zum andern im subsidiär anwendbaren Bundeszivilprozess und andernorts. Art. 32 und 33 VwVG verpflichten die Entscheidbehörde zur Beweisabnahme und -würdigung. Beides ergibt sich allerdings – aus der gegensätzlichen Perspektive des Anspruchs der Rechtsuchenden, ihre Beweismittel vorzulegen und prüfen zu lassen – bereits aus dem Grundsatz des rechtlichen Gehörs gemäss Art. 29 Abs. 2 BV[348]. Die gesetzlich vorgesehenen Beweismittel werden in Art. 12 VwVG angeführt, das Beweisverfahren wird vorab in den Art. 13–18 VwVG geregelt. Soweit sich diesen Bestimmungen keine Regelung entnehmen lässt, sind aufgrund des Verweises von Art. 19 VwVG die meisten Bestimmungen des Bundeszivilprozesses sinngemäss heranzuziehen. Spezialgesetze können davon abweichende Regeln vorsehen[349].

3.118 Beweisrechtlich sind im Verfahren vor dem Bundesverwaltungsgericht die folgenden Schritte auseinander zu halten:

---

344   BGE 120 V 416 ff. E. 4–6; Entscheid der Eidgenössischen Rekurskommission für das öffentliche Beschaffungswesen vom 23 Dezember 2005, veröffentlicht in VPB 70.33 E. 3b/cc.

345   BGE 118 Ia 244 E. 4, wo die zuständige Behörde gar ein anderes Organ der gleichen Gerichtsbehörde war, bei der das Rechtsmittel eingereicht worden war.

346   Entscheid der Eidgenössischen Rekurskommission für das öffentliche Beschaffungswesen vom 23 Dezember 2005, veröffentlicht in VPB 70.33 E. 3b; BGE 112 Ia 308 E. 2b.

347   BGE 118 V 315 E. 4.

348   BGE 127 I 56 E. 2b; vgl. dazu oben Rz. 3.85.

349   So können Asylsuchende gemäss Art. 11 AsylG zu den Beweisanordnungen der Behörden nicht vorgängig Stellung nehmen, ausserdem bestehen Fristen für die Einreichung von Beweismitteln (Art. 110 Abs. 2 AsylG).

– Inwieweit muss das Gericht den massgeblichen Sachverhalt selbst und von Amtes wegen ermitteln und in welchem Umfang müssen sich die Parteien daran beteiligen?
Dazu nachfolgend Kapitel 1, Untersuchungsgrundsatz und Mitwirkungspflicht.
– Welche Mittel stehen dem Gericht hierfür zur Verfügung?
Dazu nachfolgend Kapitel 2, Beweiserhebung und Beweismittel.
– Wann gilt ein Sachverhalt als bewiesen? Und: Zu wessen Ungunsten wirkt sich aus, wenn ein Umstand unbewiesen bleibt?
Dazu nachfolgend Kapitel 3, Beweiswürdigung und Beweislast.

1.   Untersuchungsgrundsatz und Mitwirkungspflicht

Das Bundesverwaltungsgericht stellt den rechtserheblichen Sachverhalt von Amtes **3.119** wegen fest *(Untersuchungsgrundsatz;* Art. 12 VwVG)[350]. Dieses Prinzip gilt grundsätzlich auch dann, wenn das erstinstanzliche Verfahren durch das Gesuch einer Partei, etwa um eine Bewilligung, eingeleitet worden ist.

Allerdings sind die Parteien gemäss Art. 13 VwVG unter Umständen verpflichtet, an **3.120** der Feststellung des Sachverhalts mitzuwirken[351]. Dies gilt zunächst in all jenen Verfahren, die durch ihr Begehren eingeleitet worden sind; ansonsten besteht eine *Mitwirkungspflicht* nur insoweit, als die Parteien darin selbständige Anträge stellen oder ein anderes Bundesgesetz eine weitergehende Auskunfts- oder Offenbarungspflicht vorsieht[352]. Die Behörde hat die Parteien darüber aufzuklären, worin die Mitwirkungspflicht besteht und welche Tragweite ihr zukommt[353]. Im Beschwerdeverfahren vor dem Bundesverwaltungsgericht kommt hinzu, dass die beschwerdeführende Partei ihr Rechtsmittel begründen muss. Dabei wird sie mit der Rüge der mangelhaften Sachverhaltsermittlung durch die Vorinstanz kaum durchdringen, ohne diese zu substanziieren.

Art. 8 Abs. 1 Bst. d AsylG verpflichtet Asylsuchende, allfällige Beweismittel vollständig zu be- **3.121** zeichnen und sie unverzüglich einzureichen oder, soweit dies zumutbar erscheint, sich darum zu bemühen, sie innerhalb einer angemessenen Frist zu beschaffen. Aufgrund dieser Bestimmung genügt seiner Mitwirkungspflicht nicht, wer auf Beschwerdebene Beweismittel bloss in Aussicht stellt, ohne ersichtlichen Grund aber nicht einreicht[354].

Die Bestimmung von Art. 13 VwVG erlaubt es den Behörden freilich *nicht,* das Zu- **3.122** sammentragen der Entscheidgrundlagen *vollumfänglich der mitwirkungspflichtigen Partei zu überbürden.* Die Mitwirkungspflicht gilt vielmehr bloss für solche Tatsachen, die eine Partei besser kennt als die Behörden oder von dieser ohne Mitwirkung der Partei gar nicht oder nicht mit vernünftigem Aufwand erhoben werden könnten[355]. Hinsichtlich solcher Sachverhalte sind die Parteien unter Umständen gar

---

350 BGE 132 II 112 E. 3.2; BVGE 2007/41 E. 2 mit zahlreichen Hinweisen auf die Lehre.
351 Die Pflicht bezieht sich selbstverständlich auch – und in der Praxis sind vorab diese Fälle häufig – auf für die Partei ungünstige Umstände (BGE 132 II 115 E. 3.2).
352 So etwa Art. 29 ff. ZG oder Art. 43 ATSG (vgl. BVGE 2008/9 E. 5.2).
353 BGE 132 II 115 E. 3.2.
354 BVGE 2007/21 E. 11.1.4.
355 BGE 130 II 464 E. 6.6.1 betreffend betriebswirtschaftliche Kalkulationsgrundlagen im Verfahren vor dem Preisüberwacher; 124 II 265 E. 2a betreffend die persönlichen Um-

verpflichtet, die Behörden über eine im Laufe des Verfahrens eingetretene Veränderung in den entscheidwesentlichen Verhältnissen zu informieren[356]. An der grundsätzlichen Beweislastverteilung[357] ändert die Mitwirkungspflicht jedoch nichts[358].

3.123   In Art. 13 Abs. 2 VwVG wird eine der möglichen Folgen der *Verletzung der Mitwirkungspflicht* geregelt: wurde das Verfahren durch die betreffende Partei eingeleitet oder hat sie selbständige Anträge gestellt, braucht die Behörde auf das entsprechende Begehren nicht einzutreten[359]. Im Übrigen wird das Gericht die fehlende oder unzureichende Mitwirkung bei der Beweiswürdigung zu Ungunsten der säumigen Partei berücksichtigen (Art. 40 BZP i.V.m. Art. 19 VwVG). Schliesslich können gemäss Art. 63 VwVG einer obsiegenden Partei jene Verfahrenskosten auferlegt werden, die sie durch Verletzung von Verfahrenspflichten, wozu die Mitwirkungspflicht gehört, verursacht hat.

2.   Beweiserhebung und Beweismittel

3.124   Als mögliche Beweismittel erwähnt Art. 12 VwVG ausdrücklich Urkunden, Auskünfte der Parteien, Auskünfte oder Zeugnisse von Drittpersonen, Augenschein und Gutachten von Sachverständigen. Allerdings ist aus dem verfassungsmässigen Recht auf Beweis zu folgern, dass diese Aufzählung nicht abschliessend ist[360]. Vielmehr kann ein Sachumstand grundsätzlich mit jedem denkbaren Beweismittel bewiesen werden, also etwa auch mittels Amtsberichten[361]. Am Verfahren nicht beteiligte Dritte können freilich nur soweit zwangsweise zur Mitwirkung verpflichtet werden, als eine gesetzliche Grundlage dafür besteht[362]. Auch im Beschwerdeverfahren bewusst ausgeschlossen hat der Gesetzgeber sodann das Parteiverhör im Sinne von Art. 62 BZP, denn der Verweis von Art. 19 VwVG, welcher die Bestimmungen des Bundeszivilprozesses für subsidiär anwendbar erklärt, bezieht sich ausdrücklich nicht auf Art. 62–64 BZP[363]. Im Klageverfahren, das dem Zivilprozess nachgebildet ist, ist das Parteiverhör dagegen zugelassen, denn der Verweis von Art. 44 Abs. 1 VGG auf den BZP enthält die obige Ausnahme nicht.

---

stände eines ausländischen Beschwerdeführers in seinem Heimatland; Entscheid der Rekurskommission VBS vom 21. Mai 2001, veröffentlicht in VPB 66.26 E. 1 betreffend die angebliche Rückzahlung von Schulden im Rahmen einer Personensicherheitsprüfung.

356   BGE 132 II 15 E. 3.2.

357   Dazu unten Rz. 3.149 ff.

358   Entscheid der Rekurskommission INUM vom 17. Januar 2005, veröffentlicht in VPB 69.69 E. 6.1.

359   Ein Anwendungsfall dieser Bestimmung ist der Entscheid der Rekurskommission VBS vom 21. Mai 2001, veröffentlicht in VPB 66.26.

360   Gleicher Meinung KÖLZ/HÄNER, Rz. 276.

361   Urteil des Bundesgerichts vom 17. August 1987, veröffentlicht in VPB 52.9 E. 1a.

362   Zwischenentscheid des Präsidenten der Eidgenössischen Rekurskommission für Heilmittel vom 16. Juni 2004, veröffentlicht in VPB 68.169 E. 3.1 mit Hinweis.

363   BGE 130 II 476 E. 2.4. Der Verzicht auf das Parteiverhör im Beschwerdeverfahren vor dem Bundesverwaltungsgericht wird in der Botschaft (Botschaft Totalrevision Bundesrechtspflege, BBl 2001 4393) damit begründet, die Beweise würden durch das Gericht ohnehin frei gewürdigt und das Parteiverhör sei insofern problematisch, als die Parteien unter Strafandrohung dazu verpflichtet würden, sich allenfalls selbst zu belasten).

Das Bundesverwaltungsgericht hat die von den Parteien angebotenen Beweise abzu- **3.125**
nehmen, wenn diese zur Abklärung des Sachverhalts tauglich erscheinen (Art. 33
Abs. 1 VwVG). Bei der Beurteilung dieser Frage kommt der entscheidenden Instanz
ein gewisser Ermessensspielraum zu[364]. Das Gericht ist namentlich dann nicht gehalten, Beweise abzunehmen, wenn die zu beweisende Tatsache nicht entscheidwesentlich ist oder aufgrund der Akten oder anderer Beweismittel bereits als bewiesen gelten kann. Werden zusammen mit einer Beschwerde vorsorgliche Massnahmen
beantragt, kann vor dem Entscheid über diese in aller Regel keine Beweiserhebung
durchgeführt werden, da den Massnahmegesuchen regelmässig grosse Dringlichkeit
eignet[365].

a) Zeugeneinvernahme

Zeugen sind am Verfahren nicht beteiligte Dritte. Für den Zeugenbeweis gelten im **3.126**
Verwaltungs(beschwerde)verfahren besondere Regeln, die diesem Beweismittel im
Vergleich zum Zivil- und Strafprozess eine *untergeordnete Bedeutung* beimessen.
Gemäss Art. 14 Abs. 1 Bst. c VwVG kann das Bundesverwaltungsgericht zwar – im
Gegensatz zu den in der Regel erstinstanzlich verfügenden Bundesämtern – Zeugeneinvernahmen durchführen. Die Zeugenbefragung ist im Verwaltungsbeschwerdeverfahren des Bundes aber bloss subsidiäres Beweismittel und soll bloss zum
Zuge kommen, wenn sich der Sachverhalt nicht auf andere Weise hinreichend abklären lässt[366]. Dies ist etwa dann der Fall, wenn eine Auskunft einer Drittperson
unentbehrlich ist und diese sich weigert, vor Gericht zu erscheinen oder Auskunft
zu geben[367]. Im Normalfall hat sich das Gericht indes mit blossen Auskünften zu begnügen.

Die Instruktionsrichterin oder der Instruktionsrichter zieht für die Zeugeneinver- **3.127**
nahme ein zweites Mitglied des Spruchkörpers bei (Art. 39 Abs. 2 VGG). Für die
Vorladung der Zeugen und deren *Einvernahme* gelten die Bestimmungen von
Art. 43–48 BZP. Die Parteien haben das Recht, der Zeugeneinvernahme beizuwohnen und Ergänzungsfragen zu stellen (Art. 18 Abs. 1 VwVG). Sofern überwiegende
öffentliche oder private Interessen dies erfordern, kann die Einvernahme in Abwesenheit der Parteien erfolgen und die Einsicht in die Protokolle kann ihnen verweigert werden (Art. 18 Abs. 2 VwVG)[368]. Diesfalls darf auf die Zeugenaussage nur

---

364 Entscheid der Eidgenössischen Steuerrekurskommission vom 27. Juli 2004, veröffentlicht
in VPB 69.7 E. 4b/cc. Zur antizipierten Beweiswürdigung s. unten Rz. 3.144 f.
365 Vgl. Entscheid der Eidgenössischen Personalrekurskommission vom 27. Januar 1995, veröffentlicht in VPB 60.6 E. 2.
366 In der Botschaft zum VwVG wird dazu ausgeführt, die Beschränkung des Zeugenbewei-
ses solle «vor einer rechtsstaatlich – nicht zuletzt im Hinblick auf die strenge Strafsanktion
gegen falsches Zeugnis in Artikel 307–309 des Strafgesetzbuches – unerwünschten Über-
spannung der Zeugnis- und Editionspflicht schützen». Diese Begründung lässt sich angesichts der heutigen Bedeutung des Verwaltungsprozesses jedenfalls für das Verfahren vor
dem Bundesverwaltungsgericht kaum mehr vertreten.
367 BGE 130 II 173 E. 2.3.3; vgl. Entscheid der Eidgenössischen Personalrekurskommission
vom 12. Februar 1996, veröffentlicht in VPB 61.26 E. 2.
368 Die Interessenabwägung entspricht jener betreffend die allfällige Verweigerung der Akteneinsicht (dazu oben Rz. 3.96 ff.).

dann zum Nachteil der abwesenden Partei abgestellt werden, wenn ihr die Behörde von deren wesentlichem Inhalt Kenntnis gegeben und ihr Gelegenheit eingeräumt hat, sich dazu zu äussern und Gegenbeweismittel zu bezeichnen (Art. 18 Abs. 3 i.V.m. Art. 28 VwVG)[369].

3.128 Das *Zeugnisverweigerungsrecht* richtet sich in erster Linie nach den Bestimmungen von Art. 42 Abs. 1 und 3 BZP (Art. 16 Abs. 1 VwVG). Abweichendes gilt gemäss Art. 16 Abs. 2 VwVG bloss für Trägerinnen und Träger eines Berufs- oder Geschäftsgeheimnisses nach Art. 42 Abs. 2 BZP[370]. Sie können sich vorbehaltlos auf das Zeugnisverweigerungsrecht berufen und das Gericht hat keine Interessenabwägung vorzunehmen; allerdings kann ein anderes Bundesgesetz eine weiter gehende Zeugnispflicht vorsehen[371]. Schliesslich ermöglicht Art. 16 Abs. 1bis VwVG den Mediatorinnen und Mediatoren, das Zeugnis über Tatsachen zu verweigern, die sie in Ausübung ihrer Vermittlungstätigkeit nach Art. 33b VwVG wahrgenommen haben.

3.129 Gemäss Art. 2 Abs. 1 VwVG finden im *Steuerverfahren* u.a. die Art. 12–19 VwVG keine Anwendung, also auch die Vorschriften betreffend die Anhörung von Zeuginnen und Zeugen. Grundsätzlich gelten für die Sachverhaltsermittlung mithin die spezialgesetzlichen Normen (etwa Art. 61 MWStG) und nicht die allgemeinen Bestimmungen des VwVG[372]. Diese Bestimmung wird in der Praxis verfassungskonform ausgelegt. Demnach kann es aufgrund des verfassungsmässigen Gehörsanspruchs[373] dennoch geboten sein, Zeugen anzuhören. Nach der Rechtsprechung der ehemaligen Eidgenössischen Steuerrekurskommission ist die Zeugeneinvernahme namentlich zur Klärung von Fragen zulässig, die nicht in den Kernbereich des Steuerrechts fallen, zum Beispiel zur Ermittlung eines Sachverhalts, der zum Schutz eines berechtigten Vertrauens in eine falsche behördliche Auskunft führen könnte[374].

b)   Auskünfte der Parteien und Dritter

3.130 Wie oben bereits dargelegt[375], dürfen *Parteien im Verwaltungsbeschwerdeverfahren ausschliesslich als Auskunftspersonen* befragt, nicht aber einem Parteiverhör unter-

---

369 Dazu oben Rz. 3.99 ff.

370 Es handelt sich dabei um jene Berufs- oder Geschäftsgeheimnisse, die nicht vom Verweis von Art. 42 Abs. 1 Bst. b BZP auf Art. 321 Ziff. 1 StGB erfasst sind, d.h. namentlich um das Bankgeheimnis.

371 So ermöglicht Art. 23bis Abs. 2 des Bundesgesetzes vom 8. November 1934 über die Banken und Sparkassen (SR 952.0) der Bankenkommission, von den Banken und Revisionsstellen alle Auskünfte einzuholen, die sie zur Erfüllung ihrer Aufgaben benötigt.

372 In der Botschaft zum VwVG (BBl 1965 II 1360) führt der Bundesrat dazu aus, die allgemeinen Verfahrensbestimmungen des VwVG würden nicht gelten, soweit diese nicht passten und das Bundessteuerrecht besser auf die Bedürfnisse zugeschnittene Regeln kenne.

373 Zum Verhältnis zwischen Art. 2 Abs. 1 VwVG und Art. 29 Abs. 2 BV vgl. ANDRÉ MOSER in: Kommentar StG, Art. 39a Rz. 6 mit Hinweisen auf die bundesgerichtliche Rechtsprechung. Zum Gehalt des Gehörsanspruchs vgl. oben Rz. 3.77 sowie 3.84 ff.

374 Vgl. die Entscheide der Eidgenössischen Steuerrekurskommisson vom 27. Juli 2004, veröffentlicht in VPB 69.7 E. 4b/bb und vom 30. Juni 1998, veröffentlicht in VPB 63.23 E. 3a/aa, je mit Hinweisen auf die Rechtsprechung des Bundesgerichts.

375 Oben Rz. 3.124.

zogen werden. Dies gilt grundsätzlich auch für Dritte, wobei deren Einvernahme als Zeugen durch das Bundesverwaltungsgericht zulässig ist, wenn sich der Sachverhalt auf andere Weise nicht hinreichend abklären lässt (Art. 14 Abs. 1 VwVG). In der Sache unterscheidet sich die blosse Auskunft von der Zeugeneinvernahme durch die fehlende, strenge Strafandrohung wegen falschen Zeugnisses gemäss Art. 307 StGB für den Fall der Falschaussage.

Wie das Bundesgericht für Auskünfte von Drittpersonen entschieden hat[376], was aber aus denselben Überlegungen auch für Parteiauskünfte zu gelten hat, haben diese grundsätzlich *schriftlich* zu erfolgen. Eine formlos eingeholte und in einer Aktennotiz festgehaltene mündliche bzw. telefonische Auskunft stellt nur insoweit ein zulässiges und taugliches Beweismittel dar, als damit bloss Nebenpunkte, namentlich Indizien oder Hilfstatsachen festgestellt werden. Sind hingegen Auskünfte zu wesentlichen Punkten des rechtserheblichen Sachverhaltes einzuholen, fällt grundsätzlich nur die Form der schriftlichen Anfrage und Auskunft in Betracht. Werden Auskunftspersonen zu wichtigen tatbeständlichen Fragen dennoch mündlich befragt, ist eine Einvernahme durchzuführen und darüber ein Protokoll aufzunehmen.   **3.131**

Welche Rechte den Parteien hinsichtlich des Beweismittels der Auskunft zustehen, regelt das VwVG nicht ausdrücklich. In sinngemässer Anwendung von Art. 18 Abs. 1 VwVG und der Praxis zum Augenschein muss es den Parteien grundsätzlich frei stehen, an der Befragung von Auskunftspersonen anwesend zu sein und Ergänzungsfragen zu stellen[377]; dasselbe hat zu gelten für die Möglichkeit und die Voraussetzungen des Ausschlusses sowie der Verweigerung der Einsicht in die Befragungsprotokolle.   **3.132**

c)   Urkunden

Für den *Begriff* der Urkunde ist auf Art. 110 Abs. 4 StGB zu verweisen. Urkunden sind demnach Schriften, die bestimmt und geeignet sind, oder Zeichen, die bestimmt sind, eine Tatsache von rechtlicher Bedeutung zu beweisen; die Aufzeichnung auf Bild- und Datenträgern steht der Schriftform gleich, sofern sie demselben Zweck dient[378].   **3.133**

Öffentlichen Urkunden kommt gegenüber privaten Urkunden eine erhöhte Beweiskraft zu. Art. 110 Abs. 5 StGB definiert erstere als Urkunden, die von Mitgliedern einer Behörde, Beamten und Personen öffentlichen Glaubens in Wahrnehmung hoheitlicher Funktionen ausgestellt werden[379]. Gemäss Art. 9 Abs. 1 ZGB erbringen   **3.134**

---

376   BGE 130 II 478 E. 4.2; vgl. auch Entscheid der Schweizerischen Asylrekurskommission vom 1. März 2001, veröffentlicht in VPB 66.30 E. 5d.

377   BGE 130 II 174 E. 2.3.5.

378   Urkundencharakter haben nicht bloss Schriftstücke, sondern auch andere Reproduktionen, welche Tatsachen, Personen oder Sachen darstellen, sei es mittels Fotografie, Film, Tonträgern oder mit anderen Mitteln, wie beispielsweise elektronische Dateien (Entscheid der Schweizerischen Asylrekurskommission vom 27. Januar 2003, veröffentlicht in VPB 68.1 E. 6).

379   Urkunden, die von der Verwaltung der wirtschaftlichen Unternehmungen und Monopolbetriebe des Staates oder anderer öffentlich-rechtlicher Körperschaften und Anstalten in

sie, gleich wie öffentliche Register, für die durch sie bezeugten Tatsachen vollen Beweis, solange nicht die Unrichtigkeit ihres Inhaltes nachgewiesen ist. Dies gilt freilich nur für jene Tatsachen, um derentwillen die Form der öffentlichen Urkunde gefordert ist[380].

d)   Gutachten

3.135 Fehlen dem Bundesverwaltungsgericht die spezifischen Fachkenntnisse, um einen rechtserheblichen Sachverhalt zu ermitteln oder zu würdigen, holt es ein Gutachten ein[381]. Den Gutachterinnen und Gutachtern sind bloss Sachfragen zu unterbreiten. Rechtsfragen dagegen beantwortet das Gericht in alleiniger Verantwortung[382]. Die Prozessbeteiligten haben gestützt auf Art. 29 Abs. 1 BV einen Anspruch auf Unparteilichkeit und Unbefangenheit der Sachverständigen[383]. Für das Verfahren und namentlich die Mitwirkungsmöglichkeiten der Parteien gelten die Art. 57 ff. BZP sinngemäss (Art. 19 VwVG). Ist eine Stellungnahme einer fachkundigen Person unter Missachtung der dort festgehaltenen Modalitäten eingeholt worden, liegt bloss ein Amtsbericht oder eine schriftliche Auskunft einer Privatperson vor[384], denen gegenüber einem gerichtlichen Gutachten eine geringere Beweiskraft zukommt[385].

3.136 Will das Gericht ein Gutachten in Auftrag geben, hat es verschiedene Parteirechte zu beachten. Zum einen haben die Parteien die Möglichkeit, sich zur Person der Sachverständigen zu äussern (Art. 58 Abs. 2 BZP)[386] und namentlich Stellung zu nehmen zu deren Qualifikation und allfälligen Ausstandsgründen[387]. Zum andern können sie sich zu den Fragen äussern, die der Expertin oder dem Experten unterbreitet werden sollen, und Abänderungs- oder Ergänzungsanträge stellen (Art. 57 Abs. 2 BZP). Die gutachterliche Stellungnahme erfolgt in der Regel schriftlich, allenfalls – etwa im Rahmen eines Augenscheins – mündlich zu Protokoll; den Parteien steht wiederum offen, Erläuterungen, Ergänzungen oder eine neue Begutachtung zu beantragen (Art. 60 Abs. 1 BZP).

---

zivilrechtlichen Geschäften ausgestellt werden, gelten demgegenüber nicht als öffentliche Urkunden (Art. 110 Abs. 5 StGB, 2. Satz).

380 Vgl. dazu etwa BGE 124 III 9 E. 1c bezüglich eines öffentlichen Testaments.

381 Entscheid der Eidgenössischen Rekurskommission für das öffentliche Beschaffungswesen vom 17. April 2002, veröffentlicht in VPB 66.54 E. 8a.

382 BGE 132 II 256 E. 4.4.1, 130 I 345 E. 5.4.1; BVGE 2007/33 E. 3.5.2.

383 Inhaltlich stimmt der Anspruch mit den Garantien von Art. 30 Abs. 1 BV überein (BGE 125 II 544 E. 4a [zu Art. 58 aBV]; Regina Kiener/Melanie Krüsi, Die Unabhängigkeit von Gerichtssachverständigen, ZSR 2006 I, 491 ff.) und garantiert die Unparteilichkeit, Unvoreingenommenheit und Unbefangenheit von gerichtlichen Expertinnen und Experten.

384 Entscheid der Schweizerischen Asylrekurskommission vom 20. Oktober 1998, veröffentlicht in VPB 63.41 E. 5 und 6.

385 Zum Beweiswert von Sachverständigengutachten vgl unten Rz. 3.146.

386 Demgegenüber schliesst Art. 11 AsylG für das Asylverfahren die Möglichkeit der vorgängigen Stellungnahme zu den Beweisanordnungen ausdrücklich aus.

387 Vgl. Entscheid der Eidgenössischen Rekurskommission für Spielbanken vom 31. August 2001, veröffentlicht in VPB 66.104 E. 6. Dort wurde die fehlende Möglichkeit der Mitwirkung allerdings als geheilt erachtet, weil die Beschwerdeführerin mit dem Experten Kontakt gehabt und zunächst keine Einwendungen gegen seine Person erhoben hatte.

Die Sachverständigen haben Anspruch auf Vergütung ihrer Auslagen sowie auf ein **3.137** Honorar. Art. 61 BZP stellt dessen Höhe zwar ins freie Ermessen des Gerichts, doch wird für die Bemessung der Entschädigung regelmässig auf den erforderlichen Zeitaufwand und die branchenüblichen Stundenansätze abzustellen sein. Diese Gutachterkosten werden unter Umständen der unterliegenden Partei auferlegt und stellen ein erhebliches Prozessrisiko dar. Hat eine Partei das Einholen einer Expertise beantragt und sind hohe Kosten zu erwarten, kann das Gericht verlangen, dass die betreffende Partei die ihr zumutbaren Kosten vorschiesst (vgl. Art. 33 Abs. 2 VwVG)[388].

e) Augenschein

Augenschein ist Beweiserhebung durch eigene Sinneswahrnehmung. Ein Augen- **3.138** schein kann grundsätzlich alle äusseren Gegebenheiten (Sachen, Personen, Verhältnisse) betreffen, die durch den Seh-, Gehörs-, Geruchs-, Geschmacks- oder den Tastsinn wahrgenommen werden können[389]. In der Praxis kann namentlich eine Besichtigung der Örtlichkeiten nützlich sein, um die räumlichen Auswirkungen von Bauvorhaben besser beurteilen zu können. Im Anschluss an einen Augenschein werden oft – bei gegebenen Chancen für eine Einigung – Vergleichsverhandlungen durchgeführt.

Die Instruktionsrichterin bzw. der Instruktionsrichter zieht zum Augenschein ein **3.139** weiteres Mitglied des Spruchkörpers (Art. 39 Abs. 2 VGG) und allenfalls die Zeuginnen, Zeugen und Sachverständigen bei (Art. 56 Abs. 1 BZP). Parteien und Dritte haben einen Augenschein grundsätzlich zu dulden (Art. 55 Abs. 1 und 2 BZP), die Parteien zugleich das – aus dem rechtlichen Gehör fliessende – Recht auf Teilnahme[390], sofern dem nicht überwiegende Interessen entgegenstehen (Art. 56 Abs. 3 BZP). Vom Verlauf des Augenscheins wird ein Protokoll erstellt[391]. Die Delegation des Augenscheins an eine sachverständige Person (Art. 56 Abs. 2 BZP) ist in der Praxis unüblich, aber etwa dann denkbar, wenn sich diese in einer stark technischen Materie einen Überblick verschaffen soll, um dem Gericht anlässlich einer Instruktionsverhandlung Bericht erstatten zu können.

3. Beweiswürdigung und Beweislast

a) Beweiswürdigung

Wie eingangs bereits erwähnt, geht es bei der Beweiswürdigung um die Frage, wel- **3.140** cher Sachverhalt aufgrund der vorliegenden Beweismittel als erstellt gelten kann. Im Verfahren vor dem Bundesverwaltungsgericht gilt, wie ganz allgemein im modernen Prozessrecht, der *Grundsatz der freien Beweiswürdigung* (Art. 40 BZP

---

388 Vgl. BGE 121 II 151 E. 4b, wo das Bundesgericht festhielt, im bankenrechtlichen Aufsichtsverfahren sei es aufgrund der dort anwendbaren Spezialbestimmungen gerade nicht erforderlich, dass die vorschusspflichtige Partei die betreffende Beweismassnahme beantragt habe (vgl. auch BGE 126 II 119 E. 4d).

389 BGE 121 V 153 E. 4b.

390 BGE 132 V 445 E. 3.3.

391 Vgl. BGE 130 II 478 E. 4.2 sowie BGE 127 I 135 E. 6c/cc zur übereinstimmenden Praxis des EGMR.

i.V.m. Art. 19 VwVG). Das Gericht ist demnach nicht an bestimmte starre Beweisregeln gebunden, die ihm genau vorschreiben, wie ein gültiger Beweis zu Stande kommt und welchen Beweiswert die einzelnen Beweismittel im Verhältnis zueinander haben[392]. Eine Behörde verletzt somit den Grundsatz der freien Beweiswürdigung, wenn sie bestimmten Beweismitteln im Voraus in allgemeiner Weise die Beweiseignung abspricht[393] oder nur ein einziges Beweismittel zum Nachweis einer bestimmten Tatsache zulassen will[394].

3.141 Der *Beweis* ist *erbracht,* wenn das Gericht gestützt auf die Beweiswürdigung nach objektiven Gesichtspunkten zur Überzeugung gelangt ist, dass sich der rechtserhebliche Sachumstand verwirklicht hat. Absolute Gewissheit kann dabei nicht verlangt werden. Es genügt, wenn das Gericht am Vorliegen der behaupteten Tatsache keine ernsthaften Zweifel mehr hat oder allenfalls verbleibende Zweifel als leicht erscheinen[395]. Die von der eigenen Sachkunde der Richterinnen und Richter oder der Lebenserfahrung und praktischen Vernunft getragene, mit Gründen gestützte Überzeugung kann genügen[396]. Nicht ausreichend ist dagegen, wenn bloss eine überwiegende Wahrscheinlichkeit besteht, dass sich die behauptete Tatsache verwirklicht hat[397].

3.142 Demgegenüber gilt im *Sozialversicherungsrecht* der Beweisgrad der *überwiegenden Wahrscheinlichkeit.* Das Gericht darf und muss seinen Entscheid, sofern das Gesetz nicht etwas Abweichendes vorsieht, mithin auf jene Sachverhaltsdarstellung abstützen, die von allen möglichen Geschehensabläufen als die wahrscheinlichste erscheint. Die blosse Möglichkeit eines bestimmten Sachverhalts genügt den Beweisanforderungen dagegen nicht[398]. In seiner zivilrechtlichen Rechtsprechung lässt das Bundesgericht das Beweismass der überwiegenden Wahrscheinlichkeit auch in Fällen so genannter *Beweisnot* gelten. Es handelt sich dabei um Konstellationen, in denen ein strikter Beweis nach der Natur der Sache nicht möglich oder nicht zumutbar ist, insbesondere wenn die von der beweisbelasteten Partei behaupteten Tatsachen nur mittelbar durch Indizien bewiesen werden können[399]. Derartige Situationen können sich auch im öffentlichen Verfahrensrecht ergeben, wo – aus den gleichen Überlegungen – dasselbe gelten muss.

3.143 Im öffentlichen Prozessrecht greifen bei der Beweiswürdigung zuweilen auch *Tatsachenvermutungen* Platz. Es handelt sich dabei um Wahrscheinlichkeitsfolgerungen, die auf Grund der Lebenserfahrung gezogen werden. Die tatsächliche Vermutung

---

392 BGE 130 II 485 E. 3.2; Urteil des Bundesverwaltungsgerichts B-3708/2007 vom 4. März 2008 E. 4.1. Vgl. als Ausnahme die öffentliche Urkunde, welche grundsätzlich vollen Beweis für die beurkundeten Tatsachen erbringt (oben Rz. 3.134).

393 Entscheid der Eidgenössischen Zollrekurskommission vom 15. November 2005, veröffentlicht in VPB 70.55 E. 3c/bb.

394 Entscheide der Eidgenössischen Zollrekurskommission vom 24. September 2004, veröffentlicht in VPB 69.44 E. 4a und vom 19. Juli 2004, veröffentlicht in VPB 69. 17 E. 2d.

395 BGE 130 III 324 E. 3.2.

396 Gygi, Bundesverwaltungsrechtspflege, 279; Entscheid der Eidgenössischen Zollrekurskommission vom 15. November 2005, veröffentlicht in VPB 70.55 E. 2c mit Hinweisen auf ältere Bundesgerichtsurteile.

397 BGE 128 III 275 E. 2b/aa.

398 BGE 125 V 195 E. 2; 121 V 47 E. 2a.

399 BGE 130 III 324 E. 3.2; 128 III 277 E. 2b/bb.

berührt zwar weder die Beweislast noch die das Verwaltungsverfahren beherrschende Untersuchungsmaxime. Wo die Verwaltung allerdings beweispflichtig ist hinsichtlich innerer Vorgänge, die der Verwaltung oft nicht bekannt und schwierig zu beweisen sind, kann sie sich veranlasst sehen, von bekannten Tatsachen (Vermutungsbasis) auf unbekannte (Vermutungsfolge) zu schliessen[400].

Nach der höchstrichterlichen Rechtsprechung kann das Beweisverfahren geschlossen werden, wenn die noch im Raum stehenden Beweisanträge eine nicht erhebliche Tatsache betreffen oder offensichtlich untauglich sind, etwa weil ihnen die Beweiseignung an sich abgeht oder – gerade umgekehrt – die betreffende Tatsache aus den Akten bereits genügend ersichtlich ist. Diesfalls werden von den Parteien gestellte Beweisanträge im Rahmen einer vorweggenommenen, sog. *antizipierten Beweiswürdigung* abgewiesen. Dies ist zulässig, wenn das Gericht aufgrund bereits erhobener Beweise oder aus andern Gründen den rechtserheblichen Sachverhalt für genügend geklärt hält und überzeugt ist, seine rechtliche Überzeugung würde durch weitere Beweiserhebungen nicht geändert[401].   **3.144**

In den unter der Herrschaft des alten OG ergangenen Standardformulierungen des Bundesgerichts war jeweils davon die Rede, eine solche antizipierte Beweiswürdigung dürfe nicht willkürlich erfolgt sein. Diese Praxis dürfte weiterhin gelten, da das Bundesgericht die vorinstanzliche Sachverhaltsermittlung – mit Ausnahme von Entscheiden über die Zusprechung oder Verweigerung von Geldleistungen der Militär- oder Unfallversicherung – nur auf ihre offensichtliche Unrichtigkeit hin überprüft (Art. 97 BGG).   **3.145**

Bei *Sachverständigengutachten* ist die Bedeutung des Grundsatzes der freien Beweiswürdigung zu relativieren. Das Gericht darf in Fachfragen nicht ohne triftige Gründe von Gutachten abweichen, da die Experten über besondere Fachkenntnisse verfügen, die der entscheidenden Behörde gerade abgehen. Abweichungen sind zudem auf nachvollziehbare Weise zu begründen[402]. Von einer Expertise kann etwa dann abgewichen werden, wenn diese als widersprüchlich, nicht nachvollziehbar oder sonst nicht schlüssig erscheint oder andere Indizien gegen ihre Zuverlässigkeit bestehen[403]. Hegt das Gericht Zweifel an der Richtigkeit des Gutachtens, kann es erforderlich sein, ergänzende Abklärung vorzunehmen, um diese Zweifel zu erhärten oder zu beseitigen[404]. Im Ergebnis bedeutet dies, dass in aller Regel von den Feststellungen der beigezogenen Fachpersonen auszugehen ist.   **3.146**

Ist ein *Partei- oder Privatgutachten* zu würdigen, rechtfertigt der Umstand allein, dass die gutachterliche Stellungnahme von einer Partei eingeholt und in das Verfahren eingebracht worden ist, nicht Zweifel an ihrem Beweiswert; auch sie enthält Äusserungen einer sachverständigen Person, welche zur Feststellung eines rechtserheblichen Sachverhalts beweismässig beitragen können. Allerdings kommt einem von einer Prozesspartei eingereichten Gutachten gegenüber einer gerichtlich einge-   **3.147**

---

400 BGE 130 II 486 E. 3.2 betreffend die Nichtigerklärung einer Ehe.
401 BGE 131 I 157 E. 3 mit Hinweisen; 130 II 429 E. 2.1; 125 I 134 E. 6c/cc; Urteil des Bundesverwaltungsgerichts A-8728/2007 vom 8. April 2008 E. 2.2; Entscheid der Eidgenössischen Steuerrekurskommission vom 27. Juli 2004, veröffentlicht in VPB 69.7 E. 4b/cc.
402 BGE 132 II 269 f. E. 4.4.1; 130 I 345 f. E. 5.4.2; BVGE 2007/33 E. 3.5.2.
403 Vgl. BGE 123 V 176 E. 3d mit Hinweis.
404 BGE 132 II 269 f. E. 4.4.1; 130 I 345 f. E. 5.4.2.

holten Expertise ein geringerer Beweiswert zu, weil erstere nicht nach den Vorgaben des VwVG erstellt worden ist[405].

3.148 Im Sozialversicherungsrecht, aber auch im Ausländerrecht, sind für den Verfahrensausgang oft medizinische Fragen ausschlaggebend, die vom Gericht aufgrund *ärztlicher Stellungnahmen* zu beurteilen sind. Für deren Würdigung ist grundsätzlich weder die Herkunft des Beweismittels noch die Bezeichnung der eingereichten oder in Auftrag gegebenen Stellungnahme als Bericht oder Gutachten massgeblich. Hinsichtlich des Beweiswertes eines Arztberichtes ist nach der höchstrichterlichen Praxis[406] vielmehr entscheidend, ob der Bericht für die streitigen Belange umfassend ist, auf allseitigen Untersuchungen beruht, auch die geklagten Beschwerden berücksichtigt, in Kenntnis der Vorakten (Anamnese) abgegeben worden ist, in der Beurteilung der medizinischen Situation einleuchtet und ob die Schlussfolgerungen der Expertise begründet sind. Diesen Anforderungen genügen gerichtliche Gutachten in der Regel am besten, weshalb von diesen – wie oben erwähnt – nur unter gewissen Voraussetzungen abgewichen werden kann. Dasselbe gilt für Gutachten externer Spezialärztinnen und -ärzte, die von der SUVA oder UVG-Privatversicherern eingeholt und aufgrund eingehender Beobachtungen und Untersuchungen sowie nach Einsicht in die Akten erstattet worden sind und bei der Erörterung der Befunde zu schlüssigen Ergebnissen gelangen. In Bezug auf Berichte von Hausärztinnen und -ärzten darf und soll das Gericht der Erfahrungstatsache Rechnung tragen, dass diese mitunter im Hinblick auf ihre auftragsrechtliche Vertrauensstellung in Zweifelsfällen eher zu Gunsten ihrer Patientinnen und Patienten aussagen. Endlich kommt auch den Berichten und Gutachten versicherungsinterner Ärzte Beweiswert zu, sofern sie als schlüssig erscheinen, nachvollziehbar begründet sowie in sich widerspruchsfrei sind und keine Indizien gegen ihre Zuverlässigkeit bestehen. Die Tatsache allein, dass der befragte Arzt in einem Anstellungsverhältnis zum Versicherungsträger steht, lässt nicht schon auf mangelnde Objektivität und auf Befangenheit schliessen.

b)   Beweislast

3.149 Nach Abschluss der Beweiswürdigung steht fest, von welchem Lebenssachverhalt das Bundesverwaltungsgericht bei seiner Urteilsfindung ausgeht. Logisch daran anschliessend ist die Frage zu beantworten, zu wessen Ungunsten es sich auswirkt, wenn ein Umstand unbewiesen bleibt, d.h. wer die *Folgen der Beweislosigkeit* zu tragen hat. Wer in diesem Sinne beweisbelastet ist, trägt die (objektive) Beweislast. Anders als im Zivilprozess gibt es im öffentlichen Prozessrecht hingegen keine (subjektive) Beweislast im Sinne einer Beweisführungslast, da der Untersuchungsgrundsatz Anwendung findet[407].

3.150 Für die Beweislast gilt auch im Bereich des öffentlichen Rechts *Art. 8 ZGB als allgemeiner Rechtsgrundsatz*. Demnach hat jene Partei das Vorhandensein einer Tatsache zu beweisen, die aus ihr Rechte ableitet[408]. Im Verwaltungs(beschwerde)verfahren bedeutet dies, dass bei belastenden Verfügungen die Verwaltung das Vorhandensein

---

405 BGE 125 V 353 E. 3b/dd sowie E. 3c. Demgegenüber wird in BVGE 2007/31 E. 5.1 ausgeführt, einem Privatgutachten komme grundsätzlich gleicher Beweiswert wie einem gerichtlichen Gutachten zu.

406 Grundlegend BGE 125 V 352 ff. E. 3, auch zum Folgenden. Vgl. auch die Entscheide der Schweizerischen Asylrekurskommission vom 20. August 2002, veröffentlicht in VPB 67.3 E. 4a sowie vom 8. Dezember 1998, veröffentlicht in VPB 64.6 E. 4 f.aa.

407 Dies gilt auch für das Klageverfahren vor dem Bundesverwaltungsgericht (vgl. Art. 44 Abs. 2 VGG).

408 BGE 133 V 216 E. 5.5; Entscheide der Eidgenössischen Zollrekurskommission vom 10. April 2002, veröffentlicht in VPB 66.90 E. 5b, der Eidgenössischen Personalrekurs-

der Tatbestandsvoraussetzungen zu beweisen hat[409], ebenso Zustellung, Eröffnung und Empfangsdatum[410] ihres Entscheids. Bei begünstigenden Verfügungen tragen dagegen die Parteien die Beweislast[411].

Im Abgaberecht gilt der allgemein anerkannte Grundsatz, wonach die Steuerver- **3.151** waltung die Beweislast für die abgabebegründenden und -erhöhenden Tatsachen trägt, während die Abgabepflichtigen die Beweislast für Tatsachen trifft, welche die Abgabeschuld aufheben oder mindern[412]. Sind die Voraussetzungen für eine Einschätzung nach Ermessen (Art. 60 MWSTG) gegeben, obliegt der steuerpflichtigen Person der Beweis für die Unrichtigkeit der Schätzung. Erst wenn sie den Nachweis dafür erbringt, dass der Vorinstanz bei der Schätzung erhebliche Ermessensfehler unterlaufen sind, nimmt das Bundesverwaltungsgericht eine Korrektur der vorinstanzlichen Schätzung vor[413].

Gesetzlich können *Beweiserleichterungen* vorgesehen sein, etwa indem blosses **3.152** Glaubhaftmachen genügt oder gesetzliche Vermutungen statuiert werden. In letzterem Fall gilt durch den Beweis einer Ausgangstatsache ein Rechtsverhältnis (Rechtsvermutung) oder eine Tatsache (Tatsachenvermutung) als erwiesen, sofern die Gegenpartei die Ausgangstatsache nicht mittels Gegenbeweises beseitigen kann, wobei hierfür – entgegen der verwirrlichen Bezeichnung – nichts bewiesen werden muss, sondern bloss ernstliche Zweifel zu erwecken sind. Ist die Vermutungsbasis dagegen bewiesen, kann die Gegenpartei bloss noch den Beweis des Gegenteils hinsichtlich der Vermutungsfolge antreten[414].

---

kommission vom 2. Juli 2003, veröffentlicht in VPB 68.4 E. 3b sowie der Schweizerischen Asylrekurskommission vom 30. April 2001, veröffentlicht in VPB 66.29 E. 3b.

409 BGE 130 II 485 E. 3.2; Entscheid der Rekurskommission INUM vom 17. Januar 2005, veröffentlicht in VPB 69.69 E. 6.1.

410 BGE 129 I 10 E. 2.2.

411 Anders verhält es sich, wenn die Behörde die – sich an sich zuungunsten der beschwerdeführenden Partei auswirkende – Beweislosigkeit bewirkt hat, indem sie die Akten vernichtet hat, mit denen der interessierende Sachumstand hätte bewiesen werden können (Beispiel im Entscheid der Rekurskommission EVD vom 7. September 1999, veröffentlicht in VPB 64.106 E. 6.6).

412 Vgl. etwa (anstelle vieler) das Urteil des Bundesverwaltungsgerichts A-1393/2006 vom 10. Dezember 2007 E. 1.4 mit Hinweisen; Entscheid der Eidgenössischen Steuerrekurskommission vom 8. März 2004, veröffentlicht in VPB 68.98 E. 4; BLUMENSTEIN/LOCHER, 416 mit zahlreichen Hinweisen auf Rechtsprechung und Lehre; MARTIN ZWEIFEL/HUGO CASANOVA, Schweizerisches Steuerverfahrensrecht Direkte Steuern, Zürich/Basel/Genf 2008, § 19 N 8 f.

413 Vgl. etwa das Urteil des Bundesverwaltungsgerichts A-1527/2006 und A-1528/2006 vom 6. März 2008 E. 2.4 mit Hinweisen oder auch bereits etwa den Entscheid der Eidgenössischen Steuerrekurskommission vom 5. Januar 2000, veröffentlicht in VPB 64.83 E. 2.

414 Vgl. statt vieler GYGI, Bundesverwaltungsrechtspflege, 271; aus der Praxis etwa den Entscheid der Eidgenössischen Steuerrekurskommission vom 12. Oktober 1998, veröffentlicht in VPB 63.29 E. 4b, wo aufgrund der gesetzlichen Vermutung von Art. 58 Abs. 1 Bst. d der damaligen MWSTV durch die Übernahme des Geschäftsbetriebs eines konkursiten Unternehmens (Ausgangstatsache) eine Bezugsgefährdung zu vermuten war und nur durch den Beweis des Gegenteils hätte beseitigt werden können.

3.153 Die Beweislast kann auch eine *negative Tatsache* betreffen, also das Nichtvorhandensein eines strittigen Sachumstandes. Dies führt nicht zu einer Umkehr der Beweislast, hat jedoch zur Folge, dass die Gegenpartei nach Treu und Glauben bei der Beweisführung mitwirken muss, namentlich indem sie den Gegenbeweis erbringt und erhebliche Zweifel an der Richtigkeit des Gegenstands des Hauptbeweises – der zu beweisenden, negativen Tatsache – erweckt[415].

VIII. Verfahrensdisziplin

3.154 Gemäss Art. 60 Abs. 1 VwVG kann das Bundesverwaltungsgericht Parteien oder deren Vertreter, die den *Anstand verletzen* oder den *Geschäftsgang stören,* mit Verweis oder mit Ordnungsbussen bis zu 500 Franken bestrafen. Namentlich haben sich Parteivertreterinnen und -vertreter im schriftlichen und mündlichen Verkehr mit den Behörden sachlich und in anständiger Form auszudrücken. Eine Disziplinarmassnahme kann etwa in Betracht kommen, wenn eine Anwältin oder ein Anwalt in ihrer Rechtsschrift eine Person, die bei der Ausfällung eines missliebigen Entscheids mitgewirkt hat, persönlich diffamiert und ihr ohne stichhaltige Anhaltspunkte Parteilichkeit oder gar Ressentiments vorwirft[416], sich vorbehaltlos auf Beweismittel beruft, die mit einem Mindestmass an Sorgfalt als Fälschungen erkannt werden müssen[417] oder Tatsachen verheimlicht, die für die Beurteilung der Beschwerdelegitimation erheblich sind, um für die von ihr vertretene Partei günstige Entscheide zu erwirken[418].

3.155 In analoger Anwendung von Art. 156 Abs. 6 des damaligen OG hat sodann die ehemalige Asylrekurskommission einem *Rechtsvertreter,* der ein völlig unsubstanziiertes Wiedererwägungsgesuch eingereicht und trotz entsprechendem Hinweis durch den Instruktionsrichter daran festgehalten hatte, *die Verfahrenskosten auferlegt,* da er – und nicht seine Mandantschaft – diese verursacht habe[419]. Diese Praxis erscheint im Anwendungsbereich des AsylG weiterhin zumindest nicht von vornherein ausgeschlossen, da Art. 66 Abs. 3 BGG dieselbe Bestimmung enthält und Art. 6 AsylG subsidiär (auch) auf das BGG verweist[420]. Demgegenüber enthält das

---

415 BGE 133 V 216 E. 5.5. Zum Begriff des Gegenbeweises siehe BGE 130 III 326 E. 3.4.

416 Das Bundesgericht hat einer derartigen Verwilderung der prozessualen Sitten insofern Einhalt geboten, als es einem Rechtsanwalt, der auf diese Weise die Schranken des gebotenen Anstands klar überschritten hat, in einem unveröffentlichten Entscheid vom 6. September 1996 einen Verweis (gestützt auf Art. 31 Abs. 1 des damaligen OG) erteilt hat (vgl. plädoyer 1/97, 60).

417 Entscheid der Schweizerischen Asylrekurskommission vom 19. Februar 1993, veröffentlicht in VPB 59.57 E. 6. In diesem Urteil hat die Asylrekurskommission überdies erkannt, dass sie über prozessdisziplinarische Massnahmen letztinstanzlich entscheidet, eine Auffassung, die das Bundesgericht auf Beschwerde hin in einem Nichteintretensentscheid vom 9. Dezember 1993 bestätigt hat (BGE 119 Ib 414 E. 2).

418 Vgl. BGE 121 IV 325.

419 Vgl. auch BGE 129 IV 206 ff.

420 Gegen die Anwendung im Asylbereich könnte argumentiert werden, die Kostenverlegung sei im VwVG abschliessend geregelt, weshalb kein Platz für eine subsidiäre Anwen-

VGG keinen entsprechenden Verweis, weshalb eine analoge Anwendung von Art. 66 Abs. 3 BGG ausserhalb des Asylbereichs kaum zulässig sein dürfte.

Nach dem neuen Abs. 2 von Art. 60 VwVG können die Partei und ihre Vertretung im **3.156** Falle böswilliger oder mutwilliger Prozessführung ausserdem mit einer Ordnungsbusse bis zu 1000 Franken und bei Rückfall bis zu 3000 Franken bestraft werden. Die Botschaft erläutert die Begriffe der Mutwilligkeit und des bösen Willens nicht näher; zwar wird auf Art. 33 Abs. 2 und 3 BGG verwiesen[421], doch fehlen dort klärende Erläuterungen ebenfalls[422]. Für die Auslegung des Begriffs der mutwilligen Prozessführung wird auf die Praxis zum Kriterium der Mutwilligkeit bei der Bemessung der Verfahrenskosten zurückzugreifen sein[423]. Bei böswilliger Prozessführung dürfte es sich gegenüber blossem Mutwillen um eine qualifizierte Form sachwidriger Prozessführung handeln. Zu denken ist namentlich an bewusst wahrheitswidrige, auf eine Täuschung des Gerichts ausgerichtete Vorbringen von Rechtsvertreterinnen bzw. -vertretern[424].

Gemäss dem neuen Art. 60 Abs. 3 VwVG können schliesslich die Vorsitzenden Per- **3.157** sonen, die sich während einer Instruktions- oder Urteilsverhandlung ihren Weisungen nicht unterziehen, aus dem Sitzungssaal wegweisen und mit einer Ordnungsbusse bis zu 500 Franken bestrafen. Von diesem Instrument der Sitzungspolizei ist namentlich gegenüber Parteien nur mit grösster Zurückhaltung Gebrauch zu machen, wird deren grundrechtliche Gehörsanspruch durch diese Massnahme doch empfindlich eingeschränkt.

Über die Einhaltung der Verfahrensdisziplin hat das Gericht *von Amtes wegen* zu be- **3.158** finden. Die verletzte Partei hat kein eigentliches Recht zu fordern, dass Disziplinarmassnahmen ergriffen werden; immerhin kann sie das Bundesverwaltungsgericht z.B. auf ungebührliche Stellen in der Beschwerdeschrift hinweisen. Der Anspruch auf rechtliches Gehör gebietet es an sich, eine Partei oder eine Anwältin bzw. einen Anwalt *anzuhören,* bevor ein Verweis oder eine Busse ausgesprochen wird[425]. Art. 15 Abs. 2 BGFA[426] verpflichtet das Bundesverwaltungsgericht, der Aufsichtsbehörde des Kantons, in dem eine Anwältin oder ein Anwalt eingetragen ist, unverzüglich Vorfälle zu melden, welche die Berufsregeln verletzen könnten[427].

---

dung des BGG sei; auf der anderen Seite ist schwer zu erkennen, wo das BGG sonst überhaupt Platz greifen könnte.

421 Nach dem damaligen Entwurf Art. 30 Abs. 2 und 3 BGG (Botschaft Totalrevision Bundesrechtspflege, BBl 2001 4410).

422 Botschaft Totalrevision Bundesrechtspflege, BBl 2001 4291.

423 Dazu unten Rz. 4.22.

424 Vgl. dazu die Hinweise auf die höchstrichterliche Praxis zu Art. 33 Abs. 2 BGG bei BGG-HÄRRI, Rz. 18 zu Art. 33.

425 MOSER, in Moser/Uebersax, Rz. 3.75 mit Hinweisen auf die teils abweichende Praxis des Bundesgerichts.

426 Bundesgesetz über die Freizügigkeit der Anwältinnen und Anwälte (Anwaltsgesetz) vom 23. Juni 2000 (SR 935.61).

427 So auch die ehemalige Schweizerische Asylrekurskommission in ihrem Entscheid vom 19. Februar 1993, veröffentlicht in VPB 59.57 E. 6.

IX.   Beschwerdeentscheid

1.   Urteilszirkulation und Beratung

3.159   Bei Kollegialentscheiden stellt die Instruktionsrichterin bzw. der Instruktionsrichter den anderen Richterinnen und Richtern, die am Entscheid mitwirken, schriftlichen Antrag über die Erledigung der Beschwerde. In der Praxis geschieht dies – gleich wie an anderen Gerichten – mittels eines Referats, d.h. einem urteilsmässig ausformulierten Entscheidentwurf[428]. Kollegialentscheide werden alsdann ordentlicherweise *auf dem Zirkulationsweg* getroffen (Art. 41 Abs. 1 VGG). Die Instruktionsrichterin bzw. der Instruktionsrichter leitet das Zirkulationsverfahren (Art. 33 Abs. 2 VGR). Für dieses Verfahren ist keine Einstimmigkeit erforderlich[429], Stimmenthaltung ist nicht zulässig (Art. 22 Abs. 3 VGG).

3.160   Auf Verlangen einer mitwirkenden Richterin bzw. eines mitwirkenden Richters oder auf Anordnung der Abteilungspräsidentin bzw. des Abteilungspräsidenten führt der Spruchkörper eine – nicht öffentliche – *mündliche Urteilsberatung* durch (Art. 41 Abs. 2 Bst. a VGG)[430]. Entscheidet die Abteilung in Fünferbesetzung und ergibt sich keine Einstimmigkeit, wird ebenfalls mündlich beraten (Art. 41 Abs. 2 Bst. b VGG); in diesen Fällen kann eine Richterin bzw. ein Richter verlangen, dass die Beratung öffentlich erfolgt, die Abteilungspräsidentin bzw. der Abteilungspräsident kann dies anordnen (Art. 41 Abs. 3 VGG). Die Möglichkeit der öffentlichen Beratung ist erst in der parlamentarischen Beratung eingefügt worden. Die Urteilsberatung wird, sofern sie dem Spruchkörper angehören, von der Präsidentin bzw. dem Präsidenten der Abteilung oder der Kammer geleitet, andernfalls von der Instruktionsrichterin bzw. dem Instruktionsrichter (Art. 33 Abs. 3 VGR). Im Anschluss an eine öffentliche Beratung teilt das Gericht das Urteilsdispositiv den Parteien sofort mit (Art. 33 Abs. 4 VGR)[431].

2.   Öffentliche Verhandlung

a)   Anforderungen der EMRK und Regelung des VGG

3.161   Gemäss Art. 6 Ziff. 1 EMRK, 1. Satz, hat «jede Person ein Recht darauf, dass über Streitigkeiten in Bezug auf ihre zivilrechtlichen Ansprüche und Verpflichtungen oder über eine gegen sie erhobene strafrechtliche Anklage ... öffentlich ... verhandelt wird». Dieses Öffentlichkeitsgebot, das inhaltlich mit Art. 30 Abs. 3 BV übereinstimmt[432], setzt Art. 40 Abs. 1 VGG für das Verfahren vor dem Bundesverwaltungs-

---

428   Erscheint der Instruktionsrichterin bzw. dem Instruktionsrichter ein Aspekt des Verfahrens besonders zweifelhaft und zugleich präjudiziell für den Verfahrensausgang, kann es auch zweckmässig sein, diese Frage vorweg dem Spruchkörper vorzulegen.

429   Botschaft Totalrevision Bundesrechtspflege, BBl 2001 4394.

430   Die Möglichkeit, kurzfristig angesetzte mündliche Beratungen durchzuführen, stellt einen grossen Vorteil dar gegenüber der Situation bei einigen früheren Rekurskommissionen, die mit nebenamtlichen Richterinnen und Richtern besetzt waren.

431   Vgl. das Urteil des Bundesverwaltungsgerichts A-7375/2006 vom 7. Dezember 2007 E. 10.

432   Hinsichtlich der Öffentlichkeit des Verfahrens geht Art. 30 Abs. 3 BV nicht weiter als Art. 6 Ziff. 1 EMRK. Das Bundesgericht hat gestützt auf die Materialien erkannt, die Ver-

gericht um. Soweit zivilrechtliche Ansprüche im Streit liegen, ordnet deshalb die Instruktionsrichterin bzw. der Instruktionsrichter eine öffentliche Parteiverhandlung an, wenn eine Partei es verlangt oder gewichtige öffentliche Interessen es rechtfertigen. Auf Anordnung der Abteilungspräsidentin bzw. des Abteilungspräsidenten kann eine öffentliche Verhandlung gemäss Art. 40 Abs. 2 VGG auch ausserhalb des Anwendungsbereichs von Art. 6 EMRK stattfinden.

Wenn Art. 40 Abs. 1 VGG in Erfüllung der staatsvertraglichen Verpflichtung eine öffentliche Verhandlung vorsieht, ist darunter *Publikumsöffentlichkeit* zu verstehen. Die Verhandlung ist mit andern Worten grundsätzlich nicht nur für die Parteien zugänglich, sondern für alle interessierten Personen, ungeachtet von deren Bezug zur Streitsache und namentlich auch für die Presse. Denn das Öffentlichkeitsgebot von Art. 6 Ziff. 1 EMRK hat auch die Funktion, die öffentliche Kontrolle über die Justiz zu erleichtern[433]. Dementsprechend ist gemäss Art. 40 Abs. 1 Bst. b VGG auch ohne entsprechenden Parteiantrag (oder gar gegen den ausdrücklichen Wunsch einer Prozesspartei) eine öffentliche Verhandlung durchzuführen, wenn gewichtige öffentliche Interessen es rechtfertigen. Dies dürfte namentlich dann zutreffen, wenn der zugrunde liegende Sachverhalt in der Öffentlichkeit grossen Widerhall gefunden hat, sofern es sich nicht um blosses voyeuristisches Interesse handelt. **3.162**

Ist eine Gefährdung der Sicherheit, der öffentlichen Ordnung oder der Sittlichkeit zu befürchten oder rechtfertigt es das Interesse einer beteiligten Person, so kann gemäss Art. 40 Abs. 3 VGG die Öffentlichkeit ganz oder teilweise ausgeschlossen werden. Zur Auslegung dieser Bestimmung ist die Rechtsprechung der Strassburger Organe und des Bundesgerichts zu Art. 6 Ziff. 1 Satz 3 EMRK massgebend, auf welchen sich diese Ausnahmeklausel stützt[434]. **3.163**

Liegen keine überwiegenden öffentlichen Interessen an einer publikumsöffentlichen Verhandlung vor, kann die berechtigte Partei auf deren Durchführung verzichten. Der *Verzicht* muss – ausdrücklich oder stillschweigend – eindeutig und unmissverständlich erfolgt sein und wird insbesondere angenommen, wenn kein Antrag auf Durchführung einer öffentlichen Verhandlung gestellt wird, obwohl das Gericht in der Regel nicht öffentlich verhandelt[435]. Ein solcher Antrag ist gestützt auf den Grundsatz von Treu und Glauben frühzeitig zu stellen[436], d.h. spätestens wenn erkennbar ist, dass die Urteilsfällung bevorsteht und das Gericht nicht zu erkennen gibt, dass es eine Verhandlung durchzuführen beabsichtigt. **3.164**

Mit der Regelung von Art. 40 Abs. 1 VGG hat sich der Gesetzgeber für eine *zurückhaltende Umsetzung* der EMRK entschieden, wäre doch auch denkbar gewesen, in EMRK-Belangen stets eine Verhandlung durchzuführen, wenn die Parteien nicht **3.165**

---

fassungsbestimmung gewährleiste keinen allgemeinen Anspruch auf eine öffentliche Verhandlung. Art. 30 Abs. 3 halte bloss fest, dass für den Fall der Durchführung einer Parteiverhandlung diese öffentlich durchzuführen sei (BGE 128 I 291 E. 2.3 bis 2.6).

433　BGE 133 I 107 E. 8.1; 127 I 47 E. 2e; 121 V 51 E. 2c.
434　BGE 133 I 107 E. 8.1; 119 Ia 103 E. 4 mit zahlreichen Hinweisen.
435　BGE 130 II 431 E. 2.4; 127 I 48 E. 2e; 125 II 426 E. 4 f.
436　Vgl. BGE 132 II 496 E. 4.3 mit Hinweis.

darauf verzichteten[437]. In Fortführung dieser zurückhaltenden Konzeption hat die Präsidentenkonferenz des Gerichts auch beschlossen, dass die Parteien nicht von Amtes wegen angefragt werden sollen, ob sie eine öffentliche Verhandlung wünschen[438]. Stillschweigen wird mithin als Verzicht gewertet.

3.166 *Mündlich* ist die Verhandlung, wenn den Parteien die Möglichkeit geboten wird, sich vor dem vollständigen Spruchkörper zur gesamten Sach- und Rechtslage zu äussern. Dagegen muss das Gericht weder den aus seiner Sicht massgeblichen Sachverhalt (vollständig oder abgekürzt) verlesen noch muss es den Parteien Fragen stellen, wenn der Sachverhalt hinreichend klar ist. Auch eine mündliche Urteilsberatung durch den Spruchkörper ist im Erfordernis der mündlichen Verhandlung nicht enthalten.

b)   Anwendungsbereich von Art. 6 Ziff. 1 EMRK

3.167 Unter den Begriff der zivilrechtlichen Ansprüche und Verpflichtungen gemäss Art. 6 Ziff. 1 EMRK fallen bekanntlich nicht nur jene Streitigkeiten, die nach der traditionellen schweizerischen Auffassung dem Privatrecht angehören. Die Konventionsbestimmung umfasst nach der Praxis des EGMR vielmehr auch weite Teile der nach schweizerischem Rechtsverständnis dem Verwaltungsrecht zuzuordnenden Rechtsgebiete. Ein *zivilrechtlicher Anspruch* liegt dann vor, wenn ein vom innerstaatlichen Recht abgeleiteter Anspruch auf vertretbare Weise geltend gemacht wird, ein ernsthafter Streit darüber besteht, dessen Ausgang für diesen Anspruch oder dieses Recht entscheidend ist und schliesslich muss es sich um ein Recht zivilrechtlicher Natur handeln[439].

3.168 Schwierigkeiten bietet vor allem die Charakterisierung einer Streitsache als *zivilrechtlich*. Da der Gerichtshof auf eine abstrakte Umschreibung des Begriffs verzichtet hat und diesen tendenziell immer weiter ausdehnt, ist eine abschliessende Begriffsbestimmung kaum möglich. Dennoch lässt die Rechtsprechung des EGMR gewisse Grundlinien erkennen: Wenn ausschliesslich oder überwiegend vermögensrechtliche Ansprüche geltend gemacht werden, die nicht im Ermessen der Behörde liegen, wird ein zivilrechtlicher Anspruch stets zu bejahen sein; ein solcher kann aber auch bereits dann vorliegen, wenn das Prozessergebnis direkte Auswirkungen auf vermögensrechtliche Ansprüche hat, auch wenn keine konkreten finanziellen

---

437 Dies entsprach der Praxis verschiedener Vorgängerorganisationen des Bundesverwaltungsgerichts.

438 Für dieses Vorgehen spricht, dass mündliche, öffentliche Verhandlungen zeitraubend sind, in der Regel kaum noch etwas zur Klärung beitragen und bei den Parteien falsche Erwartungen wecken können. Für eine weitergehende Praxis lässt sich argumentieren, dass die Parteien ihr Recht auf öffentliche Verhandlung oft nicht kennen und alleine der Umstand, vom Gericht angehört worden zu sein, die Akzeptanz des – allenfalls ungünstigen – Urteils erhöhen kann.

439 BGE 132 I 238 E. 6.2; 131 I 11 E. 1.2, je mit Hinweisen; vgl. Jens Meyer Ladewig, Europäische Menschenrechtskonvention, 2. Aufl., Baden-Baden 2006, Art. 6 Rz. 5; Manuela Herzog/Martin Looser, Der Einfluss der EMRK im öffentlich-rechtlichen Verfahrensrecht. Eine Analyse der bundesgerichtlichen Praxis, in: Patrick Sutter/Ulrich Zelger (Hrsg.), 30 Jahre EMRK-Beitritt der Schweiz: Erfahrungen und Perspektiven, Bern 2005, 133 ff.

Forderungen im Streit liegen[440]. Ob die so umschriebenen Voraussetzungen im Einzelfall erfüllt sind, bestimmt sich nach dem nationalen, schweizerischen Recht[441].

Differenziert ist die Praxis bei rein *prozessrechtlichen Streitigkeiten*. Grundsätzlich **3.169** findet Art. 6 Ziff. 1 EMRK in solchen Verfahren keine Anwendung, etwa betreffend Zusammensetzung des Gerichts[442], die Fristwahrung sowie die unentgeltliche Rechtspflege[443]. Bei *vorsorglichen Massnahmen* ist zu unterscheiden: Grundsätzlich bewirken sie keinen definitiven Eingriff in ein ziviles Recht und liegen ausserhalb des Anwendungsbereichs der Konvention[444]. Anders verhält es sich dann, wenn die Verfügung faktische Auswirkungen zeitigt, die sich nicht im vorläufigen Entzug des Verfügungsrechts erschöpfen, sondern darüber hinausgehen und irreversibel sind; diesfalls liegt ein definitiver Eingriff in die zivilrechtliche Position der betroffen Partei vor, und die prozessualen Garantien finden Anwendung[445].

Materiellrechtlich fallen Streitigkeiten betreffend ausländerrechtliche Bewilligun- **3.170** gen sowie Asylgewährung und Wegweisung *nicht in den Anwendungsbereich* von Art. 6 Ziff. 1 EMRK, ebenso wenig die Aufnahme eines Spitals in eine Spitalliste[446]. Auch Steuer-[447] und Zollverfahren[448], schulische und universitäre Prüfungsentscheide[449] sowie Verfahren betreffend Militär- oder Zivildienst gelten nicht als zivilrechtlich im Sinne der EMRK, ebenso wenig Streitigkeiten betreffend die Vergabe von Konzessionen, auf die kein Anspruch besteht[450].

Unter den Anwendungsbereich von Art. 6 Ziff. 1 EMRK fallen behördliche Mass- **3.171** nahmen, die das Eigentum berühren, namentlich Enteignungen und Eigentumsbeschränkungen, etwa aus Nutzungsplänen und Denkmalschutzmassnahmen. Dies gilt auch für Baubewilligungen; dort ist zudem zu beachten, dass sich auch Dritte auf die Konvention stützen können, die sich gegen die Erteilung der Bewilligung wenden, soweit sie auf das Eigentum gegründete Abwehrrechte geltend machen[451]. Als zivile Rechte geltend nach der Rechtsprechung des EGMR sodann Staatshaftungs- und

---

440 MARKUS SCHEFER, Grundrechte in der Schweiz, Bern 2005, S. 323 f.
441 BGE 132 I 238 E. 6.2; 131 V 70 E. 3.3, je mit Hinweisen; Entscheid des EGMR vom 31. August 2004 (Nummer 46841/99), veröffentlicht in VPB 69.130 E. 2.
442 Unzulässigkeitsentscheid der damaligen Europäischen Menschenrechtskommission vom 21. Mai 1997 (Nummer 20873/92), angeführt in VPB 62.99.
443 Unzulässigkeitsentscheid des EGMR vom 29. November 2001 (Nummer 61316/00), angeführt in VPB 66.110.
444 BGE 129 I 105 E. 2.1 mit Hinweis auf die Praxis der EMRK-Organe.
445 BGE 129 I 107 E. 2.3.2 und E. 2.3.3; vgl. auch den Entscheid des EGMR vom 2. Juli 2002 (Nummer 51591/99); vgl. auch GALLI/MOSER/LANG/CLERC, Rz. 773.
446 BGE 132 V 13 E. 2.5 und 2.6.
447 Entscheid des EGMR vom 12. Juli 2001 (Nummer 44759/88); Entscheid der Eidgenössischen Steuerrekurskommission vom 3. Juni 2005, veröffentlicht in VPB 69.127 E. 4a; vgl. auch STEFAN OESTERHELT, Anwendbarkeit von Art. 6 EMRK auf Steuerverfahren, in: ASA 75, 593 ff. mit Hinweisen.
448 Entscheid des EGMR vom 13. Januar 2005 (Nummer 62023/00).
449 BGE 131 I 470 E. 2.6; 128 I 294 E. 2.7.
450 BGE 132 II 493 E. 1.4; Unzulässigkeitsentscheid des EGMR vom 31. August 2004 (Nummer 46841/99), veröffentlicht in VPB 69.130 E. 2.
451 BGE 128 I 61 E. 2a/aa; 127 I 46 E. 2c.

sämtliche sozialversicherungsrechtlichen Ansprüche[452]. Eine Streitigkeit über die Bewilligung oder Einschränkung einer gewerblichen Tätigkeit fällt ebenfalls in den Anwendungsbereich von Art. 6 Ziff. 1 EMRK[453], desgleichen der Widerruf einer Berufsausübungsbewilligung[454] und wohl auch einer Konzession[455].

3.172 Wenig übersichtlich ist die Rechtsprechung, wo es um die *erstmalige Erteilung einer Berufsausübungsbewilligung* geht. Nach der – wenig überzeugenden – Auffassung des Bundesgerichts ist zu unterscheiden zwischen formellen Fragen betreffend die Rechtmässigkeit des Verfahrens und den materiellen Fragen einer Prüfung, ob eine Kandidatin bzw. ein Kandidat die gesetzlichen Anforderungen erfüllt und die erforderlichen Kenntnisse aufweist. Soweit es um Letzteres geht, bleibt die Prüfung vom Anwendungsbereich der Konvention mangels justiziabler Streitigkeit im Sinn von Art. 6 Ziff. 1 EMRK ausgeschlossen[456].

3.173 Differenziert ist die Praxis des EGMR, der sich das Bundesgericht angeschlossen hat, auch im Bereich des *Personalrechts*. In seiner neueren Praxis stellt er primär auf die von den Betroffenen ausgeübte Funktion ab[457]. Streitigkeiten von Bediensteten, die hoheitliche Funktionen ausüben oder sonst spezifische Staatsinteressen wahrnehmen, denen ein besonderes Vertrauensverhältnis zugrunde liegt, fallen – ausser in Bezug auf pensionsrechtliche Ansprüche – generell nicht unter den Anwendungsbereich von Art. 6 Ziff. 1 EMRK. Dies trifft etwa für Angehörige der Streitkräfte, der Polizei und der Steuerverwaltung zu[458]. Demgegenüber können sich öffentliche Angestellte, die keine hoheitlichen Funktionen ausüben, auf diese Konventionsbestimmung berufen, soweit es um Streitigkeiten aus bestehenden Dienstverhältnissen geht, die vermögensrechtlichen Charakter haben und nicht bloss dienstrechtliche oder organisatorische Anordnungen betreffen[459].

---

452 BGE 131 V 71 E. 4; 125 V 501 E. 2b.

453 BGE 132 V 13 E. 2.5.1.

454 BGE 131 I 466 E. 2.5 mit zahlreichen Hinweisen.

455 In diesem Sinne BGE 132 II 493 E. 1.4.

456 BGE 131 I 473 E. 2.9 mit einlässlicher Darstellung der Praxis des EGMR. Ob jemand die gesetzlichen Voraussetzungen für die Ausübung eines Berufs erfüllt – etwa einen guten Leumund oder genügend Jahre Berufserfahrung aufweist –, lässt sich durch ein Gericht teilweise ohne weiteres beurteilen und ist deshalb justiziabel. Anders verhält es sich dort, wo die Eignung nur beurteilen kann, wer selbst über spezifische Fachkenntnisse verfügt.

457 Vgl. die einlässliche Darstellung der Rechtsprechung des Gerichtshofs in BGE 129 I 212 E. 4.

458 Da namentlich jede Beendigung eines Dienstverhältnisses die berufliche Existenz der betroffenen Person erheblich berührt und vermögensrechtliche Konsequenzen hat, ist es an sich bedauerlich, dass nach wie vor ganze Berufskategorien vom EMRK-Rechtsschutz ausgeschlossen sind, obschon die dafür angeführten Gründe u.E. keineswegs zwingend sind.

459 Dementsprechend hat das Bundesgericht bei einem Rechtsstreit um die Umgestaltung des Anstellungsverhältnisses eines Mittelschullehrers Art. 6 Ziff. 1 EMRK als anwendbar erklärt, nicht aber bei Verfahren betreffend Besoldungsansprüche eines Polizeibeamten und einer kantonalen Steuerinspektorin sowie betreffend die gehaltsmässige Einreihung einer Gerichtsschreiberin (vgl. die Hinweise auf nicht publizierte Urteile in BGE 129 I 213 E. 4.3 und E. 5; vgl. auch die Darstellung bei MANUELA HERZOG/MARTIN LOOSER, Der Einfluss der EMRK im öffentlich-rechtlichen Verfahrensrecht. Eine Analyse der bundesgerichtlichen Praxis, in: Patrick Sutter/Ulrich Zelger (Hrsg.), 30 Jahre EMRK-Beitritt der Schweiz: Erfahrungen und Perspektiven, Bern 2005, S. 134 ff.).

Ordnungsbussen nach Art. 60 VwVG haben zwar eher disziplinarischen Charakter, können aber **3.174** unter Umständen unter den Begriff der strafrechtlichen Anklage fallen. Die EMRK-Organe haben dies in konkreten, die Schweiz betreffenden Einzelfällen aufgrund der geringen Höhe der ausgesprochenen Busse und des moderaten Bussenrahmens verneint[460]. Es erscheint eher unwahrscheinlich, ist aber nicht auszuschliessen, dass eine Ordnungsbusse nach Art. 60 Abs. 2 VwVG, die bis zu Fr. 3000.– betragen kann, als strafrechtliche Sanktion angesehen würde[461].

c)   Ablauf

Die mündliche und öffentliche Verhandlung soll den Parteien die Möglichkeit eröff- **3.175** nen, sich persönlich und abschliessend vor dem Gericht zur Streitsache zu äussern, was allerdings eine Vertretung nicht ausschliesst[462]. Zugleich wird mit der Verhandlung den Mitgliedern des Spruchkörpers Gelegenheit gegeben, die Standpunkte der Parteien von diesen direkt dargelegt zu erhalten, was einzelne Aspekte des Verfahrens in einem anderen Licht erscheinen lassen kann. Nach den Plädoyers wird den Parteien in der Regel die Möglichkeit einer kurzen Replik bzw. Duplik eingeräumt. Neue Rechtsbegehren können nicht gestellt werden (vgl. Art. 52 VwVG)[463].

Die Verhandlung nach Art. 40 VGG kann mit einer Instruktionsverhandlung kom- **3.176** biniert werden, bei der die Parteien und allfällige weitere Personen befragt und in deren Rahmen gegebenenfalls Vergleichsverhandlungen geführt werden können. Sofern die Präsidentin bzw. der Präsident der Abteilung oder der Kammer dem Spruchkörper angehört, leiten diese die Parteiverhandlung, andernfalls die Instruktionsrichterin bzw. der Instruktionsrichter (Art. 33 Abs. 3 VGR). Bild- und Tonaufnahmen sind grundsätzlich nicht gestattet (vgl. Art. 37 VGR).

Gemäss Art. 36 VGR haben die Richterinnen und Richter, die Gerichtsschreiberinnen und **3.177** Gerichtsschreiber sowie die Vertreterinnen und Vertreter der Parteien – nicht aber diese selbst – an öffentlichen Sitzungen des Gerichts in dunkler und dezenter Kleidung zu erscheinen. Diese Regelung ist zwar weniger rigide als jene des Bundesgerichts, die schwarze Kleidung vorschreibt[464], erscheint aber rechtlich dennoch problematisch, denn es ist schwer zu erkennen, woran das öffentliche Interesse an dunkler Kleidung, etwa in der warmen Jahreszeit, liegt.

Das Gericht erstellt ein Verhandlungsprotokoll, wobei die Plädoyers der Parteien – **3.178** anders als jener Teil der Verhandlung, dem Instruktions-Charakter zukommt – inhaltlich nicht protokolliert werden, wohl aber die gestellten Anträge. Die Urteilsbe-

---

Weitere Hinweise auf die Praxis des EGMR finden sich bei Markus Schefer, Grundrechte in der Schweiz, Bern 2005, S. 574 f.

460   Unzulässigkeitsentscheid des EGMR vom 21. Februar 2002 (Nummer 50364/99), angeführt in VPB 66.112; Unzulässigkeitsentscheid der damaligen Europäischen Menschenrechtskommission vom 18. Oktober 1995 (Nummer 20571/92), angeführt in VPB 60.107); vgl. BGE 121 I 380 E. 3.

461   In BGE 128 I 348 E. 2.2 und 2.3 hat das Bundesgericht diese Qualifikation bei einer Disziplinarbusse in der Höhe von Fr. 5000.– verneint, allerdings unter Bezugnahme auf ältere Entscheide der Strassburger Organe.

462   Findet eine Parteiverhandlung auf Antrag einer Partei oder auf Anordnung des Gerichts statt, haben auch Vorinstanzen und allfällige weitere Beteiligte die Möglichkeit zu plädieren.

463   Vgl. oben Rz. 2.213.

464   Art. 48 des Reglements für das Bundesgericht vom 20. November 2006 (SR 173.110.131).

ratung durch das Gericht bildet nicht Teil der öffentlichen Verhandlung[465]; sie erfolgt in aller Regel geheim. Mit Bezug auf die Verkündung des Urteils ist dem Öffentlichkeitsanspruch auf geeignete Weise Genüge zu tun; eine mündliche Eröffnung ist nicht gefordert[466].

3.   Urteilsverkündung

3.179   Gemäss Art. 30 Abs. 3 BV sind Gerichtsverhandlung und Urteilsverkündung öffentlich. Die Verfassungsbestimmung gilt generell, ist also nicht auf Streitigkeiten über zivilrechtliche Ansprüche und Verpflichtungen beschränkt und geht in diesem Punkt weiter als Art. 6 Ziff. 1 EMRK. Der Pflicht zur öffentlichen Urteilsverkündung wird durch Art. 42 VGG nachgekommen, wonach das Bundesverwaltungsgericht das Dispositiv seiner Entscheide während 30 Tagen nach deren Eröffnung öffentlich auflegt; ausserdem verpflichtet Art. 29 VGG das Gericht zur Information der Öffentlichkeit über seine Rechtsprechung und zum Erlass eines Informationsreglements.

3.180   Weil das Dispositiv alleine die Zuordnung zu einem bestimmten Rechtsstreit nicht erlaubt, sieht das Informationsreglement des Gerichts – über den Gesetzeswortlaut hinausgehend – auch die Auflage des Rubrums und die *Veröffentlichung seiner Entscheide* sowohl in einer elektronischen Entscheiddatenbank als auch in einer amtlichen Sammlung vor (Art. 4 und 5 des Informationsreglements). Diese Regelung dürfte freilich den Anforderungen der Bundesverfassung – und auch der EMRK – nicht genügen. Zwar kann eine andere Form des Bekanntmachens des Urteils die öffentliche Verkündung ersetzen, etwa die öffentliche Auflage am Gericht. Allerdings verlangen der EGMR und auch das Bundesgericht diesfalls die Auflage des ganzen Urteils, d.h. namentlich auch der Begründung[467]. Die Publikation im Internet und in der amtlichen Entscheidsammlung vermag diesen Mangel nicht zu beheben, weil diese in aller Regel anonymisiert erfolgt. Wer ein berechtigtes Interesse glaubhaft macht, hat gestützt auf Art. 30 Abs. 3 BV auch das Recht, sich – gegen eine allfällige Gebühr – eine Urteilskopie zu erstellen. Dagegen besteht kein Anspruch Dritter, sich ein Urteil zuschicken zu lassen[468].

---

465   Vgl. BGE 122 V 51 E. 2c mit Hinweisen.

466   BGE 122 V 52 E. 2c mit Hinweisen; vgl. auch das Urteil des Bundesverwaltungsgerichts A-7375/2006 vom 7. Dezember 2007 E. 10.

467   Zu Art. 30 Abs. 3 BV vgl. Urteil des Bundesgerichts vom 1. September 2006, veröffentlicht in ZBl 2007, 444 E. 2.2 sowie AUER/MALINVERNI/HOTTELIER, Rz. 1301; HEINZ AEMISEGGER, Öffentlichkeit der Justiz, in: Pierre Tschannen (Hrsg.), Neue Bundesrechtspflege, BTJP 2006, Bern 2007, S. 389 f.; zu Art. 6 Ziff. 1 EMRK vgl. den Entscheid des EGMR vom 24. November 1997 (Nummer 20602/92) E. 43 sowie den Unzulässigkeitsentscheid des EGMR vom 21. Juni 2005 (Nummer 62915/00), veröffentlicht in VPB 69.133 E. 1; vgl. auch BGE 124 IV 240 E. 3e.

468   Urteil des Bundesgerichts 1P.298/2006 vom 1. September 2006, veröffentlicht in ZBl 2007, 444 E. 2.2.

4.   Inhalt und Form

a)   Gliederung

Im Rubrum des Entscheids werden die am Urteil mitwirkenden Richterinnen und **3.181**
Richter, darunter die oder der Vorsitzende, und die Gerichtsschreiberin bzw. der
Gerichtsschreiber erwähnt. Diese Angaben dienen der Transparenz der Rechtsprechung. Sofern die Zusammensetzung des Gerichts nicht vorweg bekannt gegeben
worden ist[469], können die Parteien aufgrund dieser Angaben beschwerde- oder revisionsweise allfällige Einwände gegen einzelne Gerichtspersonen erheben. Sodann
nennt das Rubrum die Verfahrensbeteiligten und den Gegenstand des Rechtsstreits.

Art. 61 Abs. 2 VwVG regelt Inhalt und Form des Beschwerdeentscheids nur ganz **3.182**
knapp. Demnach enthält dieser die Zusammenfassung des erheblichen Sachverhalts,
die Begründung (Erwägungen) und die Entscheidungsformel (Dispositiv). Die Darstellung des *Sachverhalts* erleichtert es zum einen den mitwirkenden Richterinnen
und Richtern im Zirkulationsverfahren, den tatsächlichen Hintergrund des Rechtsstreits rasch zu erfassen; zum andern können externe Akteure, namentlich die Medien und die Wissenschaft, dadurch überhaupt erst erfassen, worum es im betreffenden Urteil überhaupt geht. Neben einer – möglichst gedrängten, nur (aber immerhin)
das wirklich Entscheidwesentliche enthaltenden Sachverhaltsdarstellung soll dieser
Teil des Urteils auch eine knappe Zusammenfassung der Prozessgeschichte und der
Standpunkte sowie der Rechtsbegehren der Parteien enthalten.

Kernpunkt des Gerichtsurteils bilden die *Erwägungen,* enthaltend die Behandlung **3.183**
der Eintretens- und allfälliger Vorfragen, die Erörterung der nach Gesetz oder
Rechtsprechung massgebenden Rechtslage, die Subsumtion, d.h. die Anwendung
des Rechts auf den konkret zu beurteilenden Lebenssachverhalt, sowie die Behandlung des Kosten- und Entschädigungspunktes. Allgemeingültige Aussagen zur Begründungsdichte sind kaum möglich. Bei weiterziehbaren Entscheiden muss die
Begründung so abgefasst sein, dass die Betroffenen das Urteil gegebenenfalls sachgerecht anfechten können. In den Erwägungen müssen deshalb wenigstens kurz die
Überlegungen genannt werden, von denen sich das Gericht leiten liess und auf die
sich sein Entscheid stützt[470]. Letztinstanzliche Urteile sodann erfordern tendenziell
eine eingehende Begründung[471].

Ergebnis der Erwägungen bildet die Entscheidformel *(Dispositiv)* am Ende des Ur- **3.184**
teils. Sie lautet auf vollumfängliches oder teilweises Nichteintreten, Abweisung,
ganze oder teilweise Gutheissung oder, falls die Voraussetzungen für einen Sachentscheid nicht gegeben sind, auf Rückweisung an die Vorinstanz. Angesichts der Ver-
schiedenartigkeit der zu beurteilenden Sachverhalte und der rechtlichen Gegebenheiten können zahlreiche weitere Anordnungen erforderlich sein, etwa die
Bezeichnung des Umfangs der Gutheissung oder die Bezugnahme auf die Erwägungen («im Sinne der Erwägungen»), wenn das Dispositiv für sich alleine nicht aussage-
kräftig ist. Sodann sind die Verfahrenskosten oder, im Fall der unentgeltlichen

---

469   Vgl. Art. 32 Abs. 4 VGR und dazu oben Rz. 3.56 ff.
470   Zu den Anforderungen an die Begründung siehe auch oben, Rz. 3.103.
471   KNEUBÜHLER, Begründungspflicht, 179 f.

Rechtspflege, deren Verzicht festzuhalten. Eine allfällige Parteientschädigung wird in ihrer Höhe festgesetzt und bestimmt, wer dafür aufzukommen hat. Allenfalls sind auch die Kosten und Entschädigungen vor der Vorinstanz neu zu verlegen.

3.185   Im Verfügungsdispositiv (der Vorinstanz) bzw. im Urteilsdispositiv (des Bundesverwaltungsgerichts) wird das zu regelnde Rechtsverhältnis autoritativ festgelegt. Die Erwägungen dienen bloss der Erläuterung und Begründung des Ergebnisses des Rechtsstreits. Sie können im Falle von Unklarheiten im Dispositv zu dessen Auslegung hinzugezogen werden. Widersprechen sich dagegen diese beiden Teile des Entscheids, ist das Dispositiv ausschlaggebend, und der Entscheid muss angefochten werden, wenn dieses geändert werden soll[472].

3.186   Auch wenn Art. 61 VwVG dies nicht ausdrücklich erwähnt, haben die Urteile des Bundesverwaltungsgerichts eine *Rechtsmittelbelehrung* zu enthalten, sofern gegen den Entscheid ein ordentliches Rechtsmittel offen steht. Dies ergibt sich aus Art. 35 VwVG, der auch für das Beschwerdeverfahren gilt. Die Rechtsmittelbelehrung muss demnach das zulässige ordentliche Rechtsmittel und die Rechtsmittelinstanz – überwiegend die Beschwerde in öffentlich-rechtlichen Angelegenheiten ans Bundesgericht – sowie die Rechtsmittelfrist nennen. Der Verzicht auf die Rechtsmittelbelehrung, wie ihn Art. 35 Abs. 3 VwVG vorsieht, wenn den Begehren der Parteien voll entsprochen wird, ist im Beschwerdeverfahren nicht möglich, da diesfalls stets die Behördenbeschwerde nach Art. 89 Abs. 2 BGG möglich ist.

3.187   Einzelrichterentscheide *unterzeichnet* die urteilende Richterin bzw. der urteilende Richter, die übrigen Entscheide die bzw. der Vorsitzende des Spruchkörpers, im Verhinderungsfall ein anderes Mitglied des Spruchkörpers (Art. 35 VGR). Die Unterschrift der Gerichtsschreiberin bzw. des Gerichtsschreibers ist in beiden Fällen erforderlich. Mit der handschriftlichen Unterzeichnung des Urteils wird die formelle Richtigkeit der Ausfertigung und deren Übereinstimmung mit dem vom Gericht gefassten Entscheid bestätigt[473]. Das Bundesgericht hat bisher offen gelassen, ob ein nicht unterzeichnetes Urteil bloss anfechtbar oder gar nichtig sein soll[474].

3.188   Der inzwischen aufgehobene Art. 37 VwVG regelte ausdrücklich, in welcher *Sprache* die ehemaligen Eidgenössischen Rekurskommissionen ihre Entscheide zu eröffnen hatten. Stattdessen bestimmt der heutige Art. 33a Bst. b VwVG die Sprache des angefochtenen Entscheids als die grundsätzlich massgebliche Verfahrenssprache und damit als die Sprache, in der das Urteil des Bundesverwaltungsgerichts zu ergehen hat[475].

b)   Nichteintreten und Sachentscheide

3.189   Statt eines Urteils in der Sache trifft das Bundesverwaltungsgericht einen Nichteintretensentscheid (sog. Forumsverschluss), wenn eine der Sachurteilsvoraussetzun-

---

472 Entscheid der Eidgenössischen Personalrekurskommission vom 14. Mai 1998, veröffentlicht in VPB 63.20 E. 1c.
473 BGE 131 V 487 E. 2.3.3.
474 BGE 131 V 487 E. 2.3.3; vgl. auch oben Rz. 2.25 a. E.
475 Dazu oben Rz. 2.223.

gen fehlt[476], namentlich wenn die Beschwerdefrist nicht eingehalten, die beschwerdeführende Partei nicht legitimiert oder der Kostenvorschuss nicht bzw. nicht fristgerecht geleistet worden ist. Die Voraussetzungen können auch bloss teilweise nicht gegeben sein; diesfalls tritt das Gericht auf die Beschwerde teilweise, im entsprechenden Umfange, nicht ein.

Vorbehältlich der Anfechtung des Nichteintretensentscheids beim Bundesgericht erlangt die vorinstanzliche Verfügung diesfalls unverändert Geltung, und zwar unmittelbar mit dem Ergehen des Nichteintretensentscheids, weil der Beschwerde ans Bundesgericht keine aufschiebende Wirkung zukommt (Art. 103 Abs. 1 BGG). Folglich ist sie auch sofort vollstreckbar. Beschwerdeweise kann die betroffene Partei bloss geltend machen, das Bundesverwaltungsgericht sei zu Unrecht nicht auf ihr Rechtsmittel eingetreten[477]. **3.190**

Die Gutheissung einer Beschwerde geht dagegen stets mit einer vollständigen oder teilweisen Aufhebung des vorinstanzlichen Entscheids einher. Die Beschwerde ans Bundesverwaltungsgericht ist aus prozessökonomischen Gründen grundsätzlich *reformatorisch* ausgestaltet (Art. 61 Abs. 1 VwVG). Sind mit andern Worten die Sachurteilsvoraussetzungen gegeben und erweist sich eine Beschwerde als ganz oder teilweise begründet, entscheidet das Gericht in der Regel in der Sache selbst, statt sie zu neuem Entscheid an die Vorinstanz zurückzuweisen, dies selbst dann, wenn bloss die Aufhebung des angefochtenen Entscheids beantragt wird[478]. Im Sinne eines reformatorischen Entscheids kann das Gericht etwa eine beantragte Bewilligung selbst erteilen, allenfalls versehen mit Auflagen, statt die Sache mit entsprechenden Anweisungen an die Vorinstanz zurückzuweisen[479]. **3.191**

Behandelt das Bundesverwaltungsgericht die Beschwerde materiell und weist es sie (vollumfänglich) ab, erlangt die angefochtene Verfügung unverändert Geltung[480]. Die Abweisung der Beschwerde kommt einer Bestätigung der vorinstanzlichen Verfügung gleich; da der Beschwerdeentscheid – aufgrund des Devolutiveffekts – die angefochtene Verfügung prozessual ersetzt[481], wäre es an sich sachgerecht, dies im Urteil ausdrücklich zu erwähnen. Die vorinstanzliche Verfügung wird mit dem Abweisungsentscheid des Gerichts sofort vollstreckbar, sofern das Gericht nichts Anderes anordnet, etwa selbst eine Vollzugsfrist ansetzt. **3.192**

---

476 Dazu eingehend oben § 2 Beschwerdevoraussetzungen.

477 Dazu oben Rz. 2.164.

478 Entscheid der Rekurskommission VBS vom 27. Dezember 2005, veröffentlicht in VPB 70.24 E. 7e; Entscheid der Eidgenössischen Personalrekurskommission vom 16. Juni 2004, veröffentlicht in VPB 68.150 E. 6a.

479 Entscheid der Rekurskommission VBS vom 27. Dezember 2005, veröffentlicht in VPB 70.24 E. 7e.

480 Anders verhält es sich natürlich dann, wenn mehrere Parteien dieselbe Verfügung anfechten und sich widersprechende Anträge stellen. Diesfalls kann die eine Beschwerde abgewiesen, die andere aber gutgeheissen und die angefochtene Verfügung ganz oder teilweise aufgehoben werden.

481 Vgl. BGE 130 V 143 E. 4.2; 129 II 441 E. 1.

c)   *Zurückweisung*

3.193 Wie oben erwähnt, soll die Kassation des angefochtenen Entscheids und die Rückweisung an die Vorinstanz im Beschwerdeverfahren vor dem Bundesverwaltungsgericht die Ausnahme bleiben. Auch wenn eine Vorinstanz *prozessuale Ansprüche einer Prozesspartei verletzt* hat, namentlich das rechtliche Gehör, kann das Bundesverwaltungsgericht einen Entscheid in der Sache treffen, indem es den Mangel heilt. Massgebliche Kriterien sind dabei namentlich Art und Schwere des Mangels, die Interessen der betroffenen Partei und der mit einer Heilung verbundene Zusatzaufwand[482].

3.194 Differenziert ist die Praxis bei *mangelhafter Abklärung des Sachverhalts* durch die Vorinstanz. Ob die Entscheidreife durch die Vorinstanz oder durch die Rechtsmittelinstanz herzustellen ist, stellt bei reformatorischen Rechtsmitteln insbesondere eine Frage der Abwägung nach Gesichtspunkten der Prozessökonomie dar. Oft zeigt sich der Mangel in der vorinstanzlichen Sachverhaltsabklärung erst aufgrund von Zusatzabklärungen, die das Gericht im Rahmen der Verfahrensinstruktion selbst vorgenommen hat. Erweist sich das Verfahren aus diesem oder einem andern Grund als urteilsreif, würde eine Kassation blossen prozessualen Mehraufwand bewirken, weshalb das Gericht diesfalls in der Regel reformatorisch entscheidet[483]. Lässt sich das Versäumte dagegen nicht ohne eine *aufwändigere Beweiserhebung* nachholen, ist die Sache mit verbindlichen Weisungen an die Vorinstanz zurückzuweisen, denn diese ist mit den Verhältnissen besser vertraut und darum in der Regel besser in der Lage, die erforderlichen Abklärungen durchzuführen; zudem bleibt der betroffenen Partei der doppelte Instanzenzug erhalten[484]. In diesen Fällen kann die Rückweisung ohne Einholen einer Beschwerdeantwort einer allfälligen Gegenpartei erfolgen, weil der Entscheid in der Sache nicht präjudiziert wird[485].

3.195 *Unumgänglich* ist die *Rückweisung* dann, wenn sich herausstellt, dass der rechtserhebliche Sachverhalt von der Vorinstanz klar unrichtig oder unvollständig festgestellt und somit Art. 49 Bst. b VwVG schwerwiegend verletzt wurde. In einem solchen Fall kommt ein reformatorischer Entscheid durch das Bundesverwaltungsgericht grundsätzlich nicht mehr in Frage. Zur Rückweisung kommt es zudem immer dann, wenn die Vorinstanz einen Nichteintretensentscheid gefällt und folglich keine materielle Prüfung vorgenommen hat[486] oder das Vorliegen eines Tatbe-

---

482 Dazu eingehend oben Rz. 3.113.

483 Vgl. etwa das Urteil des Bundesverwaltungsgerichts A-1450/2008 vom 24. Januar 2008 E. 3.1.3 oder den Entscheid der Schweizerischen Asylrekurskommission vom 8. Februar 1995, veröffentlicht in VPB 60.33 E. 3 d.

484 Entscheid der Eidgenössischen Zollrekurskommission vom 19. Juli 2004, veröffentlicht in VPB 69.17 E. 3; Entscheid der Eidgenössischen Steuerrekurskommission vom 31. August 2004, veröffentlicht in VPB 69.6 E. 7 und 9.
Aus diesem Grund ist auch bei Vorliegen eines Sprungrekurses von einem reformatorischen Entscheid eher abzusehen (vgl. das Urteil des Bundesverwaltungsgerichts A-3629/2007 vom 9. Januar 2008 E. 4.2).

485 BGE 133 IV 296 E. 3.4.2.

486 Vgl. BVGE 2008/8 E. 12; Entscheid der Eidgenössischen Zollrekurskommission vom 19. Juli 2004, veröffentlicht in VPB 69.17 E. 3; Entscheid der Eidgenössischen Rekurskommission für Staatshaftung vom 18. Dezember 2002, veröffentlicht in VPB 67.64 E. 5 a.

standselements zu Unrecht verneint und die andern Elemente deshalb gar nicht geprüft hat[487]. Schliesslich erweist sich eine Rückweisung auch dann als sachgerecht, wenn ein Ermessensentscheid im Streit liegt, bei dessen Überprüfung sich das Gericht Zurückhaltung auferlegt[488].

Die verbindlichen Weisungen, mit denen das Bundesverwaltungsgericht die Sache an die Vorinstanz zurückweist, haben sich auf den Einzelfall zu beschränken und dürfen keine allgemeinen Anordnungen enthalten[489]. Enthält ein Rückweisungsentscheid zwingende Anweisungen an die Adresse der Vorinstanz, so wird durch diesen Entscheid das Verfahren bezüglich der in den Erwägungen behandelten Punkte abgeschlossen. Auch wenn der Entscheid das Verfahren als solches nicht abschliesst, so ist dieser doch ein Endentscheid, der gegebenenfalls beim Bundesgericht angefochten werden kann und muss, jedoch nur bezüglich der darin definitiv entschiedenen Punkte[490]. Erwächst das Urteil des Bundesverwaltungsgerichts in Rechtskraft, so ist die angesprochene Vorinstanz nicht nur an die zur Rückweisung führenden, sondern auch an die übrigen Erwägungen gebunden. **3.196**

Im Verfahren vor dem Bundesverwaltungsgericht gilt der Grundsatz der Rechtsanwendung von Amtes wegen[491]. Dies ergibt sich – nicht sehr deutlich – aus Art. 62 Abs. 4 VwVG, der festhält, dass die Rechtsmittelinstanz nicht an die Begründung der Begehren gebunden ist, also auch nicht an die Begründung der vorinstanzlichen Vernehmlassung. Erweist sich eine angefochtene Verfügung im Ergebnis als richtig, aber falsch begründet, weist das Gericht die Beschwerde ab und bestätigt den vorinstanzlichen Entscheid mit anderer, korrekter Begründung (sog. *Motivsubstitution*)[492]. Der Beschwerdeentscheid kann auch auf zwei selbständigen Begründungen, einer *Haupt- und einer Eventualbegründung*, beruhen[493]. Diesfalls müsste sich eine beschwerdeführende Partei vor Bundesgericht mit jeder dieser beiden Alternativbegründungen auseinandersetzen und dartun, dass und weshalb sie Bundesrecht verletzen[494]. **3.197**

---

487 Entscheid der Eidgenössischen Rekurskommission für Staatshaftung vom 18. Dezember 2002, veröffentlicht in VPB 67.64 E. 5a.

488 Entscheid der Rekurskommission INUM vom 20. Januar 2005, veröffentlicht in VPB 69.92 E. 7.4; Entscheid der Eidgenössischen Personalrekurskommission vom 28. April 1997, veröffentlicht in VPB 62.37 E. 3b.
Ein grosser Ermessensspielraum kommt regelmässig auch der Vergabebehörde bei Submissionen zu, weshalb bei Aufhebung einer Zuschlagsverfügung in der Regel eine Rückweisung der Sache an die Auftraggeberin erfolgt, verbunden mit verbindlichen Weisungen an diese (GALLI/MOSER/LANG/CLERC, Rz. 926).

489 Vgl. Entscheid der Rekurskommission für die Stiftung Pro Helvetia vom 28. März 1985, veröffentlicht in VPB 50.13 E. 1b.

490 Vgl. ASA 66, 59 E. 1b.

491 Dazu oben Rz. 1.54f.

492 Entscheid der Eidgenössischen Steuerrekurskommission vom 12. Oktober 1998, veröffentlicht in VPB 63.29 E. 4a.

493 Vgl. Entscheid der Eidgenössischen Steuerrekurskommission vom 26. September 1995, veröffentlicht in VPB 60.81 E. 4a.

494 Vgl. BGE 121 IV 96 E. 1c.

5.   Verschlechterung und Verbesserung

3.198 Das Beschwerdeverfahren vor dem Bundesverwaltungsgericht ist grundsätzlich vom Verfügungsgrundsatz (Dispositionsmaxime) beherrscht[495]. Demnach definieren die Parteien den Streitgegenstand des Verfahrens. Das Gericht spricht ihnen im Falle einer Gutheissung nicht mehr zu, als sie beantragt haben, bei Abweisung der Beschwerde aber auch nicht weniger, als ihnen die Vorinstanz zugebilligt hat. Dies kann zu unbefriedigenden Ergebnissen führen, wenn sich zeigt, dass eine Partei richtigerweise mehr zugute hätte, als sie beantragt oder ihr durch die Vorinstanz korrekterweise weniger hätte zugesprochen werden sollen. Für diese Fälle relativiert Art. 62 Abs. 1–3 VwVG den Verfügungsgrundsatz zugunsten der Offizialmaxime[496], und zwar in zweifacher Weise:

3.199 Gemäss Art. 62 Abs. 1 VwVG kann die angefochtene Verfügung *zugunsten* einer Partei geändert werden (Verbesserung; reformatio in melius). Damit ist gemeint, dass die Rechtsmittelinstanz über die Anträge der beschwerdeführenden Partei hinausgehen und mehr zusprechen kann, als diese beantragt hat[497]. Mit der Änderung der angefochtenen Verfügung zugunsten der Partei ist allerdings dann eine gewisse Zurückhaltung am Platz, wenn in einem Mehrparteienverfahren die Gegenpartei den vorinstanzlichen Entscheid selber nicht angefochten hat und der Verbesserung für die beschwerdeführende Partei eine Verschlechterung der Rechtsposition der Beschwerdegegnerin bzw. des Beschwerdegegners gegenüber stünde. Die Gegenpartei kann in dieser Konstellation die Verschlechterung nämlich nicht durch einen Rückzug des Rechtsmittels verhindern[498].

3.200 *Zuungunsten* einer Partei kann das Bundesverwaltungsgericht die angefochtene Verfügung nur ändern, soweit diese Bundesrecht verletzt oder auf einer unrichtigen oder unvollständigen Feststellung des Sachverhalts[499] beruht; wegen Unangemessenheit darf die angefochtene Verfügung nicht zuungunsten einer Partei geändert werden, ausser im Falle der Änderung zugunsten einer Gegenpartei[500] (Art. 62 Abs. 2 VwVG). Das in diesem Sinne bestehende Verschlechterungsverbot (Verbot der reformatio in peius) schützt die beschwerdeführende Partei dabei nur insgesamt davor, schlechter gestellt zu werden, als dies durch den vorinstanzlichen Entscheid der Fall war[501]. Die Reformatio-Regelungen sind vor allem auf Streitigkeiten mit quantitativen Aspekten (z.B. Abgabestreitigkeiten) zugeschnitten[502].

---

495 Dazu oben Rz. 1.56.

496 Vgl. Entscheid des Eidgenössischen Justiz- und Polizeidepartements vom 22. August 2000, veröffentlicht in VPB 65.8 E. 16.

497 Vgl. als anschauliches Beispiel den Entscheid des Eidgenössischen Justiz- und Polizeidepartements vom 22. August 2000, veröffentlicht in VPB 65.8 E. 16.

498 Gadola, reformatio, 61 und 64.

499 So etwa im Entscheid der Eidgenössischen Steuerrekurskommission vom 22. April 2002, veröffentlicht in VPB 66.95 E. 6a.

500 Dabei ist einzig eine private Partei oder gegebenenfalls eine Verwaltungseinheit gemeint, die über ein selbständiges Beschwerderecht verfügt (Gadola, reformatio, 60 f. mit Hinweisen).

501 Gygi, Bundesverwaltungsrechtspflege, 249.

502 Vgl. Auer, 59 f.

Beabsichtigt das Gericht, die angefochtene Verfügung zuungunsten einer Partei zu   **3.201**
ändern, so bringt es der Partei diese Absicht zur Kenntnis und räumt ihr Gelegenheit zur Gegenäusserung ein (Art. 62 Abs. 3 VwVG)[503]. Gemäss neuerer Rechtsprechung ist die von einer Verschlechterung der Rechtslage bedrohte Partei im Rahmen dieser Anhörung ausdrücklich darauf hinzuweisen, dass sie ihr *Rechtsmittel
zurückziehen kann* und die angefochtene Verfügung damit in Rechtskraft erwachsen würde[504]. Dies ist freilich nur dann erforderlich, wenn die beschwerdeführende
Partei über den Streitgegenstand verfügen und das Verfahren einseitig beenden
kann. Hat auch eine andere Partei Beschwerde erhoben und muss folglich ein Urteil gefällt werden, hat sie diese Möglichkeit nicht und kann einer allfälligen Verschlechterung nicht entgehen[505]. Ein Rückzug der Beschwerde ist bis zur Erledigung des Verfahrens, d.h. bis zur Urteilsfällung zulässig.

6.   Urteilszeitpunkt

Bei üblichem Verfahrensverlauf schliesst sich das Urteilsstadium an den – ein- oder   **3.202**
mehrmaligen – Schriftenwechsel und ein allfälliges Beweisverfahren an. Auf das
Einholen von Vernehmlassung und Beschwerdeantwort kann verzichtet werden,
wenn sich die Beschwerde zum vornherein als unzulässig oder unbegründet erweist
(Art. 57 Abs. 1 VwVG). Gemäss Art. 111a AsylG ist das Bundesverwaltungsgericht
in Asylsachen generell frei, auf einen Schriftenwechsel zu verzichten[506]. In diesem
Rechtsgebiet hat der Gesetzgeber dem Gericht ausserdem – im Sinne von Ord-
nungsvorschriften – Behandlungsfristen angesetzt, innerhalb derer Beschwerden
beurteilt werden sollen (vgl. Art. 109 f. AsylG), ebenso im Ausländerrecht (vgl.
Art. 65 AuG).

Ein *materielles Urteil vor Ablauf der Rechtsmittelfrist* ist in der Regel ausgeschlos-   **3.203**
sen, weil es der beschwerdeführenden Partei während dieser Zeitdauer offen steht,
ihre Beschwerde – allenfalls auch mehrmals – zu ergänzen. Ein Nichteintretensentscheid ist demgegenüber sofort möglich, etwa wenn kein taugliches Anfechtungsobjekt vorliegt, es an der Beschwerdefähigkeit fehlt oder wenn sich das Bundesverwaltungsgericht als nicht zuständig erweist, ohne dass eine Überweisung in Frage
kommt. Gemäss einer Praxis der ehemaligen Schweizerischen Asylrekurskommission konnte über eine Beschwerde *ausnahmsweise* vor Ablauf der Frist entschieden
werden, wenn diese eindeutig als abschliessend zu verstehen, der Sachverhalt vollständig festgestellt und ein rasches Vorgehen berechtigt war bzw. sogar im wohl-

---

503 BGE 129 II 395 E. 4.4.2 und 4.4.3; Entscheid der Rekurskommission EVD vom 13. Mai
     1996, veröffentlicht in VPB 61.41 E. 5.

504 Vgl. BGE 122 V 167 E. 2b mit Hinweisen; Entscheid der Rekurskommission EVD vom
     13. Mai 1996, veröffentlicht in VPB 61.41 E. 5.

505 BGE 129 II 135 E. 3.4; vgl. etwa auch das Urteil des Bundesverwaltungsgerichts A-5893/
     2007 vom 11. April 2008 E. 5.

506 Mit dem verfassungsmässigen Gehörsanspruch lässt sich ein solches Vorgehen nur dann
     vereinbaren, wenn sich aufgrund der Beschwerde keine prozessualen oder materiellrecht-
     lichen Fragen stellen, zu denen die Vorinstanz anzuhören wäre und was die Möglichkeit
     der Replik für die beschwerdeführende Partei mit sich brächte.

verstandenen Interesse der beschwerdeführenden Partei lag[507]. Reichte diese nach dem Urteilszeitpunkt, aber noch innerhalb der Rechtsmittelfrist eine weitere Eingabe ein, wurde diese als Revisionsgesuch entgegengenommen.

3.204 Welches der massgebliche Urteilszeitpunkt ist, an den die Rechtsfolgen des Entscheids zu knüpfen sind, ist differenziert zu beantworten. Eine frühere Erwägung des Bundesgerichts, wonach ein Gerichtsentscheid vor seiner Eröffnung an die Parteien ein Nichturteil sei und keine Rechtswirkungen entfalten könne, ist zu pauschal und nur richtig, wenn die Eröffnung überhaupt unterbleibt[508]. Sonst hat ein Urteil dann als gefällt zu gelten, wenn entsprechend der gerichtsinternen Regelung sämtliche oder – bei Dissens – jedenfalls die Mehrheit der mitwirkenden Richterinnen und Richter dem Antrag oder einem Gegenantrag zugestimmt haben. Dieses Datum wird auf dem Rubrum als Urteilsdatum angegeben und ist etwa für Verjährungsfragen[509] massgeblich. Ist der Entscheid im Zirkulationsverfahren ergangen, bleibt es immerhin dem Spruchkörper – bzw. dessen Mehrheit – belassen, zwischen der so definierten Urteilsfällung und dem Versand auf das Urteil zurückzukommen, etwa um einen offenkundigen Fehler zu korrigieren oder im letzten Moment neu vorgebrachte, entscheidwesentliche Tatsachen zu berücksichtigen.

3.205 Art. 61 Abs. 3 VwVG, wonach der Beschwerdeentscheid den Parteien und der Vorinstanz eröffnet wird, ist auf verwaltungsinterne Beschwerdeverfahren ausgerichtet. Das Bundesverwaltungsgericht eröffnet anfechtbare Urteile allen Beteiligten, denen nach Art. 89 BGG die Beschwerde in öffentlich-rechtlichen Angelegenheiten ans Bundesgericht offen steht. Neben den Parteien sind dies allfällige Beigeladene, die zur Behördenbeschwerde befugte Organisationseinheit des Bundes und möglicherweise weitere Behörden. Den übrigen Beteiligten, so in der Regel auch der Vorinstanz, wird das Urteil bloss mitgeteilt. Förmlich eröffnet wird es auch der Vorinstanz, wenn diese, wie etwa die ESTV, aufgrund einer Spezialbestimmung ebenfalls zur Beschwerde an das Bundesgericht befugt ist.

X. Erledigung ohne Urteil

1. Wegfall des Rechtsschutzinteresses

3.206 Fehlt eine Sachurteilsvoraussetzung bereits zu Beginn des Verfahrens, tritt das Bundesverwaltungsgericht auf eine entsprechende Beschwerde gar nicht ein. Hat es das Verfahren bereits an die Hand genommen und *entfällt* in dessen Verlauf das legitime Interesse der Parteien an einer materiellen Beurteilung des Rechtsstreits[510],

---

507 Entscheide der Schweizerischen Asylrekurskommission vom 20. Mai 1997, veröffentlicht in VPB 63.12 und vom 30. April 1996, veröffentlicht in VPB 62.9.
Ob diese Praxis allerdings mit der höchstrichterlichen Rechtsprechung (BGE 112 Ia 3) zu vereinbaren ist, welche in einem vergleichbaren Fall eine unzulässige Verkürzung der Rechtsmittelfrist und dadurch des rechtlichen Gehörs moniert hatte, erscheint fraglich.
508 BGE 122 I 99 E. 3a/bb, korrigiert in BGE 130 IV 104 E. 2.2.
509 Dazu BGE 130 IV 101.
510 Das Rechtsschutzinteresse im Sinne von Art. 48 Abs. 1 Bst. c VwVG.

wird das Verfahren als gegenstandslos geworden vom Geschäftsverzeichnis abgeschrieben.

Je nachdem, ob das Rechtsschutzinteresse ganz oder bloss teilweise entfällt, wird **3.207** die Streitsache *vollständig oder nur zum Teil* gegenstandslos; im Übrigen wird das Verfahren weitergeführt; dies regelt Art. 58 Abs. 3 VwVG für den Fall der vorinstanzlichen Wiedererwägung ausdrücklich, gilt aber auch für die übrigen Konstellationen der teilweisen Gegenstandslosigkeit[511]. Um zu ermitteln, in welchem Umfang das Verfahren gegenstandslos wird, muss der Rechtsakt, der dazu geführt hat, ausgelegt bzw. das zugrunde liegende tatsächliche Geschehen entsprechend interpretiert werden.

Nach der hier verwendeten Terminologie[512] handelt es sich bei allen diesen Konstel- **3.208** lationen um Formen der Gegenstandslosigkeit des Verfahrens. Die Gründe, die dazu führen, werden nachstehend dargestellt:

a)   Untergang des Objekts oder des Subjekts

Das Rechtsschutzinteresse fehlt offensichtlich dann, wenn die dem Rechtsstreit zu- **3.209** grunde liegende Sache untergeht, also etwa das Motorfahrzeug, dessen Verkehrszulassung streitig war, zerstört wird; hier liegt im wörtlichen Sinne Gegenstandslosigkeit vor. Gleich verhält es sich, wenn die ergangene behördliche Anordnung zu existieren aufhört, etwa weil sie wegen Zeitablaufs aufgehoben wird[513] oder – gerade umgekehrt – die gesuchstellende Partei auf eine nachgesuchte Bewilligung verzichtet[514] bzw. die Behörde diese erteilt[515]. In diesen Fällen ist freilich stets zu prüfen, ob ungeachtet des Wegfalls des aktuellen Interesses ausnahmsweise trotzdem in der Sache zu entscheiden ist[516].

In einem Verfahren um Rechte, die untrennbar mit einer Person verbunden sind[517], **3.210** wird ein Verfahren sodann wegen Wegfalls des Rechtsschutzinteresses gegenstandslos, wenn die betreffende Person verstirbt oder ihr Aufenthalt dem Gericht nicht mehr bekannt ist[518].

---

511   Gemäss BGE 126 III 88 E. 3 entspricht es einem allgemeinen Rechtsgrundsatz, dass ein Rechtsmittel (bloss) insoweit gegenstandslos wird, als den gestellten Rechtsbegehren entsprochen worden ist (vgl. auch BGE 127 V 233 E. 2b/bb).

512   Zuweilen wird der Begriff der Gegenstandslosigkeit enger gefasst und nur auf jene Konstellationen bezogen, bei denen das Objekt oder das Subjekt des Prozesses untergeht. Die hier verwendete Begrifflichkeit scheint auch Art. 23 Abs. 1 Bst. a VGG sowie Art. 58 Abs. 3 VwVG zugrunde zu liegen.

513   BGE 131 II 674 E. 2.

514   Vgl. den Sachverhalt, der dem Entscheid des Bundesrats vom 25. März 1992, veröffentlicht in VPB 57.16, zugrunde lag.

515   BGE 118 Ia 488 betreffend eine (staatsrechtliche) Beschwerde gegen das Nichtbestehen der Anwaltsprüfung, die gegenstandslos wird, weil der Beschwerdeführer die Prüfung beim zweiten Versuch bestanden hatte; anders BVGE 2007/12.

516   Zu den diesbezüglichen Voraussetzungen oben Rz. 2.72.

517   Etwa die verfassungsmässigen Rechte eines Angeschuldigten: BGE 126 I 45 E. 1a.

518   Zum Beispiel wenn die Person, die gegen die Abweisung ihres Asylgesuches Beschwerde erhoben hat, unbekannten Aufenthalts ist (vgl. dazu den Entscheid der Schweizerischen Asylrekurskommission vom 21. Juli 2003, veröffentlicht in VPB 68.45 E. 4).

b)   Wiedererwägung durch die Vorinstanz

3.211 Gemäss Art. 58 Abs. 1 VwVG kann die Vorinstanz die angefochtene Verfügung bis zu ihrer Vernehmlassung – und nach der Praxis selbst noch zu einem späteren Zeitpunkt – in Wiedererwägung ziehen[519]. Tut sie dies vollumfänglich, ist die gegen die ursprüngliche Verfügung erhobene Beschwerde als gegenstandslos geworden abzuschreiben[520].

c)   Beschwerderückzug

3.212 Zieht die beschwerdeführende Partei ihr Rechtsmittel vollumfänglich zurück *(Abstand)*, so wird der Rechtsstreit damit gegenstandslos. Wie sich aus dem Grundsatz der Schriftlichkeit des Verfahrens ergibt, hat der Rückzug eines Rechtsmittels schriftlich oder anlässlich einer Parteiverhandlung mündlich zu Protokoll zu erfolgen; eine blosse telefonische Mitteilung ist dagegen ungültig[521]. Der Beschwerderückzug muss klar, ausdrücklich und bedingungslos erfolgen. Insbesondere kann ein Rechtsmittel nicht stillschweigend zurückgezogen werden[522]. Die Rückzugserklärung ist unwiderruflich, wobei Willensmängel vorbehalten bleiben[523].

d)   Vergleich

3.213 Haben sich die Parteien über den Streitgegenstand geeinigt, führt dies in der Regel zur Gegenstandslosigkeit des Verfahrens. Allerdings ist die Prozesserledigung durch Vergleich in der Verwaltungsrechtspflege wegen der grundsätzlich *zwingenden Natur des materiellen Verwaltungsrechts* eher selten anzutreffen[524]. Auch das Gebot der Gleichbehandlung der Bürgerinnen und Bürger setzt der gütlichen Einigung der Parteien über den Streitgegenstand enge Grenzen. Das Vergleichsverfahren sollte daher durch besondere Umstände gerechtfertigt sein, um nicht gegen das Gebot der Gesetzmässigkeit und die materiellen Normen des öffentlichen Rechts zu verstossen.

3.214 Vor allem im Bereich der Angemessenheitsprüfung, als Teilgehalt des Verhältnismässigkeitsprinzips, ermöglicht das kooperative Verwaltungshandeln im idealtypischen Fall eine intensive Auseinandersetzung zwischen der das öffentliche Interesse vertretenden Behörde und den auf ihre privaten Interessen bedachten Betroffenen[525].

3.215 In personalrechtlichen Streitigkeiten kommt es vor, dass den Parteien z.B. im Falle einer Vergütung für ausserordentliche Dienstleistungen oder der Rückerstattung von Ausbildungskosten in diesem Sinne ein Vergleichsvorschlag unterbreitet wird. Aber auch bei einer Auflösung oder Umgestaltung des Dienstverhältnisses kann es

---

519 Dazu oben, Rz. 3.44 ff.
520 Dazu unten Rz. 3.224.
521 Ebenso BVR 2007 S. 524 ff. für das bernische Verwaltungsbeschwerdeverfahren.
522 BGE 119 V 38 E. 1 b. Namentlich ist es nicht zulässig, von der beschwerdeführenden Partei im Laufe des Verfahrens eine Bestätigung ihres Beschwerdewillens zu verlangen und aus dem Ausbleiben einer Antwort einen Rückzug zu folgern (BGE 111 V 158 E. 3b).
523 BGE 111 V 158 E. 3a.
524 Vgl. KÖLZ/HÄNER, Rz. 685; RHINOW/KOLLER/KISS, Rz. 877.
525 PFENNINGER, 82.

sich ergeben, dass vergleichsweise eine Lösung gefunden wird, die den Betroffenen weniger hart trifft und mit der sich auch die Verwaltung abfinden kann.

Vergleiche treten in der Praxis in *verschiedener Form* auf und zeitigen jeweils unter- **3.216** schiedliche Rechtswirkungen[526]. Wesentlich ist die Unterscheidung zwischen der direkten Einigung unter den Parteien (aussergerichtlicher Vergleich) und jener unter Mitwirkung des Gerichts (gerichtlicher Vergleich). Hinsichtlich der Rechtswirkungen ist sodann bedeutsam, ob der Vergleich allein zwischen privaten Parteien abgeschlossen wird, die nicht über den Streitgegenstand verfügen können, oder ob die verfügende Verwaltungsbehörde – oder der private Träger der Verwaltungsaufgabe – daran beteiligt ist.

Steht der *Streitgegenstand nicht zur Disposition der Parteien,* beendet deren Einigung **3.217** das Verfahren nicht ohne weiteres. Haben sich etwa eine Bauherrin und Anwohner – die sich gegen ein Bauvorhaben erfolglos mit Einsprache zur Wehr gesetzt und die Bauerlaubnis mit Beschwerde angefochten haben – dahingehend geeinigt, dass erstere ihr Bauprojekt abändert und die Anwohner im Gegenzug ihren Widerstand aufgeben, ist das Verfahren damit nicht beendet. Denn die angefochtene Bewilligung, welche die Verwaltungsbehörde der Bauherrin erteilt hat und über welche Beschwerdeführer und Beschwerdegegnerin nicht verfügen können, bleibt zunächst bestehen. Die Parteien haben bloss die Möglichkeit, der Vorinstanz zu beantragen, ihre Verfügung im gewünschten Sinne in Wiedererwägung zu ziehen oder dem Bundesverwaltungsgericht einen gemeinsamen Antrag auf deren entsprechende Anpassung zu stellen; im letzteren Fall wird das Gericht den Vorschlag der Vorinstanz zur Stellungnahme unterbreiten. In diesen Konstellationen ist allerdings stets zu prüfen, ob die Einigung zwischen den Parteien nicht öffentliche Interessen beeinträchtigt oder zulasten Dritter erfolgt ist; diesfalls müssten die neu Betroffenen ins Verfahren einbezogen werden. Leidet die Einigung der Parteien an einem solchen Mangel, hält die Vorinstanz an ihrer Verfügung fest und das Verfahren wird ungeachtet des Vergleichs fortgesetzt.

Einfacher verhält es sich, wenn der *Streitgegenstand der Parteidisposition unterliegt,* **3.218** was namentlich zutrifft bei Entschädigungen, welche die eine Partei der andern zu leisten verpflichtet wird[527]. In diesen Fällen hat das Gericht vom Vergleichsabschluss grundsätzlich nur Kenntnis zu nehmen und die Prozesserledigung festzustellen, nicht aber die Angemessenheit des Vereinbarten zu überprüfen. Bloss dort, wo das Vereinbarte offensichtlich nicht vor dem Recht standhält (wie etwa bei Übervorteilung einer Partei), hat das Gericht die Erledigungserklärung zu versagen, was die Parteien zwingt, den Prozess über den Streitgegenstand fortzuführen oder sich anders zu vergleichen[528].

Nur in diesen Fällen – wo Ansprüche zur Disposition der Parteien stehen – ist ein **3.219** *aussergerichtlicher Vergleich* überhaupt denkbar. Bei dieser Form des Vergleichs

---

526 Vgl. die differenzierte Darstellung bei MACHLER, § 11.
527 Zu denken ist etwa an eine Partei- oder an eine Enteignungsentschädigung (vgl. zu Letzterem den Sachverhalt von BGE 114 Ib 74).
528 BGE 124 II 12 E. 3b.

geben die Parteien dem Gericht bloss Kenntnis von der Einigung; deren Inhalt braucht es nicht einmal zu kennen. Durch die Mitteilung des Vergleichs wird das Verfahren ohne weiteres gegenstandslos[529]. Der aussergerichtliche Vergleich stellt demzufolge auch keinen Vollstreckungstitel für eine definitive Rechtsöffnung dar.

3.220 Der *gerichtliche Vergleich* ist ein unter Mitwirkung des Gerichts zwischen den Parteien abgeschlossener Vertrag, in welchem diese gegenseitig nachgeben und dadurch den Streit bzw. die Ungewissheit über ein Rechtsverhältnis beseitigen[530]. Nach der Rechtsprechung bestimmt sich die prozessuale Form des Vergleichs nach dem jeweils anwendbaren Prozessrecht[531]. Da weder das VwVG noch das VGG entsprechende Regelungen enthalten, dürfte es sachgerecht sein, die Bestimmung von Art. 73 Abs. 1 BZP sinngemäss anzuwenden. Damit ein gerichtlicher Vergleich vorliegt, ist eine zwischen den Parteien vorweg getroffene Vereinbarung demnach dem Gericht zu den Akten einzureichen, vorzugsweise verbunden mit einem Antrag über die Art der Fortsetzung des Verfahrens. Kommt der Vergleich erst vor dem Gericht – etwa anlässlich einer Parteiverhandlung – zustande, ist er zu protokollieren.

3.221 In den Bereichen, die der Parteidisposition unterliegen, hat das Gericht die Angemessenheit des Vereinbarten bloss zurückhaltend zu beurteilen; hingegen ist in jedem Fall zu prüfen, ob der Vergleich klar und vollständig ist[532]. Ist der Vergleich mangelhaft, so ist es Pflicht des Gerichts, auf seine Verbesserung hinzuwirken. Wird das Beschwerdeverfahren als durch gerichtlichen Vergleich erledigt abgeschrieben, wird der Inhalt des Vergleichs gewöhnlich in die Abschreibungsverfügung aufgenommen. Sie kann diesfalls wie ein Urteil vollstreckt werden und stellt einen definitiven Rechtsöffnungstitel dar[533].

3.222 Art. 33*b* VwVG sieht neuerdings ausdrücklich ein Verfahren der gütlichen Einigung vor, bei dem allenfalls eine Mediatorin bzw. ein Mediator beigezogen werden kann[534]. Ein Vergleich im Sinne von Art. 33*b* Abs. 1 VwVG soll einen Rechtsmittel-

---

529 MERKLI/AESCHLIMANN/HERZOG, Art. 39 Rz. 10.
530 Vgl. den Abschreibungsentscheid des Bundesverwaltungsgerichts A-7318/2007 vom 28. April 2008; Entscheid der Eidgenössischen Personalrekurskommission vom 19. August 2003, veröffentlicht in VPB 68.5 E. 1; vgl. auch BGE 132 III 740 E. 1.3.
      Es handelt sich dabei um einen verwaltungsrechtlichen Vertrag (HÄFELIN/MÜLLER/ UHLMANN, Rz. 1083; CAVELTI, 175; zu undifferenziert BGE 132 III 740 E. 1.3. und 124 II 12 E. 3b, die ungeachtet der Beteiligten von einem privatrechtlichen Vertrag ausgehen.
531 In BGE 124 II 11 E. 3a wird ausgeführt, die prozessuale Form des Vergleichs bestimme sich nach kantonalem Recht.
532 Zu eng erscheint BGE 124 II 12 E. 3b, wonach sich eine gerichtliche Überprüfung des Vergleichs auf offensichtliche Verstösse gegen das Recht, etwa Übervorteilung, zu beschränken habe. Dies verträgt sich schlecht mit dem Grundsatz der Rechtsanwendung von Amtes wegen und der im Verwaltungsprozess herrschenden Untersuchungsmaxime.
533 Vgl. Art. 73 Abs. 4 BZP sowie BGE 124 II 13 E. 3c.
534 Art. 50 ATSG sieht den Vergleich als Instrument der Prozesserledigung im Bereich der Sozialversicherung ebenfalls ausdrücklich vor, wobei nicht nur Streitigkeiten über Sozialversicherungsleistungen, sondern auch solche über strittige Beiträge vergleichsfähig sind. Auch hier sind Vergleiche genehmigungsbedürftig, wobei ein unter Mitwirkung des Gerichts zustande gekommener Vergleich als genehmigt gilt (zum Ganzen BGE 132 V 417).

verzicht der Parteien vorsehen und festlegen, wie die Kosten verteilt werden sollen. Es handelt sich dabei um einen gerichtlichen Vergleich, sieht Art. 33*b* Abs. 4 VwVG doch ausdrücklich eine (Abschreibungs-)Verfügung vor, in der das Bundesverwaltungsgericht den Inhalt der Einigung festhält[535]. Die damit verbundene Genehmigung setzt allerdings voraus, dass das Vereinbarte nicht an einem Mangel im Sinne von Art. 49 VwVG leidet; das Gericht hat die Einigung mit andern Worten nicht nur auf ihre Rechtmässigkeit, sondern auch auf ihre Angemessenheit zu überprüfen[536].

Ein Vergleich kann nach Massgabe der obligationenrechtlichen Regeln (Art. 20 ff. OR), namentlich wegen Übervorteilung sowie insbesondere wegen Willensmängeln angefochten werden[537]. Es kommen somit bloss Umstände in Betracht, die von beiden Parteien oder von der einen für die andere erkennbar dem Vergleich als feststehende Tatsachen zu Grunde gelegt worden sind[538]. Eine Anfechtung des Vergleichs wegen Irrtums ist dagegen ausgeschlossen, soweit damit gerade Unsicherheiten bezüglich des umstrittenen Rechtsverhältnisses und seiner sachverhaltlichen Grundlagen Rechnung getragen werden sollte[539]. **3.223**

2.   Abschreibungsbeschluss

Wird ein Verfahren gegenstandslos, fällt das Beschwerdeverfahren nicht unmittelbar dahin, sondern muss vom Gericht förmlich abgeschrieben werden. Das VwVG regelt diese Frage zwar nicht ausdrücklich, doch entspricht das skizzierte Vorgehen der ständigen Praxis[540]; davon ausgehend legt Art. 23 Abs. 1 Bst. a VGG die Abschreibung gegenstandslos gewordener Verfahren in die einzelrichterliche Zuständigkeit. Bei teilweiser Gegenstandslosigkeit erfolgt die Abschreibung in der Regel erst im Sachurteil betreffend die bestehend gebliebenen Streitpunkte. **3.224**

Ein Abschreibungsbeschluss ist in gleicher Weise beim Bundesgericht anfechtbar, wie es ein Sachentscheid gewesen wäre. Kommt es zu keiner Anfechtung, wächst der Abschreibungsbeschluss bloss insofern in Rechtskraft, als das Verfahren nur bei Vorliegen von Revisionsgründen wieder aufgenommen werden kann. Da ihm aber nicht die Qualität eines materiellen Urteils eignet, tritt der vorinstanzliche Entscheid in Geltung. **3.225**

---

535 Vgl. HÄFELIN/MÜLLER/UHLMANN, Rz. 1810c.
536 Zum Verfahren nach Art. 33*b* VwVG vgl. GUY-ECABERT, 97 ff.
537 BGE 124 II 12 E. 3b.
538 BGE 132 III 740 E. 1.3.
539 Vgl. Entscheid der Eidgenössischen Personalrekurskommission vom 19. August 2003, veröffentlicht in VPB 68.5 E. 1e mit Hinweisen.
540 Vgl. statt vieler Entscheid der Eidgenössischen Steuerrekurskommission vom 13. November 1998, veröffentlicht in VPB 63.79 E. 3; MERKLI/AESCHLIMANN/HERZOG, Art. 39 Rz. 4.

§ 4 Kosten und Entschädigungen

I.   Rechtsgrundlagen

Anders als etwa das BGG, welches auf Gesetzesstufe recht detaillierte Regelungen **4.1** betreffend Zusammensetzung, Erhebung und Verteilung der Gerichtskosten sowie bezüglich Parteientschädigung[1] enthält (Art. 65 ff. BGG), sind im VGG keine entsprechenden Normen vorhanden. Einzig in Art. 16 Abs. 1 Bst. a VGG findet sich der Hinweis, das Gesamtgericht (Plenum) sei «für den Erlass von Reglementen über […] die Gerichtsgebühren sowie die Entschädigungen an Parteien, amtliche Vertreter und Vertreterinnen, Sachverständige sowie Zeugen und Zeuginnen» zuständig[2]. Gestützt darauf wurde das Reglement vom 21. Februar 2008 über die Kosten und Entschädigungen vor dem Bundesverwaltungsgericht (VGKE) erlassen[3]. Die Regelung der Kosten- und Entschädigungsfolgen vor der eigenen Behörde gehört dabei – innerhalb der vom Gesetzgeber aufgestellten Leitplanken – zu den wesentlichen Pfeilern der in Art. 14 VGG festgehaltenen Verwaltungsautonomie[4].

Da das Plenum erst mit Inkrafttreten des VGG zu existieren begann, die entsprechenden Regel- **4.2** ungen betreffend Kosten und Entschädigungen indessen ebenfalls bereits per 1. Januar 2007 in Kraft zu sein hatten, musste das erste Reglement durch die provisorische Gerichtsleitung des Bundesverwaltungsgerichts gestützt auf Art. 3 Abs. 3 Bst. a des Bundesgesetzes vom 18. März 2005 über den Aufbau des Bundesverwaltungsgerichts[5] erlassen werden[6]. Das für den Erlass des Reglements seit dem 1. Januar 2007 zuständige Organ, das Plenum des Bundesverwaltungsgerichts (Art. 16 Abs. 1 Bst. a VGG), hat unter materieller Übernahme der bisherigen Regelung ein neues Reglement am 21. Februar 2008 erlassen[7].

Nicht mehr einschlägig ist damit für das Verfahren vor Bundesverwaltungsgericht die bis Ende **4.3** 2006 in den damaligen Verfahren vor den Rekurskommissionen heranzuziehende und – mit eingeschränktem Anwendungsbereich – weiter existierende *bundesrätliche Verordnung vom 10. September 1969 über Kosten und Entschädigungen im Verwaltungsverfahren*[8]. Ebenfalls keine Geltung für das Verfahren vor dem Bundesverwaltungsgericht zu beanspruchen vermögen sodann die in bestimmten Rechtsgebieten für das erstinstanzliche Verwaltungsverfahren bestehenden spezialgesetzlichen Regelungen wie etwa Art. 123 AuG oder die Verordnung

---

1 Die nachfolgenden Ausführungen beziehen sich auf diese Kosten und Entschädigungen, welche prioritär interessieren. Auf weitere Kosten und Entschädigungen wird (kurz) separat eingegangen; vgl. unten Rz. 4.89 ff.

2 Zu den (weiteren) Zuständigkeiten des Plenums (Gesamtgerichts) vgl. oben Rz. 1.15.

3 SR 173.320.2.

4 Vgl. Botschaft Totalrevision Bundesrechtspflege, BBl 2001 4411.

5 AS 2005 4603.

6 Zur damit verbundenen Problematik vgl. Beusch/Moser/Kneubühler, 3 Fn. 7.

7 Weitere Anpassungen/Ergänzungen, etwa bezüglich (noch) nicht ausdrücklich geregelter Haftung beim Unterliegen mehrerer Parteien (vgl. unten Rz. 4.45), sind zu erwarten.

8 SR 172.041.0.

vom 2. Dezember 1996 über die Erhebung von Abgaben und Gebühren durch die Eidgenössische Bankenkommission[9].

4.4 Unter diesen Umständen gilt der erste Blick bei Fragen der Verfahrenskosten und der Parteientschädigung im Verfahren vor Bundesverwaltungsgericht (in der Praxis) zwar dem VGKE. Abgesehen davon aber, dass dieses angesichts seiner normhierarchischen Stellung als Verordnung aufgrund der verfassungsrechtlichen Vorgaben des Legalitätsprinzips ohnehin gewisse Fragen wie etwa den abstrakten Gebührenrahmen nicht zu regeln vermag[10], erhält man auch auf weitere massgebliche Fragen in der VGKE keine Antwort. So fehlt etwa eine Bestimmung, welche sich ausdrücklich mit der grundsätzlichen Verlegung der Verfahrenskosten befasst, wenn ein Beschwerdeverfahren durch Abweisung oder Gutheissung erledigt wird. Herangezogen werden müssen mithin auch *weitere Rechtsgrundlagen,* und dementsprechend enthält das VGG mehrere Verweisungen auf andere Erlasse. Welcher Erlass dabei durch das VGG berufen wird, hängt ebenso von der Funktion ab, in welcher das Bundesverwaltungsgericht tätig wird, wie das konkrete Zusammenspiel von VGKE und qua Verweisung im VGG anwendbarer anderer Prozessnormen. Sowohl diese wie auch das VGKE haben ihrerseits gegenüber jüngeren spezialgesetzlichen Normen zurückzutreten[11].

4.5 Amtet das Bundesverwaltungsgericht in seiner primären und weitaus wichtigsten Funktion als *Beschwerdeinstanz,* so sind aufgrund des Verweises von Art. 37 VGG vorab die Regelungen von Art. 63 f. VwVG anwendbar[12]. Ergänzend sind alsdann die Normen des VGKE heranzuziehen, wobei dieses nur die Bemessung der Gebühren im Einzelnen sowie die Bemessung der Entschädigung aufgrund der in Art. 63 Abs. 5 und Art. 64 Abs. 5 VwVG enthaltenen Vorbehalte abschliessend regelt. So könnte das VGKE keinen von Art. 63 Abs. 4bis VwVG abweichenden Gebührenrahmen statuieren[13], regelt innerhalb dieses Rahmens die Bemessung indessen frei (Art. 3 f. VGKE). Enthält Art. 63 f. VwVG keine Regelung, so ist das VGKE eben-

---

9   SR 611.014; vgl. dazu etwa Urteil des Bundesverwaltungsgerichts B-3708/2007 vom 4. März 2008 E. 7.

10 Vgl. unten Rz. 4.12.

11 So auch ausdrücklich Art. 2 Abs. 1 VGKE.
Vgl. zum Verhältnis des VGG zu anderen Erlassen generell die «Checkliste» in der Botschaft Totalrevision Bundesrechtspflege, BBl 2001 4257 sowie oben Rz. 1.5.

12 Art. 63 VwVG enthält denn auch z.B. eine Regelung über die (grundsätzliche) Kostenverlegung bei Obsiegen und Unterliegen. Zu beachten ist dabei indessen, dass das VwVG auf gewisse Verfahren gar nicht anwendbar ist (Art. 3 VwVG) und seinerseits Bestimmungen des Bundesrechts, die ein Verfahren *eingehender* regeln, vorbehält, soweit sie den Vorschriften des VwVG nicht widersprechen (Art. 4 VwVG). Auch verdrängen *jüngere* Verfahrensvorschriften anderer Bundesgesetze das VwVG, wenn der spätere Gesetzgeber dies unmissverständlich gewollt hat (Botschaft Totalrevision Bundesrechtspflege, BBl 2001 4392). Dies kann durchaus auch einmal bei Kostenfragen der Fall sein.

13 Der Gebührenrahmen des VGKE entspricht denn auch den zwingend zu beachtenden Vorgaben von Art. 63 Abs. 4bis VwVG. Zur aus den Anforderungen des Legalitätsprinzips im Abgaberecht fliessenden Vorgabe, den Gebührenrahmen als solchen in einem Gesetz im formellen Sinn festzuhalten, vgl. unten Rz. 4.12.

falls frei[14]. Oftmals wird in diesem allerdings auch bloss bereits in Art. 63 f. VwVG Statuiertes wiederholt.

So existiert etwa im Ergebnis keine Abweichung betreffend der Entschädigung der obsiegenden **4.6** Partei. Währenddem dieser nach Art. 64 Abs. 1 VwVG für die ihr erwachsenen notwendigen und verhältnismässig hohen Kosten eine Entschädigung zugesprochen werden *kann,* hat nach Art. 7 Abs. 1 VGKE die obsiegende Partei *Anspruch* auf eine Parteientschädigung für die ihr erwachsenen notwendigen Kosten[15]. Da gemäss ständiger Rechtsprechung Art. 64 Abs. 1 VwVG indessen materiell eine «Muss-Vorschrift» darstellt und bei Vorliegen der genannten Voraussetzungen ein Rechtsanspruch auf Parteientschädigung entsteht[16], und Art. 7 Abs. 4 VGKE festhält, bei verhältnismässig geringen Kosten könne von einer Parteientschädigung abgesehen werden, erweisen sich die unterschiedlichen Rechtsgrundlagen inhaltlich als gleich.

Urteilt das Bundesverwaltungsgericht als Erstinstanz, was in den *Klageverfahren* ge- **4.7** stützt auf Art. 35 f. VGG der Fall ist, so verweist Art. 44 Abs. 1 VGG auf die Regelungen des BZP[17]. Dessen Art. 69 wiederum verweist auf die Art. 65, 66 und 68 BGG. In dieser Konstellation gehen die durch das VGG (via BZP) berufenen Regelungen des BGG dem VGKE vor. Dies heisst etwa, dass die maximale Gerichtsgebühr bei Streitigkeiten mit Vermögensinteresse, also z.B. betreffend öffentlich-rechtlicher Verträge (Art. 35 Bst. a VGG), maximal Fr. 200 000.– betragen kann (Art. 65 Abs. 3 Bst. b i.V.m. Abs. 5 BGG) und nicht bloss Fr. 50 000.– (Art. 4 VGKE)[18].

Wird das Bundesverwaltungsgericht schliesslich als *Revisionsinstanz* tätig, so ver- **4.8** weist Art. 45 VGG auf die Regelungen von Art. 121–128 BGG, welche sinngemäss gelten[19]. Die genannten Artikel enthalten jedoch keine Aussagen zu Kosten und Entschädigungen, so dass ergänzend erneut das VwVG zur Anwendung gelangt[20] und auf das zum Beschwerdeverfahren Gesagte verwiesen werden kann[21].

Auch wenn eines der Ziele der Justizreform das Zusammenführen der Rechtspflege- **4.9** verfahren des Bundes unter einem Dach gewesen ist und damit auch die Vereinheitlichung der Regelungen von VGKE, VGG und der berufenen allgemeinen Prozessnormen an sich umfassend sein sollte[22], sind wie erwähnt (jüngere) spezialgesetzliche

---

14 So etwa bezüglich der Kostenverlegung bei gegenstandslos gewordenen Verfahren (Art. 5 VGKE).

15 Vgl. unten Rz. 4.65.

16 Vgl. etwa Entscheid des Bundesrates von 25. Februar 1998, veröffentlicht in VPB 62.30.

17 Dieser Verweis auf den BZP geht dem (allgemeinen) Verweis auf das VwVG vor, was sich zwanglos schon aus der Systematik des VGG ergibt. Art. 63 VwVG ist denn auch einzig auf Beschwerdeverfahren anwendbar (BGE 132 II 55 E. 3.3).

18 Zu den Kosten- und Entschädigungsfolgen im Klageverfahren vgl. ausführlich unten Rz. 5.16.

19 Dieser Verweis ist indessen nur und erst einschlägig, soweit es um die Revision von vom Bundesverwaltungsgericht gefällten Entscheiden geht. Geht es um die Revision von Entscheiden von Vorgängerinstanzen, so richtet sich das Verfahren nach dem VwVG; vgl. BVGE 2007/11 und unten Rz. 5.66 ff.

20 So ausdrücklich Botschaft Totalrevision Bundesrechtspflege, BBl 2001 4396.
    Für die bundesgerichtlichen Verfahren dagegen gelten die Regelungen von Art. 65 ff. BGG; vgl. BGG-von Werdt, Art. 128 N 12.

21 Vgl. oben Rz. 4.4. Zu möglichen Spezialkonstellationen vgl. immerhin unten Rz. 5.77.

22 Vgl. oben Rz. 1.4.

Sondernormen nicht ausser Acht zu lassen[23]. Keine konkreten Aussagen für die vorliegend interessierenden Fragen finden sich dagegen in Bundesverfassung und EMRK, enthalten diese doch – anders als gewisse Kantonsverfassungen – keine ausdrücklich auf die Kosten bezogenen Vorgaben[24]. Unausgesprochener Teilgehalt der in Art. 29a BV statuierten *Rechtsweggarantie* ist immerhin, dass der Zugang zum Gericht u.a. nicht durch (prohibitiv) hohe Gerichtskosten bzw. entsprechende Vorschüsse oder inexistente bzw. ausgesprochen tiefe Parteientschädigungen unnötig, d.h. in faktisch unzumutbarer Weise, erschwert werden darf[25]. Gleiches verlangt auch Art. 6 Ziff. 1 EMRK, welcher nach der Rechtsprechung der Strassburger Organe auch in weiten Teilen des Verwaltungsrechts zur Anwendung gelangt, da es sich auch in diesen um «zivilrechtliche Ansprüche» handelt und einige Tatbestände unter den Begriff der «strafrechtlichen Anklage» fallen[26]. Bei alledem sind indessen stets die verschiedenen anwendbaren Kostenregime als Ganzes zu würdigen. Da diese recht differenziert sind, Bedürftige bei nicht aussichtslosen Prozessen in den Genuss der unentgeltlichen Prozessführung gelangen[27] sowie die Verfahrenskosten auch ausserhalb davon erlassen werden können[28], kann nicht davon gesprochen werden, die anwendbaren Gebührenordnungen würden den Zugang zum Gericht übermässig einschränken.

II.　Verfahrenskosten

1.　Zusammensetzung und Rechtsnatur

4.10　Die einschlägigen Rechtsgrundlagen enthalten in der Regel Beschreibungen, wie sich die einzelnen Verfahrenskosten zusammensetzen; eine eigentliche Legaldefinition findet sich indessen nirgends. Geht man vom Wortlaut aus, so sind unter den Verfahrenskosten sämtliche Aufwendungen zu verstehen, welche der Rechtsmittelinstanz für den Erlass des Beschwerdeentscheids anfallen[29]. Die tatsächlich erhobenen *Verfahrenskosten* machen dabei allerdings lediglich einen *Bruchteil der Unkosten* aus, die bei einer Vollkostenrechnung – unter Einbezug der Gehälter, der Miete usw. – durch das Tätigwerden der Behörde anfallen[30]. Die Tatsache, dass die Ver-

---

23　So auch ausdrücklich Art. 2 Abs. 1 VGKE.
　　Vgl. auch Botschaft Totalrevision Bundesrechtspflege, BBl 2001 4257.
24　So etwa Art. 18 Abs. 1 der Verfassung des Kantons Zürich vom 27. Februar 2005, wonach jede Person vor Gerichts- und Verwaltungsinstanzen Anspruch auf rasche und wohlfeile Erledigung des Verfahrens hat.
25　Beusch, 733 ff. mit weiteren Hinweisen.
26　Kneubühler, Kostenverlegung, 452 f. mit weiteren Hinweisen, auch zum Folgenden.
27　Vgl. unten Rz. 4.94 ff.
28　Vgl. unten Rz. 4.58 ff.
29　Nicht zu diesen Kosten gehören damit diejenigen, welche spezifisch für besondere Dienstleistungen ausserhalb einzelner (hängiger) Verfahren anfallen; hierfür einschlägig ist das Reglement vom 11. Dezember 2006 über die Verwaltungsgebühren des Bundesverwaltungsgerichts (SR 173.320.3); vgl. unten Rz. 4.93.
30　Kneubühler, Kostenverlegung, 450. Zum Kostendeckungsgrad des Bundesgerichts vgl. BGG-Seiler, Art. 65 N 5.

waltungsrechtspflege eine verlustbringende Staatsaufgabe ist, ist indessen angesichts der absolut zentralen Stellung des (gerichtlichen) Rechtsschutzes ohne weiteres hinzunehmen[31].

Was die *Zusammensetzung der Verfahrenskosten* betrifft, so enthält Art. 1 VGKE für **4.11** das Verfahren vor dem Bundesverwaltungsgericht eine vom Buchstaben her von Art. 63 Abs. 1 VwVG abweichende Regelung. So setzen sich die Kosten zusammen aus der Gerichtsgebühr und den Auslagen (Art. 1 Abs. 1 VGKE)[32]. Mit der Gerichtsgebühr sind die Kosten für das Kopieren von Rechtsschriften und der für Dienstleistungen normalerweise anfallende Verwaltungsaufwand wie Personal-, Raum- und Materialkosten sowie Post-, Telefon- und Telefaxspesen abgegolten (Art. 1 Abs. 2 VGKE). Auslagen dagegen sind insbesondere die Kosten für Übersetzungen und für die Beweiserhebung (Art. 1 Abs. 3 VGKE)[33]. In der Praxis werden die einzelnen Elemente indessen nicht auseinander gehalten; die Verfahrenskosten werden vielmehr pauschal erhoben.

Die Verfahrenskosten stellen eine Kausalabgabe dar, genauer eine *(Verwaltungs-)* **4.12** *Gebühr.* Diese wird als Entgelt für die Inanspruchnahme staatlicher Justiztätigkeit erhoben[34]. Derartige Abgaben müssen sich auf ein Gesetz im formellen Sinn stützen können, wobei in diesem der Kreis der Pflichtigen sowie der Gegenstand und die Bemessung der Abgabe festgeschrieben werden müssen (Art. 164 Abs. 1 Bst. d BV). Ausgehend von der Schutzfunktion des Gesetzes, welche das Individuum vor übermässiger finanzieller Belastung durch den Staat bewahren will, hat die Rechtsprechung die Anforderungen an die formell-gesetzliche Grundlage allerdings dann gemindert, wenn andere verfassungsrechtliche Prinzipien diese Schutzfunktion bezüglich der Begrenzung der Höhe übernehmen können. Dabei handelt es sich um das Kostendeckungs- und das (Individual-)Äquivalenzprinzip[35]. Nachdem seit dem 1. Januar 2007 neben dem in Art. 63 Abs. 1 VwVG festgehaltenen Abgabeobjekt (Verfahrenskosten) und Abgabesubjekt (in der Regel unterliegende Partei) nunmehr in Art. 63 Abs. 4bis VwVG auch die Maximalhöhe sowie die wesentlichen Be-

---

31 «Richterlicher Rechtsschutz – gerade auch Verwaltungsjustiz – zählt unbestrittenermassen zu den Essentialia des Rechtsstaates»; MARKUS MÜLLER, Rechtsweggarantie, 177.
32 Art. 63 Abs. 1 VwVG unterscheidet derweil Spruch- und Schreibgebühren.
33 Zu diesen Kosten gehören etwa die gestützt auf Art. 16 ff. VGKE ausgerichteten Entschädigungen an Zeugen, Auskunftspersonen, Sachverständige, Dolmetscher und Übersetzer. Die Kosten für Übersetzungen werden dabei nicht verrechnet, wenn es sich um Übersetzungen zwischen Amtssprachen handelt (Art. 1 Abs. 3 VGKE), was angesichts des Charakters des Bundesverwaltungsgerichts als nationales Gericht und der Gleichstellung der Landes- und Amtssprachen (Art. 4 BV; Art. 33a Abs. 1 VwVG) an sich selbstverständlich ist. – Keine Übersetzungskosten können auch verrechnet werden, wenn aufgrund eines Staatsvertrags ein Anspruch besteht, in einer anderen als der nationalen Amtssprache Beschwerde führen zu dürfen. Dies ist etwa gestützt auf Art. 84 Abs. 4 der Verordnung (EWG) Nr. 1408/71 des Rates vom 14. Juni 1971 zur Anwendung der Systeme der sozialen Sicherheit auf Arbeitnehmer und Selbständige sowie deren Familienangehörige, die innerhalb der Gemeinschaft zu- und abwandern (In der Fassung von Anhang II zum FZA [SR 0.831.109.268.1]) der Fall (vgl. auch BGG-SEILER, Art. 65 N 8).
34 BGE 128 II 251 E. 3.1 und 3.2, auch zum Folgenden.
35 BGE 130 I 115 E. 2.2; HÄFELIN/MÜLLER/UHLMANN, Rz. 2703 ff.; vgl. (zu Art. 17b AsylG) BVGE 2008/3 E. 3.

messungsregeln formellgesetzlich festgeschrieben sind, erweisen sich die im Verfahren vor Bundesverwaltungsgericht erhobenen Kosten unter dem Blickwinkel des Legalitätsprinzips als hinreichend verortet[36].

2.   Gebührenrahmen und Bemessungskriterien

4.13   Art. 63 Abs. 4bis VwVG enthält lediglich die Maximalhöhe sowie die wesentlichen Bemessungsregeln. Demnach richtet sich die *Spruchgebühr* nach Umfang und Schwierigkeit der Streitsache, Art der Prozessführung und finanzieller Lage der Parteien[37]. Sie beträgt in Streitigkeiten ohne Vermögensinteresse Fr. 100.– bis 5000.–, in den übrigen Streitigkeiten Fr. 100.– bis 50 000.–.

4.14   Art. 2 ff. VGKE differenzieren die Gerichtsgebühren innerhalb dieser Gebührenrahmen, wobei als absolutes Minimum Fr. 200.– festgesetzt werden und die Einzelrichterin oder der Einzelrichter in Streitigkeiten ohne Vermögensinteresse eine Gerichtsgebühr von maximal Fr. 3000.– ausfällen kann. Daneben werden die erwähnten *Bemessungsregeln* von Art. 63 Abs. 4bis VwVG aufgenommen und zusätzlich der Erhöhungsgrund der Mutwilligkeit sowie der Minderungsgrund wenig aufwändiger Entscheide betreffend bestimmter ausdrücklich erwähnter Verfahren genannt. Stets sind dabei aber die Höchst- bzw. Mindestbeträge einzuhalten (Art. 2 Abs. 2 und 3 VGKE)[38].

4.15   Gelangen mithin mangels spezialgesetzlicher Regelung Art. 63 VwVG und das VGKE zur Anwendung, so sollte es aufgrund der entsprechenden klaren Regelung *keine Verfahren ohne Kosten* geben. Verfahrenskosten sind also auch dann zu erheben bzw. auszuweisen, wenn sie hernach niemandem auferlegt werden können (Art. 63 Abs. 2 VwVG) oder der an sich zahlungspflichtigen unterliegenden Partei erlassen werden (Art. 6 VGKE)[39].

4.16   In der Praxis werden indessen in der Regel in Beschwerdeverfahren, welche durch Rückzug der Beschwerde oder durch Wiedererwägung des angefochtenen Entscheids gegenstandslos werden, überhaupt keine Verfahrenskosten erhoben. Solches ist allerdings nur bei einer entsprechenden gesetzlichen Grundlage möglich, wie sie im VwVG nur ausnahmsweise besteht[40]. Richtig wäre auch hier die Erhebung der Verfahrenskosten und in den Erwägungen die Erklärung, weshalb diese nicht auferlegt werden. Im Dispositiv findet dies schliesslich seinen Niederschlag, indem die festgesetzten Kosten auf die Gerichtskasse genommen werden[41]. Oftmals

---

36   Zur bis Ende 2006 geltenden, unbefriedigenden Situation vgl. KNEUBÜHLER, Kostenverlegung, 450 f. mit weiteren Hinweisen.

37   Vgl. auch Art. 65 Abs. 2 BGG, welcher aber bereits auf Gesetzesebene auf die Mit-Massgeblichkeit des Streitwerts hinweist.

38   Vgl. unten Rz. 4.22 (Erhöhungsgrund) bzw. Rz. 4.24 (Minderungsgrund).

39   Vgl. unten Rz. 4.58 ff. Zur Befreiung von der Bezahlung der Verfahrenskosten aufgrund der Gewährung der unentgeltlichen Rechtspflege gemäss Art. 65 Abs. 1 VwVG vgl. unten 4.102 ff.

40   Art. 33b Abs. 5 VwVG betreffend zustande gekommener Einigung. Anders die Lage im Verfahren vor Bundesgericht, wo Art. 66 BGG die generelle Möglichkeit des Verzichts auf Kostenerhebung ausdrücklich vorsieht.

41   Nur dieses Vorgehen besitzt im Übrigen für die Gerichtsbuchhaltung echte Aussagekraft. Auch wenn die Rechtspflege nie ein Gewinngeschäft sein kann (vgl. oben 4.10), so ist doch zu verlangen, dass die einschlägigen Zahlen so präzise wie möglich ausgewiesen wer-

findet sich dort indessen auch bloss der Passus, es würden keine Verfahrenskosten auferlegt, ohne dass eine Bezifferung statt gefunden hätte.

Da sich die entsprechenden Gebührenrahmen unterscheiden, ist für die Bestimmung der konkreten Höhe der Verfahrenskosten vorab die Frage zu klären, ob es um eine *Streitigkeit mit Vermögensinteresse* geht[42]. Ist dies der Fall, so bestimmt sich die Gerichtsgebühr in einem ersten Schritt zwingend nach der in Art. 4 VGKE enthaltenen Streitwertskala und gelangen die allgemeinen Bemessungsregeln wie Umfang und Schwierigkeit der Streitsache, Art der Prozessführung und finanzielle Lage der Parteien erst in einem zweiten Schritt innerhalb der durch den Streitwert determinierten Bandbreite zur Anwendung[43]. Fehlt es dagegen an einem Vermögensinteresse, so ist innerhalb des erwähnten Gebührenrahmens nur auf die genannten allgemeinen Regeln abzustellen. **4.17**

Geht es beispielsweise um die Frage, ob der Beschwerdeführer der Eidgenössischen Steuerverwaltung noch Mehrwertsteuern von Fr. 150 000.– schulde, so beträgt – unter Annahme fehlender Erhöhungs- und Minderungsgründe – die minimale Gerichtsgebühr Fr. 2000.– und die maximale Fr. 8000.–. Innerhalb dieser Bandbreite ist hernach anhand der erwähnten allgemeinen Regeln die konkrete Gebühr festzusetzen. Würde in diesem Beispiel das Beschwerdeverfahren durch Rückzug der Beschwerde gegenstandslos und würden dem Beschwerdeführer in dieser Konstellation praxisgemäss die Verfahrenskosten gestützt auf Art. 6 Bst. a VGKE erlassen, so enthielte das Dispositiv die Ziffer, die Verfahrenskosten in der Höhe von Fr. 2000.– würden auf die Gerichtskasse genommen. **4.18**

Ein Vermögensinteresse liegt nicht nur dann vor, wenn eine bestimmte Geldleistung konkret im Streit liegt, sondern stets dann, wenn der Entscheid direkte finanzielle Auswirkungen hat oder es zumindest mittelbar um einen konkreten Geldbetrag geht[44], wenn m.a.W. ein *klar bezifferbarer Streitwert* vorliegt. Der Begriff des Vermögensinteresses ist dabei enger als derjenige der «zivilrechtlichen Ansprüche» im Sinne von Art. 6 Ziff. 1 EMRK. Wie der Streitwert zu berechnen ist, regeln weder VGG noch VwVG. Herangezogen werden können indessen die sachgerechten Regelungen in Art. 51 ff. BGG. So bestimmt sich der Streitwert etwa im «Normalfall» der Beschwerden gegen Endentscheide nach den Begehren, die vor der Vorinstanz streitig geblieben waren (Art. 51 Abs. 1 Bst. a BGG), bei wiederkehrenden Nutzungen oder Leistungen nach dem Kapitalwert, der sich bei ungewisser oder unbeschränkter Dauer auf den zwanzigfachen Betrag der einjährigen Nutzung oder Leistung beläuft (Art. 51 Abs. 4 BGG)[45]. **4.19**

---

den; vgl. etwa den Rechenschaftsbericht des Verwaltungsgerichts des Kantons Zürich RB 2006 S. 22.

42 Zur Bedeutung des Vermögensinteresses für die Auferlegung von Kosten an beschwerdeführende unterliegende Nicht-Bundesstellen, vgl. unten Rz. 4.49.

43 Damit verhält es sich im Verfahren vor Bundesverwaltungsgericht anders als in demjenigen vor Bundesgericht, wo die Streitwertskala gemäss dem Tarif vom 31. März 2006 für die Gerichtsgebühren im Verfahren vor dem Bundesgericht (SR 173.110.210.1) ausdrücklich nur als Richtlinie gilt, was Abweichungen nach unten und oben erlaubt. Normalerweise finden aber auch im Verfahren vor Bundesgericht die allgemeinen Bemessungsregeln von Art. 65 Abs. 2 BGG nur innerhalb der Staffelung gemäss Streitwerttarif Anwendung; BGG-SEILER, Art. 65 N 19.

44 Vgl. auch BSK BGG-RUDIN, Art. 51 N 12.

45 Solches ist etwa der Fall, wenn sich der Streit um die Höhe einer Subventionierung dreht, die sich jährlich wiederholt (z.B. «Presseförderung via Posttaxen»).

4.20 Ein Vermögensinteresse besteht demzufolge zum Beispiel bei Streitigkeiten über Sicherstellungsverfügungen, Feststellungsentscheiden über eine Mithaftung[46], Streitigkeiten um Markeneintragungsbegehren[47] und Markenwiderspruchsverfahren[48], Milchkontingente, Entscheiden im öffentlichen Beschaffungswesen (Interessenwert)[49], Fragen der Zusprechung von Bundesbeiträgen, nicht aber im Bereich der Berufsbildung oder in Amtshilfefragen[50]. Zwar kann eine bestandene höhere Fachprüfung durchaus mehr Lohn für den Beschwerdeführer zur Folge haben oder eine gewährte Amtshilfe etwa im Steuerbereich zu finanziellen Konsequenzen beim Beschwerdeführer führen, weil der ausländische Fiskus dank der erhaltenen Dokumente entsprechend auf ihn zugreift. In diesen Fällen gebricht es allerdings an den geforderten direkten finanziellen Auswirkungen und ist auch ein konkreter Geldbetrag, um den es mittelbar gehen soll, nicht ersichtlich.

4.21 Was die allgemeinen Regeln betrifft, so erscheinen die Kriterien des Umfangs der Streitsache, der Art der Prozessführung und der finanziellen Lage der Parteien ohne weiteres als sachgerecht und ermöglichen z.B. auch, Mehrparteienkonstellationen gebührend Rechnung zu tragen. Was dagegen das *Kriterium der Schwierigkeit* betrifft, so sollte dieses zurückhaltend einbezogen werden. Wenn eine Streitsache schwierig ist, so steigt zwar der Aufwand des Gerichts. Werden ihm aber ein sachverhaltlich komplexes Verfahren zum Entscheid vorgelegt oder eine besonders heikle Rechtsfrage unterbreitet, so gab es in der Regel gute Gründe für eine Beschwerde und sollte dafür die kostenpflichtige Partei nicht mit einer höheren Gerichtsgebühr «bestraft» werden[51].

4.22 Sachgerecht erscheint der in Art. 2 Abs. 2 VGKE enthaltene *Erhöhungsgrund der Mutwilligkeit*. Diese stellt eine Form des prozessualen Rechtsmissbrauchs dar und liegt – gemäss der diesbezüglich reichhaltigen Praxis des Eidgenössischen Versicherungsgerichts – vor, wenn die Partei ihre Stellungnahme auf einen Sachverhalt abstützt, von dem sie weiss oder bei der ihr zumutbaren Sorgfalt wissen müsste, dass er unrichtig ist. Mutwillige Prozessführung kann etwa auch angenommen werden, wenn eine Partei eine ihr in dieser Eigenschaft obliegende Pflicht (z.B. Mitwirkungs-, Unterlassungspflicht[52]) verletzt oder wenn sie noch vor der Rechtsmittelbehörde an einer offensichtlich gesetzwidrigen Auffassung festhält. Leichtsinnige oder mutwillige Prozessführung liegt aber so lange nicht vor, als es der Partei darum geht, einen bestimmten, nicht als willkürlich erscheinenden Standpunkt durch das Gericht beurteilen zu lassen, und zwar auch dann nicht, wenn das Gericht die betreffende Partei im Laufe des Verfahrens von der Unrichtigkeit ihres Standpunktes zu überzeugen und zu einem entsprechenden Verhalten (Beschwerderückzug) zu

---

46 Art. 12 Abs. 3 VStrR. In diesen Fällen beschränkt sich das Verfahren darauf, in einer Feststellungsverfügung die umgangenen Gebühren unter Vorbehalt einer strafrechtlichen Verurteilung des Dritten festzuhalten; vgl. etwa Urteil des Bundesverwaltungsgerichts A-1746/2006 vom 12. Juni 2007 E. 3.2.2.

47 BGE 133 III 491 E. 3.2.

48 Urteil des Bundesverwaltungsgerichts B-789/2007 vom 27. November 2007 E. 6.

49 Galli/Moser/Lang/Clerc, Rz. 952.

50 Vgl. auch Kneubühler, Kostenverlegung, 457 mit weiteren Hinweisen.

51 Kneubühler, Kostenverlegung, 455; vgl. in diesem Sinn auch BSK BGG-Geiser, Art. 65 N 13. Vorbehalten bleibt natürlich der Fall, in dem die Schwierigkeiten durch die kostenpflichtige Partei unnötigerweise verursacht worden sind.

52 Nicht mutwillig ist dabei der Verzicht, trotz gerichtlicher Mahnung, zu den Vorbringen in einer Klageschrift Stellung zu beziehen; BGE 128 V 324 E. 1 b.

bewegen versucht hat[53]. Reine Aussichtslosigkeit allein lässt denn auch einen Prozess noch nicht als mutwillig erscheinen. Stets bedarf es zusätzlich eines subjektiven – tadelnswerten – Elements, wonach die fehlenden Erfolgsaussichten bei vernunftgemässer Überlegung ohne weiteres erkennbar gewesen wären[54]. Selbst bei mutwilliger Prozessführung dehnt sich allerdings der Gebührenrahmen nicht gegen oben aus: Der Höchstbetrag nach Art. 3 oder 4 VGKE darf nicht überschritten werden (Art. 2 Abs. 2 VGKE)[55].

Eine mutwillige Prozessführung dürfte nicht selten auch den Geschäftsgang des Gerichts stören, was zusätzlich disziplinarrechtliche Konsequenzen wie eine *Ordnungsbusse* zur Folge haben kann (Art. 60 VwVG)[56]. **4.23**

Dem Erhöhungsgrund der Mutwilligkeit steht der *Minderungsgrund wenig aufwändiger Verfahren* gegenüber. So kann bei wenig aufwändigen Entscheiden über vorsorgliche Massnahmen, Ausstand, Wiederherstellung der Frist, Revision oder Erläuterung sowie bei Beschwerden gegen Zwischenentscheide die Gerichtsgebühr herabgesetzt werden (Art. 2 Abs. 3 VGKE). Die genannten Voraussetzungen müssen dabei nach dem klaren Wortlaut der Bestimmung kumulativ vorhanden sein. Dies bedeutet für Verfahren mit einem Vermögensinteresse, dass bei solchen ausserhalb der aufgezählten selbst bei wenig Aufwand der Mindestbetrag der entsprechenden Streitwertbandbreite nicht unterschritten werden darf[57]. Bei Verfahren ohne Vermögensinteresse kann geringem Aufwand dagegen in sämtlichen Konstellationen Rechnung getragen werden, beträgt doch in diesen Fällen die minimale Gerichtsgebühr Fr. 200.– (Art. 3 VGKE). Diese darf auch in Anwendung von Art. 2 Abs. 3 VGKE nicht unterschritten werden[58]. **4.24**

3.   Kostenvorschuss

Die Instruktionsrichterin oder der Instruktionsrichter des Bundesverwaltungsgerichts erhebt vom Beschwerdeführer einen *Kostenvorschuss in der Höhe der mutmasslichen Verfahrenskosten*[59]. Er setzt zu dessen Leistung unter der Androhung **4.25**

---

53 Kneubühler, Kostenverlegung, 455 f., auch zum Folgenden.
54 BGE 128 V 324 E. 1b; BGE 124 V 287 E. 3b; vgl. auch Thomas Gächter, Rechtsmissbrauch im öffentlichen Recht, Zürich/Basel/Genf 2005, 483 ff. mit weiteren Hinweisen.
55 Damit verhält es sich im Verfahren vor Bundesverwaltungsgericht anders als in demjenigen vor Bundesgericht, wo bei Vorliegen besonderer Gründe, wozu auch mutwilliges Prozessieren gehören kann, der Gebührenrahmen massiv – je nach Verfahren bis zum zehnfachen – nach oben ausgeweitet wird (Art. 65 Abs. 5 BGG).
56 Vgl. oben Rz. 3.154.
57 Bei einem Verfahren mit Streitwert von Fr. 55 000.– beträgt die Gerichtsgebühr ausserhalb der in Art. 2 Abs. 3 VGKE genannten Konstellationen damit auch dann mind. Fr. 1500.–, wenn der Aufwand minimal war, z.B. dann, wenn aufgrund des Nichtbezahlens des Kostenvorschusses nicht auf die Beschwerde eingetreten werden kann. Dieser Situation kann alsdann nur – aber immerhin – noch über Art. 6 Bst. b VGKE Rechnung getragen werden. Geht es dagegen um ein in Art. 2 Abs. 3 VGKE genanntes Verfahren, so darf auch bei einem Streitwert von Fr. 5 555 555.– die Gerichtsgebühr auf das absolute Minimum von Fr. 200.– gesenkt werden.
58 Eine Gerichtsgebühr von Fr. 100.– ist demnach undenkbar.
59 Zu deren Bemessung vgl. oben Rz. 4.17 ff.

des Nichteintretens eine angemessene Frist (Art. 63 Abs. 4 VwVG)[60]. In der Praxis wird präzisierend festgehalten, dass ein Nichteintretensentscheid zufolge Nichtleistung des Kostenvorschusses unter Kostenfolge ergehen wird.

4.26 Um einen Spezialfall des Kostenvorschusses handelt es sich bei demjenigen für die *Abnahme von Beweisanerbieten* (Art. 33 Abs. 2 VwVG). Hat eine Partei das Einholen einer Expertise beantragt und sind hohe Kosten zu erwarten[61], kann das Gericht deren Bevorschussung verlangen, dies allerdings nur gegenüber einer Partei, die einen entsprechenden Beweisantrag gestellt hat[62]. Unterbleibt die Bezahlung des Kostenvorschusses, so kann im Rahmen der verfassungsrechtlichen Vorgaben auf das Einholen eines Gutachtens verzichtet werden.

4.27 Vorschusspflichtig ist stets ausschliesslich die das Gericht anrufende Partei, ungeachtet der Parteirollenverteilung im vorinstanzlichen Verfahren. Erheben mehrere Personen gemeinsam mit einer Schrift Beschwerde, so ist ein gemeinsamer Kostenvorschuss zu erheben[63].

4.28 Die angesetzte Frist beträgt in der Regel *20 Tage,* wobei üblicherweise das Datum, bis zu dem der Vorschuss geleistet werden muss, angegeben ist (z.B. bis zum 7. September 2009). Bei derartigen Fristansetzungen, welche von Gesetzes wegen ohne weiteres zulässig sind (Art. 20 Abs. 1 VwVG e contrario), greift Art. 22a Abs. 1 VwVG über den Stillstand der Fristen nicht automatisch. Üblicherweise werden die so genannten Gerichtsferien aber bei der Festlegung des Datums mindestens teilweise berücksichtigt, wobei in den Abteilungen unterschiedliche Praxen bestehen[64]. Das Gesetz lässt bei alledem dem instruierenden Gerichtsmitglied genügend Raum, um den Umständen des Einzelfalles Rechnung zu tragen[65]. Der allgemeinen Beweislastverteilungsregel folgend obliegt dem Bundesverwaltungsgericht der Nachweis, dass die in Frage stehende Frist der Partei korrekt angesetzt wurde[66]. Die Zustellung der den Vorschuss verlangenden Verfügung durch das Bundesverwaltungsgericht erfolgt dabei auch deshalb stets mindestens eingeschrieben.

4.29 Die Festlegung des Fristablaufs *auf ein bestimmtes Datum* hat zur Folge, dass sich die eigentliche Zahlungsfrist verkürzt, wenn die Aufforderung zur Leistung des Kostenvorschusses nicht sofort entgegengenommen oder bei der Post abgeholt wird. Dies ist jedoch hinzunehmen, zu-

---

60   Vgl. auch die diesbezüglich gleiche Vorschrift von Art. 62 BGG.
      Art. 63 Abs. 4 VwVG, der seinerseits eine Konkretisierung von Art. 23 VwVG ist, stellt dergestalt ohne weiteres eine hinreichende gesetzliche Grundlage dar; vgl. BGE 133 V 405 E. 3.4, wonach die Befugnis zur Erhebung eines Kostenvorschusses und die verfahrensrechtlichen Folgen einer allfälligen Nichtbezahlung in einem Gesetz im formellen Sinn vorgesehen sein müssen.

61   Die Sachverständigen haben Anspruch auf ein Honorar sowie auf Vergütung ihrer Auslagen (Art. 20 VGKE [vgl. unten Rz. 4.91]; vgl. auch für das Klageverfahren Art. 61 BZP). Diese Gutachterkosten, die unter Umständen der unterliegenden Partei auferlegt werden, stellen ein erhebliches Prozessrisiko dar.

62   Vgl. BGE 121 II 151 E. 4b, wo das Bundesgericht festhielt, im bankenrechtlichen Aufsichtsverfahren sei es aufgrund der dort anwendbaren Spezialbestimmungen gerade nicht erforderlich, dass die vorschusspflichtige Partei die betreffende Beweismassnahme beantragt habe; vgl. auch BGE 126 II 119 E. 4d.

63   Dies ergibt sich aus der bei Unterliegen vorgenommenen Kostenverteilung; vgl. unten Rz. 4.45.

64   Von vornherein keine Berücksichtigung finden können die Gerichtsferien allerdings natürlich dann, wenn dies von Gesetzes wegen ausgeschlossen ist (Art. 22a Abs. 2 VwVG). Zur Fristwahrung vgl. unten Rz. 4.36. Zur Fristwiederherstellung vgl. oben Rz. 2.139.

65   Vgl. etwa das Beispiel im Entscheid der Rekurskommission EVD vom 17. Mai 2001, veröffentlicht in VPB 66.9 sowie die Kritik dazu bei KNEUBÜHLER, Kostenverlegung, 463 Fn. 72.

66   BGE 129 I 10 E. 2.2.

mal durch die Beschwerdeerhebung ein Prozessrechtsverhältnis begründet wird und der Beschwerdeführer weiss bzw. angesichts der klaren gesetzlichen Regelung wissen muss, dass die Aufforderung zur Leistung eines Kostenvorschusses alsbald eintreffen wird[67]. Dies führt auch dazu, dass bei Nichtabholen der erwähnten Aufforderung die gesetzliche Zustellfiktion von Art. 20 Abs. 2bis VwVG greift[68] und nach unbenütztem Ablauf der Frist androhungsgemäss auf die Beschwerde mit einzelrichterlichem Entscheid nicht eingetreten wird. Weder erfolgt also eine zweite Zustellung der ersten Aufforderung noch wird eine eigentliche Nachfrist zur Leistung des Kostenvorschusses angesetzt[69]. Unproblematisch ist angesichts der unterschiedlichen Natur der Fristen auch, dass die Frist zur Leistung eines Kostenvorschusses unter Umständen schon vor Ablauf der Rechtsmittelfrist enden kann[70].

Da es sich bei der erwähnten Frist zur Leistung eines Kostenvorschusses um eine *behördliche* **4.30** *Frist* handelt, kann sie aus zureichenden Gründen erstreckt werden, wenn die Partei vor Ablauf der Frist darum ersucht (Art. 22 Abs. 2 VwVG)[71]. Rechtzeitigen und begründeten Gesuchen ist dabei nach bundesgerichtlicher Rechtsprechung zu entsprechen, sofern die Frist nicht zum vornherein als nicht erstreckbar bezeichnet worden ist, das Verfahren nicht besonders dringlich ist und keine überwiegenden öffentlichen oder privaten Interessen dagegen sprechen[72]. Als von vornherein nicht erstreckbar wird die Frist zur Leistung eines Kostenvorschusses bisweilen in solchen Beschwerdeverfahren bezeichnet, in denen es den einzelnen Beschwerdeführenden mit ihrer Beschwerde bloss um Zeitgewinn geht[73].

Die Kostenvorschusspflicht ist zwar die Regel, gilt indessen nicht absolut. So wird **4.31** dem Wesen der *Sicherstellung der Verfahrenskosten* gemäss ein Kostenvorschuss dann nicht erhoben, wenn dem Beschwerdeführer selbst bei Unterliegen grundsätzlich keine Kosten auferlegt werden. Dies ist etwa der Fall, wenn das Bundesverwaltungsgericht ausnahmsweise durch eine Behörde angerufen wird[74] oder die Spezialgesetzgebung dies ausdrücklich so vorsieht[75]. Ebenfalls kein Kostenvorschuss

---

67 Das Prozessrechtsverhältnis verpflichtet die Parteien, sich nach Treu und Glauben zu verhalten, d.h. unter anderem dafür zu sorgen, dass ihnen Entscheide zugestellt werden können; BGE 130 III 399 E. 1.2.3; Urteil des Bundesgerichts vom 23. März 2006, veröffentlicht in ZBl 2007, 47 E. 3. – Nur wenn die Zustellung nicht (mehr) mit einer gewissen Wahrscheinlichkeit erwartet werden durfte, was beim Einverlangen des Kostenvorschusses nach dem Gesagten nicht der Fall ist, unter Umständen aber selbst in Rechtsmittelverfahren denkbar ist, vermag die Zustellfiktion nicht zu greifen; Urteil des Bundesgerichts vom 23. März 2006, veröffentlicht in ZBl 2007, 48 E. 4.2.

68 Selbstredend vermögen wie auch immer ausgestaltete Abmachungen mit der Post wie etwa Zurückbehaltungsaufträge diese gesetzliche Zustellfiktion nicht zu ändern; vgl. Urteil des Bundesgerichts vom 23. März 2006, veröffentlicht in ZBl 2007, 47 E. 3.

69 Damit verhält es sich im Verfahren vor Bundesverwaltungsgericht anders als in demjenigen vor Bundesgericht, wo Art. 62 Abs. 3 BGG eine solche Nachfrist ausdrücklich vorsieht; vgl. Beusch/Savoldelli, 235; zum Verfahren vor Bundesgericht Karlen, Bundesgerichtsgesetz, 30.

70 Entscheid des Bundesrats vom 13. November 1991, veröffentlicht in VPB 57.2 E. IV/5a.

71 Vgl. oben Rz. 2.136 ff.

72 Urteil des Bundesgerichts 1A.94/2002 vom 2. Juli 2002 E. 3.4.

73 Vgl. Kneubühler, Kostenverlegung, 464 Fn. 76.

74 Bundesbehörden werden nie und andere Behörden nur dann Kosten auferlegt, wenn es um vermögensrechtliche Interessen geht (Art. 63 Abs. 2 VwVG).
    Vgl. auch unten Rz. 4.48 f.

75 Dies ist etwa im Bundespersonalrecht (Art. 34 i.V.m. Art. 36 BPG) oder bei Anrufung des Gleichstellungsgesetzes (Art. 13 Abs. 5 GlG) der Fall, ebenso bei Beschwerden von Personen im Ausland in AHV-Verfahren (Art. 85bis Abs. 2 AHVG) und bei Verfahren betreffend den zivilen Ersatzdienst (Art. 65 ZDG) (je mit Ausnahme mutwilliger Prozessführung).

erhoben wird, wenn der Beschwerdeführerin oder dem Beschwerdeführer die unentgeltliche Rechtspflege gewährt worden ist[76]. Schliesslich kann allgemein – im Sinne einer restriktiv zu handhabenden Ausnahme[77] – auf die Erhebung des Kostenvorschusses ganz oder teilweise verzichtet werden, wenn besondere Gründe vorliegen (Art. 63 Abs. 4 VwVG)[78].

4.32 Solche Gründe können zum einen diejenigen sein, welche einen Verzicht auf Verfahrenskosten rechtfertigen würden (Art. 6 Bst. b VGKE)[79]. Dies ist in der Praxis in der Regel bei Rechtsverzögerungs-, nicht aber Rechtsverweigerungsbeschwerden der Fall[80]. Besondere Gründe können zum anderen aber auch in der Dringlichkeit des Verfahrens liegen[81] oder im Umstand,

---

Gleiches gilt für den Fall der Enteignung, trägt doch der Enteignete (grundsätzlich) keine Kosten (Art. 116 Abs. 1 EntG). Keine solche Ausnahme findet sich dagegen beispielsweise bezüglich Beschwerden über nicht gewährte Erlasse bei der direkten Bundessteuer. Zwar sieht dort Art. 167 Abs. 4 DBG vor, das Erlassverfahren sei kostenfrei. Diese Kostenfreiheit bezieht sich indessen nur auf das erstinstanzliche Verfahren, und nicht auch auf das daran anschliessende Beschwerdeverfahren; vgl. Michael Beusch, in: Martin Zweifel/ Peter Athanas (Hrsg.), Kommentar zum Schweizerischen Steuerrecht, Teil I/Band 2b, Bundesgesetz über die direkte Bundessteuer (DBG), 2. Auflage, Basel 2008, Art. 167 N 48 a f. Vgl. auch unten Rz. 4.50.

76 Wird das Gesuch um Gewährung der unentgeltlichen Rechtspflege mit der Beschwerde selbst gestellt, so kann auf die Erhebung des Vorschusses verzichtet oder über das Gesuch vorgängig entschieden werden. Geschieht Letzteres und wird das Gesuch abgelehnt, so wird – nach Eintritt der Rechtskraft des entsprechenden Zwischenentscheides – eine neue Frist zur Bezahlung des Vorschusses angesetzt. Erfolgt die Ablehnung wegen Aussichtslosigkeit, so kann die neuerliche Einverlangung des Kostenvorschusses mit der Androhung verbunden werden, es werde bei gleich bleibender Sachlage auf die Beschwerde bei Nichtbezahlen ungeachtet weiterer Gesuche (wie ein erneutes Gesuch um unentgeltliche Rechtspflege, ein Gesuch um Erlass oder Reduktion des Kostenvorschusses, Ratenzahlung, Fristverlängerung) ohne weitere Instruktion – und damit ohne Ansetzen einer Nachfrist – nicht eingetreten; Entscheid der Schweizerischen Asylrekurskommission vom 28. Januar 2004, veröffentlicht in VPB 68.149. – Gleiches gilt, wenn das Gesuch um Gewährung der unentgeltlichen Rechtspflege erst nach Aufforderung zur Leistung des Kostenvorschusses eingereicht wird, wobei in diesem Fall die angesetzte Frist einzuhalten ist, ansonsten auf die Beschwerde nicht einzutreten ist. Vgl. auch unten Rz. 4.36.

77 Urteil des Bundesgerichts 2C_521/2008 vom 22. Juli 2008 E. 3; vgl. auch BSK BGG-Geiser, Art. 62 N 15.

78 Vgl. auch BGG-Seiler, Art. 62 N 5 ff. Dies bedeutet, dass es auch zu Kostenvorschüssen unter der in Art. 3 und 4 VGKE statuierten Minimalgrenze kommen kann, nämlich dann, wenn auf die Erhebung teilweise verzichtet wird.

79 Vgl. unten Rz. 4.58 ff. Werden dem Beschwerdeführer nämlich gestützt darauf die Kosten erlassen, so gibt es keinen Grund, diese vorab sicherzustellen. In der Regel dürfte aber selten bereits bei Erheben einer Beschwerde ersichtlich sein, dass es sich um einen Fall von Art. 6 Bst. b VGKE handeln könnte.

80 Zu diesen speziellen Verfahren vgl. unten Rz. 5.18 ff.

81 So lassen z.B. Art. 108 Abs. 2 und Art. 109 AsylG sowie Art. 65 Abs. 2 AuG aufgrund der dem Bundesverwaltungsgericht vorgegebenen sehr kurzen Behandlungsfristen von vornherein keinen Raum, um dem Beschwerdeführer eine angemessene Frist zur Leistung eines Kostenvorschusses zu setzen. Schon vor Inkrafttreten dieser Bestimmungen per 1. Januar 2007 wurde im Asylbeschwerdeverfahren oft auf einen Kostenvorschuss verzichtet, weil die für die Bezahlung des Vorschusses anzusetzende Frist sowie die Notfrist im Fall eines Erstreckungs- oder Ratenzahlungsgesuchs in klaren Fällen zu einer unerwünschten Verlängerung des Prozesses geführt hätten; Kneubühler, Kostenverlegung, 464 Fn. 79.

dass bereits bei Eingang der Beschwerde klar wird, dass diese voraussichtlich gutzuheissen sein wird. Die erwähnten «besonderen Gründe» müssen dabei stets im Zusammenhang mit der Leistung des Kostenvorschusses stehen und von der beschwerdeführenden Person dargetan werden; allfällige Besonderheiten des Rechtsstreits oder des diesem zugrunde liegenden Sachverhalts sind dagegen nicht massgebend[82]. Ein bloss einstweiliger Verzicht auf die Erhebung eines Kostenvorschusses ist nicht vorgesehen[83], und ein solcher bedeutet schliesslich nicht, dass der unterliegenden Partei im Endentscheid keine Kosten auferlegt werden könnten.

Aus der Möglichkeit, auf die Erhebung eines Kostenvorschusses zu verzichten, folgt **4.33** ohne weiteres auch die *Zulässigkeit der Gewährung von Ratenzahlungen*. Die Instruktionsrichterin bzw. der Instruktionsrichter ist dabei frei, wie viele Raten er bewilligt, wobei er bei seinem Entscheid neben der Interessenlage auch die zeitliche Dringlichkeit des Geschäftes an sich berücksichtigt[84]. In der Praxis wird nur in Ausnahmefällen die Bezahlung des Kostenvorschusses in mehr als vier Raten gewährt. Ein Anspruch, Ratenzahlungen zugestanden zu erhalten, besteht nicht.

Gegen die einen Kostenvorschuss einverlangende Verfügung der Instruktionsrichterin bzw. des Instruktionsrichters kann innerhalb des Bundesverwaltungsgerichts **4.34** zwar keine Beschwerde geführt werden (Art. 39 Abs. 3 VGG). Es handelt sich aber um einen selbständig eröffneten Zwischenentscheid, der einen nicht wieder gutzumachenden Nachteil bewirken kann. Demzufolge kann er dann innert der normalen Rechtsmittelfrist von 30 Tagen beim Bundesgericht angefochten werden, wenn dieses auch mit einer *Beschwerde* gegen den Endentscheid in der Hauptsache angerufen werden könnte (Art. 83 i.V.m. 93 Abs. 1 Bst. a und 100 Abs. 1 BGG)[85]. Dies bedeutet, dass in sämtlichen Rechtsgebieten des bundesgerichtlichen Ausnahmekatalogs von Art. 83 BGG, in denen das Bundesverwaltungsgericht letztinstanzlich entscheidet[86], gegen die den Kostenvorschuss einverlangende Verfügung der Instruktionsrichterin bzw. des Instruktionsrichters kein Rechtsmittel zur Verfügung steht und diese dementsprechend auch keine Rechtsmittelbelehrung enthalten kann und muss[87/88].

---

82 Urteil des Bundesgerichts 2C_69/2007 vom 17. August 2007 E. 3.1; vgl. auch Urteile des Bundesgerichts 2A.536/2005 vom 16. September 2005 E. 3 und 2A.488/2006 vom 1. September 2006 E. 3.1 (je unter Hinweis auf den denkbaren Grund der Liquiditätsprobleme angesichts eines beträchtlichen Kostenvorschusses).

83 Urteil des Bundesgerichts 2C_69/2007 vom 17. August 2007 E. 3.2.

84 Im Auge zu behalten ist auch das verfassungsrechtlich garantierte Beschleunigungsgebot (Art. 29 Abs. 1 BV).

85 Steht der Rechtsmittelweg an das Bundesgericht offen, können behauptete Unzulänglichkeiten der Kostenvorschussverfügung aber auch erst mit der Beschwerde gegen den Endentscheid angefochten werden, soweit sie sich auf dessen Inhalt auswirken (Art. 93 Abs. 3 BGG). Solches wäre etwa bei einem Nichteintretensbeschluss mangels Leistung des Kostenvorschusses ohne weiteres der Fall; BGG-SEILER, Art. 93 N 18; vgl. auch Botschaft Totalrevision Bundesrechtspflege, BBl 2001 4408.

86 Dabei handelt es sich auch um zahlenmässig ausgesprochen bedeutsame Gebiete wie etwa die ausländerrechtliche Einreise (Art. 83 Bst. c Ziff. 1 BGG), die Gewährung bzw. Verweigerung des Asyls (Art. 83 Bst. d Ziff. 1 BGG), die internationale Amtshilfe (Art. 83 Bst. h BGG) oder die Ergebnisse von Prüfungen (Art. 83 Bst. t BGG); vgl. oben Rz. 1.45 f.

87 BGG-SEILER, Art. 83 N 13; vgl. auch Botschaft Totalrevision Bundesrechtspflege, BBl 2001 4408. Etwas diffiziler präsentiert sich die Sachlage auf dem Gebiet der Staatshaftung sowie des öffentlich-rechtlichen Arbeitsverhältnisses, kann dort doch auch bei Nichterrei-

4.35 Analoges gilt, wenn Entscheide des Bundesverwaltungsgerichts (ausnahmsweise) mit der Beschwerde in Zivilsachen an das Bundesgericht weiter gezogen werden können, was etwa beim Streit über Verfügungen des Instituts für geistiges Eigentum und des Eidgenössischen Handelsregisteramtes der Fall ist (Art. 72 Abs. 2 Bst. b Ziff. 2 und 75 Abs. 1 BGG). Handelt es sich dabei um eine vermögensrechtliche Angelegenheit[89], so muss der Streitwert Fr. 30 000.– betragen oder sich eine Rechtsfrage von grundsätzlicher Bedeutung stellen (Art. 74 Abs. 1 und 2 Bst. a BGG), damit an das Bundesgericht gelangt werden kann. Ist dies nicht der Fall, entscheidet das Bundesverwaltungsgericht endgültig und kann mithin auch gegen die den Kostenvorschuss einverlangende Verfügung der Instruktionsrichterin bzw. des Instruktionsrichters kein Rechtsmittel ergriffen werden[90]. Gleiches gilt für den im Rahmen des Widerspruchsverfahrens gegen eine Marke getroffenen Entscheid, der nicht an das Bundesgericht gezogen werden kann (Art. 73 BGG)[91].

4.36 Wird der eingeforderte Kostenvorschuss nicht bzw. *nicht rechtzeitig* oder nicht vollumfänglich geleistet, so tritt das Bundesverwaltungsgericht mit einzelrichterlichem Entscheid androhungsgemäss auf die Beschwerde nicht ein (Art. 23 Abs. 1 Bst. b VGG)[92]. Wie erwähnt gibt es – anders als im Verfahren vor dem Bundesgericht (Art. 62 Abs. 3 BGG) – *keine Nachfrist* zur Leistung des Kostenvorschusses[93]. Die Frist für die Zahlung eines Vorschusses ist gewahrt, wenn der Betrag rechtzeitig zu Gunsten der Behörde der Schweizerischen Post übergeben oder einem Post- oder Bankkonto in der Schweiz belastet worden ist (Art. 21 Abs. 3 VwVG)[94]. Gegenüber der bis Ende 2006 geltenden Rechtslage ist damit die Situation für Beschwerdeführende markant verbessert worden. Nach wie vor reicht es aber nicht, der Bank oder auch der Post (zu Handen der Postfinance oder der Bank) am letzten Tag der Frist

---

chen der statuierten Streitwertgrenze dann an das Bundesgericht gelangt werden, wenn sich eine Rechtsfrage von grundsätzlicher Bedeutung stellt (Art. 85 BGG). Da nur das Bundesgericht zu entscheiden vermag, wann eine solche Rechtsfrage von grundsätzlicher Bedeutung ist, versieht das Bundesverwaltungsgericht seine Kostenvorschussverfügungen in diesen Fällen mit einer entsprechend formulierten Rechtsmittelbelehrung; vgl. oben Rz. 1.43. Analoges gilt für den Bereich der öffentlichen Beschaffungen, wo das Bundesverwaltungsgericht nur zuständig ist, wenn der massgebende Schwellenwert erreicht ist und alsdann eine Beschwerde an das Bundesgericht nur möglich ist, wenn sich eine Rechtsfrage von grundsätzlicher Bedeutung stellt (Art. 83 Bst. f BGG); vgl. oben Rz. 1.45 in fine.

88 Ein Rechtsmittel besteht in denjenigen Rechtsgebieten, in denen das Bundesverwaltungsgericht letztinstanzlich entscheidet, selbst dann nicht, wenn «nur» die Verletzung von Verfahrensgarantien gerügt wird; vgl. oben Rz. 1.48.

89 Dies ist bei Markeneintragungsbegehren der Fall; Urteil des Bundesgerichts 4A_116/2007 vom 27. Juni 2007 E. 3.2.

90 Hier stellt sich allerdings erneut das Problem, dass nur das Bundesgericht zu entscheiden vermag, wann eine Rechtsfrage von grundsätzlicher Bedeutung vorliegt, weshalb das Bundesverwaltungsgericht seine Kostenvorschussverfügungen in diesen Fällen mit einer entsprechend formulierten Rechtsmittelbelehrung versieht.

91 Zum dennoch an das Bundesgericht führenden «Umweg» über das kantonale Zivilgericht vgl. BGG-GÜNGERICH, Art. 73 N 2.

92 Ein allfälliges Gesuch um Fristerstreckung oder Gewährung der unentgeltlichen Rechtspflege muss ebenfalls unter Wahrung der Frist erfolgen.

93 Vgl. BEUSCH/SAVOLDELLI, 235; zum Verfahren vor Bundesgericht KARLEN, Bundesgerichtsgesetz, 30.

94 Gleich lautend Art. 48 Abs. 4 BGG. Zu den erhöhten Anforderungen bei internationalen Zahlungen sowie möglichen, vom Vorschusspflichtigen zu vertretenden Unzulänglichkeiten vgl. Urteil des Bundesverwaltungsgerichts B-7948/2007 vom 7. Januar 2008 E. 5.2.

den Zahlungsauftrag zu übergeben; massgebend ist die Valuta. Weiterhin möglich ist, den Kostenvorschuss am letzten Tag der Frist persönlich am Postschalter einzubezahlen[95]. Nach wie vor haben sich Beschwerdeführende das Verhalten einer Hilfsperson, deren sie sich zur Erfüllung der Vorschusspflicht bedienen, wie ihr eigenes zurechnen zu lassen[96]. Wird zu spät bezahlt, so erfolgt eine Anrechnung des Bezahlten an die für die Nichteintretensverfügung zu leistende Gerichtsgebühr und wird der in der Regel verbleibende Überschuss nach Rechtskraft des Endentscheids zurückerstattet.

Sind Ratenzahlungen gewährt worden, so ist *jede einzelne Rate innerhalb der jeweils gesetzten Frist* zu bezahlen. Ist m.a.W. auch nur eine Ratenzahlung zu spät erfolgt, so wird auf die Beschwerde nicht eingetreten. Die Rechtssuchenden werden auf diese Verpflichtung zur fristgerechten Bezahlung jeder Rate in der Praxis ausdrücklich aufmerksam gemacht.   **4.37**

Obsiegt die den Kostenvorschuss leistende Partei im Endentscheid, so erhält sie nach dessen Rechtskraft den Kostenvorschuss zurückerstattet, ebenfalls, wenn trotz Unterliegens ausnahmsweise die Verfahrenskosten erlassen werden. Bei «normalem», kostenpflichtigem Unterliegen erfolgt eine *Anrechnung an die zu leistende Gerichtsgebühr*[97]. Die im Endentscheid auferlegten Kosten müssen in ihrer Höhe dabei nicht dem Kostenvorschuss entsprechen, werden es aber in der Regel tun. Ein allfälliger Überschuss wird nach Rechtskraft des Endentscheids zurückerstattet, ein allfälliges Manko zum gleichen Zeitpunkt nachgefordert. Der Kostenvorschuss wird nicht verzinst[98].   **4.38**

4.   Kostenverlegung

a)   *Unterliegerprinzip als Grundsatz*

Nach Art. 63 Abs. 1 VwVG auferlegt das Bundesverwaltungsgericht die Verfahrenskosten in der Regel der *unterliegenden Partei*[99]. Unterliegt diese nur teilweise, so werden die Kosten ermässigt, was bedeutet, dass die Verfahrenskosten im Verhältnis des Unterliegens zu verteilen sind. Die Verlegung der Verfahrenskosten nach Massgabe des Obsiegens und Unterliegens auf die Verfahrensparteien entspricht auch einem allgemeinen prozessualen Grundsatz[100].   **4.39**

Ist eine Gegenpartei im Verfahren beteiligt, kann von einem reziproken Verhältnis ausgegangen werden: Die eine Partei obsiegt in dem Umfang, in welchem die andere unterliegt. Fehlt eine Gegenpartei, unterliegt die beschwerdeführende Partei in dem Masse, in welchem die Vorinstanz obsiegt und umgekehrt. Da den Vorinstanzen keine Kosten auferlegt werden kön-   **4.40**

---

95 BGG-Güngerich, Art. 48 N 4.
96 Vgl. BGE 114 Ib 69 E. 2.
97 So ausdrücklich Art. 5 Abs. 3 der – für das Verfahren vor dem Bundesverwaltungsgericht allerdings nicht anwendbaren – bundesrätlichen Verordnung vom 10. September 1969 über Kosten und Entschädigungen im Verwaltungsverfahren (SR 172.041.0).
98 BGG-Seiler, Art. 62 N 4.
99 Vgl. auch Art. 66 BGG. Unterliegend ist nicht nur die Partei, deren Beschwerde abgewiesen, sondern auch diejenige, auf deren Beschwerde nicht eingetreten worden ist. Zum Fall des zur Gegenstandslosigkeit führenden Rückzugs der Beschwerde vgl. unten Rz. 4.55 ff.
100 BGE 132 II 55 E. 3.3; vgl. auch BGG-Seiler, Art. 66 N 21.

nen (Art. 63 Abs. 2 VwVG)[101], wird in solchen Fällen in der Praxis die Gebühr bloss in dem Umfang erhoben, in dem die beschwerdeführende Partei unterliegt[102].

4.41   Vorausgesetzt für eine Kostenauflage ist *Parteistellung* im Verfahren vor der Beschwerdeinstanz. Nicht ohne weiteres abgestellt werden kann dabei auf die in Art. 6 VwVG enthaltene Legaldefinition. Zweifelsfrei Partei ist, wer mit einer Beschwerde an das Bundesverwaltungsgericht gelangt, ebenso, wer sich mit eigenen Anträgen am Beschwerdeverfahren beteiligt[103]. Parteistellung hat aber auch, wer in einem verwaltungsrechtlichen Mehrparteienverfahren vor der Vorinstanz als Gegenpartei der nunmehr an das Bundesverwaltungsgericht gelangenden Partei beteiligt gewesen ist[104]. Handelt es sich dabei um die das ursprüngliche Verfügungsverfahren auslösende Partei[105], so bleibt bei Unterliegen auch eine Kostenpflicht bestehen, wenn keine Beteiligung am Rechtsmittelverfahren erfolgt, denn Stillschweigen bedeutet in diesem Fall implizites Festhalten am ursprünglichen eigenen Begehren[106]. Wer dagegen ohne eigenes Zutun in das Verfahren einbezogen worden ist oder den eigenen Rechtsstandpunkt in der Zwischenzeit aufgegeben und sich unterzogen hat, soll nicht darunter zu leiden haben, dass andere Verfahrensbeteiligte quasi auf seinem Rücken einen Rechtsstreit austragen[107]. Gleiches kann gelten, wenn es ausschliesslich um verfahrensrechtliche Fragen geht und/oder die unterliegende Partei zu Unrecht vor der Vorinstanz nicht in das Verfahren einbezogen worden ist[108]. Ohnehin

---

101   Vgl. unten Rz. 4.47.
102   KNEUBÜHLER, Kostenverlegung, 457.
       Formell korrekt wäre die Erhebung der ganzen Gebühr, worauf der der Bundesinstanz aufzuerlegende Teil auf die Gerichtskasse zu nehmen wäre.
103   BGG-SEILER, Art. 66 N 6 ff.; KNEUBÜHLER, Kostenverlegung, 458 ff.
104   Solches ist beispielsweise in einem markenrechtlichen Widerspruchsverfahren der Fall.
105   Im erwähnten Beispiel des markenrechtlichen Widerspruchsverfahrens diejenige, welche das Verfahren eingeleitet und vor dem Institut für geistiges Eigentum obsiegt hat. Zur diesbezüglich vergleichbaren Situation im Plangenehmigungsverfahren BGE 128 II 90.
106   Vgl. BGE 128 II 93 E. 2 b; Urteil des Bundesgerichts 1P.537/2004 und 1P.561/2004 vom 6. Juni 2005 E. 5.1. Gleiches gilt für den Fall, in dem eine von Amtes wegen in ein Verwaltungsverfahren, in der Regel ein Steuerverfahren, einbezogene natürliche Person im erstinstanzlichen Rechtsmittelverfahren obsiegt, alsdann aber vor der von der Verwaltungsbehörde angerufenen Zweit- (oder Dritt-) Instanz wieder unterliegt. In einem solchen Fall wurde nämlich der weiter gezogene Entscheid veranlasst; vgl. z.B. Urteil des Bundesgerichts 2A.480/2004 vom 2. Februar 2005 E. 4.2; Urteil des Bundesgerichts 2A.183/2005 vom 3. November 2005 E. 4.2 (beide zum Verfahren der direkten Bundessteuer, zu deren Beurteilung das Bundesverwaltungsgericht nur ausnahmsweise zuständig ist; MICHAEL BEUSCH, in: Martin Zweifel/Peter Athanas [Hrsg.], Kommentar zum Schweizerischen Steuerrecht, Teil I/Band 2b, Bundesgesetz über die direkte Bundessteuer [DBG], 2. Auflage, Basel 2008, Art. 167 N 47.) – Zur trotz fehlender Beteiligung am Rechtsmittelverfahren denkbaren Entschädigungspflicht vgl. unten Rz. 4.70.
107   KNEUBÜHLER, Kostenverlegung, 459. So ist etwa auch die Praxis des Verwaltungsgerichts des Kantons Zürich in den Fällen, in denen es materiell um die Veranlagung von nunmehr geschiedenen oder getrennten Ehegatten für ein Steuerjahr geht, in denen beide noch gemeinsam veranlagt wurden (Art. 9 Abs. 1 DBG). Materiell bilden beide Ehegatten für das fragliche Steuerjahr eine notwendige Streitgenossenschaft. Prozessiert indessen nur einer und nimmt der andere ausdrücklich Abstand davon, so wechselt Letzterer «die Seite» und wird bei Unterliegen des beschwerdeführenden Partners nicht kostenpflichtig.
108   Urteil des Bundesgerichts 1A.94/2002 vom 2. Juli 2002 E. 4.

mangels Parteistellung keine Kostenpflicht trifft, wer zwar am Verwaltungsverfahren freiwillig teilgenommen hat, sich vor der Rechtsmittelinstanz daran aber nicht mehr beteiligt[109].

Keine Parteistellung hat der (Rechts-)vertreter der Partei. Ihm könnten deshalb die Verfah-   **4.42** renskosten nur auferlegt werden, wenn eine entsprechende (spezial-)gesetzliche Grundlage bestünde. Eine solche findet sich – anders als etwa in Art. 66 Abs. 3 BGG[110] – im VwVG nicht[111].

Das für die Kostenverlegung massgebende *Ausmass des Unterliegens* hängt vorab   **4.43** von den im konkreten Fall in der Beschwerde gestellten Rechtsbegehren ab[112]. Diese haben den Anforderungen von Art. 52 VwVG zu genügen[113] und sind nötigenfalls anhand der Begründung auszulegen. Auf die Reihenfolge in der Beschwerdeschrift sowie die Aufteilung der Begehren in Haupt- und Eventualbegehren etc. kommt es dabei nicht an. Abzustellen ist auf das materiell wirklich Gewollte. Wird beispielsweise primär eine Rückweisung und eventualiter die Erteilung einer Bewilligung oder die Aufhebung einer Bezahlung zur Verpflichtung eines Steuerbetrags verlangt, so führt eine Rückweisung trotz formell vollständigen Obsiegens unter Kostengesichtpunkten lediglich zu einem hälftigen Obsiegen und zur entsprechenden Kostenauflage, ist die Angelegenheit in der Hauptsache doch nach wie vor unentschieden[114].

Einzubeziehen beim Ganzen sind bei alledem auch im Laufe des Beschwerdever-   **4.44** fahrens bezüglich Rechtsbegehren eingetretene *Entwicklungen:* Wer seine Verfahrensanträge im Laufe des Beschwerdeverfahrens (ziffernmässig) anpasst oder sein Projekt ändert und aus diesem Grund obsiegt, kann nicht mehr als vollumfänglich

---

109 Vgl. auch Urteil des Bundesgerichts 1P.537/2004 und 1P.561/2004 vom 6. Juni 2005 E. 5.1; BGG Seiler, Art. 66 N 14.

110 BGG-Seiler, Art. 66 N 42; vgl. auch BGE 129 IV 207 E. 2.

111 Entscheide wie derjenige der Schweizerischen Asylrekurskommission vom 15. November 2005, veröffentlicht in VPB 70.50 E. 6, wo dem mutwillig prozessierenden Vertreter gestützt auf Art. 6 AsylG (in der Fassung gemäss AS 1999 2262) i.V.m. Art. 156 OG die Verfahrenskosten auferlegt worden sind, können mithin durch das Bundesverwaltungsgericht jedenfalls ausserhalb des Asylbereichs (vgl. oben Rz. 3.155) nicht gefällt werden. – Reicht der Vertreter indessen eine Beschwerde ohne Vollmacht ein und bringt diese auch nach Aufforderung nicht bei, so gilt der Vertreter als Partei und werden ihm bei Unterliegen die Kosten auferlegt; vgl. BGE 129 I 312 E. 2. – Ohnehin vorbehalten bleibt Art. 60 VwVG; vgl. Urteil des Bundesverwaltungsgerichts A-1454/2006 vom 26. September 2007 E. 1.5.

112 Vgl. BGE 123 V 158 E. 3c. Bei nur teilweiser Anfechtung des vorinstanzlichen Entscheids bedeutet dessen insoweite Aufhebung mithin ein vollständiges Obsiegen des Beschwerdeführers; BGG-Seiler, Art. 66 N 17.

113 Vgl. oben Rz. 2.211 ff.

114 Anders verhält es sich immerhin dann, wenn die Rückweisung aufgrund eines Verfahrensfehlers der Vorinstanz erfolgt, weil diese etwa dem Beschwerdeführer das rechtliche Gehör verweigert hat. Unter diesen Umständen sind dem Beschwerdeführer trotz unentschiedenen Ausgangs in der Hauptsache keine Verfahrenskosten aufzuerlegen bzw. sind ihm diese in Anwendung von Art. 6 Abs. 1 Bst. b VGKE zu erlassen. Gleiches kann für den Fall gelten, in dem eine Gehörsverletzung im Verfahren vor dem Bundesverwaltungsgericht geheilt wird; vgl. oben Rz. 3.114. Vgl. auch (differenzierend) BGG-Seiler, Art. 66 N 22.

obsiegend gelten; anders verhält es sich allerdings dann, wenn die Gegenpartei – etwa in einem Plangenehmigungsverfahren nach erfolgter Abänderung des Projekts vor Bundesverwaltungsgericht – weiterhin an ihrem Antrag auf Nichtgenehmigung festhält[115].

4.45   Nicht ausdrücklich geregelt ist für das Verfahren vor Bundesverwaltungsgericht, wie es sich mit der Kostenauflage und der Haftung für die Verfahrenskosten beim *Unterliegen mehrerer Parteien* verhält[116]. Je nach dem Verhältnis der genannten Parteien untereinander ist zu differenzieren[117]:

– Werden zwei oder mehr das gleiche Anfechtungsobjekt betreffende Beschwerden getrennt voneinander entschieden, bestehen keine echten gemeinsamen Kosten und besteht weder eine solidarische noch eine subsidiäre wechselseitige Haftung. Jede (unterliegende) Partei wird einzig für die in ihrem Verfahren auferlegten Kosten leistungspflichtig und haftet ausschliesslich für diese.
– Notwendige Streitgenossenschaften sind materiell stets gemeinsam berechtigt oder verpflichtet, woraus zwingend eine gemeinsame Kostenauferlegung und eine solidarische Haftung folgt[118].
– Liegt eine freiwillige Streitgenossenschaft vor, reichen mehrere Parteien mithin eine Beschwerde gemeinsam ein, oder reichen die Parteien die Beschwerde getrennt ein und beantragen Vereinigung, so kommt es zu einer anteilsmässigen Auferlegung der Kosten unter solidarischer Haftung eines jeden für den ganzen Betrag.

b)   Ausnahmen zum Unterliegerprinzip

4.46   Vom Grundsatz der Kostenpflicht gibt es *verschiedene Ausnahmen*. Neben dem Sonderfall der in Art. 33b Abs. 5 VwVG geregelten Nichterhebung der Verfahrenskosten bei zustande gekommener Einigung, bei der es systemimmanent keine eigentlich unterliegende Partei gibt[119], existieren zahlreiche Ausnahmen vom Unterliegerprinzip, welche allerdings auf ganz unterschiedlichen rechtlichen Motiven beruhen und auch nicht allesamt im VwVG geregelt sind[120].

4.47   Keine Verfahrenskosten werden Vorinstanzen oder beschwerdeführenden und *unterliegenden Bundesbehörden* auferlegt; anderen als Bundesbehörden, die Beschwerde führen und unterliegen, werden Verfahrenskosten auferlegt, soweit sich

---

115   Kneubühler, Kostenverlegung, 457 f.
116   Regelungen finden sich dagegen in Art. 66 Abs. 5 BGG sowie in Art. 7 der bundesrätlichen Verordnung vom 10. September 1969 über Kosten und Entschädigungen im Verwaltungsverfahren (SR 172.041.0). Beide sind jedoch wie erwähnt für das Verfahren vor Bundesverwaltungsgericht nicht einschlägig; vgl. oben Rz. 4.3.
117   Kneubühler, Kostenverlegung, 461 ff., auch zum Folgenden.
118   Zur Ausnahme der gemeinsam veranlagten Ehegatten vgl. oben Rz. 4.41.
119   Selbst wenn die Einigung misslingt, kann vom Auferlegen von Kosten abgesehen werden (Art. 33b Abs. 5 Satz 2 VwVG); zu Art. 33b VwVG vgl. auch oben Rz. 2.32 ff.
120   Zu der an sich auch in einem gewissen Rahmen bestehenden Möglichkeit der Parteien, Vereinbarungen über die Kostentragung zu treffen, vgl. BSK BGG-Geiser, Art. 66 N 6 mit Hinweisen.

der Streit um vermögensrechtliche Interessen von Körperschaften oder autonomen Anstalten dreht (Art. 63 Abs. 2 VwVG)[121].

Das Verbot, Bundesbehörden Kosten aufzuerlegen, wird bisweilen auch als «*Ausnahme von* **4.48** *der Gebührenpflicht*» bezeichnet[122]. Bundesbehörden sind dabei neben den Stellen der zentralen Bundesverwaltung auch dezentralisierte Verwaltungseinheiten nach Massgabe ihrer Organisationserlasse sowie ausserhalb der Bundesverwaltung stehende Organisationen des öffentlichen oder privaten Rechts, welche mit Verwaltungsaufgaben betraut werden (Art. 2 RVOG; vgl. auch Art. 1 Abs. 2 Bst. a, c und e VwVG)[123]. Dabei spielt keine Rolle, ob es um Vermögensinteressen der Bundesbehörden geht.

Kantone und Gemeinden (sowie weitere dem Bund nicht zuzurechnende Körperschaften oder **4.49** autonome Anstalten) dagegen werden bei Unterliegen dann kostenpflichtig, wenn sie (kumulativ) die Beschwerde erhoben haben und wenn es um ihre Vermögensinteressen geht. Obwohl alle amtlichen Aufgaben letztlich einen Konnex zum staatlichen Finanzwesen haben, bestehen dann keine Vermögensinteressen, wenn sich die genannten Beschwerdeführenden primär für die aus ihrer Optik korrekte Erfüllung der Staatsaufgaben verwenden[124].

Keine Verfahrenskosten werden sodann trotz Unterliegens auferlegt, wenn dies *spe-* **4.50** *zialgesetzlich* so vorgesehen ist. Dies ist etwa im Bundespersonalrecht (Art. 34 i.V.m. Art. 36 BPG) oder bei Anrufung des Gleichstellungsgesetzes (Art. 13 Abs. 5 GlG) der Fall, ebenso bei Beschwerden von Personen im Ausland in AHV-Verfahren (Art. 85bis Abs. 2 AHVG) sowie bei Verfahren betreffend den zivilen Ersatzdienst (Art. 65 ZDG). Ähnliches gilt für den Fall des Enteignungsrechts, wo dem Enteigneten grundsätzlich ebenfalls keine Kosten auferlegt werden (Art. 116 Abs. 1 EntG)[125]. Gleich ist die Handhabung sodann in der Praxis in der Regel bei Rechtsverzögerungs-, nicht aber bei Rechtsverweigerungsbeschwerden[126]. Vorbehalten bleibt in sämtlichen Fällen allerdings die ausnahmsweise Kostenpflicht bei mutwilliger Prozessführung[127].

Keine solche Ausnahme findet sich dagegen beispielsweise bezüglich Beschwerden über **4.51** nicht gewährte Erlasse bei der direkten Bundessteuer. Zwar sieht dort Art. 167 Abs. 4 DBG vor, das Erlassverfahren sei kostenfrei. Diese Kostenfreiheit bezieht sich indessen nur auf das

---

121 Vgl. demgegenüber der anders aufgebaute Art. 66 Abs. 4 BGG, wonach Bund, Kantone und Gemeinden sowie mit öffentlich-rechtlichen Aufgaben betrauten Organisationen *in der Regel* keine Verfahrenskosten auferlegt werden, wenn sie in ihrem *amtlichen Wirkungskreis* und zugleich *ohne Vermögensinteressen* handeln; BGE 133 V 637 E. 4; 133 V 640 E. 4; 133 V 643 E. 5.

122 Kneubühler, Kostenverlegung, 456.

123 Vgl. auch die konkrete Aufzählung bei Thomas Sägesser, Regierungs- und Verwaltungsorganisationsgesetz, Bern 2007, Art. 2 N 151 ff.
Einen eingeschränkteren Kreis der Kostenfreiheit ziehend Kneubühler, Kostenverlegung, 456 f. Zur Abgrenzung vgl. auch BGG-Seiler, Art. 66 N 46.

124 BGG-Seiler, Art. 66 N 51 ff.; Kneubühler, Kostenverlegung, 457; je mit Hinweisen und Beispielen.

125 Werden die Begehren des Enteigneten ganz oder zum grösseren Teil abgewiesen, so können die Kosten auch anders verteilt werden. Unnötige Kosten trägt in jedem Fall, wer sie verursacht hat. Art. 116 Abs. 1 Satz 2 und 3 EntG; Urteil des Bundesverwaltungsgerichts A-4676/2007 vom 11. Dezember 2007 E. 8.

126 Zu diesen speziellen Verfahren vgl. unten Rz. 5.18 ff.

127 Zum Begriff der Mutwilligkeit vgl. oben Rz. 4.22.

erstinstanzliche Verfahren, und nicht auch auf das daran anschliessende Beschwerdeverfahren[128].

4.52 Ausnahmsweise können auch einer obsiegenden Partei Verfahrenskosten auferlegt werden, wenn diese durch *Verletzung von Verfahrenspflichten* verursacht worden sind (Art. 63 Abs. 3 VwVG). Dies ist typischerweise der Fall, wenn der Beschwerdeführer das Beschwerdeverfahren und/oder das vorinstanzliche Verfahren durch Verletzung von Mitwirkungspflichten (Art. 13 VwVG) unnötigerweise verursacht und in die Länge gezogen hat, etwa durch verspätetes Vorbringen relevanter Beweismittel, die zu einer Gutheissung der Beschwerde führen[129]. Die Regelung des VwVG geht damit weniger weit als diejenige von Art. 66 Abs. 3 BGG[130].

4.53 Schliesslich zu nennen ist der Fall, in welchem die Verfahrenskosten der unterliegenden Partei *erlassen* werden (Art. 63 Abs. 1 letzter Satz VwVG; Art. 6 VGKE)[131].

4.54 Sachgerecht wäre auch, die qua spezialgesetzlicher Regelung zur Beschwerde legitimierten Umwelt- und Naturschutzorganisationen grundsätzlich von der Kostenpflicht zu befreien[132]. Mangels gesetzlicher Grundlage ist dies indessen nicht generell möglich[133].

c) *Sonderfall Gegenstandslosigkeit*

4.55 Wird ein Verfahren gegenstandslos, fällt m.a.W. das rechtliche Interesse an der Beurteilung im Laufe des Prozesses dahin, so werden die Verfahrenskosten in der Regel jener Partei auferlegt, deren Verhalten die *Gegenstandslosigkeit bewirkt* hat. Ist das Verfahren ohne Zutun der Parteien gegenstandslos geworden, so werden die Kosten auf Grund der Sachlage vor Eintritt des Erledigungsgrunds festgelegt (Art. 5 VGKE)[134].

4.56 Die Bestimmung derjenigen Partei, welche die Gegenstandslosigkeit des Verfahrens bewirkt hat, erfolgt nach *materiellen Kriterien;* unerheblich ist damit, wer die formelle Prozesshandlung vornimmt, welche die Behörde unmittelbar zur Abschreibung veranlasst. Zieht die Vorinstanz ihren Entscheid in Wiedererwägung, gilt des-

---

128 Michael Beusch, in: Martin Zweifel/Peter Athanas (Hrsg.), Kommentar zum Schweizerischen Steuerrecht, Teil I/Band 2b, Bundesgesetz über die direkte Bundessteuer (DBG), 2. Auflage, Basel 2008, Art. 167 N 48a f.

129 Vgl. etwa Urteil des Bundesverwaltungsgerichts A-1527/2006 vom 6. März 2008 E. 6.2; Entscheid der Eidgenössischen Steuerrekurskommission vom 8. März 2004, veröffentlicht in VPB 68.98; Kneubühler, Kostenverlegung, 458; vgl. etwa auch die spezialgesetzliche Regelung von Art. 116 Abs. 1 Satz 3 EntG. Ähnliche Regelungen bereits für erstinstanzliche bzw. Einsprache-Verfahren sehen auch gewisse Spezialgesetze vor, etwa Art. 68 Abs. 2 MWSTG; vgl. etwa Urteil des Bundesverwaltungsgerichts A-1448/2006 vom 24. Januar 2008 E. 2.2.

130 Vgl. oben Rz. 4.42.

131 Vgl. unten Rz. 4.58 ff.

132 BGE 123 II 357 E. 10a; Kneubühler, Kostenverlegung, 467 f.

133 Materiell kann indessen dasselbe Ergebnis erzielt werden, indem diesen Organisationen in Anwendung von Art. 6 Bst. b VGKE die Kosten erlassen werden können.

134 So nunmehr auch ausdrücklich Art. 4b der bundesrätlichen Verordnung vom 10. September 1969 über Kosten und Entschädigungen im Verwaltungsverfahren (SR 172.041.0). Für das Verfahren vor Bundesverwaltungsgericht nicht mehr einschlägig ist die Regelung von Art. 72 BZP; zu dieser vgl. Kneubühler, Kostenverlegung, 460 f.

halb die Vorinstanz nur dann als im Sinn von Art. 5 VGKE unterliegend, wenn sie ihren Entscheid aus besserer eigener Erkenntnis abgeändert hat und nicht dann, wenn sie dies tut, weil die Gegenpartei den Umstand beseitigt hat, der Anlass zum Einschreiten gegeben hat[135]. Wird die Beschwerde durch Rückzug gegenstandslos, so gilt das Gesagte analog[136].

Ist die Gegenstandslosigkeit im erwähnten Sinn durch eine Partei bewirkt worden, so ist es nach dem klaren Wortlaut von Art. 5 VGKE irrelevant, wie die *Prozessaussichten vor Eintritt der Gegenstandslosigkeit* zu würdigen gewesen wären. Diese Frage stellt sich erst, wenn das Verfahren ohne Zutun der Parteien gegenstandslos geworden ist. Der für den Entscheid zuständige Einzelrichter (Art. 23 Abs. 1 Bst. b VGG) würdigt dann die Sachlage vor Eintritt des Erledigungsgrunds summarisch. **4.57**

5.   Kostenerlass

Art. 6 VGKE regelt unter dem Titel «Verzicht auf Verfahrenskosten» *zwei Konstellationen* des Erlasses. So können einer Partei, der keine unentgeltliche Rechtspflege im Sinne von Art. 65 VwVG gewährt wird, die Verfahrenskosten ganz oder teilweise erlassen werden, wenn ein Rechtsmittel ohne erheblichen Aufwand für das Gericht durch Rückzug erledigt wird (Bst. a) oder andere Gründe in der Sache oder in der Person der Partei es als unverhältnismässig erscheinen lassen, sie ihr aufzuerlegen (Bst. b). **4.58**

Ein einen Verzicht auf Verfahrenskosten rechtfertigender *unerheblicher Aufwand* des Gerichts liegt längstens bis zum Abschluss des ersten Schriftenwechsels vor. Sind darüber hinausgehende Instruktionsmassnahmen erfolgt, rechtfertigt sich ein vollständiger Kostenerlass unter diesem Titel grundsätzlich nicht mehr[137]. In der Praxis wird dann auf die Auferlegung der Verfahrenskosten verzichtet, wenn die Beschwerde vor Ablauf der für die Begleichung des Kostenvorschusses angesetzten Frist zurückgezogen worden ist[138]. Dass ein Verfahren gegenstandslos geworden ist, rechtfertigt für sich allein indessen noch keinen Kostenerlass. **4.59**

Denkbar ist ein Erlass von Verfahrenskosten aus *Billigkeitsgründen,* weil andere Gründe (ausserhalb des geringen Aufwandes) in der Sache oder in der Person der Partei es als unverhältnismässig erscheinen lassen, die Kosten ihr aufzuerlegen. Solches kann nach der bundesgerichtlichen Rechtsprechung namentlich dann zutreffen, wenn mit der Beschwerde ideelle Ziele verfolgt werden, wenn das öffentliche Interesse an der Abklärung einer Streitsache einen Kostenerlass rechtfertigt, wenn sich **4.60**

---

135   KNEUBÜHLER, Kostenverlegung, 460. Vgl. etwa Urteil des Bundesverwaltungsgerichts A-1466/2006 vom 10. September 2007 E. 6 (Reduktion der Kosten infolge teilweiser Wiedererwägung durch die Vorinstanz).
136   Der Rückzug der Beschwerde führt häufig zu einem Erlass der Verfahrenskosten; vgl. unten Rz. 4.58 ff.
137   Zum Ausnahmefall des Vergleichs vgl. oben Rz. 3.213.
138   P.M.: Wird die Beschwerde nach Ablauf der Frist für die Leistung des Kostenvorschusses zurückgezogen, ohne dass dieser geleistet worden wäre, ist auf die Beschwerde kostenfällig nicht einzutreten; vgl. oben Rz. 4.36.

die unterliegende Partei in einer finanziellen Notlage befindet[139] oder wenn eine neue Praxis erstmals zur Anwendung gelangt und die Beschwerde führende Partei gestützt auf die bisherige Praxis damit rechnen durfte, dass auf ihre Beschwerde eingetreten werde[140]. Gleiches gilt in der Regel, bei einer Rückweisung wegen Verletzung des rechtlichen Gehörs oder der Heilung einer Gehörsverletzung im Verfahren vor dem Bundesverwaltungsgericht[141].

4.61 Aufgrund der klaren Formulierung von Art. 6 VGKE besteht *kein Anspruch* auf Erlass der Verfahrenskosten. Der Entscheid hierüber liegt im – pflichtgemäss auszuübenden – Ermessen des Spruchkörpers.

III.   Parteientschädigung

1.   Zweck

4.62 Parteientschädigungen bezwecken den Ersatz derjenigen Kosten, welche eine Prozesspartei zur Verfolgung ihrer geltend gemachten Rechte aufgewendet hat[142]; sie stellen Schadenersatz der aus der Verfahrensführung entstandenen Kosten dar[143]. Voraussetzungen und Umfang der Zusprechung derartiger Entschädigungen bedürfen einer *ausreichenden gesetzlichen Grundlage*[144]. Diese finden sich für das Verfahren vor Bundesverwaltungsgericht grundsätzlich in Art. 64 VwVG und den Art. 7 ff. VGKE[145]. Die Regelungen gelten dabei nicht nur für «normale» Beschwerdeverfahren, also bei Beschwerden gegen Verfügungen im Sinne von Art. 5 VwVG, sondern auch bei Rechtsverweigerungs- bzw. Rechtsverzögerungsbeschwerden nach Art. 46a VwVG[146] sowie bei Revisionsverfahren vor Bundesverwaltungsgericht[147]. Nicht anwendbar – und zwar auch nicht analog – ist die Regelung von Art. 64 VwVG dagegen auf das erstinstanzliche Verwaltungsverfahren[148]. Ohnehin

---

139   BVGE 2007/41 E. 9.2; Urteil des Bundesgerichts 2A.191/2005 vom 2. September 2005 E. 2.2 mit Hinweisen. Zum Fall der Unverhältnismässigkeit der Kostenauferlegung bei Rückweisung an die Vorinstanz wegen Verletzung des rechtlichen Gehörs vgl. oben Rz. 4.43 in fine.

140   Vgl. BGE 119 Ib 414 E. 3. Vgl. etwa auch Urteil des Bundesverwaltungsgerichts A-420/2007 vom 3. September 2007 E. 7.1 (fehlender Hinweis gegenüber Laien auf Nicht-Zuständigkeit betreffend Art. 23 DSG); vgl. auch BSK BGG-Geiser, Art. 66 N 17.

141   Vgl. Urteil des Bundesverwaltungsgerichts A-1681/2006 vom 13. März 2008 E. 6 mit Hinweisen.

142   Vgl. Rebecca Hirt, Die Regelung der Kosten nach St. Gallischem Verwaltungsrechtspflegegesetz, St. Gallen 2004, 190.

143   Merkli/Aeschlimann/Herzog, Art. 104 Rz. 1.

144   So zumindest die Rechtsprechung und (noch) herrschende Lehre; vgl. BGE 132 II 62 E. 5.2: «Bei der Pflicht zur Entrichtung einer Parteientschädigung handelt es sich nicht um einen allgemeinen prozessualen Grundsatz ...». Angesichts der Tragweite von Art. 29a BV scheint indessen fraglich, ob diese Aussage noch so absolut gelten kann; vgl. unten Rz. 4.63.

145   Vgl. oben Rz. 4.4.

146   Vgl. unten Rz. 4.67 und Rz. 5.18 ff.

147   Vgl. oben Rz. 4.8.

148   BGE 132 II 62 E. 5.2; vgl. auch unten Rz. 4.87.

vorbehalten bleiben schliesslich auch in diesem Bereich spezialgesetzliche Regelungen[149].

Die Existenz von Regelungen über (die Zusprechung angemessener) Parteientschädigungen **4.63** ist letztlich ein bereits in der Verfassung angelegtes Gebot. Die in Art. 29a BV gewährleistete *Rechtsweggarantie* geht nämlich – auch angesichts der in Art. 13 EMRK garantierten wirksamen Beschwerde – über die Gewährung des blossen Zugangs an das Gericht hinaus und verlangt unter anderem, dass der Zugang zum Gericht nicht durch zu tiefe Parteientschädigungen unnötig, d.h. in faktisch unzumutbarer Weise, erschwert wird[150]. Jeder Prozess enthält nämlich nicht nur das Risiko der Verpflichtung zur Bezahlung der Verfahrenskosten, sondern auch desjenige der Kosten des eigenen Rechtsvertreters (und unter Umständen auch desjenigen der Gegenpartei)[151]. Die gesetzliche Ausgestaltung des Parteientschädigungsrechts ist so «für die vorprozessuale Lagebeurteilung und damit allgemein für den Zugang zu den Rechtsschutzeinrichtungen von zentraler Bedeutung»[152].

Währenddem sich die Eckpfeiler der Regelung der Parteientschädigung bereits in **4.64** Art. 64 VwVG finden, enthalten Art. 7 ff. VGKE die massgebenden *Detailbestimmungen*[153]. Diese unterscheiden sich inhaltlich in wesentlichen Punkten von den im Verfahren vor Bundesgericht geltenden Normen[154]. Für das Verfahren vor Bundesverwaltungsgericht wird – anders als in gewissen Kantonen – terminologisch nicht unterschieden, ob die Entschädigung einer vertretenen Partei ausgerichtet wird (Parteientschädigung) oder einer unvertretenen (Umtriebsentschädigung)[155]. In

---

149 So zum Beispiel Art. 166 Abs. 1 EntG, wonach der Enteigner grundsätzlich nicht nur die Kosten des Verfahrens vor dem Bundesverwaltungsgericht trägt, sondern auch diejenigen der Parteientschädigung an den Enteigneten.

150 Vgl. oben Rz. 4.9.

151 Zur Bedeutung dieses Risikos vgl. etwa BGE 127 V 206 E. 3a.

152 Martin Bernet, Die Parteientschädigung in der schweizerischen Verwaltungsrechtspflege, Zürich 1986, Rz. 157.

153 Art. 7 ff. VGKE ersetzen so die in den damaligen Verfahren vor den Rekurskommissionen heranzuziehende und für das Verfahren vor Bundesverwaltungsgericht nicht mehr einschlägige bundesrätliche Verordnung vom 10. September 1969 über Kosten und Entschädigungen im Verwaltungsverfahren (SR 172.041.0); vgl. oben Rz. 4.3. Die bundesrätliche Verordnung verweist betreffend Parteientschädigung im (verwaltungsinternen) Beschwerdeverfahren in Art. 8 Abs. 2 im Übrigen sinngemäss auf die Regelungen des VGKE.

154 Art. 68 BGG; Reglement vom 31. März 2006 über die Parteientschädigung und die Entschädigung für die amtliche Vertretung im Verfahren vor dem Bundesgericht; SR 173.110.210.3; vgl. z.B. unten Rz. 4.76. Anders als im Verfahren vor Bundesgericht besteht für das bundesverwaltungsgerichtliche Beschwerdeverfahren mangels gesetzlicher Grundlage etwa auch keine Möglichkeit, eine Partei auf Begehren der Gegenpartei zur Sicherstellung einer allfälligen Parteientschädigung zu verpflichten (Art. 62 Abs. 2 BGG). Eine solche Norm erweist sich zwar für den Normalfall des bundesverwaltungsgerichtlichen Verfahrens, in dem eine private Partei einen Entscheid der Verwaltung anficht, als nicht als nötig. Indessen gibt es auch vor dem Bundesverwaltungsgericht Beschwerdeverfahren, in denen sich zwei private Parteien gegenüberstehen, etwa im Beschaffungs- oder Markenrecht. Für diese Bereiche wäre eine Norm wie Art. 62 Abs. 2 BGG durchaus sachgerecht. Anwendbar ist Art. 62 Abs. 2 BGG dagegen aufgrund von Art. 28 Abs. 2 BZP im Klageverfahren vor Bundesverwaltungsgericht, vgl. unten Rz. 5.16.

155 Ein Unterschied besteht dagegen bezüglich Umfang der möglichen Entschädigung, welche bei Nicht-Vertretenen weitaus geringer ist und sich nur im engen Rahmen von Art. 13 VGKE bewegen kann; vgl. unten Rz. 4.79.

der Regel eine Korrelation besteht dabei zwar zwischen der Ausrichtung einer Parteientschädigung und der Bemessung und Verteilung der Prozesskosten. Diese Verknüpfung ist aber nicht zwingend: Die Tatsache, dass Prozesskosten nicht auferlegt werden konnten (Art. 63 Abs. 2 VwVG) oder allenfalls reduziert oder gar erlassen worden sind (Art. 63 Abs. 1 VwVG), hat nämlich nicht zwingend Aussagekraft oder Auswirkungen auf die Parteientschädigung[156].

2.   Voraussetzungen und Verpflichtete

4.65 Art. 64 Abs. 1 VwVG hält fest, die Beschwerdeinstanz könne der ganz oder teilweise *obsiegenden Partei* von Amtes wegen oder auf Begehren[157] eine Entschädigung für ihr erwachsene notwendige und verhältnismässig hohe Kosten zusprechen. Diese formelle «Kann-Norm» stellt dabei gemäss ständiger Rechtsprechung materiell eine *«Muss-Vorschrift»* dar, d.h. bei Vorliegen der Voraussetzungen von Art. 64 VwVG entsteht ein Rechtsanspruch auf Parteientschädigung[158]. Dies kommt auch ausdrücklich in Art. 7 Abs. 1 VGKE zum Ausdruck: «Obsiegende Parteien haben Anspruch auf eine Parteientschädigung für die ihnen erwachsenen notwendigen Kosten.» Obsiegt die Partei bloss teilweise, besteht demnach ebenfalls ein Anspruch auf Zusprechung einer Entschädigung; diese ist aber entsprechend zu kürzen (Art. 7 Abs. 2 VGKE)[159]. Einer vollständig unterliegenden Partei, also auch einer, auf deren Begehren nicht eingetreten worden ist, kann dagegen grundsätzlich nie eine Parteientschädigung zugesprochen werden[160/161]. Für den Fall der Gegenstandslosigkeit bestehen separate Vorschriften[162].

---

156 BGG-SEILER, Art. 68 N 1.

157 Ein formeller Antrag «unter (Kosten- und) Entschädigungsfolge» ist in der Rechtsschrift folglich nicht erforderlich, wenn auch durchaus üblich.

158 Vgl. etwa (anstelle vieler) Entscheid der Eidgenössischen Rekurskommission für das öffentliche Beschaffungswesen vom 28. September 2001, veröffentlicht in VPB 66.5 E. 5; vgl. auch MOSER, in Moser/Uebersax, Rz. 4.15.

159 Die Rückweisung der Sache an die Verwaltung zur weiteren Abklärung und zum Erlass einer neuen Verfügung galt in der Praxis zu Art. 159 OG als volles Obsiegen der beschwerdeführenden Partei; vgl. BGE 133 V 471 E. 13; 132 V 235 E. 6.1.

160 Denkbar ist die Zusprechung einer Parteientschädigung trotz Unterliegens etwa dann, wenn das Bundesverwaltungsgericht im Beschwerdeverfahren eine Verletzung des rechtlichen Gehörs durch die Vorinstanz feststellt, diese aber heilt und dann die Beschwerde abweist (vgl. KNEUBÜHLER, Gehörsverletzung, 116 ff., 119) oder ganz ausnahmsweise dann, wenn das Bundesverwaltungsgericht aufgrund einer falschen Rechtsmittelbelehrung angerufen wird (Urteil des Bundesverwaltungsgerichts B-6203/2007 vom 31. Januar 2008 E. 4.2); zu Sonderkonstellationen im öffentlichen Vergaberecht vgl. GALLI/MOSER/LANG/CLERC, Rz. 959. – Vgl. sodann zur ausnahmsweisen Zusprechung einer Parteientschädigung vor Bundesgericht trotz Unterliegens BGE 126 II 168 E. 5b; vgl. des Weiteren Entscheid der Schweizerischen Asylrekurskommission vom 3. November 2004, veröffentlicht in VPB 69.49.

161 Davon zu unterscheiden ist der Fall, in dem einer unterliegenden Partei die Kosten ihrer Rechtsvertretung gestützt auf die Regelungen von Art. 65 VwVG (vorläufig) ersetzt werden; vgl. unten Rz. 4.119 ff., 4.125.

162 Vgl. unten Rz. 4.71 ff.

Keinen Anspruch auf Parteientschädigung haben trotz Obsiegens und selbst bei Bei- **4.66**
zug eines praktizierenden Rechtsanwaltes *Bundesbehörden* und, in der Regel, andere Behörden, die als Parteien auftreten (Art. 7 Abs. 3 VGKE)[163], es sei denn, die
Gegenpartei habe mutwillig, leichtsinnig oder querulatorisch Beschwerde geführt[164],
was aber nicht leichthin anzunehmen ist. Diese fehlende Anspruchsberechtigung der
Bundesbehörden stellt das zwingende Korrelat zur fehlenden Kostenpflicht dar
(Art. 63 Abs. 2 VwVG)[165]. Daraus ist umgekehrt aber zu folgern, dass bei grundsätzlich bestehender Kostenpflicht einer Behörde[166] dieser bei Obsiegen grundsätzlich
auch eine Parteientschädigung zuzusprechen ist[167]. Generell keine Parteientschädigungen werden in Angelegenheiten des Zivildienstes ausgerichtet[168].

Vor der Revision der rechtlichen Grundlagen war bisweilen vertreten worden, im Verfahren **4.67**
der Rechtsverweigerungs- und Rechtsverzögerungsbeschwerde[169] solle keine Parteientschädigung zugesprochen werden. Diese Auffassung, welche u.E. schon damals zu Recht kritisiert
worden ist[170], findet im aktuellen Recht keine Stütze mehr. Mit einer Rechtsverweigerungs-
und Rechtsverzögerungsbeschwerde obsiegende Beschwerdeführende haben bei Erfüllen der
weiteren Voraussetzungen – als logisches Korrelat zum grundsätzlichen Kostenrisiko bei Unterliegen – Anspruch auf eine Parteientschädigung[171].

Parteikosten sind dann als *notwendig* zu betrachten, wenn sie zur sachgerechten und **4.68**
wirksamen Rechtsverfolgung oder Rechtsverteidigung unerlässlich erscheinen[172].
Ob dies zutrifft, bestimmt sich nach der Prozesslage, wie sie sich dem Betroffenen
im Zeitpunkt der Kostenaufwendung darbot[173]. Die Frage, ob der Beizug eines
rechtskundigen Vertreters notwendig ist, hängt weitgehend von den Umständen des

---

163 Vgl. BGE 128 V 271 E. 7; Entscheide der Eidgenössischen Rekurskommission für das
     öffentliche Beschaffungswesen vom 9. Oktober 2002, veröffentlicht in VPB 67.6 E. 4, und
     vom 28. September 2001, veröffentlicht in VPB 66.5 E. 5; Galli/Moser/Lang/Clerc,
     Rz. 961. Der Antrag eines Bundesamtes, die Beschwerdeführerin sei zu verpflichten, ihm
     die Parteikosten für das Verfahren vor der Rekurskommission (bzw. heute dem Bundes-
     verwaltungsgericht) zu ersetzen, ist demnach unzulässig; vgl. auch BGE 125 II 314 E. 6d;
     125 V 312 E. 4; 121 II 240 E. 6.
164 BGE 127 V 205.
165 Vgl. oben Rz. 4.47. Vgl. auch BGG-Seiler, Art. 68 N 27.
166 Dies ist der Fall, wenn andere als Bundesbehörden Beschwerde führen und unterliegen,
     soweit sich der Streit um vermögensrechtliche Interessen von Körperschaften oder auto-
     nomen Anstalten dreht; Art. 63 Abs. 2 VwVG.
167 Vgl. dazu Entscheid des Bundesrates vom 5. April 1995, veröffentlicht in VPB 60.18 E. 6;
     vgl. demgegenüber für das Verfahren vor Bundesgericht Art. 68 Abs. 3 BGG sowie BGE
     134 II 118 E. 7.
168 Art. 65 ZDG.
169 Vgl. unten Rz. 5.18 ff.
170 Vgl. Moser, in Moser/Uebersax, Rz. 4.18 mit Hinweisen.
171 Urteile des Bundesverwaltungsgerichts D-2572/2007 vom 4. Oktober 2007 E. 4 und A-
     8595/2007 vom 21. April 2008 E. 5.
172 Der Begriff der notwendigen Kosten stellt einen unbestimmten Rechtsbegriff dar. Die
     Frage, ob Kosten notwendig sind, ist demnach eine Rechtsfrage und somit grundsätzlich
     mit freier Kognition zu prüfen. Der rechtsanwendenden Behörde ist jedoch hinsichtlich
     der Anwendung der entsprechenden Norm ein gewisser Beurteilungsspielraum zuzuge-
     stehen (vgl. Entscheid der Rekurskommission EVD vom 7. Februar 1996, veröffentlicht
     in VPB 61.36 E. 4.2.1 mit Hinweisen).
173 Entscheid des Bundesrates vom 24. März 2004, veröffentlicht in VPB 68.67 E. 4.

Einzelfalles ab. Rechtsprechung und Lehre stellen an die Bejahung der Notwendigkeit einer Rechtsvertretung keine strengen Anforderungen[174], so dass im Verfahren vor Bundesverwaltungsgericht in aller Regel der Beizug eines rechtskundigen Vertreters unter diesem Aspekt zu akzeptieren ist[175]. Sind die Kosten dagegen unnötig im dargelegten Sinn, was z.B. angesichts des Untersuchungsgrundsatzes bei den Kosten für private Expertisen üblicherweise der Fall ist[176], so werden diese nicht ersetzt[177].

4.69 Den in Art. 64 Abs. 1 VwVG enthaltenen Gedanken, wonach auch bei Notwendigkeit nur verhältnismässig hohe Kosten zu ersetzen sind, nimmt sodann mit anderem Fokus weitgehend Art. 7 Abs. 4 VGKE auf, der besagt, bei *verhältnismässig geringen Kosten* könne von einer Parteientschädigung abgesehen werden[178]. Daraus folgt aber immerhin, dass über den Wortlaut von Art. 64 Abs. 1 VwVG hinaus im Verfahren vor Bundesverwaltungsgericht auch verhältnismässig geringe Kosten ersetzt werden dürfen.

4.70 Verpflichtet zur Bezahlung der Parteientschädigung ist nach Art. 64 Abs. 2 VwVG die Körperschaft oder autonome Anstalt, in deren Namen die Vorinstanz verfügt hat, soweit die Entschädigung nicht einer unterliegenden Gegenpartei auferlegt werden kann. Einer solchen kann die Parteientschädigung im Rahmen ihrer Leistungsfähigkeit jedenfalls dann auferlegt werden, wenn sie sich mit selbständigen Begehren am Verfahren beteiligt hat (Art. 64 Abs. 3 VwVG), und zwar auch dann, wenn diese wie eine ideelle Organisation öffentliche Interessen vertritt[179]. Aber auch bei Fehlen eigener Begehren kann eine unterliegende private Gegenpartei *entschädigungspflichtig* werden, wenn deren Verzicht auf selbständige Anträge auf die Absicht zurückzuführen ist, sich der Entschädigungspflicht zu entschlagen, und ihr Interesse am Verfahrensausgang auf der Hand liegt[180]. Bestehen mehrere Schuldner der Parteientschädigung, so haften diese zu gleichen Teilen und solidarisch[181]. Stellt sich die einer unterliegenden Gegenpartei auferlegte Entschädigung als

---

174 Entscheid der Rekurskommission EVD vom 7. Februar 1996, veröffentlicht in VPB 61.36 E. 4.2.1 mit Hinweisen; MARTIN BERNET, Die Parteientschädigung in der schweizerischen Verwaltungsrechtspflege, Zürich 1986, 148

175 Zur genauen Zusammensetzung der Kosten vgl. unten Rz. 4.75 ff. N.B.: Auch bei anerkanntermassen gerechtfertigter Vertretung können unnötige Kosten anfallen.

176 Vgl. unten Rz. 4.80.

177 Vgl. auch das Beispiel in BGE 131 II 215 E. 7.3: «Durch eine Verfahrensführung, die von Beginn an die alternative – und schliesslich ausschlaggebende – Begründung umfassend und unter Beachtung der gesetzlichen Anforderungen an ein Bewilligungsgesuch [für Nachtarbeit sowie für regelmässig wiederkehrende Sonntagsarbeit] mitberücksichtigt hätte, hätte der Aufwand massgeblich verringert werden können. Die [private] Beschwerdegegnerin hat sich damit einen erheblichen Anteil der entstandenen Kosten selber zuzuschreiben, weshalb diese insoweit nicht als notwendig gelten können.» [Einfügungen durch die Autoren]

178 Zur Frage, was alles noch zu den «verhältnismässig hohen Kosten» gehöre, vgl. Art. 13 Bst. b VGKE (Spesen > Fr. 100.–) sowie unten Rz. 4.83.

179 KÖLZ/HÄNER, Rz. 707 mit weiteren Hinweisen.

180 BGE 128 II 95 E. 2c; 123 V 159 E. 4b. Zur trotz fehlender Beteiligung am Rechtsmittelverfahren denkbaren Kostenpflicht vgl. oben Rz. 4.41.

181 Vgl. Art. 68 Abs. 4 i.V.m. Art. 66 Abs. 5 BGG.

uneinbringlich heraus, so haftet die Körperschaft oder autonome Anstalt, in deren Namen die Vorinstanz verfügt hat, für den uneinbringlichen Betrag (Art. 64 Abs. 4 VwVG)[182/183].

Wird das Verfahren gegenstandslos, so prüft das Gericht, ob eine Parteientschä- **4.71** digung zuzusprechen ist. Dabei ist – wie bei der Verlegung der Verfahrenskosten[184] – zu differenzieren, gilt doch für die Festsetzung der Parteientschädigung Art. 5 VGKE sinngemäss (Art. 15 VGKE). Bei gegebenen weiteren Voraussetzungen hat demnach diejenige Partei eine Parteientschädigung auszurichten, deren Verhalten die *Gegenstandslosigkeit* bewirkt hat. Ist das Verfahren ohne Zutun der Parteien gegenstandslos geworden, so wird die Verpflichtung zur Ausrichtung einer Parteientschädigung auf Grund der Sachlage vor Eintritt des Erledigungsgrunds festgelegt.

Die Bestimmung derjenigen Partei, welche die Gegenstandslosigkeit des Verfah- **4.72** rens bewirkt hat, erfolgt auch hier nach *materiellen Kriterien;* unerheblich ist damit, wer die formelle Prozesshandlung vornimmt, welche die Behörde unmittelbar zur Abschreibung veranlasst. Zieht die Vorinstanz ihren Entscheid in Wiedererwägung (Art. 58 Abs. 1 VwVG), ist diese dann im Sinn von Art. 15 VGKE zu einer Parteientschädigung zu verpflichten, wenn sie ihren Entscheid aus besserer eigener Erkenntnis abgeändert hat[185], nicht jedoch dann, wenn sie dies tut, weil die Gegenpartei den Umstand beseitigt hat, der Anlass zum Einschreiten gegeben hat[186].

Ist die Gegenstandslosigkeit im erwähnten Sinn durch eine Partei bewirkt worden, so **4.73** ist es nach dem klaren Wortlaut des durch Art. 15 VGKE berufenen Art. 5 VGKE irrelevant, wie die Prozessaussichten vor Eintritt der Gegenstandslosigkeit zu würdigen gewesen wären. Diese Frage stellt sich erst, wenn das Verfahren ohne Zutun der Parteien gegenstandslos geworden ist. In diesen Fällen richtet sich die Zusprechung einer Parteientschädigung *nach* den *Prozessaussichten* zur Zeit, da die Beschwerde gegenstandslos wurde[187]. Die für den Entscheid zuständige Einzelrichterin (Art. 23 Abs. 1 Bst. b VGG) würdigt dann die Sachlage vor Eintritt des Erledigungsgrunds summarisch.

---

182 An den Nachweis der Uneinbringlichkeit sind angesichts des Einflusses der Rechtsweggarantie auch auf die Parteientschädigung (vgl. oben Rz. 4.63) zwar keine überspannten Anforderungen zu stellen. Angesichts der Tatsache, dass die im Dispositiv eines rechtskräftigen Entscheids enthaltene Verpflichtung zur Bezahlung einer Parteientschädigung einen definitiven Rechtsöffnungstitel darstellt (Art. 80 SchKG), darf aber verlangt werden, dass der Gläubiger der Parteientschädigung diese nötigenfalls in Betreibung setzt und auch das Fortsetzungsbegehren stellt. Hernach kann indessen u.E. nicht mehr generell verlangt werden, dass auch noch ein Verwertungs- bzw. Konkursbegehren zu stellen ist, ehe die Ausfallhaftung in Anspruch genommen werden kann.

183 Zur beschränkten Tragweite von Art. 64 Abs. 4 VwVG bei Gewährung der unentgeltlichen Rechtspflege – vgl. den Verweis in Art. 65 Abs. 3 VwVG – vgl. unten Rz. 4.123.

184 Vgl. oben Rz. 4.55 ff.

185 Entscheid des Bundesrates vom 24. März 2004, veröffentlicht in VPB 68.67 E. 4.

186 Vgl. oben Rz. 4.56.

187 BGE 129 V 115 E. 3.1.

3.   Zusammensetzung und Festsetzung

4.74 Im Einklang mit dem Zweck der Parteientschädigungen, dem Ersatz derjenigen Kosten, welche eine Prozesspartei zur Verfolgung ihrer geltend gemachten Rechte aufgewendet hat[188], gehören zur Parteientschädigung die Kosten der Vertretung sowie allfällige weitere notwendige Auslagen der Partei (Art. 8 VGKE). Die *Kosten der Vertretung* umfassen das Anwaltshonorar oder die Entschädigung für eine nichtanwaltliche berufsmässige Vertretung (Bst. a), den Ersatz von Auslagen, namentlich der Kosten für das Kopieren von Schriftstücken, der Reise- und Verpflegungskosten, Porti und Telefonspesen (Bst. b) sowie den Ersatz der Mehrwertsteuer für die Entschädigungen nach den Buchstaben a und b, soweit eine Steuerpflicht besteht und die Mehrwertsteuer nicht bereits berücksichtigt wurde (Art. 9 Abs. 1 VGKE).

4.75 Das zentrale Element des Kostenersatzes spiegelt sich auch in der Regelung des gewichtigsten Kostenpostens, desjenigen der Vertretung. Umfasst wird das *Anwaltshonorar* oder die Entschädigung für eine nichtanwaltliche berufsmässige Vertretung (Art. 9 Abs. 1 Bst. a VGKE). Diese werden nach dem notwendigen Zeitaufwand des Vertreters oder der Vertreterin bemessen[189]. Der Stundenansatz beträgt für Anwälte und Anwältinnen mindestens 200 und höchstens 400 Franken, für nichtanwaltliche Vertreter und Vertreterinnen (Steuerberaterinnen, Treuhänder, Vertretungen von Hilfswerken) mindestens 100 und höchstens 300 Franken[190]. In diesen Stundenansätzen ist die Mehrwertsteuer nicht enthalten[191]. Bei Streitigkeiten mit Vermögensinteresse kann das Anwaltshonorar oder die Entschädigung für eine nichtanwaltliche berufsmässige Vertretung angemessen erhöht werden (Art. 10 VGKE). Für amtlich bestellte Anwälte und Anwältinnen gelten die gleichen Ansätze wie für die vertragliche Vertretung (Art. 12 VGKE).

4.76 Die Regelung im Verfahren vor dem Bundesverwaltungsgericht unterscheidet sich bei den Kosten der Vertretung massgeblich von derjenigen im *Verfahren vor Bundesgericht*. Das für Letzteres einschlägige Reglement vom 31. März 2006 über die Parteientschädigung und die Entschädigung für die amtliche Vertretung im Verfahren vor dem Bundesgericht[192] sieht vorab lediglich die Entschädigung für Anwältinnen und Anwälte vor (Art. 1 Bst. a, Art. 2 Reglement). Das Honorar der vom Bundesgericht amtlich bestellten Anwälte und Anwältinnen richtet sich zwar ebenfalls nach diesem Reglement. Es kann aber bis zu einem Drittel gekürzt werden (Art. 10 Reglement). Den Anwältinnen und Anwälten nicht automatisch gleich gestellt sind sodann nichtanwaltliche berufsmässige Vertreterinnen und Vertreter: Art. 9 Reglement hält fest, Treuhändern, Treuhänderinnen oder anderen Personen, die nicht als Anwälte beziehungsweise Anwältinnen zugelassen sind, könne das Bundesgericht für die Rechtsvertretung eine angemessene Entschädigung in sinngemässer Anwendung dieses Reglements zusprechen, soweit die Qualität der geleisteten Arbeit und die übrigen Umstände dies rechtfertigten. Dem-

---

188 Vgl. oben Rz. 4.62.
189 Zur Beurteilung, ob ein Zeitaufwand notwendig sei, vgl. unten Rz. 4.86.
190 Innerhalb dieses reglementarischen Rahmens ist grundsätzlich von dem der Partei von seiner Vertretung in Rechnung gestellten Honorar auszugehen. Dass die gleiche Dienstleistung an verschiedenen Orten der Schweiz dabei einen unterschiedlichen Preis aufweisen kann, ist Folge des freien Marktes, und vom Bundesverwaltungsgericht zu akzeptieren; vgl. Urteil des Bundesverwaltungsgerichts A-1870/2006 vom 14. September 2007 E. 10 sowie unten Rz. 4.86.
191 Dies ergibt sich bereits aus Art. 9 Abs. 1 Bst. c VGKE.
192 SR 173.110.210.3.

gegenüber richtet sich das zu entschädigende Honorar nicht primär nach dem zeitlichen Aufwand, sondern in der Regel nach dem Streitwert. Es wird alsdann innerhalb der vorgesehenen Rahmenbeträge nach der Wichtigkeit der Streitsache, ihrer Schwierigkeit sowie dem Umfang der Arbeitsleistung und dem Zeitaufwand des Anwaltes oder der Anwältin bemessen (Art. 3 ff. Reglement).

Nicht unter dem Titel der Vertretung entschädigt werden damit die nichtberufsmässige Vertretung, welche etwa aus Gefälligkeit erfolgt, desgleichen, wenn der Vertreter oder die Vertreterin in einem Arbeitsverhältnis zur Partei steht (Art. 9 Abs. 2 VGKE). In diesem letzten Fall besteht nämlich ebenso wenig eine «echte» Vertretung wie dann, wenn eine Anwältin oder ein berufsmässiger Vertreter (z.B. Steuerberater) *in eigener Sache* prozessiert. Entsprechend kann der dergestalt handelnde Anwalt nur ausnahmsweise, bei Vorliegen spezieller Verhältnisse, eine Parteientschädigung beanspruchen[193]. Normal zu entschädigen ist dagegen grundsätzlich, wenn ein Anwalt zugleich Organ einer juristischen Person ist und für diese handelt; dies zumindest dann, wenn die anwaltliche Tätigkeit des Prozessvertreters im Vordergrund steht und nicht seine Funktion als Verwaltungsrat oder gar als ehrenamtliches Vorstandsmitglied[194]. **4.77**

Die speziellen Verhältnisse werden in der erwähnten bundesgerichtlichen Rechtsprechung in «einem besonderen Aufwand» erblickt[195]. Dieser kann u.E. nunmehr unter die Regelung von Art. 13 Bst. b VGKE subsumiert werden. Demnach ist der Verdienstausfall der Partei, soweit er einen Tagesverdienst übersteigt und die Partei in bescheidenen finanziellen Verhältnissen lebt, als notwendige Auslage zu ersetzen[196]. Es ist nicht einzusehen, weshalb Anwältinnen und berufsmässige Vertreter beim Prozessieren in eigener Sache anders behandelt werden sollten, als andere Berufsgruppen. **4.78**

Neben den Kosten der Vertretung ebenfalls zur Parteientschädigung gehört wie erwähnt der *Ersatz von Auslagen,* namentlich der Kosten für das Kopieren von Schriftstücken, der Reise- und Verpflegungskosten, Porti und Telefonspesen (Art. 9 Abs. 1 Bst. b VGKE). Diese Regelung wird konkretisiert zum einen für die Spesen. Diese werden auf Grund der tatsächlichen Kosten ausbezahlt, wobei für Reisen höchstens die Kosten für die Benützung der öffentlichen Verkehrsmittel in der ersten Klasse und für Mittag- und Nachtessen höchstens je 25 Franken vergütet werden (Art. 11 Abs. 1 VGKE). Zum anderen erfolgt eine Konkretisierung für Kopien, für welche 50 Rappen pro Seite berechnet werden können (Art. 11 Abs. 2 VGKE). Auch der Ersatz dieser Kosten steht selbstredend unter dem Vorbehalt der Notwendigkeit von deren Aufwendung. **4.79**

Die Aufzählung entschädigungsfähiger Kosten in Art. 9 Abs. 1 Bst. b VGKE ist nicht abschliessend, was sich bereits grammatikalisch ergibt («namentlich»). So fal- **4.80**

---

193 BGE 129 II 304 E. 5; 129 V 116 E. 4.1; 128 V 242 E. 5; vgl. MOSER, in Moser/Uebersax, Rz. 4.26 mit weiteren Hinweisen.

194 Urteile des Bundesverwaltungsgerichts A-1420/2006 vom 26. März 2008 E. 6 und B-1211/2007 vom 21. November 2007 E. 8; anders noch Entscheid der Eidgenössischen Rekurskommission für das öffentliche Beschaffungswesen vom 17. Dezember 2004, veröffentlicht in VPB 69.55 E. 3b.

195 Vgl. auch BGG-SEILER, Art. 68 N 16.

196 Vgl. unten Rz. 4.83.

len gegebenenfalls auch die Kosten von *Parteigutachten als Barauslagen* in Betracht, etwa dann, wenn sie wichtige Grundlage für den Entscheid bilden[197].

4.81 Bei sämtlichen der für eine Vertretung ausgerichteten Entschädigungen, also Honoraren und Auslagen, ist der Ersatz der *Mehrwertsteuer* hinzuzurechnen, soweit eine Steuerpflicht besteht und die Mehrwertsteuer nicht bereits berücksichtigt wurde (Art. 9 Abs. 1 Bst. c VGKE). In der Praxis wird in diesen Fällen in der Regel die Parteientschädigung der Einfachheit halber inklusive Mehrwertsteuer zugesprochen, wobei üblicherweise bezüglich der Mehrwertsteuerpflicht des Parteivertreters keine Untersuchungen geführt werden.

4.82 Diese Vorgehensweise erweist sich vor dem Hintergrund des bereits mehrfach erwähnten Zweckes der Parteientschädigungen, dem Ersatz derjenigen Kosten, welche eine Prozesspartei zur Verfolgung ihrer geltend gemachten Rechte aufgewendet hat[198], eigentlich als *zu wenig differenziert*. Ist nämlich eine Partei selber mehrwertsteuerpflichtig, kann sie in der Regel die ihrem Anwalt auf dessen Honorar bezahlte Mehrwertsteuer von ihrer eigenen Mehrwertsteuerabrechnung als Vorsteuer in Abzug bringen. Diese Partei erleidet deshalb durch die Mehrwertsteuer keinen (zusätzlichen) Schaden. Entsprechend wäre einer obsiegenden selber mehrwertsteuerpflichtigen Partei kein Mehrwertsteuerzuschlag zur Parteientschädigung zuzusprechen; es sei denn, diese Partei mache geltend und weise nach, dass sie nicht im vollen Umfange zum Abzug der Vorsteuer berechtigt ist[199].

4.83 Ersetzt werden schliesslich auch weitere notwendige Auslagen der Partei. Zu diesen gehören die Spesen der Partei, soweit sie 100 Franken übersteigen, sowie der *Verdienstausfall* der Partei, soweit er einen Tagesverdienst übersteigt und die Partei in bescheidenen finanziellen Verhältnissen lebt (Art. 13 VGKE). Darunter fallen allerdings lediglich die tatsächlichen Auslagen für unumgänglichen Aufwand. Der reine Zeitaufwand einer Partei selber wird dagegen in der Regel nicht entschädigt. Unter diesem Titel ist – bei bescheidenen finanziellen Verhältnissen – immerhin (theoretisch) nicht ausgeschlossen, dass Eigenleistungen von Rechtskundigen abgegolten werden können. Im Vordergrund steht bei einem von der Gegenpartei zu entschädigender Verdienstausfall allerdings wohl die (ebenfalls seltene) Konstellation, in der die Parteien zu einer mündlichen Verhandlung eingeladen werden, die so lange dauert, dass – An- und Rückreise inbegriffen – jemand in bescheidenen finanziellen Verhältnissen einen Ausfall von mehr als einem Tagesverdienst erleidet[200].

4.84 Die Partei, die Anspruch auf Parteientschädigung erhebt, hat dem Bundesverwaltungsgericht vor dem Beschwerdeentscheid an sich eine detaillierte *Kostennote* einzureichen (Art. 14 Abs. 1 VGKE). Das Gericht setzt alsdann die Parteientschädigung und die Entschädigung für die amtlich bestellten Anwälte und Anwältinnen auf Grund der Kostennote fest. Wird keine Kostennote eingereicht, so setzt das Ge-

---

197 BGE 115 V 62; BGG-Seiler, Art. 68 N 20; Merkli/Aeschlimann/Herzog, Art. 104 Rz. 6; vgl. oben Rz. 4.68.

198 Vgl. oben Rz. 4.62.

199 ZR 104 (2005) Nr. 76; vgl. in diesem Sinn das – auch im Verfahren vor dem Verwaltungsgericht des Kantons Zürich geltende – Kreisschreiben der Verwaltungskommission des Obergerichts des Kantons Zürich an die Kammern des Obergerichts, das Handelsgericht, das Geschworenengericht, die Bezirksgerichte und die Friedensrichterämter über die Mehrwertsteuer vom 17. Mai 2006.

200 Vgl. Pfleghard, 227.

richt die Entschädigung auf Grund der Akten fest (Art. 14 Abs. 2 VGKE). Eine Verpflichtung des Gerichts, die Parteien ausdrücklich zur Einreichung einer Kostennote aufzufordern, besteht angesichts des klaren Wortlautes der Bestimmung nicht[201]. Auch bei der Festsetzung der Parteientschädigung auf der Basis einer Kostennote sind die ausgewiesenen Kosten indes nicht unbesehen zu ersetzen. Es ist vielmehr zu überprüfen, in welchem Umfang diese als notwendig für die Vertretung anerkannt werden können[202].

An den *Detaillierungsgrad der Kostennoten* werden gewisse Anforderungen gestellt. **4.85** So hat aus diesen nicht nur ersichtlich zu sein, welche Arbeiten durchgeführt worden sind (z.B. Einspracheentscheid durcharbeiten, Abklärungen Beschwerdemöglichkeiten, Beschwerde erarbeiten, Eingabe an Gericht für erneuten Schriftenwechsel, Ausarbeiten Replik) und wer wie viel Zeit zu welchem Tarif aufgewendet hat, sondern auch, wie sich der geltend gemachte Aufwand auf die einzelnen Arbeiten verteilt. Nur dann kann nämlich wie im Reglement vorgesehen überprüft werden, ob es sich beim geltend gemachten vollumfänglich um entschädigungsberechtigten notwendigen Aufwand im Sinne der bundesgerichtlichen Rechtsprechung handelt[203].

Das Bundesverwaltungsgericht dürfte sich in der Regel bei der Überprüfung der Notwendigkeit **4.86** von in einer genügend detaillierten Kostennoten geltend gemachten Aufwendungen einer gewissen Zurückhaltung befleissigen, zumal auf die Prozesslage abzustellen ist, wie sie sich dem Betroffenen im Zeitpunkt der Kostenaufwendung dargeboten hat[204]. Vom Bundesverwaltungsgericht zu akzeptieren ist beim als notwendig erkannten Stundenaufwand sodann der innerhalb des reglementarischen Rahmens der Partei von seiner Vertretung in Rechnung gestellte Honoraransatz. Es kann angesichts des klaren Wortlautes der einschlägigen Reglementsbestimmung in der Regel nicht Aufgabe des Bundesverwaltungsgerichts sein, über einen «Einheitsansatz» unterschiedliche Marktpreise «einzuebnen»[205].

Den Entscheid über die Entschädigung trifft das Bundesverwaltungsgericht von Amtes wegen aufgrund der Kostennote, sofern vorhanden, sowie den Akten und in der **4.87** Regel ohne eingehende Begründung[206]. War der (teilweise) obsiegende Beschwerdeführer bereits in einem vorinstanzlichen *Beschwerde*verfahren vertreten, so sind im Gesamtbetrag, den das Bundesverwaltungsgericht zu sprechen hat, auch diese Aufwendungen (anteilmässig) zu berücksichtigen[207]. Für die allfällige Vertretung im Rahmen eines erstinstanzlichen Verfahrens oder einem Einspracheverfahren vor einer Verwaltungsbehörde des Bundes kann das Bundesverwaltungsgericht dagegen selbst bei (teilweisem) Obsiegen im Beschwerdeverfahren nur dann eine Parteientschädigung zusprechen, wenn ausnahmsweise eine ausdrückliche entsprechende ge-

---

201 Vgl. Urteil des Bundesverwaltungsgerichts B-6203/2007 vom 31. Januar 2008 E. 4 (zu Art. 8 der bundesrätlichen Kostenverordnung [SR 172.041.0]).
202 Vgl. Urteil des Bundesverwaltungsgerichts D-2572/2007 vom 4. Oktober 2007 E. 4.
203 Vgl. Urteil des Bundesverwaltungsgerichts A-1481/2006 vom 23. Juli 2007.
204 Vgl. oben Rz. 4.68.
205 Urteil des Bundesverwaltungsgerichts A-1870/2006 vom 14. September 2007 E. 10.
206 Vgl. BGE 111 Ia 1 E. 2a.
207 Urteil des Bundesverwaltungsgerichts A-6141/2007 vom 14. Dezember 2007 E. 9. Vgl. auch Art. 68 Abs. 5 BGG, der gleich lautet wie Art. 159 Abs. 6 OG; vgl. dazu POUD-RET, Band V, Art. 159 N 7 OG.

setzliche Grundlage vorliegt[208]. Grundsätzlich werden in erstinstanzlichen Verwaltungsverfahren nämlich keine Parteientschädigungen gesprochen[209].

4.88   *Gläubiger der Parteientschädigung* ist die Partei selbst, und nicht etwa deren Vertreterin oder Vertreter[210]. Mitglieder von Streitgenossenschaften verfügen dabei über einen anteiligen Anspruch, und nicht über eine Solidarforderung[211]. Der Kostenentscheid setzt allerdings das Honorar, das einer Vertretung gegenüber ihrer eigenen Partei zusteht, nicht verbindlich fest[212]. Das Honorar, das der Rechtsvertreterin bzw. dem Rechtsvertreter von der Klientschaft geschuldet ist, darf denn auch nicht mit der Parteientschädigung verwechselt werden, welche von der Gegenpartei oder der Körperschaft, in deren Namen verfügt wurde, zu erbringen ist[213]. Dies hat zur Folge, dass auch der vollständig obsiegenden Partei mitunter Kosten für ihre eigene Vertretung verbleiben, welche nicht durch die unterliegende Partei ersetzt werden. Diese eigenen Kosten sind denn auch vor Anhebung eines Prozesses (neben den Kosten des Gerichtsverfahrens als solchem und den Kosten für die Entschädigung der Gegenpartei) in die Analyse des Kostenrisikos einzubeziehen.

IV.   Weitere Kosten und Entschädigungen

4.89   Neben den im Vordergrund stehenden, die Parteien angehenden Kosten und Entschädigungen, existieren im Verfahren vor dem beziehungsweise im Verkehr mit dem Bundesverwaltungsgericht noch *weitere finanzielle Fragen* betreffende Rechtsgrundlagen. Vorab handelt es sich dabei um die Entschädigungen an Zeugen und Zeuginnen sowie Auskunftspersonen (Art. 16 ff. VGKE) sowie diejenigen an Sachverständige, Dolmetscher und Dolmetscherinnen sowie Übersetzer und Übersetzerinnen (Art. 20 ff. VGKE).

---

208   Vgl. BGE 132 II 62 E. 5.2. Eine solche Grundlage findet sich etwa bezüglich erstinstanzlichen Massenverfahren, bei denen die verfügende Behörde eine obligatorische Vertretung anordnet (vgl. Art. 11a Abs. 3 VwVG) oder im Veranlagungs- und Einspracheverfahren bei der Mehrwertsteuer, wo ausnahmsweise Parteientschädigungen ausgerichtet werden können (Art. 68 Abs. 1 MWSTG); vgl. dazu etwa Urteil des Bundesverwaltungsgerichts A-1465/2006 vom 27. Juni 2007 E. 4; Entscheid der Eidgenössischen Steuerrekurskommission vom 8. Juni 2004, veröffentlicht in VPB 68.161 E. 5.

209   Art. 64 VwVG ist nicht analog anwendbar: «Da es sich beim Ausschluss von Parteientschädigungen im erstinstanzlichen Verfahren nicht um eine echte Lücke handelt, sondern dies vom Gesetzgeber bewusst so vorgesehen wurde, besteht für eine analoge Anwendung von Art. 64 VwVG kein Raum»; BGE 132 II 62 E. 5.2.

210   BGG-Seiler, Art. 68 N 6. Anders verhält es sich dagegen, wenn der Partei nach Art. 65 VwVG ein unentgeltlicher Rechtsbeistand zur Seite gestellt wurde; in dieser Konstellation ist die Entschädigung der Anwältin bzw. dem Anwalt persönlich zuzusprechen, was sich unmittelbar schon aus Art. 65 Abs. 4 VwVG ergibt; vgl. BGE 133 V 647 E. 2.2; BGG-Seiler, Art. 68 N 39; vgl. auch unten Rz. 4.122.

211   Merkli/Aeschlimann/Herzog, Art. 104 Rz. 3.

212   BGG-Seiler, Art. 68 N 7; Merkli/Aeschlimann/Herzog, Art. 104 Rz. 10.

213   Vgl. so schon Entscheid der Rekurskommission EVD vom 7. Februar 1996, veröffentlicht in VPB 61.36 E. 4.2.1 mit Hinweis.

Zeugen und Zeuginnen, ebenso wie diesen gleich gestellte Auskunftspersonen **4.90** (Art. 19 VGKE), erhalten neben Zeugengeld (Art. 17 Abs. 1 VGKE) eine Entschädigung für Erwerbsausfall (Art. 17 Abs. 2 VGKE) sowie einen Auslagenersatz (Art. 18 VGKE), dessen Berechnung gemäss der auch für die Parteientschädigung geltenden Regelung von Art. 11 Abs. 1 VGKE erfolgt[214]. Anzumerken ist, dass sowohl für das Zeugengeld wie auch für die Erwerbsausfallentschädigung im Reglement eine gewisse Bandbreite vorgegeben und ausserordentlich hoher Erwerbsausfall nicht berücksichtigt wird. Die Entschädigung wird von der Instruktionsrichterin bzw. dem Instruktionsrichter festgelegt (Art. 39 Abs. 1 VGG). Sollten (ausnahmsweise) bezüglich Höhe der zugesprochenen Entschädigung Meinungsverschiedenheiten bestehen, so wäre das Bundesgericht Rechtsmittelbehörde (vgl. Art. 39 Abs. 3 VGG und Art. 86 Abs. 1 Bst. a BGG). Dieses befasst sich indessen nur mit der Sache, wenn auch in der Hauptsache, in der es im Prozess vor dem Bundesverwaltungsgericht eigentlich geht, eine Beschwerde an das Bundesgericht möglich ist[215].

Vom Gericht beauftragte *Sachverständige* werden nach Aufwand entschädigt, wobei **4.91** sich der Ansatz nach den erforderlichen Fachkenntnissen und der Schwierigkeit der Leistung, bei freiberuflich tätigen Sachverständigen in der Regel nach den branchenüblichen Ansätzen oder nach Vereinbarung richtet (Art. 20 Abs. 1 und 2 VGKE). Analoges gilt für Dolmetscher und Dolmetscherinnen (Fr. 60–120 pro Stunde) und Übersetzer und Übersetzerinnen (Art. 21 Abs. 1 und 2 VGKE). Besteht eine Steuerpflicht, so wird die Mehrwertsteuer zusätzlich zu den Entschädigungen vergütet (Art. 20 Abs. 4 und 21 Abs. 3 VGKE). Die Entschädigung für Auslagen und Spesen richtet sich nach Vereinbarung und ansonsten nach Art. 11 VGKE (Art. 20 Abs. 5 und 21 Abs. 4 VGKE). Die Entschädigung wird von der Instruktionsrichterin bzw. dem Instruktionsrichter festgelegt (Art. 39 Abs. 1 VGG). Das Verhältnis zwischen dem Bundesverwaltungsgericht und der Empfängerin oder dem Empfänger der Entschädigung basiert auf dem öffentlichen Recht (Auftragsverhältnis unter analoger Anwendung der Regelungen von Art. 394 ff. OR)[216].

Bestehen bezüglich Entschädigung Meinungsverschiedenheiten, so ist wohl Klage an das Bun- **4.92** desverwaltungsgericht zu erheben (Art. 35 Bst. a VGG), wobei selbstredend eine andere Abteilung über das Begehren der gutachtenden Person zu entscheiden hätte. Alsdann wäre das Bundesgericht Rechtsmittelbehörde (vgl. Art. 39 Abs. 3 VGG und Art. 86 Abs. 1 Bst. a BGG)[217]. Dieses befasst sich wegen des vorgängig eingeschlagenen Klagewegs auch dann mit der Sache, wenn in der Hauptsache, in der es im Prozess vor dem Bundesverwaltungsgericht eigentlich gegangen war, eine Beschwerde an das Bundesgericht gar nicht möglich ist[218].

Das VGKE ist für das Klageverfahren nicht anwendbar[219]. Im Ergebnis ändert dies an der Sachverständigen zustehenden Entschädigung indessen nichts. Der für Sachverständige ein-

---

214 Vgl. oben Rz. 4.79.

215 Vgl. oben Rz. 1.47 f.

216 Vgl. ALFRED BÜHLER, Die Stellung von Expertinnen und Experten in der Gerichtsverfassung – insbesondere das Rechtsverhältnis zwischen Gericht und Gutachter, in: Benjamin Schindler/Patrick Sutter (Hrsg.), Akteure der Gerichtsbarkeit, Zürich 2007, 323 f.

217 Vgl. Alfred Bühler, Gerichtsgutachter und -gutachten im Zivilprozess, in: Marianne Heer/ Christian Schöbi (Hrsg.), Gericht und Expertise, Bern 2005, 112 ff. (mit Kritik an dem nach Ansicht dieses Autors damit bestehenden ungenügenden Rechtsschutz).

218 Vgl. oben Rz. 1.47 f.

219 Vgl. unten Rz. 5.16.

schlägige Art. 61 BZP gibt diesen nämlich einen Anspruch auf Vergütung ihrer Auslagen sowie auf ein Honorar. Dessen Höhe wird zwar ins freie Ermessen des Gerichts gestellt, doch wird auch in Anwendung von Art. 61 BZP für die Bemessung der Entschädigung regelmässig auf den erforderlichen Zeitaufwand und die branchenüblichen Stundenansätze abzustellen sein.

4.93   Was schliesslich den ausserhalb eines Prozesses befindlichen Verkehr mit dem Bundesverwaltungsgericht betrifft, so erhebt dieses für besondere Dienstleistungen der Kanzlei, der wissenschaftlichen Dienste und der Verwaltungsdienste Gebühren und stellt Auslagen in Rechnung (Art. 1 Abs. 1 des Reglements vom 11. Dezember 2006 über die *Verwaltungsgebühren des Bundesverwaltungsgerichts*[220]).

V.   Unentgeltliche Rechtspflege

1.   Allgemeiner Anspruch, Geltungsbereich und Wirkungen

4.94   Gemäss Art. 29 Abs. 3 BV, der die allgemeinen Verfahrensgarantien regelt, hat jede Partei, die nicht über die erforderlichen Mittel verfügt, Anspruch auf unentgeltliche Rechtspflege, wenn ihr Rechtsbegehren nicht aussichtslos erscheint. Ein verfassungsmässiger Anspruch auf unentgeltliche Rechtspflege fällt für jedes staatliche Verfahren in Betracht, in das eine Person einbezogen wird oder das zur Wahrung ihrer Rechte notwendig ist. Dabei ist die Rechtsnatur der Entscheidungsgrundlagen oder jene des in Frage stehenden Verfahrens nicht entscheidend[221].

4.95   Ziel der unentgeltlichen Rechtspflege ist es, eine gewisse Waffengleichheit zu gewährleisten; alle Betroffenen sollen grundsätzlich ohne Rücksicht auf ihre finanzielle Situation unter den von der Rechtsprechung umschriebenen Voraussetzungen Zugang zum Gericht und Anspruch auf Vertretung durch eine rechtskundige Person haben[222]. Es wäre mit dem *Gleichheitsprinzip,* dem Verbot der Rechtsverweigerung und mit der Garantie eines gerechten Verfahrens nicht vereinbar, wenn eine Partei auf die Durchsetzung ihrer Rechte verzichten müsste, weil sie nicht über die nötigen Mittel für die Führung des Prozesses verfügt oder wenn sie ihre Ansprüche weniger wirkungsvoll geltend machen könnte als eine andere, wirtschaftlich stärkere Partei[223].

4.96   Für das Verfahren vor dem Bundesverwaltungsgericht wird der in Art. 29 Abs. 3 BV statuierte Anspruch auf unentgeltliche Rechtspflege durch Art. 65 VwVG konkretisiert. Er regelt in Abs. 1 die unentgeltliche Prozessführung im engeren Sinne (Befreiung von der Bezahlung von Verfahrenskosten) und in Abs. 2 die unentgeltliche Rechtsverbeiständung, d.h. die Beiordnung einer Anwältin bzw. eines Anwalts durch das Gericht. Dagegen sehen weder die Bundesverfassung noch Art. 65 VwVG die Möglichkeit vor, die bedürftige Partei von der Bezahlung einer allfälligen Parteientschädigung an eine anspruchsberechtigte Gegenpartei zu befreien[224].

---

220   SR 173.320.3.
221   BGE 130 I 182 E. 2.2; 128 I 227 E. 2.3; MEICHSSNER, 61 ff.
222   BGE 131 I 355 E. 1.
223   Vgl. GEORG MÜLLER, Kommentar aBV, Art. 4 Rz. 123.
224   Vgl. BGE 122 I 324 E. 2c; 117 Ia 514; HÄFELIN/MÜLLER/UHLMANN, Rz. 1716.

Diese Einschränkung ist insofern sachgerecht, als es aus Sicht der obsiegenden Par-   **4.97**
tei, die zur Durchsetzung ihrer Rechte ein Justizverfahren durchlaufen musste, kaum
zu begründen wäre, weshalb sie die dafür notwendigen (Anwalts-)Kosten selbst zu
tragen hätte. Allerdings verliert die unentgeltliche Rechtspflege dadurch zugleich erheblich an sozial ausgleichender Kraft, denn in einem komplexen Verfahren kann
die im Falle des Unterliegens zu leistende Parteientschädigung einen hohen Betrag
ausmachen und eine bedürftige Person davon abhalten, selbst einen nicht aussichtslosen Prozess zu führen. Vor dem Hintergrund des Gleichheitsgedankens[225], welcher
der unentgeltlichen Rechtspflege zugrunde liegt, müsste in Betracht gezogen werden, die Parteientschädigung zugunsten der obsiegenden Prozesspartei durch den
Staat zu übernehmen[226].

Als Ausdruck des Prinzips der *Waffengleichheit* haben alle natürlichen Personen,   **4.98**
ungeachtet ihrer Staatsangehörigkeit und des Wohnsitzes, gegebenenfalls Anspruch
auf unentgeltliche Rechtspflege[227]. Nicht massgebend ist dabei, ob die Mittellosig-
keit selbstverschuldet ist[228]. Sind die gesetzlichen Voraussetzungen erfüllt, steht es
nicht im Ermessen des Gerichts, die unentgeltliche Rechtspflege zu bewilligen, sondern es besteht ein Anspruch auf deren Gewährung.

Nach gefestigter Rechtsprechung des Bundesgerichts können grundsätzlich nur na-   **4.99**
türliche Personen die unentgeltliche Rechtspflege beanspruchen. Eine juristische
Person ist dagegen nicht bedürftig und hat, wenn sie zahlungsunfähig oder über-
schuldet ist, die konkursrechtlichen Konsequenzen zu ziehen[229]. Eine Ausnahme
kann allenfalls dann vorliegen, wenn ihr einziges Aktivum im Streit liegt und neben
ihr auch die wirtschaftlich Beteiligten mittellos sind[230]. Kollektiv- und Kommandit-
gesellschaften und andere Personenmehrheiten können die unentgeltliche Rechtspflege nur beanspruchen, wenn die Voraussetzungen mit Bezug auf alle Gesell-
schafterinnen und Gesellschafter gegeben sind[231].

Wie sich aus dem Wortlaut von Art. 65 Abs. 1 VwVG ergibt, wird die unentgeltliche   **4.100**
Rechtspflege nicht von Amtes wegen gewährt, sondern bloss auf *Gesuch* hin; ein
solches kann jederzeit im Laufe des Verfahrens, frühestens aber zusammen mit der
Beschwerde gestellt werden[232]. Sinnvollerweise sollte ein Gesuch um unentgeltliche
Rechtspflege indes bereits gleichzeitig mit der Einreichung der Beschwerde gestellt
werden, spätestens während der Frist, die das Gericht zur Leistung des Kostenvor-

---

225 Dazu sogleich unten Rz. 4.98.
226 In diesem Sinne auch MEICHSSNER, 164; GEORG MÜLLER, Kommentar aBV, Art. 4
     Rz. 129, Fn. 321; WAMISTER, 50.
227 Also auch ein Ausländer mit Wohnsitz im Ausland: BGE 120 Ia 218 E. 1.
228 Vgl. BOHNET, 17 mit Hinweisen; anders verhält es sich nur dann, wenn die betreffende
     Person im Hinblick auf ein konkretes Verfahren ihre Mittellosigkeit gezielt herbeigeführt
     hat (vgl. MEICHSSNER, 76 f. mit Hinweisen auf Lehre und Rechtsprechung).
229 BGE 131 II 326 E. 5.2.1 mit Hinweisen.
230 Vgl. BGE 119 Ia 339 E. 4c ff.; Urteil des Bundesgerichts 4A_517/2007 vom 14. Januar
     2008 E. 3.2; MOSER in: Moser/Uebersax, Rz. 4.30.
231 Vgl. dazu ausführlich MEICHSSNER, 30 ff.; GEISER, Rz. 1.37 mit Hinweisen; MICHAEL
     TUCHSCHMID, Unentgeltliche Rechtspflege für juristische Personen?, SJZ 2006, 49 ff.
232 BGE 120 Ia 16 E. 3d; vgl. auch BGE 122 I 208 E. 2e.

schusses ansetzt. Nur in diesen beiden Fällen sind die anwaltschaftlichen Bemühungen im Zusammenhang mit der Beschwerdeschrift eingeschlossen, denn die unentgeltliche Rechtspflege wird bloss *mit Wirkung* ab dem Zeitpunkt bewilligt, in dem das Gesuch gestellt worden ist[233]. Im Übrigen ist eine rückwirkende Übernahme weiterer bereits entstandener Kosten von Bundesverfassung wegen nicht geboten und wird in der Praxis auch nicht gewährt. Dies kommt höchstens dann ausnahmsweise in Betracht, wenn es wegen der zeitlichen Dringlichkeit einer sachlich zwingend gebotenen Prozesshandlung nicht möglich war, gleichzeitig auch das Gesuch um unentgeltliche Rechtspflege zu stellen[234].

4.101   Die bedürftige Partei erhält bei gegebenen Voraussetzungen einen *vollen Kostenerlass* und nötigenfalls eine gänzliche Übernahme der Kosten der Rechtsverbeiständung. Eine *teilweise Unentgeltlichkeit* der Rechtspflege sieht Art. 65 VwVG nicht vor[235]. Allerdings kann das Gericht die erteilte Bewilligung zurückziehen, wenn die *Voraussetzungen,* auf Grund derer die unentgeltliche Rechtspflege gewährt worden war, während des Verfahrens wegfallen[236]. Gelangt die Beschwerdeinstanz in diesem Sinne zur Erkenntnis, dass die Bedürftigkeit von der Vorinstanz zu Unrecht bejaht worden oder dass sie nachträglich weggefallen ist, so darf sie der begünstigten Partei die unentgeltliche Rechtspflege inskünftig verweigern[237].

2.   Befreiung von den Verfahrenskosten

4.102   In Anwendung von Art. 65 Abs. 1 VwVG befreit die Instruktionsrichterin bzw. der Instruktionsrichter eine bedürftige Partei, deren Begehren nicht zum vornherein aussichtslos erscheinen, auf Gesuch hin davon, Verfahrenskosten zu zahlen. Dieser Aspekt der unentgeltlichen Rechtspflege entfällt, wenn das Verfahren schon aus anderen Gründen unentgeltlich ist[238] oder die Gerichtskosten ohnehin von einer andern Partei zu bezahlen sind[239]. Wer die unentgeltliche Rechtspflege zugesprochen erhalten hat, ist auch von der Pflicht zur Leistung eines Kostenvorschusses befreit. Obsiegt die bedürftige Partei vollständig, hat sie schon aus diesem Grund keine Verfahrenskosten zu tragen, und das Gesuch wird gegenstandslos. Die unentgeltliche

---

233   BGE 122 I 205 E. 2c und 122 I 326 E. 3b sprechen, etwas zu eng, von Bemühungen im Zusammenhang mit einer *gleichzeitig* eingereichten Rechtsschrift; vgl. auch BGE 120 Ia 16 ff., der festhält, der Anspruch auf unentgeltliche Rechtspflege gelte bloss für anwaltschaftliche Leistungen, die im Hinblick auf den Verfahrensschritt erbracht worden sind, bei dessen Anlass das Gesuch um unentgeltliche Rechtspflege gestellt wird.

234   Vgl. BGE 122 I 208 E. 2 f.

235   Für die analoge Bestimmung des BGG vgl. BSK BGG-GEISER, Art. 64 N 29; vgl. auch KLEY, Rechtspflege, 184 mit Hinweisen.

236   BGE 122 I 6 E. 4a und b. Ob auch ein rückwirkender Entzug verfassungsrechtlich möglich wäre, hat das Bundesgericht in diesem Entscheid ausdrücklich offen gelassen. Die Zulässigkeit ist für den Anwendungsbereich des VwVG zu verneinen, sieht dieses doch keine Rückforderung der Verfahrenskosten vor, die im Rahmen der unentgeltlichen Rechtspflege erlassen worden sind (dazu unten Rz. 4.103).

237   Vgl. BGE 122 I 6 f.; RHINOW/KRÄHENMANN, 89.

238   Zum Beispiel sozialversicherungsrechtliche oder personalrechtliche Beschwerdeverfahren (vgl. Art. 61 Bst. a ATSG bzw. Art. 34 Abs. 2 BPG).

239   Zum Beispiel im Enteignungsverfahren (vgl. Art. 116 Abs. 1 EntG).

Rechtspflege im Sinne von Art. 65 Abs. 1 VwVG ist zu unterscheiden vom Erlass der Verfahrenskosten in Anwendung von Art. 6 VGKE[240].

Dem VwVG fehlt eine Bestimmung analog zu Art. 64 Abs. 4 BGG, wonach die be- **4.103** dürftige Partei der Gerichtskasse Ersatz zu leisten hat, wenn sie später dazu in der Lage ist. Gewährt das Bundesverwaltungsgericht die unentgeltliche Rechtspflege bezüglich der Verfahrenskosten, handelt es sich somit um einen *definitiven Kostenerlass*. Anders verhält es sich hinsichtlich der Anwaltskosten, wo mit Art. 65 Abs. 4 VwVG eine gesetzliche Grundlage für die Nachforderung vorliegt.

a) Bedürftigkeit

Erste Voraussetzung für die Gewährung der unentgeltlichen Rechtspflege ist die **4.104** *Bedürftigkeit* der antragstellenden Partei. Eine Person ist bedürftig, wenn sie nicht in der Lage ist, für die Prozesskosten (Gerichts- und Anwaltskosten) aufzukommen, ohne dass sie Mittel beanspruchen müsste, die zur Deckung des Grundbedarfs für sie und ihre Familie notwendig sind. Massgebend ist die gesamte wirtschaftliche Situation im Zeitpunkt der Einreichung des Gesuches. Die prozessuale Bedürftigkeit richtet sich nicht nach dem betreibungsrechtlichen Existenzminimum: Massgeblich sind vielmehr die konkreten persönlichen Verhältnisse der gesuchstellenden Person. Die zuständige Behörde hat nicht rein schematisch vorzugehen, sondern alle entscheidenden Gesichtspunkte im betreffenden Fall in ihren Entscheid einzubeziehen[241]. Die wirtschaftliche Selbständigkeit, mithin die Unabhängigkeit von Fürsorgeleistungen, schliesst die Bedürftigkeit im Sinne von Art. 65 Abs. 1 VwVG nicht generell aus[242].

Zur Ermittlung der Bedürftigkeit im Sinne von Art. 65 Abs. 1 VwVG muss sämtli- **4.105** chen notwendigen finanziellen *Aufwendungen* der gesuchstellenden Person Rechnung getragen werden. Ausgegangen wird von einem Grundbetrag[243], der dem betreibungsrechtlichen Existenzminimum[244] entspricht, erhöht um einen Zuschlag von 20 %. Zu diesem Betrag sind die übrigen Kosten, namentlich für Miete und Versicherungen sowie die Gewinnungskosten hinzuzurechnen.

Dieser Summe sind sämtliche *Einkünfte* gegenüberzustellen[245]. Auch das *Vermögen* **4.106** ist angemessen zu berücksichtigen, soweit die gesuchstellende Person tatsächlich darüber verfügen kann[246]. Bei der Frage, welche Vermögenswerte angezehrt oder

---

240 Dazu oben Rz. 4.58 ff.
241 Vgl. MEICHSSNER, 75.
242 Entscheid des Bundesrats vom 25. April 1990, veröffentlicht in VPB 55.16.
243 Damit werden die anfallenden Auslagen für Nahrung, Kleidung und Wäsche einschliesslich deren Instandhaltung, Körper- und Gesundheitspflege, Unterhalt der Wohnungseinrichtung, Kulturelles sowie Auslagen für Beleuchtung, Kochstrom und/oder Gas abgegolten.
244 Gemäss den Richtlinien für die Berechnung des betreibungsrechtlichen Existenzminimums (Notbedarf) nach Art. 93 SchKG vom 24. November 2000 der Konferenz der Betreibungs- und Konkursbeamten der Schweiz (publiziert in: Blätter für Schuldbetreibung und Konkurs 2001, 12 ff.).
245 Zum Ganzen eingehend MEICHSSNER, 79 ff.
246 Vgl. BGE 124 I 2 E. 2a; 120 Ia 181 E. 3a mit Hinweisen; Zwischenentscheid der Eidgenössischen Steuerrekurskommission vom 24. September 1999, veröffentlicht in VPB 64.28 E. 2b.

welche Vermögensgegenstände verkauft werden können, ist auf deren allfällige Bedeutung für die berufliche Tätigkeit zu achten[247]; zudem ist der bedürftigen Person eine finanzielle Reserve zuzugestehen, die zur Finanzierung des Prozesses nicht beigezogen zu werden braucht[248]. Die zusätzliche hypothekarische Belastung von Grundeigentum kann verlangt werden, wenn dies nicht nur praktisch möglich, sondern die zusätzliche Zinslast finanziell auch tragbar ist[249].

4.107 Verfügen Angehörige der bedürftigen Person über hinreichende Mittel, können allenfalls auch diese zur Finanzierung des Prozesses beigezogen werden. Die staatliche Pflicht zur Gewährung der unentgeltlichen Rechtspflege ist gegenüber der eheliche Unterhaltspflicht[250] und derjenigen der Eltern gegenüber ihren minderjährigen – und im Rahmen von Art. 277 Abs. 2 ZGB auch gegenüber volljährigen – Kindern[251] subsidiär. Anders verhält es sich hinsichtlich der familienrechtlichen Unterstützungspflicht gemäss Art. 328 ff. ZGB; diesbezügliche Ansprüche der gesuchstellenden Person dürfen bei der Bestimmung der Bedürftigkeit nicht berücksichtigt werden[252]. Subsidiär gegenüber der unentgeltlichen Rechtspflege sind sodann die Ansprüche gestützt auf Art. 3 Abs. 4 und Art. 11 ff. OHG[253].

4.108 Ergibt die Gegenüberstellung der Aufwendungen und der Einkünfte einen geringfügigen Überschuss, bedeutet dies nicht ohne weiteres, dass die Bedürftigkeit der gesuchstellenden Person zu verneinen und das Gesuch abzuweisen wäre[254]. Dieser ist es nur dann zuzumuten, die anfallenden Kosten zur Rechtsdurchsetzung selbst zu tragen, wenn dies mit dem resultierenden Überschuss innerhalb eines vernünftigen Zeitraums möglich ist; wann dies zutrifft, lässt sich nicht abstrakt beurteilen und hängt namentlich von der Höhe der zu erwartenden Kosten ab[255].

4.109 Wer ein Gesuch um unentgeltliche Rechtspflege stellt, hat seine finanziellen Verhältnisse umfassend *offen zu legen*. Für die Feststellung der wirtschaftlichen Situation der oder des Gesuchstellenden darf die entscheidende Behörde zwar die Beweismittel nicht formalistisch beschränken und etwa einseitig nur einen amtlichen Beleg über die finanziellen Verhältnisse zulassen. Sie hat allenfalls unbeholfene Rechtsuchende auch auf die Angaben hinzuweisen, die sie zur Beurteilung des Gesuches benötigt. Grundsätzlich aber obliegt es der gesuchstellenden Partei, ihre

---

247 WAMISTER, 34.
248 Vgl. dazu, auch zur Höhe dieses Betreffnisses, die Urteile des Bundesgerichts 1P.450/2004 vom 28. September 2004 E. 2.2. sowie 4P.158/2002 vom 16. August 2002 E. 2.2.
249 BGE 119 Ia 12 E. 5.
250 Urteil des Eidgenössischen Versicherungsgerichts I 491/02 vom 10. Februar 2003 E. 3.2 mit Hinweisen.
251 BGE 127 II 206 E. 3c–f.
252 BSK BGG-GEISER, Art. 64 N 15 unter Hinweis auf das Urteil des Bundesgerichts B.76/2005 vom 12. September 2005 E. 4.2.
253 Bundesgesetz vom 4. Oktober 1991 über die Hilfe an Opfer von Straftaten (SR 312.5); vgl. den Zwischenentscheid des Bundesverwaltungsgerichts A-842/2007 vom 27. Juni 2008 E. 2 mit Hinweisen.
254 BGE 124 I 2 E. 2a.
255 In der Regel dürfte die Grenze des Zumutbaren dann überschritten sein, wenn die anfallenden Aufwendungen für das Führen des Prozesses nicht innerhalb eines bis höchstens zweier Jahre aufgebracht werden können.

Einkommens- und Vermögensverhältnisse umfassend darzustellen und soweit möglich auch zu belegen[256]. Das Bundesverwaltungsgericht erhebt die finanziellen Verhältnisse der Gesuchstellenden mittels eines umfassenden Fragebogens.

Freilich schliesst es die Praxis nicht aus, aufgrund der gegebenen Sachumstände im **4.110** Einzelfall *ohne vertiefte weitere Abklärungen* auf die Bedürftigkeit zu schliessen. Liegen keine entgegenstehenden Hinweise vor, wird bei Asylsuchenden, die erst kürzlich in die Schweiz eingereist sind, davon ausgegangen, sie könnten die nötigen Mittel für die Prozessführung nicht selbst aufbringen[257]. Derselbe Schluss kann sich auch aus anderen Gründen aufdrängen, etwa wenn eine Partei fürsorgerechtlich unterstützt wird. Wurde einer beschwerdeführenden Partei bereits im vorinstanzlichen Verfahren die unentgeltliche Rechtspflege gewährt, kann bei Fehlen gegenläufiger Hinweise ebenfalls vom Fortbestehen der Bedürftigkeit ausgegangen werden[258]. Hat das Bundesverwaltungsgericht die Voraussetzungen etwa für den Erlass von Abgaben wegen (angeblich) fehlenden Mitteln zu beurteilen, lässt sich allein daraus dagegen noch nicht auf Bedürftigkeit der Beschwerdeführenden schliessen[259].

b)   *Prozessaussichten*

Im Sinne einer zweiten Voraussetzung wird verlangt, dass die Rechtsbegehren der **4.111** gesuchstellenden Partei *nicht aussichtslos* erscheinen dürfen. Denn die unentgeltliche Rechtspflege soll nicht in ein von vornherein chancenloses Verfahren münden und die verlangten Handlungen dürfen nicht klar unzulässig sein[260]. Als aussichtslos sind nach der bundesgerichtlichen Praxis Prozessbegehren anzusehen, bei denen die Erfolgsaussichten beträchtlich geringer sind als die Gefahr des Unterliegens und die deshalb kaum als ernsthaft bezeichnet werden können. Dagegen gilt ein Begehren nicht als aussichtslos, wenn sich die Gewinnaussichten und Verlustgefahren ungefähr die Waage halten oder jene nur wenig geringer sind als diese. Massgebend ist, ob eine Partei, die über die nötigen Mittel verfügt, sich in der gleichen Lage bei vernünftiger Überlegung mit Bezug auf das Kostenrisiko zu einem Prozess entschliessen würde; eine Partei soll einen Prozess, den sie auf eigene Rechnung und Gefahr nicht führen würde, nicht deshalb anstrengen können, weil er sie nichts kostet[261].

Die beiden Formeln – einerseits das Sich-die-Waage-halten der Prozessaussichten und ander- **4.112** seits die Frage, ob eine nicht bedürftige Partei bei vernünftiger Überlegung den Prozess führen würde – stimmen nicht völlig überein und führen gelegentlich zu *Missverständnissen*. Denn je wichtiger die Rechtspositionen, die auf dem Spiel stehen, desto eher wird eine Partei, die über die nötigen Mittel verfügt, ein Beschwerdeverfahren anstrengen, auch wenn ihre Erfolgsaussichten nicht sehr hoch erscheinen. Soweit die beiden Prüfformeln nicht übereinstimmen, muss ausschlaggebend sein, ob eine nicht bedürftige, vernünftig handelnde Partei das Prozess-

---

256 BGE 120 Ia 182 E. 3a.
257 Beschluss der Präsidentenkonferenz des Bundesverwaltungsgerichts vom 20. Februar 2007.
258 Beschluss der Präsidentenkonferenz des Bundesverwaltungsgerichts vom 20. Februar 2007.
259 Vgl. das Urteil des Bundesverwaltungsgerichts A-4174/2007 vom 27. März 2008 E. 1.2.
260 KLEY, Rechtspflege, 181.
261 Vgl. BGE 129 I 135 E. 2.3.1; 128 I 235 E. 2.5.3 und zahlreiche weitere.

risiko auf sich nehmen würde, auch wenn die Chancen des Obsiegens allenfalls eher gering sind. Dies ergibt sich aus dem Prinzip der Rechtsgleichheit, die dem Anspruch auf unentgeltliche Prozessführung zugrunde liegt.

4.113 Aus der obigen Überlegung lässt sich namentlich für das *Asylbeschwerdeverfahren* nicht folgern, dort müsse in fast jedem Fall die unentgeltliche Rechtspflege gewährt werden, weil regelmässig elementare Rechtspositionen auf dem Spiel stünden. In den Asylverfahren hängt der Verfahrensausgang sehr oft davon ab, ob die Vorbringen der Asylsuchenden der Wahrheit entsprechen. Trifft dies nicht zu, sind auch keine wichtigen Rechtspositionen betroffen. Deshalb konzentriert sich in diesen Fällen die Frage nach den Prozessaussichten auf die Glaubhaftigkeit der Asylvorbringen. Mit andern Worten ist ein Gesuch um unentgeltliche Rechtspflege gutzuheissen, sofern bei erster Beurteilung einiges für deren Richtigkeit spricht. Anders verhält es sich nur dann, wenn auch die Vorbringen ohnehin nicht asylrelevant wären und auch nicht zu einer vorläufigen Aufnahme führen würden.

4.114 Die Aussichtslosigkeit des Verfahrens ist in aller Regel *vorab,* d.h. bei Eingang des Gesuches um unentgeltliche Rechtspflege, zu beurteilen[262]. Es ist namentlich unzulässig, mit dem Entscheid über ein Gesuch um unentgeltliche Prozessführung bis zum Abschluss des Beweisverfahrens zuzuwarten und das Gesuch dann aufgrund der ungünstigen Beweislage abzuweisen[263]. Dies gilt dann nicht, wenn die bedürftige Partei die unentgeltliche Rechtspflege zu erschleichen versucht hat, namentlich durch falsche Angaben[264].

4.115 Auch wenn die Behörde ausnahmsweise über das Gesuch um unentgeltliche Rechtspflege nicht bereits bei Beschwerdeeinreichung, sondern erst zu einem späteren Zeitpunkt entscheidet, ist für die Beurteilung der Prozessaussichten auf den erstgenannten Zeitpunkt abzustellen, selbst wenn sich im Zeitpunkt des Entscheids die Chancen für die gesuchstellende Partei weniger günstig erweisen[265].

4.116 Der Entscheid erfolgt gestützt auf eine prima facie-Beurteilung der Prozessaussichten aufgrund der Beschwerdeeingabe und der Vorakten. Diese Dokumente brauchen nicht eingehend geprüft zu werden; entschieden wird aufgrund eines ersten Überblicks über die Akten, weshalb an den Nachweis der Nichtaussichtslosigkeit keine allzu strengen Anforderungen geknüpft werden dürfen[266], die Gutheissung des Gesuchs zugleich aber kaum Folgerungen auf den Prozessausgang zulässt.

4.117 Je komplexer sich der Sachverhalt präsentiert und je schwieriger die zu unterscheidenden Rechtsfragen sind, desto eher ist von genügenden Gewinnchancen auszugehen[267]. Ein Verfahren kann namentlich dann nicht als von vornherein aussichtslos bezeichnet werden, wenn die Vorinstanz oder eine der Vorinstanzen die Rechtsauffassung der gesuchstellenden Partei teilt[268] oder wenn die beschwerdeführende Partei greifbare und nicht von vornherein unglaubwürdige Zeugen benennt, die rele-

---

262 BGE 122 I 6 E. 4a.
263 BGE 122 I 6 E. 4a.
264 Vgl. Meichssner, 174.
265 Entscheid der Schweizerischen Asylrekurskommission vom 15. Dezember 1999, veröffentlicht in VPB 64.97 E. 9.
266 Vgl. Wamister, 46.
267 Vgl. Meichssner, 107.
268 Vgl. den Entscheid des Bundesrats vom 25. August 1993, veröffentlicht in VPB 59.30 E. sowie BSK BGG-Geiser, Art. 64 N 22.

vante, die Beschwerde untermauernde Tatsachen darlegen können[269]. Dasselbe muss bei einer Praxisänderung gelten, wenn sich die bedürftige Partei auf die bisherige Rechtsprechung beruft sowie dann, wenn (mindestens) ein Mitglied des Spruchkörpers in ihrem Sinne entscheiden möchte[270].

Erscheinen dagegen die Prozessaussichten wegen einer veränderten Sachlage in einem späteren Verfahrenszeitpunkt bei objektiver Betrachtung deutlich schlechter, erscheint es zulässig, die unentgeltliche Rechtspflege mit Wirkung ab dem gegenwärtigen Zeitpunkt – also nicht rückwirkend – zu entziehen. Zu denken ist dabei etwa an den Fall, in dem im Laufe des Verfahrens eine Bedingung eintritt, von der streitig war, ob sie überhaupt erforderlich sei. Ein rückwirkender Entzug dürfte dagegen zulässig sein, wenn die bedürftige Partei die unentgeltliche Rechtspflege zu erschleichen versucht hat, namentlich durch falsche Angaben, denn diesfalls besteht keine schützenswerte Vertrauensposition[271]. **4.118**

3.   Anwaltliche Verbeiständung

Ist die bedürftige Partei nicht imstande, ihre Sache selbst zu vertreten, so hat ihr das Bundesverwaltungsgericht eine Anwältin bzw. einen Anwalt beizugeben (Art. 65 Abs. 2 VwVG). Die Rechtsnatur des Verfahrens ist dabei ohne Belang. Die unentgeltliche Verbeiständung fällt grundsätzlich für jedes staatliche Verfahren in Betracht, in das die bedürftige Partei einbezogen wird oder das zur Wahrung ihrer Rechte notwendig ist[272]. Massgeblich ist, ob zur effizienten Mitwirkung am Verfahren die Hilfe einer rechtskundigen Person sachlich geboten ist. **4.119**

Eine so umschriebene sachliche Notwendigkeit der Verbeiständung ist dann zu bejahen, wenn die Interessen der bedürftigen Partei *in schwerwiegender Weise betroffen* sind und der Fall in tatsächlicher und rechtlicher Hinsicht Schwierigkeiten bietet, die den Beizug einer Rechtsvertreterin bzw. eines Rechtsvertreters erforderlich machen. Droht das in Frage stehende Verfahren besonders stark in die Rechtsposition der betroffenen Person einzugreifen, ist die Bestellung einer unentgeltlichen Rechtsvertretung grundsätzlich geboten, sonst nur dann, wenn zur relativen Schwere des Falles besondere tatsächliche oder rechtliche Schwierigkeiten hinzukommen, denen die Gesuchstellerin bzw. der Gesuchsteller auf sich alleine gestellt nicht gewachsen wäre[273]. Die Geltung des Untersuchungsgrundsatzes lässt eine anwaltliche Vertretung nicht ohne weiteres als unnötig erscheinen[274], erlaubt aber einen strengeren Massstab[275]. Daneben fallen in der Person der oder des Betroffenen liegende Gründe in Betracht, wie etwa die Fähigkeit, sich im Verfahren zurechtzufinden[276]. Handelt es sich um ein Mehrparteienverfahren, kann schliesslich in Betracht fallen, ob die Gegenpartei ihrerseits anwaltlich vertreten ist[277]. Der An- **4.120**

---

269 Vgl. den Entscheid des Bundesrats vom 28. Mai 2003, veröffentlicht in VPB 67.112 E. 5.3.
270 BSK BGG-GEISER, Art. 64 N 22.
271 Vgl. MEICHSSNER, 174.
272 BGE 130 I 182 E. 2.2.
273 BGE 130 I 182 E. 2.2; 128 I 232 E. 2.5.2.
274 BGE 130 I 183 E. 3.2.
275 BGE 125 V 36 E. 4b; Entscheid des Präsidenten der Eidgenössischen Datenschutzkommission vom 14. April 2003, veröffentlicht in VPB 67.74 E. 2b.
276 Vgl. BGE 122 I 276 E. 3a mit Hinweisen.
277 BSK BGG-GEISER, Art. 64 N 32 unter Hinweis auf BGE 112 Ia 11 E. 2c.

spruch auf unentgeltliche Rechtsverbeiständung beschränkt sich auf die *Vertretung im Prozess.* Für ausserprozessuale Rechtsberatungen hat das Bundesgericht bislang einen verfassungsrechtlichen Anspruch stets abgelehnt[278].

4.121   Zur amtlichen Vertreterin bzw. zum amtlichen Vertreter wird in aller Regel ernannt, wer von der betreffenden Partei mit der Interessenwahrung beauftragt worden ist und die Beschwerde beim Bundesverwaltungsgericht eingereicht hat. Die Beiordnung erfolgt in der Regel durch einen Zwischenentscheid der Instruktionsrichterin bzw. des Instruktionsrichters des Bundesverwaltungsgerichts.

4.122   Die amtlichen Anwältinnen und Anwälte stehen nicht in einem privatrechtlichen Auftragsverhältnis zur bedürftigen Partei, sondern übernehmen eine staatliche Aufgabe und stehen in einem Rechtsverhältnis mit dem Staat[279]. Aufgrund dessen steht das Honorar für die unentgeltliche Verbeiständung ihnen persönlich – und nicht der vertretenen Partei – zu[280]. Weder die amtlichen Rechtsvertreterinnen und -vertreter noch die Partei selbst können die Bestellung widerrufen; sie haben bloss die Möglichkeit, dies dem Gericht zu beantragen. Dieses bewilligt den Wechsel, wenn aus objektiven Gründen eine sachgerechte Vertretung der Interessen nicht mehr gewährleistet erscheint[281]. Liegen solche Gründe vor, kann das Bundesverwaltungsgericht auch von Amtes wegen die Vertretung durch eine andere Anwältin bzw. einen andern Anwalt anordnen[282].

4.123   Obsiegt die bedürftige Partei, ist die Gegenpartei oder die Vorinstanz verpflichtet, ihr eine Parteientschädigung zu entrichten, mit der die beigeordnete Anwältin bzw. der beigeordnete Anwalt entschädigt wird. Das Gesuch um unentgeltliche Rechtspflege wird aber bloss insoweit gegenstandslos, als keine Zweifel an der Zahlungsfähigkeit der entschädigungspflichtigen Gegenpartei bestehen[283]. Andernfalls wird das Gesuch gutgeheissen und sinnvollerweise vom Nachweis der Uneinbringlichkeit der Entschädigung abhängig gemacht[284]. Die Haftungsregelung von Art. 65 Abs. 3 VwVG hat in der Praxis keine Bedeutung erlangt.

4.124   Die Bemessung von Honorar und Kosten bestimmt sich nach dem VGKE (vgl. Art. 65 Abs. 5 VwVG). Gemäss Art. 12 VGKE gelten für amtlich bestellte Anwältinnen und Anwälte die gleichen Ansätze wie für die vertragliche Vertretung, d.h.

---

278   BGE 121 I 324 mit Hinweisen.
279   BGE 122 II 325 E. 3b. Nach Auffassung von MEICHSSNER, 196 f., besteht zwischen Anwältin und Anwalt und vertretener Partei zusätzlich ein Auftragsverhältnis, das durch das öffentlich-rechtliche Rechtsverhältnis teilweise überlagert wird.
280   BGE 133 V 647 E. 2.2 mit Hinweis auf BGE 110 V 363 E. 2.
281   Vgl. BSK BGG-GEISER, Art. 64 N 34.
282   Vgl. BGE 133 IV 338 E. 4, namentlich zur Frage der Anfechtbarkeit dieses Zwischenentscheids und zur vorgängigen Gewährung des rechtlichen Gehörs. Das zitierte Urteil betrifft eine amtliche Verbeiständung in einem Strafverfahren, doch dürften die Erwägungen des Bundesgerichts für das Beschwerdeverfahren vor dem Bundesverwaltungsgericht weitgehend analog gelten.
283   Vgl. die diesbezügliche Bestimmung von Art. 64 Abs. 2 BGG. Es ist nicht zulässig, das Risiko der Unverbringlichkeit der Anwältin bzw. dem Anwalt zu überbürden (BGE 131 I 221 E. 2.5).
284   BGE 122 I 326 E. 3d.

die Regeln von Art. 8 ff. VGKE[285]. Anders als in den meisten Kantonen gilt somit für die Entschädigung kein gegenüber dem ordentlichen Tarif reduzierter Ansatz. Die amtlich beigeordneten Anwältinnen und Anwälte sind nicht befugt, von der Partei, die sie vertreten, eine zusätzliche Entschädigung zu verlangen[286].

Anders als für die Verfahrenskosten wird der bedürftigen Partei mit der anwaltli-   **4.125**
chen Verbeiständung *keine definitive Übernahme der Anwaltskosten* durch den Bund garantiert. Gelangt die bedürftige Partei im Laufe des Verfahrens in den Besitz hinreichender Mittel, kann ihr die unentgeltliche Rechtspflege verweigert oder wieder entzogen werden[287]. Unter der gleichen Voraussetzung ist sie nach Erledigung des Prozesses auch verpflichtet, dem Bundesverwaltungsgericht Honorar und Kosten der beigeordneten Anwältin bzw. des Anwalts zurückzuvergüten (Art. 65 Abs. 4 VwVG). Ob diese Voraussetzung erfüllt ist, überprüft der Finanzdienst des Gerichts regelmässig.

---

285 Vgl. dazu oben Rz. 4.74 ff.
286 BGE 122 I 325 E. 3b mit Hinweis; Kᴌᴇʏ, Rechtspflege, 184.
287 Vgl. BGE 122 I 324 E. 2c.

§ 5 Spezielle Verfahren

I. Klageverfahren

1. Funktion und Bedeutung

Klageverfahren stellen im öffentlichen Recht, in dem gerade die Rechtsverhältnisse **5.1** zwischen Gemeinwesen und Privaten durch Verfügung geregelt werden, seit jeher die *Ausnahme* dar. So war und ist das Klageverfahren beschränkt auf die Fälle, welche sich für ein Verfügungsverfahren nicht eignen. Dabei handelt es sich auf Bundesebene vorab um Streitigkeiten aus dem bundesstaatlichen Verhältnis (vgl. Art. 120 Abs. 1 Bst. a und b BGG). Bis Ende 2006 waren Klageverfahren im Bund hauptsächlich vor Bundesgericht möglich, welches im öffentlichen Recht mit der staatsrechtlichen Klage (Art. 83 OG) oder der verwaltungsrechtlichen Klage (Art. 116 OG) angerufen werden konnte[1]; vor den eidgenössischen Rekurs- und Schiedskommissionen konnte nur in ganz seltenen Ausnahmefällen Klage erhoben werden[2].

Klageverfahren sind Teil der ursprünglichen Gerichtsbarkeit und damit bedeutend **5.2** aufwändiger als Beschwerdeverfahren, muss doch das Gericht den Prozessstoff selber sammeln und den Sachverhalt feststellen, und es besteht keine Möglichkeit, sich auf Vorarbeiten einer Verwaltungsbehörde oder einer Vorinstanz zu stützen[3]. Schon vor der Totalrevision der Bundesrechtspflege wurden deshalb die Klageverfahren sukzessive reduziert[4], und auch in dieser war klar, dass für das Bundesgericht die Klageverfahren auf das absolut Unumgängliche beschränkt werden sollten[5]. Per 1. Januar 2007 eingeführt worden ist dagegen die Möglichkeit, in *drei genau umschriebenen Konstellationen* mittels Klage an das Bundesverwaltungsgericht zu gelangen (Art. 35 VGG). Der Ausnahmecharakter des Klageverfahrens wird zusätzlich unterstrichen durch dessen absolute Subsidiarität (Art. 36 VGG; vgl. auch

---

1 Vgl. zur altrechtlichen Lage etwa HÄFELIN/HALLER, Rz. 2045 ff. (zur staatsrechtlichen Klage) und HUGI YAR, Rz. 7.14 ff. (zur verwaltungsrechtlichen Klage).

2 Eine Ausnahme gestützt auf das DSG stellte die Befugnis der damaligen Eidgenössischen Datenschutzkommission dar, als Schiedskommission (also im Klageverfahren) über Empfehlungen des Eidgenössischen Datenschutzbeauftragten im Privatrechtsbereich zu entscheiden; Botschaft Totalrevision Bundesrechtspflege, BBl 2001 4392.

3 Vgl. UEBERSAX, 1229.

4 Vgl. HUGI YAR, Rz. 7.14 sowie etwa das konkrete Beispiel aus dem Stempelabgaberecht bei MICHAEL BEUSCH, in: Martin Zweifel/Peter Athanas/Maja Bauer-Balmelli (Hrsg.), Kommentar zum Schweizerischen Steuerrecht, Teil II/Band 3, Bundesgesetz über die Stempelabgaben (StG), Basel/Genf/München 2006, Art. 3 N 16 ff.

5 Das Bundesgericht «soll nur noch in jenen Fällen als einzige Instanz im Klageverfahren urteilen, wo sich dies aus staatspolitischen Gründen aufdrängt, nämlich bei Streitigkeiten zwischen Bund und Kantonen oder zwischen Kantonen, sowie in Staatshaftungsfällen, in welche oberste Magistratspersonen des Bundes involviert sind»; Botschaft Totalrevision Bundesrechtspflege, BBl 2001 4226.

Art. 120 Abs. 2 BGG)[6]. Dementsprechend weisen Klageverfahren vor Bundesverwaltungsgericht Seltenheitswert auf[7].

2.   Anwendungsfälle

5.3 Die Klage an das Bundesverwaltungsgericht ist gegeben bei *Streitigkeiten aus öffentlich-rechtlichen Verträgen,* an denen der Bund, seine Anstalten oder Betriebe oder Organisationen im Sinne von Art. 33 Bst. h VGG – derjenigen ausserhalb der Bundesverwaltung, die in Erfüllung öffentlichrechtlicher Aufgaben des Bundes handeln – beteiligt sind (Art. 35 Bst. a VGG). Dabei kann es sich sowohl um Verträge zwischen öffentlich-rechtlichen Organisationen (koordinationsrechtliche Verträge) als auch Verträge zwischen öffentlich-rechtlichen Organisationen und Privaten handeln[8].

5.4 Ebenfalls mittels Klage an das Bundesverwaltungsgericht gelangt werden kann bei *Streitigkeiten über Empfehlungen des Datenschutzbeauftragten im Privatrechtsbereich* gemäss Art. 29 Abs. 4 DSG (Art. 35 Bst. b VGG). Eine solche Konstellation liegt etwa dann vor, wenn der Eidgenössische Datenschutz- und Öffentlichkeitsbeauftragte der Auffassung ist, es widerspreche dem DSG, wenn ein Privater im Schweizerischen Handelsamtsblatt veröffentlichte Daten beziehe, «veredele» und die dergestalt veröffentlichten Handelsregistermeldungen der natürlichen wie auch der juristischen Personen zeitlich unbeschränkt verfügbar mache[9].

5.5 Schliesslich kann das Bundesverwaltungsgericht mittels Klage angerufen werden, wenn sich *Streitigkeiten zwischen Bund und Nationalbank* betreffend die Vereinbarungen über Bankdienstleistungen (Art. 11 Abs. 1 NBG) und die Vereinbarung über die Gewinnausschüttung (Art. 31 Abs. 2 NBG) ergeben (Art. 35 Bst. c VGG)[10]. Dieser Absatz, der so in der Botschaft zur Totalrevision der Bundesrechtspflege noch nicht vorgesehen war[11], dürfte vorab theoretische Bedeutung haben[12].

---

6 Ein Fall im Sinn von Art. 36 VGG findet sich etwa in Art. 19 des Bundesgesetzes vom 5. Oktober 1990 über Finanzhilfen und Abgeltungen (SR 616.1).

7 Die einzige im Jahr 2007 eingegangene Klage (Total Eingänge 2007: 8554) wurde mit Urteil des Bundesverwaltungsgerichts A-4086/2007 vom 26. Februar 2008 entschieden (BVGE 2008/16).

8 Zu Arten und Zulässigkeit von verwaltungsrechtlichen Verträgen vgl. Häfelin/Müller/ Uhlmann, Rz. 1063 ff.; Tschannen/Zimmerli, § 33 Rz. 15 ff.; mit Beispielen und weiteren Hinweisen. Zum (gerichtlichen) Vergleich als verwaltungsrechtlicher Vertrag vgl. Mächler, 278 ff. sowie oben Rz. 3.220.

9 BVGE 2008/16; vgl. auch oben Rz. 2.96 in fine.

10 Bis Ende 2006 waren diese Fragen mittels verwaltungsrechtlicher Klage dem Bundesgericht vorzulegen (Art. 53 Abs. 2 NBG). Nach wie vor direkt an das Bundesgericht ist zu gelangen bei Streitigkeiten zwischen Bund und Kantonen betreffend die Vereinbarung über die Gewinnausschüttung gemäss Art. 31 Abs. 3 NBG (Art. 53 Abs. 2 NBG).

11 Botschaft Totalrevision Bundesrechtspflege, BBl 2001 4392.

12 Was die Vereinbarung über die Gewinnausschüttung der Nationalbank betrifft, so haben sich die Parteien am 14. März 2008 im Sinne der Vorgaben von Art. 31 Abs. 2 NBG für die Geschäftsjahre 2008–2017 über die Weiterführung der bisherigen jährlichen Ausschüttung in Höhe von 2,5 Mrd. Franken geeinigt; vgl. die Medienmitteilung des EFD vom 14. März 2008.

3.   Verfahrensordnung

Das Klageverfahren richtet sich gemäss Art. 44 Abs. 1 VGG nach den Art. 3–73 und   **5.6**
79–85 BZP. Anders als das Klageverfahren vor Bundesgericht, wo der *Bundeszivilprozess* aufgrund des Verweises von Art. 120 Abs. 3 BGG integral zur Anwendung gelangt, bestehen für das Klageverfahren vor Bundesverwaltungsgericht zwei bedeutende Abweichungen. Zum einen stellt das Bundesverwaltungsgericht – anders als in einem Zivilprozess – den Sachverhalt von Amtes wegen fest (Art. 44 Abs. 2 VGG). Zum anderen sind die die Vollstreckung betreffenden Artikel des BZP (Art. 74–78 BZP) von der Anwendung ausdrücklich ausgeschlossen. Für die Vollstreckung von auf Klage hin erlassenen Urteilen des Bundesverwaltungsgerichts gelten mithin aufgrund des Generalverweises von Art. 37 VGG die Regelungen von Art. 39 ff. VwVG[13/14].

Auch dort, wo der Bundeszivilprozess aufgrund des Verweises von Art. 44 Abs. 1 VGG an-   **5.7**
wendbar ist, kann dessen *Anwendung richtigerweise nur sinngemäss* geschehen. So ist etwa in den entsprechenden Artikeln der Terminus «Bundesgericht» (z.B. Art. 21 Abs. 1 BZP) zu ersetzen durch «Bundesverwaltungsgericht». Die Klageentscheide des Bundesverwaltungsgerichts werden z.B. auch nicht zwingend mit ihrer Ausfällung rechtskräftig, wie dies Art. 71 Abs. 1 BZP an sich vorsieht, sondern unterliegen nach Massgabe der Bestimmungen von Art. 82 ff. BGG der Beschwerde an das Bundesgericht[15].

Die weitgehende Anwendung des Bundeszivilprozesses ist dadurch gerechtfertigt,   **5.8**
«dass sich das Klageverfahren ähnlich einem Zivilprozess *kontradiktorisch mit Kläger und Beklagtem* abwickelt. Es wird nicht – wie im Beschwerdeverfahren – eine Verfügung überprüft, sondern auf Klage hin über ein Rechtsverhältnis entschieden, ohne dass zuvor im nichtstreitigen Verfahren eine Verfügung ergangen wäre»[16]. Da der bereits am 4. Dezember 1947 erlassene Bundeszivilprozess schon für die damaligen verwaltungsrechtlichen Klagen an das Bundesgericht sinngemäss Anwendung fand und damals auch noch das Bundesgericht den Sachverhalt von Amtes wegen festzustellen hatte (Art. 120 in Verbindung mit Art. 105 Abs. 1 OG)[17], kann die diesbezügliche bundesgerichtliche Rechtsprechung auch für die heutigen Klageverfahren vor Bundesverwaltungsgericht weiterhin Geltung beanspruchen.

Der Bundeszivilprozess wird auch nach der voraussichtlich auf anfangs 2011 oder 2012 in Kraft   **5.9**
tretenden Schweizerischen Zivilprozessordnung (ZPO) bis auf weiteres massgebende Rechtsquelle für die Klageverfahren vor Bundesverwaltungsgericht (und Bundesgericht) bilden. Die ZPO löst nämlich «nur» die 26 kantonalen Zivilprozessordnungen ab. Über die Frage, ob und bejahendenfalls in welcher Art dereinst auch der BZP abgelöst werden soll, soll zumindest nach Absicht des Bundesrates zu einem späteren Zeitpunkt befunden werden[18].

Die Klage, deren Einleitung vorbehältlich spezialgesetzlicher Regelungen an keine   **5.10**
Frist gebunden ist[19], wird durch *Einreichung der Klageschrift* angehoben (Art. 21

---

13   Vgl. Botschaft Totalrevision Bundesrechtspflege, BBl 2001 4393.
14   Zu den Möglichkeiten bei mangelhafter Vollstreckung von Entscheiden des Bundesverwaltungsgerichts vgl. Art. 43 VGG.
15   Vgl. auch unten Rz. 5.17.
16   Botschaft Totalrevision Bundesrechtspflege, BBl 2001 4257.
17   Hugi Yar, Rz. 7.16.
18   Botschaft zur Schweizerischen Zivilprozessordnung, BBl 2006 7244.
19   Vgl. BGE 131 I 268 E. 2.3; vgl. auch Häfelin/Müller/Uhlmann, Rz. 1995.

Abs. 1 BZP). Das Rechtsbegehren kann auf Leistung, Gestaltung oder Feststellung lauten[20] und ist so abzufassen, dass es unverändert zum Urteil erhoben werden könnte[21]. Dies bedeutet, dass Forderungen auf Geldleistungen, wie sie vorab im Bereich der öffentlich-rechtlichen Verträge bestehen können (Art. 35 Bst. a VGG), zu beziffern sind. Immerhin dürfte es bei Schwierigkeit des Nachweises eines Schadens diesbezüglich genügen, wenn der Geschädigte Anhaltspunkte für den Schaden zu liefern vermag[22]. Objektive und subjektive Klagenhäufung sind denkbar (Art. 24 BZP), ebenso eine Klageänderung (Art. 26 BZP). Das Bundesverwaltungsgericht prüft seine Zuständigkeit und die Zulässigkeit der Klage von Amtes wegen (Art. 3 Abs. 1 BZP).

5.11 Die Klage wird der beklagten Partei, welche ein Begehren um Sicherstellung der Parteikosten gemäss Art. 62 Abs. 2 BGG stellen kann[23], zur *Klageantwort* zugestellt (Art. 28 BZP). Diese kann auf gewisse Themen beschränkt werden (Art. 30 BZP) und hat ebenfalls gewissen Anforderungen zu genügen (Art. 29 BZP)[24]. Eine Widerklage ist ausgeschlossen, es sei denn, das Urteil des Bundesverwaltungsgerichts könne nicht an das Bundesgericht weiter gezogen werden (Art. 31 Abs. 1 BZP)[25]. Ein zweiter Schriftenwechsel ist nicht zwingend (Art. 32 Abs. 2 BZP), aber üblich. Geleitet wird das Verfahren von der Instruktionsrichterin oder dem Instruktionsrichter (Art. 5 Abs. 1 BZP; vgl. auch Art. 39 Abs. 1 VGG).

5.12 Nach Abschluss des Schriftenwechsels findet ein Vorbereitungsverfahren statt (Art. 34 f. BZP)[26], wobei die Parteien auf die mündliche Vorbereitungsverhandlung verzichten können (Art. 35 Abs. 4 BZP). Hernach kommt es – sofern nötig – separat (oder innerhalb der Hauptverhandlung[27]) zum Beweisverfahren (Art. 36 ff. BZP)[28], darauf erfolgt die *Hauptverhandlung* (Art. 66 ff. BZP). Auf deren Durchführung können die Parteien an sich nicht verzichten, da das Gesetz für die Hauptverhand-

---

20 Die Feststellungsklage (Art. 25 BZP) setzt dabei ein rechtliches Interesse an sofortiger Feststellung voraus; vgl. BSK BGG-WALDMANN, Art. 120 N 29.

21 Vgl. zu den Anforderungen an die Klageschrift Art. 23 BZP; vgl. auch HUGI YAR, Rz. 7.38 ff. Dem Wesen eines Klageverfahrens gemäss gibt es bei mangelhaften Klageschriften – anders als grundsätzlich bei mangelhaften Beschwerden (Art. 52 Abs. 2 VwVG; vgl. oben Rz. 2.235 ff.) – keine eigentliche Frist zur Verbesserung. Die klagende Partei wird aber immerhin darauf aufmerksam gemacht, wenn sich die Klage infolge Prozessmangels als unzulässig erweist (Art. 27 BZP).

22 BGG-VON WERDT, Art. 120 N 23.

23 Vgl. BSK BGG-GEISER, Art. 62 N 17 ff.

24 Vgl. HUGI YAR, Rz. 7.44 ff.

25 Solches ist etwa in einer eine ohne gesetzlichen Anspruch aufgrund eines öffentlich-rechtlichen Vertrags ausgerichteten Subvention betreffenden Angelegenheit denkbar, wo die Beschwerde an das Bundesgericht nach Art. 83 Bst. k BGG ausgeschlossen ist. Selbst dann müssen aber zusätzlich die materiellen Voraussetzungen für die Zulässigkeit einer Widerklage erfüllt sein. Ist eine Widerklage eingereicht worden, so ist diese der klagenden und widerbeklagten Partei zur Beantwortung zuzustellen (Art. 32 Abs. 1 BZP).

26 Dieses Verfahrensstadium eignet sich gut zur vergleichsweisen Regelung des Streitfalles; vgl. HUGI YAR, Rz. 7.48.

27 Art. 35 Abs. 3 BZP.

28 Zu Zeugeneinvernahmen, Augenschein und Parteiverhör ist ein zweiter Richter beizuziehen (Art. 5 Abs. 3 BZP); vgl. auch Art. 39 Abs. 2 VGG. Zur Unzulässigkeit des Parteiverhörs im Beschwerdeverfahren vgl. oben Rz. 3.124.

lung keine Art. 35 Abs. 4 BZP entsprechende Bestimmung enthält. In der Praxis wird allerdings mit dem Einverständnis der Parteien auch auf die Durchführung der Hauptverhandlung verzichtet, was insbesondere in den Fällen von Art. 35 Bst. b VGG als sachgerecht erscheint[29].

Die Parteien können ihre Verfahren selber führen oder sich durch irgendeine an- **5.13** dere handlungsfähige Person vertreten lassen. Ein Anwaltsmonopol besteht bezüglich Vertretung auch bei den Klageverfahren vor Bundesverwaltungsgericht nicht[30]. Die *Verfahrenssprache* bestimmt sich mangels entsprechender Regelung im BZP aufgrund von Art. 37 VGG gemäss den Regelungen von Art. 33a VwVG[31].

In den Klageverfahren gemäss Bundeszivilprozess herrscht grundsätzlich die durch **5.14** die richterliche Fragepflicht gemilderte Verhandlungsmaxime (Art. 3 Abs. 2 BZP), welche für das Klageverfahren vor Bundesverwaltungsgericht allerdings gestützt auf Art. 44 Abs. 2 VGG durch die Untersuchungsmaxime verdrängt wird[32]. Art. 3 Abs. 2 BZP bestimmt, dass der Richter nicht über die Rechtsbegehren der Parteien hinausgehen darf. In einem Klageverfahren hat die *Dispositionsmaxime* somit grössere Bedeutung als im Beschwerdeverfahren vor Bundesverwaltungsgericht: Der Streitgegenstand wird ausschliesslich durch die gestellten Anträge (und allenfalls die entsprechenden Begründung) definiert. Einer Partei darf nicht mehr oder nichts anderes zugesprochen werden, als sie beantragt hat[33]. Nur in abgeschwächter Form gilt sodann die Eventualmaxime (Art. 19 BZP)[34]. Das Bundesverwaltungsgericht verfügt über eine umfassende, freie Prüfungsbefugnis in tatsächlicher und rechtlicher Hinsicht[35]. Es gilt der Grundsatz der freien Beweiswürdigung (Art. 40 BZP). Der vorsorgliche Rechtsschutz, sei es vor oder nach Einreichung der Klageschrift, richtet sich nach den Art. 79 ff. BZP[36].

Wird ein Rechtsstreit gegenstandslos oder fällt er mangels rechtlichen Interesses **5.15** dahin, so erklärt ihn das Gericht nach Vernehmlassung der Parteien ohne weitere Parteiverhandlung als erledigt und entscheidet mit summarischer Begründung über die Prozesskosten auf Grund der Sachlage vor Eintritt des Erledigungsgrundes (Art. 72 BZP). Der vor dem Gericht erklärte oder diesem zur Verurkundung im Protokoll eingereichte Vergleich der Parteien und der Abstand einer Partei beenden den Rechtsstreit (Art. 73 Abs. 1 BZP). Erfolgt die *Streitbeendigung* vor der

---

29 Urteil des Bundesverwaltungsgerichts A-4086/2007 vom 26. Februar 2008 Bst. J. Vgl. in diese Richtung, aber etwas weniger weit gehend Hugi Yar, Rz. 7.52, der ausführt, das Gericht bemühe «sich bisweilen aus prozessökonomischen Gründen um einen Verzicht auf die Parteivorträge ...».

30 Vgl. oben Rz. 3.4.

31 Vgl. oben Rz. 2.223, 3.38, 3.188.
    Dergestalt wird das gleiche Ergebnis erzielt wie durch Art. 54 Abs. 2 BGG für das Klageverfahren vor Bundesgericht. Art. 54 Abs. 2 BGG ist für das Klageverfahren vor Bundesverwaltungsgericht trotz des Verweises in Art. 1 Abs. 2 BZP auch mittelbar nicht anwendbar, weil Art. 44 Abs. 1 VGG seinerseits nicht auf Art. 1 BZP verweist.

32 Vgl. oben Rz. 1.49, 3.119.

33 BVGE 2008/16 E. 2.2 mit Hinweisen.

34 Vgl. Hugi Yar, Rz. 7.27.

35 Vgl. BGE 131 I 269 E. 2.3.

36 Vgl. Hugi Yar, Rz. 7.31 ff.

Hauptverhandlung durch gerichtlichen Vergleich oder Abstand, so schreibt die Instruktionsrichterin oder der Instruktionsrichter das Verfahren ab, entscheidet über die Gerichtskosten und bestimmt bei Abstand die Höhe der Parteientschädigung (Art. 5 Abs. 2 BZP; vgl. auch Art. 23 Abs. 1 Bst. a VGG)[37].

5.16 Was Voraussetzungen und Zusammensetzung der *Kosten und Entschädigungen* betrifft, so bestimmen sich diese aufgrund des Verweises in Art. 69 BZP nach den Art. 65, 66 und 68 BGG und gelangt das VGKE nicht zur Anwendung[38/39]. Diese gegenüber dem Beschwerdeverfahren unterschiedlichen Rechtsgrundlagen bedeuten bezüglich der Höhe der Kosten etwa, dass die maximale Gerichtsgebühr bei Streitigkeiten mit Vermögensinteresse, also z.B. betreffend öffentlich-rechtlicher Verträge (Art. 35 Bst. a VGG), maximal Fr. 200 000.– betragen kann (Art. 65 Abs. 3 Bst. b i.V.m. Abs. 5 BGG) und nicht bloss Fr. 50 000.– (Art. 4 VGKE). Was die Erhebung und Verteilung der Gerichtskosten angeht, so erweist sich Art. 66 BGG als weitgehend gleich wie Art. 63 VwVG[40]. Was jedoch die Parteientschädigung betrifft, so bestehen bei den im Klageverfahren anwendbaren Regelungen Unterschiede gegenüber denjenigen im Beschwerdeverfahren. Zwar sind nach Art. 68 Abs. 2 BGG der obsiegenden Partei alle durch den Rechtsstreit verursachten notwendigen Kosten nach Massgabe des Tarifs des Bundesgerichts zu ersetzen. Nach Art. 1 des Reglements vom 31. März 2006 über die Parteientschädigung und die Entschädigung für die amtliche Vertretung im Verfahren vor dem Bundesgericht[41] gehören dazu die Anwaltskosten und allfällige weitere notwendige Kosten, die durch den Rechtsstreit verursacht worden sind. Den Anwältinnen und Anwälten nicht automatisch gleich gestellt sind allerdings nichtanwaltliche berufsmässige Vertreterinnen und Vertreter[42].

5.17 Die in einem Klageverfahren gefällten Urteile des Bundesverwaltungsgerichts unterliegen nach Massgabe der Bestimmungen von Art. 82 ff. BGG der *Beschwerde an das Bundesgericht*. Sie werden mithin entgegen dem Wortlaut des eigentlich anwendbaren Art. 71 Abs. 1 BZP nicht in jedem Fall mit ihrer Ausfällung rechtskräftig, sondern nur dann, wenn kein Rechtsmittel an das Bundesgericht gegeben ist.

II. Rechtsverweigerungs- und Rechtsverzögerungsbeschwerde

1. Allgemeines

5.18 Gemäss Art. 46a VwVG kann gegen das unrechtmässige Verweigern oder Verzögern einer anfechtbaren Verfügung Beschwerde geführt werden. In Übereinstimmung mit der Regelung des Bundesgerichtsgesetzes[43] wird das unrechtmässige Verweigern oder Verzögern einer anfechtbaren Verfügung dabei der *gleichen Beschwerdemög-*

---

37 Vgl. Hugi Yar, Rz. 7.54.
38 Vgl. oben Rz. 4.7.
39 Zur Entschädigung von Sachverständigen vgl. oben Rz. 4.91.
40 Vgl. oben Rz. 4.10 ff., 4.39 ff.
41 SR 173.110.210.3.
42 Vgl. oben Rz. 4.76.
43 Vgl. Art. 94 und 100 Abs. 7 BGG.

lichkeit unterstellt wie die verweigerte bzw. verzögerte Verfügung selbst. Die Beschwerde hat sich demnach ebenfalls an die Beschwerdeinstanz zu richten, die zuständig wäre, wenn die Verfügung ordnungsgemäss ergangen wäre[44/45]. Mit dem Ausdruck «anfechtbare Verfügung» wird klargestellt, dass eine Rechtsverweigerungs- oder Rechtsverzögerungsbeschwerde entfällt, wenn die verweigerte oder verzögerte Verfügung selbst nicht anfechtbar wäre[46].

Wird beispielsweise der ESTV vorgeworfen, sie verweigere den Erlass eines Einspracheentscheides oder verzögere diesen ungebührlich, so kann beim *Bundesverwaltungsgericht* Beschwerde wegen Rechtsverweigerung bzw. Rechtsverzögerung geführt werden. Die in Rz. 5.18 erwähnte Parallelität der Verfahren bedeutet an sich, dass in denjenigen Rechtsgebieten, in denen gegen eine Verfügung Einsprache erhoben werden kann, auch die Rechtsverweigerungs- oder Rechtsverzögerungsbeschwerde an die Einspracheinstanz (z.B. die ESTV) zu erheben wäre (Art. 32 Abs. 2 Bst. a VGG). Da die Einspracheinstanz aber definitionsgemäss mit der verfügenden Instanz identisch ist[47], ist in analoger Anwendung von Art. 47 Abs. 2 VwVG eine Beschwerde wegen Rechtsverweigerung bzw. Rechtsverzögerung direkt an das Bundesverwaltungsgericht zu richten[48]. Weiter sei darauf hingewiesen, dass sich die betroffene Person auch dann auf eine Rechtsverzögerung oder Rechtsverweigerung berufen kann, wenn die Behörde ohne ausreichenden Grund ein *Verfahren sistiert*[49]. **5.19**

Im Gegensatz zur Aufsichtsbeschwerde handelt es sich bei der Beschwerde wegen Rechtsverweigerung oder Rechtsverzögerung nicht um einen blossen Rechtsbehelf, sondern um ein *förmliches Rechtsmittel,* auf dessen Erledigung die beschwerdeführende Partei einen Anspruch hat[50]. Eine Verfügung als Beschwerdeobjekt ist hier nicht notwendig[51]. Erforderlich ist jedoch, dass die Rechtsuchenden vorgängig ein Begehren um Erlass einer Verfügung bei der zuständigen Behörde stellen bzw. bei Verzögerung dieses wiederholen, bevor sie die Beschwerde einreichen[52]. Auch muss ein Anspruch auf Erlass einer Verfügung bestehen[53]. **5.20**

Bei der Rechtsverzögerungsbeschwerde fehlt es grundsätzlich an einem ordentlichen *Anfechtungsobjekt,* weil die entscheidende Behörde untätig bleibt. Ausnahmsweise kann eine Rechts- **5.21**

---

44 Botschaft Totalrevision Bundesrechtspflege, BBl 2001 4408; Urteil des Bundesverwaltungsgerichts B-8243/2007 vom 20. Mai 2008 E. 1.1.1; A-5738/2007 vom 30. Januar 2008 E. 1.3.

45 Dies im Gegensatz zu Art. 70 aVwVG, wonach eine Beschwerde wegen Rechtsverweigerung bzw. Rechtsverzögerung grundsätzlich an die Aufsichtsbehörde zu richten war. Zur Praxis eidgenössischer Rekurskommissionen vgl. jedoch Entscheid der Eidgenössischen Personalrekurskommission vom 28. September 2000, veröffentlicht in VPB 65.15 E. 1a, Entscheid der Eidgenössischen Datenschutzkommission vom 8. Dezember 2000, veröffentlicht in VPB 67.70 E. 1 und MOSER, in: Moser/Uebersax, Rz. 5.2 f.

46 Botschaft Totalrevision Bundesrechtspflege, BBl 2001 4408; vgl. auch BGE 127 II 325 E. 1 mit Hinweisen sowie BSK BGG-UHLMANN, Art. 94 N 5; vgl. auch oben Rz. 1.28 a.E.

47 Vgl. HÄFELIN/MÜLLER/UHLMANN, Rz. 1815.

48 BVGE 2008/15 E. 3.1.1.

49 BGE 130 V 92 E. 1 mit Hinweisen.

50 Vgl. Urteil des Bundesgerichts vom 4. Dezember 1996, veröffentlicht in Praxis 86/1997, 542 mit Hinweisen; BGE 114 V 148; GYGI, Bundesverwaltungsrechtspflege, 225; SALADIN, 217; SCHMID, 135 mit Hinweisen.

51 Vgl. oben Rz. 2.58.

52 Urteil des Bundesverwaltungsgerichts A-5738/2007 vom 30. Januar 2008 E. 3; PFENNINGER, 84 mit Hinweisen; BOVAY, 246; PASCAL MOLLARD, Kommentar Stempelabgaben, Zürich/Basel/Genf 2006, Art. 39a N 17 mit Hinweisen.

53 BVGE 2008/15 E. 3.2; KÖLZ/HÄNER, Rz. 725 mit Hinweisen.

verzögerung aber auch in Form einer positiven Anordnung begangen werden; zu denken ist an Verfahrensverlängerungen durch unnötige Beweismassnahmen oder Einräumung überlanger Fristen. Zwar tritt die Rechtsverzögerung in solchen Fällen nicht schon mit der Verfügung ein, sondern wird erst in Aussicht gestellt. Die betreffende Rüge wird dennoch bereits zu diesem Zeitpunkt zugelassen, so dass die betroffene Person nicht zuwarten muss, bis die Rechtsverzögerung tatsächlich eintritt, sondern sofort geltend machen kann, die Verfügung habe eine ungerechtfertigte Verzögerung zur Folge[54].

5.22 Gegen das unrechtmässige Verweigern oder Verzögern einer Verfügung kann grundsätzlich *jederzeit* Beschwerde geführt werden (Art. 50 Abs. 2 VwVG)[55]. Die Berechtigung, den Erlass einer anfechtbaren Verfügung zu verlangen, verläuft dabei mit Blick auf die Einheit des Prozesses grundsätzlich parallel zur *Beschwerdelegitimation* gemäss Art. 48 Abs. 1 VwVG[56]. Wird eine formelle Rechtsverweigerung geltend gemacht, muss ein materielles Interesse freilich nicht dargetan sein, ein aktuelles Interesse genügt[57].

5.23 Verweigert die betreffende Stelle ausdrücklich den Erlass einer Verfügung, so ist nach dem Grundsatz von *Treu und Glauben* innerhalb der gesetzlichen Frist von 30 Tagen Beschwerde zu erheben[58].

2. Rechtsverweigerung

5.24 Das Recht *verweigert* eine Behörde, die es ausdrücklich ablehnt oder stillschweigend unterlässt, eine Entscheidung zu treffen, obwohl sie dazu verpflichtet ist[59]. Ein solches Verhalten wird in der Rechtsprechung als formelle Rechtsverweigerung (im engeren Sinn) bezeichnet[60/61]. Das rechtlich geschützte Interesse besteht hier –

---

54 BGE 131 V 409 f. E. 1.1 mit Hinweisen.

55 Gestützt auf den Grundsatz von Treu und Glauben kann von der rechtsuchenden Partei immerhin verlangt werden, dass sie binnen angemessener Frist, nachdem sie von der Rechtsverweigerung oder Rechtsverzögerung Kenntnis erhalten hat, im Rahmen des ihr Zumutbaren die sich aufdrängenden Schritte unternimmt (vgl. BSK BGG-Aemisegger/ Scherrer, Art. 101 N 25 mit Hinweisen). Ein solcher Schritt besteht u.U. in der Einreichung einer entsprechenden Beschwerde. Auch muss die beschwerdeführende Person im Zeitpunkt der Beschwerdeführung noch ein schutzwürdiges Interesse an der Vornahme der verweigerten oder verzögerten Amtshandlung haben (vgl. Pfleghard, 152 mit Hinweisen; vgl. auch unten Rz. 5.31).

56 Vgl. BGE 133 V 191 E. 4.2; vgl. oben Rz. 2.60 ff.

57 BGE 108 Ib 124 E. 1 a; Urteil des Bundesverwaltungsgerichts B-8243/2007 vom 10. Mai 2008 E. 1.2; B-326/2008 vom 17. April 2008 E. 1.2; Entscheid der Eidgenössischen Personalrekurskommission vom 28. September 2000, veröffentlicht in VPB 65.15 E. 1 c.

58 Urteil des Bundesgerichts 2P.16/2002 vom 18. Dezember 2002 E. 2.2, wiedergegeben in ZBJV 2003, 706; BVGE 2008/15 E. 3.2.

59 BGE 124 V 133 E. 4 mit Hinweisen; 117 Ia 117 E. 3 a; Entscheid der Eidgenössischen Personalrekurskommission vom 28. September 2000, veröffentlicht in VPB 65.15 E. 2 a; Kölz/ Häner, Rz. 719.

60 Vgl. BGE 125 V 121 E. 2 b; 117 Ia 117 E. 3 a mit Hinweisen; Entscheid des Bundesrates vom 13. November 1991, veröffentlicht in VPB 57.2 E. III/1; Entscheid des Eidgenössischen Justiz- und Polizeidepartements vom 21. Juli 1997, veröffentlicht in VPB 62.24 E. 2 mit Hinweisen; Haefliger, 115.

61 Zum überspitzten Formalismus als besondere Form der Rechtsverweigerung vgl. oben Rz. 3.115 f.

unabhängig von der Frage, ob der Betroffene in der Sache obsiegen wird – darin, einen Entscheid zu erhalten, der an eine gerichtliche Beschwerdeinstanz weiterziehbar ist[62]. Fehlt der Behörde die Zuständigkeit, so darf sie nur untätig bleiben, wenn dies auch für einen Laien ohne weiteres erkennbar ist; andernfalls muss sie in einem Nichteintretensentscheid ihre Unzuständigkeit feststellen[63]. Hat die Verwaltung bereits einen Entscheid erlassen, der beim Bundesverwaltungsgericht angefochten werden kann, kann grundsätzlich keine formelle Rechtsverweigerung vorliegen[64].

Heisst das Bundesverwaltungsgericht eine Rechtsverweigerungsbeschwerde gut, so weist es die Sache *mit verbindlichen Weisungen* an die Vorinstanz zurück (vgl. Art. 61 Abs. 1 VwVG)[65]. Eine andere Möglichkeit, den rechtmässigen Zustand herzustellen, gibt es grundsätzlich nicht; insbesondere darf das Gericht an sich nicht anstelle der das Recht verweigernden Behörde entscheiden, würden dadurch doch der Instanzenzug verkürzt und allenfalls weitere Rechte der am Verfahren Beteiligten verletzt[66/67].   **5.25**

3.   Rechtsverzögerung

Die *Rechtsverzögerung* erscheint als abgeschwächte Form der Rechtsverweigerung, indem die Behörde zwar zu erkennen gibt, dass sie sich mit der Sache befassen will, die Behandlung aber über Gebühr verzögert[68]. Nach Art. 29 Abs. 1 BV[69] hat jede Person in Verfahren vor Gerichts- und Verwaltungsinstanzen nicht nur Anspruch auf gleiche und gerechte Behandlung, sondern auch auf *Beurteilung innert angemessener Frist*. In diesem Sinne ist Art. 29 Abs. 1 BV auch verletzt, wenn die zuständige Behörde sich zwar bereit zeigt, einen Entscheid zu treffen, diesen aber nicht binnen der Frist fasst, die nach der Natur der Sache und nach der Gesamtheit der übrigen   **5.26**

---

62 BGE 125 V 121 E. 2b.
63 GEORG MÜLLER, Kommentar aBV, Art. 4 Rz. 89 mit Hinweisen.
64 Vgl. Entscheid der Eidgenössischen Steuerrekurskommission vom 31. Januar 1996, veröffentlicht in VPB 61.21 E. 1a; Entscheide des Bundesrates vom 28. Oktober 1998, veröffentlicht in VPB 63.14 E. 5 und E. 6.3, bzw. vom 19. Dezember 2001, veröffentlicht in VPB 66.27 E. 3. In einem unveröffentlichten Entscheid vom 30. März 1995 i.S. B. hat das Bundesgericht freilich festgehalten, eine Rechtsverweigerung dauere fort, sofern sich der Entscheid mit den Anliegen der beschwerdeführenden Partei in keiner Weise befasse (vgl. den Sachverhalt im Entscheid der Eidgenössischen Personalrekurskommission vom 24. Juli 1995, wiedergegeben in VPB 60.76).
65 Dies war in Art. 70 Abs. 2 aVwVG noch ausdrücklich so vorgesehen und ergibt sich nunmehr aus Funktion und Wesen des Rechtsmittels.
66 BVGE 2008/15 E. 3.1.2; GEORG MÜLLER, Kommentar aBV, Art. 4 Rz. 91.
67 Vgl. aber das Urteil des Bundesverwaltungsgerichts A-5738/2007 vom 30. Januar 2008 E. 4.2, wo aufgrund der besonderen Umstände auf eine Rückweisung der Sache an die Vorinstanz zum Erlass einer formellen Verfügung über die Parteistellung und Zuständigkeit aus prozessökonomischen Gründen verzichtet und stattdessen direkt geprüft wurde, ob die Vorinstanz nach dem anwendbaren Recht verpflichtet gewesen wäre, die verlangten Massnahmen mittels Verfügung anzuordnen.
68 GEORG MÜLLER, Kommentar aBV, Art. 4 Rz. 92.
69 Zum Anwendungsbereich des in Art. 29 Abs. 1 BV enthaltenen Verbots der Rechtsverzögerung vgl. BGE 130 I 177 f. E. 2.2.

Umstände als angemessen erscheint[70]. Ein Verschulden der Behörde ist nicht vorausgesetzt; auch wenn die Verzögerung auf objektive Umstände wie ungenügende Stellenzahl[71] oder Überlastung zurückzuführen ist, kann sie gegen Art. 29 Abs. 1 BV verstossen[72].

5.27 Eine Verzögerung kann sich im Sinne einer Bejahung ausserordentlicher Umstände allenfalls dann rechtfertigen lassen, wenn die *Geschäftslast* in aussergewöhnlichem und nicht voraussehbarem Masse *angestiegen* ist[73].

5.28 Die Angemessenheit der Verfahrensdauer bestimmt sich nicht absolut. Ob sich die gegebene Dauer mit dem Anspruch des Bürgers auf Rechtsschutz innert angemessener Frist[74] verträgt oder nicht, ist im *konkreten Einzelfall* unter Berücksichtigung der gesamten Umstände zu beurteilen und in ihrer Gesamtheit zu würdigen. Dabei sind insbesondere der Umfang sowie die Komplexität der Sache, das Verhalten der betroffenen Privaten und der Behörden, die Bedeutung für die Betroffenen sowie die für die Sache spezifischen Entscheidungsabläufe zu berücksichtigen[75]. Für die Rechtsuchenden ist es unerheblich, auf welche Gründe eine übermässige Verfahrensdauer zurückzuführen ist; entscheidend ist ausschliesslich, dass die Behörde nicht oder nicht fristgerecht handelt. Bei der Feststellung einer übermässigen Verfahrensdauer ist daher zu prüfen, ob sich die Umstände, die zur Verlängerung des Verfahrens geführt haben, objektiv rechtfertigen lassen[76].

5.29 In einem Fall, in dem die gesamte Verfahrensdauer 33 Monate seit Anhängigmachung und 27 Monate seit Eintritt der Behandlungsreife betrug, wurde die für den Tatbestand des unrechtmässigen Verzögerns eines Entscheides erforderliche *Schwelle* als *überschritten* erachtet[77]. In einem aufsichtsrechtlichen Verfahren gegen das Bundesverwaltungsgericht hat das Bundesgericht festgestellt, ein Beschwerdeverfahren vor der früheren Asylrekurskommission habe mit 39 Monaten bis zu jenem Zeitpunkt, als eine Rechtsverzögerungsbeschwerde erhoben wurde, zu lange gedauert. Ausschlaggebend dafür waren zwei Phasen objektiv nicht begründ-

---

70 Vgl. BGE 130 I 273 E. 3.1, 331 E. 5.1 mit Hinweisen; 117 Ia 197 E. 1c; 107 Ib 164 E. 3b mit Hinweisen; Urteil des Bundesverwaltungsgerichts A-5738/2007 vom 17. Januar 2008 E. 2.8 mit Hinweisen; MAHON, in: Aubert/Mahon, Art. 29 N 4 mit Hinweisen; HOTZ, Art. 29 Rz. 14 ff.; AUER/MALINVERNI/HOTTELIER, Rz. 1272 ff.

71 Vgl. BGE 119 III 3 E. 2.

72 BGE 130 I 332 E. 5.2; Urteil des Bundesverwaltungsgerichts B-326/2008 vom 17. April 2008 E. 2.1.

73 Entscheid der Eidgenössischen Steuerrekurskommission vom 4. Mai 2004, veröffentlicht in VPB 68.123; Entscheid des Bundesrates vom 4. Oktober 1983, veröffentlicht in VPB 47.39 E. 7.

74 Das Beschleunigungsgebot nach Art. 6 Ziff. 1 EMRK geht dabei nicht über das in Art. 29 Abs. 1 BV enthaltene bzw. aus Art. 4 aBV abgeleitete Rechtsverzögerungsverbot hinaus (vgl. RHINOW/KOLLER/KISS, Rz. 226); vgl. auch Urteil des Bundesgerichts 12T_2/2007 vom 16. Oktober 2007 E. 3.1 mit Hinweisen.

75 Vgl. BGE 130 IV 56 E. 3.3.3; Urteil des Bundesgerichts 12T_2/2007 vom 16. Oktober 2007 E. 3.2 mit Hinweisen; BGE 130 I 332 E. 5.2; 119 Ib 325 E. 5b; Urteil des Eidgenössischen Versicherungsgerichts vom 6. Mai 1997, wiedergegeben in plädoyer 4/97, 63 E. 2a mit weiteren Hinweisen; Urteil des Bundesverwaltungsgerichts B-8243/2007 vom 20. Mai 2008 E. 2.1.

76 Urteil des Bundesgerichts 12T_2/2007 vom 16. Oktober 2007 E. 3.2 mit Hinweisen; BSK BGG-UHLMANN, Art. 94 N 6 mit Hinweisen.

77 BGE 125 V 375 E. 2a.

barer Untätigkeit. So wurden nach Erhalt des Kostenvorschusses während zwölf Monaten und nach Eingang der Vernehmlassung während weiterer sieben Monate keinerlei Instruktionsmassnahmen angeordnet. Das Bundesverwaltungsgericht wurde aufgefordert, das betreffende Verfahren beförderlich abzuschliessen und zügig einen Entscheid zu fällen[78]. Das Bundesverwaltungsgericht hat demgegenüber in einem Steuerfall, bei dem zwischen Einreichung der Einsprache und Erlass des Einspracheentscheides beinahe 34 Monate verstrichen sind, keine Rechtsverzögerung erblickt. Ausserdem sei den Beschwerdeführenden durch die Verfahrensdauer ohnehin kein Nachteil erwachsen; jedenfalls hätten sie keinen solchen angeführt[79].

Auch eine Rechtsverzögerungsbeschwerde kann in der Regel nur zur Feststellung eines Verfassungsverstosses führen[80]. Wie im Falle einer Rechtsverweigerungsbeschwerde führt die Gutheissung einer Rechtsverzögerungsbeschwerde zur *Rückweisung* der Sache *an die Vorinstanz* (vgl. Art. 61 Abs. 1 VwVG). Die säumige Behörde wird in der Regel angewiesen, umgehend zu entscheiden[81]. Eine Anweisung dahin, innert bestimmter Frist zu entscheiden, sollte aber an sich keine rechtsungleiche Bevorzugung gegenüber anderen Privaten bewirken, die ebenfalls auf eine Behandlung ihrer Angelegenheit warten[82]. Eine Beschwerde wegen Rechtsverzögerung muss erhoben werden, solange der betreffende Entscheid der untätigen Behörde noch aussteht. **5.30**

Auf eine erst nach dem Erlass dieses Entscheides eingereichte Beschwerde ist mangels *aktuellen Rechtsschutzinteresses* nicht einzutreten. Ergeht der Entscheid nach Erhebung der Beschwerde aber vor dem Entscheid über die Rechtsverzögerung, wird die Sache gegenstandslos und ist das Beschwerdeverfahren abzuschreiben[83]. Dagegen muss auf eine Rechtsverzögerungsbeschwerde auch nach dem verzögerten Entscheid eingetreten werden, wenn damit Ansprüche aus Amtshaftung verbunden sind[84]. **5.31**

Die Rechtsverzögerungsbeschwerde kann auch als oft wirksames Mittel zur *Beschleunigung* eingesetzt werden. **5.32**

---

78 Urteil des Bundesgerichts 12T_1/2007 vom 29. Mai 2007 E. 4; vgl. auch Urteile des Bundesgerichts 12T_2/2007 vom 16. Oktober 2007 E. 4 und 12T_3/2007 vom 11. Dezember 2007 E. 4.

79 Urteil des Bundesverwaltungsgerichts A-5738/2007 vom 17. Januar 2008 E. 3.2 mit Hinweis auf ein unveröffentlichtes Urteil des Bundesgerichts.

80 Zur Feststellung einer unzulässigen Rechtsverzögerung im Dispositiv eines Beschwerdeentscheids vgl. BGE 129 V 417 E. 1.3 mit Hinweisen; vgl. auch BGE 130 I 333 E. 5.3.

81 Vgl. Entscheid des Bundesrates vom 2. Oktober 1995, veröffentlicht in VPB 60.4 E. IV/1.

82 Vgl. Georg Müller, Kommentar aBV, Art. 4 Rz. 95 mit Hinweisen.

83 Vgl. BGE 125 V 374 E. 1; Urteil des Bundesverwaltungsgerichts A-1015/2008 vom 8. April 2008; Entscheid des Bundesrates vom 28. Oktober 1998, veröffentlicht in VPB 63.14 E. 5; Entscheid der Eidgenössischen Personalrekurskommission vom 28. September 2000, veröffentlicht in VPB 65.15 E. 3b/bb; Merkli/Aeschlimann/Herzog, Art. 49 Rz. 74; vgl. auch oben Rz. 3.206.

84 Rhinow/Koller/Kiss, Rz. 230.

III. Aufsichtsbeschwerde

5.33 Dieser *Rechtsbehelf*[85] (Art. 71 VwVG) spielt im Verfahren vor dem Bundesverwaltungsgericht eine unbedeutende Rolle, da dieses als unabhängiges allgemeines Verwaltungsgericht des Bundes[86] kaum als Aufsichtsbehörde in Erscheinung tritt[87]. Denkbar ist eine Aufsichtsbeschwerde an das Bundesverwaltungsgericht mit Bezug auf die Geschäftsführung der eidgenössischen Schätzungskommissionen und ihrer Präsidenten bzw. Präsidentinnen[88]. In diesem Bereich übt das Bundesverwaltungsgericht als Justizbehörde aufgrund besonderer gesetzlicher Vorschrift Aufsichtsfunktionen aus[89].

5.34 Obschon die *UBI* als einzige besondere Fachinstanz nicht ins Bundesverwaltungsgericht integriert worden ist, sondern im Instanzenzug des Bundes selbständig neben diesem steht[90], kann an dieser Stelle auf Art. 96 Abs. 1 RTVG hingewiesen werden. Danach tritt die UBI auch auf fristgemäss erhobene Beschwerden ein, welche nicht alle formellen Voraussetzungen erfüllen, wenn ein öffentliches Interesse an einem Entscheid besteht; in diesem Fall haben die Beschwerdeführenden keine Parteirechte. Mit dieser Regelung hat der Gesetzgeber neben der formalisierten Popularbeschwerde gemäss Art. 94 Abs. 2 RTVG[91] wieder eine eigentliche Aufsichtsbeschwerde im klassischen Sinn eingeführt[92].

5.35 Gibt eine Aufsichtsbehörde einer Anzeige keine Folge, liegt darin in der Regel nicht eine beschwerdefähige Verfügung, da dem Anzeiger im Aufsichtsverfahren *keine Parteirechte* zustehen (Art. 71 Abs. 2 VwVG) und er auch keinen Anspruch darauf hat, dass sich die zuständige Behörde mit der angezeigten Angelegenheit befasst. Etwas anderes gilt nur, wenn der Betroffene einwendet, seine Eingabe sei zu Unrecht als Aufsichtsbeschwerde und nicht als ordentliches Rechtsmittel entgegengenommen worden[93].

---

85 Eine Aufsichtsbeschwerde ist der formlose Rechtsbehelf, durch den eine Verfügung oder eine andere Handlung einer Verwaltungsbehörde bei deren Aufsichtsbehörde beanstandet und darum ersucht wird, die Verfügung abzuändern, aufzuheben oder eine andere Massnahme zu treffen (HÄFELIN/MÜLLER/UHLMANN, Rz. 1835).

86 Vgl. Art. 1 Abs. 1 und Art. 2 VGG.

87 Zur Aufsichtsbeschwerde an den Bundesrat vgl. Entscheide des Bundesrates vom 16. Mai 2001, veröffentlicht in VPB 65.100 E. 1 mit Hinweisen, vom 19. Dezember 2001, veröffentlicht in VPB 66.27 E. 2, vom 5. November 2003, veröffentlicht in VPB 68.11 E. 7 und vom 19. Dezember 2003, veröffentlicht in VPB 68.46 E. 2 sowie SCHMID, 247 ff.

88 Vgl. Art. 63 EntG. Die entsprechende Aufsichtstätigkeit gehört dabei in den Zuständigkeitsbereich der 1. Kammer der Abteilung I des Bundesverwaltungsgerichts.

89 Vgl. HÄFELIN/MÜLLER/UHLMANN, Rz. 1743.

90 Botschaft Totalrevision Bundesrechtspflege, BBl 2001 4388.

91 Vgl. oben Rz. 2.78.

92 Vgl. BGE 123 II 120 E. 2c/bb zu Art. 63 Abs. 1 Bst. a aRTVG.

93 BGE 123 II 406 E. 1b mit Hinweisen; Entscheid des Bundesrates vom 13. Mai 1992, veröffentlicht in VPB 57.36; KÖLZ/HÄNER, Rz. 461; RHINOW/KOLLER/KISS, Rz. 1411.

IV. Revision, Erläuterung und Berichtigung

1. Revision

a) Allgemeines

Das Revisionsgesuch ist ein *ausserordentliches Rechtsmittel,* das ausserhalb des or- **5.36**
dentlichen Instanzenzugs steht. Es richtet sich gegen einen formell rechtskräftigen
Beschwerdeentscheid und eröffnet ein neues, eigenständiges Verfahren vor jener
Behörde, die den Entscheid getroffen hat, der revidiert werden soll. Heisst sie das
Revisionsgesuch gut, wird dadurch die Rechtskraft des angefochtenen Urteils besei-
tigt, was es möglich macht, die bereits entschiedene Streitsache neu zu beurteilen.

Die Revision eines rechtskräftigen Gerichtsurteils steht im *Widerspruch zum Gebot* **5.37**
der Rechtssicherheit[94]. Dieses besagt – neben anderem –, dass auf die Bestandeskraft eines einmal gefällten und in Rechtskraft erwachsenen Entscheids vertraut
werden kann. Zudem darf das Revisionsverfahren nicht der Umgehung der
Rechtsmittelfristen dienen, die ihrerseits im Dienste eines ungestörten Ganges der
Justiz stehen. Aus diesen Gründen kann eine Revision nur in Frage kommen, um
einen schwerwiegenden Mangel zu beseitigen, der einem Urteil anhaftet und der in
einem Rechtsstaat schlechterdings nicht hingenommen werden kann.

Ein Revisionsgesuch kann sich grundsätzlich *gegen jeden rechtskräftig gewordenen* **5.38**
Entscheid des Bundesverwaltungsgerichts richten. Namentlich unterliegen auch
Nichteintretens-[95] oder Rückweisungsentscheide der Revision, Abschreibungsent-
scheide praxisgemäss nur hinsichtlich des Kosten- und des Entschädigungspunkts[96].
Ein Gesuch um Revision eines Revisionsurteils ist ebenfalls zulässig, allerdings können darin bloss dem Revisionsentscheid zugrunde liegende Verfahrensmängel gerügt werden[97].

Ein Entscheid des Bundesverwaltungsgerichts kann nicht mehr revidiert werden, **5.39**
wenn er aufgrund einer dagegen erhobenen Beschwerde infolge des Devolutiveffekts[98] *durch ein Urteil des Bundesgerichts ersetzt* worden ist. Das trifft immer dann
zu, wenn letzteres materiell entscheidet, d.h. die Beschwerde gutheisst oder abweist.
Diesfalls unterliegt bloss noch der höchstrichterliche Entscheid der Revision. Das
Urteil des Bundesverwaltungsgerichts behält bloss dann weitere Geltung und kann

---

94 Vgl. dazu den Entscheid der Schweizerischen Asylrekurskommission vom 12. November
    1997, veröffentlicht in VPB 63.12 E. 3b.
95 Vgl. etwa das Urteil des Bundesverwaltungsgerichts B-7948/2007 vom 7. Januar 2008.
96 Entscheid der Schweizerischen Asylrekurskommission vom 3. Oktober 2000, veröffentlicht
    in VPB 65.40 E. 2; BSK BGG-Escher, Art. 127 N 4.
97 Entscheid der Schweizerischen Asylrekurskommission vom 5. Februar 2002, veröffentlicht
    in VPB 66.85 E. 4a. Nachträglich erfahrene Tatsachen bzw. aufgefundene Beweismittel
    sind dagegen mittels Revisionsgesuch gegen den ursprünglichen Sachentscheid namhaft
    zu machen.
98 Entscheid der Eidgenössischen Steuerrekurskommission vom 6. April 2005, veröffentlicht
    in VPB 69.109 E. 24.

gegebenenfalls revidiert werden, wenn das Bundesgericht auf eine Beschwerde gar nicht eintritt[99].

b)   Revisionsgründe

5.40   Während für die Revision von Urteilen der ehemaligen eidgenössischen Rekurs-kommissionen die Art. 66 ff. VwVG anwendbar waren – und weiterhin sind[100] –, er-klärt Art. 45 VGG die *Bestimmungen von Art. 121–128 BGG* für die Revision von Urteilen des Bundesverwaltungsgerichts für sinngemäss anwendbar. Dieser Pau-schalverweis ist nicht unproblematisch, namentlich weil die Revisionsgründe nach Art. 121 BGG für das Verfahren vor einem letztinstanzlichen Gericht zugeschnitten sind. Wo das Bundesverwaltungsgericht in dieser Funktion urteilt, erscheint die analoge Anwendung von Art. 121–123 BGG dagegen unproblematisch.

5.41   Angesichts der analogen Anwendbarkeit der Bestimmungen von Art. 121–123 BGG auf das Verfahren vor dem Bundesverwaltungsgericht fragt sich, ob die Berufung auf den *Revisions-grund von Art. 66 Abs. 2 Bst. c VwVG* möglich bleibt. Nach dieser Bestimmung zieht die Be-schwerdeinstanz ihren Entscheid in Revision, wenn die betreffende Partei die Verletzung von Bestimmungen über den Ausstand, die Akteneinsicht oder das rechtliche Gehör verletzt hat. Hinsichtlich des Ausstands ist Art. 121 Bst. a BGG an die Stelle von Art. 66 Abs. 2 Bst. c VwVG getreten. Im Übrigen ist die Frage wohl zu verneinen: Indem der Gesetzgeber für die Revision von Urteilen des Bundesverwaltungsgerichts auf das BGG und nicht auf das VwVG verweist, hat er die möglichen Revisionsgründe eingeschränkt. Es liesse sich nur schwer be-gründen, weshalb ein Urteil des Bundesgerichts etwa wegen mangelhafter Gehörsgewährung nicht in Revision gezogen werden kann, wohl aber ein letztinstanzlicher Entscheid des Bun-desverwaltungsgerichts.

5.42   Die Revision ist *subsidiär* gegenüber der Beschwerde: Soweit Urteile des Bundes-verwaltungsgerichts mittels Beschwerde beim Bundesgericht angefochten werden können, sind die in Art. 121 Bst. a–d angeführten Verfahrensfehler auf diesem Weg vorzubringen, und das Rechtsmittel der Revision entfällt insoweit (Art. 46 VGG). Eine mangelhafte Besetzung des Gerichts gemäss Art. 121 Bst. a BGG muss dann weiterhin geltend gemacht werden können, wenn die gesuchstellende Partei von die-sem Mangel erst nach Ablauf der Beschwerdefrist erfährt.

5.43   Soweit das Bundesverwaltungsgericht als zweite Beschwerdeinstanz amtet, ist das Gesuch um Revision von dessen Urteilen auch subsidiär gegenüber einem *Revisionsgesuch bei der Vorin-stanz:* Wird ein Revisionsgrund vor der Ausfällung des verwaltungsgerichtlichen Entscheids entdeckt, muss er mit einem Revisionsgesuch bei der Vorinstanz geltend gemacht werden (Art. 125 BGG analog). Das Bundesverwaltungsgericht ist diesfalls um Sistierung seines Ver-fahrens nachzusuchen[101].

5.44   Das BGG unterscheidet zwischen *drei Gruppen* von Revisionsgründen: Verletzung von Verfahrensvorschriften (Art. 121 BGG), Verletzung der EMRK (Art. 122

---

99 Vgl. Urteil des Bundesgerichts 2A.332/2003 vom 3. Oktober 2003 E. 2.2 und dazu MOSER, Festschrift SRK, 338 f.

100 Das Bundesverwaltungsgericht hat in einem Grundsatzentscheid festgehalten, es sei zu-ständig zum Entscheid über Revisionsbegehren gegen Urteile der Vorgängerorganisatio-nen, und dabei seien die Bestimmungen des VwVG bezüglich Revisionsbegehren an-wendbar (BVGE 2007/11).

101 Vgl. dazu BSK BGG-ESCHER, Art. 125 N 2 ff.

BGG) und das Auftauchen bisher nicht bekannter Tatsachen oder Beweismittel (Art. 123 BGG). Diese werden nachfolgend in der Reihenfolge ihrer praktischen Bedeutung dargestellt.

aa)   Bisher nicht greifbare oder nicht bekannte Beweismittel oder Tatsachen

Gemäss Art. 123 Abs. 2 Bst. a BGG kann in öffentlich-rechtlichen Angelegenheiten **5.45** die Revision eines Urteils verlangt werden, wenn die ersuchende Partei nachträglich erhebliche Tatsachen erfährt oder entscheidende Beweismittel auffindet, die sie im früheren Verfahren nicht beibringen konnte, unter Ausschluss der Tatsachen, die erst nach dem Entscheid eingetreten sind. Diesem Revisionsgrund kommt in der Praxis *grosse Bedeutung* zu; er stimmt inhaltlich mit jenen von Art. 137 Bst. b OG bzw. von Art. 66 Abs. 2 Bst. a VwVG überein, weshalb auf die diesbezügliche Rechtsprechung zurückgegriffen werden kann[102].

Die Bestimmung des BGG wurde immerhin sprachlich überarbeitet und stellt klar, **5.46** dass die als Revisionsgrund tauglichen Tatsachen und Beweismittel – entgegen dem missverständlichen Wortlaut des unverändert gebliebenen Art. 66 Abs. 2 Bst. a VwVG – insofern gerade *nicht neu sein dürfen,* als sie vor dem Urteil entstanden sein müssen, das revidiert werden soll. Ihre Neuheit beschränkt sich darauf, dass sie bisher nicht bekannt oder – bei Beweismitteln – für die gesuchstellende Partei nicht greifbar waren[103]. Die Abgrenzung zwischen neu aufgetauchten Tatsachen und Beweismitteln ist in der Praxis zuweilen nicht klar zu ziehen, denn ein bedeutsames Sachverhaltselement, von dem eine Prozesspartei nach Abschluss des Prozesses erfährt, ist so lange nutzlos, als es nicht bewiesen werden kann.

Der Revisionsgrund der nachträglich erfahrenen *Tatsache* beinhaltet zweierlei: Zum **5.47** einen muss sich diese bereits vor Abschluss des Beschwerdeverfahrens verwirklicht haben[104]; als Revisionsgrund sind mithin bloss sog. unechte Nova zugelassen. Zum andern verlangt Art. 123 Abs. 2 Bst. a BGG, dass die gesuchstellende Partei die betreffende Tatsache während des vorangegangenen Verfahrens, d.h. bis das Urteil gefällt worden ist[105], nicht gekannt hat und deshalb nicht beibringen konnte[106]. Ausgeschlossen sind damit auch Umstände, die sie bei pflichtgemässer Sorgfalt hätte

---

102   BGE 134 III 47 E. 2.1.
103   Auch Art. 123 Abs. 2 Bst. a BGG enthält eine sprachliche Unklarheit: Vom Wortlaut her könnte man meinen, das nachträgliche Erfahren sei nur für Tatsachen massgeblich, für Beweismittel dagegen einzig deren nachträgliches Auffinden. Vom Sinn der Norm her ist indessen klar, dass auch Beweise, von deren Existenz eine Partei zwar bereits während des Prozesses wusste, die sie aber nicht beibringen konnte, zu einer Revision führen können (vgl. auch ZBJV 2008, 235).
104   Das ist etwa dann nicht der Fall, wenn sich ein Film nach Abschluss eines Verfahrens um Erteilung eines Filmförderungsbeitrags als erfolgreicher herausstellt, als die entscheidende Behörde (aus damaliger Sicht zu Recht) erwartet hatte (Entscheid des Bundesrats vom 21. August 2002, veröffentlicht in VPB 67.15 E. 3).
105   Im Beschwerdeverfahren nach VwVG ist es grundsätzlich bis zum Entscheid möglich, neue Tatbestandselemente vorzubringen (Art. 32 Abs. 2 VwVG); vgl. den Entscheid des Bundesrats vom 27. Mai 1992, veröffentlicht in VPB 57.22A E. 4b.
106   BGE 133 IV 50 E. 1.2 mit Hinweisen.

kennen können[107]. Eine Revision ist namentlich dann ausgeschlossen, wenn die Entdeckung der erheblichen Tatsache auf Nachforschungen beruht, die bereits im früheren Verfahren hätten angestellt werden können, denn darin liegt eine unsorgfältige Prozessführung der gesuchstellenden Partei[108]. Vom Ausschluss bereits bekannter Tatsachen ist immerhin dann abzuweichen, wenn es der gesuchstellenden Partei zum damaligen Zeitpunkt subjektiv unmöglich war, sich darauf zu berufen[109].

5.48 Auch hinsichtlich aufgefundener Beweismittel gilt das Kriterium, wonach die gesuchstellende Partei nicht in der Lage gewesen sein darf, diese im früheren Verfahren beizubringen; diesbezüglich kann auf das soeben Ausgeführte verwiesen werden. Revisionsweise eingereichte *Beweismittel*[110] sind dann beachtlich, wenn sie entweder die neu erfahrenen, erheblichen Tatsachen belegen oder geeignet sind, dem Beweis von Tatsachen zu dienen, die zwar im früheren Verfahren bekannt gewesen, aber zum Nachteil der gesuchstellenden Partei unbewiesen geblieben sind[111]. Im Gegensatz zu nachträglich erfahrenen Tatsachen ist es nicht notwendig, dass die Beweismittel selber aus der Zeit vor dem Beschwerdeentscheid stammen[112]. Das namhaft gemachte Beweismittel muss für die Tatbestandsermittlung von Belang sein; es genügt nicht, wenn es zu einer neuen Würdigung der bei der Erstbeurteilung bereits bekannten Tatsachen führen soll[113].

5.49 Vom Kriterium der fehlenden Möglichkeit, die Tatsache oder das Beweismittel bereits im früheren Verfahren einzubringen, muss wohl dann eine Ausnahme gemacht werden, wenn im Revisionsverfahren offenkundig wird, dass der angefochtene Entscheid angesichts der neu geltend gemachten Umstände elementare Grundrechtspositionen verletzt[114].

---

107 Vgl. BGE 127 V 358 E. 5b; 121 IV 322 mit Hinweisen; vgl. auch BGE 133 IV 50 E. 1.2 sowie den Entscheid des Bundesrats vom 15. August 1990, veröffentlicht in VPB 55.40 E. 4a.
108 BGG-von Werdt, Art. 123 N 8.
109 Eine asylrelevante Vergewaltigung, die das Opfer im Asylverfahren aus psychischen Gründen nicht zu thematisieren in der Lage war, hat als neu zu gelten, auch wenn sie dem Opfer selbstredend bekannt war (Entscheid der Schweizerischen Asylrekurskommission vom 14 Mai 2003, veröffentlicht in VPB 68.3 E. 4).
110 In der Lehre umstritten ist die Frage, ob neuartige, etwa aufgrund technischer Entwicklungen zur Verfügung stehende Beweismittel unter Art. 123 Abs. 2 Bst. a BGG fallen (befürwortend Spühler/Dolge/Vock, Art. 123 Rz. 3, ablehnend BSK BGG-Geiser, Art. 123 N 5). Nach der hier vertretenen Auffassung ist die Frage zu bejahen, wären doch sonst Entscheide, die sich aufgrund neuartiger Beweismittel als offensichtliche Fehlurteile erwiesen, keiner Neubeurteilung zugänglich, was dem Gerechtigkeitsgedanken zuwider liefe.
111 BGE 127 V 358 E. 5b.
112 Urteil des Bundesverwaltungsgerichts E-4008/2006 vom 9. November 2007 E. 8.1; Entscheid der Schweizerischen Asylrekurskommission vom 16. Mai 1995, veröffentlicht in VPB 60.37 E. 3 (betreffend Aussagen von Zeugen, die zum Zeitpunkt des ursprünglichen Verfahrens noch nicht greifbar waren).
113 So genügt es namentlich nicht, wenn ein neu erstelltes Gutachten den Sachverhalt anders bewertet als die Behörde, deren Entscheid in Revision gezogen werden soll (BGE 127 V 358 E. 5b; Entscheid des Bundesrats vom 15. August 1990, veröffentlicht in VPB 55.40 E. 4a und b).
114 So hat die ehemalige Schweizerische Asylrekurskommission entschieden, dass verspätete Vorbringen dennoch zur Revision eines rechtskräftigen Urteils führen können, wenn aufgrund dieser Vorbringen offensichtlich wird, dass durch den Vollzug des rechtskräftigen Entscheides das Gebot des «Non-refoulement» verletzt würde (Entscheide der Schweize-

Tatsachen, die sich erst nach Abschluss eines Verfahrens zutragen haben (sog. *echte* **5.50** *Nova)*, bilden keinen Grund zur Revision eines Beschwerdeentscheids[115]. Sie können allenfalls den Erlass einer neuen Verfügung durch die erstinstanzliche Behörde rechtfertigen, dies allerdings nur dann, wenn ein Dauersachverhalt vorliegt und sich die materielle Rechtslage oder die tatsächlichen Verhältnisse wesentlich geändert haben[116]. Andernfalls könnte die Verwaltung ein missliebiges Urteil durch Erlass einer von diesem abweichenden, neuen Verfügung unterlaufen[117].

Die neuen Tatsachen oder Beweismittel müssen sodann *erheblich* sein, d.h. dazu ge- **5.51** eignet, die tatbeständliche Grundlage des Entscheides zu ändern und bei zutreffender rechtlicher Würdigung zu einem anderen, für die gesuchstellende Partei günstigeren Ergebnis zu führen. Es muss mit andern Worten nicht schon feststehen, dass der Prozessausgang ein anderer sein wird[118]; darüber zu befinden ist vielmehr Gegenstand des neuen Entscheids, der nach Aufhebung des angefochtenen Beschwerdeentscheids zu treffen sein wird. Neu entdeckte Tatsachen oder Beweismittel sind bereits dann erheblich, wenn sie die Beweisgrundlage des früheren Urteils so erschüttern können, dass aufgrund des veränderten Sachverhaltes für die betreffende Partei ein wesentlich günstigerer Entscheid wahrscheinlich ist[119].

bb)   Verletzung von Verfahrensvorschriften

Das Bundesverwaltungsgericht zieht sein Urteil sodann in Revision, wenn eine der **5.52** in Art. 121 BGG angeführten Verfahrensvorschriften verletzt worden ist. Diese Bestimmung entspricht fast wörtlich dem früheren Art. 136 OG, weshalb die diesbezügliche Praxis des Bundesgerichts weiterhin gültig ist. Dasselbe gilt für die Rechtsprechung der ehemaligen eidgenössischen Rekurskommissionen zu Art. 66 Abs. 2 Bst. a VwVG, der mit Art. 121 Bst. d BGG (Übersehen von aktenkundigen Tatsachen) übereinstimmt, und zu Art. 66 Abs. 2 Bst. b VwVG (soweit es um das Übersehen von bestimmten Begehren geht), der insoweit Art. 121 Bst. c BGG entspricht. Die Revisionsgründe von Art. 121 Bst. b BGG (verschiedene Formen der Missach-

---

rischen Asylrekurskommission vom 12. November 1997, veröffentlicht in VPB 63.12 E. 3b und vom 16. Mai 1995, veröffentlicht in VPB 60.38 E. 7f und g).

115 Entscheid des Bundesrats vom 21. August 2002, veröffentlicht in VPB 67.15 E. 3. Escher, Rz. 8.21 (mit Hinweis in Fn. 51), weist darauf hin, dass sich die Revision durch den Ausschluss echter Noven von der Wiedererwägung von Verwaltungsverfügungen unterscheidet.

116 BGE 116 Ia 441 E. 5b; Häfelin/Müller/Uhlmann, Rz. 1025.

117 Moor, 349.

118 Vgl. BGE 121 IV 322 mit Hinweisen, wo (hinsichtlich einer strafrechtlichen Verurteilung) bloss von der *Möglichkeit* einer deutlich milderen Bestrafung die Rede ist; vgl. auch BGE 110 V 141 E. 2 sowie Rhinow/Koller/Kiss, Rz. 1431 und Beerli-Bonorand, 106f. Demgegenüber scheinen Alfred Kölz/Jürg Bosshart/Martin Röhl (Kommentar zum Verwaltungsrechtspflegegesetz des Kantons Zürich, 2. Aufl., Zürich 1999, Rz. 15 zu § 86a) der Auffassung zu sein, es müsse bereits feststehen, dass der Verfahrensausgang bei Kenntnis der Noven ein anderer gewesen wäre (ebenso Gygi, Bundesverwaltungsrechtspflege, 262).

119 BGE 122 IV 67 E. 2a; 120 IV 248 E. 2b; Urteil des Bundesgerichts 2A.182/2004 vom 29. Oktober 2004 E. 5 («[Die] Tatsachen bzw. Beweismittel … müssen geeignet sein, die Entscheidung des Gerichts in günstigem Sinn für den Gesuchsteller zu beeinflussen»).

tung von Parteianträgen) kennt das VwVG nicht; demgegenüber stellen die in Art. 66 Abs. 2 Bst. c VwVG genannten Prozessrechtsverletzungen unter der Geltung des VGG bzw. des BGG keine Revisionsgründe mehr dar, mit Ausnahme der in Art. 121 Bst. a BGG geregelten mangelhaften Besetzung des Gerichts[120].

5.53   Ein Revisionsgrund liegt vor, wenn das Gericht in den Akten liegende, erhebliche Tatsachen aus Versehen nicht berücksichtigt hat. Das *Übersehen aktenkundiger Tatsachen* gemäss Art. 121 Bst. d BGG wird in der Praxis häufig geltend gemacht, oft im Bestreben, einen inhaltlich missliebigen Entscheid erneut überprüfen zu lassen[121]. Diese Bestimmung übernimmt die Regelung von Art. 136 Bst. d des ehemaligen OG und von Art. 66 Abs. 2 Bst. b VwVG. Die Rechtsprechung des Bundesgerichts bzw. der ehemaligen Rekurskommissionen zu diesem Revisionsgrund ist demnach weiterhin gültig[122].

5.54   Ein *Versehen* liegt dann vor, wenn das Gericht ein Aktenstück gar nicht zur Kenntnis genommen oder nicht richtig gelesen, dessen Sinn nicht korrekt erfasst hat und deshalb irrtümlich von seinem klaren Wortlaut abgewichen ist[123]. Das Versehen muss sich auf den Inhalt der nicht berücksichtigten Tatsache beziehen, auf die Wahrnehmung des Gerichts und nicht auf die Sachverhalts- oder Beweiswürdigung[124]. Eine Revision kommt mit andern Worten nicht in Betracht, wenn das Gericht einer bestimmten Tatsache bewusst nicht Rechnung trägt, weil es diese nicht für ausschlaggebend hält. Die übergangene Tatsache muss ausserdem erheblich sein; zur Auslegung dieses Begriffs kann auf das weiter oben Ausgeführte verwiesen werden[125].

5.55   Der Revisionsgrund von Art. 121 Bst. d BGG ist über den Wortlaut hinaus auch dann gegeben, wenn das Bundesverwaltungsgericht eine in den Akten liegende erhebliche Tatsache nicht infolge eines eigenen Irrtums, sondern deshalb nicht berücksichtigt, weil die Vorinstanz ein Aktenstück, das sie ihm hätte einsenden sollen, versehentlich zurückbehalten hat[126].

5.56   Sodann liegt gemäss Art. 121 Bst. a BGG ein Revisionsgrund vor, wenn die Vorschriften über den *Ausstand* verletzt worden sind, also die Bestimmungen von Art. 34 BGG, die aufgrund des Verweises von Art. 38 VGG auch im Verfahren vor dem Bundesverwaltungsgericht anwendbar sind und die weiter oben ausführlich dargestellt wurden[127]. Demgegenüber dürfte die in Art. 121 Bst. a BGG ebenfalls als Revisionsgrund angeführte Verletzung von Vorschriften über die *Besetzung des*

---

120   Dazu oben Rz. 5.41.
121   Spühler/Dolge/Vock, Art. 121 Rz. 5.
122   Urteil des Bundesverwaltungsgerichts B-7948/2007 vom 7. Januar 2008 E. 4.1.
123   Im umgekehrten Fall, d.h. wenn eine nicht erwiesene Tatsache versehentlich berücksichtigt worden ist, kommt der Revisionsgrund nicht zum Tragen (vgl. BSK BGG-Escher, Art. 121 N 9).
124   BGE 122 II 18 E. 3 mit zahlreichen Hinweisen; Urteil des Bundesgerichts 1A.273/2006 vom 19. Januar 2007 E. 2.2.1; Entscheid der Schweizerischen Asylrekurskommission vom 25. November 1998, veröffentlicht in VPB 64.7 E. 5a.
125   Vgl. oben Rz. 5.51.
126   BGE 100 III 75; Entscheid der Schweizerischen Asylrekurskommission vom 15 Juli 1999, veröffentlicht in VPB 64.98 E. 5.
127   Oben Rz. 3.58 ff.

Gerichts kaum Bedeutung haben; darunter können allenfalls Verstösse gegen die gesetzlich oder reglementarisch vorgesehenen Regeln zur Bestimmung des Spruchkörpers (Art. 23 und 24 VGG, Art. 31 und 32 VGR) fallen[128]. Die Revisionsgründe von Art. 121 Bst. a können nur angerufen werden, wenn der betreffende Umstand erst bekannt wird, nachdem das Urteil bereits gefällt worden und bei anfechtbaren Entscheiden zudem die Rechtsmittelfrist abgelaufen ist. Andernfalls ist der Mangel auf dem Beschwerdeweg gelten zu machen.

Das *Nichtbehandeln einzelner Anträge* sowie die *Verletzung der Dispositionsmaxime*   **5.57** – wenn das Gericht einer Partei mehr oder, ohne dass das Gesetz es erlaubt, anderes zugesprochen, als sie selbst verlangt hat, oder weniger als die Gegenpartei anerkannt hat – können ebenfalls Revisionsgründe darstellen (Art. 121 Bst. a und b BGG), haben allerdings in der Praxis kaum Bedeutung erlangt. Wird über ein Rechtsbegehren im Urteilsdispositiv nicht ausdrücklich befunden, liegt noch nicht ohne weiteres ein Revisionsgrund vor. Die Behandlung eines Antrags kann sich auch aus der Begründung oder stillschweigend aus dem Zusammenhang ergeben; namentlich braucht ein Gesuch um Parteientschädigung nicht ausdrücklich abgewiesen zu werden, soweit sich dies bereits aus dem Prozessausgang ergibt[129]. In beiden Fällen – Art. 121 Bst. a und b BGG – ist eine Revision nur möglich, wenn das Bundesverwaltungsgericht letztinstanzlich entscheidet; andernfalls sind diese Mängel beschwerdeweise geltend zu machen.

cc)   Verletzung der Europäischen Menschenrechtskonvention

Stellt der EGMR in einem endgültigen Urteil[130] fest, dass ein bundesgerichtlicher   **5.58** Entscheid die EMRK verletzt, ermöglicht Art. 122 BGG unter Umständen die Revision des betreffenden Entscheids. Soweit das Bundesverwaltungsgericht letztinstanzlich entscheidet, können dessen Urteile ebenfalls beim EGMR angefochten werden, weshalb hier eine Revision des beanstandeten Urteils unter denselben Voraussetzungen möglich ist.

Gemäss Art. 41 EMRK spricht der EGMR der in ihren Rechten verletzten Partei   **5.59** eine gerechte Entschädigung zu, wenn dies notwendig ist und das innerstaatliche Recht des betroffenen Staates nur eine unvollkommene Wiedergutmachung für die Folgen dieser Verletzung gestattet. Vor diesem Hintergrund verlangt das Konzept von Art. 122 BGG von den Rechtsuchenden, den *Antrag auf Schadenersatz vor dem EGMR zu stellen*[131]. Eine Revision des Urteils des Bundesverwaltungsgerichts ist folglich ausgeschlossen, wenn der EGMR eine Entschädigung zugesprochen oder trotz Feststellung einer Konventionsverletzung eine solche als nicht erforderlich erachtet hat[132].

---

128 Dazu eingehender BSG BGG-Escher, Art. 121 N 5.
129 Vgl. zum Ganzen BSK BGG-Escher, Art. 121 N 8.
130 Es muss sich also um ein Urteil der Grossen Kammer (Art. 43 f. EMRK) oder um ein nach Massgabe von Art. 44 Ziff. 2 EMRK endgültig gewordenes Urteil einer Kammer handeln.
131 Vgl. Botschaft Totalrevision Bundesrechtspflege, BBl 2001 4353, auch zum Folgenden.
132 Dies ist etwa dann der Fall, wenn der Gerichtshof die blosse Feststellung, der betreffende Staat habe eine Konventionsbestimmung verletzt, als hinreichend erachtet, oder wenn es

5.60 Dreht sich der Rechtsstreit dagegen um nicht geldwerte Ansprüche oder hat das innerstaatliche Gericht eine prozessrechtliche Norm verletzt, die Auswirkungen auf den Verfahrensausgang haben kann[133], vermag der Gerichtshof die Folgen der EMRK-Verletzung in der Regel nicht selbst zu beheben. In diesen Fällen kann das Bundesverwaltungsgericht in analoger Anwendung von Art. 122 BGG sein Urteil revidieren und einen neuen, menschenrechtskonformen Entscheid fällen.

dd)   Strafbare Einwirkung

5.61 Dieser Revisionsgrund hat kaum praktische Bedeutung. Als Straftaten, die gestützt auf Art. 123 Abs. 1 BGG zu einer Revision führen können, kommen in erster Linie Justizdelikte im Sinne der Art. 303 ff. StGB in Betracht, darüber hinaus jedes andere Vergehen oder Verbrechen[134], sofern sich dieses möglicherweise auf den Prozessausgang ausgewirkt hat. Anders als nach Art. 66 Abs. 1 VwVG erfolgt auch im Falle einer strafrechtlichen Einwirkung eine Revision nicht von Amtes wegen, sondern bloss auf Antrag einer Partei hin.

c)   *Fristen*

5.62 Während Revisionsgesuche nach der – für die ehemaligen eidgenössischen Rekurskommissionen anwendbaren – Regelung des VwVG stets innert 90 Tagen seit Entdeckung des Revisionsgrundes einzureichen waren, unterscheidet das nunmehr massgebliche BGG zwischen Fällen mit einer 30-tägigen und solchen mit einer 90-tägigen Frist.

5.63 Es gilt gemäss Art. 124 Abs. 1 Bst. a und b BGG eine Frist von *30 Tagen:*

- seit der Eröffnung der vollständigen Ausfertigung des Entscheids bei Verletzung einer Verfahrensvorschrift im Sinne von Art. 121 Bst. b–d BGG.
- seit Entdeckung der Verletzung einer Ausstandsvorschrift gemäss Art. 121 Bst. a BGG[135].

5.64 Die Frist beträgt gemäss Art. 124 Abs. 1 Bst. c und d BGG *90 Tage:*

- seit Kenntnis der nachträglich erfahrenen Tatsachen oder des aufgefundenen Beweismittels. Die Frist beginnt frühestens mit der Eröffnung des vollständigen Entscheids zu laufen.
- seit Entdeckung der Straftat, mit der auf das Urteil eingewirkt wurde. Hier beginnt die Frist frühestens mit dem Abschluss des Strafverfahrens zu laufen.

---

an einem Schaden fehlt (Botschaft Totalrevision Bundesrechtspflege, BBl 2001 4353; BSK BGG-Escher, Art. 122 N 5).

133 Erscheint die Möglichkeit eines andern Prozessausgangs aufgrund der Prozessrechtsverletzung als ausgeschlossen, entfällt die Möglichkeit der Revision (BSK BGG-Escher, Art. 122 N 6).

134 Gemäss BSK BGG-Escher (Art. 123 N 3) ist die Abgrenzung zu den Übertretungen auch nach der am 1. Januar 2007 in Kraft getretenen Novelle des StGB gültig.

135 In diesen Fällen ist das Revisionsgesuch auch gegen Urteile des Bundesverwaltungsgerichts möglich, die an sich der Beschwerde ans Bundesgericht unterliegen (vgl. oben Rz. 5.42).

– seit ein Urteil des EGMR, mit welchem eine Konventionsverletzung festgestellt wird, endgültig geworden ist[136] bzw. seit Zustellung dieses Urteils[137].

Nach 10 Jahren seit Eröffnung des Beschwerdeentscheides ist die Revision grundsätzlich nicht mehr möglich (Art. 124 Abs. 2 BGG). Diese absolute Frist gilt jedoch nicht für Revisionsgesuche wegen Beeinflussung des Beschwerdeentscheides durch ein Verbrechen oder Vergehen (Art. 123 Abs. 1 BGG). Die 90-tägige Frist muss immer eingehalten werden[138]. Die Einreichung des Begehrens vor Beginn des Fristenlaufs hat für die gesuchstellende Partei indes keine Nachteile zur Folge[139].   **5.65**

d)   Verfahren

Das Revisionsverfahren wird im VGG ebenso wenig direkt geregelt wie die Revisionsgründe. Art. 47 VGG verweist diesbezüglich nicht auf das BGG, sondern auf das VwVG, allerdings bloss auf dessen Art. 67 Abs. 3, der seinerseits die Art. 52 und 53 VwVG für anwendbar erklärt, wo Inhalt, Form, Verbesserung und Ergänzung der Beschwerde geregelt werden. Somit ist klar, dass diesbezüglich die Bestimmungen des VwVG gelten. Dem VGG lässt sich demgegenüber kein Verweis auf Art. 68 VwVG entnehmen, wo weitere Verfahrensfragen geregelt sind.   **5.66**

Damit fragt sich, ob die *Art. 56, 57 und 59–65 VwVG*, auf die Art. 68 VwVG verweist, für das Revisionsverfahren vor dem Bundesverwaltungsgericht dennoch gelten. Die Frage dürfte differenziert zu beantworten sein: Da Art. 45 VGG die Art. 121–128 BGG für anwendbar erklärt, gelten zunächst diese Bestimmungen, namentlich Art. 126 BGG für die vorsorglichen Massnahmen und Art. 127 BGG für den Schriftenwechsel. Die Art. 59–65 VwVG finden aufgrund des generellen, nicht nur auf das Beschwerdeverfahren bezogenen Verweises von Art. 37 VGG auf das VwVG als subsidiäre Verfahrensordnung ohnehin Anwendung. Die dortigen Bestimmungen sind somit massgeblich, soweit sie auf das Revisionsverfahren passende Regelungen enthalten.   **5.67**

Aus dem Verweis von Art. 47 VGG i.V.m. Art. 67 Abs. 3 VwVG auf Art. 52 VwVG ergibt sich, dass ein Revisionsgesuch die Rechtsbegehren[140], deren Begründung sowie die Unterschrift der beschwerdeführenden Person oder ihrer Vertretung zu enthalten hat. Diesbezüglich kann auf die Ausführungen zur Beschwerdeschrift verwiesen werden[141]. Namentlich ist im Revisionsgesuch anzugeben, welcher der im Gesetz abschliessend aufgeführten Revisionsgründe angerufen wird[142], inwiefern Anlass besteht, ihn geltend zu machen, und welche Änderung des früheren Ent-   **5.68**

---

136 Wann die Urteile des EGMR endgültig werden, wird in Art. 44 EMRK definiert.

137 Nach Auffassung von BSK BGG-Escher, Art. 124 N 3, muss die Frist entgegen dem Wortlaut und gleich wie nach dem früheren Recht mit der Zustellung des EGMR-Urteils zu laufen beginnen.

138 BSK BGG-Escher, Art. 124 N 5.

139 Vgl. BGE 123 I 286 E. 2 mit Hinweis.

140 Das Revisionsbegehren hat auch die Begehren für den Fall eines neuen Beschwerdeentscheides zu enthalten (Art. 67 Abs. 3 VwVG a.E.).

141 Siehe dazu oben Rz. 2.211 ff.

142 Der Begründungspflicht nicht zu genügen vermag namentlich die blosse Berufung auf eine Verletzung allgemeiner Rechtsgrundsätze wie des Verhältnismässigkeitsprinzips oder des Willkürverbots, da dies keinen Revisionsgrund darstellt (Entscheid der Schweizerischen Asylrekurskommission vom 29. April 1993, veröffentlicht in VPB 58.35 E. 3a).

scheides verlangt wird[143]. Sollten bereits vorgebrachte Tatsachen mit den neuen Mitteln bewiesen werden, so hat die gesuchstellende Partei auch darzutun, dass sie die Beweismittel im früheren Verfahren nicht beibringen konnte[144].

5.69 Entsprechend den *herabgesetzten Anforderungen* an die Begründung von Laienbeschwerden kann es auch genügen, wenn sich die Revisionsanträge zumindest aus der Begründung des Gesuches klar und eindeutig ermitteln lassen und daraus auch jene tatsächlichen Anhaltspunkte, mit denen das Vorliegen eines Revisionsgrundes geltend gemacht wird, deutlich ersichtlich werden[145]. Weist ein Revisionsgesuch die erforderlichen Begehren oder die Begründung nicht auf, ist der Gesuchstellerin bzw. dem Gesuchsteller eine kurze Nachfrist zur Verbesserung der Mängel anzusetzen, sofern sich das Begehren nicht als offensichtlich unzulässig herausstellt[146].

5.70 Weder das BGG noch das VwVG regeln, wer zum Revisionsverfahren *legitimiert* ist. Es liegt daher nahe, die Bestimmung von Art. 89 BGG zur Beschwerdeberechtigung analog anzuwenden: wer einen missliebigen Entscheid des Bundesverwaltungsgerichts höchstrichterlich überprüfen lassen kann, muss auch befugt sein, dessen Urteil korrigieren zu lassen, wenn dieses an einem Mangel leidet, der zur Revision führen kann. Mit andern Worten kann ein Revisionsgesuch stellen, wer vor dem Bundesverwaltungsgericht am Verfahren teilgenommen oder zu Unrecht keine Möglichkeit zur Teilnahme erhalten hat. Zusätzlich muss die gesuchstellende Partei und ein schutzwürdiges Interesse an der Wiederaufnahme der Streitsache geltend machen können[147].

5.71 Damit ist auch gesagt, dass die Behörde, deren Entscheid das Bundesverwaltungsgericht überprüft hat, grundsätzlich nicht zur Revision befugt ist, denn die desavouierte *Vorinstanz* hat im Beschwerdeverfahren des Bundes kein allgemeines Beschwerderecht[148]. Anders verhält es sich dann, wenn dieser aufgrund einer bundesrechtlichen Spezialbestimmung im Sinne von Art. 89 Abs. 2 Bst. d BGG ein Beschwerderecht zukommt oder wenn sie von einer Verfügung wie eine Privatperson betroffen ist[149].

---

143 Entscheid der Schweizerischen Asylrekurskommission vom 16. Mai 1995, veröffentlicht in VPB 60.38 E. 3; Gygi, Bundesverwaltungsrechtspflege, 198.

144 Entscheid des Bundesrats vom 15. August 1990, veröffentlicht in VPB 55.40 E. 4a.

145 Entscheid der Rekurskommission EVD vom 3. April 1996, veröffentlicht in VPB 61.50 E. 4.2. In diesem Entscheid führte die Rekurskommission aus, der Gesuchsteller habe sinngemäss vorgebracht, sein Anspruch auf rechtliches Gehör sei verletzt worden, womit gleichzeitig der Revisionsgrund von Art. 66 Abs. 2 Bst. c VwVG als angerufen zu gelten habe; vgl. auch den Entscheid der Schweizerischen Asylrekurskommission vom 29. April 1993, veröffentlicht in VPB 58.35 E. 4a mit Hinweisen.

146 Entscheid der Schweizerischen Asylrekurskommission vom 11. November 1994, veröffentlicht in VPB 60.37 E. 2b.

147 BSK BGG-Escher, Art. 127 N 2.

148 Entscheid der Schweizerischen Asylrekurskommission vom 21. März 1995, veröffentlicht in VPB 60.36 E. 3; Entscheid des Bundesrats vom 27. Mai 1992, veröffentlicht in VPB 57.22A E. 2. Für diese Auslegung spricht auch der Umstand, dass im – zwar nicht direkt anwendbaren – Art. 66 Abs. 2 VwVG vom Revisionsbegehren einer *Partei* die Rede ist. Die Vorinstanz ist indes nicht Partei (Art. 6 VwVG).

149 Entscheid des Bundesrats vom 27. Mai 1992, veröffentlicht in VPB 57.22A E. 2.

Das Einreichen eines Revisionsgesuches hemmt den Vollzug des angefochtenen   **5.72**
Entscheids nicht[150], doch kann die Instruktionsrichterin bzw. der Instruktionsrichter
des Bundesverwaltungsgerichts von Amtes wegen oder auf Antrag der gesuchstellenden Partei dessen Vollzug aufschieben oder andere *vorsorgliche Massnahmen* ergreifen, um einen tatsächlichen oder rechtlichen Zustand einstweilen unverändert
zu erhalten (Art. 126 BGG). Da sich das Revisionsgesuch gegen ein rechtskräftiges
und damit vollstreckbares Urteil richtet, wird die Anordnung vorsorglicher Massnahmen in den Fällen von Art. 121 und 123 BGG die (seltene) Ausnahme darstellen
und nur Platz greifen, wenn sich aufgrund der Gesuchseingabe gewichtige Hinweise
auf die ursprüngliche Fehlerhaftigkeit des Entscheids ergeben[151].

Weder die anwendbaren Verfahrensgesetze noch das VGR regeln die Frage, ob Re   **5.73**
visionsgesuche vom selben *Spruchkörper* behandelt werden sollen, der bereits das
angefochtene Urteil gefällt hat. Aus dem ebenfalls analog anwendbaren Art. 34
Abs. 2 BGG (vgl. Art. 38 VGG) ergibt sich bloss, dass die Mitwirkung daran keinen
Ausstandsgrund darstellt, sie mit andern Worten zulässig ist. Je nach den Umständen kann es sich aus Opportunitätsgründen als sachgerecht erweisen, in einer neuen
Zusammensetzung über das Gesuch zu entscheiden[152]. Wird der Revisionsgrund
von Art. 121 Bst. a BGG geltend gemacht, gilt Art. 37 Abs. 1 BGG analog[153].

Nach Eingang eines Revisionsgesuchs ist vorab eine summarische Prüfung der Pro   **5.74**
zesschancen vorzunehmen, denn Art. 127 BGG sieht einen *Schriftenwechsel* nur
vor, wenn sich das Gesuch nicht als offensichtlich unzulässig oder unbegründet erweist[154]. Zu prüfen ist somit neben den üblichen Eintretensvoraussetzungen, die
auch in Beschwerdeverfahren gelten – namentlich Legitimation, Form und Frist –,
ob aus dem Gesuch hervorgeht, welcher Revisionsgrund geltend gemacht wird,
weshalb dieser vorliegen und inwieweit der angefochtene Entscheid abgeändert
werden soll. Generell gilt, dass auf ein Revisionsgesuch bereits dann einzutreten
ist, wenn ein zulässiger Revisionsgrund behauptet wird. Ob dieser tatsächlich vorliegt, ist Frage der materiellen Prüfung des Gesuchs[155]. Erweist sich das Revisionsgesuch als ungenügend begründet, wird, wie bereits erwähnt, eine kurze Nachfrist
zur Verbesserung angesetzt (Art. 52 VwVG analog).

Das *Revisionsurteil* des Bundesverwaltungsgerichts ergeht in der Zusammensetzung   **5.75**
gemäss Art. 21 bzw. Art. 23 VGG[156]. Das Gericht tritt auf das Revisionsgesuch nicht

---

150 Dies wird in Art. 112 AsylG unnötigerweise noch ausdrücklich festgehalten.
151 Anders verhält es sich beim Revisionsgrund von Art. 122, wo der EGMR eine Verletzung
     der EMRK festgestellt hat.
152 BGE 96 I 280 E. 2; BGG-von Werdt, Art. 128 N 4.
153 BGG-von Werdt, Art. 128 N 4.
154 Dass es hier bloss um die Prüfung einer *offensichtlichen* Unzulässigkeit oder Unbegründetheit handeln kann, ergibt sich zwar nicht aus dem Wortlaut, doch kann eine fundierte
     inhaltliche Prüfung des Revisionsgesuchs nicht vorweggenommen werden, und eine Gutheissung eines Revisionsgesuchs ohne vorherigen Schriftenwechsel fällt ebenfalls nicht in
     Betracht (ebenso BSK BGG-Escher, Art. 127 N 6).
155 Poudret/Sandoz Monod, Art. 140 N 2; Urteil des Bundesgerichts 2A.396/2006 vom
     22. Januar 2007.
156 Vgl. etwa das Urteil des Bundesverwaltungsgerichts E-4008/2006 vom 9. November 2007
     E. 7.1.

ein, sofern die oben angeführten Anforderungen nicht erfüllt und innert angesetzter Nachfrist nicht nachgeholt werden[157]. Andernfalls wird mit allen am ursprünglichen Verfahren Beteiligten ein Schriftenwechsel durchgeführt[158], soweit nötig auch ein Beweisverfahren. Erachtet das Gericht das Revisionsbegehren als begründet, so hebt es den Beschwerdeentscheid auf. Das ursprüngliche, ordentliche Beschwerdeverfahren findet diesfalls seinen Fortgang[159], allenfalls nur soweit, als der Revisionsgrund reicht[160]. Der Prozessausgang bleibt dabei offen: namentlich ist nicht ausgeschlossen, dass der Entscheid (wiederum) zu Ungunsten der revisionsführenden Partei ausfällt[161].

5.76 Erweisen sich die vorgebrachten Revisionsgründe dagegen als nicht rechtserheblich, stichhaltig, neu oder beweiskräftig, weist das Bundesverwaltungsgericht das formrichtig vorgetragene Gesuch ab. Der Revisionsentscheid unterliegt den *gleichen Rechtsmitteln* wie der vom Revisionsgesuch betroffene Beschwerdeentscheid[162].

5.77 Hinsichtlich Kostenvorschuss und -verlegung, Parteientschädigung und unentgeltlicher Rechtspflege gelten die Art. 63–65 VwVG[163]. Allerdings dürfte es sich im Falle der Gutheissung des Revisionsgesuchs rechtfertigen, einer allfälligen Gegenpartei keine Verfahrenskosten aufzuerlegen und, falls eine Parteientschädigung erforderlich ist, diese zu Lasten der Gerichtskasse zu sprechen[164].

2.   Erläuterung und Berichtigung

5.78 Die *Erläuterung* eines Entscheides bezweckt die Klärung des Dispositivs; entweder ist dieses selbst unklar, unvollständig oder widersprüchlich oder es steht im Widerspruch zu den Erwägungen[165]. Diese Mängel gilt es zu beseitigen; den Entscheid inhaltlich abzuändern oder gar aufzuheben, ist dagegen nicht möglich[166]. Ausgeschlos-

---

157 Urteil des Bundesverwaltungsgerichts E-4008/2006 vom 9. November 2007 E. 7.4.

158 In jedem Fall einzubeziehen ist die Vorinstanz. Zu denken ist sodann – falls die Vorinstanz selbst Rechtsmittel- und nicht Erstinstanz war – an die verfügende Behörde sowie an allfällige Gegenparteien und Beigeladene.

159 Entscheid der Schweizerischen Asylrekurskommission vom 28. August 2001, veröffentlicht in VPB 66.31 E. 3c/dd.

160 Vgl. BGE 120 V 156 E. 3a mit Hinweisen.

161 Ist etwa aufgrund eines neu aufgetauchten Beweismittels von einem – gegenüber dem ursprünglichen Entscheid – anderen Sachverhalt auszugehen, ist völlig offen, ob dieser rechtlich anders, für die revisonsführende Partei günstiger zu würdigen ist.

162 Vgl. Art. 5 Abs. 2 VwVG.

163 Aufgrund des Verweises von Art. 37 VGG auf das VwVG; vgl. oben Rz. 4.8.

164 Vgl. dazu BSK BGG-ESCHER, Art. 128 N 12.

165 Die Entscheidungsgründe können mithin nur insoweit Gegenstand eines Erläuterungsbegehrens sein, als der Sinn des Dispositivs nur im Zusammenhang mit den Erwägungen verständlich ist (Urteil des Bundesgerichts 4G_1/2007 vom 13. September 2007 E. 2.1; vgl. auch BGE 110 V 222 E. 1; 101 Ib 223 E. 3; MERKLI/AESCHLIMANN/HERZOG, Art. 100 Rz. 6 und 7).

166 Urteil des Bundesgerichts 4G_1/2007 vom 13. September 2007 E. 2.1; vgl. BGE 104 V 53 E. 1; BORGHI/CORTI, 202.

sen ist auch die Erläuterung einer Frage, zu der sich das Bundesverwaltungsgericht nicht geäussert hat, weil sie nicht entscheidwesentlich war[167].

Demgegenüber geht es bei der *Berichtigung* darum, blosse Redaktions- oder Rech- **5.79** nungsfehler zu korrigieren[168]. Eine solche Berichtigung ist strikte auf eigentliche Fehler beschränkt. Falsche tatsächliche Annahmen, Tatsachen- oder Rechtsirrtümer oder Fehler in der Erhebung, die dem Entscheid zugrunde liegen, können nicht auf dem Wege der Berichtigung korrigiert werden, sondern sind innert Frist auf dem Rechtsmittelweg geltend zu machen[169].

Beim Gesuch um Erläuterung oder Berichtigung handelt es sich – gleich wie bei **5.80** dem Revisionsgesuch – um ein *ausserordentliches Rechtsmittel*. Die Erläuterung und die Berichtigung von Entscheiden des Bundesverwaltungsgerichts richtet sich aufgrund des Verweises von Art. 48 VGG nach den Regeln von Art. 129 BGG[170]. Ein entsprechendes Gesuch besitzt keinen Suspensiveffekt[171], doch kann die Instruktionsrichterin bzw. der Instruktionsrichter nach Eingang des Gesuchs gegebenenfalls vorsorgliche Massnahmen anordnen (Art. 129 Abs. 3 i.V.m. Art. 126 BGG). Im Gegensatz zur Revision ist nicht vorausgesetzt, dass der Entscheid in Rechtskraft erwachsen ist[172].

Eine Erläuterung oder Berichtigung kann nach Art. 129 Abs. 1 BGG von Amtes **5.81** wegen vorgenommen werden, in der Praxis erfolgt indessen – jedenfalls eine Erläuterung – ausschliesslich auf schriftliches Gesuch hin, wobei es sachgerecht erscheint, über den engen Wortlaut hinaus auch die Vorinstanz als Gesuchstellerin zuzulassen. Zuständig ist die Beschwerdeinstanz, die den mangelhaften Entscheid getroffen hat; das Bundesverwaltungsgericht erläutert oder berichtigt mithin seine eigenen Urteile. Das Rechtsmittel ist an sich an keine Frist gebunden, doch ist nach dem Grundsatz von Treu und Glauben ohne zeitliche Verzögerung um Erläuterung oder Berichtigung nachzusuchen[173].

Das Gericht kann einen Schriftenwechsel durchführen (Art. 129 Abs. 3 i.V.m. **5.82** Art. 127 BGG), doch dürfte dies in der Regel nicht erforderlich sein[174]. Ein eigentlicher Anspruch auf rechtliches Gehör besteht nicht, weil der zu erläuternde oder zu berichtigende Entscheid durch eine solche Massnahme nicht geändert wird und es

---

167 Urteil des Bundesgerichts 4G_1/2007 vom 13. September 2007 E. 2.1; vgl. BGE 104 V 55; ASA 43, 534 E. 3 a.
168 Vgl. BGE 119 Ib 368 E. 2; 99 V 64 E. 2 b, wo das Bundesgericht das falsch berechnete Produkt aus der Multiplikation einer bestimmten Grundstückfläche mit dem Quadratmeterpreis von Amtes wegen korrigiert hat; vgl. auch RHINOW/KRÄHENMANN, 137.
169 Urteil des Bundesgerichts vom 24. Juli 1985, veröffentlicht in ASA 55, 514 E. 1.
170 Geht es um die Berichtigung (oder Erläuterung) eines Entscheides einer Vorgängerorganisation des Bundesverwaltungsgerichts, so richtet sich das Verfahren nach Art. 69 VwVG (vgl. BVGE 2007/11 und BVGE 2007/21).
171 RHINOW/KOLLER/KISS, Rz. 1420.
172 Vgl. MERKLI/AESCHLIMANN/HERZOG, Art. 100 Rz. 2.
173 BSK-BGG ESCHER, Art. 129 N 5; RHINOW/KOLLER/KISS, Rz. 1421.
174 BSK-BGG ESCHER, Art. 129 N 6.

allein Sache der entscheidenden Instanz ist, Sinn und Tragweite ihres Entscheides klarzustellen[175].

5.83   Erachtet das Gericht die Voraussetzungen von Art. 129 Abs. 1 BGG als gegeben, heisst es das Erläuterungs- bzw. Berichtigungsgesuch gut und erklärt, wie das Dispositiv zu verstehen ist oder präzisiert bzw. berichtigt es dieses[176]. Im Falle der Gutheissung beginnt eine allfällige *Rechtsmittelfrist* neu zu laufen, innert der das nunmehr erläuterte Urteil angefochten werden kann (Art. 48 Abs. 2 VGG)[177]. Bei verweigerter Erläuterung oder Berichtigung kann der ursprüngliche Entscheid dagegen nicht nachträglich noch angefochten werden[178]. Im Kosten- und Entschädigungspunkt gelten die allgemeinen Regeln von Art. 63–65 VwVG[179], namentlich hat also die Verfahrenskosten zu tragen, wer ein unbegründetes Gesuch stellt. Der Erläuterungs- bzw. Berichtigungsentscheid als solcher unterliegt dagegen in jedem Fall den *gleichen Rechtsmitteln* wie der betroffene Beschwerdeentscheid[180].

---

175   Vgl. MERKLI/AESCHLIMANN/HERZOG, Art. 100 Rz. 14.

176   Vgl. etwa den gutheissenden Erläuterungsentscheid des Bundesgerichts 2P.63/2001 vom 10. Juli 2002.

177   Für den Beginn des Fristenlaufs ist die Zustellung der Erläuterung massgebend, d.h. die neue Frist beginnt an dem auf die Mitteilung folgenden Tage zu laufen (Art. 20 Abs. 1 VwVG).

178   Vgl. den Entscheid des Berner Verwaltungsgerichts vom 8. Februar 1996, veröffentlicht in BVR 1997, 534 (die gegen diesen Entscheid erhobene staatsrechtliche Beschwerde hat das Bundesgericht am 28. August 1996 als offensichtlich unbegründet abgewiesen); GRISEL, 946.

179   Aufgrund des Verweises von Art. 37 VGG auf das VwVG; vgl. oben Rz. 4.8.

180   Vgl. Art. 5 Abs. 2 VwVG. Insofern steht ein Rechtsmittel auch im Falle der Ablehnung des Erläuterungsgesuches zur Entscheidung darüber, ob eine Erläuterung angebracht ist, gegebenenfalls durchaus zur Verfügung, womit den von GYGI (Bundesverwaltungsrechtspflege, 228) geäusserten Bedenken der Boden entzogen sein dürfte.

Checkliste

1.   Steht die Beschwerde an das Bundesverwaltungsgericht offen?

- Fällt die Streitsache in den *Zuständigkeitsbereich* (Rz. 1.21 ff.) des Bundesverwaltungsgerichts?
- Liegt ein zulässiges *Anfechtungsobjekt* (Rz. 2.1 ff.) vor?
  - Voraussetzung ist das Vorliegen einer beschwerdefähigen *Verfügung* (Rz. 2.1 ff.), und zwar
    - entweder einer *Endverfügung*
    - oder einer selbständig eröffneten *Zwischenverfügung* (Rz. 2.41 ff.). Letztere sind beim Bundesverwaltungsgericht anfechtbar, wenn eine der folgenden Voraussetzungen erfüllt ist:
      - Es handelt sich um einen Entscheid über die Zuständigkeit oder über ein Ausstandsbegehren (Art. 45 Abs. 1 VwVG; Rz. 2.43).
      - Der Entscheid bewirkt einen nicht wieder gutzumachenden Nachteil (Art. 46 Abs. 1 Bst. a VwVG; Rz. 2.44 ff.).
      - Die Gutheissung der Beschwerde würde sofort einen Endentscheid herbeiführen und damit einen bedeutenden Aufwand an Zeit oder Kosten für ein weitläufiges Beweisverfahren ersparen (Art. 46 Abs. 1 Bst. b VwVG; Rz. 2.49).
  - oder aber ein unrechtmässiges Verweigern oder Verzögern einer Verfügung (Rz. 5.18 ff.).
- Ist der – nur ausnahmsweise zulässige – verwaltungsinterne Einsprache- bzw. Beschwerdeweg ausgeschöpft (Rz. 1.22 ff.) oder sind die Voraussetzungen einer *Sprungbeschwerde* (Art. 47 Abs. 2 VwVG) erfüllt (Rz. 2.55 ff.)?
- Ist die *Beschwerdelegitimation* (Rz. 2.60 ff.) gegeben? – Voraussetzungen sind
  - die Teilnahme am vorinstanzlichen Verfahren oder die fehlende Möglichkeit, daran teilzunehmen (Art. 48 Abs. 1 Bst. a VwVG; Rz. 2.62 f.) und
  - das besondere Berührtsein bzw. ein schutzwürdiges Interesse (Art. 48 Abs. 1 Bst. b und c VwVG; Rz. 2.64 ff.).
    Letztere Voraussetzung ist bei den *Verfügungsadressaten* in der Regel ohne weiteres gegeben (Rz. 2.64 ff.), muss dagegen bei *Drittbetroffenen* stets näher geprüft werden (Rz. 2.78 ff.).
- Sonderregeln gelten für die Beschwerdelegitimation von
  - *Verbänden und Organisationen* (Rz. 2.82 ff.) sowie von
  - *Gemeinwesen und Behörden* (Rz. 2.87 ff.).
- Kann die *Beschwerdefrist* noch eingehalten werden (Rz. 2.99 ff.)? – Diese beträgt:
  - im *Regelfall* 30 Tage (Art. 50 VwVG), und zwar sowohl gegen Endverfügungen wie auch gegen Zwischenverfügungen
  - in einzelnen Fällen gemäss *Spezialvorschriften* nur 20 oder 10 Tage oder gar nur 5 Arbeitstage (Rz. 2.101 ff.).
  Wer durch ein unverschuldetes Hindernis davon abgehalten worden ist, innert Frist Beschwerde zu erheben, kann innert 30 Tagen *Wiederherstellung* beantra-

gen unter gleichzeitiger Einreichung der Beschwerde (Art. 24 Abs. 1 VwVG; Rz. 2.139 ff.).

2.   Wie sind die Prozesschancen und -risiken einzuschätzen?

– Welche *Rügen* können erhoben werden? – Zulässig sind die folgenden *Beschwerdegründe* (Rz. 2.149 ff.)[1]:
  – *Verletzung von Bundesrecht* (Art. 49 Bst. a VwVG; Rz. 2.166 ff.): Die Abschätzung der Erfolgsaussichten bedingt hier eine sorgfältige Prüfung der Rechtslage unter Berücksichtigung der Praxis des Bundesverwaltungsgerichts[2].
  – *Fehlerhafte Sachverhaltsermittlung* (Art. 49 Bst. b VwVG; Rz. 2.188): Die Prozesschancen hängen hier entscheidend von der Beweislage ab[3].
  – *Unangemessenheit* (Art. 49 Bst. c VwVG; Rz. 2.192 ff.): Die Erfolgsaussichten ergeben sich hier in erster Linie aus den konkreten Umständen[4], die vor dem Hintergrund der Praxis zu würdigen sind; zu beachten ist zudem, dass das Bundesverwaltungsgericht die Angemessenheit mit einer gewissen Zurückhaltung überprüft (Rz. 2.151 ff.) und die Ermessenskontrolle in einzelnen Bereichen spezialgesetzlich eingeschränkt oder gar ausgeschlossen ist (Rz. 2.150 und 2.195).
– Welche *Noven* (Rz. 2.196 ff.) können noch vorgebracht werden?
  – Ohne Einschränkung zulässig sind *neue Rechtsstandpunkte* (Rz. 2.196 ff.)[5].
  – Grundsätzlich unbeschränkt zulässig sind auch *neue Sach- und Beweisvorbringen* (Rz. 2.204 ff.; vgl. Art. 32 Abs. 2 VwVG).
  – Nur ganz ausnahmsweise zulässig sind dagegen *neue Rechtsbegehren* (Rz. 2.208 ff.).
– Welches *Kostenrisiko*[6] ist mit der Beschwerde verbunden? – Es setzt sich zusammen aus:
  – den *Gerichtskosten* (Art. 63 VwVG), die grundsätzlich nach dem Unterliegerprinzip verteilt werden (Rz. 4.39 ff.; zu den Ausnahmen Rz. 4.46 ff.) und

---

1 Die zulässigen Beschwerdegründe umschreiben zugleich die Überprüfungsbefugnis (Kognition) des Bundesverwaltungsgerichts.
2 Nahezu alle Entscheide sind online auf der Homepage des Bundesverwaltungsgerichts www.bundesverwaltungsgericht.ch einsehbar. Die wichtigsten Urteile erscheinen in gedruckter Form in der Amtlichen Sammlung der Entscheide des Schweizerischen Bundesverwaltungsgerichts (BVGE). Die Leitentscheide der Vorgängerorganisationen sind in der bis Ende 2006 erschienenen Zeitschrift Verwaltungspraxis der Bundesbehörden (VPB) oder online unter www.vpb.admin.ch einsehbar. Für ein spezielles Rechtsgebiet wichtige Urteile werden ausserdem regelmässig in den einschlägigen Fachzeitschriften veröffentlicht.
3 Zu Beweiserhebung und Beweiswürdigung durch das Bundesverwaltungsgericht: Rz. 3.117 ff.
4 Es empfiehlt sich daher zu prüfen, ob die massgebenden Umstände im angefochtenen Entscheid richtig und vollständig festgehalten sind. Andernfalls sind in der Beschwerde Beanstandungen der Sachverhaltsermittlung und/oder Noven vorzubringen.
5 Zur Frage, wieweit nach Erlass des angefochtenen Entscheids eingetretene *Rechtsänderungen* im Beschwerdeverfahren zu berücksichtigen sind, vgl. Rz. 2.202 f., zur Praxisänderung Rz. 2.199 ff.
6 Rz. 4.1 ff.

– der *Parteientschädigung,* die der Gegenpartei zu bezahlen ist (Art. 64 VwVG; Rz. 4.65 ff.).

Darüber hinaus sind hinsichtlich des Kostenrisikos die eigenen Aufwendungen nicht zu vergessen, die im Falle des Unterliegens selbst zu tragen sind.

Die obsiegende Partei trägt insofern ebenfalls ein Kostenrisiko, als die ihr zugesprochene Parteientschädigung die effektiven (Anwalts-)kosten womöglich nicht vollständig deckt.

Bei Bedürftigkeit kann für ein nicht aussichtsloses Verfahren *unentgeltliche Rechtspflege* beansprucht werden (Art. 65 VwVG; Rz. 4.94 ff.).

3.   Was hat die Beschwerdeschrift zu enthalten?

– Anschrift des Bundesverwaltungsgerichts[7].
– *Rubrum:* Bezeichnung der Parteien, Bezeichnung der Vorinstanz und des Streitgegenstands.
– *Beschwerdeantrag* (Art. 52 Abs. 1 Satz 1 VwVG; Rz. 2.211 ff.): Zu stellen sind alle Haupt- und Eventualbegehren (Rz. 2.215 ff.); nach Ablauf der Beschwerdefrist können die Begehren nicht mehr erweitert werden (Rz. 2.218, auch zu den Ausnahmen). Nicht nötig ist ein ausdrücklicher Antrag zu den Kosten- und Entschädigungsfolgen (Rz. 2.215). Gegebenenfalls ist zusätzlich Folgendes zu beantragen:
  – *unentgeltliche Rechtspflege* bei Bedürftigkeit der beschwerdeführenden Partei (Art. 65 VwVG; Rz. 4.94 ff.);
  – *Wiederherstellung der aufschiebenden Wirkung* (wenn die Vorinstanz sie im angefochtenen Entscheid entzogen hat; Art. 55 Abs. 3 VwVG; Rz. 3.23 ff.);
  – *Erteilung der aufschiebenden Wirkung* (wenn der Beschwerde ausnahmsweise keine aufschiebende Wirkung zukommt; Rz. 3.21 ff.);
  – *Anordnung vorsorglicher Massnahmen* zum Schutz bedrohter Interessen während der Verfahrensdauer (Art. 56 VwVG; Rz. 3.32 ff.);
  – *Sistierung des Verfahrens* (Rz. 3.14 ff.);
  – Ansetzung einer *Nachfrist zur Ergänzung der Beschwerdeschrift* (Art. 53 VwVG; Rz. 2.241 ff.).
– *Beschwerdebegründung* (Art. 52 Abs. 1 Satz 1 VwVG): Aus ihr muss hervorgehen, welche Beschwerdegründe (Rz. 2.149 ff. und oben Ziff. 2) geltend gemacht werden und welche tatsächlichen und rechtlichen Erwägungen der Vorinstanz inwiefern unrichtig oder nicht stichhaltig sein sollen[8]. Eine nachträgliche Ergänzung der Beschwerdebegründung (Art. 53 VwVG) kommt nur in Ausnahmefällen in Betracht (Rz. 2.241 ff.).
– *Unterschrift* der beschwerdeführenden Partei oder einer gehörig bevollmächtigten Vertretung (Art. 52 Abs. 1 Satz 1 VwVG; Rz. 2.228 ff.).

---

7 Die aktuelle Kontaktadresse findet sich auf der Homepage des Gerichts oder im Staatskalender. Zur Zeit des Erscheinens des Buchs lautet sie «Bundesverwaltungsgericht, Postfach, 3000 Bern 14».

8 Die beschwerdeführende Partei hat sich demnach mit den Erwägungen, auf denen der angefochtene Entscheid beruht, *auseinanderzusetzen;* die Beschwerdebegründung muss *sachbezogen* sein.

Genügt die Beschwerdeschrift den Anforderungen nicht, räumt das Bundesverwaltungsgericht, sofern sich das Rechtsmittel nicht als offensichtlich unzulässig erweist, der beschwerdeführenden Partei eine kurze Nachfrist zur Verbesserung ein (Art. 52 Abs. 2 und 3 VwVG; Rz. 2.235 ff.).

Der Beschwerdeschrift *beizulegen* sind (Rz. 2.232 ff.):

- die Ausfertigung der *angefochtenen Verfügung* (Art. 52 Abs. 1 Satz 2 VwVG);
- die als *Beweismittel* angerufenen Urkunden, soweit sie die beschwerdeführende Partei in Händen hat (Art. 52 Abs. 1 Satz 2 VwVG);
- die *Vollmacht,* sofern die Beschwerde von einer Anwältin, einem Anwalt oder einer sonstigen Vertretung eingereicht wird[9].

---

9 Fehlt die Vollmacht, kann das Bundesverwaltungsgericht die Vertreterin bzw. den Vertreter auffordern, sie nachzureichen (Art. 11 Abs. 2 VwVG).

Gesetzestexte/Gesetzesregister

Das Gesetzesregister ist in die Gesetzestexte integriert.
Die Verweise auf die Randziffern beziehen sich auf den Textteil des Buches.

I. Bundesgesetz   173.32
über das Bundesverwaltungsgericht
(Verwaltungsgerichtsgesetz, VGG)
ohne Anhang betreffend die Änderung bisherigen Rechts

vom 17. Juni 2005 (Stand am 1. Februar 2008)

Die Bundesversammlung der Schweizerischen Eidgenossenschaft,

gestützt auf Artikel 191*a* der Bundesverfassung[1],
nach Einsicht in die Botschaft des Bundesrates vom 28. Februar 2001[2],

beschliesst:

1. Kapitel: Stellung und Organisation

1. Abschnitt: Stellung

Art. 1 Grundsatz   **Rz. 1.8, 1.21, 5.33**

[1] Das Bundesverwaltungsgericht ist das allgemeine Verwaltungsgericht des Bundes.

[2] Es entscheidet als Vorinstanz des Bundesgerichts, soweit das Gesetz die Beschwerde an das Bundesgericht nicht ausschliesst.

[3] Es umfasst 50–70 Richterstellen.

[4] Die Bundesversammlung bestimmt die Anzahl Richterstellen in einer Verordnung.

[5] Zur Bewältigung aussergewöhnlicher Geschäftseingänge kann die Bundesversammlung zusätzliche Richterstellen auf jeweils längstens zwei Jahre bewilligen.

Art. 2 Unabhängigkeit   **Rz. 1.6**

Das Bundesverwaltungsgericht ist in seiner Recht sprechenden Tätigkeit unabhängig und nur dem Recht verpflichtet.

Art. 3 Aufsicht   **Rz. 1.7**

[1] Das Bundesgericht übt die administrative Aufsicht über die Geschäftsführung des Bundesverwaltungsgerichts aus.

[2] Die Oberaufsicht wird von der Bundesversammlung ausgeübt.

---

1 SR **101**
2 BBl **2001** 4202

[3] Das Bundesverwaltungsgericht unterbreitet dem Bundesgericht jährlich seinen Entwurf für den Voranschlag sowie seine Rechnung und seinen Geschäftsbericht zuhanden der Bundesversammlung.

Art. 4[3] Sitz   **Rz. 1.1**

[1] Sitz des Bundesverwaltungsgerichts ist St. Gallen.

[2] Bis zum Bezug des Gerichtsgebäudes in St. Gallen übt das Bundesverwaltungsgericht seine Tätigkeit im Raum Bern aus.

2. Abschnitt: Richter und Richterinnen

Art. 5 Wahl   **Rz. 1.9**

[1] Die Bundesversammlung wählt die Richter und Richterinnen.

[2] Wählbar ist, wer in eidgenössischen Angelegenheiten stimmberechtigt ist.

Art. 6 Unvereinbarkeit   **Rz. 1.10, 3.63**

[1] Die Richter und Richterinnen dürfen weder der Bundesversammlung, dem Bundesrat noch dem Bundesgericht angehören und in keinem anderen Arbeitsverhältnis mit dem Bund stehen.

[2] Sie dürfen weder eine Tätigkeit ausüben, welche die Erfüllung der Amtspflichten, die Unabhängigkeit oder das Ansehen des Gerichts beeinträchtigt, noch berufsmässig Dritte vor Gericht vertreten.

[3] Sie dürfen keine amtliche Funktion für einen ausländischen Staat ausüben und keine Titel oder Orden ausländischer Behörden annehmen.

[4] Richter und Richterinnen mit einem vollen Pensum dürfen kein Amt eines Kantons bekleiden und keine andere Erwerbstätigkeit ausüben. Sie dürfen auch nicht als Mitglied der Geschäftsleitung, der Verwaltung, der Aufsichtsstelle oder der Revisionsstelle eines wirtschaftlichen Unternehmens tätig sein.

Art. 7 Andere Beschäftigungen   **Rz. 1.10**

Für die Ausübung einer Beschäftigung ausserhalb des Gerichts bedürfen die Richter und Richterinnen einer Ermächtigung des Bundesverwaltungsgerichts.

---

3   Fassung gemäss Art. 2 der V vom 1. März 2006 über die Inkraftsetzung des Bundesgerichtsgesetzes und des Verwaltungsgerichtsgesetzes sowie über die vollständige Inkraftsetzung des Bundesgesetzes über den Sitz des Bundesstrafgerichts und des Bundesverwaltungsgerichts, in Kraft seit 1. Jan. 2007 (AS **2006** 1069).

Art. 8 Unvereinbarkeit in der Person   **Rz. 1.10**

¹ Dem Bundesverwaltungsgericht dürfen nicht gleichzeitig als Richter oder Richterinnen angehören:

a. Ehegatten, eingetragene Partnerinnen oder Partner und Personen, die in dauernder Lebensgemeinschaft leben;
b. Ehegatten oder eingetragene Partnerinnen oder Partner von Geschwistern und Personen, die mit Geschwistern in dauernder Lebensgemeinschaft leben;
c. Verwandte in gerader Linie sowie bis und mit dem dritten Grad in der Seitenlinie;
d. Verschwägerte in gerader Linie sowie bis und mit dem dritten Grad in der Seitenlinie.

² Die Regelung von Absatz 1 Buchstabe d gilt bei dauernden Lebensgemeinschaften sinngemäss.

Art. 9 Amtsdauer   **Rz. 1.9, 1.12**

¹ Die Amtsdauer der Richter und Richterinnen beträgt sechs Jahre.

² Richter und Richterinnen scheiden am Ende des Jahres aus ihrem Amt aus, in dem sie das ordentliche Rücktrittsalter nach den Bestimmungen über das Arbeitsverhältnis des Bundespersonals erreichen.

³ Frei gewordene Stellen werden für den Rest der Amtsdauer wieder besetzt.

Art. 10 Amtsenthebung   **Rz. 1.9**

Die Bundesversammlung kann einen Richter oder eine Richterin vor Ablauf der Amtsdauer des Amtes entheben, wenn er oder sie:

a. vorsätzlich oder grob fahrlässig Amtspflichten schwer verletzt hat; oder
b. die Fähigkeit, das Amt auszuüben, auf Dauer verloren hat.

Art. 11 Amtseid

¹ Die Richter und Richterinnen werden vor ihrem Amtsantritt auf gewissenhafte Pflichterfüllung vereidigt.

² Die Vereidigung erfolgt durch die Abteilung unter dem Vorsitz des Präsidenten oder der Präsidentin des Bundesverwaltungsgerichts.

³ Statt des Eids kann ein Gelübde abgelegt werden.

Art. 12 Immunität   **Rz. 1.11**

¹ Gegen die Richter und Richterinnen kann während ihrer Amtsdauer wegen Verbrechen und Vergehen, die nicht in Zusammenhang mit ihrer amtlichen Stellung oder Tätigkeit stehen, ein Strafverfahren nur eingeleitet werden mit der schrift-

lichen Zustimmung der betroffenen Richter oder Richterinnen oder auf Grund eines Beschlusses des Gesamtgerichts.

[2] Vorbehalten bleibt die vorsorgliche Verhaftung wegen Fluchtgefahr oder im Fall des Ergreifens auf frischer Tat bei der Verübung eines Verbrechens. Für eine solche Verhaftung muss von der anordnenden Behörde innert vierundzwanzig Stunden direkt beim Gesamtgericht um Zustimmung nachgesucht werden, sofern die verhaftete Person nicht ihr schriftliches Einverständnis zur Haft gegeben hat.

[3] Ist ein Strafverfahren wegen einer in Absatz 1 genannten Straftat bei Antritt des Amtes bereits eingeleitet, so hat die Person das Recht, gegen die Fortsetzung der bereits angeordneten Haft sowie gegen Vorladungen zu Verhandlungen den Entscheid des Gesamtgerichts zu verlangen. Die Eingabe hat keine aufschiebende Wirkung.

[4] Gegen eine durch rechtskräftiges Urteil verhängte Freiheitsstrafe, deren Vollzug vor Antritt des Amtes angeordnet wurde, kann die Immunität nicht angerufen werden.

[5] Wird die Zustimmung zur Strafverfolgung eines Richters oder einer Richterin verweigert, so kann die Strafverfolgungsbehörde innert zehn Tagen bei der Bundesversammlung Beschwerde einlegen.

Art. 13 Beschäftigungsgrad und Rechtsstellung   **Rz. 1.8 f., 1.11**

[1] Die Richter und Richterinnen üben ihr Amt mit Voll- oder Teilpensum aus.

[2] Das Gericht kann in begründeten Fällen eine Veränderung des Beschäftigungsgrades während der Amtsdauer bewilligen, wenn die Summe der Stellenprozente insgesamt nicht verändert wird.

[3] Die Bundesversammlung regelt das Arbeitsverhältnis und die Besoldung der Richter und Richterinnen in einer Verordnung.

3. Abschnitt: Organisation und Verwaltung

Art. 14 Grundsatz   **Rz. 1.6 f., 4.1**

Das Bundesverwaltungsgericht regelt seine Organisation und Verwaltung.

Art. 15 Präsidium   **Rz. 1.15**

[1] Die Bundesversammlung wählt aus den Richtern und Richterinnen:

a. den Präsidenten oder die Präsidentin des Bundesverwaltungsgerichts;
b. den Vizepräsidenten oder die Vizepräsidentin.

[2] Die Wahl erfolgt für zwei Jahre; einmalige Wiederwahl ist zulässig.

[3] Der Präsident oder die Präsidentin führt den Vorsitz im Gesamtgericht und in der Verwaltungskommission (Art. 18). Er oder sie vertritt das Gericht nach aussen.

[4] Er oder sie wird durch den Vizepräsidenten oder die Vizepräsidentin oder, falls dieser oder diese verhindert ist, durch den Richter oder die Richterin mit dem

höchsten Dienstalter vertreten; bei gleichem Dienstalter ist das höhere Lebensalter massgebend.

Art. 16 Gesamtgericht   **Rz. 1.15 f., 4.1 f.**

[1] Das Gesamtgericht ist zuständig für:

a. den Erlass von Reglementen über die Organisation und Verwaltung des Gerichts, die Geschäftsverteilung, die Information, die Gerichtsgebühren sowie die Entschädigungen an Parteien, amtliche Vertreter und Vertreterinnen, Sachverständige sowie Zeugen und Zeuginnen;
b. Wahlen, soweit diese nicht durch Reglement einem anderen Organ des Gerichts zugewiesen werden;
c. Entscheide über Veränderungen des Beschäftigungsgrades der Richter und Richterinnen während der Amtsdauer;
d. die Verabschiedung des Geschäftsberichts;
e. die Bestellung der Abteilungen und die Wahl ihrer Präsidenten und Präsidentinnen auf Antrag der Verwaltungskommission;
f. den Vorschlag an die Bundesversammlung für die Wahl des Präsidenten oder der Präsidentin und des Vizepräsidenten oder der Vizepräsidentin;
g. die Anstellung des Generalsekretärs oder der Generalsekretärin und des Stellvertreters oder der Stellvertreterin auf Antrag der Verwaltungskommission;
h. Beschlüsse betreffend den Beitritt zu internationalen Vereinigungen;
i. andere Aufgaben, die ihm durch Gesetz zugewiesen werden.

[2] Beschlüsse des Gesamtgerichts sind gültig, wenn an der Sitzung oder am Zirkulationsverfahren mindestens zwei Drittel aller Richter und Richterinnen teilnehmen.

[3] Die für ein Teilpensum gewählten Richter und Richterinnen haben volles Stimmrecht.

Art. 17 Präsidentenkonferenz   **Rz. 1.15**

[1] Die Präsidentenkonferenz besteht aus den Präsidenten und Präsidentinnen der Abteilungen. Sie konstituiert sich selbst.

[2] Die Präsidentenkonferenz ist zuständig für:

a. den Erlass von Weisungen und einheitlichen Regeln für die Gestaltung der Urteile;
b. die Koordination der Rechtsprechung unter den Abteilungen; vorbehalten bleibt Artikel 25;
c. die Vernehmlassung zu Erlassentwürfen.

Art. 18 Verwaltungskommission   **Rz. 1.15**

[1] Die Verwaltungskommission setzt sich zusammen aus:

a. dem Präsidenten oder der Präsidentin des Bundesverwaltungsgerichts;
b. dem Vizepräsidenten oder der Vizepräsidentin;

c. höchstens drei weiteren Richtern und Richterinnen.

[2] Der Generalsekretär oder die Generalsekretärin nimmt mit beratender Stimme an den Sitzungen der Verwaltungskommission teil.

[3] Die Richter und Richterinnen nach Absatz 1 Buchstabe c werden vom Gesamtgericht für zwei Jahre gewählt; einmalige Wiederwahl ist zulässig.

[4] Die Verwaltungskommission trägt die Verantwortung für die Gerichtsverwaltung. Sie ist zuständig für:

a. die Verabschiedung des Entwurfs des Voranschlags und der Rechnung zuhanden der Bundesversammlung;
b. den Erlass von Verfügungen über das Arbeitsverhältnis der Richter und Richterinnen, soweit das Gesetz nicht eine andere Behörde als zuständig bezeichnet;
c. die Anstellung der Gerichtsschreiber und Gerichtsschreiberinnen und deren Zuteilung an die Abteilungen auf Antrag der Abteilungen;
d. die Bereitstellung genügender wissenschaftlicher und administrativer Dienstleistungen;
e. die Gewährleistung einer angemessenen Fortbildung des Personals;
f. die Bewilligung von Beschäftigungen der Richter und Richterinnen ausserhalb des Gerichts;
g. sämtliche weiteren Verwaltungsgeschäfte, die nicht in die Zuständigkeit des Gesamtgerichts oder der Präsidentenkonferenz fallen.

Art. 19 Abteilungen   **Rz. 1.16**

[1] Die Abteilungen werden jeweils für zwei Jahre bestellt. Ihre Zusammensetzung wird öffentlich bekannt gemacht.

[2] Bei der Bestellung sind die fachlichen Kenntnisse der Richter und Richterinnen sowie die Amtssprachen angemessen zu berücksichtigen.

[3] Die Richter und Richterinnen sind zur Aushilfe in anderen Abteilungen verpflichtet.

Art. 20 Abteilungsvorsitz   **Rz. 1.16**

[1] Die Präsidenten oder Präsidentinnen der Abteilungen werden jeweils für zwei Jahre gewählt.

[2] Im Verhinderungsfall werden sie durch den Richter oder die Richterin mit dem höchsten Dienstalter vertreten; bei gleichem Dienstalter ist das höhere Lebensalter massgebend.

[3] Der Abteilungsvorsitz darf nicht länger als sechs Jahre ausgeübt werden.

Art. 21 Besetzung   **Rz. 1.17, 1.19, 3.51, 3.53, 5.75**

[1] Die Abteilungen entscheiden in der Regel in der Besetzung mit drei Richtern oder Richterinnen (Spruchkörper).

² Sie entscheiden in Fünferbesetzung, wenn der Präsident beziehungsweise die Präsidentin dies im Interesse der Rechtsfortbildung oder der Einheit der Rechtsprechung anordnet.

Art. 22 Abstimmung   **Rz. 3.159**

¹ Das Gesamtgericht, die Präsidentenkonferenz, die Verwaltungskommission und die Abteilungen treffen die Entscheide, Beschlüsse und Wahlen, wenn das Gesetz nichts anderes bestimmt, mit der absoluten Mehrheit der Stimmen.

² Bei Stimmengleichheit ist die Stimme des Präsidenten beziehungsweise der Präsidentin ausschlaggebend; bei Wahlen und Anstellungen entscheidet das Los.

³ Bei Entscheiden, die in einem Verfahren nach den Artikeln 31–36 oder 45–48 getroffen werden, ist Stimmenthaltung nicht zulässig.

Art. 23 Einzelrichter oder Einzelrichterin   **Rz. 2.131, 3.51 f., 3.224,**
                                                    4.36, 4.57, 4.73, 5.15,
                                                    5.56, 5.75

¹ Der Instruktionsrichter oder die Instruktionsrichterin entscheidet als Einzelrichter beziehungsweise Einzelrichterin über:

a. die Abschreibung von gegenstandslos gewordenen Verfahren;
b. das Nichteintreten auf offensichtlich unzulässige Rechtsmittel.

² Vorbehalten bleiben die besonderen Zuständigkeiten des Einzelrichters beziehungsweise der Einzelrichterin nach Artikel 111 Absatz 2 Buchstabe c des Asylgesetzes vom 26. Juni 1998⁴ und nach den Bundesgesetzen über die Sozialversicherung.

Art. 24 Geschäftsverteilung   **Rz. 3.54, 3.71, 5.56**

Das Bundesverwaltungsgericht regelt die Verteilung der Geschäfte auf die Abteilungen nach Rechtsgebieten sowie die Bildung der Spruchkörper durch Reglement.

Art. 25 Praxisänderung und Präjudiz   **Rz. 1.19, 2.64. 2.200**

¹ Eine Abteilung kann eine Rechtsfrage nur dann abweichend von einem früheren Entscheid einer oder mehrerer anderer Abteilungen entscheiden, wenn die Vereinigung der betroffenen Abteilungen zustimmt.

² Hat eine Abteilung eine Rechtsfrage zu entscheiden, die mehrere Abteilungen betrifft, so holt sie die Zustimmung der Vereinigung aller betroffenen Abteilungen ein, sofern sie dies für die Rechtsfortbildung oder die Einheit der Rechtsprechung für angezeigt hält.

---

4 SR **142.31**

³ Beschlüsse der Vereinigung der betroffenen Abteilungen sind gültig, wenn an der Sitzung oder am Zirkulationsverfahren mindestens zwei Drittel der Richter und Richterinnen jeder betroffenen Abteilung teilnehmen. Der Beschluss wird ohne Parteiverhandlung gefasst und ist für die Antrag stellende Abteilung bei der Beurteilung des Streitfalles verbindlich.

Art. 26 Gerichtsschreiber und Gerichtsschreiberinnen   **Rz. 1.13 f., 3.57**

¹ Die Gerichtsschreiber und Gerichtsschreiberinnen wirken bei der Instruktion der Fälle und bei der Entscheidfindung mit. Sie haben beratende Stimme.

² Sie erarbeiten unter der Verantwortung eines Richters oder einer Richterin Referate und redigieren die Entscheide des Bundesverwaltungsgerichts.

³ Sie erfüllen weitere Aufgaben, die ihnen das Reglement überträgt.

Art. 27 Verwaltung   **Rz. 1.6**

¹ Das Bundesverwaltungsgericht verwaltet sich selbst.

² Es richtet seine Dienste ein und stellt das nötige Personal an.

³ Es führt eine eigene Rechnung.

Art. 27a⁵ Infrastruktur

¹ Für die Bereitstellung, die Bewirtschaftung und den Unterhalt der vom Bundesverwaltungsgericht benutzten Gebäude ist das Eidgenössische Finanzdepartement zuständig. Dieses hat die Bedürfnisse des Bundesverwaltungsgerichts angemessen zu berücksichtigen.

² Das Bundesverwaltungsgericht deckt seinen Bedarf an Gütern und Dienstleistungen im Bereich der Logistik selbständig.

³ Für die Einzelheiten der Zusammenarbeit zwischen dem Bundesverwaltungsgericht und dem Eidgenössischen Finanzdepartement gilt die Vereinbarung zwischen dem Bundesgericht und dem Bundesrat gemäss Artikel 25a Absatz 3 des Bundesgerichtsgesetzes vom 17. Juni 2005⁶ sinngemäss; vorbehalten bleibt der Abschluss einer anders lautenden Vereinbarung zwischen dem Bundesverwaltungsgericht und dem Bundesrat.

---

5 Eingefügt durch Ziff. I 3 des BG vom 23. Juni 2006 über die Bereinigung und Aktualisierung der Totalrevision der Bundesrechtspflege, in Kraft seit 1. Jan. 2007 (AS **2006** 4213; BBl **2006** 3067).

6 SR **173.110**

Art. 28 Generalsekretariat   **Rz. 1.15**

Der Generalsekretär oder die Generalsekretärin steht der Gerichtsverwaltung einschliesslich der wissenschaftlichen Dienste vor. Er oder sie führt das Sekretariat des Gesamtgerichts, der Präsidentenkonferenz und der Verwaltungskommission.

Art. 29 Information   **Rz. 1.20, 3.179**

[1] Das Bundesverwaltungsgericht informiert die Öffentlichkeit über seine Rechtsprechung.

[2] Die Veröffentlichung der Entscheide hat grundsätzlich in anonymisierter Form zu erfolgen.

[3] Das Bundesverwaltungsgericht regelt die Grundsätze der Information in einem Reglement.

[4] Für die Gerichtsberichterstattung kann das Bundesverwaltungsgericht eine Akkreditierung vorsehen.

Art. 30 Öffentlichkeitsprinzip   **Rz. 1.20**

[1] Das Öffentlichkeitsgesetz vom 17. Dezember 2004[7] gilt sinngemäss für das Bundesverwaltungsgericht, soweit dieses administrative Aufgaben oder Aufgaben im Zusammenhang mit der Aufsicht über die eidgenössischen Schätzungskommissionen nach dem Bundesgesetz vom 20. Juni 1930[8] über die Enteignung erfüllt.

[2] Das Bundesverwaltungsgericht kann vorsehen, dass kein Schlichtungsverfahren durchgeführt wird; in diesem Fall erlässt es die Stellungnahme zu einem Gesuch um Zugang zu amtlichen Dokumenten in Form einer beschwerdefähigen Verfügung.

2. Kapitel: Zuständigkeiten

1. Abschnitt: Beschwerde[9]

Art. 31 Grundsatz   **Rz. 1.21**

Das Bundesverwaltungsgericht beurteilt Beschwerden gegen Verfügungen nach Artikel 5 des Bundesgesetzes vom 20. Dezember 1968[10] über das Verwaltungsverfahren (VwVG).

---

7 SR **152.3**
8 SR **711**
9 Fassung gemäss Anhang Ziff. 4 des Finanzmarktaufsichtsgesetzes vom 22. Juni 2007 (SR **956.1; AS 2008** 269).
10 SR **172.021**

Art. 32 Ausnahmen   **Rz. 1.21 f., 1.25 ff., 2.24.,**
                                                           2.40, 5.19

¹ Die Beschwerde ist unzulässig gegen:

a. Verfügungen auf dem Gebiet der inneren und äusseren Sicherheit des Landes, der Neutralität, des diplomatischen Schutzes und der übrigen auswärtigen Angelegenheiten, soweit das Völkerrecht nicht einen Anspruch auf gerichtliche Beurteilung einräumt;

b. Verfügungen betreffend die politische Stimmberechtigung der Bürger und Bürgerinnen sowie Volkswahlen und -abstimmungen;

c. Verfügungen über leistungsabhängige Lohnanteile des Bundespersonals, soweit sie nicht die Gleichstellung der Geschlechter betreffen;

d. die Genehmigung der Errichtung und Führung einer Fachhochschule;

e. Verfügungen auf dem Gebiet der Kernenergie betreffend:
   1. Rahmenbewilligungen von Kernanlagen,
   2. die Genehmigung des Entsorgungsprogramms,
   3. den Verschluss von geologischen Tiefenlagern,
   4. den Entsorgungsnachweis;

f. Verfügungen über die Erteilung, Änderung oder Erneuerung von Infrastrukturkonzessionen für Eisenbahnen;

g. Verfügungen der unabhängigen Beschwerdeinstanz für Radio und Fernsehen;

h. Verfügungen über die Erteilung von Konzessionen für Spielbanken.

² Die Beschwerde ist auch unzulässig gegen:

a. Verfügungen, die nach einem anderen Bundesgesetz durch Einsprache oder durch Beschwerde an eine Behörde im Sinne von Artikel 33 Buchstaben c–f anfechtbar sind;

b. Verfügungen, die nach einem anderen Bundesgesetz durch Beschwerde an eine kantonale Behörde anfechtbar sind.

Art. 33 Vorinstanzen   **Rz. 1.23, 1.31, 1.33 ff.**

Die Beschwerde ist zulässig gegen Verfügungen:

a. des Bundesrates und der Organe der Bundesversammlung auf dem Gebiet des Arbeitsverhältnisses des Bundespersonals einschliesslich der Verweigerung der Ermächtigung zur Strafverfolgung;

b.¹¹ des Bundesrates betreffend:
   1. die Amtsenthebung eines Mitgliedes des Bankrats, des Direktoriums oder eines Stellvertreters oder einer Stellvertreterin nach dem Nationalbankgesetz vom 3. Oktober 2003¹²,
   2. die Abberufung eines Verwaltungsratsmitgliedes der Eidgenössischen Finanzmarktaufsicht oder die Genehmigung der Auflösung des Arbeitsver-

---

11 Fassung gemäss Anhang Ziff. 4 des Finanzmarktaufsichtsgesetzes vom 22. Juni 2007 (SR **956.1; AS 2008** 269).

12 SR **951.11**

hältnisses der Direktorin oder des Direktors durch den Verwaltungsrat nach dem Finanzmarktaufsichtsgesetz vom 22. Juni 2007[13];

c. des Bundesstrafgerichts auf dem Gebiet des Arbeitsverhältnisses seiner Richter und Richterinnen und seines Personals;

d. der Bundeskanzlei, der Departemente und der ihnen unterstellten oder administrativ zugeordneten Dienststellen der Bundesverwaltung;

e. der Anstalten und Betriebe des Bundes;

f. der eidgenössischen Kommissionen;

g. der Schiedsgerichte auf Grund öffentlich-rechtlicher Verträge des Bundes, seiner Anstalten und Betriebe;

h. der Instanzen oder Organisationen ausserhalb der Bundesverwaltung, die in Erfüllung ihnen übertragener öffentlich-rechtlicher Aufgaben des Bundes verfügen;

i. kantonaler Instanzen, soweit ein Bundesgesetz gegen ihre Verfügungen die Beschwerde an das Bundesverwaltungsgericht vorsieht.

Art. 34 Krankenversicherung   **Rz. 1.23, 1.39, 1.46**

Das Bundesverwaltungsgericht beurteilt Beschwerden gegen Beschlüsse der Kantonsregierungen nach den Artikeln 39, 45, 46 Absatz 4, 47, 48 Absätze 1–3, 49 Absatz 7, 51, 54, 55 und 55a des Bundesgesetzes vom 18. März 1994[14] über die Krankenversicherung.

2. Abschnitt: Erste Instanz

Art. 35 Grundsatz   **Rz. 1.40, 4.7. 5.2 ff.**

Das Bundesverwaltungsgericht beurteilt auf Klage als erste Instanz:

a. Streitigkeiten aus öffentlich-rechtlichen Verträgen des Bundes, seiner Anstalten und Betriebe und der Organisationen im Sinne von Artikel 33 Buchstabe h;

b. Streitigkeiten über Empfehlungen des Datenschutzbeauftragten im Privatrechtsbereich (Art. 29 Abs. 4 des BG vom 19. Juni 1992[15] über den Datenschutz);

c. Streitigkeiten zwischen Bund und Nationalbank betreffend die Vereinbarungen über Bankdienstleistungen und die Vereinbarung über die Gewinnausschüttung.

Art. 36 Ausnahme   **Rz. 5.2**

Die Klage ist unzulässig, wenn ein anderes Bundesgesetz die Erledigung des Streites einer in Artikel 33 erwähnten Behörde überträgt.

---

13 SR **956.1;** BBl **2007** 4625
14 SR **832.10**
15 SR **235.1**

3. Kapitel: Verfahren

1. Abschnitt: Allgemeine Bestimmungen

Art. 37 Grundsatz   Rz. 1.4, 4.5, 5.13

Das Verfahren vor dem Bundesverwaltungsgericht richtet sich nach dem VwVG[16], soweit dieses Gesetz nichts anderes bestimmt.

Art. 38 Ausstand   Rz. 1.10, 3.58, 3.64, 5.56

Die Bestimmungen des Bundesgerichtsgesetzes vom 17. Juni 2005[17] über den Ausstand gelten im Verfahren vor dem Bundesverwaltungsgericht sinngemäss.

Art. 39 Instruktionsrichter oder Instruktionsrichterin   Rz. 3.55 f., 3.127, 3.139,
                                                              4.34, 4.90 f., 5.11

[1] Der Präsident oder die Präsidentin der Abteilung leitet als Instruktionsrichter beziehungsweise Instruktionsrichterin das Verfahren bis zum Entscheid; er oder sie kann einen anderen Richter oder eine andere Richterin mit dieser Aufgabe betrauen.

[2] Er oder sie zieht zu Zeugeneinvernahmen, Augenschein und Parteiverhör einen zweiten Richter oder eine zweite Richterin bei.

[3] Die Verfügungen des Instruktionsrichters oder der Instruktionsrichterin unterliegen innerhalb des Bundesverwaltungsgerichts keiner Beschwerde.

Art. 40 Parteiverhandlung   Rz. 3.161, 3.175 f.

[1] Soweit zivilrechtliche Ansprüche oder strafrechtliche Anklagen im Sinne von Artikel 6 Absatz 1 der Europäischen Menschenrechtskonvention vom 4. November 1950[18] zu beurteilen sind, ordnet der Instruktionsrichter beziehungsweise die Instruktionsrichterin eine öffentliche Parteiverhandlung an, wenn:

a. eine Partei es verlangt; oder
b. gewichtige öffentliche Interessen es rechtfertigen.[19]

[2] Auf Anordnung des Abteilungspräsidenten beziehungsweise der Abteilungspräsidentin oder des Einzelrichters beziehungsweise der Einzelrichterin kann eine öffentliche Parteiverhandlung auch in anderen Fällen durchgeführt werden.

[3] Ist eine Gefährdung der Sicherheit, der öffentlichen Ordnung oder der Sittlichkeit zu befürchten oder rechtfertigt es das Interesse einer beteiligten Person, so kann die Öffentlichkeit ganz oder teilweise ausgeschlossen werden.

---

16 SR **172.021**
17 SR **173.110**
18 SR **0.101**
19 In der französischen Fassung weist dieser Abs. keine Bst. auf.

Art. 41 Beratung   Rz. 3.159 f.

¹ Das Bundesverwaltungsgericht entscheidet in der Regel auf dem Weg der Akten-zirkulation.

² Es berät den Entscheid mündlich:

a. wenn der Abteilungspräsident beziehungsweise die Abteilungspräsidentin dies anordnet oder ein Richter beziehungsweise eine Richterin es verlangt;

b. wenn eine Abteilung in Fünferbesetzung entscheidet und sich keine Einstimmig-keit ergibt.

³ In den Fällen von Absatz 2 Buchstabe b ist die mündliche Beratung öffentlich, wenn der Abteilungspräsident beziehungsweise die Abteilungspräsidentin dies an-ordnet oder ein Richter beziehungsweise eine Richterin es verlangt.

Art. 42 Urteilsverkündung   Rz. 3.179

Das Bundesverwaltungsgericht legt das Dispositiv seiner Entscheide während 30 Tagen nach deren Eröffnung öffentlich auf.

Art. 43 Mangelhafte Vollstreckung   Rz. 1.31

Wegen mangelhafter Vollstreckung von Entscheiden des Bundesverwaltungsge-richts, die nicht zur Zahlung einer Geldsumme oder zur Sicherheitsleistung in Geld verpflichten, kann beim Bundesrat Beschwerde erhoben werden. Der Bundesrat trifft die erforderlichen Massnahmen.

2. Abschnitt: Besondere Bestimmungen für das Klageverfahren

Art. 44   Rz. 1.4, 3.124, 4.7, 5.6 ff.

¹ Entscheidet das Bundesverwaltungsgericht als erste Instanz, so richtet sich das Verfahren nach den Artikeln 3–73 und 79–85 des Bundesgesetzes vom 4. Dezem-ber 1947[20] über den Bundeszivilprozess.

² Das Bundesverwaltungsgericht stellt den Sachverhalt von Amtes wegen fest.

4. Kapitel: Revision, Erläuterung und Berichtigung

1. Abschnitt: Revision

Art. 45 Grundsatz   Rz. 4.8, 5.40, 5.67

Für die Revision von Entscheiden des Bundesverwaltungsgerichts gelten die Arti-kel 121–128 des Bundesgerichtsgesetzes vom 17. Juni 2005[21] sinngemäss.

---

20 SR **273**
21 SR **173.110**

Art. 46 Verhältnis zur Beschwerde   **Rz. 5.42**

Nicht als Revisionsgründe gelten Gründe, welche die Partei, die um Revision nachsucht, bereits mit einer Beschwerde gegen den Entscheid des Bundesverwaltungsgerichts hätte geltend machen können.

Art. 47 Revisionsgesuch   **Rz. 5.66**

Auf Inhalt, Form, Verbesserung und Ergänzung des Revisionsgesuchs findet Artikel 67 Absatz 3 VwVG[22] Anwendung.

2. Abschnitt: Erläuterung und Berichtigung

Art. 48   **Rz. 5.80, 5.83**

[1] Für die Erläuterung und die Berichtigung von Entscheiden des Bundesverwaltungsgerichts gilt Artikel 129 des Bundesgerichtsgesetzes vom 17. Juni 2005[23] sinngemäss.

[2] Erläutert oder berichtigt das Bundesverwaltungsgericht seinen Entscheid, so beginnt eine allfällige Rechtsmittelfrist neu zu laufen.

5. Kapitel: Schlussbestimmungen

Art. 49 Änderung bisherigen Rechts

[1] Die Änderung bisherigen Rechts wird im Anhang geregelt.

[2] Die Bundesversammlung kann diesem Gesetz widersprechende, aber formell nicht geänderte Bestimmungen in Bundesgesetzen durch eine Verordnung anpassen.

Art. 50 Koordination mit dem Zollgesetz vom 18. März 2005[24]
             (neues Zollgesetz)

Unabhängig davon, ob das neue Zollgesetz vom 18. März 2005 oder das vorliegende Gesetz (VGG) zuerst in Kraft tritt, wird mit Inkrafttreten des später in Kraft tretenden Gesetzes sowie bei gleichzeitigem Inkrafttreten Ziffer 50 des Anhangs des vorliegenden Gesetzes gegenstandslos und Artikel 116 des neuen Zollgesetzes lautet wie folgt:

Art. 116

...

---

22 SR **172.021**
23 SR **173.110**
24 SR **631.0**. Die hiernach aufgeführte Änd. ist eingefügt im genannten BG.

Art. 51 Koordination mit dem Bundesbeschluss vom 17. Dezember 2004[25]
über die Genehmigung und die Umsetzung der bilateralen
Abkommen zwischen der Schweiz und der EU über die Assoziierung
an Schengen und Dublin, Artikel 3 Ziffer 7
(Art. 182 Abs. 2 des BG vom 14. Dez. 1990[26] über die direkte
Bundessteuer, DBG)

Unabhängig davon, ob der Bundesbeschluss vom 17. Dezember 2004 über die Ge-
nehmigung und die Umsetzung der bilateralen Abkommen zwischen der Schweiz
und der EU über die Assoziierung an Schengen und Dublin oder das vorliegende Ge-
setz (VGG) zuerst in Kraft tritt, lautet mit Inkrafttreten des später in Kraft tretenden
Erlasses sowie bei gleichzeitigem Inkrafttreten Artikel 182 Absatz 2 DBG wie folgt:

Art. 182 Abs. 2

[2] Gegen letztinstanzliche kantonale Entscheide kann beim Bundesgericht nach Massgabe des
Bundesgerichtsgesetzes vom 17. Juni 2005[27] Beschwerde in öffentlich-rechtlichen Angelegenheiten geführt werden. Die Strafgerichtsbarkeit ist ausgeschlossen.

Art. 52 Koordination mit dem Versicherungsaufsichtsgesetz
vom 17. Dezember 2004[28] (neues VAG)

Unabhängig davon, ob das neue VAG vom 17. Dezember 2004 oder das vorliegende
Gesetz (VGG) zuerst in Kraft tritt, wird mit Inkrafttreten des später in Kraft tretenden
Gesetzes sowie bei gleichzeitigem Inkrafttreten Ziffer 147 des Anhangs des vorliegen-
den Gesetzes gegenstandslos und Artikel 83 des neuen VAG lautet wie folgt:

Art. 83

...

Art. 53 Übergangsbestimmungen   **Rz. 2.60**

[1] Das Beschwerdeverfahren gegen Entscheide, die vor dem Inkrafttreten dieses Gesetzes ergangen sind und bisher beim Bundesgericht oder beim Bundesrat anfechtbar waren, richtet sich nach dem bisherigen Recht.

[2] Das Bundesverwaltungsgericht übernimmt, sofern es zuständig ist, die Beurtei-
lung der beim Inkrafttreten dieses Gesetzes bei Eidgenössischen Rekurs- oder
Schiedskommissionen oder bei Beschwerdediensten der Departemente hängigen
Rechtsmittel. Die Beurteilung erfolgt nach neuem Verfahrensrecht.

---

25 BBl **2004** 7149
26 SR **642.11**
27 SR **173.110**
28 SR **961.01**. Die hiernach aufgeführte Änd. ist eingefügt im genannten Erlass.

Art. 54 Referendum und Inkrafttreten

[1] Dieses Gesetz untersteht dem fakultativen Referendum.

[2] Der Bundesrat bestimmt das Inkrafttreten.

Datum des Inkrafttretens: 1. Januar 2007[29]

---

29 Art. 1 Bst. b der V vom 1. März 2006 (AS **2006** 1069).

II. Bundesgesetz über das Verwaltungsverfahren

172.021

vom 20. Dezember 1968 (Stand am 1. Mai 2007)

Die Bundesversammlung der Schweizerischen Eidgenossenschaft,

gestützt auf Artikel 103 der Bundesverfassung[1],[2]
nach Einsicht in eine Botschaft des Bundesrates vom 24. September 1965[3],

beschliesst:

Erster Abschnitt: Geltungsbereich und Begriffe

Art. 1   Rz. 2.12, 2.22, 4.48

A. Geltungs-
bereich
I. Grundsatz

[1] Dieses Gesetz findet Anwendung auf das Verfahren in Verwaltungssachen, die durch Verfügungen von Bundesverwaltungsbehörden in erster Instanz oder auf Beschwerde zu erledigen sind.

[2] Als Behörden im Sinne von Absatz 1 gelten:

a.[4]   der Bundesrat, seine Departemente, die Bundeskanzlei und die ihnen unterstellten Dienstabteilungen, Betriebe, Anstalten und anderen Amtsstellen der Bundesverwaltung;

b.[5]   Organe der Bundesversammlung und der eidgenössischen Gerichte für erstinstanzliche Verfügungen und Beschwerdeentscheide nach Beamtengesetz vom 30. Juni 1927[6];

c.   die autonomen eidgenössischen Anstalten oder Betriebe;

c^bis.[7]   das Bundesverwaltungsgericht;

d.   die eidgenössischen Kommissionen;

e.   andere Instanzen oder Organisationen ausserhalb der Bundesverwaltung, soweit sie in Erfüllung ihnen übertragener öffentlich-rechtlicher Aufgaben des Bundes verfügen.

---

1   [BS **1** 3]. Dieser Bestimmung entsprechen die Art. 177 Abs. 3 und 187 Abs. 1 Bst. d der BV vom 18. April 1999 (SR **101)**.

2   Fassung gemäss Anhang Ziff. 2 des BG vom 6. Okt. 2000 über den Allgemeinen Teil des Sozialversicherungsrechts, in Kraft seit 1. Jan. 2003 (SR **830.1)**.

3   BBl **1965** II 1348

4   Fassung gemäss Ziff. II des BG vom 28. Juni 1972 betreffend Änderung des BG über das Dienstverhältnis der Bundesbeamten, in Kraft seit 1. Jan. 1973 (AS **1972** 2435; BBl **1971** II 1914).

5   Fassung gemäss Anhang Ziff. 4 des BG vom 8. Okt. 1999, in Kraft seit 1. Jan. 2000 (AS **2000** 273 277; BBl **1999** 4809 5979).

6   SR **172.221.10.** Heute: das Bundespersonalgesetz vom 24. März 2000 (SR **172.220.1)**.

7   Eingefügt durch Anhang Ziff. 10 des Verwaltungsgerichtsgesetzes vom 17. Juni 2005, in Kraft seit 1. Jan. 2007 (SR **173.32)**.

³ Auf das Verfahren letzter kantonaler Instanzen, die gestützt auf öffentliches Recht des Bundes nicht endgültig verfügen, finden lediglich Anwendung die Artikel 34–38 und 61 Absätze 2 und 3 über die Eröffnung von Verfügungen und Artikel 55 Absätze 2 und 4 über den Entzug der aufschiebenden Wirkung. Vorbehalten bleibt Artikel 97 des Bundesgesetzes vom 20. Dezember 1946[8] über die Alters- und Hinterlassenenversicherung betreffend den Entzug der aufschiebenden Wirkung von Beschwerden gegen Verfügungen der Ausgleichskassen.[9, 10]

| Art. 2 | Rz. 1.4, 3.83, 3.129 |

II. Ausnahmen
1. Teilweise Anwendbarkeit

¹ Auf das Steuerverfahren finden die Artikel 12–19 und 30–33 keine Anwendung.

² Auf das Verfahren der Abnahme von Berufs-, Fach- und anderen Fähigkeitsprüfungen finden die Artikel 4–6, 10, 34, 35, 37 und 38 Anwendung.

³ Auf das Verfahren der Schätzungskommissionen für die Enteignung finden die Artikel 20–24 Anwendung.

⁴ Das Verfahren vor dem Bundesverwaltungsgericht richtet sich nach diesem Gesetz, soweit das Verwaltungsgerichtsgesetz vom 17. Juni 2005[11] nicht davon abweicht.[12]

| Art. 3 | Rz. 1.5 |

2. Unanwendbarkeit

Dieses Gesetz findet keine Anwendung auf:

a. das Verfahren von Behörden im Sinne von Artikel 1 Absatz 2 Buchstabe *e*, soweit gegen ihre Verfügungen die Beschwerde unmittelbar an eine Bundesbehörde unzulässig ist;

b. das erstinstanzliche Verfahren der erstmaligen Begründung des Dienstverhältnisses von Bundespersonal, der Beförderung von Bundespersonal, der dienstlichen Anordnungen an das Bundespersonal[13] und das Verfahren der Ermächtigung zur Strafverfolgung gegen Bundespersonal;

c. das erstinstanzliche Verwaltungsstrafverfahren und das gerichtspolizeiliche Ermittlungsverfahren;

---

8 SR **831.10**

9 Fassung des Satzes gemäss Anhang Ziff. 2 des BG vom 6. Okt. 2000 über den Allgemeinen Teil des Sozialversicherungsrechts, in Kraft seit 1. Jan. 2003 (SR **830.1**).

10 Fassung gemäss Ziff. II 7 des BG vom 24. Juni 1977 (9. AHV-Revision), in Kraft seit 1. Jan. 1979 (AS **1978** 391 419; BBl **1976** III 1).

11 SR 173.32

12 Eingefügt durch Anhang Ziff. 10 des Verwaltungsgerichtsgesetzes vom 17. Juni 2005, in Kraft seit 1. Jan. 2007 (SR **173.32**).

13 Satzteil gemäss Ziff. 2 des Anhangs zum BG vom 19. Dez. 1986, in Kraft seit 1. Juli 1987 (AS **1987** 932 939; BBl **1986** II 313).

d.[14] das Verfahren der Militärstrafrechtspflege einschliesslich der Militär-disziplinarrechtspflege, das Verfahren in militärischen Kommandosachen nach Artikel 37 sowie Verfahren nach den Artikeln 38 und 39 des Militärgesetzes vom 3. Februar 1995[15],[16] ...[17];

d[bis].[18] das Verfahren in Sozialversicherungssachen, soweit das Bundesgesetz vom 6. Oktober 2000[27] über den Allgemeinen Teil des Sozialversicherungsrechts anwendbar ist;

e.[19] das Verfahren der Zollveranlagung;

e[bis]. ...[20]

f.   das erstinstanzliche Verfahren in anderen Verwaltungssachen, wenn deren Natur die Erledigung auf der Stelle durch sofort vollstreckbare Verfügung erfordert.

Art. 4	Rz. 3.17

III. Ergänzende Bestimmungen

Bestimmungen des Bundesrechts, die ein Verfahren eingehender regeln, finden Anwendung, soweit sie den Bestimmungen dieses Gesetzes nicht widersprechen.

Art. 5	Rz. 1.21, 1.23, 2.3 ff., 4.62

B. Begriffe
I. Verfügungen

[1] Als Verfügungen gelten Anordnungen der Behörden im Einzelfall, die sich auf öffentliches Recht des Bundes stützen und zum Gegenstand haben:

a. Begründung, Änderung oder Aufhebung von Rechten oder Pflichten;

b. Feststellung des Bestehens, Nichtbestehens oder Umfanges von Rechten oder Pflichten;

c. Abweisung von Begehren auf Begründung, Änderung, Aufhebung oder Feststellung von Rechten oder Pflichten, oder Nichteintreten auf solche Begehren.

[2] Als Verfügungen gelten auch Vollstreckungsverfügungen (Art. 41 Abs. 1 Bst. a und b), Zwischenverfügungen (Art. 45 und 46), Einspracheentscheide

---

14 Fassung gemäss Ziff. 1 des Anhangs zum BG vom 22. Juni 1990, in Kraft seit 1. Jan. 1991 (AS **1990** 1882 1892; BBl **1989** II 1194).

15 SR **510.10**

16 Fassung gemäss Anhang Ziff. 1 des Militärgesetzes vom 3. Febr. 1995, in Kraft seit 1. Januar 1996 (SR **510.10)**.

17 Drittes Lemma aufgehoben durch Anhang Ziff. 1 des BG vom 4. Okt. 2002, mit Wirkung seit 1. Jan. 2004 (AS **2003** 3957 3969; BBl **2002** 858).

18 Eingefügt durch Anhang Ziff. 2 des BG vom 6. Okt. 2000 über den Allgemeinen Teil des Sozialversicherungsrechts, in Kraft seit 1. Jan. 2003 (SR **830.1)**.

19 Fassung gemäss Anhang Ziff. 1 des Zollgesetzes vom 18. März 2005, in Kraft seit 1. Mai 2007 (SR **631.0)**.

20 Eingefügt durch Art. 26 des BB vom 7. Okt. 1983 über die unabhängige Beschwerdeinstanz für Radio und Fernsehen [AS **1984** 153]. Aufgehoben durch Anhang Ziff. II 1 des BG vom 24. März 2006 über Radio und Fernsehen, mit Wirkung seit 1. April 2007 (SR **784.40)**.

(Art. 30 Abs. 2 Bst. b und 74), Beschwerdeentscheide (Art. 61), Entscheide im Rahmen einer Revision (Art. 68) und die Erläuterung (Art. 69).[21]

[3] Erklärungen von Behörden über Ablehnung oder Erhebung von Ansprüchen, die auf dem Klageweg zu verfolgen sind, gelten nicht als Verfügungen.

Art. 6   Rz. 2.80, 4.41

II. Parteien

Als Parteien gelten Personen, deren Rechte oder Pflichten die Verfügung berühren soll, und andere Personen, Organisationen oder Behörden, denen ein Rechtsmittel gegen die Verfügung zusteht.

Zweiter Abschnitt: Allgemeine Verfahrensgrundsätze

Art. 7   Rz. 1.32, 3.9

A. Zuständigkeit
I. Prüfung

[1] Die Behörde prüft ihre Zuständigkeit von Amtes wegen.

[2] Die Begründung einer Zuständigkeit durch Einverständnis zwischen Behörde und Partei ist ausgeschlossen.

Art. 8   Rz. 1.32, 2.134, 3.10 f.

II. Überweisung und Meinungsaustausch

[1] Die Behörde, die sich als unzuständig erachtet, überweist die Sache ohne Verzug der zuständigen Behörde.

[2] Erachtet die Behörde ihre Zuständigkeit als zweifelhaft, so pflegt sie darüber ohne Verzug einen Meinungsaustausch mit der Behörde, deren Zuständigkeit in Frage kommt.

Art. 9   Rz. 1.32, 2.2, 3.10, 3.12

III. Streitigkeiten

[1] Die Behörde, die sich als zuständig erachtet, stellt dies durch Verfügung fest, wenn eine Partei die Zuständigkeit bestreitet.

[2] Die Behörde, die sich als unzuständig erachtet, tritt durch Verfügung auf die Sache nicht ein, wenn eine Partei die Zuständigkeit behauptet.

[3] Kompetenzkonflikte zwischen Behörden, ausgenommen Kompetenzkonflikte mit dem Bundesgericht, dem Bundesverwaltungsgericht oder mit kantonalen Behörden, beurteilt die gemeinsame Aufsichtsbehörde oder, wenn eine solche fehlt, der Bundesrat.[22]

---

21 Fassung gemäss Anhang Ziff. 10 des Verwaltungsgerichtsgesetzes vom 17. Juni 2005, in Kraft seit 1. Jan. 2007 (SR **173.32**).

22 Fassung gemäss Anhang Ziff. 10 des Verwaltungsgerichtsgesetzes vom 17. Juni 2005, in Kraft seit 1. Jan. 2007 (SR **173.32**).

Art. 10   **Rz. 2.25, 3.58**

B. Ausstand ^{1} Personen, die eine Verfügung zu treffen oder diese vorzubereiten haben, treten in Ausstand, wenn sie:

a.   in der Sache ein persönliches Interesse haben;

b.^{23} mit einer Partei durch Ehe oder eingetragene Partnerschaft verbunden sind oder mit ihr eine faktische Lebensgemeinschaft führen;

b^{bis}.^{24} mit einer Partei in gerader Linie oder bis zum dritten Grade in der Seitenlinie verwandt oder verschwägert sind;

c.   Vertreter einer Partei sind oder für eine Partei in der gleichen Sache tätig waren;

d.   aus anderen Gründen in der Sache befangen sein könnten.

^{2} Ist der Ausstand streitig, so entscheidet darüber die Aufsichtsbehörde oder, wenn es sich um den Ausstand eines Mitgliedes einer Kollegialbehörde handelt, diese Behörde unter Ausschluss des betreffenden Mitgliedes.

Art. 11   **Rz. 2.232, 3.4 f., 3.13**

C. Vertretung und Verbeiständung
I. Im Allgemeinen ^{1} Auf jeder Stufe des Verfahrens kann die Partei sich, wenn sie nicht persönlich zu handeln hat, vertreten oder, soweit die Dringlichkeit einer amtlichen Untersuchung es nicht ausschliesst, verbeiständen lassen.^{25}

^{2} Die Behörde kann den Vertreter auffordern, sich durch schriftliche Vollmacht auszuweisen.

^{3} Solange die Partei die Vollmacht nicht widerruft, macht die Behörde ihre Mitteilungen an den Vertreter.

Art. 11a^{26}   **Rz. 3.3, 3.13**

II. Obligatorische Vertretung ^{1} Treten in einer Sache mehr als 20 Parteien mit kollektiven oder individuellen Eingaben auf, um gleiche Interessen wahrzunehmen, so kann die Behörde verlangen, dass sie für das Verfahren einen oder mehrere Vertreter bestellen.

^{2} Kommen sie dieser Aufforderung nicht innert angemessener Frist nach, so bezeichnet die Behörde einen oder mehrere Vertreter.

^{3} Die Bestimmungen über die Parteientschädigung im Beschwerdeverfahren sind auf die Kosten der Vertretung sinngemäss anwendbar. Die Partei, gegen

---

23 Fassung gemäss Anhang Ziff. 5 des Partnerschaftsgesetzes vom 18. Juni 2004, in Kraft seit 1. Jan. 2007 (SR **211.231**).
24 Eingefügt durch Anhang Ziff. 5 des Partnerschaftsgesetzes vom 18. Juni 2004, in Kraft seit 1. Jan. 2007 (SR **211.231**).
25 Fassung gemäss Anhang Ziff. 10 des Verwaltungsgerichtsgesetzes vom 17. Juni 2005, in Kraft seit 1. Jan. 2007 (SR **173.32**).
26 Eingefügt durch Anhang Ziff. 3 des BG vom 4. Okt. 1991, in Kraft seit 15. Febr. 1992 (AS **1992** 288 337 Art. 2 Abs. 1 Bst. b; BBl **1991** II 465).

deren Vorhaben sich die Eingaben richten, hat auf Anordnung der Behörde die Kosten der amtlichen Vertretung vorzuschiessen.

Art. 11b[27]   **Rz. 2.27, 2.113, 2.230, 3.13**

III. Zustellungsdomizil

[1] Parteien, die in einem Verfahren Begehren stellen, haben der Behörde ihren Wohnsitz oder Sitz anzugeben. Wenn sie im Ausland wohnen, haben sie in der Schweiz ein Zustellungsdomizil zu bezeichnen, es sei denn, das Völkerrecht gestatte der Behörde, Mitteilungen im betreffenden Staat durch die Post zuzustellen.

[2] Die Parteien können überdies eine elektronische Zustelladresse angeben und ihr Einverständnis erklären, dass Zustellungen auf dem elektronischen Weg erfolgen. Der Bundesrat kann vorsehen, dass für elektronische Zustellungen weitere Angaben der Parteien notwendig sind.

Art. 12   **Rz. 1.49, 3.117, 3.119, 3.124,**
                                               3.130 ff.

D. Feststellung des Sachverhaltes

I. Grundsatz

Die Behörde stellt den Sachverhalt von Amtes wegen fest und bedient sich nötigenfalls folgender Beweismittel:

a. Urkunden;
b. Auskünfte der Parteien;
c. Auskünfte oder Zeugnis von Drittpersonen;
d. Augenschein;
e. Gutachten von Sachverständigen.

Art. 13   **Rz. 1.49, 1.51, 2.220, 3.120 ff., 4.52**

II. Mitwirkung der Parteien

[1] Die Parteien sind verpflichtet, an der Feststellung des Sachverhaltes mitzuwirken:

a. in einem Verfahren, das sie durch ihr Begehren einleiten;
b. in einem anderen Verfahren, soweit sie darin selbständige Begehren stellen;
c. soweit ihnen nach einem anderen Bundesgesetz eine weitergehende Auskunfts- oder Offenbarungspflicht obliegt.

[2] Die Behörde braucht auf Begehren im Sinne von Absatz 1 Buchstabe *a* oder *b* nicht einzutreten, wenn die Parteien die notwendige und zumutbare Mitwirkung verweigern.

---

27 Eingefügt durch Anhang Ziff. 10 des Verwaltungsgerichtsgesetzes vom 17. Juni 2005, in Kraft seit 1. Jan. 2007 (SR **173.32**).

Art. 14   Rz. 3.126, 3.129 f.

III. Zeugen-
einvernahme
1. Zuständig-
keit

¹ Lässt sich ein Sachverhalt auf andere Weise nicht hinreichend abklären, so können folgende Behörden die Einvernahme von Zeugen anordnen:

a. der Bundesrat und seine Departemente;
b. das Bundesamt für Justiz²⁸ des Eidgenössischen Justiz- und Polizeidepartements;
c.²⁹ das Bundesverwaltungsgericht;
d.³⁰ die Wettbewerbsbehörden im Sinne des Kartellgesetzes vom 6. Oktober 1995³¹.

² Die Behörden im Sinne von Absatz 1 Buchstaben a, b und d beauftragen mit der Zeugeneinvernahme einen dafür geeigneten Beamten.³²

³ Die Behörden im Sinne von Absatz 1 Buchstabe *a* können Personen ausserhalb einer Behörde, die mit einer amtlichen Untersuchung beauftragt sind, zur Zeugeneinvernahme ermächtigen.

Art. 15

2. Zeugnis-
pflicht

Jedermann ist zur Ablegung des Zeugnisses verpflichtet.

Art. 16   Rz. 3.128

3. Zeugnis-
verweige-
rungsrecht

¹ Das Recht der Zeugnisverweigerung bestimmt sich nach Artikel 42 Absätze 1 und 3 des Bundesgesetzes vom 4. Dezember 1974³³ über den Bundeszivilprozesses (BZP).

¹ᵇⁱˢ Der Mediator ist berechtigt, über Tatsachen, die er bei seiner Tätigkeit nach Artikel 33*b* wahrgenommen hat, das Zeugnis zu verweigern.³⁴

² Der Träger eines Berufs- oder Geschäftsgeheimnisses im Sinne von Artikel 42 Absatz 2 BZP kann das Zeugnis verweigern, soweit ihn nicht ein anderes Bundesgesetz zum Zeugnis verpflichtet.

³ ...³⁵

---

28 Bezeichnung gemäss nicht veröffentlichtem BRB vom 19. Dez. 1997.
29 Fassung gemäss Anhang Ziff. 10 des Verwaltungsgerichtsgesetzes vom 17. Juni 2005, in Kraft seit 1. Jan. 2007 (SR **173.32**).
30 Eingefügt durch Anhang Ziff. 2 des Kartellgesetzes vom 6. Okt. 1995, in Kraft seit 1. Juli 1996 (SR **251**).
31 SR **251**
32 Fassung gemäss Anhang Ziff. 2 des Kartellgesetzes vom 6. Okt. 1995, in Kraft seit 1. Juli 1996 (SR **251**).
33 SR **273**
34 Eingefügt durch Anhang Ziff. 10 des Verwaltungsgerichtsgesetzes vom 17. Juni 2005, in Kraft seit 1. Jan. 2007 (SR **173.32**).
35 Aufgehoben durch Ziff. I 1 des BG vom 23. Juni 2000 über die Anpassung der Bundesgesetzgebung an die Gewährleistung des Redaktionsgeheimnisses (AS **2001** 118; BBl **1999** 7966).

Art. 17

4. Andere
Verpflichtun-
gen von
Zeugen

Wer als Zeuge einvernommen werden kann, hat auch an der Erhebung anderer Beweise mitzuwirken; er hat insbesondere die in seinen Händen befindlichen Urkunden vorzulegen.

Art. 18   Rz. 3.127, 3.132

5. Rechte
der Parteien

[1] Die Parteien haben Anspruch darauf, den Zeugeneinvernahmen beizuwohnen und Ergänzungsfragen zu stellen.

[2] Zur Wahrung wesentlicher öffentlicher oder privater Interessen kann die Zeugeneinvernahme in Abwesenheit der Parteien erfolgen und diesen die Einsicht in die Einvernahmeprotokolle verweigert werden.

[3] Wird ihnen die Einsicht in die Einvernahmeprotokolle verweigert, so findet Artikel 28 Anwendung.

Art. 19   Rz. 3.82, 3.117, 3.123 f., 3.135, 3.140

IV. Ergän-
zende
Bestimmun-
gen

Auf das Beweisverfahren finden ergänzend die Artikel 37, 39–41 und 43–61 BZP[36] sinngemäss Anwendung; an die Stelle der Straffolgen, die die BZP gegen säumige Parteien oder Dritte vorsieht, tritt die Straffolge nach Artikel 60 dieses Gesetzes.

Art. 20   Rz. 2.108 f., 2.115, 2.125, 2.130, 4.28 f.

E. Fristen
I. Berech-
nung

[1] Berechnet sich eine Frist nach Tagen und bedarf sie der Mitteilung an die Parteien, so beginnt sie an dem auf ihre Mitteilung folgenden Tage zu laufen.

[2] Bedarf sie nicht der Mitteilung an die Parteien, so beginnt sie an dem auf ihre Auslösung folgenden Tage zu laufen.

[2bis] Eine Mitteilung, die nur gegen Unterschrift des Adressaten oder einer anderen berechtigten Person überbracht wird, gilt spätestens am siebenten Tag nach dem ersten erfolglosen Zustellungsversuch als erfolgt.[37]

[3] Ist der letzte Tag der Frist ein Samstag, ein Sonntag oder ein vom Bundesrecht oder vom kantonalen Recht anerkannter Feiertag, so endet sie am nächstfolgenden Werktag. Massgebend ist das Recht des Kantons, in dem die Partei oder ihr Vertreter Wohnsitz oder Sitz hat.[38]

---

36 SR **273**
37 Eingefügt durch Anhang Ziff. 10 des Verwaltungsgerichtsgesetzes vom 17. Juni 2005, in Kraft seit 1. Jan. 2007 (SR **173.32**).
38 Fassung gemäss Anhang Ziff. 10 des Verwaltungsgerichtsgesetzes vom 17. Juni 2005, in Kraft seit 1. Jan. 2007 (SR **173.32**).

Art. 21 Rz. 2.128 f., 2.134 f., 4.36

II. Einhaltung
1. Im
Allgemeinen

¹ Schriftliche Eingaben müssen spätestens am letzten Tage der Frist der Behörde eingereicht oder zu deren Handen der schweizerischen Post³⁹ oder einer schweizerischen diplomatischen oder konsularischen Vertretung übergeben werden.

¹ᵇⁱˢ Schriftliche Eingaben an das Eidgenössische Institut für geistiges Eigentum⁴⁰ können nicht gültig bei einer schweizerischen diplomatischen oder konsularischen Vertretung vorgenommen werden.⁴¹

² Gelangt die Partei rechtzeitig an eine unzuständige Behörde, so gilt die Frist als gewahrt.

³ Die Frist für die Zahlung eines Vorschusses ist gewahrt, wenn der Betrag rechtzeitig zu Gunsten der Behörde der Schweizerischen Post übergeben oder einem Post- oder Bankkonto in der Schweiz belastet worden ist.⁴²

Art. 21a⁴³ Rz. 2.133, 2.230

2. Bei
elektroni-
scher Zustel-
lung

¹ Eingaben können der Behörde elektronisch, unter Benützung des vom Bundesrat vorgeschriebenen Formats, übermittelt werden.

² Die ganze Sendung ist von der Partei oder ihrem Vertreter mit einer anerkannten elektronischen Signatur zu versehen; wo das Bundesrecht es verlangt, sind zudem einzelne Dokumente auf die gleiche Art zu unterzeichnen.

³ Die Frist gilt als gewahrt, wenn das Informatiksystem, welchem die elektronische Zustelladresse der Behörde angehört, vor ihrem Ablauf den Empfang bestätigt hat.

Art. 22 Rz. 2.136 ff., 2.241, 4.30

III. Erstre-
ckung

¹ Eine gesetzliche Frist kann nicht erstreckt werden.

² Eine behördlich angesetzte Frist kann aus zureichenden Gründen erstreckt werden, wenn die Partei vor Ablauf der Frist darum nachsucht.

Art. 22a⁴⁴ Rz. 2.120 ff., 3.39, 4.28

IIIa. Stillstand
der Fristen

¹ Gesetzliche oder behördliche Fristen, die nach Tagen bestimmt sind, stehen still:

---

39 Heute: der Schweizerischen Post (Post)

40 Bezeichnung gemäss nicht veröffentlichtem BRB vom 19. Dez. 1997. Diese Änd. ist im ganzen Erlass berücksichtigt.

41 Eingefügt durch Ziff. II des BG vom 17. Dez. 1976 über die Änderung des BG betreffend die Erfindungspatente, in Kraft seit 1. Jan. 1978 (AS **1977** 1997 2026; BBl **1976** II 1).

42 Eingefügt durch Anhang Ziff. 10 des Verwaltungsgerichtsgesetzes vom 17. Juni 2005, in Kraft seit 1. Jan. 2007 (SR **173.32**).

43 Eingefügt durch Anhang Ziff. 10 des Verwaltungsgerichtsgesetzes vom 17. Juni 2005, in Kraft seit 1. Jan. 2007 (SR **173.32**).

44 Eingefügt durch Anhang Ziff. 3 des BG vom 4. Okt. 1991, in Kraft seit 15. Febr. 1992 (AS **1992** 288 337 Art. 2 Abs. 1 Bst. b; BBl **1991** II 465).

a. vom siebten Tag vor Ostern bis und mit dem siebten Tag nach Ostern;
b. vom 15. Juli bis und mit 15. August;
c.[45] vom 18. Dezember bis und mit dem 2. Januar.

[2] Absatz 1 gilt nicht in Verfahren betreffend aufschiebende Wirkung und andere vorsorgliche Massnahmen.[46]

Art. 23   Rz. 2.148

IV. Säumnis-
folgen

Die Behörde, die eine Frist ansetzt, droht gleichzeitig die Folgen der Versäumnis an; im Versäumnisfalle treten nur die angedrohten Folgen ein.

Art. 24   Rz. 2.139 ff., 2.147

V. Wieder-
herstellung

[1] Ist der Gesuchsteller oder sein Vertreter unverschuldeterweise abgehalten worden, binnen Frist zu handeln, so wird diese wieder hergestellt, sofern er unter Angabe des Grundes innert 30 Tagen nach Wegfall des Hindernisses darum ersucht und die versäumte Rechtshandlung nachholt; vorbehalten bleibt Artikel 32 Absatz 2.[47]

[2] Absatz 1 ist nicht anwendbar auf Fristen, die in Patentsachen gegenüber dem Eidgenössischen Institut für geistiges Eigentum zu wahren sind.[48]

Art. 25   Rz. 2.29 ff.

F. Feststell-
ungsverfah-
ren

[1] Die in der Sache zuständige Behörde kann über den Bestand, den Nichtbestand oder den Umfang öffentlichrechtlicher Rechte oder Pflichten von Amtes wegen oder auf Begehren eine Feststellungsverfügung treffen.

[2] Dem Begehren um eine Feststellungsverfügung ist zu entsprechen, wenn der Gesuchsteller ein schutzwürdiges Interesse nachweist.

[3] Keiner Partei dürfen daraus Nachteile erwachsen, dass sie im berechtigten Vertrauen auf eine Feststellungsverfügung gehandelt hat.

Art. 25a[49]   Rz. 2.4, 2.38 ff.

F[bis]. Ver-
fügung
über Real-
akte

[1] Wer ein schutzwürdiges Interesse hat, kann von der Behörde, die für Handlungen zuständig ist, welche sich auf öffentliches Recht des Bundes stützen und Rechte oder Pflichten berühren, verlangen, dass sie:

---

45 Fassung gemäss Anhang Ziff. 10 des Verwaltungsgerichtsgesetzes vom 17. Juni 2005, in Kraft seit 1. Jan. 2007 (SR **173.32**).
46 Eingefügt durch Anhang Ziff. 10 des Verwaltungsgerichtsgesetzes vom 17. Juni 2005, in Kraft seit 1. Jan. 2007 (SR **173.32**).
47 Fassung gemäss Anhang Ziff. 10 des Verwaltungsgerichtsgesetzes vom 17. Juni 2005, in Kraft seit 1. Jan. 2007 (SR **173.32**).
48 Eingefügt durch Ziff. II des BG vom 17. Dez. 1976 über die Änderung des BG betreffend die Erfindungspatente, in Kraft seit 1. Jan. 1978 (AS **1977** 1997 2026; BBl **1976** II 1).
49 Eingefügt durch Anhang Ziff. 10 des Verwaltungsgerichtsgesetzes vom 17. Juni 2005, in Kraft seit 1. Jan. 2007 (SR **173.32**).

a. widerrechtliche Handlungen unterlässt, einstellt oder widerruft;

b. die Folgen widerrechtlicher Handlungen beseitigt;

c. die Widerrechtlichkeit von Handlungen feststellt.

[2] Die Behörde entscheidet durch Verfügung.

Art. 26   Rz. 2.230, 3.77, 3.90 ff., 3.102

G. Akten-
einsicht
I. Grundsatz

[1] Die Partei oder ihr Vertreter hat Anspruch darauf, in ihrer Sache folgende Akten am Sitze der verfügenden oder einer durch diese zu bezeichnenden kantonalen Behörde einzusehen:

a. Eingaben von Parteien und Vernehmlassungen von Behörden;

b. alle als Beweismittel dienenden Aktenstücke;

c. Niederschriften eröffneter Verfügungen.

[1bis] Die Behörde kann die Aktenstücke auf elektronischem Weg zur Einsichtnahme zustellen, wenn die Partei oder ihr Vertreter damit einverstanden ist.[50]

[2] Die verfügende Behörde kann eine Gebühr für die Einsichtnahme in die Akten einer erledigten Sache beziehen; der Bundesrat regelt die Bemessung der Gebühr.

Art. 27   Rz. 3.90, 3.96 ff.

II. Aus-
nahmen

[1] Die Behörde darf die Einsichtnahme in die Akten nur verweigern, wenn:

a. wesentliche öffentliche Interessen des Bundes oder der Kantone, insbesondere die innere oder äussere Sicherheit der Eidgenossenschaft, die Geheimhaltung erfordern;

b. wesentliche private Interessen, insbesondere von Gegenparteien, die Geheimhaltung erfordern;

c. das Interesse einer noch nicht abgeschlossenen amtlichen Untersuchung es erfordert.

[2] Die Verweigerung der Einsichtnahme darf sich nur auf die Aktenstücke erstrecken, für die Geheimhaltungsgründe bestehen.

[3] Die Einsichtnahme in eigene Eingaben der Partei, ihre als Beweismittel eingereichten Urkunden und ihr eröffnete Verfügungen darf nicht, die Einsichtnahme in Protokolle über eigene Aussagen der Partei nur bis zum Abschluss der Untersuchung verweigert werden.

Art. 28   Rz. 3.99 ff., 3.127

III. Mass-
geblichkeit
geheimer
Akten

Wird einer Partei die Einsichtnahme in ein Aktenstück verweigert, so darf auf dieses zum Nachteil der Partei nur abgestellt werden, wenn ihr die Behörde von seinem für die Sache wesentlichen Inhalt mündlich oder schriftlich

---

50 Eingefügt durch Anhang Ziff. 10 des Verwaltungsgerichtsgesetzes vom 17. Juni 2005, in Kraft seit 1. Jan. 2007 (SR **173.32**).

Kenntnis und ihr ausserdem Gelegenheit gegeben hat, sich zu äussern und Gegenbeweismittel zu bezeichnen.

Art. 29   **Rz. 3.77, 3.83 ff.**

Die Parteien haben Anspruch auf rechtliches Gehör.

Art. 30   **Rz. 2.4**

[1] Die Behörde hört die Parteien an, bevor sie verfügt.

[2] Sie braucht die Parteien nicht anzuhören vor:

a. Zwischenverfügungen, die nicht selbständig durch Beschwerde anfechtbar sind;

b. Verfügungen, die durch Einsprache anfechtbar sind;

c. Verfügungen, in denen die Behörde den Begehren der Parteien voll entspricht;

d. Vollstreckungsverfügungen;

e. anderen Verfügungen in einem erstinstanzlichen Verfahren, wenn Gefahr im Verzuge ist, den Parteien die Beschwerde gegen die Verfügung zusteht und ihnen keine andere Bestimmung des Bundesrechts einen Anspruch auf vorgängige Anhörung gewährleistet.

Art. 30*a*[51]   **Rz. 3.88**

[1] Sind von einer Verfügung wahrscheinlich zahlreiche Personen berührt oder lassen sich die Parteien ohne unverhältnismässigen Aufwand nicht vollzählig bestimmen, so kann die Behörde vor ihrer Verfügung das Gesuch oder die beabsichtigte Verfügung ohne Begründung in einem amtlichen Blatt veröffentlichen, gleichzeitig das Gesuch oder die beabsichtigte Verfügung mit Begründung öffentlich auflegen und den Ort der Auflage bekanntmachen.

[2] Sie hört die Parteien an, indem sie ihnen eine angemessene Frist für Einwendungen setzt.

[3] Die Behörde macht in ihrer Veröffentlichung auf die Verpflichtung der Parteien aufmerksam, gegebenenfalls eine Vertretung zu bestellen und Verfahrenskosten sowie Parteientschädigung zu zahlen.

Art. 31

In einer Sache mit widerstreitenden Interessen mehrerer Parteien hört die Behörde jede Partei zu Vorbringen einer Gegenpartei an, die erheblich erscheinen und nicht ausschliesslich zugunsten der anderen lauten.

---

51 Eingefügt durch Anhang Ziff. 3 des BG vom 4. Okt. 1991, in Kraft seit 15. Febr. 1992 (AS **1992** 288 337 Art. 2 Abs. 1 Bst. b; BBl **1991** II 465).

Art. 32   Rz. 1.52, 2.147, 2.206, 2.241, 3.42, 3.77, 3.117

IV. Prüfung
der Partei-
vorbringen

¹ Die Behörde würdigt, bevor sie verfügt, alle erheblichen und rechtzeitigen Vorbringen der Parteien.

² Verspätete Parteivorbringen, die ausschlaggebend erscheinen, kann sie trotz der Verspätung berücksichtigen.

Art. 33   Rz. 3.117, 3.125, 4.26

V. Beweis-
anerbieten

¹ Die Behörde nimmt die ihr angebotenen Beweise ab, wenn diese zur Abklärung des Sachverhaltes tauglich erscheinen.

² Ist ihre Abnahme mit verhältnismässig hohen Kosten verbunden, und ist die Partei für den Fall einer ihr ungünstigen Verfügung kostenpflichtig, so kann die Behörde die Abnahme der Beweise davon abhängig machen, dass die Partei innert Frist die ihr zumutbaren Kosten vorschiesst; eine bedürftige Partei ist von der Vorschusspflicht befreit.

Art. 33a ⁵²   Rz. 2.223 ff., 2.233, 3.38, 3.188, 5.13

Hᵇⁱˢ. Verfah-
renssprache

¹ Das Verfahren wird in einer der vier Amtssprachen geführt, in der Regel in der Sprache, in der die Parteien ihre Begehren gestellt haben oder stellen würden.

² Im Beschwerdeverfahren ist die Sprache des angefochtenen Entscheids massgebend. Verwenden die Parteien eine andere Amtssprache, so kann das Verfahren in dieser Sprache geführt werden.

³ Reicht eine Partei Urkunden ein, die nicht in einer Amtssprache verfasst sind, so kann die Behörde mit dem Einverständnis der anderen Parteien darauf verzichten, eine Übersetzung zu verlangen.

⁴ Im Übrigen ordnet die Behörde eine Übersetzung an, wo dies nötig ist.

Art. 33b ⁵³   Rz. 2.16, 2.32 ff., 3.222, 4.46

Hᵗᵉʳ. Gütliche
Einigung
und
Mediation

¹ Die Behörde kann das Verfahren im Einverständnis mit den Parteien sistieren, damit sich diese über den Inhalt der Verfügung einigen können. Die Einigung soll einschliessen, dass die Parteien auf Rechtsmittel verzichten und wie sie die Kosten verteilen.

² Zur Förderung der Einigung kann die Behörde eine neutrale und fachkundige natürliche Person als Mediator einsetzen.

---

52   Eingefügt durch Anhang Ziff. 10 des Verwaltungsgerichtsgesetzes vom 17. Juni 2005, in Kraft seit 1. Jan. 2007 (SR **173.32**).
53   Eingefügt durch Anhang Ziff. 10 des Verwaltungsgerichtsgesetzes vom 17. Juni 2005, in Kraft seit 1. Jan. 2007 (SR **173.32**).

³ Der Mediator ist nur an das Gesetz und den Auftrag der Behörde gebunden. Er kann Beweise abnehmen; für Augenscheine, Gutachten von Sachverständigen und Zeugeneinvernahmen braucht er eine vorgängige Ermächtigung der Behörde.

⁴ Die Behörde macht die Einigung zum Inhalt ihrer Verfügung, es sei denn, die Einigung leide an einem Mangel im Sinne von Artikel 49.

⁵ Soweit die Einigung zustande kommt, erhebt die Behörde keine Verfahrenskosten. Misslingt die Einigung, so kann die Behörde davon absehen, die Auslagen für die Mediation den Parteien aufzuerlegen, sofern die Interessenlage dies rechtfertigt.

⁶ Eine Partei kann jederzeit verlangen, dass die Sistierung des Verfahrens aufgehoben wird.

Art. 34   **Rz. 2.26, 2.50, 3.78, 3.82**

J. Eröffnung
I. Schriftlichkeit
1. Grundsatz

¹ Die Behörde eröffnet Verfügungen den Parteien schriftlich.

¹ᵇⁱˢ Mit dem Einverständnis der Partei kann die Eröffnung auf dem elektronischen Weg erfolgen. Die Verfügungen sind mit einer anerkannten elektronischen Signatur zu versehen. Der Bundesrat regelt die Anforderungen an die elektronische Eröffnung.⁵⁴

² Zwischenverfügungen kann die Behörde anwesenden Parteien mündlich eröffnen, muss sie aber schriftlich bestätigen, wenn eine Partei dies auf der Stelle verlangt; eine Rechtsmittelfrist beginnt in diesem Fall erst von der schriftlichen Bestätigung an zu laufen.⁵⁵

Art. 35   **Rz. 2.5, 2.22 f., 3.77, 3.85, 3.104 ff.,
                                               3.186**

2. Begründung
und Rechtsmittelbelehrung

¹ Schriftliche Verfügungen sind, auch wenn die Behörde sie in Briefform eröffnet, als solche zu bezeichnen, zu begründen und mit einer Rechtsmittelbelehrung zu versehen.

² Die Rechtsmittelbelehrung muss das zulässige ordentliche Rechtsmittel, die Rechtsmittelinstanz und die Rechtsmittelfrist nennen.

³ Die Behörde kann auf Begründung und Rechtsmittelbelehrung verzichten, wenn sie den Begehren der Parteien voll entspricht und keine Partei eine Begründung verlangt.

---

54 Eingefügt durch Anhang Ziff. 10 des Verwaltungsgerichtsgesetzes vom 17. Juni 2005, in Kraft seit 1. Jan. 2007 (SR **173.32**).
55 Fassung gemäss Anhang Ziff. 10 des Verwaltungsgerichtsgesetzes vom 17. Juni 2005, in Kraft seit 1. Jan. 2007 (SR **173.32**).

Art. 36   **Rz. 2.27**

II. Amtliche
Publikation

Die Behörde kann ihre Verfügungen durch Veröffentlichung in einem amtlichen Blatt eröffnen:[56]

a. gegenüber einer Partei, die unbekannten Aufenthaltes ist und keinen erreichbaren Vertreter hat;

b.[57] gegenüber einer Partei, die sich im Ausland aufhält und keinen erreichbaren Vertreter hat, wenn die Zustellung an ihren Aufenthaltsort unmöglich ist oder wenn die Partei entgegen Artikel 11*b* Absatz 1 kein Zustellungsdomizil in der Schweiz bezeichnet hat;

c.[58] in einer Sache mit zahlreichen Parteien;

d.[59] in einer Sache, in der sich die Parteien ohne unverhältnismässigen Aufwand nicht vollzählig bestimmen lassen.

Art. 37[60]   **Rz. 3.188**

III ...

Art. 38   **Rz. 2.22, 2.28, 2.106, 2.142, 3.4**

IV. Mangel-
hafte Eröff-
nung

Aus mangelhafter Eröffnung darf den Parteien kein Nachteil erwachsen.

Art. 39   **Rz. 5.6, 2.214**

K. Voll-
streckung
I. Voraus-
setzungen

Die Behörde kann ihre Verfügungen vollstrecken, wenn:

a. die Verfügung nicht mehr durch Rechtsmittel angefochten werden kann;

b. die Verfügung zwar noch angefochten werden kann, das zulässige Rechtsmittel aber keine aufschiebende Wirkung hat;

c. die einem Rechtsmittel zukommende aufschiebende Wirkung entzogen wird.

---

56 Fassung gemäss Anhang Ziff. 3 des BG vom 4. Okt. 1991, in Kraft seit 15. Febr. 1992 (AS **1992** 288 337 Art. 2 Abs. 1 Bst. b; BBl **1991** II 465).

57 Fassung gemäss Anhang Ziff. 10 des Verwaltungsgerichtsgesetzes vom 17. Juni 2005, in Kraft seit 1. Jan. 2007 (SR **173.32**).

58 Fassung gemäss Anhang Ziff. 3 des BG vom 4. Okt. 1991, in Kraft seit 15. Febr. 1992 (AS **1992** 288 337 Art. 2 Abs. 1 Bst. b; BBl **1991** II 465).

59 Eingefügt durch Anhang Ziff. 3 des BG vom 4. Okt. 1991, in Kraft seit 15. Febr. 1992 (AS **1992** 288 337 Art. 2 Abs. 1 Bst. b; BBl **1991** II 465).

60 Aufgehoben durch Anhang Ziff. 10 des Verwaltungsgerichtsgesetzes vom 17. Juni 2005, mit Wirkung seit 1. Jan. 2007 (SR **173.32**).

Art. 40[61]

II. Zwangs-
mittel
1. Schuld-
betreibung

Verfügungen auf Geldzahlung oder Sicherheitsleistung sind auf dem Wege der Schuldbetreibung nach dem Bundesgesetz vom 11. April 1889[62] über Schuldbetreibung- und Konkurs zu vollstrecken.

Art. 41   Rz. 2.4

2. Andere
Zwangs-
mittel

[1] Um andere Verfügungen zu vollstrecken, ergreift die Behörde folgende Massnahmen:

a. Ersatzvornahme durch die verfügende Behörde selbst oder durch einen beauftragten Dritten auf Kosten des Verpflichteten; die Kosten sind durch besondere Verfügung festzusetzen;
b. unmittelbaren Zwang gegen die Person des Verpflichteten oder an seinen Sachen;
c. Strafverfolgung, soweit ein anderes Bundesgesetz die Strafe vorsieht;
d. Strafverfolgung wegen Ungehorsams nach Artikel 292 des Strafgesetzbuches[63], soweit keine andere Strafbestimmung zutrifft.

[2] Bevor die Behörde zu einem Zwangsmittel greift, droht sie es dem Verpflichteten an und räumt ihm eine angemessene Erfüllungsfrist ein, im Falle von Absatz 1 Buchstaben c und d unter Hinweis auf die gesetzliche Strafdrohung.

[3] Im Falle von Absatz 1 Buchstaben a und b kann sie auf die Androhung des Zwangsmittels und die Einräumung einer Erfüllungsfrist verzichten, wenn Gefahr im Verzuge ist.

Art. 42

3. Verhältnis-
mässigkeit

Die Behörde darf sich keines schärferen Zwangsmittels bedienen, als es die Verhältnisse erfordern.

Art. 43

III. Rechts-
hilfe

Die Kantone leisten den Bundesbehörden in der Vollstreckung Rechtshilfe.

Dritter Abschnitt: Das Beschwerdeverfahren im Allgemeinen

Art. 44   Rz. 2.1, 2.23, 2.220, 2.231

A. Grundsatz   Die Verfügung unterliegt der Beschwerde.

---

61 Fassung gemäss Anhang Ziff. 1 des BG vom 16. Dez. 1994, in Kraft seit 1. Jan. 1997 (AS **1995** 1227 1307; BBl **1991** III 1).
62 SR **281.1**
63 SR **311.0**

Art. 45[64] Rz. 1.28, 2.4, 2.41 ff., 3.10

B. Beschwerde gegen Zwischenverfügungen
I. Zwischenverfügungen über die Zuständigkeit und den Ausstand

[1] Gegen selbständig eröffnete Zwischenverfügungen über die Zuständigkeit und über Ausstandsbegehren ist die Beschwerde zulässig.

[2] Diese Verfügungen können später nicht mehr angefochten werden.

Art. 46[65] Rz. 2.4, 2.41 ff.

II. Andere Zwischenverfügungen

[1] Gegen andere selbständig eröffnete Zwischenverfügungen ist die Beschwerde zulässig:

a. wenn sie einen nicht wieder gutzumachenden Nachteil bewirken können; oder

b. wenn die Gutheissung der Beschwerde sofort einen Endentscheid herbeiführen und damit einen bedeutenden Aufwand an Zeit oder Kosten für ein weitläufiges Beweisverfahren ersparen würde.

[2] Ist die Beschwerde nach Absatz 1 nicht zulässig oder wurde von ihr kein Gebrauch gemacht, so sind die betreffenden Zwischenverfügungen durch Beschwerde gegen die Endverfügung anfechtbar, soweit sie sich auf den Inhalt der Endverfügung auswirken.

Art. 46a[66] Rz. 1.28, 2.58, 3.77, 4.62, 5.18 ff.

Bbis. Rechtsverweigerung und Rechtsverzögerung

Gegen das unrechtmässige Verweigern oder Verzögern einer anfechtbaren Verfügung kann Beschwerde geführt werden.

Art. 47 Rz. 1.24, 2.55 ff., 5.19

C. Beschwerdeinstanz

[1] Beschwerdeinstanzen sind:

a. der Bundesrat nach den Artikeln 72 ff.;

b.[67] das Bundesverwaltungsgericht nach den Artikeln 31–34 des Verwaltungsgerichtsgesetzes vom 17. Juni 2005[68];

---

64 Fassung gemäss Anhang Ziff. 10 des Verwaltungsgerichtsgesetzes vom 17. Juni 2005, in Kraft seit 1. Jan. 2007 (SR **173.32**).
65 Fassung gemäss Anhang Ziff. 10 des Verwaltungsgerichtsgesetzes vom 17. Juni 2005, in Kraft seit 1. Jan. 2007 (SR **173.32**).
66 Eingefügt durch Anhang Ziff. 10 des Verwaltungsgerichtsgesetzes vom 17. Juni 2005, in Kraft seit 1. Jan. 2007 (SR **173.32**).
67 Fassung gemäss Anhang Ziff. 10 des Verwaltungsgerichtsgesetzes vom 17. Juni 2005, in Kraft seit 1. Jan. 2007 (SR **173.32**).
68 SR **173.32**

c.[69] andere Instanzen, die ein Bundesgesetz als Beschwerdeinstanzen bezeichnet;

d.[70] die Aufsichtsbehörde, wenn die Beschwerde an das Bundesverwaltungsgericht unzulässig ist und das Bundesrecht keine andere Beschwerdeinstanz bezeichnet.

[2] Hat eine nicht endgültig entscheidende Beschwerdeinstanz im Einzelfalle eine Weisung erteilt, dass oder wie eine Vorinstanz verfügen soll, so ist die Verfügung unmittelbar an die nächsthöhere Beschwerdeinstanz weiterzuziehen; in der Rechtsmittelbelehrung ist darauf aufmerksam zu machen.[71]

[3] ...[72]

[4] Weisungen, die eine Beschwerdeinstanz erteilt, wenn sie in der Sache entscheidet und diese an die Vorinstanz zurückweist, gelten nicht als Weisungen im Sinne von Absatz 2.

Art. 47a[73]

Art. 48[74]   Rz. 2.30, 2.60 ff., 5.22

D. Beschwerdelegitimation

[1] Zur Beschwerde ist berechtigt, wer:

a. vor der Vorinstanz am Verfahren teilgenommen hat oder keine Möglichkeit zur Teilnahme erhalten hat;

b. durch die angefochtene Verfügung besonders berührt ist; und

c. ein schutzwürdiges Interesse an deren Aufhebung oder Änderung hat.

[2] Zur Beschwerde berechtigt sind ferner Personen, Organisationen und Behörden, denen ein anderes Bundesgesetz dieses Recht einräumt.

Art. 49   Rz. 2.35, 2.37, 2.149 ff., 3.112, 3.195, 3.222

E. Beschwerdegründe

Der Beschwerdeführer kann mit der Beschwerde rügen:

a. Verletzung von Bundesrecht einschliesslich Überschreitung oder Missbrauch des Ermessens;

---

69 Fassung gemäss Anhang Ziff. 10 des Verwaltungsgerichtsgesetzes vom 17. Juni 2005, in Kraft seit 1. Jan. 2007 (SR **173.32**).

70 Eingefügt durch Anhang Ziff. 10 des Verwaltungsgerichtsgesetzes vom 17. Juni 2005, in Kraft seit 1. Jan. 2007 (SR **173.32**).

71 Fassung gemäss Art. 67 des Verwaltungsorganisationsgesetzes vom 19. Sept. 1978, in Kraft seit 1. Juni 1979 [AS **1979** 114].

72 Aufgehoben durch Anhang Ziff. 10 des Verwaltungsgerichtsgesetzes vom 17. Juni 2005, mit Wirkung seit 1. Jan. 2007 (SR **173.32**).

73 Eingefügt durch Anhang Ziff. 1 des Regierungs- und Verwaltungsorganisationsgesetzes (SR **172.010**). Aufgehoben durch Anhang Ziff. 10 des Verwaltungsgerichtsgesetzes vom 17. Juni 2005, mit Wirkung seit 1. Jan. 2007 (SR **173.32**).

74 Fassung gemäss Anhang Ziff. 10 des Verwaltungsgerichtsgesetzes vom 17. Juni 2005, in Kraft seit 1. Jan. 2007 (SR **173.32**).

b. unrichtige oder unvollständige Feststellung des rechtserheblichen Sachverhaltes;

c. Unangemessenheit; die Rüge der Unangemessenheit ist unzulässig, wenn eine kantonale Behörde als Beschwerdeinstanz verfügt hat.

Art. 50[75]   **Rz. 2.99, 2.105, 5.22**

F. Beschwerdefrist

[1] Die Beschwerde ist innerhalb von 30 Tagen nach Eröffnung der Verfügung einzureichen.

[2] Gegen das unrechtmässige Verweigern oder Verzögern einer Verfügung kann jederzeit Beschwerde geführt werden.

Art. 51[76]

G. Beschwerdeschrift
I. ...

Art. 52   **Rz. 1.49, 2.133, 2.211 ff., 2.224, 2.228 ff., 3.13, 3.175, 4.43, 5.68, 5.74**

II. Inhalt und Form

[1] Die Beschwerdeschrift hat die Begehren, deren Begründung mit Angabe der Beweismittel und die Unterschrift des Beschwerdeführers oder seines Vertreters zu enthalten; die Ausfertigung der angefochtenen Verfügung und die als Beweismittel angerufenen Urkunden sind beizulegen, soweit der Beschwerdeführer sie in Händen hat.

[2] Genügt die Beschwerde diesen Anforderungen nicht, oder lassen die Begehren des Beschwerdeführers oder deren Begründung die nötige Klarheit vermissen und stellt sich die Beschwerde nicht als offensichtlich unzulässig heraus, so räumt die Beschwerdeinstanz dem Beschwerdeführer eine kurze Nachfrist zur Verbesserung ein.

[3] Sie verbindet diese Nachfrist mit der Androhung, nach unbenutztem Fristablauf auf Grund der Akten zu entscheiden oder, wenn Begehren, Begründung oder Unterschrift fehlen, auf die Beschwerde nicht einzutreten.

Art. 53   **Rz. 2.241 ff., 3.13**

III. Ergänzende Beschwerdeschrift

Erfordert es der aussergewöhnliche Umfang oder die besondere Schwierigkeit einer Beschwerdesache, so gestattet die Beschwerdeinstanz dem Beschwerdeführer, der darum in seiner sonst ordnungsgemäss eingereichten Beschwerde nachsucht, deren Begründung innert einer angemessenen Nach-

---

75 Fassung gemäss Anhang Ziff. 10 des Verwaltungsgerichtsgesetzes vom 17. Juni 2005, in Kraft seit 1. Jan. 2007 (SR **173.32**).

76 Aufgehoben durch Anhang Ziff. 10 des Verwaltungsgerichtsgesetzes vom 17. Juni 2005, mit Wirkung seit 1. Jan. 2007 (SR **173.32**).

frist zu ergänzen; in diesem Falle findet Artikel 32 Absatz 2 keine Anwendung.

Art. 54   **Rz. 3.7, 3.41**

H. Übriges
Verfahren bis
zum Be-
schwerde-
entscheid
I. Grundsatz

Die Behandlung der Sache, die Gegenstand der mit Beschwerde angefochtenen Verfügung bildet, geht mit Einreichung der Beschwerde auf die Beschwerdeinstanz über.

Art. 55   **Rz. 2.216, 3.13, 3.18 ff.**

II. Vorsorg-
liche Mass-
nahmen
1. Aufschie-
bende Wir-
kung

[1] Die Beschwerde hat aufschiebende Wirkung.

[2] Hat die Verfügung nicht eine Geldleistung zum Gegenstand, so kann die Vorinstanz darin einer allfälligen Beschwerde die aufschiebende Wirkung entziehen; dieselbe Befugnis steht der Beschwerdeinstanz, ihrem Vorsitzenden oder dem Instruktionsrichter nach Einreichung der Beschwerde zu.[77]

[3] Die Beschwerdeinstanz, ihr Vorsitzender oder der Instruktionsrichter kann die von der Vorinstanz entzogene aufschiebende Wirkung wiederherstellen; über ein Begehren um Wiederherstellung der aufschiebenden Wirkung ist ohne Verzug zu entscheiden.[78]

[4] Wird die aufschiebende Wirkung willkürlich entzogen oder einem Begehren um Wiederherstellung der aufschiebenden Wirkung willkürlich nicht oder verspätet entsprochen, so haftet für den daraus erwachsenden Schaden die Körperschaft oder autonome Anstalt, in deren Namen die Behörde verfügt hat.

[5] Vorbehalten bleiben die Bestimmungen anderer Bundesgesetze, nach denen eine Beschwerde keine aufschiebende Wirkung hat.[79]

Art. 56[80]   **Rz. 2.216, 3.13, 3.18, 3.28, 3.31 ff.**

2. Andere
Massnah-
men

Nach Einreichung der Beschwerde kann die Beschwerdeinstanz, ihr Vorsitzender oder der Instruktionsrichter von Amtes wegen oder auf Begehren einer Partei andere vorsorgliche Massnahmen treffen, um den bestehenden Zustand zu erhalten oder bedrohte Interessen einstweilen sicherzustellen.

---

77 Fassung gemäss Anhang Ziff. 10 des Verwaltungsgerichtsgesetzes vom 17. Juni 2005, in Kraft seit 1. Jan. 2007 (SR **173.32**).
78 Fassung gemäss Anhang Ziff. 10 des Verwaltungsgerichtsgesetzes vom 17. Juni 2005, in Kraft seit 1. Jan. 2007 (SR **173.32**).
79 Eingefügt durch Ziff. 5 des Anhangs zum Versicherungsaufsichtsgesetz vom 23. Juni 1978, in Kraft seit 1. Jan. 1979 [AS **1978** 1836].
80 Fassung gemäss Anhang Ziff. 10 des Verwaltungsgerichtsgesetzes vom 17. Juni 2005, in Kraft seit 1. Jan. 2007 (SR **173.32**).

Art. 57   Rz. 2.242, 3.1 f., 3.35, 3.37 ff.,
                                      3.46 ff., 3.202

III. Schriften-   [1] Die Beschwerdeinstanz bringt eine nicht zum vornherein unzulässige oder
wechsel   unbegründete Beschwerde ohne Verzug der Vorinstanz und allfälligen Ge-
                  genparteien des Beschwerdeführers oder anderen Beteiligten zur Kenntnis,
                  setzt ihnen Frist zur Vernehmlassung an und fordert gleichzeitig die Vorin-
                  stanz zur Vorlage ihrer Akten auf.[81]

                  [2] Sie kann die Parteien auf jeder Stufe des Verfahrens zu einem weiteren
                  Schriftenwechsel einladen oder eine mündliche Verhandlung mit ihnen an-
                  beraumen.

Art. 58   Rz. 3.7, 3.44 ff., 3.207, 3.211, 4.72

IV. Neue   [1] Die Vorinstanz kann bis zu ihrer Vernehmlassung die angefochtene Verfü-
Verfügung   gung in Wiedererwägung ziehen.

                  [2] Sie eröffnet eine neue Verfügung ohne Verzug den Parteien und bringt sie
                  der Beschwerdeinstanz zur Kenntnis.

                  [3] Die Beschwerdeinstanz setzt die Behandlung der Beschwerde fort, soweit
                  diese durch die neue Verfügung der Vorinstanz nicht gegenstandslos gewor-
                  den ist; Artikel 57 findet Anwendung, wenn die neue Verfügung auf einem
                  erheblich veränderten Sachverhalt beruht oder eine erheblich veränderte
                  Rechtslage schafft.

Art. 59

V. Ausstand   Die Beschwerdeinstanz darf mit der Behandlung der Beschwerdesache we-
                  der Personen im Dienste der Vorinstanz noch andere Personen betrauen,
                  die sich an der Vorbereitung der angefochtenen Verfügung beteiligt haben;
                  beruht die angefochtene Verfügung auf einer Weisung der Beschwerdein-
                  stanz, so findet ausserdem Artikel 47 Absätze 2–4 Anwendung.

Art. 60[82]   Rz. 1.28, 1.47, 2.4, 3.154 ff., 3.174,
                                      4.23

VI. Verfah-   [1] Die Beschwerdeinstanz kann Parteien oder deren Vertreter, die den An-
rensdisziplin   stand verletzen oder den Geschäftsgang stören, mit Verweis oder mit Ord-
                  nungsbusse bis zu 500 Franken bestrafen.

                  [2] Im Falle böswilliger oder mutwilliger Prozessführung können die Partei
                  und ihr Vertreter mit einer Ordnungsbusse bis zu 1000 Franken und bei
                  Rückfall bis zu 3000 Franken bestraft werden.

---

81 Fassung gemäss Anhang Ziff. 10 des Verwaltungsgerichtsgesetzes vom 17. Juni 2005, in
    Kraft seit 1. Jan. 2007 (SR **173.32**).
82 Fassung gemäss Anhang Ziff. 10 des Verwaltungsgerichtsgesetzes vom 17. Juni 2005, in
    Kraft seit 1. Jan. 2007 (SR **173.32**).

³ Der Vorsitzende einer Verhandlung kann Personen, die sich seinen Anweisungen nicht unterziehen, aus dem Sitzungssaal wegweisen und mit einer Ordnungsbusse bis zu 500 Franken bestrafen.

Art. 61	**Rz. 2.4, 2.191, 3.104, 3.182 ff.,** **3.205, 5.25, 5.30**

J. Beschwerdeentscheid
I. Inhalt und Form

¹ Die Beschwerdeinstanz entscheidet in der Sache selbst oder weist diese ausnahmsweise mit verbindlichen Weisungen an die Vorinstanz zurück.

² Der Beschwerdeentscheid enthält die Zusammenfassung des erheblichen Sachverhalts, die Begründung (Erwägungen) und die Entscheidungsformel (Dispositiv).

³ Er ist den Parteien und der Vorinstanz zu eröffnen.

Art. 62	**Rz. 1.54, 1.56, 3.42, 3.45, 3.197 ff.**

II. Änderung der angefochtenen Verfügung

¹ Die Beschwerdeinstanz kann die angefochtene Verfügung zugunsten einer Partei ändern.

² Zuungunsten einer Partei kann sie die angefochtene Verfügung ändern, soweit diese Bundesrecht verletzt oder auf einer unrichtigen oder unvollständigen Feststellung des Sachverhaltes beruht; wegen Unangemessenheit darf die angefochtene Verfügung nicht zuungunsten einer Partei geändert werden, ausser im Falle der Änderung zugunsten einer Gegenpartei.

³ Beabsichtigt die Beschwerdeinstanz, die angefochtene Verfügung zuungunsten einer Partei zu ändern, so bringt sie der Partei diese Absicht zur Kenntnis und räumt ihr Gelegenheit zur Gegenäusserung ein.

⁴ Die Begründung der Begehren bindet die Beschwerdeinstanz in keinem Falle.

Art. 63	**Rz. 3.13, 3.123, 4.5, 4.11 ff., 4.25 ff.,** **4.64, 4.66, 5.16, 5.77, 5.83**

III. Verfahrenskosten

¹ Die Beschwerdeinstanz auferlegt in der Entscheidungsformel die Verfahrenskosten, bestehend aus Spruchgebühr, Schreibgebühren und Barauslagen, in der Regel der unterliegenden Partei. Unterliegt diese nur teilweise, so werden die Verfahrenskosten ermässigt. Ausnahmsweise können sie ihr erlassen werden.

² Keine Verfahrenskosten werden Vorinstanzen oder beschwerdeführenden und unterliegenden Bundesbehörden auferlegt; anderen als Bundesbehörden, die Beschwerde führen und unterliegen, werden Verfahrenskosten auferlegt, soweit sich der Streit um vermögensrechtliche Interessen von Körperschaften oder autonomen Anstalten dreht.

³ Einer obsiegenden Partei dürfen nur Verfahrenskosten auferlegt werden, die sie durch Verletzung von Verfahrenspflichten verursacht hat.

⁴ Die Beschwerdeinstanz, ihr Vorsitzender oder der Instruktionsrichter erhebt vom Beschwerdeführer einen Kostenvorschuss in der Höhe der mutmasslichen Verfahrenskosten. Zu dessen Leistung ist dem Beschwerdeführer eine angemessene Frist anzusetzen unter Androhung des Nichteintretens. Wenn besondere Gründe vorliegen, kann auf die Erhebung des Kostenvorschusses ganz oder teilweise verzichtet werden.[83]

⁴ᵇⁱˢ Die Spruchgebühr richtet sich nach Umfang und Schwierigkeit der Streitsache, Art der Prozessführung und finanzieller Lage der Parteien. Sie beträgt:

a. in Streitigkeiten ohne Vermögensinteresse 100–5000 Franken;

b. in den übrigen Streitigkeiten 100–50 000 Franken.[84]

⁵ Der Bundesrat regelt die Bemessung der Gebühren im Einzelnen. Vorbehalten bleibt Artikel 16 Absatz 1 Buchstabe a des Verwaltungsgerichtsgesetzes vom 17. Juni 2005[85].[86]

Art. 64   Rz. 4.5 f., 4.62 ff., 5.77, 5.83

IV. Parteientschädigung

¹ Die Beschwerdeinstanz kann der ganz oder teilweise obsiegenden Partei von Amtes wegen oder auf Begehren eine Entschädigung für ihr erwachsene notwendige und verhältnismässig hohe Kosten zusprechen.

² Die Entschädigung wird in der Entscheidungsformel beziffert und der Körperschaft oder autonomen Anstalt auferlegt, in deren Namen die Vorinstanz verfügt hat, soweit sie nicht einer unterliegenden Gegenpartei auferlegt werden kann.

³ Einer unterliegenden Gegenpartei kann sie je nach deren Leistungsfähigkeit auferlegt werden, wenn sich die Partei mit selbständigen Begehren am Verfahren beteiligt hat.

⁴ Die Körperschaft oder autonome Anstalt, in deren Namen die Vorinstanz verfügt hat, haftet für die einer unterliegenden Gegenpartei auferlegte Entschädigung, soweit sich diese als uneinbringlich herausstellt.

⁵ Der Bundesrat regelt die Bemessung der Entschädigung. Vorbehalten bleibt Artikel 16 Absatz 1 Buchstabe a des Verwaltungsgerichtsgesetzes vom 17. Juni 2005[87].[88]

---

83 Fassung gemäss Anhang Ziff. 10 des Verwaltungsgerichtsgesetzes vom 17. Juni 2005, in Kraft seit 1. Jan. 2007 (SR **173.32**).

84 Eingefügt durch Anhang Ziff. 10 des Verwaltungsgerichtsgesetzes vom 17. Juni 2005, in Kraft seit 1. Jan. 2007 (SR **173.32**).

85 SR **173.32**

86 Fassung gemäss Anhang Ziff. 10 des Verwaltungsgerichtsgesetzes vom 17. Juni 2005, in Kraft seit 1. Jan. 2007 (SR **173.32**).

87 SR **173.32**

88 Fassung gemäss Anhang Ziff. 10 des Verwaltungsgerichtsgesetzes vom 17. Juni 2005, in Kraft seit 1. Jan. 2007 (SR **173.32**).

Art. 65   Rz. 3.13, 3.77, 4.58, 4.96 ff., 5.77,
                                       5.83

V. Unentgelt- [1] Die Beschwerdeinstanz, ihr Vorsitzender oder der Instruktionsrichter be-
liche Rechts- freit nach Einreichung der Beschwerde eine Partei, die nicht über die erfor-
pflege   derlichen Mittel verfügt, auf Antrag von der Bezahlung der Verfahrenskos-
               ten, sofern ihr Begehren nicht aussichtslos erscheint.[89]

[2] Wenn es zur Wahrung ihrer Rechte notwendig ist, bestellt die Beschwerdeinstanz, ihr Vorsitzender oder der Instruktionsrichter der Partei einen Anwalt.[90]

[3] Die Haftung für Kosten und Honorar des Anwalts bestimmt sich nach
Artikel 64 Absätze 2–4.

[4] Gelangt die bedürftige Partei später zu hinreichenden Mitteln, so ist sie verpflichtet, Honorar und Kosten des Anwalts an die Körperschaft oder autonome Anstalt zu vergüten, die sie bezahlt hat.

[5] Der Bundesrat regelt die Bemessung von Honorar und Kosten. Vorbehalten bleibt Artikel 16 Absatz 1 Buchstabe a des Verwaltungsgerichtsgesetzes
vom 17. Juni 2005[91].[92]

Art. 66[93]   Rz. 3.45, 5.40

K. Revision   [1] Die Beschwerdeinstanz zieht ihren Entscheid von Amtes wegen oder auf
I. Gründe   Begehren einer Partei in Revision, wenn ihn ein Verbrechen oder Vergehen
               beeinflusst hat.

[2] Ausserdem zieht sie ihn auf Begehren einer Partei in Revision, wenn:

a. die Partei neue erhebliche Tatsachen oder Beweismittel vorbringt;

b. die Partei nachweist, dass die Beschwerdeinstanz aktenkundige erhebliche Tatsachen oder bestimmte Begehren übersehen hat;

c. die Partei nachweist, dass die Beschwerdeinstanz die Bestimmungen der
   Artikel 10, 59 oder 76 über den Ausstand, der Artikel 26–28 über die Akteneinsicht oder der Artikel 29–33 über das rechtliche Gehör verletzt hat;
   oder

d. der Europäische Gerichtshof für Menschenrechte in einem endgültigen
   Urteil festgestellt hat, dass die Europäische Menschenrechtskonvention
   vom 4. November 1950[94] oder die Protokolle dazu[95] verletzt worden sind,

---

89 Fassung gemäss Anhang Ziff. 10 des Verwaltungsgerichtsgesetzes vom 17. Juni 2005, in
    Kraft seit 1. Jan. 2007 (SR **173.32**).
90 Fassung gemäss Anhang Ziff. 10 des Verwaltungsgerichtsgesetzes vom 17. Juni 2005, in
    Kraft seit 1. Jan. 2007 (SR **173.32**).
91 SR **173.32**
92 Fassung gemäss Anhang Ziff. 10 des Verwaltungsgerichtsgesetzes vom 17. Juni 2005, in
    Kraft seit 1. Jan. 2007 (SR **173.32**).
93 Fassung gemäss Anhang Ziff. 10 des Verwaltungsgerichtsgesetzes vom 17. Juni 2005, in
    Kraft seit 1. Jan. 2007 (SR **173.32**).
94 SR **0.101**
95 SR **0.101.06/.093**

sofern eine Entschädigung nicht geeignet ist, die Folgen der Verletzung auszugleichen, und die Revision notwendig ist, um die Verletzung zu beseitigen.

[3] Gründe im Sinne von Absatz 2 Buchstaben a–c gelten nicht als Revisionsgründe, wenn die Partei sie im Rahmen des Verfahrens, das dem Beschwerdeentscheid voranging, oder auf dem Wege einer Beschwerde, die ihr gegen den Beschwerdeentscheid zustand, geltend machen konnte.

Art. 67   Rz. 5.68

II. Begehren   [1] Das Revisionsbegehren ist der Beschwerdeinstanz innert 90 Tagen nach Entdeckung des Revisionsgrundes, spätestens aber innert 10 Jahren nach Eröffnung des Beschwerdeentscheides schriftlich einzureichen.[96]

[1bis] Im Fall von Artikel 66 Absatz 2 Buchstabe d ist das Revisionsbegehren innert 90 Tagen einzureichen, nachdem das Urteil des Europäischen Gerichtshofs für Menschenrechte nach Artikel 44 der Europäischen Menschenrechtskonvention vom 4. November 1950[97] endgültig geworden ist.[98]

[2] Nach Ablauf von 10 Jahren seit Eröffnung des Beschwerdeentscheides ist ein Revisionsbegehren nur aus dem Grunde von Artikel 66 Absatz 1 zulässig.

[3] Auf Inhalt, Form, Verbesserung und Ergänzung des Revisionsbegehrens finden die Artikel 52 und 53 Anwendung; die Begründung hat insbesondere den Revisionsgrund und die Rechtzeitigkeit des Revisionsbegehrens darzutun. Dieses hat auch die Begehren für den Fall eines neuen Beschwerdeentscheides zu enthalten.

Art. 68   Rz. 2.4

III. Entscheid   [1] Tritt die Beschwerdeinstanz auf das Revisionsbegehren ein und erachtet sie es als begründet, so hebt sie den Beschwerdeentscheid auf und entscheidet neu.

[2] Im übrigen finden auf die Behandlung des Revisionsbegehrens die Artikel 56, 57 und 59–65 Anwendung.

Art. 69   Rz. 2.4

L. Erläuterung   [1] Die Beschwerdeinstanz erläutert auf Begehren einer Partei den Beschwerdeentscheid, der unter Unklarheiten oder Widersprüchen in seiner Entscheidungsformel oder zwischen dieser und der Begründung leidet.

---

96 Fassung gemäss Anhang Ziff. 10 des Verwaltungsgerichtsgesetzes vom 17. Juni 2005, in Kraft seit 1. Jan. 2007 (SR **173.32**).

97 SR **0.101**

98 Eingefügt durch Anhang Ziff. 10 des Verwaltungsgerichtsgesetzes vom 17. Juni 2005, in Kraft seit 1. Jan. 2007 (SR **173.32**).

^{2} Eine Rechtsmittelfrist beginnt mit der Erläuterung neu zu laufen.

^{3} Redaktions- oder Rechnungsfehler oder Kanzleiversehen, die keinen Einfluss auf die Entscheidungsformel oder auf den erheblichen Inhalt der Begründung ausüben, kann die Beschwerdeinstanz jederzeit berichtigen.

Art. 70^{99}

M. Besondere Beschwerdearten
I. ...

Art. 71   Rz. 5.33 ff.

II. Aufsichtsbeschwerde

^{1} Jedermann kann jederzeit Tatsachen, die im öffentlichen Interesse ein Einschreiten gegen eine Behörde von Amtes wegen erfordern, der Aufsichtsbehörde anzeigen.

^{2} Der Anzeiger hat nicht die Rechte einer Partei.

Vierter Abschnitt: Besondere Behörden^{100}

Art. 71a–71d^{101}

A ...

Art. 72^{102} Rz. 1.2, 1.25, 1.31

B. Bundesrat
I. Als Beschwerdeinstanz
1. Zulässigkeit der Beschwerde
a. Sachgebiete

Die Beschwerde an den Bundesrat ist zulässig gegen:

a. Verfügungen auf dem Gebiet der inneren und äusseren Sicherheit des Landes, der Neutralität, des diplomatischen Schutzes und der übrigen auswärtigen Angelegenheiten, soweit das Völkerrecht nicht einen Anspruch auf gerichtliche Beurteilung einräumt;

b. erstinstanzliche Verfügungen über leistungsabhängige Lohnanteile des Bundespersonals.

---

99 Aufgehoben durch Anhang Ziff. 10 des Verwaltungsgerichtsgesetzes vom 17. Juni 2005, mit Wirkung seit 1. Jan. 2007 (SR **173.32**).

100 Fassung gemäss Anhang Ziff. 3 des BG vom 4. Okt. 1991, in Kraft seit 1. Jan. 1994 (AS **1992** 288, **1993** 877 Art. 2 Abs. 1; BBl **1991** II 465).

101 Eingefügt durch Anhang Ziff. 3 des BG vom 4. Okt. 1991 (AS **1992** 288, **1993** 877 Art. 2 Abs. 1; BBl **1991** II 465). Aufgehoben durch Anhang Ziff. 10 des Verwaltungsgerichtsgesetzes vom 17. Juni 2005, mit Wirkung seit 1. Jan. 2007 (SR **173.32**).

102 Fassung gemäss Anhang Ziff. 10 des Verwaltungsgerichtsgesetzes vom 17. Juni 2005, in Kraft seit 1. Jan. 2007 (SR **173.32**).

Art. 73[103]   Rz. 1.31

b. Vor-instanzen

Die Beschwerde an den Bundesrat ist zulässig gegen Verfügungen:

a. der Departemente und der Bundeskanzlei;
b. letzter Instanzen autonomer Anstalten und Betriebe des Bundes;
c. letzter kantonaler Instanzen.

Art. 74[104]   Rz. 2.4

c. Subsidiari-tät

Die Beschwerde an den Bundesrat ist unzulässig gegen Verfügungen, die durch Beschwerde an eine andere Bundesbehörde oder durch Einsprache anfechtbar sind.

Art. 75

2. Instruktion der Beschwerde

¹ Das Eidgenössische Justiz- und Polizeidepartement besorgt die Instruktion der Beschwerde.

² Der Bundesrat betraut mit der Instruktion von Beschwerden, die sich gegen das Eidgenössische Justiz- und Polizeidepartement richten, ein anderes Departement.

³ Das instruierende Departement stellt dem Bundesrat Antrag und übt bis zum Entscheid die dem Bundesrat als Beschwerdeinstanz zustehenden Befugnisse aus.

Art. 76[105]

3. Ausstand

¹ Das Mitglied des Bundesrates, gegen dessen Departement sich die Beschwerde richtet, tritt für den Entscheid des Bundesrates in den Ausstand.

² Sein Departement kann sich am Verfahren des Bundesrates wie ein Beschwerdeführer und ausserdem im Rahmen des Mitberichtsverfahrens nach Artikel 54 des Verwaltungsorganisationsgesetzes vom 19. September 1978[106] beteiligen.

---

103 Aufgehoben durch Ziff. I 1 des BG vom 8. Okt. 1999 über prozessuale Anpassungen an die neue BV (AS **2000** 416; BBl **1999** 7922). Fassung gemäss Anhang Ziff. 10 des Verwaltungsgerichtsgesetzes vom 17. Juni 2005, in Kraft seit 1. Jan. 2007 (SR **173.32**).

104 Fassung gemäss Anhang Ziff. 10 des Verwaltungsgerichtsgesetzes vom 17. Juni 2005, in Kraft seit 1. Jan. 2007 (SR **173.32**).

105 Fassung gemäss Anhang Ziff. 3 des BG vom 4. Okt. 1991, in Kraft seit 15. Febr. 1992 (AS **1992** 288 337 Art. 2 Abs. 1 Bst. b; BBl **1991** II 465).

106 [AS **1979** 114, **1983** 170 931 Art. 59 Ziff. 2, **1985** 699, **1987** 226 Ziff. II 2 808, **1989** 2116, **1990** 3 Art. 1 1530 Ziff. II 1 1587 Art. 1, **1991** 362 Ziff. I, **1992** 2 Art. 1 288 Anhang Ziff. 2 510 581 Anhang Ziff. 2, **1993** 1770, **1995** 978 4093 Anhang Ziff. 2 4362 Art. 1 5050 Anhang Ziff. 1, **1996** 546 Anhang Ziff. 1 1486 1498 Anhang Ziff. 1. AS **1997** 2022 Art. 63]. Siehe heute das Regierungs- und Verwaltungsorganisationsgesetz vom 21. März 1997 (SR **172.010**).

[3] Führt es im Mitberichtsverfahren neue tatsächliche oder rechtliche Vorbringen an, so sind der Beschwerdeführer, allfällige Gegenparteien oder andere Beteiligte zu diesen Vorbringen anzuhören.

Art. 77

4. Ergänzende Verfahrensbestimmungen

Im Übrigen finden die Artikel 45–70 Anwendung.

Art. 78

II. Als einzige oder erste Instanz

[1] Verfügt der Bundesrat als einzige oder als erste Instanz, so stellt ihm das in der Sache zuständige Departement Antrag.

[2] Es übt die Befugnisse aus, die dem Bundesrat bis zur Verfügung zustehen.

[3] Im Übrigen finden die Artikel 7–43 Anwendung.

Art. 79   Rz. 1.31

C. Bundesversammlung

[1] Gegen Beschwerdeentscheide und Verfügungen ist die Beschwerde an die Bundesversammlung zulässig, wenn ein Bundesgesetz dies vorsieht.[107]

[2] Die Beschwerde ist der Bundesversammlung innert 30 Tagen seit Eröffnung des Beschwerdeentscheides oder der Verfügung einzureichen.

[3] Die Beschwerde hat ohne entsprechende vorsorgliche Verfügung des Bundesrates keine aufschiebende Wirkung.

Fünfter Abschnitt: Schluss- und Übergangsbestimmungen

Art. 80

A. Aufhebung und Anpassung von Bestimmungen

Mit dem Inkrafttreten dieses Gesetzes sind aufgehoben:

a. Artikel 23bis des Bundesgesetzes vom 26. März 1914[108] über die Organisation der Bundesverwaltung;

b. die Artikel 124–134, 158 und 164 des OG[109];

---

107 Fassung gemäss Ziff. I 1 des BG vom 8. Okt. 1999 über prozessuale Anpassungen an die neue BV, in Kraft seit 1. März 2000 (AS **2000** 416 418; BBl **1999** 7922).

108 [BS **1** 261. AS **1979** 114 Art. 72 Bst. a]

109 [BS **3** 531; AS **1948** 485 Art. 86, **1955** 871 Art. 118, **1959** 902, **1969** 767, **1977** 237 Ziff. II 3 862 Art. 52 Ziff. 2 1323 Ziff. III, **1978** 688 Art. 88 Ziff. 3 1450, **1979** 42, **1980** 31 Ziff. IV 1718 Art. 52 Ziff. 2 1819 Art. 12 Abs. 1, **1982** 1676 Anhang Ziff. 13, **1983** 1886 Art. 36 Ziff. 1, **1986** 926 Art. 59 Ziff. 1, **1987** 226 Ziff. II 1 1665 Ziff. II, **1988** 1776 Anhang Ziff. II 1, **1989** 504 Art. 33 Bst. a, **1990** 938 Ziff. III Abs. 5, **1992** 288, **1993** 274 Art. 75 Ziff. 1 1945 Anhang Ziff. 1, **1995** 1227 Anhang Ziff. 3 4093 Anhang Ziff. 4, **1996** 508 Art. 36 750 Art. 17 1445 Anhang Ziff. 2 1498 Anhang Ziff. 2, **1997** 1155 Anhang Ziff. 6 2465 Anhang Ziff. 5, **1998** 2847 Anhang Ziff. 3 3033 Anhang Ziff. 2, **1999** 1118 Anhang Ziff. 1 3071 Ziff. I 2, **2000** 273 Anhang Ziff. 6 416 Ziff. I 2 505 Ziff. I 1 2355 Anhang Ziff. 1 2719, **2001** 114 Ziff. I 4 894 Art. 40 Ziff. 3 1029 Art. 11 Abs. 2, **2002** 863 Art. 35 1904 Art. 36 Ziff. 1 2767 Ziff. II

c. widersprechende Bestimmungen des Bundesrechts; vorbehalten bleiben ergänzende Bestimmungen im Sinne von Artikel 4.

Art. 81

B. Über-
gangsbe-
stimmung

Dieses Gesetz findet keine Anwendung auf die im Zeitpunkt seines Inkrafttretens vor Behörden der Verwaltungsrechtspflege hängigen Streitigkeiten und auf Beschwerden oder Einsprachen gegen vor diesem Zeitpunkt getroffene Verfügungen; in diesem Falle bleiben die früheren Verfahrens- und Zuständigkeitsbestimmungen anwendbar.

Art. 82

C. Inkrafttre-
ten

Der Bundesrat bestimmt den Zeitpunkt, in dem dieses Gesetz in Kraft tritt.

Schlussbestimmung der Änderung vom 18. März 1994[110]

Das neue Recht findet auf alle Beschwerden Anwendung, die nach dem Inkrafttreten der Änderung vom 18. März 1994 der Beschwerdeinstanz eingereicht werden.

Schlussbestimmung zur Änderung vom 17. Juni 2005[111]

Der Bundesrat kann während zehn Jahren nach dem Inkrafttreten der Änderung vom 17. Juni 2005 die Möglichkeit, Eingaben den Behörden elektronisch zuzustellen, auf Verfahren vor bestimmten Behörden beschränken.

Datum des Inkrafttretens: 1. Oktober 1969[112]

3988 Anhang Ziff. 1, **2003** 2133 Anhang Ziff. 7 3543 Anhang Ziff. II 4 Bst. *a* 4557 Anhang Ziff. II 1, **2004** 1985 Anhang Ziff. II 1 4719 Anhang Ziff. II 1, **2005** 5685 Anhang Ziff. 7. AS **2006** 1205 Art. 131 Abs. 1]

110 AS **1994** 1634 Ziff. I 8.2; BBl **1993** IV 293

111 AS **2006** 2197 Anhang Ziff. 10; BBl **2001** 4202

112 BRB vom 10. Sept. 1969 (AS **1969** 759)

III. Bundesgesetz über das Bundesgericht

173.110

(Bundesgerichtsgesetz, BGG)
Auszug (2. Kapitel, 3. Abschnitt und 7. Kapitel)

vom 17. Juni 2005 (Stand am 1. Januar 2008)

Die Bundesversammlung der Schweizerischen Eidgenossenschaft,

gestützt auf die Artikel 188–191c der Bundesverfassung[1],
nach Einsicht in die Botschaft des Bundesrates vom 28. Februar 2001[2],

beschliesst:

3. Abschnitt: Ausstand von Gerichtspersonen

Art. 34 Ausstandsgründe   **Rz. 3.60 ff., 5.56, 5.73**

[1] Richter, Richterinnen, Gerichtsschreiber und Gerichtsschreiberinnen (Gerichtspersonen) treten in Ausstand, wenn sie:

a. in der Sache ein persönliches Interesse haben;

b. in einer anderen Stellung, insbesondere als Mitglied einer Behörde, als Rechtsberater oder Rechtsberaterin einer Partei, als sachverständige Person oder als Zeuge beziehungsweise Zeugin, in der gleichen Sache tätig waren;

c. mit einer Partei, ihrem Vertreter beziehungsweise ihrer Vertreterin oder einer Person, die in der gleichen Sache als Mitglied der Vorinstanz tätig war, verheiratet sind oder in eingetragener Partnerschaft oder dauernder Lebensgemeinschaft leben;

d. mit einer Partei, ihrem Vertreter beziehungsweise ihrer Vertreterin oder einer Person, die in der gleichen Sache als Mitglied der Vorinstanz tätig war, in gerader Linie oder in der Seitenlinie bis und mit dem dritten Grad verwandt oder verschwägert sind;

e. aus anderen Gründen, insbesondere wegen besonderer Freundschaft oder persönlicher Feindschaft mit einer Partei oder ihrem Vertreter beziehungsweise ihrer Vertreterin, befangen sein könnten.

[2] Die Mitwirkung in einem früheren Verfahren des Bundesgerichts bildet für sich allein keinen Ausstandsgrund.

Art. 35 Mitteilungspflicht   **Rz. 3.72**

Trifft bei einer Gerichtsperson ein Ausstandsgrund zu, so hat sie dies rechtzeitig dem Abteilungspräsidenten oder der Abteilungspräsidentin mitzuteilen.

---

1 SR **101**
2 BBl **2001** 4202

Art. 36 Ausstandsbegehren   **Rz. 3.69, 3.72**

[1] Will eine Partei den Ausstand einer Gerichtsperson verlangen, so hat sie dem Gericht ein schriftliches Begehren einzureichen, sobald sie vom Ausstandsgrund Kenntnis erhalten hat. Die den Ausstand begründenden Tatsachen sind glaubhaft zu machen.

[2] Die betroffene Gerichtsperson hat sich über die vorgebrachten Ausstandsgründe zu äussern.

Art. 37 Entscheid   **Rz. 3.72, 5.73**

[1] Bestreitet die Gerichtsperson, deren Ausstand verlangt wird, oder ein Richter beziehungsweise eine Richterin der Abteilung den Ausstandsgrund, so entscheidet die Abteilung unter Ausschluss der betroffenen Gerichtsperson über den Ausstand.

[2] Über die Ausstandsfrage kann ohne Anhörung der Gegenpartei entschieden werden.

[3] Sollte der Ausstand von so vielen Richtern und Richterinnen verlangt werden, dass keine gültige Verhandlung stattfinden kann, so bezeichnet der Präsident beziehungsweise die Präsidentin des Bundesgerichts durch das Los aus der Zahl der Obergerichtspräsidenten und -präsidentinnen der in der Sache nicht beteiligten Kantone so viele ausserordentliche nebenamtliche Richter und Richterinnen, als erforderlich sind, um die Ausstandsfrage und nötigenfalls die Hauptsache selbst beurteilen zu können.

Art. 38 Verletzung der Ausstandsvorschriften   **Rz. 3.74**

[1] Amtshandlungen, an denen eine zum Ausstand verpflichtete Person mitgewirkt hat, sind aufzuheben, sofern dies eine Partei innert fünf Tagen verlangt, nachdem sie vom Ausstandsgrund Kenntnis erhalten hat.

[2] Nicht wiederholbare Beweismassnahmen dürfen von der entscheidenden Instanz berücksichtigt werden.

[3] Wird der Ausstandsgrund erst nach Abschluss des Verfahrens entdeckt, so gelten die Bestimmungen über die Revision.

7. Kapitel: Revision, Erläuterung und Berichtigung

1. Abschnitt: Revision

Art. 121 Verletzung von Verfahrensvorschriften   **Rz. 5.40 ff., 5.52 ff.**

Die Revision eines Entscheids des Bundesgerichts kann verlangt werden, wenn:

a. die Vorschriften über die Besetzung des Gerichts oder über den Ausstand verletzt worden sind;

b. das Gericht einer Partei mehr oder, ohne dass das Gesetz es erlaubt, anderes zugesprochen hat, als sie selbst verlangt hat, oder weniger als die Gegenpartei anerkannt hat;

c. einzelne Anträge unbeurteilt geblieben sind;

d. das Gericht in den Akten liegende erhebliche Tatsachen aus Versehen nicht berücksichtigt hat.

Art. 122 Verletzung der Europäischen
          Menschenrechtskonvention   **Rz. 5.58 ff.**

Die Revision wegen Verletzung der Europäischen Menschenrechtskonvention vom 4. November 1950[3] (EMRK) kann verlangt werden, wenn:

a. der Europäische Gerichtshof für Menschenrechte in einem endgültigen Urteil festgestellt hat, dass die EMRK oder die Protokolle dazu verletzt worden sind;

b. eine Entschädigung nicht geeignet ist, die Folgen der Verletzung auszugleichen; und

c. die Revision notwendig ist, um die Verletzung zu beseitigen.

Art. 123 Andere Gründe   **Rz. 5.43, 5.45 ff., 5.61**

[1] Die Revision kann verlangt werden, wenn ein Strafverfahren ergeben hat, dass durch ein Verbrechen oder Vergehen zum Nachteil der Partei auf den Entscheid eingewirkt wurde; die Verurteilung durch das Strafgericht ist nicht erforderlich. Ist das Strafverfahren nicht durchführbar, so kann der Beweis auf andere Weise erbracht werden.

[2] Die Revision kann zudem verlangt werden:

a. in Zivilsachen und öffentlich-rechtlichen Angelegenheiten, wenn die ersuchende Partei nachträglich erhebliche Tatsachen erfährt oder entscheidende Beweismittel auffindet, die sie im früheren Verfahren nicht beibringen konnte, unter Ausschluss der Tatsachen und Beweismittel, die erst nach dem Entscheid entstanden sind;

b. in Strafsachen, wenn die Voraussetzungen von Artikel 229 Ziffer 1 oder 2 des Bundesgesetzes vom 15. Juni 1934[4] über die Bundesstrafrechtspflege erfüllt sind.

Art. 124 Frist   **Rz. 5.63 ff.**

[1] Das Revisionsgesuch ist beim Bundesgericht einzureichen:

a. wegen Verletzung der Ausstandsvorschriften: innert 30 Tagen nach der Entdeckung des Ausstandsgrundes;

b. wegen Verletzung anderer Verfahrensvorschriften: innert 30 Tagen nach der Eröffnung der vollständigen Ausfertigung des Entscheids;

3 SR **0.101**
4 SR **312.0**

c. wegen Verletzung der EMRK[5]: innert 90 Tagen, nachdem das Urteil des Europäischen Gerichtshofs für Menschenrechte nach Artikel 44 EMRK endgültig geworden ist;

d. aus anderen Gründen: innert 90 Tagen nach deren Entdeckung, frühestens jedoch nach der Eröffnung der vollständigen Ausfertigung des Entscheids oder nach dem Abschluss des Strafverfahrens.

[2] Nach Ablauf von zehn Jahren nach der Ausfällung des Entscheids kann die Revision nicht mehr verlangt werden, ausser:

a. in Strafsachen aus den Gründen nach Artikel 123 Absatz 1 und 2 Buchstabe b;

b. in den übrigen Fällen aus dem Grund nach Artikel 123 Absatz 1.

Art. 125   Verwirkung   Rz. 5.43

Die Revision eines Entscheids, der den Entscheid der Vorinstanz bestätigt, kann nicht aus einem Grund verlangt werden, der schon vor der Ausfällung des bundesgerichtlichen Entscheids entdeckt worden ist und mit einem Revisionsgesuch bei der Vorinstanz hätte geltend gemacht werden können.

Art. 126   Vorsorgliche Massnahmen   Rz. 5.72

Nach Eingang des Revisionsgesuchs kann der Instruktionsrichter oder die Instruktionsrichterin von Amtes wegen oder auf Antrag einer Partei den Vollzug des angefochtenen Entscheids aufschieben oder andere vorsorgliche Massnahmen treffen.

Art. 127   Schriftenwechsel   Rz. 5.74

Soweit das Bundesgericht das Revisionsgesuch nicht als unzulässig oder unbegründet befindet, stellt es dieses der Vorinstanz sowie den allfälligen anderen Parteien, Beteiligten oder zur Beschwerde berechtigten Behörden zu; gleichzeitig setzt es ihnen eine Frist zur Einreichung einer Vernehmlassung an.

Art. 128   Entscheid

[1] Findet das Bundesgericht, dass der Revisionsgrund zutrifft, so hebt es den früheren Entscheid auf und entscheidet neu.

[2] Wenn das Gericht einen Rückweisungsentscheid aufhebt, bestimmt es gleichzeitig die Wirkung dieser Aufhebung auf einen neuen Entscheid der Vorinstanz, falls in der Zwischenzeit ein solcher ergangen ist.

[3] Entscheidet das Bundesgericht in einer Strafsache neu, so ist Artikel 237 des Bundesgesetzes vom 15. Juni 1934[6] über die Bundesstrafrechtspflege sinngemäss anwendbar.

---

5 SR **0.101**
6 SR **312.0**

2. Abschnitt: Erläuterung und Berichtigung

Art. 129   **Rz. 5.80 ff.**

[1] Ist das Dispositiv eines bundesgerichtlichen Entscheids unklar, unvollständig oder zweideutig, stehen seine Bestimmungen untereinander oder mit der Begründung im Widerspruch oder enthält es Redaktions- oder Rechnungsfehler, so nimmt das Bundesgericht auf schriftliches Gesuch einer Partei oder von Amtes wegen die Erläuterung oder Berichtigung vor.

[2] Die Erläuterung eines Rückweisungsentscheids ist nur zulässig, solange die Vorinstanz nicht den neuen Entscheid getroffen hat.

[3] Die Artikel 126 und 127 sind sinngemäss anwendbar.

IV. Geschäftsreglement für das Bundesverwaltungsgericht (VGR)

173.320.1

vom 17. April 2008

Das Bundesverwaltungsgericht,

gestützt auf Artikel 16 Absatz 1 Buchstabe a des Verwaltungsgerichtsgesetzes vom 17. Juni 2005[1] (VGG),

erlässt folgendes Reglement:

1. Kapitel: Organe

1. Abschnitt: Gesamtgericht

Art. 1 Aufgaben   Rz. 1.15

Das Gesamtgericht ist zuständig für:

a. den Erlass von Reglementen über die Organisation und Verwaltung des Gerichts, die Geschäftsverteilung, die Information, die Gerichtsgebühren sowie die Entschädigungen an Parteien, amtliche Vertreter und Vertreterinnen, Sachverständige und Zeugen und Zeuginnen;

b. die Wahl der Mitglieder der Verwaltungskommission, die nicht dem Präsidium angehören;

c. die Wahl der Präsidenten und Präsidentinnen der eidgenössischen Schätzungskommissionen, ihrer Stellvertreter und Stellvertreterinnen sowie der vom Bundesverwaltungsgericht zu wählenden Mitglieder der Oberschätzungskommission auf Antrag der für Enteignungsfragen zuständigen Abteilung;

d. die Wahl der Mitglieder der Schlichtungsstelle, die ihr nicht von Amtes wegen angehören;

e. Entscheide über Veränderungen des Beschäftigungsgrades der Richter und Richterinnen während der Amtsdauer;

f. die Verabschiedung des Geschäftsberichts;

g. die Bestellung der Abteilungen und die Wahl ihrer Präsidenten und Präsidentinnen auf Antrag der Verwaltungskommission;

h. den Vorschlag an die Bundesversammlung für die Wahl des Präsidenten oder der Präsidentin und des Vizepräsidenten oder der Vizepräsidentin;

i. die Anstellung des Generalsekretärs oder der Generalsekretärin und des Stellvertreters oder der Stellvertreterin auf Antrag der Verwaltungskommission;

j. Beschlüsse betreffend den Beitritt zu internationalen Vereinigungen;

k. andere Aufgaben, die ihm vom Verwaltungsgerichtsgesetz zugewiesen werden.

---

1 SR 173.32

Art. 2 Kommission des Gesamtgerichts

Das Gesamtgericht setzt eine Kommission ein, die die Behandlung wichtiger Geschäfte vorbereitet, Stellungnahmen erarbeitet und Anliegen von allgemeinem Interesse einbringt.

Art. 3 Einberufung

[1] Das Gesamtgericht wird vom Präsidenten oder von der Präsidentin des Bundesverwaltungsgerichts einberufen. Die Einberufung kann verlangt werden von:

a. der Verwaltungskommission;
b. einer Abteilung;
c. mindestens einem Fünftel der Mitglieder des Gesamtgerichts.

[2] Die Mitglieder des Gesamtgerichts werden zu den Sitzungen schriftlich eingeladen. Die Einladung mit der Traktandenliste ist mindestens fünf Kalendertage vor dem Sitzungstag zuzustellen. Allfällige Unterlagen sind der Einladung beizufügen oder zur Einsicht aufzulegen.

Art. 4 Beschlussfassung

Das Gesamtgericht trifft seine Entscheide, Beschlüsse und Wahlen gemäss den Artikeln 16 Absätze 2 und 3 und 22 VGG. Die Beschlussfassung auf dem Zirkulationsweg ist ausgeschlossen, wenn eine Abteilung oder mindestens ein Fünftel der Mitglieder des Gesamtgerichts die Diskussion eines Geschäfts verlangt.

Art. 5 Wahlen

[1] Wählbar sind nur Kandidaten und Kandidatinnen, deren Kandidatur den Mitgliedern des Gesamtgerichts zusammen mit der Einladung zur Wahlversammlung bekanntgegeben worden ist. Dies gilt insbesondere für:

a. den Vorschlag an die Bundesversammlung für die Wahl des Präsidenten oder der Präsidentin und des Vizepräsidenten oder der Vizepräsidentin.
b. die Wahl der Mitglieder der Verwaltungskommission nach Artikel 11 Absatz 1 Buchstabe c;
c. die Wahl der Mitglieder der Schlichtungsstelle nach Artikel 16 Absatz 2.

[2] Der Präsident oder die Präsidentin des Bundesverwaltungsgerichts legt die Frist für die Einreichung von Wahlvorschlägen fest. Er oder sie teilt die Namen der Kandidaten und Kandidatinnen spätestens fünf Tage vor der Wahl den Mitgliedern des Gesamtgerichts mit.

[3] Jedes Mitglied des Gesamtgerichts kann ein anderes Mitglied zur Wahl vorschlagen; das Einverständnis des vorgeschlagenen Mitglieds muss spätestens bei Beginn der Wahlversammlung vorliegen.

Art. 6 Wahl der Präsidenten oder Präsidentinnen der
Abteilungen

[1] Zum Präsidenten oder zur Präsidentin einer Abteilung können nur Kandidaten und Kandidatinnen gewählt werden, deren Kandidatur vorgängig bei der Verwaltungskommission angemeldet und von dieser geprüft worden ist.

[2] Die Verwaltungskommission legt die Frist für die Anmeldung von Kandidaturen fest und teilt diese dem Gesamtgericht mit.

[3] Sie prüft die Kandidaturen und hört die betroffene Abteilung an.

[4] Sie teilt ihren Wahlvorschlag zusammen mit den Namen der übrigen geprüften Kandidaten und Kandidatinnen spätestens fünf Tage vor der Wahl den Mitgliedern des Gesamtgerichts mit.

[5] Schlägt die Verwaltungskommission für die Wahl nur einen einzigen Kandidaten oder eine einzige Kandidatin vor und stehen auch keine weiteren geprüften Kandidaturen zur Wahl, so ist der Kandidat oder die Kandidatin nur gewählt, wenn die absolute Mehrheit aller an der Sitzung teilnehmenden Mitglieder des Gesamtgerichts dem Vorschlag zustimmt. Andernfalls wird das Geschäft an die Verwaltungskommission zurückgewiesen.

Art. 7 Wahlen in Kommissionen nach dem Enteignungsgesetz

[1] Kandidaturen zur Wahl als Präsident oder Präsidentin und als Vizepräsident oder Vizepräsidentin einer Schätzungskommission nach Artikel 59 des Enteignungsgesetzes vom 20. Juni 1930[2] (EntG) sowie als Mitglied der Oberschätzungskommission nach Artikel 80 EntG sind bei der ersten Abteilung anzumelden.

[2] Die Abteilung prüft die eingegangenen Kandidaturen.

[3] Ihre Wahlvorschläge sind spätestens fünf Tage vor der Wahl den Mitgliedern des Gesamtgerichts mitzuteilen.

Art. 8 Anstellung des Generalsekretärs oder der
Generalsekretärin

Für die Anstellung des Generalsekretärs oder der Generalsekretärin und dessen oder deren Stellvertretung macht die Verwaltungskommission einen Vorschlag zuhanden des Gesamtgerichts. Dieses entscheidet über Annahme oder Ablehnung des Vorschlags.

Art. 9 Wahlverfahren

[1] Das Gesamtgericht entscheidet über die Wahl- und Anstellungsvorschläge durch geheime Stimmabgabe.

[2] Gewählt ist, wer mehr als die Hälfte der gültigen Stimmen auf sich vereinigt.

2 SR **711**

³ Für die Bestimmung des absoluten Mehrs nach Artikel 22 VGG werden die leeren und die ungültigen Wahlzettel nicht gezählt. Vorbehalten bleibt Artikel 6 Absatz 5.

⁴ Erreicht niemand das absolute Mehr, so scheidet nach jedem Wahlgang der Kandidat oder die Kandidatin mit der geringsten Stimmenzahl aus.

2. Abschnitt: Präsidium

Art. 10   **Rz. 1.15**

¹ Der Präsident oder die Präsidentin des Bundesverwaltungsgerichts hat namentlich folgende Aufgaben:

a. Vertretung des Gerichts nach aussen;
b. Vorsitz im Gesamtgericht und in der Verwaltungskommission;
c. Einberufung des Gesamtgerichts und der Verwaltungskommission sowie Entscheid über die Anwendung des Zirkulationsverfahrens.

² Der Vizepräsident oder die Vizepräsidentin vertritt und unterstützt den Präsidenten oder die Präsidentin und nimmt zusammen mit ihm oder ihr die dem Präsidium zugewiesenen Aufgaben wahr.

³ Der Präsident oder die Präsidentin und der Vizepräsident oder die Vizepräsidentin werden im Umfang ihrer Präsidialaufgaben von der Mitwirkung bei der Rechtsprechung entlastet.

3. Abschnitt: Verwaltungskommission

Art. 11 Organisation und Aufgaben   **Rz. 1.15**

¹ Die Verwaltungskommission setzt sich zusammen aus:

a. dem Präsidenten oder der Präsidentin des Bundesverwaltungsgerichts;
b. dem Vizepräsidenten oder der Vizepräsidentin; und
c. höchstens drei weiteren Richtern oder Richterinnen.

² Die Mitglieder der Verwaltungskommission sind nicht zugleich Präsidenten oder Präsidentinnen einer Abteilung.

³ Die Verwaltungskommission ist zuständig für:

a. die Verabschiedung des Entwurfs des Voranschlags und der Rechnung zuhanden der Bundesversammlung;
b. die Massnahmen zur Bewältigung der Geschäftslast;
c. den Erlass von Verfügungen über das Arbeitsverhältnis der Richter und Richterinnen, soweit das Gesetz oder dieses Reglement nicht eine andere Behörde als zuständig bezeichnet;
d. die Bewilligung für die Ausübung einer Beschäftigung von Richtern und Richterinnen ausserhalb des Gerichts;
e. die Anordnung der Aushilfe von Richtern und Richterinnen in anderen Abteilungen;
f. die Anstellung der Gerichtsschreiber und Gerichtsschreiberinnen und deren Zuteilung an die Abteilungen auf Antrag der Abteilungen;

g. sämtliche übrigen Personalentscheide, welche die Richter und Richterinnen oder die Gerichtsschreiber und Gerichtsschreiberinnen betreffen; vorbehalten bleibt Artikel 1 Buchstabe d;

h. die Gewährleistung einer angemessenen Fortbildung des Personals;

i. die Bereitstellung genügender wissenschaftlicher und administrativer Dienstleistungen;

j. die Aufsicht über den Generalsekretär oder die Generalsekretärin und den Stellvertreter oder die Stellvertreterin;

k. Grundsatzentscheide betreffend die Registratur, die Dossierführung und die Archivierung;

l. die Genehmigung:
   1. der Zuteilung der Richter und Richterinnen an die Kammern (Art. 25 Abs. 2) und der Bestellung des zweiten Kammerpräsidiums (Art. 25 Abs. 3),
   2. der Richtlinien betreffend die Verteilung der Geschäfte auf die Kammern (Art. 26),
   3. des Schlüssels für die Geschäftsverteilung (Art. 31 Abs. 3);

m. sämtliche weiteren Verwaltungsgeschäfte, die nicht in die Zuständigkeit des Gesamtgerichts oder der Präsidentenkonferenz fallen.

[4] Die Verwaltungskommission kann einzelne Geschäfte an den Präsidenten oder die Präsidentin, das Generalsekretariat oder die Abteilungen delegieren; in den Fällen von Absatz 3 Buchstaben a, c, d, f und j ist die Delegation ausgeschlossen.

[5] Die Mitglieder der Verwaltungskommission werden im Umfang ihrer Leitungsaufgaben von der Mitwirkung bei der Rechtsprechung entlastet.

Art. 12 Beschlussfassung

[1] Die Verwaltungskommission fasst ihre Beschlüsse gemäss Artikel 22 VGG.

[2] Sie ist beschlussfähig, wenn an der Sitzung oder an der Zirkulation mindestens drei Mitglieder teilnehmen.

Art. 13 Zusammenarbeit mit anderen Organen

[1] Hat die Verwaltungskommission Entscheide zu treffen, welche die Bewältigung der Geschäftslast, die personelle Zusammensetzung sämtlicher Abteilungen oder andere für alle Abteilungen wesentliche Fragen berühren, so hört sie vorgängig die Präsidentenkonferenz und, sofern erforderlich, die betroffenen Mitarbeiter und Mitarbeiterinnen an.

[2] Berühren die Entscheide nicht alle Abteilungen, so hört sie vorgängig die betroffenen Abteilungen und, sofern erforderlich, die betroffenen Mitarbeiter und Mitarbeiterinnen an.

4. Abschnitt: Präsidentenkonferenz

Art. 14   Rz. 1.15

[1] Die Präsidentenkonferenz besteht aus den Präsidenten und Präsidentinnen der Abteilungen. Der Präsident oder die Präsidentin des Bundesverwaltungsgerichts kann an den Sitzungen mit beratender Stimme teilnehmen.

[2] Die Präsidentenkonferenz ist insbesondere zuständig für:

a. den Erlass von Weisungen und einheitlichen Regeln für das Zirkulationsverfahren, die Gestaltung der Urteile (Zitierweise, Abkürzungen und dergleichen) und deren Anonymisierung;

b. die Koordination der Rechtsprechung unter den Abteilungen unter Vorbehalt von Artikel 25 VGG (Praxisänderung und Präjudiz); sind nur einzelne Abteilungen betroffen, so sind die jeweiligen Abteilungspräsidenten oder Abteilungspräsidentinnen für die Koordination zuständig;

c. die Vernehmlassung zu Erlassentwürfen;

d. den Antrag an die Verwaltungskommission betreffend die Verteilung der Geschäfte gemäss Artikel 24 Absatz 4;

e. die Wahl der Mitglieder der Redaktionskommission.

[3] Die Präsidentenkonferenz konstituiert sich selbst. Im Verhinderungsfall haben sich ihre Mitglieder vertreten zu lassen (Art. 20 Abs. 2 VGG).

[4] Die Präsidentenkonferenz kann Geschäfte an eines oder mehrere ihrer Mitglieder oder an das Generalsekretariat delegieren.

5. Abschnitt: Generalsekretariat

Art. 15   Rz. 1.15

[1] Der Generalsekretär oder die Generalsekretärin steht der Gerichtsverwaltung einschliesslich der wissenschaftlichen Dienste vor. Er oder sie ist zuständig für die Vorbereitung und Ausführung der vom Gesamtgericht, der Verwaltungskommission und der Präsidentenkonferenz gefassten Beschlüsse. Dabei ist er oder sie insbesondere zuständig für:

a. den Erlass von Weisungen und einheitlichen Regeln, insbesondere in den Bereichen Personal, Registratur, Dossierführung, Sicherheit und Archivierung;

b. die Liegenschaftsverwaltung (Unterhalt, Benützung, Bauten, Miete);

c. die Vorbereitung von Rechnung, Voranschlag und Finanzplan sowie die Kontrolle des Finanzwesens;

d. die Informations- und Öffentlichkeitsarbeit gemäss dem Informationsreglement vom 21. Februar 2008[3] für das Bundesverwaltungsgericht;

e. die Vorbereitung und Ausführung von Personalentscheiden, welche die Richter und Richterinnen sowie die Gerichtsschreiber und Gerichtsschreiberinnen betreffen;

---

3 SR **173.320.4**; AS **2008** 221

f. sämtliche Personalentscheide, welche das übrige Personal betreffen; die Abteilungen sind in geeigneter Form in die Entscheidfindung einzubeziehen;

g. die Gewährleistung der Sicherheit;

h. die Gewährleistung angemessener Informatikdienstleistungen;

i. sämtliche weiteren Geschäfte, die dem Generalsekretariat von den anderen Leitungsorganen zur Erledigung übertragen sind.

[2] Der Generalsekretär oder die Generalsekretärin nimmt mit beratender Stimme an den Sitzungen des Gesamtgerichts, der Verwaltungskommission und der Präsidentenkonferenz teil und ist für die Protokollführung verantwortlich.

[3] Der Stellvertreter oder die Stellvertreterin unterstützt den Generalsekretär oder die Generalsekretärin und nimmt zusammen mit ihm oder ihr die dem Generalsekretariat zugewiesenen Aufgaben wahr.

6. Abschnitt: Schlichtungsstelle

Art. 16   Rz. 1.15

[1] Zur Beilegung von Konflikten zwischen Richtern und Richterinnen besteht eine Schlichtungsstelle. Diese setzt sich zusammen aus dem Präsidenten oder der Präsidentin des Bundesverwaltungsgerichts und fünf weiteren Mitgliedern.

[2] Die Mitglieder werden vom Gesamtgericht gewählt; die Amtsdauer richtet sich nach Artikel 9 Absatz 1 VGG. Sie gehören weder der Verwaltungskommission an noch sind sie Präsidenten oder Präsidentinnen einer Abteilung.

[3] Die Schlichtungsstelle hört die vom Konflikt betroffenen Personen an. Sie kann ihnen Empfehlungen abgeben und Vergleichsvorschläge unterbreiten.

[4] Erfordert die Schlichtung eines Konflikts Massnahmen, die in der Kompetenz des Gesamtgerichts oder der Verwaltungskommission liegen, so stellt die Schlichtungsstelle entsprechend Antrag.

[5] Die Schlichtungsstelle erlässt ein Verfahrensreglement und unterbreitet es dem Gesamtgericht zur Genehmigung.

7. Abschnitt: Unterschriften

Art. 17

[1] Bei Geschäften, die in die Zuständigkeit des Gesamtgerichts oder der Verwaltungskommission fallen, unterzeichnen der Präsident oder die Präsidentin des Bundesverwaltungsgerichts und der Generalsekretär oder die Generalsekretärin gemeinsam.

[2] Bei Geschäften, die in die Zuständigkeit der Präsidentenkonferenz fallen, unterzeichnen der oder die Vorsitzende und der Generalsekretär oder die Generalsekretärin gemeinsam, bei Vernehmlassungen der oder die Vorsitzende und der Präsident oder die Präsidentin des Bundesverwaltungsgerichts gemeinsam.

[3] Bei Geschäften, die in die alleinige Zuständigkeit des Präsidenten oder der Präsidentin des Bundesverwaltungsgerichts fallen, unterzeichnet dieser oder diese allein.

[4] Bei Verwaltungsangelegenheiten unterzeichnet der Generalsekretär oder die Generalsekretärin allein. Er oder sie kann die Unterschriftenberechtigung für bestimmte Geschäfte an andere Personen delegieren.

2. Kapitel: Organisation der Rechtsprechung

1. Abschnitt: Abteilungen

Art. 18 Zahl und Zusammensetzung   **Rz. 1.16 f.**

[1] Das Bundesverwaltungsgericht besteht aus fünf Abteilungen.

[2] Die Abteilungen setzen sich aus den ihnen vom Gesamtgericht zugeteilten Richtern und Richterinnen zusammen.

[3] Die Richter und Richterinnen sind auf Anordnung der Verwaltungskommission zur Aushilfe in anderen Abteilungen verpflichtet.

Art. 19 Bestellung

[1] Das Gesamtgericht bestellt auf Antrag der Verwaltungskommission jeweils für zwei Jahre die Abteilungen und macht ihre Zusammensetzung öffentlich bekannt.

[2] Gesuche um Umteilung in eine andere Abteilung sind an die Verwaltungskommission zu richten. Diese lädt die betroffenen Abteilungen zur Stellungnahme ein.

[3] Vor Ablauf der zweijährigen Periode ist eine Umteilung in eine andere Abteilung nur möglich, wenn eine Vakanz entstanden ist oder wenn wichtige Gründe vorliegen.

Art. 20 Vakanzen

Bei Vakanzen entscheidet das Bundesverwaltungsgericht vor der Ausschreibung durch die Gerichtskommission, ob die frei gewordene Richterstelle durch eine interne Umteilung besetzt wird. Das Verfahren richtet sich nach Artikel 19.

Art. 21 Organisation

Soweit die Aufgaben und die Organisation nicht durch das VGG oder dieses Geschäftsreglement festgelegt sind, organisieren sich die Abteilungen selbst.

Art. 22 Vereinigte Abteilungen   **Rz. 1.19**

[1] Bei Geschäften der vereinigten Abteilungen (Art. 25 VGG) führt der amtsälteste Abteilungspräsident oder die amtsälteste Abteilungspräsidentin, bei gleichem Dienstalter der älteste Abteilungspräsident oder die älteste Abteilungspräsidentin den Vorsitz. Sind sämtliche Abteilungen betroffen, so führt der Präsident oder die Präsidentin des Bundesverwaltungsgerichts den Vorsitz.

² Der oder die Vorsitzende bezeichnet ein Gerichtsmitglied, welches einen Bericht über die zu entscheidende Rechtsfrage erstellt. Es kann ein zweiter Berichterstatter oder eine zweite Berichterstatterin bestimmt werden.

³ Stimmenthaltung ist nicht zulässig. Bei Stimmengleichheit gibt die Stimme des oder der Vorsitzenden den Ausschlag.

Art. 23 Zuständigkeiten   **Rz. 1.18**

¹ Die erste Abteilung behandelt Geschäfte, die ihren Schwerpunkt in den Bereichen Infrastruktur, Umwelt, Abgaben und Personal haben. Sie übt zudem die Aufsicht über die Geschäftsführung der Schätzungskommissionen und ihrer Präsidenten oder Präsidentinnen aus.

² Die zweite Abteilung behandelt Geschäfte, die ihren Schwerpunkt in den Bereichen Wirtschaft, Wettbewerb und Bildung haben.

³ Die dritte Abteilung behandelt Geschäfte, die ihren Schwerpunkt in den Bereichen Ausländerrecht, Sozialversicherungen und Gesundheit haben.

⁴ Die vierte und fünfte Abteilung behandeln Geschäfte im Bereich des Asylrechts.

⁵ Im Einzelnen wird die Geschäftsverteilung im Anhang geregelt.

Art. 24 Zuteilung der Geschäfte und Ausgleichung der
            Geschäftslast

¹ Für die Zuteilung eines Geschäfts an eine Abteilung ist die Rechtsfrage massgebend, auf der das Schwergewicht der Entscheidung liegt.

² Von der Zuteilung der Geschäfte nach Artikel 23 und dem Anhang kann aufgrund der Natur des Geschäfts, seinem Zusammenhang mit andern Geschäften sowie zur Ausgleichung der Geschäftslast abgewichen werden.

³ Die zuständigen Abteilungspräsidenten oder Abteilungspräsidentinnen einigen sich in den Fällen der Absätze 1 und 2 über die Geschäftszuteilung. Bei Meinungsverschiedenheiten entscheidet der Präsident oder die Präsidentin des Bundesverwaltungsgerichts.

⁴ Die Verwaltungskommission kann auf Antrag der Präsidentenkonferenz zur Ausgleichung der Geschäftslast vorübergehend auch ganze Gruppen von Geschäften abweichend von Artikel 23 und vom Anhang zuteilen.

2. Abschnitt: Kammern

Art. 25 Zahl und Zusammensetzung   **Rz. 1.17**

¹ Die Abteilungen gliedern sich in zwei Kammern. Eine Aufteilung in mehr als zwei Kammern oder der Verzicht auf die Bildung von Kammern bedarf der Genehmigung durch die Verwaltungskommission.

² Die Richter und Richterinnen der Abteilungen bestellen die Kammern nach den Regeln von Artikel 19 VGG; die Bestellung bedarf der Genehmigung durch die Verwaltungskommission.

[3] Der Abteilungspräsident oder die Abteilungspräsidentin ist zugleich Präsident oder Präsidentin einer Kammer. Das zweite Kammerpräsidium wird von den Richtern und Richterinnen der Abteilungen nach den Regeln von Artikel 20 VGG bestellt; die Bestellung bedarf der Genehmigung durch die Verwaltungskommission. Die Kammern können ausserdem einen stellvertretenden Kammerpräsidenten oder eine stellvertretende Kammerpräsidentin bestimmen.

[4] Für den Kammervorsitz gilt die gleiche Amtszeitbeschränkung wie für das Abteilungspräsidium (Art. 20 Abs. 3 VGG). Bei einer Wahl vom Kammer- ins Abteilungspräsidium wird die bisherige Amtsdauer als Kammerpräsident oder Kammerpräsidentin nicht angerechnet.

[5] Die Kammerpräsidenten und Kammerpräsidentinnen sind zuständig für:

a. die Zuteilung der Geschäfte an die Richter und Richterinnen nach Artikel 31 Absatz 2;
b. die Bestimmung des Spruchkörpers nach Artikel 32 Absatz 1;
c. die Anordnung einer öffentlichen Parteiverhandlung;
d. die Anordnung einer mündlichen Beratung;
e. die Anordnung einer öffentlichen Beratung;
f. die Übertragung von Aufgaben an die Gerichtsschreiber und Gerichtsschreiberinnen.

Art. 26 Geschäftsverteilung   **Rz. 1.19**

[1] Die Abteilungen erlassen Richtlinien über die Verteilung der Geschäfte auf die Kammern.

[2] Die Richtlinien sind der Verwaltungskommission zur Genehmigung vorzulegen.

3. Abschnitt: Richter und Richterinnen

Art. 27 Beschäftigungsgrad

[1] Der Beschäftigungsgrad der Richter und Richterinnen wird bei der Wahl durch die Bundesversammlung festgesetzt. Für Änderungen des Beschäftigungsgrades während der Amtsdauer ist das Gesamtgericht zuständig.

[2] Ein Gesuch um Änderung des Beschäftigungsgrads während der Amtsdauer ist bei der Abteilung einzureichen. Diese leitet das Gesuch mit ihrer Stellungnahme an die Verwaltungskommission zuhanden des Gesamtgerichts weiter.

[3] Es besteht kein Anspruch auf Änderung des Beschäftigungsgrads.

Art. 28 Ausübung einer Beschäftigung ausserhalb
des Gerichts   **Rz. 1.10**

[1] Will ein Richter oder eine Richterin einer Beschäftigung ausserhalb des Gerichts nachgehen, so hat er oder sie der Abteilung ein Gesuch um Erteilung einer Bewilligung einzureichen.

² Die Abteilung leitet das Gesuch mit ihrer Stellungnahme an die Verwaltungskommission weiter.

³ Die Bewilligung kann nur erteilt werden, wenn der Richter oder die Richterin in zeitlicher Hinsicht nicht an der uneingeschränkten Erfüllung der Amtspflicht gehindert wird. Die Regeln über die Unvereinbarkeit (Art. 6 VGG) sind in jedem Fall zu beachten.

4. Abschnitt: Gerichtsschreiber und Gerichtsschreiberinnen

Art. 29 Aufgaben   **Rz. 1.13 f.**

¹ Die Gerichtsschreiber und Gerichtsschreiberinnen sind zuständig für die Aufgaben nach Artikel 26 Absätze 1 und 2 VGG.

² Sie sind ausserdem zuständig für:

a. die Protokollführung an Verhandlungen und Beratungen;
b. die Bearbeitung und Anonymisierung der zur Veröffentlichung bestimmten oder an Dritte abzugebenden Urteile;
c. die schriftliche Mitteilung des Urteilsdispositivs im Falle einer öffentlichen Beratung.

³ Der Instruktionsrichter oder die Instruktionsrichterin kann einen Gerichtsschreiber oder eine Gerichtsschreiberin ermächtigen, eine Instruktionsverfügung von geringerer Bedeutung im Namen des Richters oder der Richterin zu unterzeichnen.

⁴ Die Präsidenten und Präsidentinnen der Abteilungen können ständige abteilungsinterne Aufgaben den Gerichtsschreibern oder Gerichtsschreiberinnen übertragen; sie können namentlich einen Gerichtsschreiber oder eine Gerichtsschreiberin als Präsidialsekretär oder Präsidialsekretärin bestimmen.

Art. 30 Zuteilung und Unterstellung

Die Abteilungen regeln die Zuteilung und Unterstellung der Gerichtsschreiber und Gerichtsschreiberinnen.

3. Kapitel: Geschäftsabwicklung und Verfahren

Art. 31 Geschäftsverteilung   **Rz. 3.54, 5.56**

¹ Die Abteilungspräsidenten und Abteilungspräsidentinnen verteilen die Geschäfte auf die Kammern nach Artikel 26.

² Übernehmen die Kammerpräsidenten und Kammerpräsidentinnen nicht selbst die Verfahrensleitung, so teilen sie die Geschäfte einem Richter oder einer Richterin zur Prozessinstruktion und Fallerledigung zu.

³ Die Zuteilung der Geschäfte nach Absatz 2 erfolgt nach einem von den Abteilungen im Voraus festgelegten Schlüssel. Dieser ist der Verwaltungskommission zur

Genehmigung vorzulegen. Massgebend für den Schlüssel ist die Reihenfolge der Geschäftseingänge. Angemessen zu berücksichtigen sind ferner die Amtssprachen und der Beschäftigungsgrad der Richter und Richterinnen, deren Belastung durch die Mitarbeit in Gerichtsgremien und allfällige weitere Kriterien wie spezifische Kammerzuständigkeiten oder die Vorbefassung von Richtern oder Richterinnen.

Art. 32 Bildung der Spruchkörper   **Rz. 3.53 f., 3.56, 3.73, 5.56**

[1] Steht fest, dass das Geschäft nicht in die Kompetenz eines Einzelrichters oder einer Einzelrichterin fällt, so bezeichnet der Kammerpräsident oder die Kammerpräsidentin das zweite und dritte Mitglied des Spruchkörpers. Artikel 31 Absatz 3 ist sinngemäss anwendbar.

[2] Solange das Urteil noch nicht zustande gekommen ist, kann jedes Mitglied des Spruchkörpers beantragen, dass das Urteil in Fünferbesetzung zu fällen sei. Sofern der Kammerpräsident oder die Kammerpräsidentin nicht gleichzeitig Abteilungspräsident oder Abteilungspräsidentin ist, leitet er oder sie den Antrag nach Anhörung des Instruktionsrichters oder der Instruktionsrichterin mit der eigenen Empfehlung an den Abteilungspräsidenten oder die Abteilungspräsidentin zur Entscheidung gemäss Artikel 21 Absatz 2 VGG.

[3] Die Fünferbesetzung besteht aus:

a. den drei Mitgliedern des ordentlichen Spruchkörpers;
b. dem Präsidenten oder der Präsidentin der zuständigen Kammer, falls er oder sie nicht bereits zum ordentlichen Spruchkörper gehört;
c. soweit notwendig einem oder zwei weiteren Mitgliedern der Abteilung. Diese sind gemäss Artikel 31 Absatz 3 zu bestimmen, sofern nicht der Abteilungspräsident oder die Abteilungspräsidentin gemäss Abteilungsreglement als weiteres Mitglied mitwirkt.

[4] Die Abteilungen regeln, ob und in welcher Form den Parteien die Zusammensetzung des Spruchkörpers bekannt gegeben wird.

Art. 33 Entscheidfindung   **Rz. 3.159 f., 3.176**

[1] Die Entscheidfindung erfolgt entweder auf dem Weg der Aktenzirkulation oder durch mündliche Beratung (Art. 41 VGG).

[2] Das Zirkulationsverfahren wird vom Instruktionsrichter oder der Instruktionsrichterin geleitet.

[3] Parteiverhandlungen und mündliche Beratungen werden vom Präsidenten oder von der Präsidentin der Abteilung beziehungsweise der Kammer geleitet, sofern er oder sie zum Spruchkörper gehört. In den übrigen Fällen liegt die Leitung beim Instruktionsrichter oder bei der Instruktionsrichterin.

[4] Im Anschluss an eine öffentliche Beratung teilt das Gericht das Urteilsdispositiv den Parteien sofort mit.

Art. 34 Genehmigung der Urteilsbegründung

[1] Wird ein Entscheid im Zirkulationsverfahren gefällt, so kann die Urteilsbegründung nach Abschluss der Zirkulation nur geändert werden, wenn alle beteiligten Richter und Richterinnen einverstanden sind; vorbehalten bleiben redaktionelle Änderungen.

[2] Wird ein Entscheid an einer Beratung gefällt, so wird die schriftliche Urteilsbegründung bei den beteiligten Richtern und Richterinnen zur Genehmigung in Zirkulation gesetzt; Absatz 1 gilt sinngemäss.

Art. 35 Unterzeichnung der Entscheide   **Rz. 3.187**

[1] Die Urteile werden von dem oder der Vorsitzenden des Spruchkörpers und vom Gerichtsschreiber oder von der Gerichtsschreiberin unterzeichnet. Im Verhinderungsfalle unterzeichnet ein anderes Mitglied des Spruchkörpers.

[2] Einzelrichterliche Entscheide (Art. 23 VGG) werden vom urteilenden Richter oder von der urteilenden Richterin und vom Gerichtsschreiber oder von der Gerichtsschreiberin unterzeichnet. Im Verhinderungsfalle unterzeichnet ein vom urteilenden Richter oder von der urteilenden Richterin als Stellvertretung bezeichnetes Gerichtsmitglied.

[3] Instruktionsverfügungen werden vom Instruktionsrichter oder von der Instruktionsrichterin unterzeichnet; vorbehalten bleibt Artikel 29 Absatz 3. Im Verhinderungsfalle unterzeichnet ein vom Instruktionsrichter oder von der Instruktionsrichterin als Stellvertretung bezeichnetes Gerichtsmitglied.

Art. 36 Kleidung   **Rz. 3.177**

Zu den öffentlichen Sitzungen des Gerichts erscheinen die Richter und Richterinnen, die Gerichtsschreiber und Gerichtsschreiberinnen sowie die Vertreter und Vertreterinnen der Parteien in dunkler und dezenter Kleidung.

Art. 37 Bild- und Tonaufnahmen   **Rz. 3.176**

[1] Während den Verhandlungen und Beratungen sind Bild- und Tonaufnahmen untersagt; vorbehalten bleiben öffentliche Urteilsverkündungen, für welche die Verfahrensleitung solche Aufnahmen gestatten kann.

[2] Das Generalsekretariat bezeichnet die Räumlichkeiten, die für Bild- und Tonaufnahmen innerhalb der Gerichtsgebäude zur Verfügung stehen. Für Aufnahmen ausserhalb der besonders bezeichneten Räume ist eine Bewilligung des Generalsekretariats erforderlich.

4. Kapitel: Schlussbestimmungen

Art. 38 Aufhebung bisherigen Rechts

Das Geschäftsreglement vom 11. Dezember 2006[4] für das Bundesverwaltungsgericht wird aufgehoben.

Art. 39 Übergangsbestimmung zu Artikel 19

Die Zuteilung der Richter und Richterinnen an die Abteilungen durch die Gerichtskommission gemäss Artikel 173 Ziffer 5 des Parlamentsgesetzes vom 13. Dezember 2002[5] (Übergangsbestimmung zu Art. 40a) ist bis 31. Dezember 2008 verbindlich. Vorbehalten bleiben Umteilungen nach Artikel 19 Absatz 3.

Art. 40 Übergangsbestimmung zu Artikel 31

Bei der Zuteilung der Geschäfte, die das Bundesverwaltungsgericht gemäss Artikel 53 Absatz 2 VGG von den Eidgenössischen Rekurs- oder Schiedskommissionen oder den Beschwerdediensten der Departemente übernommen hat, kann vom Verteilschlüssel im Sinne von Artikel 31 Absatz 3 abgewichen werden.

Art. 41 Übergangsbestimmungen zu Artikel 32 und 35

[1] Auf hängige Verfahren ist das neue Recht anwendbar.

[2] Spruchkörper, die vor Inkrafttreten des neuen Rechts nach Artikel 25 Absätze 1 bis 3 des Geschäftsreglements vom 11. Dezember 2006 für das Bundesverwaltungsgericht bestimmt wurden, bleiben bestehen.

Art. 42 Inkrafttreten

Dieses Reglement tritt am 1. Juni 2008 in Kraft.

---

4   AS **2006** 5287
5   SR **171.10**

Geschäftsverteilung

1 Erste Abteilung

Der ersten Abteilung werden Geschäfte der folgenden Rechtsgebiete zugeteilt:

- Staatshaftung und Regress
- Bundespersonal (einschliesslich Personensicherheitsprüfungen und Ermächtigung zur Strafverfolgung von Bundespersonal)
- Datenschutz
- Eidgenössische Technische Hochschulen
- Turnen und Sport
- Natur- und Heimatschutz
- Militär
- Kriegsmaterial
- Bevölkerungs- und Zivilschutz
- Zollwesen
- Abgaben
- Steuern
- Alkohol
- Infrastrukturprojekte
- Raumplanung
- Fuss- und Wanderwege
- Enteignungen
- Wasserrecht
- Nationalstrassen
- Energie
- Verkehr und Transport
- Umweltschutz, Gewässerschutz
- Post- und Fernmeldewesen
- Radio und Fernsehen
- Wald
- Jagd
- Amts- oder Rechtshilfe, soweit sie Geschäfte der ersten Abteilung betrifft
- Beschwerden des Bundesstrafgerichts auf dem Gebiet des Arbeitsverhältnisses seiner Richter und Richterinnen und seines Personals.

2 Zweite Abteilung

Der zweiten Abteilung werden Geschäfte der folgenden Rechtsgebiete zugeteilt:

- Öffentliche Beschaffungen
- Stiftungsaufsicht
- Handelsregister- und Firmenrecht

- Geistiges Eigentum
- Kartellrecht und Preisüberwachung
- Berufsbildung
- Förderung universitärer Hochschulen
- Stiftung Pro Helvetia
- Forschungsförderung
- Tierschutz
- Wirtschaftliche Landesversorgung
- Risikokapitalgesellschaften
- Arbeitsgesetzgebung
- Wohnraumförderung sowie Wohnbau- und Wohneigentumsförderung
- Landwirtschaft, Berggebiete
- Tierseuchen
- Bauprodukte
- Tourismus und Investitionsförderung
- Lotterie, Glücksspiele und Spielbanken, soweit es nicht um Abgaben geht
- Akkreditierung und Bezeichnung von Prüf-, Konformitätsbewertungs-, Anmelde- und Zulassungsstellen
- Edelmetallkontrolle
- Sprengstoffgesetzgebung
- Aussenhandel (einschliesslich Exportförderung)
- Nationalbank
- Aufsicht über Kreditinstitute und Börsen
- Geldwäscherei
- Aufsicht über die Privatversicherungen
- Amts- oder Rechtshilfe, soweit sie Geschäfte der zweiten Abteilung betrifft.

3 Dritte Abteilung

[1] Der dritten Abteilung werden Geschäfte der folgenden Rechtsgebiete zugeteilt:

- Bürgerrecht
- Anerkennung der Staatenlosigkeit
- Ausländerrecht
- Betrieb in den Empfangsstellen
- Sicherheitsleistungen und Abrechnungen über Sicherheitskonti
- Fürsorge nach dem Asylgesetz vom 26. Juni 1998[6]
- Ausstellung von Schweizer Pässen im Ausland
- Reisepapiere für ausländische Personen
- Archivierung
- finanzielle Hilfe an vorübergehend im Ausland weilende Schweizer Staatsangehörige
- Adoptionsvermittlung
- Teilung eingezogener Vermögenswerte

---

6 SR **142.31**

- Leistungen des Bundes für den Straf- und Massnahmenvollzug
- Eidgenössische Maturitätsprüfungen
- Kultur
- Denkmalschutz
- Waffenrecht
- medizinische Aus- und Weiterbildung
- Heilmittel
- Betäubungsmittel, Chemikalien, Strahlenschutz, medizinisch unterstützte Fortpflanzung, Lebensmittel, Bekämpfung von Krankheiten und Epidemien
- AHV/IV für im Ausland wohnende Personen
- berufliche Alters-, Hinterlassenen- und Invalidenvorsorge
- kollektive Leistungen der AHV/IV
- Krankenversicherung (einschliesslich Spezialitätenliste)
- Unfallversicherung
- Arbeitslosenversicherung
- Fürsorge nach dem Bundesgesetz über Fürsorgeleistungen an Auslandschweizer
- Amts- oder Rechtshilfe, soweit sie Geschäfte der dritten Abteilung betrifft

[2] Der dritten Abteilung werden zudem alle Geschäfte zugeteilt, die nach diesem Anhang keiner anderen Abteilung zugeordnet werden können.

4 Vierte und fünfte Abteilung

[1] Der vierten und fünften Abteilung werden alle Geschäfte auf dem Gebiet des Asylrechts zugeteilt, soweit nicht die dritte Abteilung zuständig ist.

[2] Die vierte und fünfte Abteilung sind insbesondere auch zuständig für Fälle der:

- Aufhebung einer im Rahmen des Asylverfahrens angeordneten vorläufigen Aufnahme
- vorläufigen Verweigerung der Einreise und Zuweisung eines Aufenthaltsortes am Flughafen
- Amts- oder Rechtshilfe, soweit sie Geschäfte der vierten oder fünften Abteilung betrifft.

[3] Die Aufteilung der Geschäfte auf die beiden Abteilungen erfolgt zu gleichen Anteilen und nach Zufallsprinzip. Vorbehalten bleiben Zuteilungen aus Sprachgründen sowie besondere Regelungen nach Vereinbarung zwischen den beiden Abteilungen.

V. Reglement
über die Kosten und Entschädigungen
vor dem Bundesverwaltungsgericht

173.320.2

(VGKE)

vom 11. Dezember 2006 (Stand am 19. Dezember 2006)

Das Bundesverwaltungsgericht,

gestützt auf Artikel 16 Absatz 1 Buchstabe a des Verwaltungsgerichtsgesetzes vom 17. Juni 2005[1] (VGG),

erlässt folgendes Reglement:

1. Kapitel: Kosten

Art. 1 Verfahrenskosten   **Rz. 4.11**

[1] Die Kosten der Verfahren vor dem Bundesverwaltungsgericht (Gericht) setzen sich zusammen aus der Gerichtsgebühr und den Auslagen.

[2] Mit der Gerichtsgebühr sind die Kosten für das Kopieren von Rechtsschriften und der für Dienstleistungen normalerweise anfallende Verwaltungsaufwand wie Personal-, Raum- und Materialkosten sowie Post-, Telefon- und Telefaxspesen abgegolten.

[3] Auslagen sind insbesondere die Kosten für Übersetzungen und für die Beweiserhebung. Die Kosten für Übersetzungen werden nicht verrechnet, wenn es sich um Übersetzungen zwischen Amtssprachen handelt.

Art. 2 Bemessung der Gerichtsgebühr   **Rz. 4.14, 4.22 ff.**

[1] Die Gerichtsgebühr bemisst sich nach Umfang und Schwierigkeit der Streitsache, Art der Prozessführung und finanzieller Lage der Parteien. Vorbehalten bleiben spezialgesetzliche Kostenregelungen.

[2] Bei mutwilliger Prozessführung kann die Gerichtsgebühr erhöht werden. Der Höchstbetrag nach Artikel 3 oder 4 darf nicht überschritten werden.

[3] Bei wenig aufwändigen Entscheiden über vorsorgliche Massnahmen, Ausstand, Wiederherstellung der Frist, Revision oder Erläuterung sowie bei Beschwerden gegen Zwischenentscheide kann die Gerichtsgebühr herabgesetzt werden. Der Mindestbetrag nach Artikel 3 oder 4 darf nicht unterschritten werden.

---

1   SR 173.32

Art. 3 Gerichtsgebühr in Streitigkeiten ohne
Vermögensinteresse   **Rz. 4.5**

In Streitigkeiten ohne Vermögensinteresse beträgt die Gerichtsgebühr:

a. bei einzelrichterlicher Streiterledigung: 200–3000 Franken;
b. in den übrigen Fällen: 200–5000 Franken.

Art. 4 Gerichtsgebühr in Streitigkeiten mit
Vermögensinteresse   **Rz. 4.7, 4.17**

In Streitigkeiten mit Vermögensinteresse beträgt die Gerichtsgebühr:

Streitwert in Franken	Gebühr in Franken
0 – 10 000	200– 5 000
10 000 – 20 000	500– 5 000
20 000 – 50 000	1 000– 5 000
50 000 – 100 000	1 500– 5 000
100 000 – 200 000	2 000– 8 000
200 000 – 500 000	3 000–12 000
500 000 – 1 000 000	5 000–20 000
1 000 000 – 5 000 000	7 000–40 000
über 5 000 000	15 000–50 000

Art. 5 Kosten bei gegenstandslosen Verfahren   **Rz. 4.55 ff.**

Wird ein Verfahren gegenstandslos, so werden die Verfahrenskosten in der Regel jener Partei auferlegt, deren Verhalten die Gegenstandslosigkeit bewirkt hat. Ist das Verfahren ohne Zutun der Parteien gegenstandslos geworden, so werden die Kosten auf Grund der Sachlage vor Eintritt des Erledigungsgrunds festgelegt.

Art. 6 Verzicht auf Verfahrenskosten   **Rz. 4.15, 4.18, 4.32,**
                                                 4.53, 4.58 ff., 4.102

Die Verfahrenskosten können einer Partei, der keine unentgeltliche Rechtspflege im Sinne von Artikel 65 des Bundesgesetzes vom 20. Dezember 1968[2] über das Verwaltungsverfahren gewährt wird, ganz oder teilweise erlassen werden, wenn:

a. ein Rechtsmittel ohne erheblichen Aufwand für das Gericht durch Rückzug erledigt wird;
b. andere Gründe in der Sache oder in der Person der Partei es als unverhältnismässig erscheinen lassen, sie ihr aufzuerlegen.

---

2 SR **172.021**

2. Kapitel: Entschädigungen

1. Abschnitt: Entschädigungen an Parteien und amtliche Vertreter und Vertreterinnen

Art. 7 Grundsatz   **Rz. 4.6, 4.62 ff.**

[1] Obsiegende Parteien haben Anspruch auf eine Parteientschädigung für die ihnen erwachsenen notwendigen Kosten.

[2] Obsiegt die Partei nur teilweise, so ist die Parteientschädigung entsprechend zu kürzen.

[3] Keinen Anspruch auf Parteientschädigung haben Bundesbehörden und, in der Regel, andere Behörden, die als Parteien auftreten.

[4] Sind die Kosten verhältnismässig gering, so kann von einer Parteientschädigung abgesehen werden.

Art. 8 Parteientschädigung   **Rz. 4.74**

Die Parteientschädigung umfasst die Kosten der Vertretung sowie allfällige weitere notwendige Auslagen der Partei.

Art. 9 Kosten der Vertretung   **Rz. 4.74 ff.**

[1] Die Kosten der Vertretung umfassen:

a. das Anwaltshonorar oder die Entschädigung für eine nichtanwaltliche berufsmässige Vertretung;

b. den Ersatz von Auslagen, namentlich der Kosten für das Kopieren von Schriftstücken, der Reise- und Verpflegungskosten, Porti und Telefonspesen;

c. den Ersatz der Mehrwertsteuer für die Entschädigungen nach den Buchstaben a und b, soweit eine Steuerpflicht besteht und die Mehrwertsteuer nicht bereits berücksichtigt wurde.

[2] Keine Entschädigung ist geschuldet, wenn der Vertreter oder die Vertreterin in einem Arbeitsverhältnis zur Partei steht.

Art. 10 Anwaltshonorar und Entschädigung für nichtanwaltliche berufsmässige Vertretung   **Rz. 4.75**

[1] Das Anwaltshonorar und die Entschädigung für eine nichtanwaltliche berufsmässige Vertretung werden nach dem notwendigen Zeitaufwand des Vertreters oder der Vertreterin bemessen.

[2] Der Stundenansatz beträgt für Anwälte und Anwältinnen mindestens 200 und höchstens 400 Franken, für nichtanwaltliche Vertreter und Vertreterinnen mindestens 100 und höchstens 300 Franken. In diesen Stundenansätzen ist die Mehrwertsteuer nicht enthalten.

³ Bei Streitigkeiten mit Vermögensinteresse kann das Anwaltshonorar oder die Entschädigung für eine nichtanwaltliche berufsmässige Vertretung angemessen erhöht werden.

Art. 11 Auslagen der Vertretung   **Rz. 4.79**

¹ Die Spesen werden auf Grund der tatsächlichen Kosten ausbezahlt. Dabei werden höchstens vergütet:

a. für Reisen: die Kosten für die Benützung der öffentlichen Verkehrsmittel in der ersten Klasse;

b. für Mittag- und Nachtessen: je 25 Franken.

² Für Kopien können 50 Rappen pro Seite berechnet werden.

Art. 12 Amtlich bestellte Anwälte und Anwältinnen   **Rz. 4.75, 4.124**

Für amtlich bestellte Anwälte und Anwältinnen gelten die gleichen Ansätze wie für die vertragliche Vertretung.

Art. 13 Weitere notwendige Auslagen der Partei   **Rz. 4.78, 4.183**

Als weitere notwendige Auslagen der Partei werden ersetzt:

a. die Spesen der Partei, soweit sie 100 Franken übersteigen;

b. der Verdienstausfall der Partei, soweit er einen Tagesverdienst übersteigt und die Partei in bescheidenen finanziellen Verhältnissen lebt.

Art. 14 Festsetzung der Parteientschädigung   **Rz. 4.84**

¹ Die Parteien, die Anspruch auf Parteientschädigung erheben, und die amtlich bestellten Anwälte und Anwältinnen haben dem Gericht vor dem Entscheid eine detaillierte Kostennote einzureichen.

² Das Gericht setzt die Parteientschädigung und die Entschädigung für die amtlich bestellten Anwälte und Anwältinnen auf Grund der Kostennote fest. Wird keine Kostennote eingereicht, so setzt das Gericht die Entschädigung auf Grund der Akten fest.

Art. 15 Parteientschädigung bei gegenstandslosen
              Verfahren   **Rz. 4.71 ff.**

Wird ein Verfahren gegenstandslos, so prüft das Gericht, ob eine Parteientschädigung zuzusprechen ist. Für die Festsetzung der Parteientschädigung gilt Artikel 5 sinngemäss.

2. Abschnitt: Entschädigungen an Zeugen und Zeuginnen sowie Auskunftspersonen

Art. 16 Grundsatz

Zeugen und Zeuginnen haben Anspruch auf ein Zeugengeld und auf Ersatz der belegten notwendigen Auslagen.

Art. 17 Zeugengeld   **Rz. 4.90**

[1] Zeugen und Zeuginnen erhalten ein Zeugengeld von:

a. 30–100 Franken, wenn die Inanspruchnahme einschliesslich der notwendigen Reisezeit nicht länger als einen halben Tag dauert;
b. 50–150 Franken pro Tag, wenn die Inanspruchnahme länger dauert.

[2] Für Erwerbsausfall beträgt die Entschädigung in der Regel 25–150 Franken pro Stunde. Wenn besondere Verhältnisse es rechtfertigen, kann der tatsächliche Erwerbsausfall entschädigt werden. Ausserordentlich hoher Erwerbsausfall wird nicht berücksichtigt.

Art. 18 Auslagen   **Rz. 4.90**

[1] Die Entschädigung für Spesen richtet sich nach Artikel 11 Absatz 1.

[2] Muss ein Zeuge oder eine Zeugin wegen Krankheit, Gebrechens, Alters oder anderer Gründe ein besonderes Transportmittel in Anspruch nehmen, so sind die dafür erforderlichen Auslagen zu ersetzen.

[3] Muss ein Zeuge oder eine Zeugin wegen besonderer Umstände begleitet werden, so hat die Begleitung Anspruch auf die gleiche Entschädigung wie Zeugen und Zeuginnen.

Art. 19 Entschädigung an Auskunftspersonen   **Rz. 4.90**

Auskunftspersonen oder andere Dritte, die von Beweismassnahmen betroffen sind, werden wie Zeugen und Zeuginnen entschädigt.

3. Abschnitt: Entschädigung an Sachverständige, Dolmetscher und Dolmetscherinnen sowie Übersetzer und Übersetzerinnen

Art. 20 Entschädigung an Sachverständige   **Rz. 4.91**

[1] Vom Gericht beauftragte Sachverständige werden nach Aufwand entschädigt.

[2] Der Ansatz richtet sich nach den erforderlichen Fachkenntnissen und der Schwierigkeit der Leistung, bei freiberuflich tätigen Sachverständigen in der Regel nach den branchenüblichen Ansätzen oder nach Vereinbarung.

[3] Die Entschädigung wird auf Grund der von der sachverständigen Person eingereichten Kostennote festgesetzt.

⁴ Besteht eine Steuerpflicht, so wird die Mehrwertsteuer zusätzlich zu den Entschädigungen vergütet.

⁵ Das Gericht kann vor Erteilung des Gutachterauftrags einen Kostenvoranschlag verlangen.

⁶ Ist nichts anderes vereinbart, so richtet sich die Entschädigung für Auslagen und Spesen nach Artikel 11.

Art. 21 Entschädigung an Dolmetscher und Dolmetscherinnen
sowie Übersetzer und Übersetzerinnen   **Rz. 4.91**

¹ Dolmetscher und Dolmetscherinnen werden in der Regel mit 60–120 Franken pro Stunde entschädigt. Der Ansatz richtet sich nach der Ausbildung und der beruflichen Erfahrung.

² Übersetzer und Übersetzerinnen werden nach den branchenüblichen Ansätzen entschädigt.

³ Besteht eine Steuerpflicht, so wird die Mehrwertsteuer zusätzlich zu den Entschädigungen vergütet.

⁴ Ist nichts anderes vereinbart, so richtet sich die Entschädigung für Auslagen und Spesen nach Artikel 11.

3. Kapitel: Schlussbestimmungen

Art. 22 Aufhebung bisherigen Rechts

Das Reglement vom 11. Dezember 2006³ über Kosten und Entschädigungen vor dem Bundesverwaltungsgericht wird aufgehoben.

Art. 23 Inkrafttreten

Dieses Reglement tritt am 1. Juni 2008 in Kraft.

---

3 [AS **2006** 5305]

Sachregister

Die Verweise beziehen sich auf die Randziffern im Text